7

Die Möbel der Residenz Ansbach

Die Möbel
der
Residenz Ansbach

BEARBEITET VON

CHRISTOPH GRAF VON PFEIL

Prestel

MÜNCHEN · LONDON · NEW YORK

Bayerische Verwaltung der staatlichen Schlösser, Gärten und Seen
Kataloge der Kunstsammlungen · Herausgegeben von Gerhard Hojer

Das Forschungsunternehmen ›Die Möbel der Residenz Ansbach‹
wurde durch den Ernst von Siemens-Kunstfonds gefördert.

Auf dem Umschlag
Vorderseite: Konsoltisch, Frankreich, um 1720/25, Detail (Kat. 11)
Rückseite: Spiegelkabinett. Konsoltisch, Ansbach, um 1740 (Kat. 47)
Rücken: Kommode, Paris, um 1715, Detail (Kat. 5)

Frontispiz
Paradewiege, Johann Matusch, Ansbach, um 1709/12 (Kat. 2)

Lektorat Peter Stepan, Alexander Langkals

Die Deutsche Bibliothek – CIP-Einheitsaufnahme

Die Möbel der Residenz Ansbach / bearb. von Christoph Graf von Pfeil.
München · London · New York: Prestel 1999
(Kataloge der Kunstsammlungen / Bayerische Verwaltung der staatlichen Schlösser, Gärten und Seen)
ISBN 3-7913-2078-5

Alle Photoaufnahmen Bayerische Verwaltung der staatlichen Schlösser, Gärten und Seen
sowie Bayerisches Nationalmuseum, München (Kat. 1; Kat. 80, S. 222),
Staatsarchiv Nürnberg, S. 12, 20, 30, und Sotheby's Zürich, S. 27

Prestel Verlag GmbH & Co KG · Mandlstraße 26 · 80802 München
Telephon 089.381709-0 · Telefax 089.381709-35

Gestaltung Albert Teschemacher, München

Lithographie eurocrom 4, Villorba (TV), Italien
Satz Druckerei Wagner GmbH, Nördlingen
Gesetzt aus der Janson-Text
Druck und Bindung Westermann Druck, Zwickau

Printed in Germany

ISBN 3-7913-2078-5

Inhalt

Zum Geleit

Mit Stolz und Freude stellt die Bayerische Schlösserverwaltung einen weiteren wissenschaftlichen Sammlungskatalog vor. Nachdem das dreibändige Werk *Die Möbel der Residenz München* 1995, 1996 und 1997 in rascher Folge erscheinen konnte, ist nun der Katalog über die Möbel der Residenz Ansbach fertiggestellt. Mit diesem Werk sind Erforschung und Vermittlung der Kunstschätze in unseren fränkischen Schlössern wieder einen großen Schritt vorangekommen. So wird deutlich, daß die Bayerische Schlösserverwaltung im fränkischen Landesteil neben den großen baulichen Maßnahmen auch in der Museumsarbeit Schwerpunkte setzt.

Das Stadtschloß der ehemaligen Markgrafen von Brandenburg-Ansbach gehört zu den Baudenkmälern in Bayern, deren künstlerische Qualität früh erkannt wurde. Bereits im Jahr 1892 erschien das erste Tafelwerk über die Barock- und Rokoko-Dekorationen der Residenz Ansbach von Otto Lessing und begründete mit einer zweiten Auflage 1908 den Ruhm des Ansbacher Schlosses in der Kunstgeschichte. Dieser bezieht sich vor allem auf die an der französischen Hofkunst orientierten Innenausstattung, die im wesentlichen zwischen 1734 und 1745 unter der künstlerischen Leitung des Architekten Leopold Retti mit französisch geschulten Kunsthandwerkern entstanden ist. Außerdem bewunderte man immer schon die stilistische Einheitlichkeit und den weitgehend bewahrten Originalzustand der Räume. So haben sich in den drei Audienzzimmern der Residenz Ansbach die seidenen Wandbespannungen in originaler Montierung aus den 1770er Jahren erhalten und bilden ein einzigartiges Ensemble. Eine weitere Folge der Unversehrtheit ist der immer noch homogene Bestand an Möbeln des 18. Jahrhunderts.

Grund für die kontinuierliche Bestandsüberlieferung ist die Abdankung des letzten Markgrafen von Brandenburg-Ansbach, Alexander, im Jahr 1791, der sein Land dem Königreich Preußen übergab. Nun war das Schloß nicht mehr Residenz eines Herrschers, und es gab kaum einen Anlaß, die Paraderäume zu modernisieren oder veränderten Ansprüchen anzupassen. Im Gegensatz dazu blieben die meisten anderen deutschen Residenzen auch während des ganzen 19. Jahrhunderts Regierungsmittelpunkt bis zum Jahre 1918, was mit sich brachte, daß die Einrichtung mehrfach modernisiert wurde.

Der vorliegende Katalog erschließt die historische Möblierung der Residenz Ansbach. Es werden nur die Möbel vorgestellt, die für das Schloß angekauft, gefertigt oder bis zum Jahr 1918 Teil seines Inventars waren. Fast alle Möbel wurden in Ansbach hergestellt, einige für den markgräflichen Prinzen 1728/30 in Paris gekauft. Zwei bedeutende Berliner Kommoden kamen wahrscheinlich im Erbgang hierher, und einige englische Stücke wurden angeschafft, bevor der letzte Markgraf 1791 Ansbach verließ und seinen Lebensabend in England verbrachte. Lediglich einige Sitzmöbel stammen aus ›bayerischer‹ Zeit nach 1806.

Selten können so viele Möbel des 18. Jahrhunderts nicht nur in ein Schloß, sondern in bestimmte Räume oder gar bis hin zu originalen Standorten im Raum zurückverfolgt werden. Auch in dieser Hinsicht stellt die Residenz Ansbach einen Sonderfall dar. Der Katalog umfaßt aber nicht nur die Prunkmöbel. Er verzeichnet auch eine Reihe einfacher Möbel, wie einen Schrank aus der Silberkammer, die zum Organismus eines Schlosses dazugehört haben. Selten genug sind solche Stücke nach den Verlusten des Zweiten Weltkriegs erhalten und dokumentiert. Außerdem ist in Ansbach ihre Herkunft aus der Hand der Schreiner gut zu beobachten, die auch die Prunkmöbel geschaffen haben. Unerwähnt bleiben nur sehr wenige, sehr einfache Möbel; der Katalog erfaßt somit nahezu den gesamten Möbelbestand in der Residenz Ansbach.

Bei der Bearbeitung war die Quellensammlung zur Baugeschichte der Residenz Ansbach eine große Hilfe, die von der Schlösserverwaltung bei dem Bauforscher Dr. Josef Maier in Auftrag gegeben worden war. Sie liegt seit 1993 in maschinenschriftlicher Form vor und soll im Rahmen einer Baumonographie als Jahrbuch des Historischen Vereins von Mittelfranken demnächst erscheinen. Deshalb konnte der Katalog über die Möbel auf größere Exkurse zur Baugeschichte verzichten.

Im Vorwort zum ersten Band über die Möbel der Münchner Residenz 1995 heißt es: »Bestandskataloge sind die elementarste und gleichzeitig undankbarste Aufgabe eines Museums. Der Versuch der Vollständigkeit hat retardierenden Effekt. Die schriftliche Erfassung hängt an der photographischen Dokumentation, die beide als Langzeitprojekte der Gefährdung durch kurzfristige Aufgaben ausgesetzt sind. Kein Dienstplan, kein Organisationsschema, kein Etat eines Museums oder einer Schlösserverwaltung sieht Bestandskataloge vor. Während Ausstellungskataloge wuchern wie Unkraut, gedeihen die Pflanzen der Bestandskataloge langsam wie die Bäume.« Dennoch hat die Bayerische Schlösserverwaltung erneut einen solchen Baum großziehen können. Er gedieh aufgrund unterschiedlichster Initiativen und durch die Zusammenarbeit vieler: Wie im Falle der drei Bände zu den Möbeln der Residenz München hat Dr. Heribald Närger als Vertreter des Ernst von Siemens-Kunstfonds auch den Entstehungsprozeß dieses Bandes mit großem Verständnis aktiv begleitet. Der Fonds hat den wesentlichen Teil der Forschungsfinanzierung sowie erhebliche Reisegelder übernommen. Sie waren für die Bearbeitung der über 400 Möbel weit außerhalb Münchens erforderlich. Für die fruchtbare Zusammenarbeit und die großzügige finanzielle Förderung seien der Institution und dem Vorstand erneut herzlich gedankt.

Einige Möbel befinden sich nicht mehr in der Residenz Ansbach oder in öffentlichem Besitz. Die Stücke sind mittlerweile erneut Bestandteil historischer Sammlungen geworden, und so freuen wir uns, daß auch diese Stücke in den Katalog aufgenommen werden konnten. s.k.h. Herzog Franz von Bayern (Kat. 50), s.k.h. Landgraf Moritz von Hessen (Kat. 21) und i.d. Fürstin Gloria von Thurn und Taxis (Kat. 22) sei dafür gedankt. Frau Dr. Sigrid Sangl danken wir für die freundliche Überlassung transkribierter Archivalien und für die Bearbeitung des Reisebettes, das seit 1856 zu den Beständen des Bayerischen Nationalmuseums gehört (Kat. 1).

Die Schönheit der Möbel spiegelt sich auch in der Erscheinungsform des Kataloges und in der Qualität der Bildtafeln wieder.

Deshalb gilt unser Dank dem Photoatelier der Bayerischen Schlösserverwaltung sowie dem Prestel Verlag in besonderem Maße. Eine entscheidende Grundlage für Bild und Text waren die Fähigkeiten und Kenntnisse unserer Restaurierungswerkstätten, allen voran der Werkstätten für Möbel- und Fassungsrestaurierung. Ihnen gebührt ebenso großer Dank wie dem umgekehrt zu seinem Verdienst an letzter Stelle genannten Initiator und Autor.

Egfried Hanfstaengl

Präsident
der Bayerischen Verwaltung der staatlichen Schlösser,
Gärten und Seen

Gerhard Hojer

Leiter der Museumsabteilung
der Bayerischen Verwaltung der staatlichen Schlösser,
Gärten und Seen

Die Bau- und Ausstattungsgeschichte
seit dem 18. Jahrhundert

Die Möbel der Residenz Ansbach bilden keine museale Sammlung im herkömmlichen Sinn, sondern den geschlossenen, historischen Bestand eines Residenzschlosses, der in einem ganz bestimmten historischen und politischen Zusammenhang entstanden ist. Deshalb ist es notwendig, einführend die Situation der Markgrafen von Ansbach zwischen Preußen und seinen katholischen Nachbarn zu erläutern.

Die Markgrafschaft Ansbach war eines der vielen kleinen Staatsgebilde im Römischen Reich, mit zerrissenem Herrschaftsgebiet und komplizierten Sonderrechten des Adels, in denen eine kraftvolle Politik oder gar eine effektive Steuerpolitik nicht möglich waren. Deshalb sahen sich die Kleinstaaten zumeist auf die Unterstützung größerer Staaten angewiesen und von ihnen abhängig. Die Markgrafen von Brandenburg-Ansbach sowie die benachbarten Markgrafen von Brandenburg-Bayreuth stellten eine Nebenlinie der Kurfürsten von Brandenburg und späteren Könige von Preußen (seit 1701) dar. Deshalb hatte die Abhängigkeit von Preußen klare dynastische Gründe. So wurden etwa verschiedentlich notwendige Vormundschaftsregierungen stets durch den Markgrafen von Bayreuth sowie durch den Kurfürsten von Brandenburg wahrgenommen. Dazu kam die Religion: Wie die Kurfürsten und Könige von Preußen waren auch die Markgrafen von Ansbach und Bayreuth Protestanten. Außerdem waren beide Staaten von mächtigen, katholischen Nachbarn umgeben, die politisch einen Pakt mit dem Kaiser in Wien bildeten. Im Norden lagen die Bistümer Bamberg, Würzburg und Mainz, im Süden die Gebiete des Deutschen Ordens, das Bistum Eichstätt und vor allem das mächtige Bayern mit dem von Habsburg regierten Böhmen im Osten. Eine gemeinsame Grenze mit Preußen gab es nicht, und folglich war die Lage der protestantischen Markgrafschaften für die Könige von Preußen von großer strategischer Bedeutung, lagen sie doch als Fremdkörper im kaiserlich-habsburgisch orientierten Machtblock. Aus diesem Grunde waren die preußischen Herrscher stets bemüht, ihren Einfluß auf die beiden Markgrafschaften zu stärken.

Ein üblicher Weg der Einflußnahme war die Heiratspolitik, und so verheiratete der König von Preußen, es war der Vater Friedrichs des Großen, eine Tochter mit dem Markgrafen von Bayreuth und eine andere Tochter mit dem Markgrafen von Ansbach. Die Hochzeit der Prinzessin Friederike-Luise mit Carl-Wilhelm-Friedrich aus Ansbach fand am 30. Mai 1729 in Berlin statt.

Ein weiteres Mittel der Einflußnahme war natürlich Geld. Für den Markgrafen von Ansbach bestand das Heiratsgut aus 100 000 Reichstalern sowie weiteren 200 000 Reichstalern, die als Kredit gewährt wurden. (Die Kosten des Ansbacher Hofes reichten an die 50 000 Reichstaler pro Jahr heran.) Die gewaltige Summe wurde in mehreren Wagenladungen voll Münzgeld von Berlin nach Ansbach transportiert und floß in den Staatshaushalt ein, aus dem auch Bau

und Ausstattung des Residenzschlosses bezahlt wurden.[1] Dies war für den König von Preußen bei Art und Weise damaliger Haushaltsführung selbstverständlich, und so müssen Umbau und Ausstattung der Residenz Ansbach nicht nur als Repräsentation der Markgrafschaft Ansbach, sondern auch als eine solche des Königreichs Preußen verstanden werden. Eine ähnliche Regelung gab es anläßlich der Heirat der Prinzessin Wilhelmine von Preußen mit dem Markgrafen von Bayreuth einige Jahre später.[2] Eine Vorbildfunktion des Berliner Stadtschlosses für die Architektur der Ansbacher Residenz wurde erst vor wenigen Jahren herausgearbeitet[3] und wird in der zukünftigen Baumonographie von J. Maier noch deutlicher. Außerdem wissen wir von einer Stichvorlage, die in Ansbach sowie in Berlin verwendet wurde (Kat. 29), was aber ein Zufall gewesen sein kann. Auch wenn einzelne Markgrafen ihre Politik zeitweise den direkten Nachbarn und damit dem Kaiserhaus in Wien anpassen mußten, änderte das nichts an der grundlegenden Abhängigkeit der Markgrafschaft Ansbach von Preußen.

Markgraf Albrecht-Achilles von Brandenburg (reg. 1440-86) hatte das ansbachische Gebiet im Erbgang erhalten und verlegte seinen Regierungssitz 1456 nach Ansbach. Damit begann die Erweiterung der Stadt, und im Zuge der Vergrößerung des Hofstaates wurde die bestehende Burganlage mit Wassergraben stetig umgebaut und verändert. Ende des 16. Jahrhunderts wurde der Komplex aus verschiedenen Gebäuden im Sinne eines Renaissanceschlosses vereinheitlicht, indem die Flügel mit fassadenhohen Erkertürmen symmetrisch gegliedert wurden. So erschien der Schloßhof auf allen vier Seiten nahezu geschlossen. Die Gebäude, mit Arkadengängen im Innenhof, waren vier Stockwerke hoch.[4] Eine Erweiterung der Schloßkapelle 1621 war wohl die letzte größere Baumaßnahme vor den Modernisierungen des 18. Jahrhunderts.

Über die Möblierung der Residenz im 16. und 17. Jahrhundert wissen wir kaum etwas. Als einziges Möbel hat sich ein Reisebett erhalten, das um 1600 wohl in Augsburg entstanden ist (Kat. 1).

Markgraf Wilhelm-Friedrich (1703-23) und
die regierende Markgräfin Christiane-Charlotte (1723-29)

Markgraf Wilhelm-Friedrich (1685-1723) war ursprünglich nicht für das regierende Amt in Ansbach vorgesehen. Er stammte aus zweiter Ehe des Markgrafen und wurde zuerst am sächsischen Hof erzogen, nachdem seine Mutter das zweite Mal in Dresden verheiratet war. Nach deren Tod 1696 holte ihn der Halbbruder, Markgraf Georg-Friedrich (geb. 1678, reg. 1694-1703), nach Ansbach und übernahm seine Erziehung. Er schickte ihn zur Ausbildung nach Holland und Frankreich. Dazu kam ein längerer Aufenthalt am Hofe Ludwigs XIV. in Paris und Versailles. Auf Einladung seines Taufpaten, König Wilhelm III. von England, verbrachte er drei Monate in

Die Residenz Ansbach
Aufnahme um 1900

London. Auch durch die Heirat seiner Schwester Wilhelmine-Caroline mit dem späteren König Georg II. von England waren die Beziehungen nach England gut. Wie sein Halbbruder übernahm Wilhelm-Friedrich im Spanischen Erbfolgekrieg ein Regiment und kämpfte mit den kaiserlichen Truppen gegen den bayerischen Kurfürsten Max-Emanuel, der auf der Seite Frankreichs stand. Die tödliche Verwundung seines Halbbruders, des Markgrafen Georg-Friedrich, in der Schlacht bei Schmidmühlen (Oberpfalz) am 28. März 1703 zwang ihn, die Regierung in Ansbach zu übernehmen. Der neue Markgraf war ebenfalls im Spanischen Erbfolgekrieg verwundet worden und hatte wohl deshalb eine labile Gesundheit. Da-

neben wird er als politisch unerfahrener, zögerlicher Mensch beschrieben, der zur Heirat gedrängt werden mußte, um den Fortbestand des Staates zu sichern. Erst etwa sechs Jahre nach Regierungsantritt heiratete Wilhelm-Friedrich am 28.8.1709 seine Cousine Christiane-Charlotte (1694-1729), die Tochter des Herzogs von Württemberg. Sie wird als temperamentvolle, kluge und energische Frau charakterisiert, die den Markgrafen stützte und antrieb. Vor allem in kulturellen Dingen wird ihr die aktive Rolle des Paares zugeschrieben. Gleich ihrem Mann war sie in Geschmacksfragen an Frankreich orientiert. Bald nach der Hochzeit wurde in Ansbach eine der frühesten Fayencemanufakturen im Deutschen Reich ge-

gründet. In den Jahren nach der Geburt des Erbprinzen und einzigen Kindes 1712 entstand der Gabrielibau des Ansbacher Schlosses. Etwa gleichzeitig wurden die Schlösser in Unterschwaningen und Bruckberg umgebaut und ausgestattet. Nach dem Tode des Markgrafen 1723 übernahm die Markgräfin Christiane-Charlotte für ihren unmündigen Sohn die Regierung und begann verschiedene Bauvorhaben voranzutreiben. Über mehrere Jahre verteilt, hatte die Markgräfin ab 1725 aus privaten Einkünften 60 000 Gulden für den Ansbacher Schloßbau zur Verfügung gestellt.[5] Die Modernisierung des Hofgartens und der Neubau der als Festsaal genutzten Orangerie waren die bedeutendsten Maßnahmen.

Aus der Zeit vor den größeren Umbaumaßnahmen im Schloß kennen wir nur ein Möbel des Markgrafenpaares. Es ist die Wiege mit Marketerie in Boulletechnik, für die französische Kupferstiche als Vorlagen verwendet wurden (Kat. 2). Sie wird dem Kammerebenisten Johann Matusch zugeschrieben, der wohl in Frankreich gelernt hatte und bereits während der Regierungszeit des ebenfalls französisch orientierten Markgrafen Georg-Friedrich in Ansbach tätig war.[6] Kreisel vermutete, daß Johann Matusch dem Namen nach aus Böhmen stammte und in Paris gelernt hat. In den Ansbacher Akten ist Matusch erstmals 1702 faßbar, als er beim Markgrafen um den Titel eines Kammerebenisten nachsuchte. Mit dem erbetenen Titel wurde ihm auch die Verwaltung der Kunstkammer übertragen. 1705 übernahm der Markgraf die Patenschaft für Matuschs Sohn Friedrich-Carl, und in den Taufbüchern ist der Vater als ›Hofschreiner in der Kunstkammer‹ geführt.[7] 1715 bekam Johann Matusch die Funktion des Hofschreinereiinspektors, aber ab 1724 saß ein Sohn des alten Matusch als Nachfolger des Vaters auf der Stelle des Kunstkammerverwalters und Hofschreinereiinspektors.[8] Mehr ist über diesen Sohn nicht bekannt, und es bleibt offen, welcher der beiden Matusch in den Akten von 1724 bis 1731 gemeint ist. Geburts- oder Sterbedaten kennen wir nicht, und es sind auch nur zwei Arbeiten für Johann Matusch gesichert (Kat. 2). Ein Spielbrett, das Matusch zugeschrieben wurde, muß aus dem Werk sowie aus dem historischen Möbelbestand der Residenz Ansbach ausgeschieden werden. An einem Pendant ist die Entstehung beider Stücke in Augsburg ablesbar, und es konnte die Provenienz aus dem Besitz der Kurfürsten von Bayern nachgewiesen werden.[9]

Eine ungefähre Vorstellung davon, wie etwa Sitzmöbel dieser Zeit in Ansbach ausgesehen haben könnten, vermittelt der Kupferstich einer 1712 geprägten Medaille.[10] Sie entstand anläßlich eines Vertragsabschlusses zwischen den beiden Markgrafen von Bayreuth und Ansbach, der längere Streitigkeiten über gemeinsam zu verwaltende Güter beilegen sollte. Dabei war die gleichwertige Stellung der Partner wichtig. Auf der Medaille sitzen die Markgrafen dann auch in ähnlicher Stellung nebeneinander auf einem Sofa. Von den Sitzpolstern des sechsbeinigen Möbels hängen Lambrequins über die Zargen herab, aber es gibt keine Armlehnen. Die hohe, gepolsterte Rückenlehne ist mit geschnitzten Akanthusblättern gerahmt, und in der Mitte befindet sich als repräsentative Bekrönung –

Kupferstich einer 1712 geprägten Medaille zum Abschluß eines Vertrages zwischen den beiden Markgrafen von Ansbach und Bayreuth, Staatsarchiv Nürnberg

auf gleicher Höhe zwischen den Häuptern der beiden Kontrahenten – ein Markgrafenhut, so daß das Sofa die Funktion eines breiten Thrones erhalten hat. Das dargestellte Möbel ähnelt dem Sofa mit Königskrone aus dem Berliner Stadtschloß von 1701.[11]

Bald nach Regierungsantritt des jungen Markgrafen Georg-Friedrich im Jahr 1694 wurde der Architekt Gabriel de Gabrieli durch Vermittlung des kurfürstlich-brandenburgischen Hofes in Berlin aus Wien nach Ansbach berufen.[12] Im markgräflichen Residenzschloß wurde aber vorerst wenig gebaut. Auch gedachte man nicht das alte Schloß komplett abzureißen und durch einen Neubau zu ersetzen. Nachdem der Markgraf bereits 1703 in der Schlacht von Schmidmühlen gefallen war, wurde der Architekt vom Nachfolger im Zuge einer allgemeinen Beamtenreduktion zur Sanierung des Haushalts zwischenzeitlich entlassen. Erst ab etwa 1705 ging Markgraf Wilhelm-Friedrich daran, das ehemalige Wasserschloß zu einer modernen fürstlichen Residenz umzubauen. Es entstanden unter Gabrieli bis 1709 Teile des Innenhofes mit seinen schönen Arkadengängen. Um die Arkaden herum waren die verschiedenen alten Schloßgebäude jedoch wie eine Schale stehengeblieben. Nach einem Brand im Jahre 1710, bei dem ein vorgelagerter Bau am Südostflügel ausbrannte, war die Gelegenheit zu einer zweiten großen Baumaßnahme gekommen. Aber erst von 1713 bis 1716 konnte Gabrieli anstelle des abgebrannten Bauteils einen neunachsigen Palast als eigenständiges Gebäude an das Schloß anfügen. Noch im Jahr der Fertigstellung ging der Baumeister nach Eichstätt und stand in Ansbach nicht mehr zur Verfügung. Dieser erste Teil des ›Gabrielibaus‹ enthält das Treppenhaus und erstreckt sich in der Belle Etage über die Räume 26 und 27 (Abb. S. 18 f.). Eine Verlängerung des Gebäudes von neun auf die heutigen 21 Achsen hatte Gabrieli nicht vorgesehen. Das war eine Planung des Baudirektors Karl-Friedrich von Zocha um 1725, die in der Hauptsache erst unter dem nachfolgenden Markgrafen Carl-Wilhelm-Friedrich (1729-57) von dem Architekten Leopold Retty ab 1730 umgesetzt wurde. Gabrieli hatte in der Verlängerung seines Baus wahrscheinlich einen weiteren, gleichförmigen Palast mit einem eigenständigen Portalbau in der Mitte vorgesehen. Diese Idee wurde nicht verwirklicht. Allerdings hatte das Schloß mit dem Gabrielibau eine wesentliche Umorientierung erfahren, denn der Haupteingang war von der Stadtseite nun auf die freie Südostseite verlegt worden. Der Gabrielibau sollte als moderner Stadtpalast für den Besucher ein erstes Zeichen setzen. Er hat dann bald zwanzig Jahre lang wie ein Fremdkörper vor den älteren Bauteilen gestanden, bis die Errichtung der langen, einheitlichen Fassade schließlich der Vorstellung eines modernen Residenzschlosses nahekam.

Der neue Palast zu neun Achsen soll im 1. und 2. Obergeschoß je ein Appartement mit identischer Raumdisposition, bestehend aus einem Vorzimmer, Audienzzimmer, Schlafzimmer und einem Kabinett am Ende, aufgewiesen haben.[13] Nach späteren Umbauten ist in der Belle Etage nur noch das Kabinett als Raum erhalten (R 27). Beide Kabinette waren mit später herausgenommenen, aber weitgehend erhaltenen marketierten Fußböden ausgestattet, die dem Kammerebenisten Johann Matusch zugeschrieben werden können. Außerdem können sie um 1716 datiert werden, weil die Bauarbeiten des neuen Baus in diesem Jahr beendet waren und im gleichen Jahr ein weiterer, sehr ähnlicher Fußboden in einem Schloß nahe Ans-

Residenz Ansbach, Arkadenhof von Gabriel de Gabrieli

bach entstand (Kat. 3). Danach waren die beiden neuen Appartements anscheinend noch nicht oder nur wenig vom Markgrafenpaar benutzt worden. Denn erst vor der Hochzeit ihres Sohnes Carl-Wilhelm-Friedrich mit der preußischen Prinzessin Friederike-Luise am 30. Mai 1729 ließ Markgräfin Christiane-Charlotte zwei Appartements in Eile ausstatten und möblieren. Dazu gibt es eine Anweisung vom 16.3.1728 sowie Anweisungen vom 3. und 8. Februar 1729.[14] Aus diesen Jahren haben sich nur im Kabinett der Belle Etage wandfeste Vertäfelungen erhalten, die schon von Kreisel um 1726/29 datiert worden sind.[15] In diesem Bereich haben vielleicht der von 1717 bis 1736 für Steinarbeiten erwähnte Bildhauer Carolus Charpentier sowie der Hofbildhauer Leclerc gearbeitet, der bis 1731 in den Hoftagebüchern aufgeführt ist.[16] Von beiden

französischen Bildhauern kennen wir kein gesichertes Stück und können sie nur als weiteres Anzeichen für die französische Ausrichtung des Ansbacher Hofes bewerten.

Nach dem Weggang Gabrielis 1716 wurde Carl Friedrich von Zocha, ein in Frankreich bei den königlichen Architekten de Cotte und Mansart ausgebildeter Kavaliersarchitekt, im Jahr 1719 zum Obristbaudirektor in Ansbach bestellt. Ihm oblag auch die Ausstattung des Gabrielibaus, und von seiner Hand stammen zwei Kostenschätzungen vom 9. und 21. Februar 1729 (Anhang, S. 284 f.), anhand derer wir uns eine Vorstellung von der Möblierung der beiden Appartements machen können.[17]

Zuerst fällt auf, daß die Raumaufteilung der Kostenanschläge nicht mit der Raumaufteilung des Gabrielibaues übereinstimmt.

Zumindest in das Appartement des Markgrafen müssen angrenzende Räume der alten Bausubstanz mit einbezogen worden sein. Wie später geklärt werden kann (S. 16 ff.), lag das Appartement des Markgrafen auf der Belle Etage, außerdem dasjenige der Markgräfin, und zwar im alten Nordwestflügel und nicht wie angenommen im zweiten Obergeschoß des Gabrielibaus. Nur im Nordwestflügel waren drei Vorzimmer, zwei Schlafzimmer sowie die Räume der Kammerfrauen unterzubringen. Folglich hat sich die Planung Gabrielis für den Stadtpalast mit zwei gleichwertigen Geschossen nicht durchgesetzt.

Ein guter Teil der Möbel und Textilien, die in den Ausstattungslisten Zochas genannt sind, wird sich auf die luxuriösen Ausstattungsstücke beziehen, welche die Markgräfin Christiane-Charlotte beinahe gleichzeitig in Frankreich beschaffen ließ. Die Ankäufe gingen mit dem Aufenthalt des Erbprinzen Carl-Wilhelm-Friedrich in Frankreich einher, der als 16jähriger Knabe 1728 von seiner regierenden Mutter auf die übliche Kavalierstour geschickt wurde. Zu den Reisezielen gehörte natürlich Paris. Dort war seit einigen Jahren der ansbachische Hofrat Ernst Ludwig Carl (1682-1743) als Chargé d'Affaires stationiert, über den die Bestellungen liefen. Bei ihm bestellte der mitreisende Hofmeister des Prinzen, Baron von Brehmer, ebenso wie der Baudirektor in Ansbach. Darüber ist eine umfangreiche Korrespondenz erhalten, die bislang nur teilweise ausgewertet ist.[18] Daneben ist zu vermuten, daß der Prinz und Brehmer auch direkt Stücke erworben haben, die nicht in den Akten Carls auftauchen. Das gilt etwa für ein Barometer, das eindeutig bezeichnet und zu erkennen wäre (Kat. 9). Außerdem tätigte der Frankfurter Kaufmann Grimeisen in Paris Ankäufe für den Ansbacher Hof.[19]

Der Jurist Carl bekam 1728 den Auftrag, für den Aufenthalt des Erbprinzen in Paris ein Palais anzumieten und standesgemäß auszustatten. Der Besuch dauerte von August 1728 bis Januar 1729. Dafür wurden Ausstattungsstücke gemietet, andere aber auch gekauft und die erworbenen Stücke nach der Abreise des Prinzen nach Ansbach transportiert. Daneben liefen seit Frühjahr 1728 die Bestellungen des Baudirektors, und weil es bei der Abrechnung zum Streit kam, machte Carl eine Liste über alle für den Ansbacher Hof getätigten Ausgaben. Diese Liste ist im Anhang vollständig abgedruckt (S. 286), und es wird deutlich, wieviele Möbel nach Ansbach kamen. Es wurde auch mitgeteilt, ob man ein Stück gebraucht oder neu erworben hatte.

Carl hatte Luxusgüter für die Markgräfin besorgt, wie Schwämme, Kämme aus Schildpatt, Toilettartikel, Perücken, aber auch kostbare Kleidung, einen Schoßhund sowie Wein und Champagner. Für den Hofgarten wurden Oleanderbüsche, seltene Blumenzwiebeln und Gemüsesamen beschafft. Große Bedeutung hatte die Bestellung eines umfangreichen Silbergeschirrs, einer einfachen Kutsche sowie einer aufwendigen Staatskarosse. Zu unserem Zusammenhang sind die Ankäufe ganzer Raumausstattungen, besonders teurer Textilien und Möbel von Interesse. An Textilien können neben großen Mengen Fransen, Bordüren und verschiedenster Stoffe in Ballen drei komplette textile Raumausstattungen nachgewiesen werden: Der Stoff für ein Schlafzimmer bestand aus gelbem Damast für das Bett, acht Sessel, ein Sofa, Portieren und Fenstervorhänge. Für einen anderen Raum wurde eine Wandbespannung in fünf Stücken aus ge-

stickter Seide mit sechs Vorhängen und Bezüge für sechs Sessel, zwei Hocker und vier Stühle beschafft. Eine Wandbespannung aus Lyoneser Brokat in Grün und Rosa war für einen weiteren Raum bestimmt. Außerdem wurden auffällig teure Stoffe für mehrere Betten und eine ganze Reihe von Sitzmöbeln gekauft. Diese werden als Houssen bezeichnet, worunter man sich jedoch keine einfachen Schutzüberzüge, sondern sehr aufwendige, repräsentative Überzüge vorstellen muß, die nicht fest auf dem Gestell montiert wurden.[20] So gab es eine Housse aus besticktem, blauem Velour mit silbernen Fransen. Die Benutzung solcher, nicht fest montierter, sondern wohl nur zu bestimmten Gelegenheiten übergestreifter Prunkbezüge ist wenig bekannt, hat sich aber sogar im technischen Befund einiger Ansbacher Sessel und Hocker niedergeschlagen, deren Gestelle um 1740 datiert werden können (Kat. 37, 40). Daß solche Befunde überhaupt noch erhoben werden können, ist ebenfalls eine Besonderheit der Ansbacher Bestände.

Ein weiterer, großer Teil der Ankäufe bestand aus Möbeln, von denen sich lediglich ein großer Schreibtisch identifizieren läßt (Kat. 10). Erworben wurden jedoch mehrere Schreibtische. Etlichen marketierten Eckschränken und Kommoden, mit und ohne Bronzen, können noch zwei Kommoden zugeordnet werden (Kat. 5, 7). Dazu kamen zahlreiche Tische mit und ohne Marmorplatten, Konsolen, Bettgestelle sowie eine größere Menge an Sitzmöbeln, von denen sich zwölf Hocker in Ansbach erhalten haben (Kat. 8).

Außerdem forderte der Ansbacher Baudirektor beim Hofrat Carl in Paris Informationen über kunsthandwerkliche Techniken und Rezepturen an, und er kaufte auch nicht nur Möbel, sondern in Größe und Ausführung unterschiedliche Möbelstücke, die den örtlichen Handwerkern ausdrücklich als Modellstücke dienen sollten.[21] Dieses Vorgehen ist an einer Reihe von Konsoltischen abzulesen, die in den Abrechnungen etwa als ›Marmortische mit vergoldeten Füßen‹ auftauchen. Sie wurden als Einzelstücke, als Paare oder mit nicht zu klärender Mengenangabe gekauft (siehe Anhang) und lassen sich mit erhaltenen Konsolen in Verbindung bringen (Kat. 4, 6, 11-13), ohne daß die kurzen Beschreibungen mit ganz bestimmten Stücken identifiziert werden könnten. Bei zwei Konsolengruppen fällt jedoch am technischen sowie am stilistischen Befund auf, daß das eine Stück tatsächlich eine Nachbildung des anderen ist (Kat. 14, 15). Unterschiede bestehen in der Bildhauerarbeit, in den Gravuren der Fassung, in der Vergoldung sowie in den Bearbeitungsspuren der Rückseiten. Man ist den Vorbildern jedoch so nahe gekommen, daß die Unterschiede lange Zeit nicht aufgefallen sind: Bislang galten die Konsolen allesamt als Ansbacher Erzeugnisse. Im übrigen gibt es in Ansbach keine Konsoltische aus der Zeit um 1728/30, die als genuin deutsche Konsoltische angesprochen werden können. Sicher hatte man beim Ankauf teurer französischer Luxusmöbel häufig den Hintergedanken, diese in der Heimat von den eigenen Hofschreinern preisgünstig kopieren zu lassen. In den Quellen ist ein solches Vorgehen auch für den Stuttgarter[22] und Dresdner Hof um 1760 belegt.[23] Anscheinend haben sich aber nur in Ansbach Vorbild und Nachbildung erhalten, so daß Vergleichsmöglichkeiten bestehen. Neben den Konsoltischen wurden von einer in Ansbach nicht erhaltenen französischen Kommode die Marketerie, Formen und Konstruktionsdetails kopiert und dem Vorbild eine ganze Reihe von Möbeln nachempfunden (S. 27).

Marmorbüste
des Markgrafen
Carl-Wilhelm-
Friedrich von
Domenico Ferretti,
1736, Residenz
Ansbach (R 4)

Markgraf Carl-Wilhelm-Friedrich (1729-57)

Markgraf Carl-Wilhelm-Friedrich wurde am 12. Mai 1712 geboren. Mit Baron Johann von Brehmer erhielt er ab 1717 einen eigenen Hofmeister, der auch für die Erziehung zuständig war und als
Reisebegleiter fungierte. 1723 wurde das Zeremonialbuch von Johann Christian Lünig angeschafft,[24] mit dem wohl auch der Erbprinz über Regierungsgeschäfte und staatliche Zeremonien unter-
richtet werden sollte. 1725 wurde er auf die erste Reise nach
Holland geschickt und 1726 nach Berlin, wo der 14jährige mit der
12jährigen preußischen Prinzessin Friederike-Luise verlobt wurde.
1728 folgte die große Kavalierstour nach Frankreich, mit längeren
Aufenthalten in Angers und Paris. Er wurde in den königlichen
Schlössern empfangen, und selbstverständlich wurden Kunsthandwerker besucht oder die obligatorische Manufacture des Gobelins.[25]
Die Rückreise erfolgte über Brüssel, Antwerpen, Aachen, Köln und
Frankfurt am Main. Ende Mai 1729 fand in Berlin die Hochzeit
statt, und nachdem die Regierungserlaubnis durch den Kaiser erteilt
war, konnte die Markgräfin im Juni 1729 die Geschäfte auf den Sohn
übertragen, bevor sie im Alter von 35 Jahren am Weihnachtstag des
gleichen Jahres starb.

Die Geschichtsschreibung des 19. Jahrhunderts charakterisierte
den Markgrafen Carl-Wilhelm-Friedrich auf Grund seiner Jagdlei-
denschaft sowie seiner ungezügelten Ausbrüche, Tafeleien und Al-
koholexzesse als den ›Wilden Markgrafen‹, der sein Land unter
exorbitanten Schulden zurückließ.[26] Erst in jüngerer Zeit werden
auch die guten Seiten des Fürsten zur Kenntnis genommen, der
gleich nach Regierungsantritt begonnen hatte, Verwaltung und Ju-
stiz zu straffen und neu zu strukturieren. Daneben wurden Pferde-
zucht, Land-, Forstwirtschaft und Industrie durch Privilegien und
Gesetzgebung kräftig gefördert. Sozialen Belangen wurde etwa mit
der ersten Brandversicherung Süddeutschlands oder der Unterstützung der Juden sowie der französischen Kolonie in Schwabach
Sorge getragen. Die Residenzstadt wurde unter der Regierung
Carl-Wilhelm-Friedrichs deutlich erweitert. Politisch versuchte der
Markgraf sein Land im Einvernehmen mit den Staaten des Fränkischen Kreises möglichst neutral zu halten, was später häufig zum
Einschwenken auf die kaiserliche Linie und zu großem Ärger mit
Preußen führte. Kurz vor dem Tod des Markgrafen 1757 kam es sogar zum Einmarsch preußischer Truppen. Nach den Memoiren der
Markgräfin Wilhelmine von Bayreuth hatte sich bereits der Vater
der beiden fränkischen Markgräfinnen, der Soldatenkönig Friedrich-Wilhelm I., unwillig über den Markgrafen geäußert: Einmal
war er der Ansicht, sein Schwiegersohn in Ansbach sei ein Narr, den
man einsperren sollte, und ein andermal war er der Meinung, sein
Schwiegersohn hielte sich für Ludwig XIX., dabei seien er und sein
ganzer Hof nichts als Narren.[27]

Die Ehe des Markgrafen verlief unglücklich. Er hatte die Markgräfin häufig gedemütigt, und als preußische Prinzessin hatte sie unter dem politischen Zwist zu leiden. Nach der Geburt des späteren
Markgrafen Alexander 1736 und dem frühen Tod des ersten Sohnes
1737 zog sich die Markgräfin Friederike-Luise in das Schloß nach
Unterschwaningen zurück, wo sie erst 1784 starb. Bis zum Tode des
Markgrafen kam sie wohl nur mehr selten, bei unerläßlichen Staats-
angelegenheiten in die Residenz nach Ansbach, und wir haben noch

keinen Hinweis, ob sie in die Ausstattung des Residenzschlosses je
eingegriffen hat. Als einzige Möbel aus ihrem Besitz gilt ein Paar
Berliner Kommoden, von dem man annimmt, daß es nach dem Tode
der Königin Sophie-Dorothea von Preußen 1757 im Erbgang an die
Tochter nach Ansbach gelangt ist (Kat. 64). Außerdem wissen wir
aus den Akten von einem lackierten Schreibbüro, das die königliche
Mutter mit ausgeschnittenen Figuren beklebt und als Geschenk
für die Tochter in Ansbach vorgesehen hatte.[28] Bachmann schrieb
1962, im Familienzimmer der Residenz Ansbach (R 22) habe es Sitzmöbel aus dem Nachlaß der Königinmutter Sophie-Dorothea von
Preußen gegeben.[29] Es handelte sich jedoch um die Fehlinterpreta-
tion einer Textstelle aus dem Jahre 1786, in der es heißt: »Unter den
vielen feinen Porzellan zeichnet sich besonders ein kleines Kanapee
aus, auf welchem ein weißes Kiß mit vier vergoldeten Quasten, und
auf demselben ein Pologneser Hund mit schwarzen Flecken lieget.
Man ließt dabei die Aufschrift: Finette Chien favori Sa Majesté la
Reine Mere«,[30] was sich auf die Königinmutter in Berlin bezieht.
Leider hat sich das Porzellan nicht in der Sammlung erhalten. Im
übrigen wird zu vermuten sein, daß es mehr Berliner Möbel im Besitz der Markgräfin Friederike-Luise gegeben hat, und vielleicht
kann ein neu bewerteter Konsoltisch dazugezählt werden (Kat. 51).
Dagegen ist eine Reihe von Möbeln, bisher dem Berliner Hofschreiner Martin Böhme zugeschrieben, ohne Zweifel in Ansbach
entstanden (S. 23 ff.).

Als Baudirektor der Markgräfin Christiane-Charlotte hatte
Karl-Friedrich von Zocha ab 1726 den neuen Marstall erbaut und
Pläne entworfen, die eine Modernisierung des Schlosses als Vierflü-
gelanlage vorsehen. Von ihm stammt der Vorschlag, den neunachsi-
gen Gabrielibau zu einer langen Front mit 21 Achsen zu verlängern.
Vorher begann er jedoch ab 1728 mit der Erneuerung des Nord-
west- und bald danach des Südwestflügels. Diese waren bis zum
Thronwechsel 1729 aber noch nicht fertiggestellt. Vielmehr reich-
ten sie kaum über das Erdgeschoß hinaus, als der neue Markgraf
Carl-Wilhelm-Friedrich den Kavaliersarchitekten von Zocha zum
Geheimen Rat nach oben hinwegbeförderte und den aus Stuttgart
kommenden Leopold Retty (1704-1751) im Januar 1731 zum neuen
Baudirektor bestellte. Der brachte zuerst die beiden begonnenen
Flügel unter Dach und verlängerte dann, wie von Zocha geplant,
den Gabrielibau zum langen Südostflügel mit dem Haupttor. Im
Dezember 1733 waren die Bauarbeiten soweit fertig, daß 1734 mit
der Innenausstattung begonnen wurde, an der Retty bereits ab 1732
geplant hatte. Kreisel hat die Ausstattungsphase der neuen Staatsappartements von 1734 bis 1744 anhand der Ausgabenhäufungen
untersucht,[31] in deren Folge Retty zusätzlich immer häufiger Aufgaben in Stuttgart übernahm, bevor er 1750 offiziell aus markgräflichen Diensten entlassen wurde.

Nachdem der Gabrielibau für zwei übereinanderliegende Appartements mit identischer Raumdisposition geplant war und zur
Hochzeit des Prinzen 1729 zwei Appartements neu ausgestattet
wurden, wäre davon auszugehen, daß dem Prinzen und seiner Frau
je ein Appartement und dem zukünftigen Markgrafen vielleicht das
wichtigere erste Obergeschoß zugedacht war. Der Ritter von Lang
berichtete Mitte des 19. Jahrhunderts, das Appartement der Markgräfin habe 1737 auf der Belle Etage und das Appartement des
Markgrafen im 2. Obergeschoß gelegen.[32] Seit 1972 kennen wir

Südost-Fassade der Residenz Ansbach nach Johann Gottfried Köppel, Kupferstich, 1786

einen skizzierten Teilgrundriß, der für das Zeremoniell zur Belehnung des Fürsten Schwarzenberg am 28.6.1734 angelegt worden war (Abb. S. 20). Es wurde angenommen, der Grundriß gebe Räume im Appartement des Markgrafen wieder, das wir heute kennen (R 3-5).[33] Einer der Gründe war sicher die Lage des zweiten Vorzimmers an einer Gebäudeecke mit dem folgenden Audienzzimmer. Gegen diese Zuordnung steht vor allem das erste Vorzimmer, das auf der Planskizze sehr klein gezeichnet ist und nicht mit dem Baubefund an dieser Ecke des Schlosses übereinstimmt. Die Skizze paßt jedoch im gleichen Geschoß sehr genau auf die Bausituation der Nordostecke, wo der Gabrielibau mit den älteren Bauteilen verbunden wurde und das kleine erste Vorzimmer wegen eines bestehenden Luftschachtes nicht größer ausgefallen ist (Grundriß S.18). Dargestellt sind die Räume 23-25 sowie Teile des Raums 26, der erst unter Markgraf Alexander durch Herausnahme von Zwischenwänden zur Galerie erweitert wurde. Bis dahin umfaßte die Raumdisposition des Gabrielibaus ein (zweites!) Vorzimmer, Audienzzimmer, Schlafzimmer und Kabinett.[34] Auf der Skizze stimmen auch die Anzahl der Fenster sowie der Eingang durch den hofseitigen Arkaden-

gang in den Gekachelten Saal (R 24) mit der Bausituation überein, und es fällt auf, daß der Zugang zu den Gemächern anläßlich des zeremoniellen Aktes 1734 noch nicht über das im Bau befindliche Haupttreppenhaus, sondern nur durch die ›Tafelstube‹ (R 24) erfolgen konnte. Vor allem aber ist die Lage beider Staatsappartements auf der Belle Etage eindeutig festgelegt. Mit der Bezeichnung des Raums 23 als »Äusserstes Vorgemach Ihro Hoheit« und des Durchgangs in den benachbarten Raum 22 als »Entree in Ihro Hoheit innerstes Vorgemach« kann nur die Markgräfin gemeint sein, die als Tochter des Königs von Preußen weiterhin Anspruch auf den Titel Hoheit hatte. Außerdem paßt dies mit den Raumbezeichnungen in den Ausstattungslisten Zochas von 1729 überein (S.284f.), und es steht fest, daß die Appartements des neuen Markgrafenpaares im Gabrielibau nicht von vornherein übereinandergelegen haben. Im zweiten Obergeschoß des Gabrielibaus waren die Räume wahrscheinlich nicht ausreichend möbliert und ungenutzt, denn als die Bildhauer Biarelle und Mayer im Oktober 1732 den Auftrag bekamen, »acht Hocker für die Räume hinter den acht Fenstern der 3. Etage des Gabrielischen Baues anzufertigen«,[35] ist die Ortsbe-

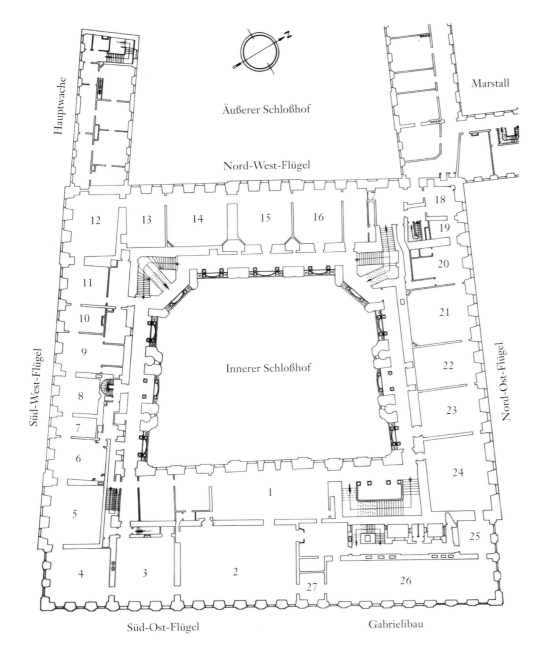

Hauptwache

Äußerer Schloßhof

Marstall

Nord-West-Flügel

Süd-West-Flügel

Innerer Schloßhof

Nord-Ost-Flügel

Süd-Ost-Flügel

Gabrielibau

Residenz Ansbach, Grundriß der Belle Etage.
Rekonstruiert nach historischen Plänen von
J. Maier/Erlangen 1999

1 Vorsaal (Gardessal)
2 Festsaal

Wohnräume des Markgrafen
3 Erstes Vorzimmer (ursprünglich Porzellanzimmer)
4 Weißer Saal (zweites Vorzimmer)
5 Audienzzimmer
6 Schlafzimmer
7 Braunes Kabinett (ehem. Handbibliothek)
8 Marmorkabinett

Wohnräume der Markgräfin
9 Schlafzimmer
10 Spiegelkabinett
11 Braunes Wohnzimmer
12 Audienzzimmer
13 Drittes Vorzimmer (Jagdzimmer)
14 Zweites Vorzimmer (Gobelinzimmer)
15 Erstes Vorzimmer
16 Dienerschaftszimmer
17 Gang

Gastzimmer
18 Dienerschaftszimmer
19 Kabinett
20 Schlafzimmer
21 Audienzzimmer
22 Zweites Vorzimmer (Familienzimmer)
23 Erstes Vorzimmer (Monatszimmer)
24 Gekachelter Saal (Ordinäres Tafelzimmer)
25 Vorzimmer
26 Galerie
27 Bilderkabinett

schreibung eigenartig umständlich, als hätten die Räume keine Funktion.

Nach der Ortsbestimmung der Skizze für das Zeremoniell zur Belehnung des Fürsten Schwarzenberg im Jahre 1734 ist es nicht mehr möglich, daß die beiden neuen, von Markgraf Carl-Wilhelm-Friedrich in Auftrag gegebenen und unter der Leitung Leopold Rettys ausgestatteten Staatsappartements im Südost- und Südwestflügel bereits im Jahre 1734 auch nur provisorisch benutzbar waren. Der Festsaal wurde 1736 anläßlich der Taufe des Markgrafen Alexander das erste Mal offiziell genutzt und eingeweiht.[36] Ab wann die anschließenden Staatsappartements genutzt werden konnten, bleibt ungewiß, und es wird nicht vor 1740 damit zu rechnen sein.

Über die Planungen zur Möblierung geben wiederum zwei Listen Auskunft, die der Kammermeister und Hoftapezierer Christian Wolfgang Ulrich[37] 1733 und 1738 aufgestellt hat S. 285). Sie geben

auch Auskunft über die Planung der Raumdisposition, wobei unverständlich bleibt, warum in der Raumfolge des Markgrafen 1733 kein Schlafzimmer genannt ist, das zu den unverzichtbaren Räumen eines Staatsappartements gehört. Allerdings wird neben dem Paradeschlafzimmer der Markgräfin ein weiteres, tatsächlich zu benutzendes Schlafzimmer aufgezählt, das in der Planung des Jahres 1738 nicht mehr auftaucht. Ein vergleichbares Schlafzimmer hat es in der Wiener Hofburg gegeben, deren Raumdisposition man sich beim Bau der neuen Appartements in der Residenz München angeschlossen hat.[38] Vielleicht waren die Raumplanungen des Architekten 1733 aber noch im Gange, oder der Hoftapezierer war mit den Gepflogenheiten des Zeremoniells nicht vertraut und hatte das zweite Schlafzimmer falsch beschriftet. Jedenfalls sah die Liste des Jahres 1738 selbstverständlich ein Paradeschlafzimmer für den Markgrafen vor. Falls jedoch drei Schlafzimmer geplant waren, hat im

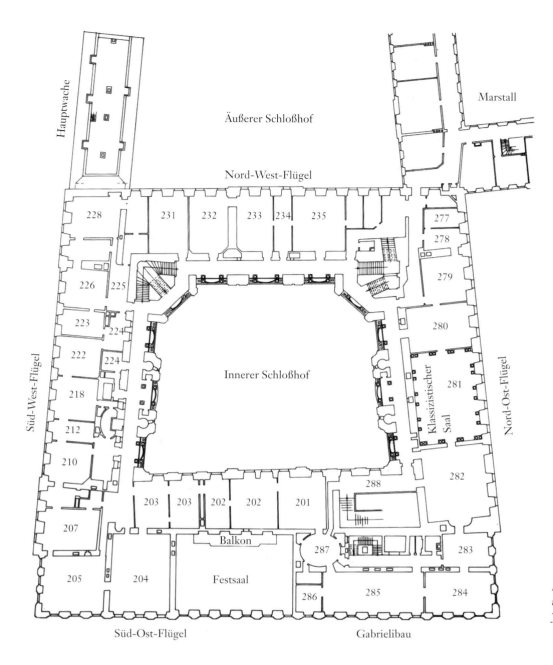

Hauptwache

Äußerer Schloßhof

Marstall

Nord-West-Flügel

228   231   232   233 234 235

277

278

279

226 225

280

223

224

Süd-West-Flügel

222   224

281

Klassizistischer Saal

Nord-Ost-Flügel

218

Innerer Schloßhof

212

210

282

203   203   202   202   201

288

207

287

283

Balkon

205   204   Festsaal

285   284

286

Süd-Ost-Flügel   Gabrielibau

Residenz Ansbach, Grundriß des 2. Obergeschosses, rekonstruiert nach historischen Plänen von J. Maier/Erlangen 1999

Verzicht auf ein »ordenary Schlafzimmer« in der Liste von 1738 vielleicht die räumliche Trennung des Herrscherpaares ihren Niederschlag gefunden, indem sich die Markgräfin spätestens ab 1736 nach Unterschwaningen zurückgezogen hatte. Auch die Zuordnung des Marmorkabinetts (R 8), das 1733 unter den Räumen der Markgräfin geführt wurde und 1738 dem Appartement des Markgrafen zugeschlagen worden war, ist vielleicht auf die veränderte Situation zurückzuführen. Im übrigen hatte der Hoftapezierer 1738 nur noch eine Liste für das Appartement des Markgrafen aufgestellt, für dessen Möblierung ein Vorrang angenommen werden kann. Ein Vergleich beider Listen macht einen Wandel der Vorstellungen deutlich. Anstelle der roten Lederbezüge wurden später blaue gewünscht und die Anzahl der Sitzmöbel erhöht. Inwieweit die Planzahlen umgesetzt wurden, wissen wir nicht. Festzuhalten aber bleibt, daß für die wichtigsten Repräsentationsräume die Konsolti-

sche und ein größerer Teil der Sitzmöbel Mitte 1738 noch nicht vorhanden waren und angefertigt werden mußten. Nur einfachere Tafelsessel, d. h. Polsterstühle, waren fertig. 1735 hatte der Bildhauer Franz Hornung »36 Tafelsessel für die herrschaftlichen Zimmer gefertigt«,[39] wobei nicht gesagt ist, ob diese speziell für die alten oder neuen Appartements gedacht waren.

Konsoltische und Sitzmöbel der neuen Appartements

Heinrich Kreisel erkannte als erster, daß die wandfeste Ausstattung der beiden neuen Staatsappartements samt Sitzmöbeln (Kat. 36-41) und Konsoltischen (Kat. 42-49) von den gleichen Künstlern entworfen und gefertigt worden waren. Auf Grund seiner Funktion als Hofbildhauer und Designateur wurde Paul Amadée Biarelle die Hauptleistung zuerkannt, was eine direkte Zuschreibung von Mö-

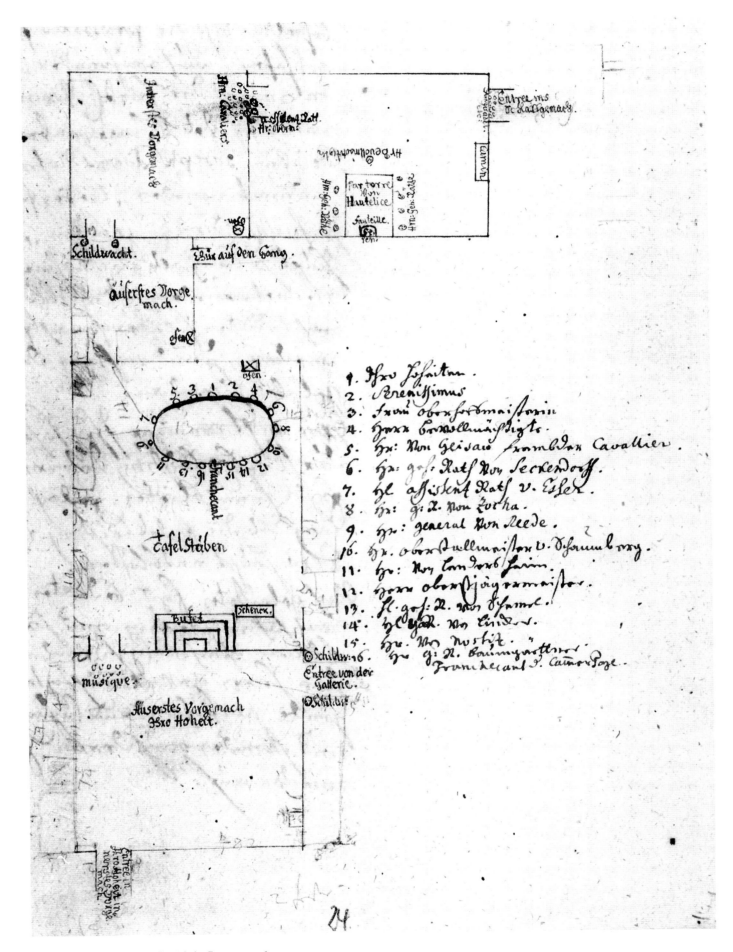

Grundriß der Belle Etage im Bereich der Räume 23-26,
angelegt zum Zeremoniell der Belehnung des Fürsten Schwarzenberg am 28. Juni 1734,
Staatsarchiv Nürnberg

beln zur Folge hatte. Letzteres kann so eindeutig nicht übernommen werden.

Ohne Zweifel war P.A. Biarelle der wichtigste Mitarbeiter bei der Ausstattung des Schlosses. Nachdem Retty bereits 1731 die Anstellung eines Designateurs gefordert und die Fähigkeiten des späteren Architekten Steingruber für nicht ausreichend angesehen hatte, wurde Biarelle im Januar 1733 auf Wunsch Leopold Rettys zum Ornamentzeichnen angestellt. Vorher hatte Retty den offensichtlich französisch geschulten Bildhauer auf eigene Kosten beschäftigt. Außerdem hatte Biarelle im Oktober 1732 zusammen mit dem Bildhauer Mayer den Auftrag bekommen, »acht Hocker für die Räume hinter den acht Fenstern der 3. Etage des Gabrielischen Baues anzufertigen«.[40] 1737 wird Biarelle zum ersten Mal offiziell als Hofbildhauer und Designateur genannt und als solcher bis zu seinem Todesjahr 1752 in den Ansbacher Hofkalendern geführt. Daneben gab es den Bruder und Maler Johann Adolphe Biarelle, der für den Kurfürsten von Köln tätig war und von Retty für Deckenmalereien empfohlen wurde. Von 1736 bis 1744 ist J.A. Biarelle dann in Ansbach tätig, bevor er in Schloß Brühl erneut für den Kurfürsten von Köln arbeitete. Das Deckengemälde des Spiegelkabinetts (R 10) wurde 1740, zwei Supraporten im Schlafzimmer des Markgrafen (R 6) sowie das Gemälde eines Ofenschirms (Kat. 29) 1741 von J.A. Biarelle signiert. Auch die sechs großen wandfesten Leinwandgemälde des Marmorkabinetts sind mit einer Zahlung im Jahre 1740 für ihn gesichert.[41] Weil J.A. Biarelle nach 1744 in Schloß Brühl als Designateur tätig war, hatte Kreisel vermutet, daß der Maler auch schon in Ansbach als Entwurfszeichner tätig war.[42] Das hat eine Schriftquelle bestätigt, nach der J.A. Biarelle 1737 den Auftrag bekam, für den Ansbacher Markgrafen Wandteppiche zu entwerfen.[43] Darüber hinaus gibt es Ähnlichkeiten zwischen den wandfesten Gemälden des Marmorkabinetts sowie dem Gemälde des Ofenschirms von J.A. Biarelle und Marketerien auf Möbeln aus der Werkstatt Martin Schuhmachers. Allerdings kann nicht entschieden werden, ob die Marketerien auf Vorlagen von Johann Adolphe oder Paul Amadée Biarelle basiert haben und wieviele Zwischenschritte es womöglich gegeben hat (S. 28). Die Zuschreibung der Bildhauermöbel an einen einzigen Künstler wird außerdem eingeschränkt, weil die geschnitzten Konsoltische auf den Entwürfen der ebenfalls geschnitzten Wandverkleidungen nicht eingezeichnet sind,[44] die dem Designateur und Hofbildhauer P.A. Biarelle zugeschrieben wurden. Gerade weil Konsoltische fest an die Struktur der Wände gebunden waren, wurden sie in der Regel mitgezeichnet. Als Baudirektor wird man auch Retty eine gewisse Mitarbeit zumessen müssen, der den Entwürfen wenigstens zugestimmt haben wird. Im übrigen werden Einflüsse Münchner Hofkünstler auf die Ausstattung der neuen Appartements in der Residenz Ansbach seit langem diskutiert. Zuletzt hat Jahn die Argumente zusammengefaßt und in seiner Arbeit über die ›Stukkaturen des Rokoko‹ versucht nachzuweisen, daß die Ansbacher Ausstattungen weitgehend nach Entwürfen des Münchner Hofbaumeisters François Cuvilliés entstanden. In der Folge wäre Retty mit seinen Leuten nur für Organisation und Ausführung zuständig gewesen.[45] Ein so weitreichender Schluß kann nicht nachvollzogen, Münchner Einflüsse können aber auch nicht in Abrede gestellt werden. Einige Sachverhalte stehen fest: 1732 war der Versuch Rettys gescheitert, in den Reichen Zimmern

der Residenz München von einer Ansbacher Delegation Zeichnungen anfertigen zu lassen.[46] 1733 war Kurfürst Karl-Albrecht von Bayern[47], und im gleichen Jahr oder Anfang 1734 war auch Cuvilliés in Ansbach,[48] ohne daß wir Näheres über den Besuch wissen. Nachdem Retty bereits 1734 in München um die Entsendung von Stukkatoren gebeten hatte, waren die Bildhauer Johann Caspar Wetzler und Starcke 1737 von München nach Ansbach berufen worden, über die der Ansbacher Hofbildhauer P.A. Biarelle die Oberaufsicht zu führen hatte.[49] Endlich wurde 1738 der Bildhauer Wetzler mit dem Zeichner Mauritio Pedetti nach München geschickt, um Ausstattungen abzuzeichnen, was auch geschehen ist. Leider ist nur eine Liste der Zeichnungen erhalten, in der es unter anderem heißt: »... 12 Risse, die das Schloß München betreffen / 4 Tischfüß auf 1 Blatt / 2 Cannabee auf 1 Blatt / ...«.[50]

Zum Vergleich mit den Ansbacher Konsolen bietet sich eine Reihe von Konsoltischen in den Reichen Zimmern und in der Grünen Galerie der Residenz München an, die um 1733/34 entstanden sind und deren Entwürfe Cuvilliés zugeschrieben oder für ihn gesichert sind.[51] Dabei könnten die S-förmig geschwungenen Beine mit weit vorgeschobenen Füßen, der großzügige Bogen zu den recht weit heruntergezogenen Zargen, der C-bogenförmige Einzug unter den Ecken der Platten und eine strenge Achsensymmetrie als ähnliche Grundstruktur angesehen werden. Auch eine Felderung im Hintergrund der Zargen, Gitterwerk, weibliche Maskarons, virtuos geringelte Drachen, Blattwerk und Blütengehänge sind in München wie Ansbach zu sehen. In München ist der Dekor jedoch freier vom Träger weg entwickelt, es gibt eine größere Variationsbreite einzelner Formen, und die Stege wurden weniger mächtig besetzt. Dagegen wurden Zargen und Beine in Ansbach nicht so dicht mit Dekor überzogen, und es herrscht eine Vorliebe für deutlich hervortretende, kartuschenähnliche Gebilde auf den Stegen und in den Zargen. Blumen wurden nicht zu Sträußen zusammengefaßt, sondern verteilt. Das Muschelwerk wurde anders, nicht als tragendes Element an den Beinen, sondern nur als Dekor benutzt. Kräftig geriefte Flächen fehlen fast ganz, obwohl kantige, klare Linien und scharfe Grate an den Ansbacher Konsolen eine viel größere Rolle spielen als an den fleischigeren Details der Münchner Wandtische. Das ist gerade an den Konsolen zu sehen, die sich in der Erfindung schöner Ecklösungen qualitativ am ähnlichsten sind.[52] Große Ähnlichkeit haben die geschnitzten Drachen, besonders die fauchenden Köpfe, während die Körper an den Münchner Konsolen feiner und anders positioniert sind (Kat. 43, 44, 47).[53] Auch insofern haben die Ansbacher Konsoltische einen eigenen, stärker an französischen Vorbildern orientierten Stil, und der Bewertung Kreisels ist nichts hinzuzufügen.[54] Von einer bloßen Übernahme und organisatorischen Umsetzung Münchner Entwürfe kann die Rede nicht sein, obwohl Zeichnungen von Konsoltischen und Sitzmöbeln[55] aus München als Vorbilder vorhanden waren.

An den Konsoltischen, aber auch an den vielen etwa gleichzeitig entstandenen Sitzmöbeln ist zu sehen, daß selbst an einer Garnitur jeweils verschiedene Bildhauer und Vergolder beschäftigt waren (Kat. 36). Neben den bisher genannten sind weitere Bildhauer aktenkundig. Im September 1739 wurde Johann Georg Wörflein als Designateur angestellt,[56] der von 1734 bis 1748 auch als Bildhauer in den Baurechnungen geführt ist.[57] Im März 1739 stellte P.A. Bi-

Audienzzimmer des Markgrafen (R 5)

arelle eine Liste der Bildhauer auf, über die er seit 1737 die Ober-aufsicht hatte: Johann Caspar Wetzlar, Franz Hornung, Johann Michael Wagner, Carl Bier, den alten Bier und einen gewissen Selhammer.[58] Einen spannenden Beitrag lieferte kürzlich Bruno Bushart. Er identifizierte den virtuosen Ornamentzeichner ›Carl Püer Elvaci‹ mit dem Bildhauer Carl Bier aus Ellwangen, der von Juni 1738 bis Februar 1739, vielleicht aber auch länger, als Bildhauer in Ansbach beschäftigt war, während sein Vater, ›der alte Bier‹, wohl nur im August 1738 gearbeitet hat.[59] Bei einer solchen Anzahl von entwerfenden Bildhauern können Zuschreibungen einzelner Konsoltische oder Sitzmöbel nicht ohne weiteres vorgenommen werden.

Die Sitzgarnituren Kat. 36-38 bestehen zusammen aus 20 Sesseln, 16 Stühlen und 17 Hockern in gleichen Maßen, Formen und Ornamenten. Nur wenige Stücke waren nicht komplett vergoldet. Eine ähnliche Grundstruktur der Gestelle, aber unterschiedlich geschnitzten Dekor haben die Sitzgarnituren Kat. 35, 39-41. Sicher gehören die Sitzmöbel zu den »viererley Sorten Sessel«, die nach einer Liste Biarelles vom 4.3.1739 von den Bildhauern im Schloß angefertigt worden sind.[60] Zusammen sind das immerhin noch 97 in Maßen, Struktur und Fassung sehr ähnliche Sitzmöbel, die während der Erstausstattung der beiden neuen Staatsappartements entstanden sind. Bisher ist noch keine zweite auch nur annähernd ähnlich große Gruppe von Sitzmöbeln aus der ersten Hälfte des 18. Jahrhunderts bekannt, bei der auch noch Fassung und Polsterung so weitgehend vorhanden sind.[61] Das eröffnet Forschungsmöglichkeiten zur Serienproduktion von Bildhauermöbeln bei der Ausstattung eines Schlosses. Erste in den Katalogtexten vorgenommene Vergleiche zeigen, daß nahezu gleiche Sessel trotzdem von verschiedenen Händen stammen. Verschiedene Bildhauer haben nach gleichen Vorlagen gearbeitet und konstant hohe, kaum unterscheidbare Qualität geliefert. Auch deshalb wurde auf Zuschreibungen verzichtet.

Die Möbel des Ansbacher Hofebenisten
Martin Schuhmacher und die Zuschreibungen
an den Berliner Hofschreiner Martin Böhme

Wohl zu recht wurde angenommen, daß Martin Schuhmacher[62] das Amt des Hofebenisten von seinem Vorgänger Johann Matusch übernommen hat, nachdem dieser 1731 zum letzten Mal in den Akten nachgewiesen werden kann. Sein Todesdatum kennen wir nicht.

Weil Schuhmacher bereits 1720 in den Hofakten auftaucht, wurde ebenfalls angenommen, daß er bei Matusch gelernt hat. In den Hofkalendern ist Schuhmacher bis 1780 als Hofebenist geführt, 1781 ist er gestorben. Nach Kreisel wurde ihm wohl infolge seines hohen Alters 1756 der Sohn Helwig Michael Schuhmacher unterstützend zur Seite gestellt. Vom Dezember 1754 gibt es eine Nachricht, daß Helwig Michael für ein Jahr zur Probe als Geselle beim Vater in der Werkstatt arbeiten dürfe,[63] und nach dem Regierungswechsel bestätigte Markgraf Alexander am 1. August 1758 eine Zusage seines Vaters von 1752, nach der Helwig Michael die Hofebenistenstelle nach dem Tode von Martin übernehmen solle.[64] Anscheinend wurde Helwig Michael Schuhmacher aber nie fest in den Dienst des Hofes übernommen: 1768 heißt es, daß Helwig Michael in der Taglohnliste arbeitet[65] und sein Sohn Carl Heinrich Schuhmacher beim

Audienzzimmer der Markgräfin (R 12)

Großvater Martin Schuhmacher in die Lehre gehe.[66] 1776 bittet Helwig Michael darum, daß ihm seine beiden Söhne an die Hand gegeben werden,[67] aber es wird nicht klar, welche Funktion er innehat, denn fast gleichzeitig beschließt das Hofbauamt, der jüngste Sohn (von welchem Schuhmacher?) dürfe wegen liederlichen Benehmens bei der Hofebenisterei keine Arbeit mehr bekommen. Carl Heinrich Schuhmacher solle dem Großvater Martin so oft wie möglich gegen Taglohn beim Furnierschneiden zur Hand gehen, und es wurde darauf gedrungen, daß Martin Schuhmacher die Arbeit, für die er bezahlt würde, auch selbst machen und nicht durch den Enkel oder Sohn ausführen lassen solle.[68] Demnach ist die Lage ab den 1750er Jahren unübersichtlich. Es wird nur deutlich, daß in der Werkstatt des Hofebenisten mehrere Familienmitglieder zusammengearbeitet haben, für die Martin Schuhmacher trotz hohen Alters die Verantwortung hatte. Vor allem die Qualitäten des Sohnes Helwig Michael müssen zurückhaltend bewertet werden, dessen Sohn beim Furnierschneiden offensichtlich bevorzugt wurde. Außerdem wurde das Amt des Hofebenisten nach dem Tod Martin Schuhmachers 1781 per Dekret eingezogen und nicht wieder besetzt. Die Herstellung anspruchsvoller Marketeriemöbel wurde nun von der Werkstatt des Hofschreiners mitübernommen, die es seit Anfang des 18. Jahrhunderts parallel zur Werkstatt des Hofebenisten in Ansbach gegeben hatte. Ihr stand nach dem Hofschreiner Johann Guß ab 1736 Samuel Erdmann Bayer, danach der Sohn Johann Michael Bayer vor. Der Hofschreiner Johann Laurenz Weymar ist von 1787 bis 1791 in den Ansbacher Hofkalendern als solcher nachzuweisen,[69] hat aber zumindest bis 1799 als Hofschreiner gearbeitet und signiert (Kat. 122).

Eine Gruppe von 22 Ansbacher Möbeln hat in Form, Marketerie, Beschlägen und Konstruktion große Ähnlichkeiten und Übereinstimmungen. Ein Teil der Gruppe hat eine parkettierte Marketerie aus Amarant mit Messing und wurde von Kreisel dem Berliner Hofschreiner Martin Böhme zugeschrieben (Kat. 18, 19, 21, 22, 28). Dazu gehören zwei bisher nicht publizierte Kabinettschränkchen (Kat. 20). Der andere Teil hat ornamentale Holzmarketerie und wurde Martin Schuhmacher zugeordnet (Kat. 23, 26, 27, 29). Hinzu gehören eine Tischplatte (Kat. 31) sowie ein unpublizierter Pultsekretär (Kat. 30).

Schlüsselstück zwischen Böhme und Schuhmacher war für Kreisel ein Pultsekretär, in dem sich die Formen beider Gruppen aus damaliger Sicht verbunden haben (Kat. 24). Grundlage der Zuschreibungen an Schuhmacher war nicht so sehr das einzig signierte und datierte Stück, eine Aufsatzkommode in Boulletechnik von 1736 (Kat. 17), sondern die Tatsache, daß Schuhmacher zur fraglichen Zeit die Funktion des Hofebenisten innehatte. Das bleibt auch jetzt die wichtigste Grundlage der Zuschreibung.

1939 hatte Kreisel noch alle Möbel der Gruppe als Ansbacher Erzeugnisse »in englischen Formen« angesehen und erst ab 1970 einen Teil dem Berliner Hofschreiner Böhme zugeschrieben. Dafür waren verschiedene Gründe maßgebend.[70] Zum einen waren es die für Süddeutschland fremd erscheinenden Formen. So wirken die Anrichten mit ihren sechs Beinen unbeholfen, weil die beiden vorderen Beinpaare jeweils parallel gestellt sind, obwohl die Beine unterschiedliche Teile der Möbel stützen und deshalb unterschiedliche Funktionen haben (Kat. 21, 22). Außerdem führte Kreisel die Be-

schläge, Messingadern und -profile an. Dazu kam die Holzart der Parkettierung, die er als Mahagoni angesprochen hat. Kreisel führte Formen und Materialien der Möbel auf englische Vorbilder zurück. Gleichzeitig wies er darauf hin, daß Caroline, die Tante des neuen Markgrafen Carl-Wilhelm-Friedrich, die Königin von England war, während Königin Sophie-Dorothea von Preußen die Schwester des Königs von England, aber auch die Mutter der neuen Markgräfin von Ansbach war. Also hätte der englische Einfluß entweder direkt aus London oder über Berlin nach Ansbach kommen können.

Kreisel hatte sich zu der Vermutung entschieden, daß die Möbel aus Berlin nach Ansbach gekommen sind. Einer der Gründe war, daß bis heute keine Schriftquellen aufgetaucht sind, an denen man eine Wanderung von Kenntnissen über englische Möbel von England nach Ansbach ablesen könnte. Dagegen sind reichlich Quellen über den Hofschreiner der Königin Sophie-Charlotte in Berlin publiziert. Böhme fertigte mehrere Möbel, die als ›Englische Spinde‹ bezeichnet sind, daneben eine Reihe von Möbeln aus Mahagoni mit Messingbeschlägen, Messingprofilen und Messingadern.[71] Kreisel nahm an, daß solche Möbel 1729 als Heiratsgut aus Berlin nach Ansbach gekommen sind. Als Beleg wurde eine Anrichte gewertet, von der sich ein Gegenstück im Besitz der Landgrafen von Hessen erhalten hat und als preußisches Erbe dorthin gekommen sein soll (Kat. 21). Eine schriftliche Quelle ist jedoch nicht bekannt. Auch von einer anderen Ansbacher Anrichte ist ein Gegenstück an anderem Ort, im Besitz der Fürsten Thurn & Taxis, aufgetaucht (Kat. 22). Wie sie dorthin gekommen ist, wissen wir ebenfalls nicht. Beide Gegenstücke gleichen jedoch in den Maßen sowie in der Farbe der Marmorplatten den in Ansbach verbliebenen Stücken so genau, daß sie unbedingt als Paare angesehen werden müssen, zumal sich noch ein drittes, sehr ähnliches Paar von Anrichten komplett in Ansbach erhalten hat. Daß die Paare bereits zur Entstehungszeit auseinandergerissen oder gar nicht als Paare angefertigt worden sind, ist unwahrscheinlich. Eher könnte der Besitzerwechsel viel später stattgefunden haben: Erst unter Markgraf Alexander, dem Sohn Carl-Wilhelm-Friedrichs, besaß die Markgrafschaft Ansbach seit den 1780er Jahren in Berlin ein Palais,[72] in dem auch Möbel aus Ansbach gestanden haben. Nachdem Alexander 1791 resigniert und nach England gegangen war, ging das Palais in den Besitz des Königreichs Preußen über, und so könnten die Möbelstücke erst jetzt oder im Lauf des 19. Jahrhunderts als Erbmasse weitergegeben worden sein. Deshalb ist es wahrscheinlicher, wenn man in Ansbach erst lange nach ihrer Entstehung aus Möbelpaaren einige Stücke herausgenommen und ein Palais in Berlin möbliert hat, als ein neu angefertigtes Möbelpaar auseinanderzureißen, um ein Stück in Berlin zu belassen und das andere als Heiratsgut nach Ansbach zu schicken.

Kreisel führte auch das für Böhme vielfach nachgewiesene und angeblich für die Ansbacher Möbel verwendete Mahagoniholz an. Für die Ansbacher Möbel wurde jedoch ausschließlich Palisander und vor allem rötliches Amarant verwendet, das hier wegen der Lichtschäden mit Mahagoni verwechselt worden ist. Im übrigen gibt es weder in Berlin noch anderswo ein einziges Möbel, das dem Hofschreiner Böhme auch nur halbwegs sicher zugeschrieben werden kann. Abgesehen von Beschreibungen in den Akten wissen wir nicht, wie ein Möbel von Böhme überhaupt ausgesehen haben könnte.

Zweites Vorzimmer der Markgräfin, Gobelinzimmer (R 14)

Selbstverständlich waren Kreisel Ähnlichkeiten zwischen Möbeln aufgefallen, die er dem einen und anderen Teil der Gruppe zugeordnet hat (Kat. 22, 24, 28). Es waren die Form der Beine, die Messingschienen an den vorderen Ecken oder die Schuhe. Schlüsselstück und Problem zwischen Böhme und Schuhmacher war der Pultsekretär mit ornamentaler Marketerie (Kat. 24). Kreisel mußte die Marketerie Schuhmacher zuschreiben, und er behalf sich mit der Interpretation, daß das Möbel, fertig zusammengesetzt aus Berlin gekommen, erst von Schuhmacher in Ansbach marketiert worden sei!

Ein solches Verfahren wäre rein technisch möglich, aber höchst ungewöhnlich und in der Praxis ausgeschlossen. Zudem ist keine archivalische Quelle bekannt, die ein solches Verfahren belegt. Man konnte in Paris fertig marketierte Tafeln kaufen und diese zu Möbeln

zusammensetzen. Aber diese Tafeln waren kostbar. Sollte man in Berlin der unspektakulären, wenig eleganten und rohen Karkasse eines Schreibmöbels soviel Wert beigemessen haben, daß man sie fertig zusammengesetzt über eine weite Strecke verschickt und dann erst kostbar furniert hat? Ein Schreiner in Ansbach, der aufwendige Marketerien wie auf diesem Schreibmöbel fertigen konnte, war gewiß auch in der Lage, den einfachen Korpus selbst herzustellen. Wäre aber den Möbeln in Berlin tatsächlich eine so hohe Bedeutung zugemessen worden, muß auffallen, daß dort offenbar kein Hinweis auf eines der markanten Möbel erhalten ist, weder in der Literatur noch auf einem Photo, das vor dem Zweiten Weltkrieg entstanden ist.

An Hand eines Vorkriegsphotos konnten Reste eines Pultsekretärs aus der Residenz Ansbach identifiziert werden, der 1945 unterging (Kat. 30). Im Vergleich mit Kreisels Schlüsselmöbel sind der gedrungene Korpus, die Beine oder die Schweifung der Unterkanten ähnlich. Auch auf dem alten Photo ist erkennbar, daß die Marketerie auf den Beinen ganz ähnliche Blumen zeigt. Trotzdem ist die Marketerie später entstanden. Deutliches Zeichen ist die geschweifte Rahmung auf der Seite. Spätestens jetzt ist zu fragen, ob man etwa mehrere Möbel von Berlin nach Ansbach geschafft und dort erst marketiert hat, oder ob es nicht doch wahrscheinlicher ist, daß die Pultsekretäre, und damit alle Möbel der Gruppe, in Ansbach gefertigt sind. Dann hätte man eine einfache Erklärung für die unterschiedlichen Marketerien, die als stilistische Weiterentwicklung zu bewerten wären.

Zu dem großen Schreibschrank in der Residenz Ansbach gibt es mehrere enge Vergleichsstücke. Ein Schreibschrank mit Messingeinlagen und Parkettierung in Amarant steht in Schloß Ludwigsburg und stammt vielleicht aus dem Besitz der Markgräfin Christiane-Charlotte von Brandenburg-Ansbach (1703-29), die eine geborene Württembergerin war. Daneben hat sich in Privatbesitz ein weiteres bis auf die Marketerie technisch gleichartiges Gegenstück erhalten. Beide Möbel sind ebenfalls fast zwei Meter hoch, bestehen aus Eiche und können nicht auseinandergenommen werden. Solche Stücke sind ungewöhnlich, und man hätte kaum mehrere davon aus Berlin nach Ansbach geschafft. Vor allem aber ist das zuletzt genannte Gegenstück bezeichnet: »j.C. Tresenreuter Fecit. Anspach. 1732«. Mit diesem Fund, den Kreisel bereits 1972 publiziert hat, müssen wir endlich auch davon ausgehen, daß alle bisher mit dem Namen Martin Böhme belegten Ansbacher Möbel in Ansbach und nicht in Berlin entstanden sind (Kat. 18).

Von dem Schreiner Tresenreuter kennen wir nichts außer der einen Signatur. Die Vergleichsstücke stellen jedoch sicher, daß sie aus der gleichen Werkstatt stammen oder zumindest von Leuten hergestellt wurden, die eng zusammengearbeitet haben. Wir gehen davon aus, daß die meisten Möbel der Residenz Ansbach von der Hofwerkstatt ausgeführt wurden. Hier war Tresenreuter vielleicht Geselle. Hofebenist war jedoch Martin Schuhmacher, der ganze 60 Jahre lang, von 1720 bis 1781 in Ansbach faßbar ist.

Die Marketerie des Pultsekretärs (Kat. 24) hatte Kreisel bereits ohne Umschweife dem Hofschreiner zugeschrieben. Von Schuhmacher signiert und 1736 datiert ist aber nur die Aufsatzkommode mit Spiegeltüren (Kat. 17), und der Vergleich zwischen beiden ist schwierig. Einmal sind es verschiedene Möbeltypen, daneben ist Holz- und Boullemarketerie nicht gleich zu beurteilen. Außerdem können beide Möbel auch noch in zeitlichem Abstand entstanden sein: Eine Vorliebe der Werkstatt scheinen die relativ breit gelagerten Möbel mit flachen Schubladen zu sein. Die oberen Schubladen des Pultsekretärs sind so flach, daß sie kaum einen praktischen Nutzen bieten. In der Regel hatte eine Kommode drei, nicht vier Schubladen, und die flachen Schubladen des Boullemöbels sind so breit (fast 1,50 m), daß man sie kaum handhaben kann. Vergleichbar ist auch die reichliche Verwendung von Messingprofilen und die Einfassung der Schubladen mit Messinglippen. Durch die Betonung der gleich breiten und übereinanderliegenden Schubladen, aber auch der schmalen, nebeneinanderstehenden Türen wirken die Fronten gerastert. Dazu kommt die Betonung des Rechtecks auch in der Marketerie, die platzfüllend rechteckigen Flächen eingeschrieben ist und nicht über deren Begrenzung hinaus ragt.

Auf den Schubladen des Pultsekretärs sieht man waagerechte Linien, die eigenartig stumpf und unorganisch an das Ornament stoßen. Es sind die Relikte ehemaligen Bandelwerks. Dagegen scheinen im regelrechten Bandelwerk auf den Schubladen des Boullemöbels die Übergänge vom Bandwerk in das Blattwerk mit den flachen Bögen zwar etwas gedrückt, aber doch besser geraten zu sein. Eine weitere Vorliebe der Werkstatt waren hochgestelzte Bogenreihen in der Marketerie. In der Kehle über den seitlichen Spiegeltüren der Aufsatzkommode sind die Bogenreihen aus richtigem Bandelwerk gebildet. In der Marketerie des Pultsekretärs sitzen die Bogenreihen in fein zerfiederten Rändern der C-Bögen. Beim Vergleich von Blattzweigen neben der Uhr und an den Seiten des Sekretärs scheint die Übereinstimmung besonders deutlich. Deshalb kommt man um die Zuschreibung der Holzmarketerie an die Ansbacher Hofwerkstatt nicht herum, aber man kann wohl kaum so weit gehen und beide Marketerien zwingend der gleichen Hand zuschreiben. Wie der bisher nur ein Mal aufgetauchte Name Tresenreuter und die Holzmarketerie erahnen lassen, wird es in der Ansbacher Hofwerkstatt neben Martin Schuhmacher und seiner Familie weitere Ebenisten gegeben haben.

Nachdem alle Möbel aus der genannten Gruppe der Werkstatt Schuhmachers zugewiesen sind, sollen bisher nicht erwähnte Merkmale genannt und eine zeitliche Einordnung getroffen werden. Stets sind die Marmorplatten mit zwei Löchern in der Unterseite und eisernen Bolzen im Korpus gegen Verrutschen gesichert (Kat. 21). Bei den Handhaben sind Konstruktion und Befestigung der U-förmigen Griffe auf den Schilden und Möbeln stets gleich (Kat. 21). Vor allem für die Handhaben und Schlüsselschilde sind englische Vorbilder zu finden.[73] Bei den Ansbacher Stücken handelt es sich um gegossene Beschläge und nicht um geschnittenes Messingblech. Sie entstanden sicher bei den Messinggießern Josef Bianchini und Ange Guillard am Ansbacher Hof.[74] Im Vergleich mit den Beschlägen des weitgehend zerstörten Pultsekretärs (Kat. 30) erscheint es sicher, daß die Beschläge der anderen Möbel ursprünglich ebenfalls vergoldet waren. Reste der Vergoldung gingen wohl bei den Restaurierungen der 1950er Jahre verloren. In den linken Türen wurden stets Riegel eingelassen, die nach oben bzw. nach unten schließen, deren Griffe aber nicht an der Rückseite, sondern an der Stirnseite liegen, so daß an der Stirnseite der Gegentür Aussparungen eingestemmt werden mußten (Kat. 22).

Bezeichnend für die Konstruktionen der Möbel ist die oft ausschließliche, verschwenderische Verwendung von Eichenholz in kräftiger Materialstärke selbst an untergeordneten Bauteilen. Nur selten gibt es Kleinteile im Inneren aus einem anderen Holz oder eine Rückwand in Weichholz. Auch deshalb sind die Möbel besonders schwer. Nur für die geschnitzten Beine der Anrichten, Pultsekretäre und Tische wurde Buche verwendet. Einen Sonderfall in der Holzwahl bilden die Kaminschirme aus Nußbaum (Kat. 29). Zwischen den Schubladen wurden keine Traversen aus einer Art Rahmen mit dünnem Staubboden eingezogen, sondern massive Zwischenböden, die aus billigerem Nadelholz hätten bestehen können. Der untere Boden liegt oft nicht an den Unterkanten der Seiten, sondern höher und ist wie ein Zwischenboden in die Seiten gezapft. Dadurch konnten die Seiten der Möbel als Standfläche benutzt und wie die Rückwände zu Brettfüßen ausgeschnitten werden. Auch die Zwischenwände sind massiv zwischen die Böden gezapft und die Zapfen verkeilt. Die Rückwände sind nicht nur an den Kanten, sondern auch an den Zwischenwänden und -böden mit Dübeln fixiert. Furnierte Schubladen wurden vorne nicht halbverdeckt, sondern offen gezinkt. Alle Schubladenböden sitzen stumpf unter den Seiten.

Vor allem für die Möbel mit Parkettierung in Amarant hatte Kreisel den englischen Stil betont. Während der Bearbeitung des Kataloges tauchte im Kunsthandel eine höchst elegante Kommode auf, die mit großer Sicherheit dem Pariser Ebenisten François Lieutaud um 1720 zugeschrieben worden ist.[75] Die Ähnlichkeit mit einigen ehemals Böhme, nun aber der Werkstatt Schuhmachers zugeschriebenen Möbeln in der Ansbacher Residenz ist verblüffend. In der Parkettierung mit Amarant und dem Hervorheben der Formen durch nebeneinanderliegende Messingadern gilt das besonders für den Schreibschrank (Kat. 18) und für das Kommodenpaar (Kat. 19). In den Zusammenhang gehören das parkettierte Kabi-

Kommode des Ebenisten
François Lieutaud, um 1720,
Sotheby's Zürich 1999

nettschränkchen (Kat. 20) und eine Tischplatte (Kat. 31). Die Einfassung der Schubladen mit Messinglippen tritt bei den verschiedenen Anrichten (Kat. 21-23) und dem signierten Boullemöbel wieder auf (Kat. 17). Deutlichste Übereinstimmung bilden die eingelassenen Messingschienen an den Korpusecken und die Form der Beine an den Anrichten und dem Pultsekretär (Kat. 24). Erst jetzt wird verständlich, warum die Beine der Ansbacher Möbel befremdlich wirken. In der Werkstatt Schuhmachers wurden, nach den vergleichsweise kurzen Beinen des Vorbilds, ohne Veränderung der Proportion und Schweifung einfach verlängerte Exemplare hergestellt. Auch der Tisch (Kat. 26) und die Pultsekretäre (Kat. 28, 30) haben solche Beine, während hier anstelle von Messingschienen solche aus Amarant in die Ecken eingelassen sind. Letztendlich wurde wie bei der französischen Kommode als Konstruktionsholz der sechs Anrichten (Kat. 21, 22), der drei Pultsekretäre (Kat. 24, 28, 30) und des Tischs (Kat. 26) Eiche, für die geschnitzten Beine aber Buche gewählt. Sogar in den Sabots der Kommode kann man ein Vorbild für die Schuhe des zerstörten Pultsekretärs sehen (Kat. 30).

Die aufgetauchte französische Kommode stammt aus der Familie der Reichsfreiherrn und Reichsgrafen von Seckendorff, die während des ganzen 18. Jahrhunderts höchste Positionen in der Regierung der Markgrafschaft Ansbach bekleidet haben. Christoph-Friedrich v. Seckendorff war unter Markgräfin Christiane-Charlotte bis zum Tode des Markgrafen Carl-Wilhelm-Friedrich Premierminister und Geheimer Ratspräsident des kleinen Staates.[76] Deshalb ist die Kommode über die Provenienz mit dem Ansbacher Hof verbunden. Sicher hätten die Seckendorff über die Verbindungswege des markgräflichen Hofes in Paris einkaufen können, aber der Ankauf eines so ungeheuer teuren Möbels, auch von einem wohlhabenden fränkischen Adeligen, ist schwer vorstellbar. Eher bekam ein Seckendorff das Stück für geleistete Dienste vom Markgrafen geschenkt. Immerhin hatte der Hof 1728/30 eine ganz Reihe von Möbeln in Paris erworben,[77] darunter ein erhaltenes Bureau plat, das von François Lieutaud gestempelt ist und identische Schlüsselschilde und Schuhe wie die aufgetauchte Kommode hat (Kat. 10). Möbel des Ebenisten waren dem Markgrafen also bekannt. Aber vor allem wegen der Ähnlichkeiten mit den Möbeln aus der Werkstatt Schuhmachers muß entweder diese Kommode oder ein annähernd gleiches Möbel 1728/30 von Markgraf Carl-Wilhelm-Friedrich in Paris gekauft und nach Ansbach gebracht worden sein. Folglich müssen die daran orientierten, ehemals Böhme zugeschriebenen Möbel um 1730/40 datiert werden.

Für die Datierung der Möbel mit ornamentaler Holzmarketerie steht die 1736 signierte Aufsatzkommode mit Boullemarketerie am Anfang (Kat. 17). Wenn man die Marketerie von Kreisels Schlüsselmöbel noch einmal zum Vergleich heranzieht, wird man sie gewiß nicht vor der Boullemarketerie und vor 1736 ansetzen (Kat. 24). Die strenge Bindung der Marketerie an das Rechteck taucht nach dem Boullemöbel nur bei dem Pultsekretär und keinem anderen Stück mehr auf. Neben den Relikten des Bandelwerks gibt es bereits muschelartige Formen, so daß der Sekretär sicher bald nach dem signierten Stück entstanden ist. Die Marketerie ist sehr präzise geschnitten und zeigt vor allem Blattwerk mit dünnen, langen und schilfartigen Blättern. Ihre Feinheit erinnert an die Arbeit eines Graveurs, wie etwa die Grate in der Binnenzeichnung von Formen, die Drachenflügeln entlehnt sind. Oft wurden die Blätter in Reihen nebeneinandergestellt und ausgerichtet; daneben gibt es Loch- und hochgestelzte Bogenreihen. Deshalb hatte Kreisel den Charakter der Marketerie mit »kalligraphischer Regelmäßigkeit« beschrieben,[78] wiewohl das Rokokoornament Schuhmachers »in seiner klassisch symmetrischen Phase mit einer sonst kaum in Franken erreichten Grazie verkörpert« sei.[79]

Die Bindung des Ornaments an das Rechteck tritt bei den anderen Möbeln nicht mehr so streng hervor, weil die Marketerien besser in die Rechtecke eingepaßt sind; so bei den Türen der Eckschränke (Kat. 27) und auf der Schreibklappe des zerstörten Sekretärs (Kat. 30). Auch auf geschweiften Flächen ist das Ornament schön eingebunden, wenn man die Etageren der Eckschränke, die Ofenschirme (Kat. 29) und die Marketerie des Tischgestells betrachtet (Kat. 26). Allerdings bleibt die Durchbildung der Ornamentflächen regelmäßig und an die Außenkanten der geschweiften Flächen gebunden, und das gilt auch, wenn die rechteckigen Flächen der Tischplatten in regelmäßig geschweifte Flächen aufgeteilt wurden (Kat. 26, 31). Auch als Flächen mit C-Bögen in unregelmäßige Partien zerlegt worden sind, blieben die Rahmungen steif und wenig elegant (Kat. 23, 30). Nun wurden auch Schäferszenen und Landschaften in das Repertoire aufgenommen, während Blumen, kleine Tiere und einzelne Figuren das Ornament schon vorher bereichert haben. Es besteht vor allem aus Bux und Ahorn und lag fast weiß im dunkelroten Amarant. Der starke Farbkontrast war ein auffallender Teil der Marketerie, der an manchen Stücken durch Lichtschäden fast ganz verlorengegangen ist (Kat. 29, 31). Für die nahsichtige Betrachtung blieb die ›Grazie‹ des Ornaments jedoch der entscheidende Anreiz.

Nach der Aufsatzkommode in Boulletechnik aus dem Jahr 1736 hatte Kreisel die marketierten Möbel Schuhmachers zumeist um 1740 datiert. Einen Anhaltspunkt bot das vom Maler signierte und 1741 datierte Gemälde eines Ofenschirms. Es war unzweifelhaft, daß das Gemälde für einen Ofenschirm bestimmt war, aber Kreisel wußte noch nicht, daß das zugehörige, marketierte Gestell erst 1751 in Auftrag gegeben wurde (Kat. 29). Folglich können die Möbel auch entsprechend später entstanden sein: Der Zeitraum muß um 1740/50 angesetzt werden. Weil das Ornament in den Marketerien der Möbel mit den unregelmäßigen Felderungen aber zumeist gleichgeblieben ist, wird man diese Möbel weiterhin um 1750 datieren können (Kat. 23, 30).

Für eine Reihe von Möbeln Schuhmachers sind die Marmorplatten besonders wichtig und lassen mit ihren kräftigen Schweifungen die eckigen Formen der Gehäuse zurücktreten (Kat. 17, 21, 22). Bei den Anrichten (Kat. 23) und der Kommode (Kat. 32) mit marketierten Platten scheint die früher benutzte Form der Marmorplatten übernommen worden zu sein. Form und Profilierung der Marmorplatten sind den Platten einiger Konsoltische sehr ähnlich (Kat. 15, 42-48, 69, 75). Sogar die Holzplatten einer sehr einfachen Kommode (Kat. 59) und eines ebenso einfachen Konsoltischs (Kat. 58) wurden den Marmorplatten deutlich nachempfunden. Besondere Ähnlichkeit mit den Holzplatten haben die Marmorplatten der aus Bayreuth gekommenen Konsolen (Kat. 65) sowie der für die Neueinrichtung der Galerie um 1773 gefertigten Platten (Kat. 11, 12, 14, 15).

An den Möbeln aus der Werkstatt Schuhmachers fällt auf, daß nur wenige auch in geöffnetem Zustand einen repräsentativen Anblick bieten. Zumeist erblickt man das blanke Eichenholz. Nur die Aufsatzkommode in Boulletechnik und die beiden Eckschränke wurden auch im Inneren marketiert (Kat. 17, 27). An den Marketerien fallen Ähnlichkeiten mit Ornamenten auf den wandfesten Gemälden des Marmorkabinetts und auf dem Gemälde des Ofenschirms von J.A. Biarelle auf. Die Formen des schilfigen Blatt-, Ranken- und Muschelwerks kehren trotz unterschiedlicher Materialien und Techniken in der Marketerie deutlich wieder. Einen guten Vergleich ermöglicht das Gemälde des Ofenschirms von J.A. Biarelle mit der Marketerie auf dem zugehörigen Gestell von Schuhmacher (Kat. 29). Allerdings ist das Gestell erst zehn Jahre nach dem Gemälde entstanden, als der Maler J.A. Biarelle bereits nicht mehr in Ansbach weilte und nur noch sein Bruder Paul Amadée, der Designateur und Hofbildhauer, für den Markgrafen tätig war. Insofern kann nicht entschieden werden, ob der Entwurf oder eine Vorlage für den Entwurf von Johann Adolphe oder Paul Amadée Biarelle stammen kann. Zumindest bildeten Zeichnungen der Biarelle Vorbilder für die Marketerien Schuhmachers oder gingen auf anderem Wege in das Formengut der Werkstatt über. Ein größerer Einfluß von Vorlagen des einen oder anderen Biarelle ist auch deshalb zu vermuten, weil die Marketerien auf den Möbeln der Schuhmacher-Werkstatt oft recht isoliert wirken. Überhaupt scheint die künstlerische Qualität der Marketerien oft deutlich höher als die der Möbelform. Folglich liegt es nahe, die Ursprünge der Marketerien eher im Formenschatz der Biarelle als in der Erfindung der Schuhmacher zu vermuten.

Insgesamt gilt für die Möbel aus der Werkstatt Schuhmachers, daß die Marketerien wenigstens unter dem Einfluß der beiden Biarelle als Ornamentzeichner entstanden sind und einige Möbelformen samt Parkettierung und Messingeinlagen ohne ein Möbel des Pariser Ebenisten François Lieutaud als Vorbild nicht denkbar sind. Folglich ist die Innovationskraft des Ansbacher Hofebenisten Martin Schuhmacher zurückhaltender als bisher zu bewerten. Das bedeutet kein abschließendes Urteil, bietet aber eine Erklärung für Eigentümlichkeiten der Ansbacher Marketerien und Möbelformen.

Markgraf Alexander von Brandenburg-Ansbach (1757-91)
und Bayreuth (ab 1769)

Nachdem der erstgeborene Bruder Carl-Friedrich-August (1733-1737) gestorben war, wurde Christian-Friedrich-Carl-Alexander Erbprinz. Er wurde am 24. Februar 1736 geboren und hatte eine relativ gute Ausbildung erhalten.[80] Bald fiel er wegen seiner Kenntnisse in Englisch, Französisch und Italienisch auf. Schon als Zwölfjähriger war er für die ungewöhnlich lange Zeit von zwei Jahren zum Studium nach Utrecht geschickt worden. Bald danach folgte die Kavalierstour über Straßburg, Basel und Genf nach Norditalien. Eher aus einer politischen Laune des Vaters heraus, um Kaisertreue zu demonstrieren, wurde Alexander 1754 mit der Prinzessin Friederike-Caroline von Sachsen-Coburg und Saalfeld verheiratet. Wie schon die Ehe des Vaters verlief auch diese Verbindung unglücklich, und es wurde noch zu ihren Lebzeiten gesagt, daß die Markgräfin nicht den geringsten Einfluß ausgeübt habe.

Markgraf Alexander
Gemälde von Georg Anton Abraham Urlaub 1772
Residenz Ansbach

Als Markgraf Carl-Wilhelm-Friedrich im Alter von 45 Jahren an einem Schlaganfall starb, übernahm der zweiundzwanzigjährige Alexander 1757 die Regierung, und als die Linie der Markgrafen von Brandenburg-Bayreuth ausstarb, übernahm er auf Grund von Erbverträgen 1769 auch die Markgrafschaft Bayreuth. Unter Alexander gab es in der Außenpolitik keine antipreußischen Bewegungen mehr, denn das große Vorbild des jungen Regenten war König Friedrich der Große als oberster Diener des Staates. Lange Zeit war die Geschichtsschreibung über Alexander aus zwei Gründen negativ geprägt: 1791 hatte der kinderlose Herrscher resigniert und sein Land dem Königreich Preußen überlassen. Zum anderen hatte er 2300 Soldaten für den Krieg der Engländer im fernen Amerika vermietet. Mit dem Erlös aus den Subsidienverträgen konnte Alexander die enormen Schulden seines Vaters begleichen, seinem Land aber auch einen wirtschaftlichen Schub ermöglichen, so daß er 1791 ein florierendes und recht wohlhabendes Staatsgebilde hinterlassen hat.

Gefördert wurde die Landwirtschaft mit Pferde- und Schafzucht, Kartoffel- oder Kleeanbau. Dazu kam die Einführung einer Landesökonomiedeputation, unter der man sich eine Art Wirt-

schaftsministerium vorstellen kann. Von dort wurde die Verbesserung der Infrastruktur gesteuert, deren Erfolge in der Anlage von langen, geraden Alleen bis heute zu sehen sind. Ein besonders wichtiger Bestandteil der Wirtschaftsförderung waren Steuerreformen und die Gründung der ›Hochfürstlich Brandenburg Ansbach-Bayreuthischen Hof-Banco‹ im Jahre 1780. Als aufgeklärter Fürst widmete Alexander seine Fürsorge sozialen und kulturellen Institutionen, was sich in der Gründung einer Witwen- und Waisenkasse, der Universität in Erlangen, des Ansbacher Gymnasiums und der Freimaurerloge ›Alexander zu den drei Sternen‹ niedergeschlagen hat. Ziemlich unbekannt ist ein 1780 gedrucktes ›Landesväterliches Ausschreiben‹ geblieben, das zu den frühesten denkmalpflegerischen Schutzbestimmungen gehört und bereits auf eine Anweisung des Markgrafen aus dem Jahre 1771 zurückgreift.[81]

Im Gegensatz zu vielen anderen Fürsten hat Alexander keine teuren Großbauten ins Werk gesetzt. Allerdings wurde ein Neubau des Sommerschlosses in Triesdorf geplant und 1770 aus Geldmangel aufgegeben. Stattdessen gehörten ausgedehnte Reisen zu den großen Vorlieben,[82] und der Markgraf von Ansbach muß zu den Herrschern des 18. Jahrhunderts gezählt werden, die von der Welt am meisten gesehen haben. Nachdem er 1763 seine erste Englandreise unternommen hatte, folgten 1770, 1772 und 1778 Reisen nach Paris, und zwischen 1783 und 1787 war er jährlich längere Zeit in der Stadt. 1779 hatte noch einmal eine Reise nach England und 1788/89 eine lange Reise nach Italien mit einem ausgedehnten Aufenthalt in Neapel stattgefunden. Auf seiner Reise nach Paris im Jahre 1770 lernte Markgraf Alexander die berühmte ehemalige Schauspielerin Hippolyte Clairon (1723-1803) kennen. Er lud sie nach Ansbach ein, wo sie in den nächsten Jahren als Mätresse lebte und dem Theater neue Impulse zu geben suchte. In der Hofschreinerei unter Samuel Erdman Beyer wurden 1778 und 1779 einige Möbel, darunter eine furnierte Kommode in Mahagoniholz, für Madame Clairon gefertigt.[83] Damit gibt es einen zeitlichen Anhaltspunkt für die Verwendung des Materials in den Hofwerkstätten. Mit Lady Elizabeth Craven (1750-1828), der verheirateten Tochter des Grafen Berkeley, kam 1787 eine weitere Mätresse nach Ansbach, die der Markgraf ebenfalls in Paris kennengelernt hatte. Sie hatte als Verfasserin mehrerer Bühnenstücke, vor allem aber mit ihren Affären für Schlagzeilen gesorgt und wurde bald zur beherrschenden Figur am Ansbacher Hof. Ihr Einfluß führte dazu, daß Markgraf Alexander nach dem Tode der Markgräfin 1791 die Regierung niederlegte, sein Land an Preußen übergab, die Lady im gleichen Jahr heiratete und den Rest seines Lebens in England verbrachte, wo er am 5.1.1806 verstarb.

Vom Anfang der Regierungszeit Alexanders kennen wir kein sicher datierbares Ansbacher Möbel. Über das Aussehen einfacher Stücke kann die Planzeichnung eines einfachen Eckschrankes eine Vorstellung geben, die um 1759 für den Ausbau des Jagdschlosses Deberndorf entstanden ist (Abb. S. 30). Auffällig sind die dunkelgrau ausgelegten Füllungen in hellbraunen bis terrakottafarbenen Rahmen und Lisenen. Aus der Stadtresidenz wissen wir um das Jahr 1763 von der Neuausstattung des gekachelten Saals (R 24) und des 1. Vorzimmers im Gästeappartement mit den Monatsdarstellungen (R 23) sowie von kleineren Arbeiten. Nach der ersten Parisreise und vielleicht auch unter dem Einfluß seiner Mätresse ließ Markgraf

Alexander weitere Räume des Schlosses modernisieren. Bekannteste Maßnahme war 1771 die als Raumtyp in Ansbach relativ späte Einrichtung der Galerie (R 26) durch Zusammenlegung des ehemaligen zweiten Vorzimmers, des Audienzzimmers und des Schlafzimmers in der Belle Etage des Gabrielibaus. Dabei wurden Künstler aus der mittlerweile zu Ansbach gehörenden Markgrafschaft Bayreuth eingesetzt, die noch ganz im Stile des Rokoko arbeiteten. Im Oktober 1771 wurden die Schreinermeister Bälz, Fischer und die Brüder Dill angemahnt, daß sie in fünf Wochen mit 48 Sesseln für die Bildergalerie fertig sein sollten.[84] Leider lassen sich die Sitzmöbel nicht identifizieren. Falls es sich aber um einen der klassizistischen Stuhlsätze gehandelt haben sollte (Kat. 90, 101-104), müßte die Vorstellung vielleicht ein wenig revidiert werden, daß Markgraf Alexander die Vorliebe für das Rokoko, gleich Friedrich dem Großen, bis in die 1780er Jahre weitgehend beibehalten habe. Tatsächlich ließ er noch 1775 eine schöne Rokokoausstattung in Bayreuth aus- und im Audienzzimmer des Gästeappartements (R 21) samt den erhaltenen Konsoltischen wieder einbauen (Kat. 65). Außerdem wurden 1774 drei weitere Konsoltische und zwei Spiegel aus Bayreuth nach Ansbach gebracht,[85] bei denen es sich nur um geschnitzte Stücke des Rokoko gehandelt haben kann. Daß der Markgraf jedoch für die neue Mode des Klassizismus empfänglich war, zeigt die erneuernde Ausstattung seines Paradeappartements. Neben einer neuen textilen Ausstattung wurde im Audienzzimmer die Boiserie im Stile des Rokoko ergänzt. Mit der präzisen Einfügung noch unbeholfener, jedoch eindeutig klassizistischer Konsoltische und eines Thronsessels wurde der Raum behutsam modernisiert. Die Möbel sind nicht erst um 1785, sondern bereits um 1774 zu datieren (Kat. 80, 81). Auch die 1775 in die Stukkaturen des Rokoko eingefügten klassizistischen Motive im 2. Vorzimmer des Markgrafen (R 4) sprechen für einen früheren Einzug des Klassizismus in Ansbach.[86]

Wahrscheinlich hatte der Markgraf auf einer seiner Reisen nach Paris für die Ansbacher Hofbibliothek die große Publikation *L'Art*

du Menuisier des Pariser Schreiners André Jacob Roubo (1734-1791) erworben,[87] der nicht nur die klassischen Säulenordnungen kannte, sondern auch Rousseau und Montesquieu gelesen hatte. Sein ›Kanonisches Lehrbuch‹[88] für Schreiner in sechs Folianten wurde zwischen 1769 und 1775 in der Reihe *Descriptions des Arts et Métiers* von der Académie Royale des Sciences herausgegeben.[89] Unter den 382 Kupferstichen mit Werkzeug, Werkstattansichten, Raumverkleidungen und Möbelentwürfen befinden sich vor allem minutiöse Konstruktionsanweisungen. Darin werden noch weitgehend Formen des Rokoko und wenig Moderneres gezeigt. Direkte Auswirkungen der Vorlagen auf bestimmte Möbel oder Raumausstattungen in der Residenz Ansbach sind aber nicht offensichtlich. Dagegen ist ein Paar antikisierender Tische nach einer anderen Vorlage sehr genau kopiert worden: Sie entstanden nach der 1782 gedruckten Abbildung in einer der prächtigsten Reisebeschreibungen über Süditalien und Sizilien, der *Voyage pittoresque ou descriptione des Royaumes de Naples e de Sicile* des Abbé de Saint-Non, die in Paris erschienen war und in der auch eine ganze Reihe von Fundstücken aus den Grabungen in Pompeji und Herculaneum abgebildet ist. Die beiden Tische im pompejanischen Stil müssen um 1785/90 datiert werden (Kat. 107). Zu dem Ensemble gehören zwei Paar Anrichten (Kat. 108) und weitere Anrichten sowie ein Paar Eckschränke und ein großer Schrank (Kat. 113, 109, 110), die der gleichen Entstehungsphase entstammen.[90]

Allein das Vorhandensein von Möbeln im pompejanischen Stil setzt entsprechend ausgestattete Räume voraus, die im Inventar von 1807 auch noch erfaßt werden können.[91] Dort ist die Folge von sieben Räumen im zweiten Obergeschoß entsprechend durchnumeriert (Grundriß S. 19, R 201-208) und beschrieben: »Ein Vorzimmer ... rötlich angestrichen / Ein Zimmer ... mit Etruscischer Mahlerey / Ein Speise Zimmer ... mit arabesque Mahlerey, und ein daran befindliches Appartement / Ein Zimmer im Eck mit ... arabesquer Mahlerey.« Einige Räume können anhand der Ausstattung im Nachhinein nicht mehr eindeutig als Räume im pompejanischen Stil beurteilt werden, so daß das Appartement in diesem Sinne vielleicht auch nicht vollständig ausgestattet war. Jedenfalls waren die pompejanischen Räume bisher völlig unbekannt, und die wenigen erhaltenen Möbel, insbesondere die schwarzen Anrichten (Kat. 108), mußten bei der Aufstellung in Räumen des Rokoko unverstanden bleiben.

In der Literatur unerwähnt und beinahe ebenso unbekannt, blieb der erhaltene Saal auf dem gleichen Geschoß »mit 28. Corinthischen Säulen von Stuccator-Arbeit an den Wänden, weiss angestrichen« (R 281),[92] dem ein Appartement angeschlossen war, das ebenfalls deutlich moderner eingerichtet war als die Räume der Belle Etage. Zur Möblierung des Saales haben mit großer Sicherheit vier große klassizistische Guéridons (Kat. 106) und vier Konsoltische (Kat. 111) gehört. Ein Paar Tische könnte ebenfalls im Saal oder in einem vergleichbaren Raum gestanden haben (Kat. 86).

Leider konnten weder für den repräsentativen Saal noch für das Pompejanische Appartement Baurechnungen gefunden werden.[93] Deshalb bilden das Erscheinungsjahr der Vorlage für die kopierten Tische 1782 und die Beschreibung der Räume im Inventar von 1807 zwei Rahmendaten. Der erste, 1786 gedruckte Führer durch die Stadt und das Schloß in Ansbach von Johann Bernhard Fischer bil-

Planzeichnung für einen Eckschrank im markgräflichen Sommerschloß Deberndorf, um 1759, Staatsarchiv Nürnberg

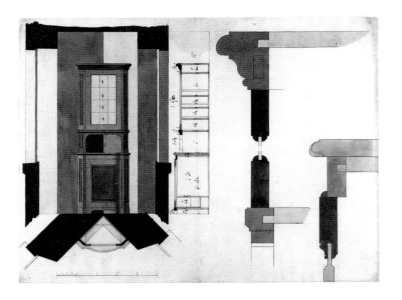

Gemäldegalerie (R 26)

det eine erstklassige Quelle für die Bedeutung der Belle Etage. Er dokumentiert mit Nennung der neuen Textilien vielleicht den Abschluß der modernisierenden Ausstattungsarbeiten in den Paradeappartements. Über das Aussehen von Möbeln oder Wanddekorationen lassen sich aus Beschreibungen aber keine sicheren Hinweise ableiten. Im zweiten Obergeschoß wurden neben der Bibliothek oder dem Münzkabinett auch einige Wohnräume erwähnt, nicht aber das Pompejanische Appartement oder der repräsentative Saal. Insofern könnte das Erscheinungsjahr des Führers 1786 einen weiteren Anhaltspunkt bieten. In seinen *Durchflügen durch Deutschland* berichtete Ludwig van Heß, der 1789 in Ansbach war: »Das Schloss

ist ungewöhnlich groß und hoch; es hat fünf Stockwerke, durchaus massiv, und wegen seiner drückenden Höhe schon baufällig, obgleich es noch unvollendet ist.« Vielleicht weist dies auf laufende Baumaßnahmen hin. Daneben heißt es: »Die vielen Zimmer des Schlosses sind zum großen Theil kostbar meubliert, und enthalten eine Menge Gemälde.«[94] Genaueres über die Möbel erfährt man jedoch nicht.

Klassizistische Formen und pompejanische bzw. etruskische Ausstattungen wurden zuerst in England modern und auf dem Festland als englische Mode verstanden. Nach dem Tode Friedrichs des Großen 1786 entstanden in Berlin vergleichbare Ausstattungen relativ spät, während der Bau des Schlosses Wörlitz in der ersten Hälfte der 1770er Jahre in Deutschland das früheste Beispiel bildet. Ebenfalls 1786 erschien Lady Craven als Mätresse auf der Ansbacher Bühne, und es entstanden bis 1791 kleinere, moderne Bauten in Burgbernheim oder die Rotunde und die Villa Sandrina (Alexandrina) in Triesdorf. Die Hofgärten in Ansbach und Triesdorf wurden jetzt in englische Gärten umgestaltet. Deshalb kann die Entstehung des großen Saals mit den korinthischen Säulen sowie der pompejanischen Räume ebenfalls bis 1791 angenommen werden. Jedenfalls gibt es für eine Entstehung unter dem preußischen Minister Hardenberg bisher keine stichhaltigen Anhaltspunkte, und der repräsentative Bedarf, den der Saal dokumentiert, dürfte einem Beamten kaum zugestanden haben. Störkel hat unlängst die modische Hinwendung Alexanders zu allem Englischen deutlich herausgearbeitet und seine ›Anglomanie‹ seit dem Erscheinen der Engländerin beschrieben.[95] Dies reichte von englischer Kleidung bis zu Kutschen und englischem Personal für die Jagd. Störkel vermutete aber auch, daß die Vorliebe des Markgrafen wohl früher eingesetzt habe. Dazu paßt die Nennung des Markgrafen von Ansbach in einer bereits 1779 gedruckten Namensliste, in der Josiah Wedgwood stolz die berühmten Eigentümer von Erzeugnissen seiner Manufaktur aufzählt. Vor allem waren es Nachbildungen antiker Vasen, die Markgraf Alexander eventuell schon vor 1779 erwarb.[96] Wann das monumentale, achtbändige Werk *Le antichità di Ercolano esposte con qualche spiegazione* mit Abbildungen der in Herculaneum und Pompeji gefundenen Kunstwerke in die Ansbacher Hofbibliothek gekommen ist, wissen wir nicht.[97] Es war von 1757 bis 1792 im Auftrag des Königs in Neapel erschienen. Anhand der Kupferstiche ist kein direkter Einfluß in Ansbach ablesbar.

Unter den englisch beeinflußten Möbeln sticht ein Schreibmöbel hervor, das jedoch in Paris entstanden ist (Kat. 89). Je ein Satz Stühle und Sessel sowie ein Tisch kamen sicher aus England (Kat. 87, 96, 88), während ein Patenttisch nach englischem Vorbild in Ansbach gefertigt worden ist (Kat. 97). Die ›Anglomanie‹ des Markgrafen brachte es wohl mit sich, daß nur wenige Stücke aus dieser Zeit in der Residenz verblieben. Weil sie modern waren, wurden sie wohl ab 1791 mit nach England genommen. In der Residenz Ansbach selbst kam es zu ausverkaufsähnlichen Zuständen in Form von Auktionen und Einzelverkäufen. Dies betraf vor allem Bücher, Porzellan, Schmuck, Kutschen, Pferdegeschirre und Möbel, die jedoch nicht genauer beschrieben sind.[98] Außerdem wurden Mahagonimöbel in das Palais nach Berlin geschickt, das der Markgraf nach Abgabe der Regierung noch eine Weile behalten wollte.[99] Aus dem Palais stammt vielleicht je ein Möbel in der Sammlung des Landgrafen von Hessen und der Fürsten Thurn & Taxis, die später anscheinend im Erbgang von Berlin dorthin gelangt sind (Kat. 21, 22).

Inwieweit nach Übernahme der Markgrafschaft Bayreuth 1769 auch ältere oder unmodern gewordene Möbel von Ansbach nach Bayreuth geschafft worden sind, wissen wir nicht. Einige Stücke, von denen Kreisel annahm, sie seien bereits zu Zeiten Alexanders nach Bayreuth gebracht worden, kamen nachweislich erst 1890 dorthin (Kat. 26, 31, 33, 34). Andere, unter Markgraf Alexander eventuell in Ansbach für die Bayreuther Schlösser hergestellte Möbel müssen gesondert bearbeitet werden.

Die Zeit des preußischen Ministers Freiherr Karl-August von Hardenberg (1791–1806)

1797 schrieb ein Reisender: »So haben Sie […] rechts das Residenzschloß, ein prachtvolles Gebäude von vier Geschossen, ganz im italienischen Geschmacke. Es bildet ein großes Viereck, und eine, einige hundert Schuhe lange Gallerie, mit Statuen in Lebensgröße geziert, gewährt einen majestätischen Anblick. Der Hof ist mit Arkaden geschmückt, und alle Gänge und Treppen mit Solnhofer Marmor belegt. Inwendig sind Zimmer an Zimmer gereiht; alle prächtig und hoch; aber die ganze Einrichtung wenig bequem.«[100] Mehr wurde über die Möblierung des Schlosses unter Hardenberg nicht gesagt.

Freiherr Karl-August von Hardenberg, der ehemals braunschweigische Beamte, weilte schon seit Oktober 1790 in Ansbach, um eine Übergabe der Markgrafschaften Ansbach und Bayreuth an Preußen vorzubereiten, die dann mit Vertrag vom 16. Januar 1791 festgelegt wurde. Bis zur Abdankung des Markgrafen am 2.12.1791 war Hardenberg jedoch offiziell ansbachischer und (noch) nicht preußischer Minister. Er residierte im Schloß. Über etwaige Baumaßnahmen in seiner Ansbacher Zeit wissen wir jedoch so gut wie nichts. Nach den Berichten des Ritter von Lang war Hardenberg

Porträt des Freiherrn Karl-August von Hardenberg,
Biskuitporzellan, Ansbach, um 1795,
Residenz Ansbach

ein Freund repräsentativer Gesten, aber es wurde auch gesagt, daß seine Mittel für große Dinge nicht ausreichten.[101] Deshalb scheint eine größere Baumaßnahme wie die Einrichtung des Saales mit den korinthischen Säulen oder des Pompejanischen Appartements bisher nicht vorstellbar. Außerdem sollten an das Pompejanische Appartement angrenzende Räume ab 1802 wahrscheinlich zur Wohnung Hardenbergs ausgebaut werden (R 205-212).[102] Bis zur genauen Klärung dieses Abschnittes der Baugeschichte kann nicht ganz ausgeschlossen werden, daß die Bau- und Ausstattungsmaßnahmen eventuell doch erst unter preußischer Herrschaft erfolgten.

Mit Sicherheit sind Möbel in Auftrag gegeben worden: Für das 1799 datierte Rollbüro mit den preußischen Wappenadlern vom Hofschreiner Johann Laurenz Weymar kommt kaum ein anderer Auftraggeber als Hardenberg in Frage (Kat. 122). Bereits im Juli 1792 kam König Friedrich-Wilhelm II. zum Besuch seiner neuen Länder nach Ansbach, und vielleicht brachte er die Berliner Stühle mit (Kat. 72).

Auf Einladung des preußischen Königs hatte ab 1796 eine Reihe von Flüchtlingen in der Residenz Ansbach Unterschlupf gefunden, deren Staaten von französischen Truppen überrollt worden waren. An erster Stelle war es der spätere bayerische König, Herzog Max-Joseph von Zweibrücken, sowie der Herzog von Württemberg, der Markgraf von Baden oder der Fürst zu Hohenlohe, »jeder mit einem Gefolge von kaum weniger als 100 Personen«.[103] Insofern ist es verständlich, daß es einige Möbel aus den letzten Jahrzehnten des 18. Jahrhunderts in der Residenz Ansbach gibt, die sich in die homogenen Ansbacher Bestände nicht recht einordnen lassen. An Verlusten in preußischer Zeit wissen wir nur von sechs Münzschränken und ebensovielen Tischen, die mit dem Münzkabinett 1796 nach Berlin geschafft wurden.[104] Nachdem abzusehen war, daß die Markgrafschaft Ansbach infolge der Neuordnung Europas unter Napoleon an Bayern abgegeben werden mußte, wurde vom preußischen Hofrat Nagler neben Gemälden und anderen Kunstwerken auch »1 große Tischplatte aus italienischem Marmor zusammengesetzt« mit nach Berlin genommen.[105] Am 24.2. 1806 zog Marschall Jean Baptiste Bernardotte als Vollzugsbeauftragter Napoleons in der kleinen Residenzstadt ein: Ansbach wurde Bayerisch.

Die Möblierung in königlich-bayerischer Zeit 1807-18

Innerhalb dieses Zeitraums wurden im Auftrag des königlichen Oberstfhofmeisterstabes von der Schloßverwaltung neun Inventarverzeichnisse aufgestellt, von denen auch stets zumindest ein Exemplar erhalten ist, so daß man in dichten Abständen eine Vorstellung von der Möblierung des Schlosses erhält. Die Verzeichnisse selbst werden im Kapitel über historische Inventare und Inventarmarken vorgestellt (S. 38), und das frühest erhaltene Möbelinventar von 1807 ist im Anhang abgedruckt (S. 289).

Das Inventar von 1807 verzeichnet in den Jahren 1808 und 1809 die Neuanschaffung einiger Lüster und Teppiche, aber keinen Verkauf oder Zugang von Möbeln. Auch nach dem Inventar von 1813 wurden keine Möbel abgegeben oder in den Bestand aufgenommen. 1818 kam es zu einer ersten Versteigerung von alten, unbrauchbaren Stücken,[106] ohne daß dies im Inventarverzeichnis von 1813 nachgetragen wäre. Seit dem Verzeichnis von 1820 wurde das Mobiliar auf

zwei Verwaltungen aufgeteilt. Das einfachere Mobiliar wurde von der Regierung des Rezatkreises und späteren Regierung von Mittelfranken benutzt und in eigenen Inventaren geführt, die hier nur in einem Falle berücksichtigt sind (Kat. 122). Die anderen Räume, vor allem die repräsentativen Prunkräume samt Mobiliar, unterstanden der Schloßverwaltung als nachgeordneter Behörde des königlichen Oberstfhofmeisterstabes in München. Von 1820 bis zum Inventar von 1830 wurden nur wenige, einfache Möbel abgeschrieben. Vor allem wurden zerschlissene Textilien, darunter auch Sesselbezüge, abgegeben und ersetzt. Trotzdem hatte es größere Veränderungen der Ausstattung gegeben, aber erst das Inventar von 1842 verzeichnet einen »Auszug der Schloßmobilienschaft welche seit der Thronbesteigung seiner Majestät des Königs [Ludwig I.] vom Jahre 1825/6 angeschafft wurden«.[107] Das waren zumeist sehr teure Fenstervorhänge aus Damast mit Besatz samt weißer Sonnenrollos, aber auch Beleuchtungskörper, Silberbesteck, Geschirr, Glas, Tisch- und Bettwäsche. Silber und Weißzeug wurden 1866 wieder nach München zurückgeschickt.[108] Bei den Möbeln handelte es sich vor allem um eine neue Möblierung für das Schlafzimmer der Markgräfin (R 9) aus Nußbaumholz, bestehend aus zwei Betten mit Nachttischen, einem Waschtisch und Ankleidespiegel aus Mahagoni. Neben einfachen Sitzmöbeln und Betten kamen ein Salontisch sowie zwei Sätze von 28 und acht Stühlen aus Nußbaum, mit rotem Saffianleder bezogen, nach Ansbach, zu denen selbstverständlich auch Houssen gehört haben. Im Zusammenhang mit der Neuausstattung wurden 1852 nicht mehr benötigte Mobilien versteigert, vor allem das Bett aus dem Schlafzimmer der Markgräfin: »1 Himmelbettstelle mit Bildhauerarbeit, weiß lakiert mit kleinen Vorhängen von blümeranten Taffent mit seidenen Borten«.[109] Außerdem wurden einige Sitzmöbel, Tische, Schränke oder 24 schwarz gestrichene Guéridons verkauft. Als weiteres bedeutendes Möbel wurde dem Bayerischen Nationalmuseum 1856 das Reisebett (Kat. 1) sowie neun Elfenbeinfiguren[110] aus der Kunstkammer überlassen. 1848 wurden einfache Polsterstühle und Spiegel, aber auch eine Aufsatzkommode aus Ebenholz von Ansbach in die ehemalige Sommerresidenz nach Triesdorf gebracht.[111]

Im August des Jahres 1865 wurde laut Inventar von 1842 eine ganze Reihe bedeutender Stücke an den Oberstfhofmeisterstab nach München abgegeben, deren Abgang auch im neuen Inventar von 1865 verzeichnet sind. Es waren sechs weiße Porzellanvasen, zwei Blumenstöcke aus Porzellan sowie vier große japanische Deckelvasen.[112] Dazu kamen »2 Elephanten, auf jeden sitzt ein Türke und ein Mohr von Dresdner Porzellain«.[113] Unter den Möbeln waren es der Ziertisch (Kat. 74) und das Boullemöbel Schuhmachers (Kat. 17), die auf Grund ihrer Signaturen bereits als Ansbacher Stücke erkannt und 1972 wieder zurückgebracht wurden. Andere Möbel konnten nicht identifiziert werden, sind wahrscheinlich verloren und werden deshalb mit den Inventareinträgen aufgeführt:

»[Nr.] 81, 1 Schreibtisch, das Blatt mit schwarzen Leder, die
    3. Schubladen mit Schildkrot und Messing eingelegt,
    die Handhaben geschildert und der untere Theil der Füße
    mit Bronce«.[114]

»[Nr.] 168, 2 Wandtische [Konsoltische] von Bildhauerarbeit
    vergoldet, die Platten von petrifizierten Holz«.[115]

»[Nr.] 327, 2 Eckbehälter [Encoignures] von Purpurholz, die
Ornament von Bronce, mit Marmorplatten, jeder mit
2 Thüren und 2 Fächern«.[116]

»[Nr.] 392, 2 Eckbehälter von englisch rothen Holz, jeder mit
Aufsatz und 3 Fächer, mit Bronce Arbeit versehen, dann
mit weißen Marmorplatten«.[117]

Schon den Beschreibungen nach könnte es sich bis auf die Konsoltische um französische Möbel gehandelt haben, die wohl zu den
Stücken gehörten, die 1728/29 in Paris angekauft wurden. Die Möbel waren 1865 im Auftrag König Ludwigs II. ausgesucht worden,
der seit 1864 einige Appartements seiner Münchner Stadtresidenz
im Stile des Rokoko remöblieren und in allen Schlössern nach den
besten Ausstattungsstücken der Zeit fahnden ließ. Dabei wurde
häufig nach französischen Möbeln gegriffen.[118] Ebenfalls zu den
1865 nach München transferierten Stücken gehören identifizier-
bare Teile einer Sitzgarnitur, die in Ansbach entstanden ist und deren Teile heute in der Residenz Bamberg sowie im Schloß
Schleißheim, aber nicht mehr in Ansbach stehen (Kat. 35). Ein Paar
kostbarer Guéridons in Boulletechnik, gefertigt um 1700 in Paris,
steht heute in der Residenz München. Dort kann es nur bis zum Inventar von 1868 zurückverfolgt werden, während in Ansbach vermerkt ist: »2 Gueridons von Ebenholz mit Zinn und Messing eingelegt und mit ziselierter Bronce ornirt / August 1865 nach
München«.[119] In Ansbach standen die Leuchterständer im heutigen
Bilderkabinett, wo sie sich problemlos bis zum frühest erhaltenen
Inventar von 1807 zurückverfolgen lassen, weil keine anderen
Guéridons in Boulletechnik aufgeführt sind. Sie wurden 1807 auch
noch genauer, nämlich als dreibeinige Gueridons beschrieben,[120]
und es kann deshalb kaum noch ein Zweifel bestehen, daß die kleinen Luxusmöbel aus der Residenz Ansbach stammen und ebenfalls
zu den 1728/29 in Paris gekauften Stücken zählen. Das Paar wurde
bereits im Katalog über die französischen Möbel der Residenz
München ausführlich dokumentiert und erhält deshalb hier nur eine
Abbildung.[121]

Einige Jahre später wurden erneut Ausstattungsstücke für die
Münchner Residenz in Ansbach ausgesucht. 1872 kam eine Reihe
von 10 bronzenen Wandleuchtern nach München,[122] von denen an
beiden Orten identische Stücke erhalten sind. Außerdem wurde aus
einem Satz von 12 französischen Hockern vier Exemplare herausge-
sucht (Kat. 8). Dann wurden 1877 vier geschnitzte und vergoldete
Hocker nach München geschickt, die jedoch 1880 nach Ansbach
zurückkamen.[123] Solche Hin- und Herversendungen kamen wohl
öfter vor, ohne daß dies immer in den Inventaren vermerkt wurde
(Kat. 50, 73). Außerdem nennt eine Rechnung des Jahres 1871 Neu-
vergoldungen und Reparaturen von verschiedenen Gegenständen
aus den königlichen Magazinen in Würzburg und Ansbach: »Diese
Gegenstände ursprünglich zur theilweisen Einrichtung der Appartements in Linderhof bestimmt – sind allerhöchstem Befehle gemäß
wieder an die einschlägigen Garde-Meubles zurückgegangen, aus
welchem Grunde auch hier keine nähere Vermerkung gemacht
wird«.[124]

Ansonsten nennt das Ansbacher Inventar von 1865 bis zur Anlage des nächsten Verzeichnisses 1884 keine größeren Verschiebungen des Mobiliars. Die Nennung der Übernahme eines großen, aus-

*Guéridon-Paar in Boulletechnik
Paris um 1700,
aus der Residenz Ansbach
und seit 1865
in der Residenz München*

ziehbaren Nußbaumtisches für 36 Personen aus Schloß Triesdorf 1864 und die Beschaffung der »4 Leibstühle von Eichenholz mit Steinguttopf, weiß« im Jahr 1887[125] sollen das Bild ein wenig abrunden.

Im Inventar von 1884 ist nachzulesen, daß bis dahin schon eine ganze Reihe von Möbeln mit brauner Lackfarbe überstrichen war und innerhalb des Hauses ihren Standort gewechselt hatte. 1885 wurden große Mengen neuer Houssen für Sitzmöbel und Kaminschirme sowie – als besonders wichtiges Zeichen – 1886 für das Audienzzimmer des Markgrafen (R 5) »1 Thronstufe von Fichtenholz mit roth-schwarzen Teppigwollstoff bezogen« neu angeschafft.[126] All dies wird damit zusammenhängen, daß das Schloß 1887 gegen Eintrittsgeld zur öffentlichen Besichtigung freigegeben wurde.[127] Üblicherweise geschah dies in anderen Residenzschlössern erst 30 Jahre später, nach der Auflösung des Königreichs 1918, weil sie bis dahin als Verwaltungs- und Repräsentationszentren der Staaten dienten. Abgesehen von gelegentlichen Besuchen einzelner Mitglieder des preußischen und ab 1806 des bayerischen Königshauses[128] wurde in der Residenz Ansbach jedoch seit 1791 nicht mehr repräsentiert.

Eine Folge der Öffnung als Schloßmuseum war die Herausgabe eines großformatigen Tafelbandes durch den Bildhauer Professor Otto Lessing, Mitglied der Akademie der Künste, 1892 in Berlin. Er ließ die Innenausstattung des Schlosses 1891 photographieren,[129] und sein Werk ist nicht nur eine wichtige Bildquelle zur Ausstattungsgeschichte geworden, sondern bis zum heutigen Tage der schönste und wichtigste Bildband geblieben. Gleich im Anschluß an den Tafelband erschien seit 1786 der erste alleinige Führer durch das Schloß von Julius Meyer, der mittlerweile ebenfalls eine Quelle zur Ausstattungs- und Nutzungsgeschichte darstellt.

Fast zehn Jahre nach Öffnung des Schlosses zur Besichtigung sind in den wichtigsten Räumen die Wandbespannungen erneuert worden. Zuerst wurde im Schlafzimmer des Markgrafen (R 6) die grüne Seidentapete 1895 durch eine neue »Stofftapete von altgrünem Seidendamast«[130] ersetzt (Kat. 66), und im Rechnungsjahr 1896/97 erhielt das Schlafzimmer der Markgräfin (R 9) »1 Stofftapete von blauem Seidensatin, mit Goldleisten befestigt« (Kat. 50, 73). Auch das bis dahin kahle Vorzimmer der Galerie (R 25) erhielt 1897 »1 Stofftapete von Baumwollrips, einfarbig hellgrün mit Futterstoff«.[131] Ein Jahr später wurden im zweiten Vorzimmer des Gästeappartements (R 22) eine simple Wandbespannung aus »rothbraunem Wollstoff« montiert und im zweiten Vorzimmer der Markgräfin mit den Gobelins (R 14) Fenstervorhänge »von dunkelblauem Damast an kleinen Messingringen mit je zwei Haltern aus gleichem Stoff« aufgehängt.[132]

Der wohl mengenmäßig größte Aderlaß an Mobiliar erfolgte 1890 (mit einigen Nachzüglern in den Jahren 1891/92). Grund war der Besuch der Bayreuther Festspiele durch das deutsche Kaiserpaar und den Prinzregenten Luitpold im Jahre 1889, bei dem das Neue Schloß in Bayreuth nicht standesgemäß ausgestattet war. Im Jahr darauf hatte man in mehreren fränkischen Schlössern nach entbehrlichen Inventarstücken gesucht.[133] Aus der Residenz Ansbach wurden vier Lüster, sechs Wandleuchter aus Bronze, Kaminbesteck, die komplette textile Raumausstattung eines Saals im zweiten Obergeschoß (R 285)[134] und über 80 Möbelstücke nach Bayreuth gebracht.

Das waren einfache Kleiderschränke, Tische, Nachtstühle, Bidets und eine Spanische Wand, aber auch sechs Betten mit Nachttischen aus Nußbaum, ein Ankleidespiegel, zwei geschnitzte und vergoldete Konsoltische, vier Schreibmöbel, fünf Sitzgarnituren und vier aufwendigere Tische. Davon konnten drei marketierte Tische (Kat. 26, 31, 34), ein Pultsekretär (Kat. 33) sowie eine Sitzgarnitur (Kat. 76) identifiziert werden. Bei einer Bearbeitung der Bayreuther Möbelbestände könnten weitere Funde zu Tage treten.

Eine weitere geschlossene Abgabe von Mobilien erfolgte 1900 in die Residenz nach Bamberg. Es handelte sich um ein Kaminbesteck aus Bronze,[135] drei Messinglaternen aus dem Ansbacher Haupttreppenhaus[136] und Möbel, die alle wieder aufgetaucht sind: ein Paar Konsoltische (Kat. 13), eine Chaiselongue (Kat. 52) und Teile einer Sitzgarnitur (Kat. 35). Der 1945 weitgehend zerstörte Ansbacher Sekretär kam nicht mit dieser Lieferung nach Bamberg (Kat. 30).

Nach München wurde 1895 die große Zahl von 30 Stühlen abgegeben sowie 32 weitere Stühle nach Schloß Nymphenburg und 1899 wieder 18 Stühle nach München,[137] von denen ein Teil später nach Bayreuth kam und den Ansbacher Beständen zugeordnet werden kann (Kat. 60). Auch zwei in München verlorene Ruhebänke können den erhaltenen Sesseln in Ansbach zugeordnet werden (Kat. 96). Außerdem wurde 1900 vom Oberhofmeisterstab sämtliches Kupfergeschirr aus Ansbach abgezogen.[138] 1888 gingen eine Waschgarnitur und 1899 Kaminböcke und -besteck aus Bronze nach Schloß Berchtesgaden.[139]

Vier Biedermeierstühle mit Inventaretiketten der königlichen Villa in Regensburg und mit jüngeren Etiketten der Residenz München kamen vielleicht schon um 1900 als Büromobiliar nach Ansbach und konnten wohl deshalb in den Ansbacher Inventaren nicht nachgewiesen werden.[140]

Das Inventarverzeichnis des Jahres 1901 verzeichnet in seiner kurzen Laufzeit bis 1903 große Verschiebungen von Mobiliar innerhalb des Hauses, die jedoch zumeist außerhalb der heutigen Schauräume vorgenommen wurden und mit Baumaßnahmen sowie der Übergabe weiterer Räume an die Regierung von Mittelfranken zusammenhängen. An Abgängen von Mobilien verzeichnet das Inventar nur sehr wenige Stücke, und der Transfer von zehn Bänken »auf Mahagoniart gebeizt mit rothen Wollmoiree bezogen« in das Wittelsbacher-Palais nach München bildet den größten Posten.[141]

Das Inventar von 1903 hatte eine Laufzeit bis 1929. In den Jahren von 1905 bis 1917, vor allem 1907, 1916 und 1917 wurden alle Gegenstände, die man als Küchen- und Haushaltsgegenstände bezeichnen könnte, in die Residenz nach München, Schloß Nymphenburg und Schloß Berchtesgaden geschafft. Das waren auch alle Bestände an Glas, einfaches und edleres Geschirr sowie große Mengen einfacher Möbel, aber auch geschnitzte Möbel und Stücke aus Mahagoni oder Nußbaum. Einiges wurde auch verkauft, z.B. alle Dekorationen des Theaters im Jahre 1907. An kostbar erscheinenden Stücken kamen 1911 zwei Porzellanfiguren, ein Räucherfaß, ein Uhrgehäuse und ein Spielmarkenkästchen aus Porzellan in das Porzellankabinett der Residenz München,[142] und 1913 wurden vier Porzellanvasen an das Bayerische Nationalmuseum abgegeben.[143] An wertvolleren Möbeln kam im Jahre 1907 »1 Spieltisch, eingelegt mit geschnittenen Füßen, die Klappen mit grünem Tuch bezogen, mit einem Lederüberzug« in die Residenz München,[144] 1912 ein geschnitzter Konsoltisch mit weißer Marmorplatte nach Schloß Nymphenburg »1 Tisch mit vier antiken Füßen, vergoldet, grau-grüne Marmorplatte« in das Schloß Aschaffenburg.[145]

In den Inventarverzeichnissen von 1807 bis 1903 fällt auf, daß nur sehr wenige Möbel als alt, verbraucht oder defekt abgeschrieben wurden. Außerdem waren, ohne Ausnahme, alle Polstermöbel und Kaminschirme mit textilen Bezügen mit Houssen zum Schutz vor Licht und Staub versehen, die bei Bedarf stets erneuert wurden. Erst in den Museumsinventaren ab 1939 werden die Houssen nicht mehr genannt. Um die Stücke den Besuchern täglich zeigen zu können, glaubte man auf diesen einzig effektiven Schutz der Textilien vor der Zerstörung durch Licht verzichten zu müssen.

Das Schloßmuseum seit Übernahme durch
die Bayerische Schlösserverwaltung

Nach dem Ende des Königreichs Bayern 1918 wurden auch die von der königlichen Schloßverwaltung betreuten Räume in der Residenz Ansbach noch im gleichen Jahr der neuen ›Verwaltung des ehemaligen Kronguts‹ unterstellt. Es folgte die Vermögensauseinandersetzung mit dem ehemaligen Königshaus, die mit Vertrag vom 24.1.1923 und der Gründung des Wittelsbacher Ausgleichsfonds endete, dem das Eigentum des Hauses Wittelsbach übertragen wurde. Erst 1932 wurde die Krongutverwaltung endgültig umbenannt und erhielt den Namen ›Bayerische Verwaltung der staatlichen Schlösser, Gärten und Seen‹.[146] In der Residenz München hatte man 1920 zuerst mit der Einrichtung des Residenzmuseums begonnen, während es in den entfernteren Schlössern noch eine Weile dauerte, bis die neue Museumsverwaltung mit einer Umstrukturierung oder Neuaufstellung der Bestände begann. In der Residenz Ansbach galt noch bis 1929 das Inventarverzeichnis aus königlicher Zeit, das den politischen und museumstechnischen Wandel widerspiegelt.

Wie bereits in den Jahren 1916/17 wurden 1924 und 1927 noch einmal große Mengen einfacheren, offenbar nicht als museumswürdig angesehenen Mobiliars nach München abgegeben. Nach Auskunft der Inventareinträge waren häufig Stücke darunter, die dem Biedermeier anzugehören scheinen, und bisweilen ist nachträglich vermerkt, daß die Stücke an den Wittelsbacher Ausgleichsfonds weitergereicht wurden. Danach wurde gekennzeichnet, welche Mobilien in das Kunstinventar des Schloßmuseums eingehen und welche von der Schloß- und Gartenverwaltung als Gebrauchsstücke verwendet werden sollten. Restliche Positionen des Verzeichnisses erhielten durch Beschluß vom 9. Januar 1930 den Stempel ›K.V.‹ (keine Verwendung) und wurden verkauft.

In seinem programmatischen Aufsatz über die *Instandsetzung und Ausgestaltung der Staatlichen Bayerischen Schlösser in Franken* beschreibt Kreisel 1934 die ersten zehn Jahre Tätigkeit der Bayerischen Verwaltung der staatlichen Schlösser, Gärten und Seen, nachdem die Vermögensauseinandersetzung beendet war. Als Ziel der ersten Schlösserkonservatoren wurde formuliert: »Nicht irgendwelche musealen Kombinationen, die sich immer irgendwie wiederholen, sondern der Sinn des Kunstwerks sollte gezeigt werden, die im Verwendungszweck dieser oder jener Raumfolge liegende Dynamik, das Anschwellen und Abklingen der Ausstattung vom nüchter-

nen Lakaienzimmer über den fürstlichen Empfangsraum bis zur behaglichen Intimität des Kabinetts.« Dabei sollten die zeitlichen Überlagerungen verschiedener Stilformen sichtbar bleiben.[147] In dieser Hinsicht war in der Residenz Ansbach offensichtlich nichts zu verbessern, denn Ansbach kommt in diesem Aufsatz nicht vor.[148] Tatsächlich hatte es erstaunlich wenige Verschiebungen gegeben. Innerhalb der Schauräume in der Belle Etage entspricht die Aufstellung des Mobiliars bis heute noch in weiten Teilen der Aufstellung des Inventarverzeichnisses von 1884 und häufig noch der Aufstellung von 1807, was sicher damit zusammenhängt, daß die Räume seit 1887 als Schloßmuseum zugänglich sind.

Es wurden auch nur wenige Stücke aus musealer Sicht neu in den Räumen aufgestellt. Im Jahre 1928 kamen vier Fayencevasen aus den Residenzen Bamberg und München[149] sowie »1 Glaslüster mit Bronzereifen und 12 Kerzenhaltern« aus dem Gardemeuble der Residenz München im Gardesaal hinzu (R 1).[150] Als Konservator und ab 1936 als Leiter der Museumsabteilung der Schlösserverwaltung legte Kreisel bis 1939 das erste wissenschaftliche Inventarverzeichnis über die Kunstgegenstände der Residenz Ansbach vor. Gleichzeitig publizierte er den ersten Amtlichen Führer sowie den Aufsatz über *Die Ausstattung der markgräflichen Wohn- und Festräume in der Ansbacher Residenz*. 1970 ließ der Autor innerhalb seines Kompendiums über *Die Kunst des Deutschen Möbels* den ersten Komplex einer ganzen Reihe Ansbacher Möbel folgen. Alle drei Publikationen dienten dem vorliegenden Katalog, neben den Möbeln selbst, als unverzichtbare Grundlage und werden diese Bedeutung auch für jede weitere Beschäftigung mit der Residenz Ansbach behalten.

1970 dokumentierte Kreisel die Herkunft eines Ziertisches sowie des großen Boullemöbels von Schuhmacher aus der Residenz Ansbach. Daraufhin kehrten beide Möbel 1972 aus der Residenz München zurück (Kat. 17, 74). Gleichzeitig kam ein Brettspielkasten nach Ansbach, von dem Kreisel glaubte, daß er ihn Matusch zuschreiben könne (S. 12). Das Augsburger Stück stammt jedoch aus der Residenz München und wird demnächst zurückgebracht. Nach ihrer Restaurierung werden auch der Thronsessel des Markgrafen (Kat. 81), vier Stühle aus dem Audienzzimmer des Markgrafen (Kat. 37) und vier weitere Stühle (Kat. 81) nach Ansbach zurückkehren. Sie waren erst nach 1945 in die Bayreuther Schlösser gelangt, um dort die Verluste des Zweiten Weltkriegs zu lindern. Andere Möbel aus der Residenz Ansbach waren vor 1918 – nicht aus musealen Überlegungen heraus – an ihren heutigen Standort außerhalb der Residenz Ansbach gebracht worden. Weil der vorliegende Katalog den historischen Möbelbestand zum Thema hat, soll das einzige, 1988 aus musealen Erwägungen gekaufte Möbel in der Residenz Ansbach,[151] ein Schreibmöbel aus dem Umkreis von Matusch, an anderer Stelle vorgestellt werden. Nur sehr wenige, sehr einfache Möbel behandelt der vorliegende Katalog nicht, so daß es sich beinahe um einen Gesamtkatalog des Möbelbestandes in der Residenz Ansbach handelt.

1 Werzinger 1993, S. 49, 129 f., 444-449
2 Wilhelmine 1965, S. 291
3 Fiedler 1993, S. 167 f.
4 A.K. *Moritz der Gelehrte* 1997, Kat. 299
5 Maier 1988/89, S. 62
6 Zu Matusch vor allem Kreisel 1983, S. 101 ff.
7 Foertsch 1964/65, S. 136
8 A.K. *Möbel aus Franken* 1991, S. 52
9 Inv. AnsRes. M 111; Kreisel 1970, S. 100, Abb. 232 ff.; Langer/Württemberg 1996, S. 77, 81; A.K. *Von Glück, Gunst und Gönnern* 1997, Kat. 11
10 Ein Exemplar der Medaille bewahrt das Germanische Nationalmuseum, Nürnberg. Schuhmann 1980, S. 188, 197
11 Kreisel 1981, S. 287, Abb. 666
12 Zur Baugeschichte des Ansbacher Schlosses zuletzt: Maier 1988/89; Fiedler 1993; Maier 1993; A.K. *Moritz der Gelehrte* 1997, Kat. 299
13 Fiedler 1993, S. 176 f., 185
14 Maier 1988/89, S. 63 f.
15 Kreisel 1939, S. 53, Abb. 1
16 Kreisel 1983, S. 103; Maier 1993, S. 149, 169
17 Fundstelle zuerst genannt von Maier 1988/89, S. 64
18 Kunze 1966, bes. S. 214-238
19 Kunze 1966, S. 230
20 Swain 1997
21 Kunze 1966, S. 217
22 Franz 1998, S. 27
23 Haase 1983, S. 143
24 Schuhmann 1961, S. 107; Lünig 1719/20
25 Kunze 1966, S. 208
26 Nachweis der Literatur bei Schuhmann 1980, S. 218 f.
27 Wilhelmine 1965, S. 346, 351
28 Stengel 1958, S. 82 f.
29 A.F. *Residenz Ansbach* 1962, S. 90 f.
30 Fischer 1786, S. 48
31 Kreisel 1939, S. 56
32 Leider war eine Angabe der Fundstelle noch nicht üblich: Lang 1848, S. 28
33 Plodeck 1972, S. 258, Tafel 10; Plan im SAN: Brand.Lit. Nr. 58, fol. 24
34 Fiedler 1993, S. 176 f., 185
35 SAN: Rep. 114, Nr. 476 I, prod. 16, nach Maier 1993, S. 142. Leider können mit der Quelle keine erhaltenen Hocker identifiziert werden.
36 Plodeck 1972, S. 200, Anm. 29
37 Foertsch 1964/65, S. 136; Lang 1848, S. 39
38 Graf 1997, S. 576, 583 f.
39 SAN: Rep. 271 II, Nr. 13357, pag. 1212, vom 6.5.1735, nach Maier 1993, S. 162
40 SAN: Rep. 114, Nr. 476 I, prod. 16, nach Maier 1993, S. 142. Leider können mit der Quelle keine erhaltenen Hocker identifiziert werden.
41 Krieger 1966, S. 226 f.; SAN: Rep. 114, Nr. 476 II, prod. 35, nach Maier 1993, S. 116
42 Kreisel 1939, S. 60 f.
43 SAN: Rep. 114, Nr. 476 II, prod. 21, nach Maier 1993, S. 145
44 Kreisel 1939, S. 72, 74, 79
45 Jahn 1990, S. 242-278, bes. S. 250, 278
46 Jahn 1990, S. 246
47 *Ansbach – 750 Jahre Stadt* 1971, S. 112
48 Jahn 1990, S. 244
49 Jahn 1990, S. 244 ff.
50 zitiert nach Jahn 1990, S. 246
51 Langer/Württemberg 1996, Kat. 27-33
52 Kat. 45 und Langer/Württemberg 1996, Kat. 33
53 Schick 1993, S. 70-73, Abb. 68-73
54 Kreisel 1970, S. 184
55 Ein Vergleich von Ansbacher und Münchner Sitzmöbeln ergibt keine Gemeinsamkeiten, Langer/Württemberg 1996
56 Maier 1988/89, S. 68
57 Kreisel 1970, S. 184; Maier 1993, S. 194

58 SAN: Rep. 114, Nr. 476 I, prod. 81, nach Maier 1993, S. 143 f.; Braun 1959, S. 515
59 Bushart 1998, bes. S. 303; SAN: Rep. 114, Nr. 476 I, prod. 81, nach Maier 1993, S. 143 f.
60 SAN: Rep. 114, Nr. 476 I, prod. 81, nach Maier 1993, S. 20
61 Himmelheber 1998, S. 342, berichtet nach den Schriftquellen von ca. 500 Stühlen, die der Fürstbischof von Trier, Joh. Philipp von Walderdorff, zwischen 1755 und 1768 angeschafft hatte.
62 Kreisel 1970, S. 187 ff.; A.K. *Möbel aus Franken* 1991, S. 52
63 SAN: Rep. 114, Nr. 48, 7.12.1754
64 SAN: Rep. 114, Nr. 49
65 SAN: Rep. 114, Nr. 46, 10.9.1768
66 SAN: Rep. 114, Nr. 48, 17.10.1768
67 SAN: Rep. 114, Nr. 48, 27.3.1776
68 SAN: Rep. 114, Nr. 48, 11.4.1776
69 SAN: Rep. 129
70 Kreisel 1970, S. 35-37
71 Stengel 1958, S. 95-100
72 Störkel 1995, S. 256, Anm. 21
73 Goodison 1975, Täf. 1, 25
74 Kreisel 1939, S. 65
75 Sotheby's Zürich, 1.12.1998, Los 353
76 Rechter 1992, S. 217 f.
77 Anhang, Abrechnungen des Ernst Ludwig Carl
78 Kreisel 1970, S. 186
79 Kreisel 1956, S. 18
80 Biographie: Störkel 1995
81 Denkmalpflege 1984, S. 21, 27-29
82 Störkel 1995, S. 179-188
83 SAN: Rep. 114, Nr. 51
84 SAN: Rep. 271 II, Nr. 11742, prod. 94, vom 30.10.1771, nach Maier 1993, S. 132
85 SAN: Rep. 271 II, Nr. 11744, Juni 1774, nach Maier 1993, S. 72
86 Kreisel 1939, S. 72
87 Schuhmann 1961, S. 124; Universitätsbibliothek Erlangen: Pg 360^w(88-93)
88 Stürmer 1982, S. 21
89 Inhaltlich vorgestellt von: Stürmer 1982, zur Person Roubos S. 21, 60, 89, 94 und zum Werk S. 21, 79, 95
90 Leider läßt sich die Reisebeschreibung des Abbé de Saint-Non in der Universitätsbibliothek Erlangen nicht nachweisen; als Beweis, daß das Werk in der Ansbacher Hofbibliothek trotzdem vorhanden war, müssen die beiden kopierten Tische gelten.
91 Anhang, Inventar von 1807, S. 116-126
92 Anhang, Inventar von 1807, S. 153
93 Maier 1993
94 Heß 1797, S. 132 f.
95 Störkel 1995, bes. S. 205 ff.
96 A.K. Wedgwood 1995, S. 32, Anm. 70; heute sind nur noch einige weniger bedeutende Stücke aus der Manufaktur Wedgwood in der Residenz Ansbach erhalten: Inv. AnsRes. K 732, 776-778
97 A.K. Markgraf Alexander von Ansbach-Bayreuth 1980, Kat. 119; Universitätsbibliothek Erlangen: 2°Phl. IV, 4
98 Krieger 1988/99, S. 126 f.
99 Störkel 1995, S. 256
100 Goess 1797, S. 7 f.
101 Lang 1806.; Hausherr 1963, S. 124 ff.; Thielen 1967, S. 63 f.
102 2. Obergeschoß, R 206-212, nach Maier 1993, S. 126
103 Weis 1988, S. 321; dazu auch A.K. *Bayern entsteht* 1996, S. 48 f.
104 Schuhmann 1961, S. 156 f.
105 Geheimes Staatsarchiv Berlin: I.HA, Rep. 36, Nr. 2727 *Verzeichniß der aus Ansbach von dem Geheimen Staats-Rath Nagler mitgenommenen und an den Hofmarschall Freiherrn von Malzahn hieselbst abgegebenen Gemälde und Kunstsachen, Berlin den 1.ten September 1810, gez. v. Nagler*

106 Maier 1993, S. 22
107 Inventar 1842, S. 92-97
108 Inventar 1864, S. 46 f., 59
109 Inventar 1842, S. 106
110 Inventar 1842, S. 17; Inventar 1865, S. 12
111 Inventar 1820, S. 259
112 Inventar 1842, S. 6, 8, 22; Inventar 1865, S. 4, 6, 16
113 Inventar 1842, S. 6
114 Inventar 1842, S. 7; Inventar 1865, S. 6
115 Inventar 1842, S. 14; Inventar 1865, S. 10
116 Inventar 1842, S. 26; Inventar 1865, S. 20
117 Inventar 1842, S. 31; Inventar 1865, S. 21
118 Langer 1995, S. 29
119 Inventar 1842, S. 27; Inventar 1865, S. 21
120 Inventar 1830, S. 53; 1820, S. 55; 1813, S. 40; 1807, S. 47 (s. Anhang, S. 47)
121 Langer 1995, Kat. 1
122 Inventar 1865, S. 50
123 Inventar 1865, S. 28
124 Bayerisches Hauptstaatsarchiv München, Geheimes Hausarchiv, Bestand: Hofsekretariat, Nr. 384 *Nebenrechnung der königlichen Cabinets-Cassa über die Ausgaben für das kgl. Besitzthum Linderhof pro 1871*, Nr. 138-140
125 Inventar 1865, S. 13, 32
126 Inventar 1884, S. 32
127 Maier 1993, S. 25
128 Liste von Besuchen: *Ansbach – 750 Jahre Stadt* 1971, S. 116 f.; Weitere Daten: Mayer 1993, S. 25 f.
129 Maier 1993, S. 25 f.
130 Inventar 1884, S. 28
131 Inventar 1884, S. 46
132 Inventar 1884, S. 5, 49
133 Ziffer 1996, S. 101
134 Inventar 1884, S. 82
135 Inventar 1884, S. 83
136 Inventar 1884, S. 114
137 Inventar 1884, S. 36, 38, 79
138 Inventar 1884, S. 92-94
139 Inventar 1884, S. 95, 102
140 Inv. AnsRes. M 113/1-4
141 Inventar 1903, S. 118
142 Inventar 1903, S. 85
143 Inventar 1903, S. 66, 104
144 Inventar 1903, S. 159
145 Inventar 1903, S. 170, 79
146 Bayerische Verwaltung der staatlichen Schlösser, Gärten und Seen 1993, S. 21 ff.
147 Esterer 1934, S. 2-20
148 Pfeil 1995, S. 23
149 Inventar 1903, S. 118 f.
150 Inventar 1903, S. 122.; Inv. AnsRes. B 1
151 Inv. AnsRes. M 132

Historische Inventare und Inventarmarken
zu den Möbeln der Residenz Ansbach

Schlüssel zur Geschichte des Mobiliars

Möbel sind entsprechend der etymologischen Wurzel des Wortes ›mobilis‹ (beweglich) bewegliche Güter, deren Aufstellungsort, Funktion und Bedeutung sich, bedingt durch vielerlei Faktoren, verändern konnte. Nur in wenigen Fällen blieb ein Möbelstück an dem Standort, für den es einmal bestimmt war. Geschmackswandel, die Einrichtung neuer Appartements und die Veränderung der Funktion von Räumen führten zu Wanderungen des Mobiliars innerhalb eines Schloßgebäudes sowie zwischen Stadtresidenz und Sommerschlössern im Herrschaftsbereich eines Fürsten.

Unterschiedliche Etiketten und Marken auf den Rückseiten von Kommoden und Schränken oder an den Gestellen von Tischen und Sitzmöbeln sind Zeugen der wechselvollen Geschichte eines Möbelstücks. In Korrelation mit entsprechend geführten Inventaren können sie den Aufstellungsort eines Möbels zu einem bestimmten Zeitpunkt erschließen und Aufschluß darüber geben, wer das Möbel im Laufe der Zeit benutzte und welche Funktion es im höfischen Zeremoniell oder in weniger wichtigen Räumen eines Schlosses hatte. Die Überbleibsel historischer Inventarisierungsmaßnahmen in Form von Aufschriften und Klebezetteln, häufig abgerissen, unleserlich geworden oder durch spätere Etiketten überklebt, werden so zum wichtigen Schlüssel zur Geschichte eines Möbelstücks. Die historischen Inventare haben heute nicht nur bei der Ermittlung der Provenienz eines Möbels hohen Erkenntniswert, sie können auch – je nach Ausführlichkeit der Einträge – Aufschlüsse über Beschaffenheit und Veränderungen der Möbel im Laufe der Zeit, etwa durch neue Bezugsstoffe oder Farbfassungen, geben.

Für die Residenz Ansbach sind die historischen Inventare mit Nachweis des Mobiliars erst erhalten, seit die ehemalige Markgrafschaft Ansbach 1806 Bestandteil des Königreichs Bayern wurde. Leider kennen wir noch kein Inventar der Stadtresidenz oder von einem der Sommerschlösser aus markgräflicher Zeit. Sollte ein Exemplar bei den Bauakten gewesen sein, so ist es mit den Akten der ehemaligen markgräflichen und preußischen Bauamtsregistratur 1943 beim Landbauamt Ansbach als Papierhaufen zur Abgabe an die Altpapiersammlung bereitgestellt worden.[1] Aus markgräflicher Zeit stammen ein *Inventarium über das bey der Hochfürstl. Silberkammer zu Onolzbach befindliche Silber und Glaswerk / Aufgenommen A[nno] 1772* mit Nachträgen der Revision des Jahres 1781 sowie ein *Inventarium über das bey der Silberkammer Onolzbach befindliche Zinn, Kupfer, Messing, Porcellain und andere Geräthschafften / Anno 1773* im Archiv der Bayerischen Schlösserverwaltung.

Neben der Stadtresidenz in Ansbach waren die Sommer- oder Jagdschlösser der Markgrafen und das Gesandtenhaus gegenüber der Residenz mit Mobiliar versehen. Immer wieder wurde in den Schlössern Unterschwaningen,[2] Bruckberg, Deberndorf,[3] Triesdorf, Gunzenhausen[4] und Burgbernheim[5] gebaut, was selbstverständlich die Beschaffung von Mobiliar und Ummöblierungen nach sich zog. Einige der Möbel können deshalb auch für einen dieser Bauten bestimmt gewesen und später in das Residenzschloß gebracht worden sein. Allerdings läßt sich ein Aufstellungsort außerhalb der Stadtresidenz erst bei sehr wenigen Stücken nachweisen (Kat. 119). Einen solchen Aufstellungsort lassen Möbel erahnen, die sich heute in der Residenz befinden, aber nicht im frühest erhaltenen Inventar zu identifizieren sind, obwohl sie auf Grund ihres besonderen Schmucks oder Form in den Beschreibungen leicht erkannt werden müßten. Solche Möbel sind eventuell erst nach 1807 in die Residenz nach Ansbach gelangt.

Aus königlich-bayerischer Zeit sind die Inventarverzeichnisse der Residenz Ansbach von 1807 bis 1903 lückenlos und ab 1842 jeweils in zwei oder drei Exemplaren im Archiv der Schlösserverwaltung erhalten. Im Anhang ist das Inventar aus dem Jahre 1807 abgedruckt (S. 289), weil es noch am ehesten Rückschlüsse auf die Möblierung und Ausstattung der Räume mit Vorhängen und Wandbespannungen in markgräflicher Zeit zuläßt. Erst 16 Jahre zuvor war mit der Resignation des letzten Markgrafen 1791 die Zeit des Schlosses als Residenz des Fürsten und des Staates zu Ende gegangen. Vor allem aber ist an den teilweise aus markgräflicher Zeit übernommenen Benennungen der Räume die Lage verschiedener Appartements zu erschließen. Damit ist die Funktion der Räume und Möbel abzulesen, für die ein Standort in markgräflicher Zeit präzise zugewiesen werden kann. Allerdings wissen wir kaum, wo und in welchem Maße der Statthalter des Königs von Preußen, Karl-August Freiherr v. Hardenberg, zwischen 1791 und 1806 Veränderungen vornehmen ließ.

Über die hier vorgestellten Inventare hinaus existiert ein *Inventarium über Meubles u. Geraethschaften in dem Königlichen Schlosse zu Ansbach, welche der Königl. Regierung leihweise zum Gebrauche überlassen sind. 1841.* Vor allem wurden Textilien und einfache Kanzleimöbel aufgeführt, so daß nur im Einzelfall auf das Verzeichnis verwiesen wird (Kat. 122).

Bei der Menge der Möbel konnten überklebte Inventaretiketten nur in Einzelfällen gelöst und damit lesbar gemacht werden. In der Regel sind jedoch nur die Etiketten des Inventars von 1884 mit den gleichartigen Etiketten von 1901 und diese wiederum mit denen von 1903 überklebt. Weil die Beschreibungen in den drei Inventarverzeichnissen sehr ähnlich oder gleichgeblieben und Ortsveränderungen des Mobiliars selten vorgenommen worden sind, waren die Möbel leicht identifizierbar.

In Ansbach wurden von 1884 bis 1903 die gleichen Etiketten geklebt, während in der Residenz München und einigen anderen bayerischen Schlössern um 1900 ein anderer Etikettentyp mit Bezeichnungen verwendet wurde, zu denen bisher kein passender Inventarband aufgetaucht ist. Das Etikett wurde in Ansbach offensichtlich nicht benutzt.

Hans Ottomeyer vermutete die Herkunft eines Brandstempels auf einer um 1800 entstandenen Polsterbank und Stühlen aus der Münchner Residenz aus Ansbach.[6] Ein vergleichbarer Stempel taucht auf keinem der für Ansbach gesicherten Möbel auf und kann auch aus chronologischen Gründen nicht mit Ansbach oder Markgraf Carl-Alexander in Verbindung gebracht werden.

1807

Es handelt sich um das erste Inventar des Schlosses nach Übergabe der ehemaligen Markgrafschaft Brandenburg-Ansbach an das Königreich Bayern durch das Königreich Preußen im Jahre 1806.

Der paginierte Band hat keine linierten Rubriken, sondern auf jeder Seite nur einen Kopf mit Angabe des Stockwerks, der Raumnummer, der Raumbezeichnung sowie einer kurzen Beschreibung des Raumes. Der Kopf ist mit einem Doppelstrich vom unteren Teil getrennt, und die Seiten sind in zwei Spalten gefalzt, von denen die linke mit ›Vorrath‹ (=Bestand) und die rechte mit ›Abgang‹ überschrieben ist. Eine Numerierung innerhalb des Inventars sowie eine Markierung der Gegenstände selbst erfolgt erst mit dem Inventar des Jahres 1842.

Das Verzeichnis beginnt auf der Belle Etage als ›II. Etage‹ im heutigen Raum 16, erfaßt dann die oberen Etagen und anschließend das Erdgeschoß mit den Kellern. Diese Abfolge wird in allen folgenden Inventaren bis 1903 beibehalten, auch wenn sich die Numerierung der Stockwerke ab 1901 ändert.

Am Ende enthält das Inventar eine Liste der Gegenstände aus dem Schloß, die sich im Gesandtenhaus befinden. Zu- und Abgänge sind in den Rubriken vermerkt. Das Inventar ist vom Kastellan Moritz, dem Geheimen Hofrat Richter sowie dem Kammerkanzlisten Wolff unterzeichnet.

1813

Das gebundene und paginierte Inventar hat jetzt von Hand gezogene und gegenüber dem vorherigen Inventar anders aufgeteilte Rubriken. Es wurden Spalten für den Erhaltungszustand und den Geldwert der Gegenstände eingeführt, aber die Spalte für Abgänge weggelassen. Vermerke über Zu- und Abgänge oder Nachträge gibt es nicht. Eine Liste der Gegenstände im Gesandtenhaus ist beibehalten. Auch die Abfolge der Gegenstände und die beschreibenden Formulierungen wurden weitgehend aus

dem vorherigen Inventar übernommen, manche Einzelheiten jedoch weggelassen. Auffallend ist der Ersatz der französischen Begiffe ›Fauteuil‹ und ›Chaise‹ durch die Bezeichnungen Arm- und Lehnsessel, während die Bezeichnung ›Tabourett‹ weiter verwendet wird. Am Ende wurde das Verzeichnis wieder vom Kastellan Moritz unterschrieben, nun aber vom Königlichen Obersthofmeisterstab in München gegengezeichnet.

1820

Der Inventarband hat nun gedruckte Rubriken mit Textvorgaben im Kopf. Neu eingeführt sind Spalten für eine laufende Numerierung der Gegenstände und Bemerkungen, die jedoch nicht genutzt wurden oder beschrieben sind. Ab jetzt werden die Inventare bis 1903 mit einer Liste aller Räume und dem Wert der darin befindlichen Gegenstände abgeschlossen. Dabei ist die Funktion der Räume bezeichnet, und es wird beschrieben, welche Räume von der Schloßverwaltung und welche von der Regierung des Rezatkreises und der späteren Regierung von Mittelfranken genutzt werden. Auch die Möbel der Regierung werden nun in eigenen Inventaren geführt, die hier nicht berücksichtigt sind. Nutzer und Inhaber von Wohnungen tauchen ebenfalls auf.

Am Ende stehen Nachträge, in denen die Zu- und Abgänge der Rechnungsjahre 1820/21 bis 1824/25 sowie von 1844/45 bis 1855/56 eingetragen sind. Damit werden die folgenden Inventare der Jahre 1830 und 1842 überschnitten. Wieder ist eine Liste der Gegenstände im Gesandtenhaus aufgenommen und als Neuerung die Gerätschaften des Schauspielhauses. Beide Listen werden bis zum Inventar von 1884 geführt.

Die Abfolge der aufgeführten Gegenstände in den Räumen wurde gegenüber dem vorherigen Inventar verändert, systematisiert und die Beschreibungen teilweise erweitert. Das Inventar wurde nicht mehr vom Schloßverwalter unterzeichnet und ist unterschrieben: »Gefertigt aus hohem Auftrag der Königlichen Regierung des Rezat Kreises, Kammer der Finanzen / Ansbach den 31. März 1821 / Schoeberlein / Rechnungsresident.« Nur die Nachträge tragen wieder die Unterschrift des Kastellans Moritz.

1830

Gegenüber den gedruckten Vorgaben des vorherigen Inventars wurde die dort nicht benutzte Spalte für laufende Nummern nun weggelassen. Abfolge und Beschreibungen der Objekte wurden übernommen. Zu- und Abgänge sind in der Spalte Anmerkungen eingefügt und liegen zusätzlich als Nachträge bis in das Jahr 1833 in einer ungebundenen Mappe bei. Ebenfalls 1833 datiert und als ungebundene Liste ist das *Verzeichnis derjenigen Mobiliargegenstände, welche die Königl. Regierung des Rezatkreises von der Königl. Schloßverwaltung Ansbach als entlehnt gegen Bescheinigung erhalten hat* in einer Mappe beigelegt. Das Inventar ist wieder vom Kastellan Moritz

1 Ankele 1990, S. 1
2 Gebessler 1962, S. 204 ff.
3 Feis 1995
4 Braun 1953; Burger 1994/95
5 Störkel 1995, S. 201; Emmert S. 62
6 Ottomeyer 1991, Kat. 51, S. 228 f.

unterschrieben und die Richtigkeit von einem Beamten der Regierung des Rezatkreises bestätigt.

1842

Von den beiden erhaltenen Exemplaren ist eines als Duplikat bezeichnet. Beide enthalten Nachträge bis in das Jahre 1864, die jedoch nicht immer in beiden Bänden zu finden sind. Am Ende steht ein *Auszug der Schloßmobiliarschaft welche seit der Thronbesteigung seiner Majestät des Königs [Ludwig I.] vom Jahre 1825/6 angeschafft wurden.* Ein Auszug über die Abgänge des Jahres 1855/56 liegt in einer Mappe bei.

Gegenüber dem vorherigen Inventar wurden die gedruckten Rubriken und Textvorgaben aus dem Inventar von 1820 (!) genau wiederholt. In der Spalte für laufende Nummern sind die Mobilien, aber auch wandfeste Dinge von 1 bis 1083 durchnumeriert. Stücke einer Garnitur tragen jeweils die gleiche Nummer. Die Inventarnummern sind je nach Untergrund mit weißer oder schwarzer Farbe auf einer Außenseite der Möbel, aber auch an den wandfesten Spiegelrahmen oder Kamingewänden angebracht und bilden in der Residenz Ansbach die früheste Kennzeichnung. Auf den Raumtüren wurden die Raumnummern angebracht und sind in den untergeordneten Räumen bis heute lesbar. Gegenüber dem vorherigen Inventar erscheinen die einzelnen Inventarstücke in anderer Reihenfolge, und in den Beschreibungen wurden manchmal andere Formulierungen verwendet. Wurde ein Möbel gegen ein typgleiches Stück aus der Residenz München ausgetauscht, so wurde dies im Inventar nicht (!) vermerkt und auch die Beschreibung im folgenden Inventar von 1865 nicht verändert, weil sich am Sachwert des Mobiliars nichts verändert hatte.

Am Ende ist das Verzeichnis vom Schloßverwalter Ludwig Klens unterschrieben und – wie schon das Inventar von 1813 wieder vom Königlichen Obersthofmeisterstab in München gegengezeichnet.

1865

Die Aufstellung dieses Inventars ist sicher eine Folge der Thronbesteigung König Ludwigs II. im Jahr 1864. Von den drei erhaltenen Exemplaren ist eines als ›Original‹ und eines als ›Triplikat‹ bezeichnet. Alle drei enthalten Nachträge bis in das Rechnungsjahr 1883. In der Regel lauten die Nachträge gleich, manche sind nur in zweien oder auch nur in einem der Exemplare zu finden.

Gegenüber dem vorherigen Inventar wurden die gedruckten Rubriken und Textvorgaben erneut verändert. Die Spalten zur Klassifizierung der Stücke nach dem Erhaltungszustand fallen weg, während neben der Spalte für Bemerkungen wieder eine Spalte für Abgänge aufgenommen wurde, die es zuletzt im Inventar von 1807 gegeben hatte. Vom Inventar des Jahres 1842 wurde die Numerierung der Objekte sowie deren Beschreibungen exakt, wie bei einer Abschrift, übernommen. Die Objekte sind von 1 bis 1096 durchnumeriert und tragen die aufgemalten Nummern des vorherigen Inventars. Inventar-

nummern der im vorherigen Inventar abgeschriebenen Stücke wurden nicht wieder besetzt, nicht übernommen und tauchen folglich als Lücke auf. Weil die aufgemalten Nummern nur schwer verändert werden konnten, war eine Spalte für alte Inventarnummern noch nicht vorgesehen. In den folgenden Inventarverzeichnissen von 1884 und 1901 werden die Nummern von 1842/65 als ›Alte Inventarbezeichnung‹ weitergeführt. Wurde ein Möbel gegen ein typgleiches Stück aus der Residenz München ausgetauscht, so wurde dies wiederum nicht (!) vermerkt. Die Beschreibungen wurden dann erst im folgenden Inventar von 1884 angepaßt.

Die Nachträge am Ende des Inventars sind bis 1871 vom Schloßverwalter Noé, bis 1877 vom Schloßverwalter Urban, bis 1880 vom Schloßverwalter Heller und bis 1883 vom Schloßverwalter Hartmann unterschrieben sowie vom Königlichen Obersthofmeisterstab in München gegengezeichnet.

Inventarmarke von 1842 und 1865

1884

Das Verzeichnis enthält Nachträge bis in das Jahr 1901, und die Beschreibungen der Objekte wurden gegenüber dem vorherigen Inventar teilweise leicht, die Abfolge der Gegenstände jedoch nicht verändert. Dem Aussehen nach, aber nicht prinzipiell sind die gedruckten Rubriken und Textvorgaben verändert und den Inventaren der Residenz München angepaßt. Die Numerierung der Gegenstände beginnt nun mit jedem Raum neu. Jeder einzelne Gegenstand wird numeriert, und die Stücke aus Garnituren sind nicht mehr unter einer Nummer zusammengefaßt. Erstmals sind die vorhergehenden Inventarnummern in der Rubrik ›Abgang‹ als ›alte Inv. N°.‹ wieder aufgenommen.

Zu dem Inventar gehören rechteckige, gedruckte Klebeetiketten mit blauer Einfassung, die an den Rückseiten der Möbel angebracht wurden. Hinter den gedruckten Textvorgaben ›K.SCHLOSS / Appart: / Zimmer N° / Inventar N°‹ wurde die Ortsbezeichnung Ansbach, statt der Appartement- die Etagenbezeichnung sowie die Raum- und Inventarnummer handschriftlich eingetragen. Der Aufbau des Inventars samt Etikett war in München bereits 1868/74 verwendet worden, als König Ludwig II. den Bestand der Residenz zum zweiten Mal inventarisieren ließ. Gleiche Etiketten wurden in Ansbach für die Inventare der Jahre 1901 und 1903 verwendet. Bis auf wenige Ausnahmen wurden die Etiketten von 1884 später überklebt.

Die Nachträge sind bis 1886 von Schloßverwalter Hartmann, bis 1888 von Schloßverwalter Ludwig Siegler, 1889 von Schloßverwalter Otto Kirchmaier und von 1890 bis 1901 von Schloßverwalter Ernst Wojtha unterschrieben. Die Gegenzeichnung durch den Königlichen Obersthofmeisterstab erfolgte nur bis 1889.

Am Ende des Bandes ist die »1896 erfolgte Neueinschätzung des bisher zu minder taxierten Inventars durch den Sachverständigen Kommerzienrat Lehman Bernheimer in München« von Schloßverwalter Max Hofreiter ohne Datum nachgetragen.

Inventaretikett von 1884, 1901 und 1903

Zu dem Inventar gehört auch ein ungebundenes Exemplar aus fadengehefteten Lagen. Wieder wurde das Druckbild der Rubriken und die Beschreibungen vom vorhergehenden Inventar sowie die Inventarnummern beibehalten. Inventarnummern abgegangener Stücke wurden nicht mehr besetzt und tauchen deshalb nicht wieder auf. Dieses Verfahren war bereits in den aufeinanderfolgenden Inventaren der Jahre 1842 und 1865 angewandt worden. Außerdem werden die Inventarnummern dieser beiden Inventare weiterhin als alte Inventarnummern geführt und die Möbel mit dem seit 1884 benutzten Etikettentyp gekennzeichnet. Dabei wurde das frühere Etikett in der Regel überklebt, ist aber nur selten lesbar, weil es bei der folgenden Inventarisierung wiederum überklebt worden ist. Beschreibungen samt Abfolge der Gegenstände vom vorhergehenden Inventar wurden beibehalten.

Dagegen wurde mit diesem Inventar eine andere Stockwerkzählung eingeführt, die sich im Inhaltsverzeichnis und auf den Klebeetiketten, aber noch nicht im Kopf der einzelnen Inventarseiten niedergeschlagen hat. Dort war die alte Etagenzählung bereits eingetragen und wurde sicher aus arbeitsökonomischen Gründen nicht verändert. Ab jetzt wird die Belle Etage nicht mehr als ›II. Etage‹, sondern als ›I. Etage‹ bezeichnet und die ehemalige 1. Etage als Erdgeschoß geführt. Die Raumzählung wurde nicht verändert.

1903

Wieder wurde das Druckbild der Rubriken und die Beschreibungen vom vorhergehenden Inventar, nicht aber die Inventarnummern beibehalten. Das Inventar enthält sauber geführte Nachträge bis 1929, die bis 1904 vom ›K. Schloßverwalter‹ Max Hofreiter, von 1905 bis 1907 von Johann Kamberger und von 1908 bis 1927 von Wilhelm Eppelsheimer unterschrieben sind, der 1908 und 1909 als ›Kgl. Schloßdiener‹, von 1910 bis 1915 als ›K. Schloßwart‹ und ab 1916 ohne Funktionsbezeichnung unterschreibt. Der Nachtrag des Jahres 1916 wurde im Februar 1919 nachträglich von einem Beamten der ›Verwaltung des ehem. Kronguts/Inventarbuchhaltung‹ gegengezeichnet. Die Gegenzeichnungen wurden bis 1923 vorgenommen. Ab 1924 unterschreibt Eppelsheimer allein im Namen der Schloßverwaltung Ansbach, womit die Entwicklung zur Bayerischen Verwaltung der staatlichen Schlösser, Gärten und Seen vollzogen war.

1929

Nach dem Ende des Königreichs Bayern trägt das gebundene, aber noch handschriftliche Inventar mit dem Titel ›Staatliches Fahrnisvermögen‹ der neuen Verfassung Rechnung. Es bildet auch das erste, eigenständige Verzeichnis der Schlösserverwaltung und ist nun ein Museumsinventar, das nicht mehr nach Räumen, sondern nach Gattungen geordnet ist.

Nachträge sind bis auf wenige Ausnahmen nicht datiert. Einträge in der Rubrik ›Alte Inventarbezeichnung‹ beziehen sich auf das Inventar von 1903.

Mit dem Inventar wurden querformatige Etiketten mit Randperforation und schwarzem Aufdruck geklebt. Er besteht aus einer kräftigen, rechteckigen Einfassung und dem gedruckten Text ›Schloss Ansbach/F.-Verz. Abt. III‹ sowie dem Kürzel ›Lit.‹, hinter dem die Objektgattung mit einer Buchstabenkombination und darunter die Objekt-›Nr.‹ handschriftlich eingetragen ist. Mit dem Kürzel ›Abt. III‹ war kenntlich gemacht, daß die Betreuung des beweglichen Kunstguts der Museumsabteilung oblag.

1939

Von dem gebundenen Inventar ist nur eine undatierte, maschinenschriftliche Zweitschrift erhalten. Sie beruht auf den ebenfalls undatierten, maschinenschriftlichen Handzetteln von Heinrich Kreisel, die vor seinem 1939 erschienenen Amtlichen Führer und dem Aufsatz über die Ausstattung der Ansbacher Residenz niedergeschrieben worden sind. Unter den Handzetteln befindet sich der Nachweis eines 1935 angekauften Gemäldes. In der gebundenen Version sind eine Restaurierung aus dem Jahr 1930, aber auch Veränderungen bis 1951 maschinenschriftlich erfaßt, so daß die Fertigstellung erst sechs Jahre nach dem Zweiten Weltkrieg erfolgt sein kann. Handschriftliche Nachträge datieren bis 1968. Einträge in der Rubrik ›Alte Inventarbezeichnung‹ verweisen auf das Inventar von 1929.

Die hochformatigen Etiketten mit Randperforation haben außen eine kräftige und innen eine gedruckte Rahmung in feinem Blau. Dagegen ist der von Schloß zu Schloß unterschiedliche Text ›Residenz Ansbach/F.-Verz. Abt. III‹ gestempelt, und die Angaben hinter den Rubriken ›Raum‹, ›Seite‹ und Objekt-›Nr.‹ sind handschriftlich eingetragen.

1966

Erst lange nach den Wirren des Zweiten Weltkriegs wurden die einzelnen Schloßverwaltungen 1966 angewiesen, ein neues Inventar zu erstellen, das für die Residenz Ansbach 1968 vorgelegen hat, seitdem fortgeschrieben wird und dessen Siglen bis heute gültig sind.

Stempel ›Ansbach‹, ›S.A.‹ und ›KSA‹.

Viele Möbel sind in schwarzer Farbe mit dem Schriftzug ›Ansbach‹ gestempelt, manche sogar mehrfach. Der blaue Stempel ›S.A.‹ für Schloß Ansbach kommt seltener vor. Bisher nur ein einziges Mal tauchte der Brandstempel ›KSA‹ auf und steht sicher für: Königliches Schloß Ansbach (Kat. 118). Es bleibt unklar, wann die Kennzeichnungen vorgenommen wurden. Da sich der Stempel ›S.A.‹ auch auf einem 1890 nach Bayreuth überführten Möbel befindet (Kat. 26), wird die Kennzeichnung vorher erfolgt sein.

Inventaretikett von 1929

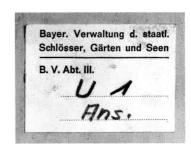

Inventaretikett von 1939

Inventaretikett von 1966

Stempel

7 Kreisel 1939

KATALOG

Braunes Kabinett im
Appartement des Markgrafen
Konsoltisch, Ansbach, um 1740,
siehe Kat. 45, S. 161

Erläuterungen zum Katalog

Der Katalog erschließt die ›historische‹ Möblierung der Residenz Ansbach, d.h. diejenigen Möbel, die für das Schloß angekauft, hergestellt oder über einen längeren Zeitraum – bis zur Auflösung der Monarchie 1918 – Teil seiner Ausstattung waren. Dieses Mobiliar ist heute weitgehend in der Residenz Ansbach ausgestellt; nur wenige Stücke sind deponiert. Einige Möbel wurden bereits vor 1918 in andere Schlösser des ehemals wittelsbachischen Herrschaftsbereichs transferiert, die ebenfalls von der Bayerischen Verwaltung der staatlichen Schlösser, Gärten und Seen betreut werden. Ein Reisebett aus der historischen Ausstattung befindet sich im Besitz des Bayerischen Nationalmuseums München (Kat. 1) und jeweils ein Möbel in der Sammlung des Landgrafen von Hessen (Kat. 21) sowie in der Sammlung Thurn & Taxis (Kat. 22). Ein Satz von 20 Stühlen wurde zwar in Ansbach hergestellt, hat aber wohl nie in der Residenz Ansbach gestanden. Die Stücke wurden in den Katalog aufgenommen, weil es sich bisher um die einzigen gesicherten Möbel aus der markgräflichen Sommerresidenz Triesdorf handelt (Kat. 119). Das einzige, 1988 aus musealen Erwägungen gekaufte Möbel in der Residenz Ansbach,[1] ein Schreibmöbel aus dem Umkreis von Johann Matusch, soll an anderer Stelle vorgestellt werden.

Die Regierungszeiten der Markgrafen als Auftraggeber oder Käufer bilden das Gerüst des Kataloges. Danach sind die Möbel weitgehend nach ihrer Entstehungszeit geordnet. Abweichungen von der Chronologie wurden in Kauf genommen, um Werkstattzusammenhänge nicht auseinanderzureißen, etwa bei den Möbeln aus der Werkstatt Martin Schuhmachers.

Jede Katalognummer beginnt mit Angaben zu Künstler, Entstehungsort und Datierung des Möbels. Der Künstlername erscheint ohne Zusatz, wenn das Möbel signiert ist oder sicher zugeschrieben werden kann. Besitzt eine Zuschreibung eine hohe Wahrscheinlichkeit, ist dies mit dem einschränkenden Zusatz ›Zuschreibung an‹ zum Ausdruck gebracht. Bleibt eine Zuschreibung vage, so wird diese in der Würdigung diskutiert, aber nicht in die Angaben am Beginn jeder Katalognummer aufgenommen. Soweit bekannt, werden Lebensdaten, Geburts- und Sterbeort sowie Meistertitel der Künstler angegeben.

Signaturen, Schlagstempel oder andere Beschriftungen eines Möbels erscheinen vor den technischen Angaben zu Materialien und Maßen (Höhe x Breite x Tiefe) in vollem Wortlaut. Vor allem an den Sitzmöbeln häufig vorkommende Montagemarken konnten

nicht aufgenommen werden. Es folgen knapp gehaltene Angaben über Zustand und Restaurierungen der Möbel sowie zum heutigen Standort.

Die historischen Inventarmarken sind möglichst vollständig aufgeführt, wobei sich die mit einem Sternchen * gekennzeichneten Inventarnummern tatsächlich auf dem Möbel befinden, während die Nummern, die nicht mit einem Sternchen versehen sind, aufgrund der Beschreibungen in den Inventaren rekonstruiert wurden. Einen Überblick über die verwendeten Marken und Etiketten und die zugehörigen Inventarverzeichnisse gibt das Kapitel über ›Historische Inventare und Inventarmarken zu den Möbeln der Residenz Ansbach‹. Für die Transkription der Inventarnummern wurde ein System verwendet, das für die Katalogbände über die Möbel der Residenz München entwickelt wurde.[2] Die derzeit gültige Inventarnummer folgt separat gestellt.

Die gekürzt zitierten Literaturangaben beziehen sich direkt auf das Möbelstück und werden im Literaturverzeichnis aufgeschlüsselt. Vergleichsliteratur erscheint in den Anmerkungen.

Die Katalogtexte sind in Provenienz, Beschreibung und Würdigung untergliedert. Die Beschreibung folgt einem übersichtlichen System mit der Untergliederung in Korpus, Innenaufteilung, Marketerie, Fassung, Beschläge, Bezug/Polsterung und Konstruktion.

Abkürzungen

A.	Appartement
A.F.	Amtlicher Führer
A.K.	Ausstellungskatalog
Bl.	Blatt
fol.	folio
Inv.	Inventarnummer
Kat.	Katalognummer
R	Raum
r.	recto
SAN	Staatsarchiv Nürnberg
S.	Seite
v.	verso
Zi.	Zimmer

1 Inv. AnsRes. M 132
2 Langer 1995, S. 37

Tabellarische Übersicht der Möbel
und ihrer Meister

MARKGRAF GEORG FRIEDRICH VON BRANDENBURG-ANSBACH (1556-1603)

1.	Reisebett	Augsburg, um 1600

MARKGRAF WILHELM-FRIEDRICH (1703-1723)
UND DIE REGIERENDE MARKGRÄFIN CHRISTIANE-CHARLOTTE
VON BRANDENBURG-ANSBACH (1723-1729)

2.	Paradewiege	Johann Matusch	Ansbach, 1709/12
3.	Schmuckfußboden	Johann Matusch	Ansbach, um 1716
4.	Paar Konsoltische		Frankreich, um 1715
5.	Kommode	Nicolas Sageot	Paris, um 1715
6.	Tisch		Frankreich, um 1715/20
7.	Kommode		Frankreich, um 1720
8.	12 Hocker		Frankreich, um 1720
9.	Barometer		Frankreich, um 1720
10.	Bureau plat	François Lieutaud	Paris, um 1720/25
11.	Paar Konsoltische		Frankreich, um 1720/25
12.	Konsoltisch		Frankreich, vor 1728/29
13.	Paar Konsoltische		Frankreich, vor 1728/29
14.	Paar Konsoltische		Frankreich/Ansbach, um 1728/30
15.	3 Konsoltische		Frankreich/Ansbach, um 1728/30

MARKGRAF CARL-WILHELM-FRIEDRICH VON BRANDENBURG-ANSBACH (1729-1757)

16.	Brettspielkasten		Ansbach, um 1730
17.	Aufsatzkommode	Martin Schuhmacher	Ansbach, 1736
18.	Schreibschrank	Martin Schuhmacher	Ansbach, 1730/40
19.	Paar Kommoden	Martin Schuhmacher	Ansbach, 1730/40
20.	Kabinettschränkchen	Martin Schuhmacher	Ansbach, 1730/40
21.	2 Paar Anrichten	Martin Schuhmacher	Ansbach, 1730/40
22.	Paar Anrichten	Martin Schuhmacher	Ansbach, 1730/40
23.	Paar Anrichten	Martin Schuhmacher	Ansbach, 1730/40
24.	Pultsekretär	Martin Schuhmacher	Ansbach, nach 1736
25.	Tisch		Ansbach, um 1740/50
26.	Tisch	Martin Schuhmacher	Ansbach, um 1740/50
27.	Paar Eckschränke	Martin Schuhmacher	Ansbach, um 1740/50
28.	Pultsekretär	Martin Schuhmacher	Ansbach, um 1740/50
29.	2 Ofenschirme	Martin Schuhmacher	Ansbach, 1751
30.	Pultsekretär	Martin Schuhmacher	Ansbach, um 1750
31.	Tisch	Martin Schuhmacher	Ansbach, um 1750
32.	Kommode	Martin Schuhmacher	Ansbach, um 1750
33.	Pultsekretär		Ansbach, um 1760
34.	Spieltisch		Ansbach, um 1760
35.	Sitzgarnitur		Ansbach, um 1730/35
36.	Sitzgarnitur		Ansbach, um 1740
37.	Sitzgarnitur		Ansbach, um 1740
38.	Sitzgarnitur		Ansbach, um 1740
39.	Sitzgarnitur		Ansbach, um 1740
40.	6 Hocker		Ansbach, um 1740
41.	Sitzgarnitur		Ansbach, um 1740
42.	Konsoltisch		Ansbach, um 1740
43.	Konsoltisch		Ansbach, um 1740

44.	Paar Konsoltische		Ansbach, um 1740
45.	Paar Konsoltische		Ansbach, um 1740
46.	3 Konsoltische		Ansbach, um 1740
47.	Paar Konsoltische		Ansbach, um 1740
48.	3 Konsoltische		Ansbach, um 1740
49.	Paar Konsoltische		Eichstätt, 1740/50
50.	4 Stühle		Berlin, um 1745
51.	Konsoltisch		Ansbach, um 1750
52.	Chaiselongue		Ansbach, um 1750
53.	Schrank		Ansbach, um 1750
54.	Schrank		Ansbach, um 1750
55.	Schrank		Ansbach, um 1750
56.	Pultsekretär		Ansbach, um 1750
57.	16 Stühle		Ansbach, um 1750 (?)
58.	Konsoltisch		Ansbach, um 1750 (?)
59.	Kommode		Ansbach, um 1750/60
60.	40 Stühle		Ansbach, um 1750/60
61.	Stuhl		Ansbach, um 1750/60
62.	3 Stühle		Ansbach, um 1750/60
63.	18 Stühle		
64.	Paar Kommoden	Joh. Michael Hoppenhaupt	Berlin, 1755
65.	3 Konsoltische		Bayreuth, um 1755/60
66.	Bett		Ansbach, um 1750/60
67.	Paar Eckkonsoltische		Ansbach, um 1760
68.	Paar Spiegelrahmen		Ansbach, um 1760
69.	Konsoltisch		Ansbach, um 1760
70.	Paar Konsoltische		Ansbach, um 1760/70
71.	Tisch		Ansbach, um 1750/70
72.	Brettspielkasten		Ansbach, um 1750/80

MARKGRAF ALEXANDER VON BRANDENBURG-ANSBACH (1757-1791)
UND BRANDENBURG-BAYREUTH (1769-1791)

73.	2 Sessel		München, um 1760
74.	Ziertisch	François Bayer	Paris, 1763
75.	Konsoltisch		Bayreuth, um 1760
76.	Sitzgarnitur		Ansbach, um 1760
77.	12 Sessel		Ansbach, um 1760/70
78.	Schreibschrank		Deutschland, 1760/70
79.	Schreibschrank		Ansbach, um 1770
80.	3 Konsoltische		Ansbach, um 1774
81.	2 Thronsessel		Ansbach, um 1774
82.	Truhe		Ansbach, um 1774
83.	2 Sitzgarnituren		Ansbach, um 1775
84.	Paar Ofenschirme		Ansbach, um 1775
85.	Ofenschirm		Ansbach, um 1775
86.	Paar Tische		Ansbach, um 1775
87.	12 Stühle		England, um 1770
88.	Tisch		England, um 1770/80
89.	Pultsekretär	Claude-Charles Saunier	Paris, um 1770/80
90.	10 Sessel		Ansbach, um 1770/80
91.	Ofenschirm		Ansbach, um 1775/85
92.	Ofenschirm		Ansbach, um 1775/85
93.	Ofenschirm		Ansbach, um 1775/85
94.	5 Ofenschirme		Ansbach, um 1775/85
95.	2 Ofenschirme		Ansbach, um 1775/85
96.	Sitzgarnitur		England, um 1780
97.	Verwandlungstisch		Ansbach, um 1780
98.	Schreibschrank		Ansbach, um 1780
99.	Konsoltisch		Ansbach, um 1780
100.	Paar Bänke		Ansbach, um 1780
101.	6 Sessel		Ansbach, um 1780
102.	8 Sessel		Ansbach, um 1780

103.	Sitzgarnitur		Ansbach, um 1780
104.	18 Sessel		Ansbach, um 1780
105.	Standuhr		Ansbach, um 1780
106.	4 Guéridons		Ansbach, um 1780
107.	Paar Tische		Ansbach, um 1785/90
108.	2 Paar Anrichten		Ansbach, um 1785/90
109.	Paar Eckschränke		Ansbach, um 1785/90
110.	Schrank		Ansbach, um 1785/90
111.	4 Konsoltische		Ansbach, um 1785/90
112.	Paar Konsoltische		Ansbach, um 1785/90
113.	Paar Anrichten		Ansbach, um 1790
114.	Schreibkommode		Ansbach, um 1790
115.	Konsoltisch		Ansbach, um 1790
116.	Paar Konsoltische		Ansbach, um 1790
117.	Konsoltisch		Ansbach, um 1790
118.	7 Stühle		Ansbach, um 1790
119.	20 Stühle		Ansbach, um 1790
120.	6 Stühle		Berlin, um 1790

AUGUST FREIHERR VON HARDENBERG,
PREUSSISCHER MINISTER ÜBER DIE FÜRSTENTÜMER
ANSBACH UND BAYREUTH (1791-1806)

| 121. | Pultsekretär | | Ansbach, um 1790/1800 |
| 122. | Zylinderschreibtisch | Joh. Laurenz Weymar | Ansbach, 1799 |

Reisebett

Augsburg (?), um 1600

Konstruktionsholz: Nußbaum
Furnier: Ebenholz, schwarz gebeiztes Obstholz,
Tropenholz
Marketerie: Elfenbein, Bein
Beschläge: Eisen
231,5 x 195 x 108 cm

Standort Bayerisches Nationalmuseum, München

Historische Inventarnummern Residenz Ansbach 1807:
S. 262; 1813: S. 112, 125; 1820: S. 101; 1830: S. 89; 1841:
555

Inv. BNM R 909

Literatur Aretin 1868, S. 212 – Fred 1903, Abb. 19 –
Feduchi 1946, Abb. 476 – Jedding 1958, Abb. 180 –
Hayward 1965, S. 50, Abb. 144 – Der Museumsfreund
1969, S. 67, Abb. 81 – Verlet 1972, S. 57 – Hayward 1976,
S. 58, Abb. 144 – Thornton 1979, Abb. 122 – Falke 1980,
Abb. 198 – Kreisel 1981, S. 125, Abb. 273 – Müller-Chri-
stensen 1981, S. 73 – Hinz 1989, Abb. 253

PROVENIENZ

Die Provenienz des Bettes kann nur erschlossen werden, da es in den Ansbacher Inventaren seit 1807
ausschließlich im Verzeichnis des Gardemeuble ohne
weitere Hinweise aufgelistet ist. So wird es mit der
kurzen, immer wiederkehrenden Beschreibung
»1. bettgestell von schwarzem Ebenholz mit Elfenbein eingelegt« 1807 aufgeführt unter ›An vorraethigen Meubles und anderen Stücken an Resten bey
der hiesigen Schloß Kastellaney und in den Vorraths = Kammern auf dem Schloß Boden‹ des Flügel-
baus.¹ Zusammen mit dem Bett wurden hier auch die
bedeutenden Elfenbeingruppen von Ignaz Elhafen
aus dem frühen 18. Jahrhundert und die kostbare,
schildpattfurnierte Prinzenwiege (Kat. 2) aufbewahrt, so daß von dem Aufbewahrungsort keines-
wegs auf eine Minderwertigkeit geschlossen werden
kann. Allerdings scheint sich bis zum Abtransport
des Gestells am 27.1.1856 in das Bayerische Nationalmuseum nach München niemand mehr die Mühe
einer genauen Begutachtung gemacht zu haben, da
die Beschreibung in folgenden Inventarverzeichnissen jeweils vom vorangegangenen Inventar übernommen wird. Wahrscheinlich wurde das zusam-
mengeklappte Gestell in einem Sack oder anderen
Behältnis aufbewahrt, wie es ursprünglich üblich
war. Auch scheint das Bett bereits im frühen 19. Jahrhundert kein Zubehör mehr gehabt zu haben, denn
andere Betten der Residenz werden nach der Farbe
ihres ›Umhangs‹ unterschieden, der hier nicht erwähnt wird.

Über die eigentliche Provenienz machen die Akten keine aussagekräftigen Angaben. So ist im ›Inventar über die vom K. Obersthofmeisterstab an das

B. Nationalmuseum leihweise abgegebenen zivilisti-
schen Gegenstände‹ von 1905 mit der Wertangabe
von 700 Mark vermerkt: »Wahrscheinlich von der
Markgräfin Susanna, einer bayerischen Prinzessin,
der Mutter des Markgrafen Albrecht Alcibiades,
herrührend«.¹ Diese Vermutung war bereits im ersten Führer des Bayerischen Nationalmuseums von
1868 als Gewißheit ausgesprochen worden, die Bettstatt stamme von »Susanna, Otto Heinrichs Gemahlin, welche in erster Ehe mit Markgraf Casimir von
Ansbach und Bayreuth vermählt war«. Aufgrund der
Lebensdaten der Pfalzgräfin Susanna (1502-1543)
und der wesentlich späteren Ornamentik des Reisebettes ist diese Vermutung jedoch zurückzuweisen.

In einem Brief der Schloßverwaltung Ansbach
vom 23.4.1931 an die Verwaltung des ehemaligen
Krongutes in München ist von der alten »polnischen
Bettstatt aus dem Schlafzimmer der Markgräfin« die
Rede, die an das Nationalmuseum abgegeben wor-

den sei und die in Ansbach ganz besonders vermißt werde. Hier könnte es sich allerdings um eine Verwechslung handeln, denn aus dem Zimmer der Markgräfin wurde 1851 ein Bett des 18. Jahrhunderts verkauft. Insofern würde sich die Bezeichnung »polnisch« eher auf ein ›lit à la polonaise‹, also ein Bettgestell mit Himmel aus der Zeit des Rokoko beziehen. Da aber eindeutig als Abgabezeitpunkt das Jahr 1856 und nicht 1851 genannt wird, stand das Reisebett vielleicht vorübergehend zwischen 1851 und 1856 im Zimmer der Markgräfin. Zumindest besteht zwischen der Angabe »polnisch« und der Provenienz des Reisebettes die Möglichkeit einer Beziehung. Da das Bett stilistisch vom Ende des 16. Jahrhunderts stammen muß, also in der Regierungszeit des Markgrafen Georg Friedrich an das Haus kam, könnte diese Angabe der Wahrheit entsprechen, denn sie bezieht sich auf eine Zeit, während der sich der Ansbacher Markgraf infolge bestimmter politischer Konstellationen häufig in Berlin und Königsberg aufhielt.

Georg Friedrich, Markgraf von Brandenburg zu Ansbach und Bayreuth (1539-1603), der vermutliche Besitzer des Bettes, regierte seit 1556 in Ansbach und übernahm damit auch das schlesische Fürstentum Jägerndorf seines Vaters. Nach dem Tod des Bayreuther Markgrafen Albrecht Alcibiades 1557 vereinigte er die fränkischen Fürstentümer Ansbach und Bayreuth und übernahm aus der Hand des Polenkönigs Stephan Bathory 1577 die Vormundschaft über den schwachsinnigen Herzog von Preußen, Albrecht Friedrich. 1578 leistete er in Warschau den Lehenseid auf die polnische Krone, die Oberlehensherren Preußens. Seine Gattin starb in seiner Begleitung in einem Dorf in der Nähe von Warschau. Infolge dieser weitgestreuten Regierungsaufgaben befand sich Markgraf Georg Friedrich ständig auf Reisen zwischen Ansbach, Bayreuth, Kulmbach, Berlin, Königsberg und Schlesien, so daß das Hofleben in Ansbach fast vollständig durch die Hofkammer und die Räte bestimmt wurde. Jedoch ließ Georg Friedrich auch bedeutende Umbauten an der Residenz Ansbach durchführen, indem er Baumeister Blasius Berwart d. Ä. 1563 in die Stadt brachte und von diesem die Arkadengalerie des Residenzinnenhofes anlegen ließ. Weitergehende Maßnahmen zur Innenausstattung der Schloßräume aus der Regierungszeit des Markgrafen Georg Friedrich sind nicht überliefert, so daß jeder Hinweis fehlt, ob das Reisebett jemals in einem räumlichen Zusammenhang in der Ansbacher Residenz aufgestellt war.

Das zusammenfaltbare Bett entspräche in seiner Funktion eher dem Lebensrhythmus des Markgrafen, der sich ständig zwischen seinen Besitzungen bewegte. Zudem war der Markgraf ein großer Liebhaber der Jagd. Auch zu diesem Anlaß wurden von den Jagdgesellschaften im 16. Jahrhundert mobile Möbel mitgeführt, so daß das Reisebett auch für diesen Zweck gefertigt worden sein könnte. Daß der protestantische Fürst dekorativem Aufwand gegenüber – wie er sich in den feinen Marketerien des Bettes zeigt – nicht abgeneigt war, ist durch die Schilderung seines Nachlasses belegt, der eine Fülle von prächtigen Kleidern und kostbaren Jagdgewehren enthielt.[2]

Wie schon Kreisel/Himmelheber bemerkten, trägt das Bett keinerlei Wappen oder andere Hinweise auf die Person seines Besitzers, so daß es sich nicht um eine Auftragsarbeit, sondern um den Ankauf eines bereits fertiggestellten Möbels gehandelt haben muß. Wo das Bett also ursprünglich entstand, kann lediglich nach stilkritischen Merkmalen vermutet werden.

Das komplett zerlegbare Rahmenbettgestell besteht aus vielen Einzelteilen: einem erhöhten Kopfteil und einem Fußteil, wobei der durch ornamentale Eisenbänder gehaltene Aufsatz des Kopfteiles nochmals abgeklappt werden kann; zwei Verbindungen an den Schmalseiten und zwei seitliche Längsverbindungen, die mittig mit Hilfe eines Eisengelenks zusammengeklappt werden können; auf jeder Seite je zwei geschweiften Brettstützen, die den formalen Übergang zu Kopf- und Fußteil bilden; vier Füßen; vier gedrechselten Baldachinstützen und einem aus vier diagonalen Kanthölzern und einem Rahmen bestehenden Baldachin, der ebenfalls mittig durch ein bewegliches Eisenscharnier zusammengehalten wird, das gleichzeitig die Halterung samt Eisendorn für einen ursprünglich vorhandenen Aufsatz trägt.

Das Bettgestell ist ungemein praktikabel konstruiert. Alle Einzelteile sind passend durch Einkerbungen numeriert, eiserne Gelenke und Riegel halten den Bettrahmen zusammen, weitere Stabilität verleiht ein seitlich ausklappbarer, zusätzlicher Fuß. Die großen Schrauben, die die Rahmenbretter verbinden, sind mit Innengewinden versehen, so daß sie das ornamentierte Äußere der Bretteile nicht beeinträchtigen.

An der Innenseite der Rahmenbretter sind die mit Rollen versehenen eisernen Ösen fest mit je zwei Schrauben angebracht. Durch diese Ösen wurden die breiten Ledergurte gezogen, während durch die einfacheren Ösen am Kopf- und Fußteil wohl noch zusätzliche Verschnürungen geführt wurden. Auf diesem Untergrund konnte dann der Sack oder die Matratze aufgelegt werden.

Vorhänge schirmten das Bett nach allen Seiten ab, wovon die noch vorhandenen auf die Baldachinstützen aufgesteckten Eisenringe zeugen, in die seitlich Metallstangen als Führung für die Bettvorhänge eingehängt wurden. Der in Form genähte Betthimmel konnte über das aufgeklappte Baldachingestell gezogen werden. Ein wahrscheinlich gedrechselter, vielleicht mit Seide bezogener Aufsatz bekrönte einstmals das Bettgestell.

Die Durchdachtheit der Konstruktion des Bettgestells korrespondiert mit der außerordentlichen Qualität der Ornamentierung des Möbelstückes. Diese wird bestimmt durch im Helldunkel-Kontrast wechselnde Felder zarter, marketierter Mauresken in den Materialien Elfenbein und Ebenholz. Kein Teil des Bettes ist von dieser Ornamentierung ausgenommen. Auch die Streben im Baldachin weisen – in allerdings reduzierter Form – Elfenbein-Marketerie auf. Die Ornamentfelder sind integriert in eine architektonische Gesamtgliederung der Flächen. Diese besteht am Kopf- und Fußteil aus rechteckigen, gerahmten Füllungen samt einem mittleren Bogenfeld, flankiert durch Pilaster. Die beiden Aufsätze zeigen geschweifte Konturen, die sich als erhabenes, mit Ebenholz furniertes Ornament auf den Flächen fortsetzen, deren Grund mit hellerem Tropenholz furniert ist. Zwei Giebelformen bilden den oberen Abschluß. Am Kopfteil, wo die Kissen ohnehin die

Flächen verdeckt hätten, findet sich schlichtes Furnier aus demselben nicht näher identifizierbaren, kostbaren Tropenholz. Die seitlichen Rahmenzargen wie auch die Eckstollen, in die sie eingesteckt werden, sind umlaufend mit Mauresenfeldern marketiert, während Schweifwerk an den unteren Kanten der Zargen sitzt. Die Verbindungsteile, die sowohl in die Zargen wie auch in die Eckstollen eingenutet werden, sind wie Kopf- und Fußteil dekoriert.

Die sorgfältig gedrechselten Stützpfosten des Baldachins scheinen durch die umfassende Marketierung wie mit Spitzen überzogen, was den fragilen und gleichzeitig kostbaren Charakter des Bettes noch steigert. Der zeltförmige Baldachin, der nicht mehr mit dem originalen Stoff bespannt ist, trug mit Sicherheit einen Aufsatz, da eine eiserne Halterung im Zenit des Baldachins hierfür vorhanden ist.

Das Reisebett stellt eines der schönsten Beispiele deutschen Renaissance-Mobiliars aus der Zeit um 1600 dar, bevor sich im 17. Jahrhundert höfische Betten mit der Entwicklung des Zeremoniells zu reinen Prunkmöbeln steigerten. Als frühes, sehr mobiles Möbel ist es zudem fast ohne erhaltenes Vergleichsbeispiel: Lediglich in den Königlichen Sammlungen in Schloß Gripsholm findet sich ein ähnlich konstruiertes Möbel. Füße und Stützpfosten sind vergleichbar gedrechselt, der Baldachin ist ebenfalls pyramidal zeltförmig und die Seitenzarge durch Gelenke teilbar. Auch Kopf- und Fußteil tragen ähnliche, geschweifte Abschlüsse. Die Flächen sind allerdings bemalt und die Verbindungen durch einfachere Riegel hergestellt. Das Bett trägt die Wappen von Holstein-Kursachsen, was auf die Eltern der Hedwig-Eleonore von Holstein Gottorp (1622-1660) hinweist, der Gemahlin Karls X., und eine Entstehungszeit um 1600 nahelegt.[3] Ein weiteres vergleichbares, allerdings nicht zerlegbares Bett befindet sich im Rijksmuseum Amsterdam und gilt erst seit kurzer Zeit als Fälschung des 19. Jahrhunderts.[4]

Nachdem konkrete Hinweise auf den Zeitpunkt des Erwerbs des Ansbacher Bettes fehlen, muß sich eine Datierung hauptsächlich auf den stilistischen Befund stützen. So geht der filigrane Dekor der Einlegearbeiten auf Mauresken-Vorlagen zurück, wie sie Anfang des 16. Jahrhunderts von zumeist venezianischen Kupferstechern verbreitet und rasch von Nünberger Stechern wie Virgil Solis nach der Mitte des Jahrhunderts für die vielfältigsten Anwendungen im Kunsthandwerk angenommen wurden. Nicht umsonst erinnern die Marketerien des Bettes an Einlegearbeiten an Schäften zeitgleicher kostbarer Jagdwaffen. Der zweischichtig angelegte Schweifwerkdekor von Kopf- und Fußteil geht auf die weitverbreiteten, in Köln gedruckten sogenannten ›Schweifbücher‹ zurück: das 1599 erschienene Schweifbuch des Jakob Guckeisen und Johann Jakob Ebelmann ›SCHWEYFBVCH, Coloniae, sumptibus ac formulis …‹ sowie das 1611 erschienene ›SCHWEIFF

Eckverbindung durch eine Schraube mit Innengewinde zwischen Fuß- und Seitenteil

Faltbares, hölzernes Gestänge
des Bettbaldachins

BVCHLEIN ...‹ von Gabriel Krammer. So legen auch die Ornamente des Reisebettes eine Datierung um 1600 nahe, als einerseits die Maureske noch als Flächenornament beliebt war und andererseits die Schweifwerkformen noch nicht zu der Überfülle von plastischen Einzelformen entwickelt waren, wie sie die Spätphase dieses Stils charakterisiert.

Typus und Funktion des Möbels erlauben keine weitere zeitliche Eingrenzung. Transportable Möbel entsprachen im gesamten 16. Jahrhundert den Lebensumständen der höfischen Gesellschaft und waren entsprechend häufig. Faltstühle, Klapptische und eben auch zerlegbare Betten begleiteten Fürsten wie Markgraf Georg Friedrich auf seinen Reisen zu verstreuten Besitzungen, ins Heerlager oder auf die Jagd. Diese Bedürfnisse nach möglichst mobilen Möbeln spiegeln sich ebenfalls in den Entwürfen deutscher Ornamentstecher wider. So gibt Johann Jakob Ebelmann im Jahr 1600 in Köln ein Vorlagenwerk heraus, das schon im Titel explizit Entwürfe für »Reisbetten« ankündigt, deren Kopf- und Fußteile ebenfalls geschweifte Aufsätze tragen.[5] Philipp Hainhofer, der erfolgreiche Vermittler Augsburger Kunstmöbel, sollte Anfang des 17. Jahrhunderts mehrere Reisebetten verkaufen, an deren praktikablem Entwurf er offensichtlich mitgearbeitet hatte. 1614 bietet er in Mecklenburg eine ›Raisbettstatt‹ an, 1615 dem Kurfürsten Ferdinand von Köln das Modell einer anzufertigenden Reisebettstatt und 1625 dem König von Dänemark ein paar schöne ›Feldbettstatten‹. Aus den detaillierten Beschreibungen der dazugehörigen umfangreichen Textilien wird deutlich, daß der eigentliche repräsentative Dekor weniger durch das faltbare Holzgestell als durch das textile Zubehör bestimmt war. »Vmhengen,

mentelen, himmel vnd golter [Bettdecke]« »bestanden aus Damast, die kurzen und langen Fransen wohl aus Seide«.[6]

So vermittelt das Ansbacher Reisebett bei aller Schönheit der dekorativen Ausgestaltung wohl nur einen Teil seiner ehemals prachtvollen Wirkung, die lediglich durch zeitgenössische Mitteilungen vorstellbar wird. In einem Brief des Nürnberger Patriziers Balthasar Paumgartner schildert dieser 1594 das aufwendige Muster eines solchen italienischen Seidendamastes für das Bett eines wohlhabenden Herren: »... ein stuck blaw in goldgelb damast von einem schoenen zierlichen klein plumblein [Blumenmuster] zu einem bett, als fürheng, deck und fraswerck [Fransenbehang], was halt darzu gehoertt ...«.[7] Wie Nürnberger Inventare des späten 16. und des frühen 17. Jahrhunderts belegen, waren seidene Fransenumhänge am Baldachin herrschaftlicher Betten obligatorisch, da diese die Haltestangen der mehrteiligen Vorhänge schabrackenartig kaschierten.[8]

In Krünitz' Enzyklopädie des späten 18. Jahrhunderts wird der Aufbau der Liegefläche des noch immer beliebten Möbeltypus beschrieben, die »anstatt der Bretter im Fußboden mit Gurten versehen [sind], die man mit gewöhnlichen Federbetten, oder auch mit dünnen durchgenähten oder durchstochenen und mit Wolle ausgestopften Matratzen belegen kann.«[9] Die Matratze ist allerdings ein Element des 18. Jahrhunderts, denn zur Entstehungszeit des Ansbacher Reisebettes wurde noch auf Säcken geschlafen, gefüllt mit Stroh, häufiger auch mit Laub oder Moos.

Der Entstehungsort des Bettes kann nur vermutet werden. Aufgrund der verwendeten Materialien wie der importierten Tropenhölzer kommt nur eine Stadt in Frage, in der aufgrund weitgespannter Handelsbeziehungen die örtlichen Schreinerwerkstätten diese Hölzer erwerben konnten. Solche Bedingungen waren in Augsburg gegeben, wo die weltweit agierenden Handelshäuser vor allem auch das kostbare Ebenholz in die Stadt brachten, dessen Verwendung Anfang des 17. Jahrhunderts zu einem Merkmal der berühmten Augsburger Kunstmöbel wurde. Auch schuf man in Augsburg aufwendige Möbel, um sie später fürstlichen Herren in deutschen und nordischen Ländern zum Kauf anzubieten, was auch für das Ansbacher Bett mit seinem fehlenden Hinweis auf einen möglichen Auftraggeber gelten könnte. Philipp Hainhofer beschreibt in seinen Briefen – allerdings zehn bis zwanzig Jahre später –, wie Augsburger Reisebetten zerlegt, in lederbezogene Kisten verpackt, auf Eselsrücken zu den einzelnen Käufern gelangen sollten. So stünde der anfangs zitierte Hinweis auf die »polnische« Bettstatt zu einer Herstellung in Augsburg in keinem Widerspruch, wenn es sich um eine vom Markgrafen gekaufte Bettstatt für seine Reisen in Polen handelte. In Polen jedenfalls ist zu jener Zeit kein Ort denkbar, wo Möbel von solch hoher Qualität mit exotischen Materialien hätten hergestellt werden können. Deshalb ist Augsburg der wahrscheinlichste Entstehungsort des Ansbacher Reisebettes. *Sigrid Sangl*

Originale Ösen zur
Anbringung der Spanngurte

1 Bayerisches Nationalmuseum, Archiv, Standort Zimmer 24
2 Allgemeine deutsche Biographie 1878, Bd. 8, S. 618 f.
3 Schloß Gripsholm, Kungl. Husgeradskammaren HUK 257; Maße: 210 x 203 x 142 cm
4 Inv. BK-1955-82
5 Ebelmann 1600
6 Böttiger 1909, S. 49 f.
7 A.K. Stoffe und Räume 1986, S. 60
8 Zander-Seidel 1990, S. 354
9 Krünitz 1787, S. 316 ff.

Paradewiege

Zuschreibung an Johann Matusch
(archivalisch faßbar, Ansbach 1702-1731)

Ansbach, um 1709/12

Konstruktionsholz: Eiche, Nadelholz; Schnitzwerk Linde,
vergoldet
Boullemarketerie: rot unterlegtes Schildpatt, graviertes
Zinn, Ebenholz
Beschläge: Bronze, vergoldet und ziseliert, Messing, Eisen
Gemaltes Medaillon mit Devise, Öl auf Leder, vier
Medaillons mit Devisen, Aquarell unter Horn (?)
102 x 131 x 97 cm

Baldachin verloren, Stoffbespannung erneuert,
Vergoldung weitgehend erneuert

Standort Residenz Ansbach, Gästeappartement,
Schlafzimmer, R 20

Historische Inventarnummern Residenz Ansbach 1807:
S. 262 f.; 1813: S. 123; 1820: S. 103; 1830: S. 89; 1842:
556; 1865: 556; 1884: A.II.36.24; 1901: A.I.36.10; 1929*:
F.V.III. Lit. E I Nr. 2 Bl. 84 Zi. 36; vor 1939: F.V.III. R 20
Bl. 208 M 239

Inv. AnsRes. M 106

Literatur Lessing 1892, Taf. 99 – A.F. Residenz Ansbach
1939, S. 67 – A.K. Markgraf Alexander 1956, Kat. 42 – Kreisel 1970, S. 100, Abb. 230 – Kreisel 1983, S. 102, Abb. 230 –
A.K. Möbel aus Franken 1991, Kat. 32 – A.F. Residenz
Ansbach 1993, S. 90 – Loescher 1997, S. 458

PROVENIENZ

1807 stand das Stück laut Inventarverzeichnis im
Möbellager auf dem Dachboden: »1. Wiege mit
Schildkrot und Zinn eingelegt, so oben zu Kopfen
mit einem Churhut und einer gemahlten Devise in

einem vergoldeten Schild versehen, die Seitenstücke, Fußbretter und Walzen fein vergoldet, innwendig mit grünen Taffent, und der Boden mit
Damast bezogen, nebst dergleichen Falbelein und
2. Vorhängen, alles mit schmalen goldenen Treßen
besezt.« Dazu gehörten: »1. Unterbettlein von weissen Bomasin, 2. Wickel Kißen von weissen Leinwand mit Flaumenstaub gefüllt. 1. kleine Parade
Decke von grünen Damast mit Taffent doublirt, und
mit einer schmalen goldenen Treße besezt. 1. Kißen
mit Flaumenstaub gefüllt und mit grünen Taffent bezogen«, die zu diesem Zeitpunkt noch vorhanden
waren. In den Inventaren von 1813 und 1820 wird
die Wiege mit gleichem Eintrag geführt, und 1830
gibt es den Nachtrag: »Die dazugehörig gewesenen
Falbeln und Vorhänge, dann die Paradedecke sind
zur Reparatur dreyer Ofenschirme [...] verwendet
worden, und die vergoldeten Tressen wurden verkauft.« Das geschah 1826/27.[1] Erst nach 1865 wurde
das Prunkstück aus dem Gardemeuble geholt und
stand spätestens seit 1884 im Schlafzimmer des Gästeappartements.

BESCHREIBUNG

Korpus: Der nach unten offene Wiegenkasten mit
geraden Unterkanten, erhöhtem Fußende und noch
höherem Kopfstück ist mit einer sehr leichten
Schwingung konisch nach oben erweitert und hat
einen Einlegerahmen mit Gurten für die Matratze.
Die vier Beine auf geschnitzten Blattwerkschuhen
schwingen zu den Seiten in Voluten aus und sitzen
scheinbar in Aussparungen der Kufen. Tatsächlich
sind sie aber mit Schlitzen auf die Kufen gesteckt
und mit einer Schraube gesichert. Oben sind die Kufen mit geschnitztem Blattwerk bedeckt, das sich an
den Enden zu Voluten rollt und vom gerieften
Rücken zu beiden Seiten herunterlappt. In der Mitte
der Kufen sitzt ein gedoppelter, weiblicher Maskaron mit Blütenkranz um den Hals und einem Kopfputz aus Blattwerk, so daß die Wiege als rundum zu
besichtigendes Möbel kenntlich wird. Folglich sind
Kufen, Kopf- und Fußteil auch auf beiden Seiten
marketiert. Die Seitenwände der Wiege sind an den
Enden mit geschwungenen Aufsätzen versehen, die
ebenfalls von Blattwerk mit gerieftem Rücken bedeckt sind und deren Höhe sich nach der Höhe des
angrenzenden Fuß- und Kopfstücks richtet. Auch
bei Kopf- und Fußstück wurde herunterlappendes
Blattwerk verwendet. Beide sind von der Mitte nach
außen in zwei kräftigen Wellen geschweift, deren
Enden sich mit dem aufgelegten Blattwerk zu Voluten einrollen. Das Fußstück wird in der Mitte von
einer geschnitzten Muschel besetzt, deren hohle Innenseite nach außen und deren gewölbte Außenseite
zum Inneren der Wiege gerichtet ist. Am Kopfende
wurde genauso verfahren, nur daß die Muschel noch
von einer Katusche mit Gitterwerk überhöht wird,
die ein Medaillon hält und mit dem Markgrafenhut
bekrönt ist.
Programm: Das ikonographische Programm der
Wiege kann nur ansatzweise gedeutet werden, weil
die Motti nur teilweise zu entziffern sind. Die gemal-

ten Darstellungen verteilen sich auf ein Medaillon
am Kopfende der Wiege unter dem Markgrafenhut
und auf vier Medaillons in der Marketerie an den
Wänden der Wiege, die mit Plättchen aus gebleich-
tem Horn abgedeckt sind.

Rückseite des Kopfendes

53

Dem Medaillon an der Vorderseite des Kopfendes scheinen in der Marketerie ein Putto mit Fanfaren und auf der heraldisch wichtigeren Seite ein Putto mit Markgrafenhut entgegenzufliegen. Im Zentrum steht ein pyramidenförmiger Obelisk, der von den Ästen eines davorstehenden Baumes umrankt wird. Dahinter scheint die Morgenröte der aufgehenden Sonne. Auf dem gemalten Schriftband in der oberen Rundung steht das Motto »CRESCIT IN IMMENSUM« (Er wächst ins Unermeßliche). Die Pyramidenform deutet auf Ewigkeit und Unendlichkeit hin. Der Baum steht für Kraft, Stärke und Wachstum, wobei die Verbindung von Obelisk und Efeubaum als Symbol verstanden werden kann, daß Reichtum und Festigkeit des Fürsten dem Volke nützen. Die aufgehende Sonne wird ebenfalls mit dem Herrscher gleichgesetzt, der dem Volk zu Wachstum und Wohlstand verhilft.

An der Außenseite des Kopfendes wird von zwei sitzenden Genien ein gemaltes, mit der Markgrafenkrone bekröntes Medaillon gehalten. Auf der Erde sitzt ein Adler mit zwei Jungen vor seinen ausgebreiteten Schwingen unter strahlender Sonne. Sie wenden die Köpfe der Sonne zu. Auf dem gemalten Schriftband sind die Buchstaben »D...nera« lesbar und können wohl zu DEGENERAE (Von Adel) ergänzt werden. Dargestellt ist die Sonnenprobe der jungen Adler, bei der die Abstammung geprüft wird. Nur Adler können ohne Schaden in die Sonne blicken, während andere Lebewesen erblinden. Damit wird auf die edle Abkunft des Fürsten hingewiesen, wobei der Adler gleichzeitig das Wappentier der Markgrafen von Brandenburg-Ansbach ist.

Auf der Seitenwand heraldisch rechts trägt ein Putto das Medaillon dem Kopfende der Wiege entgegen. Neben ihm flattert ein Schriftband mit der Inschrift »CRESCIT CULTURA DECOR« (Zur Zierde wächst die Kultur). Damit wird gesagt, daß dem Land alles zur Zierde gereichen wird, was der zukünftige Fürst tut. Dazu gehören die blühenden Blumen vor einer Berglandschaft unter blauem Himmel mit Sonne und Wolken.

Auch auf der anderen Seitenwand trägt ein Putto das Medaillon zum Kopfende der Wiege. Er wird von einem Schriftband begleitet, dessen Inschrift wegen fortgeschrittener Zinnkrankheit nicht vollständig wiedergegeben werden kann: »CRESCIT IN(?) CVAM«. Vor einer weiten Landschaft mit Meer, Bergen und einer schemenhaften Ansiedlung unter blauem Himmel steht ein gerade gewachsener Baumsprößling am Wegesrand. Er weist auf die Notwendigkeit einer guten Erziehung hin, weil gerades Wachstum ohne Fürsorge und Anleitung nicht erreichbar ist. Daneben kann die Darstellung auch auf die Beständigkeit des Geschlechts und deren Abstammung verweisen, weil ein junger Sproß von einem alten Baume stammt.

An der Außenseite des Fußendes ist das Medaillon über zwei sitzenden Genien mit Fanfaren in der Marketerie positioniert. Am Wegesrand steht ein kantiger Felsen unter blauem Himmel vor einem Gewässer. Im Hintergrund erscheint eine Gebirgskulisse. Auf dem Schriftband in der Malerei sind nur die ersten Worte des Mottos erhalten »Hâc pro ...«, so daß der Felsen wohl nur als Sinnbild der Stärke und Beständigkeit gedeutet werden kann.

Marketerie: In der Boullemarketerie aus rot unterlegtem Schildpatt und graviertem Zinn wurde entgegen anderslautender Beschreibungen kein Messing verwendet. Der Anschein von Messing wurde von vergilbenden Überzügen hervorgerufen. Alle nicht geschnitzten oder mit Stoff bezogenen Flächen sind marketiert und die einzelnen Ornamentflächen mit einem schmalen Ebenholzstreifen gerahmt. Das gilt für die Außen- und Innenflächen von Kopf- und Fußende, beide Seiten der Kufen sowie für die drei außenliegenden Flächen der Beine. Wie bei einer Rahmenkonstruktion sind die Wandungen der Wiege gefeldert, wobei die Füllungen nur wenig zurückstehen. Die Seitenwände sind dreifach gefeldert, mit einem runden Feld in der Mitte und zwei querliegenden, eckigen Feldern, deren Innenseiten auf das runde Feld bezogen und bogig eingezogen sind. Die Flächen an Kopf- und Fußende haben je-

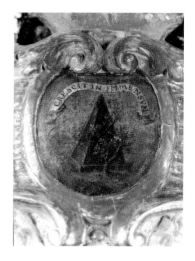

Motto auf der Innenseite des Kopfendes:
CRESCIT IN IMMENSUM

Außenseite des Kopfendes,
Motto: DEGENERAE

Seitenwand, heraldisch rechts, Motto:
CRESCIT IN CULTURA DECOR

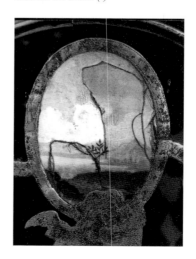

Seitenwand, heraldisch links, Motto:
CRESCIT IN CVAM (?)

Fußende, außen, Motto:
HÂC PRO ...

weils ein Feld, dessen Umriß parallel zu den Außenkanten verläuft und sich der geschweiften Oberkante mit dem Schnitzwerk anpaßt.

An den Seiten ist die Marketerie der Rahmen als Band gestaltet, das um das runde Mittelfeld herumgeschlungen ist und sich selbst überschneidet. In den Ecken ist das Bandelwerk an isolierte Kreise angelehnt. Es endet innen mit einer Art Widerhaken, wird sehr eckig in parallelen Streifen geführt und rollt sich nur am anderen Ende mit Blattwerk zu Voluten ein, von denen sehr feine, spiralförmig eingedrehte Fäden ausgehen. Die seitlichen Felder haben eine freie Mittelpartie, die von zwei parallel geführten Bandelwerksträngen gerahmt ist, die über recht lange Strecken nur gerade verlaufen. Die beiden Stränge werden an den Schmalseiten über eine Reihe von C-Bögen verbunden, die in den Ecken zu bizarren Gitterwerkflächen aus Zinn führen. Solche Formen wurden auch – ohne die langen, geraden Bandwerkstrecken – auf den anderen Marketeriefeldern verwendet. Hier kommen neben der figürlichen Marketerie Vögel, Blumen und Hermen hinzu. Die Hauptflächen an den Außenseiten von Kopf- und Fußende sind besser strukturiert. Auf einer Sockelzone sitzen die Genien mit den Medaillons in gerahmten, aber großzügig freien Schildpattflächen.

Die Gravur auf den Zinnflächen der Marketerie ist gestört und teilweise verloren. Am besten ist sie an der Außenseite des Kopfendes in den wallenden Gewändern der Genien und im Gitterwerk erhalten. Das Bandelwerk hat stets zwei Begleitlinien und wurde an den Überschneidungen schattiert. Für die verschiedenen Flächen des Gitterwerks wurden verschiedene Muster verwendet, die an Parkette erinnern.

Beschläge: Außer für die Marketerie wurde Zinn auch als feines, umlaufendes Profil an den Innenkanten der Felderungen eingesetzt sowie als Blech für die Ummantelung der scharfkantigen, glatten Sockelleisten an der Unterkante des Wiegenkastens und für die abgerundeten Leisten an der Oberkante der langen Wände. Durch die strenge Linienführung der zinnbeschlagenen Leisten und der recht geraden Führung des Bandelwerks in der Marketerie erhält das Material gegenüber dem vergoldeten Schnitzwerk eigenes Gewicht.

Beide Längsseiten sind mit drei weiblichen Maskarons aus vergoldeter Bronze an vorstehenden Trägern versehen. An ihnen wurden breite Bänder kreuzweise über den Wiegenkasten geschlungen, mit denen das Bettzeug geschmückt und das Kind vor dem Herausfallen gesichert war. An der Rückseite des Kopfendes sind rechts und links Steckvorrichtungen zur Befestigung eines Baldachins erhalten, der noch im Inventarverzeichnis von 1807 beschrieben ist. Auf der Vorderseite des Kopfteils besteht die Steckvorrichtung aus einer Messingtülle mit geschmiedeter Eisenschraube und runder Messingmutter. Die Wiege ist mit handgefeilten Rundkopfschrauben auf den Kufen fixiert.

Konstruktion: Wie bei einem Bett handelt es sich auch bei der Wiege um eine Pfostenkonstruktion mit eingezapften Brettern für die vier Seiten. Die flachen Rahmungen mit der Marketerie sind aufgedoppelt und bilden keine Rahmenkonstruktion. Auch das Schnitzwerk ist appliziert und liegt teilweise über dem Furnier. Der Einlegerahmen aus Nadelholz ist an den Ecken überplattet und ruht auf Nadelholzleisten, die von innen an die Wandung genagelt sind. Für den Wiegenkasten wurde Eiche und für die Schnitzereien Linde verwendet.

WÜRDIGUNG

Es handelt sich um den Typ einer Kufenwiege in Form eines Querschwingers. Für Kinder aus vornehmen Häusern gab es wohl lange Zeit eine Wiege für den Alltag und eine weitere für Repräsentationszwecke. Letztere werden auch wegen ihrer kostbaren Ausstattung als Staats- oder Paradewiegen bezeichnet. Vor allem Stammhalter und zukünftige Fürsten, die immer auch eine Garantie für den Erhalt und die Zukunft des Staatsgebildes waren, wurden in solchen Wiegen präsentiert.[2] Auch am Ansbacher Hof waren die Neugeborenen in das Zeremoniell eingebunden,[3] ohne daß es bisher in den Akten einen Hinweis auf die Benutzung der Wiege gäbe. Das ikonographische Programm der Ansbacher Wiege unterstreicht die Funktion. Es verweist auf die würdige Herkunft und den ewigen Fortbestand des Geschlechts der Markgrafen von Brandenburg-Ansbach.

Seit der Publikation durch Kreisel wird angenommen, daß die Wiege zur Geburt des Markgrafen Carl-Wilhelm-Friedrich, am 12.5.1712, angefertigt worden sei. Wiegen haben aber häufig zur Brautausstattung gehört[4] und wurden demnach bereits zur Hochzeit eines Paares hergestellt. Folglich wäre bereits die Hochzeit des Markgrafen Wilhelm-Friedrich von Brandenburg-Ansbach mit der Prinzessin Christiane-Charlotte von Württemberg im Jahre 1706 ein guter Anlaß für die Herstellung einer Prunkwiege gewesen und muß in die Überlegungen zur Datierung einbezogen werden. Ohne weiteren Anhaltspunkt kann deshalb auch nicht als gesichert gelten, daß die Wiege explizit für die erst sechs Jahre später erfolgte Geburt des Thronfolgers Carl-Wilhelm-Friedrich hergestellt worden ist. Weil die Erbschaftsfrage in beiden fränkischen Markgrafenschaften schon Generationen vorher wegen einer ungenügenden Anzahl von Nachkommen stets unsicher war, wäre es allen lieber gewesen, wenn die Thronfolge bereits bald nach der Hochzeit gesichert gewesen wäre.

Die Zuschreibung der Wiege an Johann Matusch erfolgte, weil er zu dieser Zeit die Funktion des Ansbachischen Kammerebenisten innehatte und durch Quellen gesichert ist, daß er die Technik der Boullemarketerie beherrscht hat.[5] Nach dem Tode des Bamberger Hofschreiners Ferdinand Plitzner 1724 hatte der Fürstbischof von Bamberg, Lothar-Franz von Schönborn, bei Matusch in Ansbach nachfragen lassen, ob er nicht einen von Plitzner begonnenen Prunkschreibtisch mit Boullemarketerie fertigstellen könne. Kunsthandwerker, die mit der schwieri-

Detail an der Außenseite des Kopfendes

gen Materialkombination umgehen konnten, waren selten. Nachdem die regierende Markgräfin Christiane-Charlotte ihre Erlaubnis gegeben hatte, stellte Matusch das in Schloß Pommersfelden erhaltene Möbel in Ansbach fertig. Es stellt sich aber die Frage, ob er auch entwerfend daran tätig war. Nach dem Tode Plitzners hieß es: »Der neue Cantor ist von Schreinerarbeit völlig zusammengesetzt, auch davon einige Fournire schon zu sehen, weylen nun der Riß darzu vorhanden, auch ins große gebracht ist, …«.[6] Das klingt eher danach, als habe Matusch nur fertiggestellt, und so können die Boullemarketerien des Schreibmöbels schwerlich eine Grundlage für die Zuschreibung der Wiege an Matusch nach stilistischen Kriterien bilden. Auch Vergleiche der Marketerien selbst waren bisher nicht ergiebig. Das schwächt die bisher genannten Gründe für eine Zuschreibung an Matusch jedoch nicht. Als neue Gründe kommen große stilistische Ähnlichkeiten mit der Ornamentik eines Fußbodens in der Residenz Ansbach hinzu, der über einen weiteren, in weiten Bereichen identischen Fußboden mit einer aktenkundigen Zahlung an Matusch in Verbindung zu bringen ist (Kat. 3). Die Ähnlichkeiten beziehen sich auf die Organisation der Flächen, die Führung des Bandel- und Blattwerks, auf das Gitterwerk und vor allem auf die Darstellungen der Vögel, in der Haltung des Kopfes, der Flügel und der Schwanzfedern. Deshalb muß als gesichert gelten, daß Wiege und beide Fußböden von gleicher Hand stammen.

Im übrigen sind die genannten Motive in hohem Maße genau den Stichvorlagen des Jean Berain entnommen.[7] Für ein deutlich späteres Ansbacher Möbelpaar wurde auch die Figur aus einem Stich von Berain übernommen (Kat. 27).

Die Bezahlung des einen Fußbodens erfolgte 1717, und mit der Herstellung des anderen Fußbodens kann 1716 gerechnet werden. Angesichts der Ornamentik scheint eine Datierung der Wiege in das Jahr der Heirat von 1706 recht früh, aber auch zur Geburt des Markgrafen Carl-Wilhelm-Friedrich im Jahre 1712 wäre die Ornamentik, die sich eng an den französischen Stichvorlagen Berains orientiert, für deutsche Verhältnisse höchst modern. Kreisel hatte aber bereits vermutet, daß Johann Matusch wegen der Schreibweise seines Namens »Matouche« vielleicht in Frankreich gelernt habe, bevor er ab 1702 in den Ansbacher Akten erwähnt wird.

Unter den erhaltenen Staatswiegen des frühen 18. Jahrhunderts erweist sich die Ansbacher Wiege durch die Schnitzerei, die Boullemarketerie und das ikonographische Programm als besonders kostbar und aufwendig. Zeitlich steht ihr ein Querschwinger mit Schnitzereien und relativ einfacher Holzmarketerie in Schloß Weikersheim am nächsten. Er kann in das Jahr 1716 datiert werden und trägt an Kopf- und Fußende die Wappen der Fürsten von Hohenlohe-Öttingen und Hohenlohe-Langenburg. An den Langseiten stehen die Initialen der Eltern des letzten Erbgrafen von Hohenlohe-Weikersheim.[8]

Schlitz im Fuß des Wiegenkastens, zum Aufstecken auf die Kufe

Maske an der Wiegenkufe

1 Inventar 1830, S. 64
2 Zglinicki 1979, S. 113 ff.
3 Plodeck 1972, S. 194-202, Abb. 11 – A.K. Möbel aus Franken 1991, S. 207
4 Zglinicki 1979, S. 113
5 Kreisels Vergleich zwischen Schnitzereien der Wiege und einem geschnitzten Tisch (Kat. 6) kann an Archivphotos, nicht aber am Original nachvollzogen werden
6 A.K. Die Grafen von Schönborn 1989, Kat. 106
7 Weigert 1937, bes. Taf. 42, 45 – Jessen 1923, Bd. 2, Taf. 174-177, 192 f.
8 Zglinicki 1979, bes. Kat. 438 – A.K. Möbel aus Franken 1991, S. 207

3

Schmuckfußboden

Zuschreibung an Johann Matusch
(archivalisch faßbar, Ansbach 1702-1731)

Ansbach, um 1716

Konstruktionsholz: Nadelholz
Marketerie: Nußbaum, Obstholz teilweise in heißem Sand
schattiert, Zwetschge, Nußbaum teilweise grün gefärbt,
Bux, Padouk (?), Palisander
322 x 396 cm, Mittelfeld 144 x 223 cm, Scheiben ø 93 cm,
Schenkelbreite der Eckelemente 83 cm

Allseitig beschnitten; Abfolge der Marketerietafeln nicht
gesichert; 1987/91 restauriert, seitdem museal ausgestellt

Standort Residenz Ansbach, 1. Obergeschoß,
Treppenhaus, R 17

Historische Inventarnummer Residenz Ansbach 1807:
S. 124, 126

Inv. AnsRes. v 37

Literatur Fischer 1786, S. 53 – Kreisel 1970, S. 186 –
Kreisel 1983, S. 188

PROVENIENZ

Der Fußboden wurde 1958 zusammen mit einem
weiteren ähnlichen Fußboden bei Reparaturen im
2. Obergeschoß der Residenz Ansbach unter einem
späteren Fußboden entdeckt. Beide Schmuckfuß-

böden lagen zu diesem Zeitpunkt jedoch schon nicht mehr an dem Ort, für den sie hergestellt worden waren. Das ist an der Marketerie und der Trägerkonstruktion ersichtlich. Fundort waren der kleine, kabinettartige Raum im 2. Obergeschoß des Südwestflügels und der danebenliegende größere Eckraum (R 207, 208). Aus konservatorischen Gründen wurden die Böden 1964 ausgebaut und deponiert. Der hier vorgestellte Boden wurde 1987/91 restauriert und ist seitdem museal ausgestellt. Der zweite Fußboden ist magaziniert.

Im Inventarverzeichnis von 1807 sind beide Räume genannt, in denen die Böden 1958 gefunden wurden: »Ein Schlafzimmer mit 2. Fensterstöcken. / Der Fußboden von eingelegter Arbeit« und »Ein Cabinet mit 1. Fensterstock. / Der Fußboden von eingelegter Arbeit«. Zu fragen ist, wann und woher der Boden hierher transferiert worden ist.

Im ersten gedruckten Führer durch die Stadt und das Schloß Ansbach von 1786 ist zu lesen: »In der dritten Etage sind mehrentheils Gastzimmer, desgleichen die Logenzimmer der Freimaurer Gesellschaft Alexander zu den drei Sternen. Ostwärts aber findet man die zwey gut eingerichteten sogenannten Familienzimmer und zwey Kabinets, deren eines am Fußboden und den Wänden mit kostbaren Holz sehr künstlich eingelegt ist.« Der Autor geht in seiner Beschreibung vom Haupttreppenhaus aus. Von dort liegt nordöstlich des Festsaales der neunachsige Teil des Gabrielibaus, der von 1713 bis 1716 gebaut worden ist. Er war als neunachsiger Stadtpalast mit zwei identischen Appartements im 1. und 2. Obergeschoß entstanden, die jeweils ein Kabinet am Ende hatten,[1] und es muß angenommen werden, daß die beiden Fußböden für die beiden Kabinette geschaffen worden sind. Auf der Belle Etage ist das Kabinett noch als Raum (R 27) neben dem Festsaal erhalten,[2] während das dazugehörige Appartement 1771 zur Gemäldegalerie umgebaut worden war. Das Kabinett hatte nun seine Funktion verloren, war spätestens jetzt ein Durchgangsraum geworden; und es wäre folgerichtig, wenn man deshalb den kostbaren Boden herausgenommen und woanders wiederverwendet hätte. Anscheinend hat man ihn zur Lamberie umgebaut, passend zum Fußboden, im Kabinett des darüberliegenden Appartements, von dem es in der bereits zitierten Beschreibung von 1786 heißt, daß es an Wänden und Fußboden entsprechend ausgestattet sei. Von dort wurden die Marketerien offenbar wieder entfernt, der ehemalige Fußboden ein zweites Mal ausgebaut und in den Räumen wieder zu zwei Fußböden auseinanderdividiert, in denen sie 1958 gefunden wurden. Vielleicht wurden die Räume um 1802 für den preußischen Statthalter in Ansbach, Karl-August Freiherr v. Hardenberg, als Wohnung ausgestattet.[5] Seit 1807 werden sie von den Regierungspräsidenten als Büro genutzt.

BESCHREIBUNG

Marketerie: Heute besteht der Fußboden aus neun Marketeriefeldern, die sich in der Aufteilung der Unterkonstruktion mit 13 Tafeln teilweise nieder-

Possenreißer, rechts oben

Harlekin, links oben

schlagen. Auf der rechteckigen Mitteltafel sind zwei tanzende Bachantinnen auf einem hellen Sockel aus leichtem Bandel- und Blattwerk in einem ovalen Fond aus Palisander dargestellt. Sie halten sich an einer Hand und führen in der anderen einen Thyrsosstab. Über den Figuren sitzt ein Baldachin mit Lambrequins, der sich vom Fond kaum abhebt. Das ovale Feld hat einen breiten Bandelwerkrahmen mit Blattwerk und vier unterschiedlichen Vögeln. An den Seiten greifen geschwungene Felder mit Blattwerk und einer Palmette in das Oval ein, das außen von einem glatten Band in Pflaume umfaßt wird. Die Mitteltafel ist deutlich länger als das Oval, und die seitlichen Flächen zwischen Oval und Plattenkante sind mit einem gespiegelten Motiv aus C-Bögen, Blattwerk und großen Füllhörnern mit prachtvollen Blumensträußen gefüllt. Alle vier verschiedenen Sträuße haben einige kleine, aber auch fünf bis sechs große Blüten, in der Mehrzahl Tulpen mit kompliziert gestaffelten, verschiedenfarbigen Blütenblättern. Abschließend ist auch das rechteckige Feld mit glatten Bändern gerahmt.

Die rechteckige Mittelplatte wird an den Ecken von Gitterwerkflächen gefaßt, mit längeren Schenkeln an den Langseiten und kürzeren an den Schmalseiten. Zwischen den Schenkeln blieb an den Schmalseiten ein kleinerer und an den Langseiten ein auffallend größerer Freiraum ohne Marketerie. Die Flächen werden an den Innen- und Außenkanten von geraden, breiten und hellen Bändern deutlich gerahmt, die sich an den Schenkelenden eckig einziehen, bogig in Voluten eindrehen und mit den Voluten eine große, schattierte Palmette halten. Sie überschneidet das Gitterwerk, und es scheint, als ob die Palmette das Gitterwerk bedeckt. Zur anderen Seite reichen nur zwei Blätter auf die freien Flächen, wirken aber so gedrückt, als ob eigentlich kein Platz auf den Flächen wäre. An diesen Stellen haben ursprünglich wohl weitere Marketerien gesessen. Das schwarze Gitterwerk liegt in Rhomben auf hellem Fond aus Obstholz und ist auf den Kreuzpunkten mit dunkelbraunen Rhomben besetzt, die in der Mitte, auf den Kreuzungen des Gitters, einen hellen

Detail aus der Mitteltafel

Punkt haben. In die Felder wurde ein auffälliges, grünes Oval plaziert.

In den Ecken der Gitterwerkflächen liegen kreisrunde Tafeln, die das Gitterwerk samt Rahmung überschneiden. Die Marketerie der Scheiben ist ähnlich wie bei der Mitteltafel aufgebaut. Außen liegt ein glattes Band in Pflaume gefolgt von einem recht breiten Streifen mit Bandel- und Blattwerk. Auf der verbleibenden runden Fläche sitzt wieder auf einem hellen Podest je eine Theaterfigur. Hier sind es nun die Figuren, die sich vom Fond kaum abheben. Rechts oben ist ein kniender Possenreißer mit Blasebalg dargestellt, rechts unten eine kniende, bocksbeinige Gestalt mit Tambourin. Beide Figuren auf der linken Seite ähneln sich und sind mit Pritsche im Gürtel und Griff an den Federhut als Darstellungen des Harlekin aus der Commedia dell'arte zu identifizieren. Warum die Figur zweimal verwendet wurde, bleibt unklar. Die Doppelung zeigt aber an, daß der Zusammenhang des Fußbodens gestört ist, die Fläche einmal größer war und die Verwendung von zwei gleichen Figuren Sinn gemacht haben muß. Das paßt zu den Schenkeln des Gitterwerks mit den gedrückten Blättern am Ende, die bereits vermuten ließen, daß es dazwischen weitere Marketerieflächen gegeben hat.

Konstruktion: Die Sägefurniere waren ehemals ca. 4 mm stark. Bei der letzten Restaurierung war 85 % der Marketerie lose, und etwa 20 % mußte erneuert werden. Die Furnierteile sind mit der Laubsäge geschnitten und teilweise durch Sengen in heißem Sand schattiert. Binnenlinien wurden mit Laubsägeschnitten hergestellt und blieben deshalb gut sichtbar. Vor allem die Blütenblätter sind aus unterschiedlichen Holzarten und gefärbten Stücken kleinteilig zusammengesetzt.

Die Unterkonstruktion in Kassettenbauweise ist an allen 13 Tafeln gleich. Von der Schauseite gesehen, könnte eine Verteilung der Marketeriefläche auf 9 Tafeln vorliegen, nämlich auf die Mitteltafel und die vier Eckflächen mit den runden Scheiben. Von der Rückseite besehen, sind die Eckflächen jedoch um die Scheiben herum aus zwei Elementen auf Gehrung zusammengesetzt. Dabei wurden die Scheiben nicht nachträglich in die Eckelemente hineingeschnitten. Das hätte den Träger samt Marketerie empfindlich gestört, und der Eingriff wäre sichtbar geblieben. Außerdem liegt das glatte, umfassende Band auf den Eckelementen und nicht auf den Scheiben. In die runden Aussparungen haben deshalb immer Scheiben gehört, die aber teilweise verwechselt oder wegen schlechten Erhaltungszustandes ausgewechselt worden sind.

WÜRDIGUNG

Die Marketerien der Mitteltafel und auf den Scheiben stammen von gleicher Hand. Auch das Blattwerk an den großen Palmetten der Gitterwerkflächen ist dem schattierten Blattwerk der Füllhörner sehr ähnlich. Aus den verwendeten Holzarten und der technisch gleichen Unterkonstruktion aller Bodentafeln kann ebenfalls geschlossen werden, daß

die Teile des Bodens nicht aus verschiedenen Zeiten oder unterschiedlichen Händen stammen. Auffallend sind die farblich Ton in Ton zum Fond gehaltenen und deshalb kaum sichtbaren Figuren. Am ehesten handelt es sich um das Ergebnis einer Reparatur und farblichen Veränderung, die anläßlich der neuen Verwendung in den Räumen vorgenommen worden sein könnte, in denen die Böden 1958 gefunden wurden. Eine technologische Untersuchung könnte darüber Klarheit schaffen.

Die Ornamente sind in hohem Maße genau den Stichvorlagen des Jean Berain entnommen,[4] was auch bei der etwas früher entstandenen Paradewiege der Fall ist (Kat. 2). Für ein deutlich späteres Ansbacher Möbelpaar wurde eine Figur von Berain übernommen (Kat. 27). Für beide Harlekindarstellungen des Fußbodens bildete ein Kupferstich von

1 Fiedler 1993, 176 f., 185
2 Lichte Maße über den Fußleisten: 4,07 x 4,54 m
3 Nach Maier 1993, S. 125 f.
4 Weigert 1937, bes. Taf. 42, 45 – Jessen 1923, Bd. 2, Taf. 174-177, 192 f.
5 Swain 1975, S. 78, Abb. 168

Tanzende Bacchantinnen mit Tyrsosstäben auf der Mitteltafel

Detail aus dem Gitterwerk

vorrat des Fußbodens gut vergleichbar. Dagegen passen Blüten und Figuren nicht zusammen, was wohl der unterschiedlichen Entstehungszeit zuzuschreiben ist. Als letzter Vergleich werden die Vögel angeführt, die an der Wiege und auf dem Fußboden jeweils in vier verschiedenen Varianten zu sehen sind. Dabei gleichen sich zwei der Vögel trotz des Größenunterschieds in der Haltung des Kopfes, der Flügel und der Schwanzfedern. Damit muß als gesichert gelten, daß Wiege und Fußboden von gleicher Hand stammen.

Einige Kilometer von Ansbach entfernt existiert in Schloß Rügland ein Schmuckfußboden mit identischer ornamentaler Marketerie. Auch hier wird ein größeres Oval von zwei Scheiben an den Schmalseiten begleitet, deren Inneres aber nicht mit figürlichen Darstellungen, sondern mit Gitterwerk und den bekannten Rhomben, Ovalen und Kreisen gefüllt ist. Füllhörner mit komplizierten Blütengebinden gibt es ebenfalls nicht. Die breiten Rahmungen mit Blatt- und Bandelwerk sind jedoch bis zu den Palmetten, den vier verschiedenen Vögeln und den

Unterseite einer Fußbodenscheibe mit durchlaufenden Spuren des Schrupphobels

Detail aus der Mitteltafel

Dolivar das Vorbild, der in Paris um 1670 von Nicholas Bonnart veröffentlicht wurde.[5] Allerdings wurde auf die Darstellung der figurtypischen, gewürfelten Hosen verzichtet, deren Herstellung in Marketerie sehr aufwendig gewesen wäre.

Kreisel versuchte den Fußboden in der Nähe des Ansbacher Hofschreiners Martin Schuhmacher einzuordnen, hat den deponierten Boden aber wohl nur ausschnittweise oder eher noch in den wenig aussagefähigen Photos von 1964 gesehen. Jedenfalls gibt es nur wenige Verbindungen zur Marketerie des einzigen von Schuhmacher signierten und 1736 datierten Möbels (Kat. 17). Vergleichbar erscheint eine Vorliebe für die exakte Begrenzung der Flächen und für ein Bandelwerk mit langen, parallel geführten Strecken. Weil Schuhmacher aber wohl schon längere Zeit unter seinem Amtsvorgänger in der Hofwerkstatt gearbeitet hat, sind wenigstens einige Ähnlichkeiten zu erwarten.

Viel größere stilistische Verbindungen gibt es zur Boullemarketerie der Ansbacher Paradewiege (Kat. 2), die dem Vorgänger Schuhmachers, dem Ansbacher Hofschreiner Johann Matusch, zugeschrieben und deren Entstehungszeit um 1706/12 angenommen wird. Allerdings müssen die Unterschiede zwischen Holzmarketerie und Boulletechnik sowie die von der Zinnpest befallenen Partien der Wiege in mäßigem Erhaltungszustand berücksichtigt werden. Zuerst fallen der präzise, spiegelbildliche Aufbau und die Verwendung isolierter, kreisrunder Elemente in den Ecken der Marketeriefelder auf und als nächstes das über lange Strecken ohne Wendung parallel geführte Bandwerk, welches an den Enden oft eigenartig eckig übereinandergeschlagen ist. Auch das umhüllende Blattwerk der Bandvoluten oder das Gitterwerk unterhalb der Genien am Kopfende der Wiege ist mit dem Formen-

Ranken mit Weinlaub gleich. Folglich stammen Wiege und beide Fußböden von gleicher Hand.

Auftraggeber des Neubaus von Schloß Rügland war der Oberst und >wirkliche geheime kaiserliche Rat< Hannibal-Friedrich Freiherr von Crailsheim (1657-1744), dessen Familie auch eine Reihe markgräflicher Beamter gestellt hat. Ab 1719 war eine seiner Nichten mit dem späteren Ansbacher Hofbaumeister Karl-Friedrich Freiherr von Zocha verheiratet, der den Neubau geplant und von 1714 bis 1717 durchgeführt hat. Mit den Arbeiten waren auch markgräfliche Hofhandwerker betraut.[6] Nach den erhaltenen Rechnungsbänden des Bauherrn wurde am 2. Juni 1717 »... Herrn Matousch vor bißherige Bemühungen und vor Zirrath zu meiner Fraun cabinet ...« der relativ hohe Betrag von 120 Gulden bezahlt.[7] Bei dem Empfänger kann es sich nur um den Ansbacher Hofebenisten Matusch gehandelt haben, und so liegt es auch ohne Stilvergleich nahe, ihn und den genannten Zierat mit dem aufwendigen Fußboden in Verbindung zu bringen. Er liegt in einem kleinen Eckraum des Gebäudes am Ende der Enfilade und muß durch Größe wie Lage als Kabinett bezeichnet werden.

Einige Unterschiede zwischen den Fußböden bedürfen vielleicht eines Kommentars: Bei dem Boden in Schloß Rügland liegt das dunkle Ornament in hellem Grund, während die Farbenwahl für den Ansbacher Boden umgekehrt wurde. Dort liegt das Ornament aus hellen Hölzern in dunklem Fond, so daß die Herstellung einer bis heute sichtbaren gesägten und schattierten Binnenzeichnung möglich geworden war. Die leicht vorhersehbare Folge der Holzauswahl kann aber kaum als Erkenntnisprozeß und Hinweis für eine zeitliche Abfolge der Böden gewertet werden. Die Verwendung figürlicher Marketerie und üppiger Blumensträuße in den Füllhörnern auf dem Fußboden der markgräflichen Residenz ist am ehesten eine Frage des gewünschten Aufwandes und der Kosten. Außerdem haben wir Kenntnis, daß Matusch bereits im Jahre 1701 einen Fußboden mit Blütenwerk für Schloß Triesdorf bei Ansbach geliefert hat.[8] Schon die große Ähnlichkeit des 1717 bezahlten Fußbodens in Schloß Rügland und des Bodens in Ansbach legt eine zeitgleiche Datierung nahe. Dazu paßt das Ende der Bauarbeiten am Gabrielibau im Jahre 1716. Eine Datierung des Bodens um 1729 erscheint nicht denkbar. In diesem Jahr wurde der markgräfliche Prinz Carl-Wilhelm-Friedrich mit der preußischen Prinzessin Friederike-Luise verheiratet, und die regierende Markgräfin Christiane Charlotte hatte den neuen Bau erst zu diesem Ereignis, mit Anweisungen vom 16.3.1728 sowie vom 3. und 8. Februar 1729, mit Hochdruck ausstatten lassen.[9]

6 Crailsheim 1987, S. 2-5
7 Crailsheim 1987, S. 13
8 Kreisel 1983, S. 101
9 Maier 1988/89, S. 64

4

Paar Konsoltische
Frankreich (?), um 1715

Konstruktionsholz: Nußbaum, geschnitzt und braun lasiert, Eiche
Platten: rötlich-brauner Marmor mit weißen Einläufen und schwarzen Adern
Beschläge: zwei Eisenbänder zwischen den Zargen
81 x 129 x 59 cm; Gestelle: 77 x 118 x 64 cm

Originale Fassung, Platten zugehörig

Standort Residenz Ansbach, 1. Vorzimmer der Markgräfin, R 15

Historische Inventarnummern Residenz Ansbach 1842*: 15; 1865*: 15; 1884: A.II.2.17-18; 1901: A.I.2.17-18; 1903*: A.I.2.6; 1929*: F.V.III. Lit. B V Nr. 1-2 Bl. 56 Zi. 2; 1939*: F.V.III. R 15 Bl. 189 M 195-196

Inv. AnsRes. M 77/1-2

Literatur Eichinger 1894, Taf. 15 – A.F. Residenz Ansbach 1939, S. 63 – Kreisel 1970, S. 101, Abb. 236 – Kreisel 1983, S. 103, Abb. 236 – A.F. Residenz Ansbach 1993, S. 84

Konsoltisch AnsRes. M 77/1

PROVENIENZ

Der Eintrag im Inventar von 1884 lautet: »2 Consoltische, braun lakiert mit braun und weißer Marmorplatte, je zwei geschnittenen Füßen, reich geschnitzt, die Platten ebenso geschweift«, und beide Möbel lassen sich nur bis zum Inventar von 1842 am heutigen Standort zurückverfolgen.

Fußsteg von AnsRes. M 77/1

BESCHREIBUNG

Beide Konsoltische gleichen sich in den Platten, in den Maßen und dem spiegelbildlich aufgebauten Dekor, der sich an den seitlichen Zargen wiederholt. Die geschweiften Beine sind über Eck gestellt. Sie rollen sich unten zu wulstigen Voluten, stehen auf Postamenten und sind mit einem kantigen Steg verbunden, der eine Blattkartusche faßt, die sich mit einer Muschel auf den Boden stützt. Oben gehen die schlanken Beine mit einem großen Halbkreis ohne Absatz in die ungewöhnlich flachen Zargen über, die zur Mitte tief heruntergezogen sind. Im Bereich der Zargen sind die Beine stark eingezogen und mit Blattwerk unter den Platten als Stütze charakterisiert. Von den Ecken schwingen die Zargen zurück, um nach vorn einen durchlaufend vorschwingenden eleganten Bogen zu beschreiben und seitlich gerade an die Wand zu laufen, so daß die Gestelle nach hinten nicht breiter werden. An die tragende Funktion der Zargen wurde mit einem umlaufenden Profil unter der Platte sowie einem flachen Profil an den Unterkanten erinnert. Auch die Hinterkanten der Beine haben ein flaches Profil. Den Schwerpunkt des Dekors bildet langgezogenes Blattwerk, und die Mitte der Zarge bestimmt eine durchbrochen geschnitzte Palmette aus Blatt- und Bandelwerk.
Fassung: Die dünne Lasur imitiert eine Holzmaserung, hat keine Grundierung und bildet mit großer Sicherheit die Erstfassung.
Platten: Die vier Zentimeter starken, prachtvoll gleichmäßig gefleckten Platten sind kräftig profiliert und umschreiben den Grundriß der Gestelle. Sie verstärken den langgezogenen, eleganten vorderen Bogen, sind über den Beinen mit einem Absatz geohrt und laufen über den seitlichen Zargen gerade nach hinten, um sich am hinteren Ende mit einem kurzen Stück zu erweitern.
Konstruktion: Die Pfostenkonstruktion mit Stemmzapfenverbindung ist gedübelt und die Schwalbenschwänze der eingezinkten hinteren Zargen auch. Unter der Platte ist ein stützender Steg in die Zargen gezapft, aber die Stege samt hinteren Zargen haben keine Alterungsspuren und sind wohl erneuert.

Die Konsoltische zeichnen sich durch die raumgreifende und flüssig-elegante Schweifung der schlanken Beine aus, die in eine extrem flache Zarge übergehen. Wegen des Plattenüberstandes ist die Zarge nur einsehbar, wenn man entsprechend Abstand hält. Sogar im Grundriß ist das Gestell fein geschwungen und die Materialstärken vergleichsweise schwach dimensioniert. In der Bildhauerei fallen lange, scharfkantige und flüssige Linien auf, mit denen die Beine, Blattwerk, Palmette und Kartusche perfekt durchstrukturiert wurden. Unklare, teigige oder verwaschene Stellen gibt es nicht, und allein die Stegarme sind vielleicht etwas kräftig geraten. Am ehesten würde man eine weiße oder farbige Fassung mit partieller Vergoldung erwarten. In Material, Konstruktion, Form und bildhauerischer Gestaltung gibt es in Ansbach oder Franken kein annähend vergleichbares Stück, und das gilt wohl für den ganzen deutschsprachigen Raum. Kreisel hatte im Kammerebenisten Johann Matusch den Entwerfer der Konsolen vermutet und für die Ausführung auf französische Bildhauer in Ansbach verwiesen, nämlich den 1717 einmal erwähnten Carolus Charpentier und den Hofbildhauer Leclerc, der bis 1731 in den Hoftagebüchern aufgeführt ist. Von beiden Bildhauern kennen wir kein Stück, und Ähnlichkeiten wären an den Schnitzereien der Paradewiege von Matusch, vor allem aber an der geschnitzten Ausstattung des Bilderkabinetts (R 27) zu erwarten. Der Teil des Gabrielibaus mit dem Kabinett war von 1713 bis 1716 gebaut,[1] aber wohl erst unter Markgräfin Christiane-Charlotte zur Hochzeit ihres Sohnes Carl-Wilhelm-Friedrich an Ostern 1729 mit Hochdruck ausge-

Gestell von AnsRes. M 77/1

stattet worden.[2] Die Schnitzerei der Paradewiege (Kat. 2) hat mit den Konsoltischen gar nichts zu tun, aber auch ein Vergleich mit der Vertäfelung des Kabinetts,[3] die sich an französischen Vorbildern orientiert, ist nicht ergiebig. Deshalb werden die Konsoltische versuchsweise nach Frankreich lokalisiert und um 1715 datiert. Sie könnten zu den gebrauchten Stücken unter den Ankäufen des Ansbacher Hofes 1728/30 in Paris gehört haben, aber auch ein früherer Ankauf wäre möglich (vgl. Anhang S. 286 ff.).

1 Fiedler 1993, S. 176 f., 185
2 Die Anweisungen der Markgräfin datieren vom 16.3.1728 sowie vom 3. und 8. Oktober 1729, Maier 1988/89, S. 64
3 Kreisel 1939, Abb. 1

5

Kommode

Zuschreibung an
Nicolas Sageot
(1666 Sermaize-les-Bains – 1731 Paris;
Meister 1706)

Paris, um 1715

Konstruktionsholz: Nadelholz, Nußbaum
Marketerie: schwarz unterlegtes Schildpatt, Messing,
Ebenholz
Beschläge: Bronze vergoldet, handgeschmiedete Eisen-
nägel, Eisenschlösser
Schwarzes Leder auf der Platte
85,7 x 119 x 67,8 cm

Ehemals marketierte Platte mit Leder bezogen; gravierte
Messingstreifen teilweise von der Platte an die Schubladen
versetzt und auf der Platte durch ungravierte Streifen
ersetzt; Rückwand nachträglich schwarz gebeizt und wie
die Schubladenböden mit Klammern aus Schußapparat
befestigt; minimale Fehlstellen in der Marketerie; letzte
Restaurierung 1996

Standort Residenz Ansbach, Schlafzimmer des Markgrafen, R 6

Historische Inventarnummern Residenz Ansbach 1807: S. 3;
1813: S. 3; 1820: S. 4; 1830: S. 5; 1842: 224; 1865: 224;
1884: A.II.19.20; 1901: A.I.19.20; 1929: F.V.III. Lit. C I. Nr. 6
Bl. 68 Zi. 15; vor 1939: F.V.III. R 6 Bl. 50 M 91; Stempel:
Ansbach

Inv. AnsRes. M 2

Literatur Lessing 1892, Taf. 25 – Feulner 1927, S. 242 –
A.F. Residenz Ansbach 1939, S. 46, Abb. 8 – Kreisel 1939,
S. 60, Abb. 8 – Müller-Christensen 1950, S. 111, Abb. 118 –
Christensen 1981, Abb. 119 – A.F. Residenz Ansbach 1993,
S. 59

Platte, Schubladen, Eckpanele und die schräggestellten vorderen Beine machen die geschweiften Formen mit und bilden einen eleganten Korpus. Vorn
und an den Seiten steht die Platte nur wenige Zentimeter über, und die Zargen springen umlaufend etwas sockelartig vor. Über den hinteren Beinen sind

Rechte Seite

PROVENIENZ

Sehr wahrscheinlich gehört die Kommode zu den
Ausstattungsstücken, die der Ansbacher Hof um
1729 in Frankreich gekauft hat. Das Inventarverzeichnis des Jahres 1807 verzeichnet die Kommode
unverwechselbar im zweiten Vorzimmer der Markgräfin (R 13): »1 Commod mit 3. Schubladen, mit
Schildkrot und Meßing eingelegt, mit meßingen Gesichtern und 6. dergleichen Handhaben«. Auch nach
den Inventaren von 1813, 1820 und 1830 bleibt der
Standort erhalten. Erst 1842 ist das Schlafzimmer
des Markgrafen als Standort verzeichnet, wo die
Kommode bis heute steht. Ein Photo aus dem Jahre
1892 zeigt die Kommode am gleichen Ort.

BESCHREIBUNG

Korpus: Die dreischübige Kommode mit kräftig
geschweiften Zargen geht von den geraden Seiten
mit einer Biegung an den Ecken ohne Absatz in die
leicht im Segmentbogen vorgeschweifte Front über.

die Seitenwände mit einer vorgelegten Lisene abgeschlossen, deren Vorsprung von der Zarge, nicht
aber von der Platte aufgenommen wird. Hinten
steht die Platte relativ weit über den Korpus hinaus
(4,5 cm).

Marketerie: Auf die Einfassung der Platte folgt nach
innen ein schwarzer Ebenholzstreifen und dann ein
Messingstreifen, der auch die hintere Plattenkante
begleitet. Der Messingstreifen ist stellenweise mit
Rankengravuren versehen, die ursprünglich immer
an den Mitten und Ecken positioniert waren. Bei Reparaturen wurden einige Streifenteile umgesetzt,
auch an die Schubladen versetzt und an der Hinterkante der Platte durch ungravierte Streifen ersetzt.
Das Mittelfeld ist mit schwarzem Leder bezogen,
dessen beide Stücke in der Mitte gefugt und entlang
der Fuge unschön mit Nagelreihen befestigt sind.
Durch das Leder hindurch sind einige Hohlstellen in
der Platte fühlbar, was als sicherer Hinweis gelten
kann, daß das Leder als Ersatz für eine verlorene
Marketerie aufgebracht worden ist. Bereits im Inventar von 1820 ist die lederbezogene Platte erwähnt.

Auf allen Front- und Seitenflächen ist die Kommode in Boulletechnik als première partie marketiert. Das Schildpatt wurde schwarz unterlegt und
mit einer Papierschicht auf das Blindholz geleimt.
Das Ornament in Messing wurde nach der Verleimung graviert, weil die Gravuren an manchen Stellen in das Schildpatt laufen. Gravuren und Sägefu-
gen wurden schwarz verfüllt.

Die Schubladenfronten haben jeweils unter den
Maskarons der Schlüsselschilde das gleiche Ornament und ein größeres um alle sechs Griffe. Seitlich
der Griffe dreht sich Blattwerk von Ranken begleitet
symmetrisch zu Voluten ein und stützt eine Blumen-
vase in der Mitte. Die Freistellen in der Marketerie
sind mit den Befestigungen der Griffe abgestimmt,
so daß es kaum zu Überschneidungen kommt. Wie
die Platte sind die Kanten der Schubladen mit einem
kräftigen Messingprofil eingefaßt, gefolgt von einem
schmalen Ebenholz- und einem gravierten Messingstreifen. Allerdings fallen die Maße schmaler
aus, und das Profil ist kantiger als an der Platte.

Für die Marketerie auf den Zargen wurde Rankenwerk ohne Blätter verwendet. Die Marketerieflächen auf den abgerundeten Ecken der Kommode
sind gleich, ebenso auf den Lisenen hinten und auf
den Zargen. Aber auch für die Kommodenseiten
wurde das gleiche Marketeriebild verwendet. Auf
der großen Fläche ist das Ornament mit einem
Ebenholzstreifen und Begleitlinien aus Messing in
ein Rechteck eingeschrieben. Mit Bandelwerk wurden verschiedene Bereiche geschaffen, um das Feld
zu organisieren: Ineinandergreifende Bandelwerk-
spiralen bilden eine Art Sockelzone, auf der seitlich zu Voluten eingerolltes Blattwerk fußt und
mit Bandelwerkfeldern darüber eine groteskenartige
Rahmung für die Figur im Zentrum schafft. Die
männliche Figur stellt die Beine tanzschrittartig hin-
tereinander, hat in den Händen wohl Kastagnetten
und trägt einen Kopfputz. Sie steht auf einem Sockel
mit Lambrequins und ins Profil gewendeten Mas-

Detail von der rechten Seitenwand

ken. Seitlich wird sie von hermenartigen Figuren begleitet, und über ihr sitzt ein Maskaron mit Blattkrone. Neben weiteren Blumensträußen sind zwei
gleiche Schmetterlinge und Paradiesvögel mit langen Schnäbeln spiegelbildlich im Ornamentsystem
verteilt. Auf der rechten Kommodenseite kann man
an dem rechten Paradiesvogel gut sehen, daß der
Grabstichel über die Linie hinaus in das Schildpatt
gefahren ist und die Gravur nach dem Aufbringen
der Marketerie ausgeführt wurde.

Beschläge: Die Kommode wird zuerst von stabilen
Messingprofilen strukturiert und nicht so sehr von
den großen Maskarons der Schlüsselschilde den aus-
greifenden Schubladengriffen und Fußbeschlägen
bestimmt. Die Bögen der Schubladengriffe mit einem Knauf in der Mitte sind von Blattwerk umhüllt
und bewegen sich in Agraffen mit einer bärtigen
Maske auf Gitterwerk, die auf der anderen Seite ein
Füllhorn mit Blumen halten. Die Konturen der
Maske wirken flach und teigig. In der Mitte der
Schubladen sind weibliche Maskarons auf einer Kartusche mit lockigem Haar von flatternden Bändern
umgeben und mit einer Palmette bekrönt, als
Schlüsselschilde montiert. Die Zarge wird ebenfalls
von einem weiblichen, aber anderen Maskaron mit
langen Haaren auf größerer Kartusche mit Blattkrone zentriert. Die Beschläge der Vorderbeine sind
aus zwei gegeneinandergestellten C-Bögen mit zise-
liertem Gitterwerk in der Füllung gebildet, die oben
über eine Palmette verbunden sind und sich unten
mit Blattwerk zu Voluten einrollen. Die gedrechselten Hinterbeine sind nur auf der Oberseite des
Knaufs mit einem bronzenen Kranz von Lambrequins bedeckt. Gerade Blattleisten aus Bronze liegen

auf den Traversen, begleiten die abgerundeten Ecken des Möbels und die Lisenen an den Hinterkanten.

Die Platte ist vorne und an den Seiten mit einer durchlaufenden, stabilen und glatt profilierten Messingleiste eingefaßt. Parallel dazu ist der leicht vorspringende Sockel ebenfalls mit einem umlaufenden

Messingprofil betont. Das gleiche Profil wurde für die Einfassung der Schubladenkanten verwendet. Der visuelle Eindruck der bewehrten Schubladenkanten wurde noch mit flachen, aber recht breiten Messingstreifen verstärkt, die sich direkt an die Profile anschließen. Dadurch wird die Breite der Kommode und besonders die flachen Marketeriefelder

Schlüsselschild einer Schublade

mit ihrem schwarzen Fonds hervorgehoben. Die kräftig geschweiften Unterkanten der Zargen wurden ebenfalls mit Messingstreifen hervorgehoben, die Schweifungen aber optisch verstärkt, indem sich die Messingstreifen auf dem Fond zu Voluten einrollen.

Die vorderen Fußbeschläge sind auf die hölzernen Beine geschraubt, und die Messingleiste der Platte ist mit angelöteten Stiften durch die Platte hindurch fixiert. Auch die umlaufenden Messingleisten der Schubladen sind mit angelöteten Stiften fixiert und die Schlüsselschilde sowie Schubladengriffe mit handgeschmiedeten Eisennägeln befestigt. Die Befestigung dürfte einer häufigeren Zugbelastung kaum lange Stand gehalten haben und ist ein Hinweis auf die Bestimmung der Kommode als reines Repräsentationsmöbel.

Konstruktion: Bis auf die Schubladen besteht der Korpus aus Nadelholz. Rechts und links der Platte sind Anfaßleisten angefälzt, die direkt auf den Seitenwänden der Kommode liegen. Daher konnte die Platte nicht mit den Seiten verzinkt, sondern nur mit Hilfe roh abgefaster Kanthölzer in den oberen Kanten des Gehäuses stumpf an die Seitenwände geleimt werden. Der Kommodenboden und die Staubböden zwischen den Schubladen wurden mit Fingerzapfen in den Seiten verleimt. Dabei wurden die Zapfen durchgestemmt und zeichnen sich außen in der Marketerie ab. Die Rückwand aus drei aneinandergefügten Nadelholzbrettern stößt nach oben stumpf unter die Platte und nach unten stumpf hinter den Kommodenboden. Sie war nur in den Falz der Seitenwände geleimt und wurde erst in jüngerer Zeit mit Klammern aus dem Schußapparat fixiert. Die Seitenwände sind stumpf an die vorderen, abgerundeten Ecken geleimt und bilden mit diesen eine konstruktive Einheit, in der die Traversen eingezapft sind. Die abgerundeten Ecken laufen bis zur Unterkante der Zargen. Letztere sind seitlich auf die Wände gedoppelt und erfüllen keine konstruktive

Funktion von Zargen. Zur Befestigung der Beine wurden in alle vier Ecken hinter den Zargen Klötze geleimt und mit Brettchen noch um einen Zentimeter erhöht. In diese Konstruktion wurden hinten die gedrehten Beine gezapft. Vorne steht die Kommode auf den breiten Fußbeschlägen, die seitlich mit extra zugeschnitzten weiteren, am Eckklotz festgedübelten Klötzen hinterfangen werden. Ohne die Erhöhung der Eckklötze säße der Beinbeschlag vorne zu hoch und würde die Marketerie verdecken. Deshalb mußten auch die hinteren Eckklötze erhöht werden. Außerdem waren die vorderen Beschläge für Beine mit geringerem Durchmesser bestimmt. Diese Hilfskonstruktionen zeigen, daß die Kommode nicht von vornherein mit ganz bestimmten Beinbeschlägen ausgestattet werden sollte.

Die Schubladen haben relativ starke Vorderstücke aus Nadelholz und halb so dicke Böden, Seiten- und Hinterstücke aus Nußbaum. Die Böden bestehen aus einem einzigen gewachsenen Brett (55 cm tief), an deren Unterseite die Sägespuren nicht weggehobelt wurden. Sie liegen rundum in einem Falz und waren nur verleimt, bevor auch hier in jüngerer Zeit mit dem Schußapparat geklammert wurde. Vorne wurde halbverdeckt gezinkt und die Stirnseiten der Vorderstücke auf beiden Seiten mit aufgeleimten Leisten versehen, die in einen Falz im Korpus einschlagen und dafür sorgen, daß die Schubladen nicht zu weit in den Korpus hineinrutschen. Zur Befestigung der Streifleisten wurden handgeschmiedete Nägel verwendet. An Schubladen und Staubböden gibt es keine Benutzungsspuren, die auf eine häufigere Nutzung der Kommode als Aufbewahrungsmöbel schließen lassen.

Konstruktion der rechten oberen Ecke

WÜRDIGUNG

Technisch ist das Möbel in zweierlei Hinsicht interessant: Um ein tiefes Hineinrutschen der Schublade in den Korpus zu verhindern, wäre eine Stoppleiste auf dem Staubboden oder auch an der Kommodenrückwand üblich. Mit der hier verwendeten Konstruktion ist sichergestellt, daß die Messingprofile der Schubladenfronten nicht belastet werden und die Schubladen immer korrekt sitzen. Somit kann die Struktur der Kommodenfront nicht durch verkantete Schubkästen gestört werden. Sodann zeigen die Zapfenverbindung der Kommodenseiten mit den Traversen und die schlicht aufgeleimte Platte, daß die Kommode erst nach dem Furniervorgang, eventuell aber auch ganz aus vorgefertigten und nicht zwingend füreinander konzipierten Teilen zusammengebaut worden ist. Das würde auch die weit über den Korpus nach hinten hinausstehende Platte erklären. Außerdem zeichnet die Platte nicht die lisenenartige Aufdopplung der Kommodenseiten nach, wie das bei anderen Kommoden des gleichen Herstellers zu beobachten ist.

Zuerst hatte Feulner gefragt, ob die Ansbacher Kommode vielleicht dem großen Pariser Ebenisten André Charles Boulle zugeschrieben werden könne. Weil Möbelkäufe des Ansbacher Hofes in Paris unbekannt waren und der Ansbacher Hofebenist Jo-

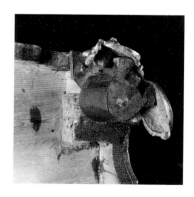

Rechtes vorderes Bein von hinten

Schubladengriff

hann Matusch in Boulletechnik nach französischer Manier gearbeitet hat, wurde die Kommode später unter seinem Namen publiziert. Erst in jüngerer Zeit wurde das Möbel wieder als französisches Erzeugnis angesehen und mit der Boulle-Werkstatt in Verbindung gebracht.

1993 veröffentlichte P. Grand eine Reihe von Möbeln in Boulletechnik, die er dem Pariser Ebenisten Nicolas Sageot zuweisen konnte.[1] Eine Kommode im Schloß von Champs-sur-Marne hat an der Seite und auf den abgerundeten vorderen Ecken die gleichen Marketerien wie die Kommode in Ansbach, nur erscheinen sie dort als contrepartie. Das Marketeriebild von den Seiten beider Kommoden kehrt leicht abgewandelt auf den Türen zweier Schränke wieder, die von Sageot gestempelt sind. Deshalb muß die Ansbacher Kommode ebenfalls Sageot zugeschrieben werden. Die auf der Ansbacher Kommode verwendete zentrale Figur sowie die Vögel und Insekten

Fußbeschlag

sind auch auf einem Schreibmöbel in den königlichen Sammlungen in Stockholm zu sehen.[2] Ansonsten hat die Kommode in Champs-sur-Marne vier Schubladen mit anderer Marketerie, andere Beine, keine geschweiften Schürzen und andere Schubladengriffe. Allerdings kehren die vorderen Beinbeschläge, Schubladengriffe, Bronzeleisten und die Bronzemasken der Ansbacher Kommode an einigen anderen Kommoden wieder, die ebenfalls Sageot zugeschrieben sind. Alle diese Kommoden haben auch auf der Platte Boullemarketerie, so daß die Marketerie auf der Platte in Ansbach als verloren gelten muß. Nicht bei allen, aber bei vielen in den Umkreis von Sageot eingereihten Boullemöbeln ist das Schildpatt schwarz unterlegt, und es gibt eine Kommode, an der deutlich mehr Stellen rot unterlegt sind als die zwei roten Punkte auf den Ansbacher Schubladen, die man suchen muß. Zwei kürzlich im Kunsthandel aufgetauchte Kommoden haben gleiche Marketerien und Beschläge wie die Ansbacher Kommode und sind Sageot ebenfalls zuzuschreiben.[3] Dazu kehrt das Marketeriebild von den Seiten der Ansbacher Kommode auf den Seiten einer 1812 zu einem Bücherregal umgebauten Kommode in Longleat House, Wiltshire (England) wieder,[4] die ebenfalls in das Werk Sageots einzureihen ist. Eine weitere Kommode, deren Marketerie auf den Schubladen wie die Contrepartie zu den Schubladen der Kommode in Ansbach wirkt, gehörte zu den Möbelbeständen des Kurfürsten von Sachsen in Dresden. Sie wird heute vom Kunstgewerbemuseum in Schloß Pillnitz verwahrt.[5] An zwei Kommoden in der Wallace Collection konnte die genaue Übernahme einer Stichvorlage des Jean Berain durch Sageot auf den Platten nachgewiesen werden. An den Seiten der Kommoden wurden die gleichen Figuren wie bei der Ansbacher Kommode verwendet. Weil beide Kommoden in der Form einen altertümlicheren Typus widerspiegeln, hat man eine Datierung von 1700 bis 1710 vorgeschlagen.[6]

Sageot wurde 1706 Meister und heiratete 1711 die Tochter des Pariser Ebenisten Jacques Roussel. Bereits 1720, im 54. Lebensjahr, löste Sageot seine erfolgreiche Werkstatt auf, die wohl fast ausschließlich in Boulletechnik gearbeitet hatte. Die Warenbestände wurden verkauft. Ankäufer waren der Möbelhändler Léonard Prieur, der Schränke, Schreibmöbel und auch mehrere Kommoden übernahm, sowie der als Holzhändler tätige Claude François Mainguet, der die großen Mengen unbearbeiteter Hölzer, aber auch fertige Marketerietafeln erwarb. Von dem Erlös kaufte Sageot zwei Rentenversicherungen, bevor er 1723 nervenkrank wurde und bis zu seinem Tod 1731 in einer Anstalt lebte. Eine Geldabwertung hatte den Wert der Renten fast vernichtet, und das Nachlaßinventar mit den Resten der Werkstatt stellt beim Tod der Ehefrau 1729 völlige Mittellosigkeit fest.

Die Ansbacher Kommode kann also nicht mehr beim Hersteller der Marketerien gekauft worden sein und sollte um 1715 datiert werden, wenn man die Form der Kommoden in der Wallace Collection berücksichtigt.

Detail der rechten Seitenwand

1 Grand 1993
2 Kungl. Husgeradskammaren, Inv.-Nr. 215
3 Ader-Tajan, Paris, Auktion 15.12.1993, Lot 94 – Galerie Koller, Zürich, Auktion 172, 25./26.3.1997, Lot 548
4 Cator 1997, S. 226 f.
5 Inv.-Nr. 39838; Arps-Aubert 1939, Taf. 69
6 Hughes 1996, Kat. 137, 139

6

Tisch

Frankreich (?), um 1715/20

Ritzmarke »MG« auf einem schwarzen Mosaikstein am Plattenrand, auf der Oberseite der Zarge kaum lesbar in Bleistift »Sarn ...« und in oranger Kreide »... bornen«
Blindholz: Eiche geschnitzt, vollständig vergoldet
Platte: Marmor und Halbedelsteine mosaikartig zusammengesetzt
77,5 x 116 x 66,5 cm; Gestell: 71,5 x 91 x 61,5 cm

Platte ursprünglich nicht zugehörig; Aufsatz auf dem Kreuzpunkt des Steges später zugefügt; Schnitzerei an den Längsseiten unter den Zargen verloren

Standort Residenz Ansbach, Gästeappartement, Audienzzimmer, R 21

Historische Inventarnummern Residenz Ansbach 1842*: 497; 1865*: 497; 1884: A.II.35.69; 1901: A.I.35.52; 1903*: A.I.35.11; 1929*: F.V.III. Lit. B I Nr. 7 Bl. 38 Zi. 35; vor 1939: F.V.III. R 20 Bl. 217 M 253; Stempel: Ansbach, zweifach

Inv. AnsRes. M 53

Literatur Lessing 1892, Taf. 99 – Schmitz Barock und Rokoko 1923, S. 110 – A.F. Residenz Ansbach 1939, S. 68 – Kreisel 1970, S. 100 f., Abb. 231 – Kreisel 1983, S. 103, Abb. 231 – A.F. Residenz Ansbach 1993, S. 92

PROVENIENZ

Kann der Tisch dauerhaft als französisches Erzeugnis eingestuft werden, so hat er wohl zu den Ankäufen gehört, die der spätere Markgraf Carl-Wilhelm-Friedrich auf seiner Kavalierstour 1728/29 in Paris erworben hat. Leider läßt sich der Tisch mit den auffälligen Drachenbeinen und der mosaikartigen Steinplatte nicht in den Inventarverzeichnissen von 1807 bis 1830 nachweisen. Zwar ist ein Tisch mit vergleichbarer Steinplatte genannt, aber die Beschreibung »1. Tisch, das Gestell von antiker Bildhauer Arbeit und weiss lakirt, mit einem Marmorblatt von Musaique Arbeit« läßt eine Identifikation schwerlich zu.[1] Vielleicht läßt sich das Stück aber auch deshalb nicht identifizieren, weil die nicht besonders gut zu den Maßen des Gestells passende Platte später montiert worden ist. Erst mit den aufgemalten Inventarnummern der Inventare von 1842 und 1865 kann das Stück im Gardemeuble unter dem Eintrag: »Tisch von vergoldeter Bildhauerarbeit mit Platte von Kieselsteinen« dingfest gemacht werden. Spätestens seit dem Inventar von 1884 steht der Tisch unter gleichlautendem Eintrag an seinem heutigen Ort.

BESCHREIBUNG

Gestell: Das zierliche, vollständig geschnitzt und vergoldete Gestell hat vier diagonal nach außen gestellte Beine, einen geschwungenen Kreuzsteg und sehr flache Zargen, auf denen die extra gerahmte Steinplatte ruht. Die Beine sind als geflügelte Dra-

chen ausgebildet, die unterhalb des Steges zu Füßen mit wulstigem C-Bogen und kräftiger Volute auslaufen. Mit Kopf und gespreizten Flügeln wird die Zarge gestützt. An den Längsseiten ist von den Zargen herunterhängendes Schnitzwerk verlorengegangen, das von Drachenflügel zu Drachenflügel fast über die ganze Länge des Zwischenraums gereicht hat. Entsprechende Bruchstellen sind vorhanden. Die aufgerissenen, schnabelartigen Drachenschnauzen ragen über die abgerundeten Ecken der Zargen hinauf, und vielleicht sind die Zargen mit Bogenfries und gerieften Füllungen deshalb so flach gehalten. Die Drachen tragen Fellkragen wie Löwen, die an der Brust herunterlaufen und als Haarstrang wie ein Schwanz um die Beine geschlungen sind. Die Tiere entwickeln sich aus einem vorgewölbten C-Bogen, der an den Rändern mit einer Reihe kugeliger Kuppen wie mit Polsterknöpfen beschlagen ist, unten in einer kleineren und oben in einer starken, fast walzenartigen Volute endet, aus deren seitlichen Rosetten ein Blattstrang herauswächst. Die Arme des Kreuzstegs mit Voluten an den Enden sind in zwei gegenläufigen C-Bögen geschwungen. In der Mitte werden sie von einer Art Teller zusammengefaßt, der als Standfläche für Porzellan oder ein anderes Schmuckstück gedient hat. Später wurde die Standfläche mit einer geschnitzten und vergoldeten Rosette belegt, deren Formen die Rosette unter dem Teller zum Vorbild haben. Der Steg ist mit fleischigem Blattwerk und kräftig gerieften Bändern belegt.
Platte: Die Platte hat eine graue Marmorplatte als Kern, auf der oben und an den Kanten Plättchen aus Marmor und Halbedelsteinen sowie Steinplättchen mit Spiegeleffekt ohne Muster aneinandergesetzt sind. Auf einem schwarzen Plättchen an der Kante ist die Ritzmarke »MG« angebracht. Die Tischplatte wird ringsum von einem kräftig profilierten und vergoldeten Nadelholzrahmen eingefaßt, der mit der Zarge darunter vor Einlegen der Platte von oben verschraubt wurde. Die Tischplatte ist deutlich länger als das Gestell und kann die Zargen an den Langseiten nur gerade bedecken. Deshalb wird die Steinplatte ursprünglich nicht zum Tischgestell gehört haben und wegen des knappen Breitenmaßes auch nicht extra für das Gestell angefertigt worden sein. Wahrscheinlich war die Steinplatte vorhanden und wurde mit Hilfe des Einlegerahmens für das Gestell brauchbar gemacht.

Seiten- und Rückansicht eines Tischbeins

Detail aus der Steinplatte

Vergoldung: Das Gestell und die Rahmung der Platte haben verschiedene Glanzgoldfassungen auf rotem Bolus. Die nicht vergoldeten Rückseiten des Gestells sind elfenbeinfarbig gestrichen. Eine aufwendige Gravur verfeinert Blattstrukturen und Löwenhaare, die Strahlen in den Flügeln oder die Riefen auf der Zunge in den aufgerissenen Drachenmäulern. Die C-Bögen der Beine blieben bis auf geriefte Seitenlinien glatt. Die Rosette im Steg ist auch auf der Unterseite geschnitzt, aber nur gestrichen und nicht vergoldet. Die gut erhaltene Vergoldung auf der Oberseite schließt die eventuelle Montage eines Aufsatzes aus. Abgeblätterte Stellen sind retuschiert.
Konstruktion: Alle Teile des Gestells sind aus Eiche und wurden miteinander verzapft, die Beine durch die flachen, überplatteten Zargen hindurchgezapft und von oben kreuzweise verkeilt.

WÜRDIGUNG

Auch über dieses ausgesprochen qualitätvolle Möbel wissen wir fast nichts. Die Platte gehörte wohl nicht immer dazu, die Bezeichnungen auf der Zarge sind noch nicht aufzulösen, und ein Steinschneider, auf dessen Namen die Buchstabenfolge »MG« an der Platte passen würde, kann in Ansbach bisher nicht nachgewiesen werden.[2] Insoweit bleibt der Hinweis Kreisels bestehen, daß die Platte von einem Handwerker in Nürnberg oder Bayreuth stammen könnte.

Kreisel bezeichnete den Tisch als »eines der schönsten deutschen geschnitzten Möbel«, das »in der Haltung sehr französisch, in der Ausprägung aber unverkennbar deutsch« sei. Er verweist einerseits auf die vor der Hauptausstattungsphase des Schlosses 1717 und bis 1731 in Ansbach tätigen französischen Bildhauer Leclerc und Carolus Charpentier. Andererseits schreibt er den Entwurf des Tisches dem Ansbacher Hofschreiner Johann Matusch zu und vergleicht die Schnitzerei des Tisches mit der Schnitzerei an der Paradewiege in Bulletechnik (Kat. 2). Dieser Vergleich kann an Archivphotos, die von Kreisel benutzt wurden, nicht aber am Original nachvollzogen werden. An der Wiege ist die Schnitzerei vollkommen anders, lange nicht so fein und differenziert. Demnach wären die Fähigkeiten der in Ansbach weilenden französischen Bildhauer, von denen kein Stück bekannt ist, lange nicht von der Qualität, wie sie der Tisch verlangt hätte. Im übrigen ist das Schnitzholz der Wiege nicht Eiche, sondern Linde.

Vergleichbare, in Deutschland entstandene Tische sind rar. Ein Tisch mit dem Wappen der Reichsgrafen von Kesselstadt in Trier[3] und ein Tisch mit den Initialen des Kurfürsten von der Pfalz im Städtischen Reichsmuseum Mannheim[4] wurden um 1725/30 datiert. Ihre Beine sind in der Materialstärke deutlich stämmiger, kräftiger geschweift und wirken auch durch die weit heruntergezogenen Zargen viel weniger elegant. Beide sind, von Ansbach aus gesehen, vergleichsweise nah an Paris entstanden. Ein qualitativ phantastisches, vor 1722 entstandenes Paar Konsoltische mit Drachen von Joseph Effner in Schloß Nymphenburg ist kaum vergleich-

bar, aber ebenfalls viel kräftiger geformt, um die Last der Marmorplatten überzeugend zu tragen.[5] Ein weiteres, Effner allerdings nur zugeschriebenes und um 1725/30 datiertes Paar Konsoltische mit Drachen in der Residenz München[6] ist ebenfalls kräftig geschweift und kaum vergleichbar, auch wenn die trockene Schnitzerei einen sehr ›französischen‹ Eindruck hinterläßt.

In seiner eleganten Schweifung der feinen Beine, dem Steg und den geraden, flachen Zargen hat der Ansbacher Tisch größere Ähnlichkeit mit französischen Tischen.[7] Hier findet man auch filigrane, an den Unterkanten der Zargen hängende Schnitzereien. Der trockenen und wenig fleischigen, herausragenden bildhauerischen Qualität des Ansbacher Stückes am nächsten kommt ein Tisch aus dem Pariser Kunsthandel, der bereits 1929 publiziert wurde.[8] Aufgrund dieser Vergleichsstücke kann der Tisch bis auf weiteres eher als französisches denn als deutsches Möbel angesprochen und um 1715/20 datiert werden. Kreisel wußte noch nichts von den Ankäufen des Hofes in Frankreich um 1729, unter denen sich geschnitzte Tischgestelle befunden haben.[9] Aber der Tisch könnte theoretisch auch früher nach Ansbach gekommen sein. Wie begehrt solche Tische und wie schwach das Vermögen der im Umkreis von Ansbach greifbaren Bildhauer waren, kann man an einem Paar sehen, das der Deutsche Orden für die Ausstattung der 1723 im Rohbau fertigen Residenz Ellingen nach dem Ansbacher Vorbild kopieren ließ.[10]

1 Anhang, Inventar 1807, S. 28
2 Lang 1970
3 Kreisel 1983, Abb. 261
4 Swoboda 1981, Kat. 5
5 A.K. Kurfürst Max Emanuel 1976, Kat. 731
6 Langer/Württemberg 1996, Kat. 34
7 Verlet 1990, Kat. 19 f. – Jedding 1978, Abb. 245 f. – Klinger, Nürnberg, Auktion 26./27.11.1976, Los 873 – Hotel Drouot, Paris, Auktion am 13.12.1993, Lot 145 – Ader Tajan, Paris, Auktion am 7.6.1993, Lot 80 – Ader Tajan, Monaco, Auktion am 14.3.1993, Lot 158
8 Ricci 1929, S. 171
9 Anhang S. 286 ff.
10 Braun gefaßt, Platten in Stuckmarmor, Schloß Ellingen, Sammlung Fürst Wrede

Bezeichnung ›MG‹ an der Plattenkante

7

Kommode

Frankreich, um 1720

Konstruktionsholz: Eiche, Kirsche, Nußbaum
Marketerie: Amarant
Beschläge: Bronze, ziseliert und vergoldet, Messing, Eisen
85,5 x 150,5 x 64 cm

Originaler Schlüssel; letzte Reparatur in den 1950er
Jahren; Überzug mit Zelluloselack

Standort Residenz Ansbach, 3. Vorzimmer der Markgräfin, Jagdzimmer, R 13

Historische Inventarnummern Residenz Ansbach 1807:
S. 63; 1813: S. 52; 1820: S. 77; 1830: S. 74; 1842: 41; 1865:
41; 1884: A.II.4.14; 1901: A.I.4.14; 1903*: A.I.4.8; 1929*:
F.V.III. Lit. C I Nr. 4 Bl. 67 Zi. 4; vor 1939: F.V.III. R 13,
Bl. 169, M 163; Stempel: Ansbach, vierfach

Inv. AnsRes. M 4

Literatur Ricci 1929, S. 181 – A.F. Residenz Ansbach 1939,
S. 61 – Stürmer 1981, Abb. 1, 3, 7 – A.F. Residenz Ansbach
1993, S. 79

PROVENIENZ

Mit großer Wahrscheinlichkeit gehört die Kommode zu den Möbeln, die der Ansbacher Hof um
1729 in Frankreich gekauft hat. Nach den Inventaren von 1807 bis 1830 steht das Möbel als »Commod
von Purpurholz mit 4. Schubladen mit meßingen
Leisten eingefaßt, mit 4. dergleichen Handhaben
und 4. dergleichen Schlüsselblechen, auf 4. Füßen
mit Ornamenten und 3. Engelsköpfen, alles von vergoldeten Bronze« im Schlafzimmer des Gästeappartements (R 20). Im Inventar von 1842 ist die Kommode erstmals an ihrem heutigen Platz genannt.

BESCHREIBUNG

Korpus: Die Kommode mit rechteckigem Grundriß hat auch einen geraden, eckigen Aufriß und
vier paarweise übereinanderliegende, rechteckige
Schubladen. Die profilierte Platte hat vorn gerundete Ecken. Zu allen Seiten gehen die Beine glatt,
ohne Absatz in den Korpus sowie mit einem weiten
Bogen ohne Absatz in die Zargen über, die an der
Front mittig heruntergezogen ist. Unterhalb des
Korpus sind die Beine leicht nach innen geschweift,
stehen diagonal zum Korpus und sind mit Bronzen beschlagen. Die Füße wurden deutlich vorgeschoben.
Marketerie: Die Beine sind auf den Innenseiten furniert, während an den Ecken eine abgerundete
Schiene aus Amarant eingelassen ist. Auch die
Schubladen sind einfach furniert, und auf den Seiten
liegt ein schlichtes Feld mit Kreuzfurnier. Nur die
Platte hat eine aufwendige Parkettierung in Rhomben, wobei die Fläche in drei Felder geteilt ist.

Beschläge: Die Platte ist mit einem dreiseitig umlaufenden glatten und mehrfach abgesetzten Messingprofil gefaßt und wird hinten mit einem Messingband abgeschlossen. An den Füßen sind die Bronzen
aus kräftigem Akanthus mit vorgeschobenen Volu-

Schubladenschlüssel

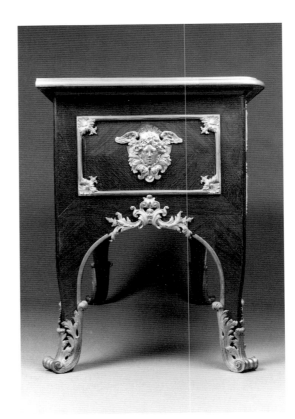

ten rückseitig nicht wie Schuhe geschlossen. Aus den Fußbeschlägen heraus laufen Bronzeschienen an den Bögen der Zargen entlang bis zu den Mittelbeschlägen, die an den Seiten aus Blattwerk mit Blüten bestehen, das von einer Agraffe zusammengefaßt ist. An der Front wurde der Mittelbeschlag deutlich breiter gewählt und umfaßt einen weiblichen Maskaron mit lockigen Haaren und Blütenkranz auf dem Kopf, der von einem Schild mit Blattwerk hinterfangen und von einer Bekrönung aus Lambrequins mit Flügeln geschlossen wird. Die dünnen Zöpfe sind hinter den Ohren nach vorne geführt und unter dem Kinn verknotet. Die Vorderstücke der Schubladen schlagen bündig in den Korpus ein, haben aber ringsum eine profilierte, rechteckige Rahmung in Bronze mit Blattagraffen in den Ecken. Diese Einfassung kehrt an den Seiten der Kommode wieder und rahmt einen weiblichen Maskaron, wie er bereits in der Front benutzt wurde. Die Handhaben der Schubladen bestehen aus U-förmigen Griffen mit drei Knäufen, die sich in Kugeln auf Rosetten in Form von Lambrequins drehen. Zwischen den Rosetten sitzen die geschweiften Schlüsselschilde mit Blattwerk in Form von Kartuschen. Das Beschlagwerk ist stets mit Schrauben und Muttern durch den Träger hindurch am Korpus befestigt. Die vier Schubladen können mit eingelassenen Eisenschlössern verschlossen werden, zu denen sich der originale, gegossene Eisenschlüssel mit Bart für fünf Sicherungen erhalten hat.

Konstruktion: Die Pfosten der Konstruktion sind aus Kirschbaumholz, während alle anderen konstruktiven Teile aus Eiche bestehen. Als Besonderheit bekam auch die Rückseite eine Zarge, auf der die Rückwand sitzt. Sie liegt seitlich in Fälzen und stößt stumpf unter die Platte. Der Boden sowie der durchgehende Trennboden zwischen den Schubladen ist in die Pfosten gezapft und die senkrechte Trennwand in zwei Teilstücken in die Böden gezapft. Auch die Streichleisten sind in die Pfosten gezapft. Oben wurden Kanthölzer wie ein Rahmen in das Hirnholz der Pfosten gezinkt und die Platte nur aufgeleimt. Für die Platte wurden drei Bretter stumpf aneinandergefügt, aber mit Anfaßleisten sowie Schwal-

Beschlag der Schürze

benschwänzen auf der Unterseite gesichert. Die Schubladenvorderstücke bestehen aus Eiche, Seiten, Hinterstücke und Böden aber aus Nußbaum. Alle vier Schubkästen sind offen gezinkt. Sie stoßen ohne Stoppklötze auf die Rückwand. Laufspuren der Schubkästen gibt es kaum.

WÜRDIGUNG

Das Möbel wurde immer als französisches Erzeugnis erkannt und besticht durch die aufwendigen Bronzen, aber auch durch die schöne Parkettierung der Platte. Dem Typus nach kommt das Stück einer Kommode mit Marmorplatte im Louvre nahe, die auf Grund der Beschläge dem Pariser Ebenisten

Bronzeschuh

Innenansicht ohne Schubladen

Rückseite

André Charles Boulle zugeschrieben wird.[1] Beide Kommoden sind mit Bronzen an Seiten und Front ähnlich strukturiert. Nur ist die vordere Zarge der Ansbacher Kommode nicht gerade, sondern schürzenartig heruntergezogen und mit einer prächtigen Bronze belegt, während die übrigen Beschläge in Ansbach einfacher sind. Vor allem blieben die vorderen Möbelecken abgerundet stehen und wurden nicht mit Maskarons beschlagen. Auch die Kommode des Louvre ist in der zweischübigen Front vierfach strukturiert, während die Struktur in Ansbach den vier Schubladen entspricht. Folglich liegen die Schlüsselschilde zwischen den Angeln der Handhaben und nicht zwischen den paarweise nebeneinandergesetzten Felderungen. Dem Ansbacher Möbel ähnlicher ist eine zweischübige Kommode in Nußbaum, die 1977 zur Versteigerung kam.[2] Die Platte ist ebenfalls marketiert, die Schürze heruntergezogen, und die Voluten der Schuhe sind vorgeschoben. Am ähnlichsten erscheinen die Einfassungen der Schubladen, während die Handhaben deutlich aufwendiger und die Ecken selbstverständlich mit Bronzen beschlagen sind. Die Kommode wurde dem weiteren Umkreis von Boulle zugeordnet, aber erst bessere Vergleichsstücke könnten der Zuschreibung Sicherheit bieten.

1 Verlet 1963, S. 36 – Alcouffe 1993, Kat. 33
2 Sotheby Parke Bernet, London, Auktion Mentmore 18.-20.5.1977, Lot 450

8

12 Hocker

Frankreich, um 1720

Hocker AnsRes. M 34/4

Gestelle: Eiche, geschnitzt
Fassung: acht Gestelle vergoldet, vier Gestelle
vergoldet und braun gefaßt
Sitzhöhe ca. 42,5 x 65,5 x 49 cm

Originale Fassung; Bezüge erneuert

Standort Residenz Ansbach, Braunes Kabinett, R 7; Bilderkabinett, R 27; Residenz München, Vorraum der Grünen
Galerie, R 58

Historische Inventarnummern Residenz Ansbach 1807:
S. 19, 29, 47; 1813: S. 21, 40, 46; 1820: S. 30, 55, 65; 1830:
S. 28, 39, 53; 1842*: 191, 345, 503; 1865*: 191, 345, 503;
1884: A.II.18.14-17 – A.II.29.8-11; 1901: A.I.18. 14-17 –
A.II.18.10 – A.II.29.8-11; 1903*: A.I.18.10 – A.I.29.6; 1929*: F.V.III. Lit. A
II a Nr. 21-24 Bl. 24 Zi. 18 – F.V.III. Lit. A II a Nr. 33-36 Bl. 25
Zi. 29; vor 1939: F.V.III. R 7 Bl. 58 M 96-99 – F.V.III. R 27
Bl. 258 M 345-348; Residenz München 1874*: GM Lit. A
Nr. 988-991; um 1900*: Lit. B Nr. 50

Inv. AnsRes. M 34/1-4, 44/1-4, ResMü. F.V.III. Bd. II S. 285,
M 189-192

Literatur Schmitz 1923, S. 131 – A.F. Residenz Ansbach
1939, S. 47, 79 – A.F. Residenz Ansbach 1993, S. 60, 103 –
Langer/Württemberg 1996, S. 31

Hocker AnsRes. M 44/1

PROVENIENZ

Mit großer Wahrscheinlichkeit gehören die Hocker
zu den Möbeln, die der Ansbacher Hof um 1729 in
Frankreich gekauft hat.

Mit Hilfe der stets gleich lautenden Beschreibungen können vier Hocker (AnsRes. M 34/1-4) problemlos bis in das Inventarverzeichnis von 1807
zurückverfolgt werden. Dort sind sie mit dem Eintrag »4. Tabourets von geschnittenen und vergoldeten Gestellen, mit carmoisin rothen Damast beschlagen« im Bibliothekskabinett des Markgrafen (R 7)
verzeichnet, wo sie seitdem ohne Ortsveränderung
stehen. Die Bezüge waren offenbar passend zu den
»2. Fenster Vorhänge von carmoisin rothen Taffent«
ausgesucht, die von 1807 bis 1929 in den Inventaren
genannt sind.

Ebenfalls mit Hilfe der Beschreibung können vier
weitere Hocker (AnsRes. M 44/1-4) bis in das Inventarverzeichnis von 1807 unter folgendem Eintrag
zurückverfolgt werden: »4. Tabourets, braun lakirt
mit vergoldeter Bildhauer Arbeit, mit Bezügen von
grünen Damast, und mit Sùrtouts von grüner Glanzleinwand.« Der Damast paßte zur erhaltenen grünen
Flocktapete des Raums, und auch diese vier Hocker
stehen heute noch am gleichen Ort.

Die anderen vier in der Residenz München stehenden Hocker haben eine komplizierte Wanderung
hinter sich. Die vier geschnitzten, komplett vergoldeten und mit grünem Damast bezogenen Hocker
standen laut Ansbacher Inventar von 1807 im Vorzimmer der Galerie (R 25) mit den grünen Vorhän-

Hocker Res Mü. M 192

gen, sind dort auch 1813, 1820 und 1830 nachzuweisen und wurden laut Inventar von 1842 durch Stühle
ersetzt. Nun ist ihr Standort 1842 und 1865 mit dem
Eintrag »4 Tabourets von Bildhauerarbeit, vergoldet, mit grünem Damast« im Gardemeuble gesichert, und es wurde vermerkt: »1872 nach München transferiert«. An einem der Hocker befand sich
nach den Aufzeichnungen Heinrich Kreisels[1] ein
»Eisenbahn Klebezettel: Würzburg-Ansbach«, der
heute nur noch mit dem Wort Ansbach fragmentarisch auf einem der Gurte erhalten ist. In München

sollten die Hocker wohl für die von König Ludwig II. veranlaßte Möblierung der Appartements im Stile ihrer Bauzeit benutzt werden, tauchen aber 1874 im Inventar des Gardemeuble auf, und der Eintrag hat den Zusatz »ohne Bezug«. Von dort wurden die Hocker für kurze Zeit nach Schloß Nymphenburg abgegeben, dort aber wohl ebenfalls nicht gebraucht und kehrten 1920 wieder in das Depot der Residenz München zurück. Die Möbel hatten also 40 Jahre im Depot verbracht, bevor sie laut Inventar von 1929 in die Bestände des Residenzmuseums eingereiht worden waren und im Konferenzzimmer der Reichen Zimmer gestanden haben. Seit dem Zweiten Weltkrieg stehen die vier Hocker im Vorraum der Grünen Galerie.

BESCHREIBUNG

Korpus: Die im Grundriß rechteckigen Hocker ruhen auf diagonal zum Korpus gestellten geschwungenen Beinen, die in Form von Geißfüßen mit Haarsträhnen unter den Hockerecken auf dem Boden stehen. An den Ecken sind die Beine über das Niveau der Zargen erhöht, treten über den rechteckigen Grundriß der Polster und auch über die Flucht der Zargen hinaus, so daß die Hocker an den Ecken ein wenig ausgeschweift sind. Die Beine gehen ohne Absatz in den hochgezogenen Bogen der Zargen über, die zur Mitte wieder herabgeschweift sind. Seitlich entwickelt sich aus den Beinen ein breites geschnitztes Band, das in die Zargen übergeht und in der Mitte ein palmettenartiges Motiv hält. Anstelle der Knie sind die Beine zu markanten Maskarons mit knolligen Gesichtern geformt. Sie tragen einen erhöhten Kopfputz mit Blattwerk, ein flügelartiges Blatt an Stelle der Ohren, und der lange, gezwirbelte Bart geht, unterlegt von einem Akanthusblatt, in die Außenkante der Beine und in eine Art Schiene über, die zum Blattbesatz über den Füßen führt und an einen Bronzebeschlag erinnert.

Fassung: Vier der 12 Hocker sind vollkommen mit einer Polimentvergoldung überzogen. Auf den Zargen sind auch die Flächen oberhalb der geschnitzten Bänder vergoldet und mit einem gewugelten Muster versehen. Außerdem wurden die vorstehenden Bänder und Ornamente poliert, während die zurückstehenden Flächen und Rückseiten der Beine stumpf gehalten sind. Die Zargen dieser Hocker sind auf den Innenseiten mit einem ockerfarbenen Anstrich überzogen, auf dem die Inventaretiketten des 19. Jahrhunderts sitzen (AnsRes. M 34/1-4). Vier weitere Hocker haben eine andere Vergoldung und sind über der gleichen Grundierung auf den Flächen über dem geschnitzten Band der Zargen mit einer braunen Fassung versehen. Es handelt sich aber nicht um eine spätere Zutat. Auf den Rückseiten sind die Zargen dieser Hocker holzsichtig geblieben (AnsRes. M 44/1-4). Die vier restlichen Hocker in der Residenz München sind ebenfalls komplett vergoldet, haben aber einen glatten Fond und wurden nach den Auslagerungen des Zweiten Weltkriegs in der Fassung retuschiert. Jeweils zwei der Hocker sind auf der Rückseite der Zargen holz-

sichtig bzw. mit einem ockerfarbenen Anstrich überzogen, so daß in Ansbach ursprünglich wohl zwei Garnituren zu jeweils sechs Hockern mit gleicher Fassung gestanden haben.

Polster/Bezüge: Die im Inventarverzeichnis von 1807 genannten roten Damastbezüge der vier Hocker AnsRes. M 34/1-4 sowie die grünen Damastbezüge der vier Hocker AnsRes. M 44/1-4 bleiben bis in die Beschreibungen des Inventars von 1939 erwähnt. Die 1807 genannten Houssen der grün bezogenen Hocker wurden laut Inventar von 1830 verkauft, aber in den Verzeichnissen von 1884 und 1901 werden wieder zugehörige »Houssen von Leinwand« genannt. Erst 1968 wurden die Bezüge der acht Hocker erneuert, und sie wurden alle mit grünen, aber unterschiedlichen Stoffen bezogen. Anscheinend wurden die Polster, zumindest aber die Gurte beibehalten. Allerdings ist die Gurtung unterschiedlich. Die Stücke AnsRes. M 44/1-4 haben Geflecht aus 4 x 6 Gurten und die Hocker AnsRes. M 34/1-4 ein ebenso enges Geflecht aus anders gewebtem Material mit 3 x 5 Gurten. Offensichtlich wegen des engen Geflechts wurde das Roßhaar ohne Zwischenleinen direkt auf die Gurte pikiert. Die ehemals ebenfalls mit grünem Damast bespannten vier Hocker in der Residenz München erhielten bei Einrichtung des Residenzmuseums 1929, passend zur Wandbespannung des Konferenzzimmers der Reichen Zimmer, einen Bezug aus rotem geschorenen Samt mit Goldgrund. Gleichzeitig bekamen sie neue Gurte und ein Polster mit Stahlfedern. 1968 wurden auch diese Hocker erneut mit grünen Bezügen versehen.

Konstruktion: Zargen und Beine sind miteinander verzapft und die Verbindungen zusätzlich mit Dübeln gesichert. Die Rückseite der relativ starken Zargen wurde bei sechs Hockern an den Kanten abgefast, bei den anderen nicht.

WÜRDIGUNG

Da alle Gestelle in Konstruktion und Schnitzerei gleich, aber unterschiedlich gefaßt sind, haben sie sicher nicht zusammen in einer Garnitur, sondern in verschiedenen Räumen gestanden. Die differenzierte Vergoldung, vor allem aber die originale, braune Lasur der vier Hocker ist selten.

Weil einige Hocker in der Residenz München stehen, wurden sie von Schmitz 1923 als deutsche Möbel publiziert. Folglich wurde ein bis dahin unbekannter gleicher Hocker vom Kunsthandel 1986 nach München lokalisiert.[2] Dagegen wurden die am Ort verbliebenen Stücke als Ansbacher Erzeugnisse aus der Zeit um 1725 eingeordnet. Ähnlich elegante Vergleichsstücke, mit gesichertem Entstehungsort in Deutschland, sind bisher nicht bekannt. Vielmehr sprechen die feine, qualitätvolle Schnitzerei mit den Masken und das breite Begleitband an den Zargen für eine Herkunft aus Frankreich um 1720, wo vergleichbare Stücke zu finden sind.[3] Außerdem paßt die Herkunft zu den Ankäufen des Ansbacher Hofes um 1729, und ein weiterer, gleicher Hocker ist 1993 im Pariser Kunsthandel aufgetaucht.[4]

Hocker AnsRes. M 34/4

Eckmaske von AnsRes. M 34/4

1 Langer 1995, S. 33
2 Brinkama, Kunst & Antiquitäten, Hamburg 1986
3 Jarry 1973, Abb. 45, 48 f., 52
4 Millon & Robert, Paris, Auktion Bernard Steinitz, 11.11.1993, Lot 643

9

Barometer

Frankreich (?), um 1720

Blindholz: Eiche, Linde, geschnitzt und vergoldet
Marketerie: Nußbaum, ebonisierte Birne, Palisander, Bux
Beschläge: Messing, graviert
Glasröhre mit Quecksilberfüllung
127 x 19 x 8 cm

Standort Residenz Ansbach, Braunes Kabinett im Gästeappartement, R 19

Historische Inventarnummern Residenz Ansbach 1807:
S. 65; 1813: S. 54; 1820: S. 80; 1830: S. 76; 1842*: 443;
1865*: 443; 1884: A.II.37.9; 1901: A.I.37.9; 1903*: A.I.37.9;
1929: F.V.III. Lit. R Nr. 1 Bl. 247 Zi. 37; vor 1939*: F.V.III. R
19, Bl. 205 A 210

Inv. AnsRes. V 28

Literatur a.f. Residenz Ansbach 1993, S. 88

PROVENIENZ

Wahrscheinlich gehört das Barometer zu den Ausstattungsstücken, die der Ansbacher Hof um 1729 in
Frankreich gekauft hat.

Als einziges Barometer im Schloß, kann das Stück
problemlos bis in das Inventarverzeichnis von 1807
zurückverfolgt werden. Dort ist es mit dem Eintrag
»1. Barometer von Nußbaumholz mit Ebenholz eingelegt« im Eichenkabinett des Gästeappartements
verzeichnet, wo es bis heute hängt. Erst das Museumsinventar von 1939 vermerkt zusätzlich die
französische Skalenbeschriftung.

BESCHREIBUNG

Korpus: Das Barometer hat die Form eines Pilasters
mit Sockel und profilierter Basis. Oben ist der Schaft
mit einem Absatz erweitert und wird von einem profilierten Gesims unter dem Giebel geschlossen. Eine
Nut in der Mittelachse nimmt die Quecksilbersäule
auf, und es bleibt unklar, warum die Nut deutlich
höher als die Säule hinaufragt. Darüber kragt das
Gesims kräftig vor, wird um die Ecken gekröpft und
an den Seiten von einer Art Kragstein gestützt. Die
geschnitzten Stützen und die Blütengehänge an den
Seiten sind vergoldet. Der Sockel ist vorgekröpft,
und der Vorsprung kann wie ein Schieber nach oben
gezogen werden. Damit kann im Hohlraum des
Sockels der fein gedrechselte Fuß freigegeben wer-
den, in dem die Quecksilbersäule steckt.
Marketerie: Sockel und Schmalseiten sind mit Nuß-
baum furniert, aber auch die Profile bestehen aus
Nußbaum. Die Marketerie hat an den Kanten einen
Begleitstreifen aus Nußbaum und eckig geführtes
Bandelwerk aus Bux in ebonisiertem Birnbaumfond,
das die Meßsäule begleitet. Erst auf dem erweiterten
Kopf geht ein Teil des Bandwerks in C-Bögen mit
Blattwerk aus Palisander über.

Beschläge: Etwa in der Mitte des Barometers wird die
Quecksilbersäule von einem feinen, symmetrisch geschweiften Messingblech mit graviertem Bandel- und
Blattwerk gehalten. Das Blech ist aufgesetzt, die
ebenfalls mit Bandel- und Blattwerk versehene
Meßskala dagegen ist eingelassen. Sie besteht aus
zwei Teilen, die rechts und links von der Quecksilbersäule angebracht und beidseitig mit gleicher
Stricheinteilung versehen sind. Am rechten Skalen-
teil ist ein verschiebbarer Zeiger eingelassen, mit
dem der Stand der Quecksilbersäule festgehalten
werden kann. Zu beiden Seiten der Säule sind die
Skalen von oben nach unten bezeichnet:

Esté	Hiver
Tems Constant	Grand Froid
Clair	Gelè
Sec	Froid
Changeant	Variable
Humide	Neige
Beaucoup de Pluye	Grand Neige
Orage	Orage

WÜRDIGUNG

Eine vergleichbare Marketerie und routiniert geschnitzte Blütenbehänge kommen in Ansbach nicht
vor. Auch der Verschluß des Sockels und die schön
gravierten Beschläge verweisen auf eine Werkstatt,
die in der Herstellung luxuriöser Meßinstrumente
geübt ist. Wegen der Skalenbeschriftung und den
Ankäufen des Ansbacher Hofs in Paris wird das
Barometer als französisches Erzeugnis eingestuft
und mit den Ornamenten der Régencezeit um 1720
datiert.

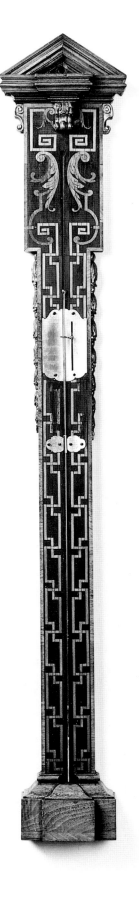

Sockel mit abgenommenem Schieber

*Handgefeilte Schrauben des
unteren Beschlags*

10

Bureau plat

Zuschreibung an
Meister FL, wohl François Lieutaud
(vor 1700 Marseille – 1748)

Paris, um 1720/25

Schlagstempel »FL« auf der Unterkante der Strebe
rechts von der Mittelschublade
Konstruktionsholz: Nadelholz, Eiche
Marketerie: Nußbaum, ebonisiert
Beschläge: Bronze, ziseliert und vergoldet, Messing, Eisen
Bezug: schwarzes Leder
81,5 x 193,5 x 96,2 cm

Helle Begleitlinien auf der Platte stark nachgedunkelt,
Gravur und Zusammensetzung des Leders noch erkennbar

Standort Residenz Ansbach, 2. Vorzimmer der Markgräfin, Gobelinzimmer, R 14

Historische Inventarnummern Residenz Ansbach 1807:
S. 28; 1813: S. 19; 1820: S. 27; 1830: S. 5; 1842: 169; 1865:
169; 1884: A.II.17.12; 1901: A.I.3.49; 1903*: A.I.3.10; 1929*:
F.V.III. Lit. B II a Nr. 1 Bl. 43 Zi. 3; vor 1939: F.V.III. R 3 Bl. 181
M 178; Stempel: Ansbach, vierfach

Inv. AnsRes. M 49

Literatur A.F. Residenz Ansbach 1939, S. 62 – Kunze 1966,
S. 218, Anm. 18 – Stürmer 1981, Abb. 2, 9 – Pradere 1990,
S. 114 – A.F. Residenz Ansbach 1993, S. 83 – Langer 1995,
Kat. 3, 4, 73

Bronzeschuh

PROVENIENZ

Seit 1966 kann das Bureau plat recht sicher mit
einem Schreibmöbel identifiziert werden, das der
Ansbachische Hofrat Eberhard Ludwig Carl in Paris
gekauft und 1729 nach Ansbach geschickt hat. Damit
kam es nicht, wie vermutet, im 19. Jahrhundert aus
der Residenz München. Laut Inventarverzeichnis
von 1807 steht »1 großer Schreibtisch von schwarz
gebeizten Ebenholz, davon das Tischblatt mit
meßingen Leisten eingefaßt und mit schwarzen

Leder bezogen, die Füße und Schubladen aber mit
ciselirter Arbeit ornirt« im Marmorkabinett (R 8).
Nach den Inventaren von 1813 und 1820 war der
Standort gleich geblieben. Erst das Inventar von
1830 verzeichnet den Schreibtisch im 2. Vorzimmer
der Markgräfin (R 14), die Inventare der Jahre 1842,
1865 und 1884 wieder im Marmorkabinett, und seit
dem Inventarverzeichnis von 1901 steht das Bureau
plat erneut im 2. Vorzimmer der Markgräfin.

Schlüsselschild der Schublade

Korpus: Der große Schreibtisch aus schwarz gefärbtem Nußbaum imitiert ein Ebenholzmöbel und ist reich mit vergoldeten Bronzen beschlagen. Die kräftigen, leicht geschweiften Beine sind diagonal nach außen gestellt und gehen mit einer leichten Zuspitzung in die geschweifte Unterkante der Zargen über. An der Benutzerseite liegen zwei schmalere Seitenschubladen und eine breite, etwas zurückliegende Mittelschublade, die mit dem Rücksprung das bequeme Sitzen erleichtert und die strenge Linie einer durchgehenden Zarge vermeidet. Diese Aufteilung kehrt an der Front mit drei Blendschubladen wieder. Die Platte hat einen schwarzen Lederbezug, der in der Mitte aus zwei Teilen mit einer Fuge zusammengesetzt ist. Beide Teile sind mit geprägten Drillingslinien zu je einem großen Oktogon mit begleitenden Dreiecken gefeldert. Das mittlere Dreieck der Schreibseite ist mit anderem Leder ausgesetzt und wahrscheinlich erneuert. Zwischen dem Leder und umlaufendem Messingprofil liegt ein schwarzer Furnierstreifen mit ehemals hellen Begleitlinien. Bei späteren Versuchen, die schwarze Färbung zu erneuern, sind die hellen Begleitlinien fast ganz verschwunden.

Beschläge: Die Tischplatte ist mit einem umlaufenden, glatten und mehrfach abgesetzten Messingprofil eingefaßt. Die Beine stecken in Bronzeschuhen, die den Fuß mit Blattwerk umhüllen und in Voluten auslaufen. Darüber sind die Beinaußenkanten mit Bronzeschienen bis zu den großen Kniebeschlägen geschützt. Es sind weibliche Maskarons mit einer Blattkrone, die auf Kartuschen sitzen und deren lockiges Haar vorn mit einem Knoten zusammengehalten wird. Nach unten laufen die Beschläge mit Blattwerk und Blütengehänge aus. Den Übergang von der Mittel- zu den Seitenschubladen bildet ein dreischichtig aufgebauter Beschlag mit einer glatten Schicht vorn, einem Blütenbehang in der Mitte und einem gerieften Wulst hinten. Dadurch wird von den Seitenschubladen zu den zurückspringenden Mittelschubladen vermittelt. Das Vorderstück der Mittelschublade bildet visuell den Mittelteil der Zarge, ist an der Unterkante geschweift und mit einem flachen Messingband eingefaßt, das in der Mitte stumpf und ohne Übergang an eine Palmette als Schlüsselschild stößt. Dagegen schlagen die Vorderstücke der Seitenschubladen bündig in die Zarge ein, sind ringsum mit einem flachen, ehemals vergoldeten Messingband eingefaßt und lassen die Zarge als solche erkennbar bleiben. Die seitlichen Schubladen

Beschlag an der Seite

haben Griffe mit gewundenen Riefen und Knauf in der Mitte, die sich in Kugeln auf Blattwerkrosetten drehen. Sie rahmen die stark geschweiften Schlüsselschilde. Die seitlichen Zargen sind mit den gleichen flachen Bändern wie die Schubladen gefeldert und mit einer Bacchusmaske in der Mitte besetzt.

Das Beschlagwerk ist weitgehend mit Holzschrauben und nur das umlaufende Profil der Platte mit versenkten Nägeln am Korpus befestigt. Die Fuge der Platteneinfassung ist kaum sichtbar, während die Enden der anderen Leisten deutlich weniger perfekt miteinander verbunden sind. Alle drei Schubladen sind mit Eisenschlössern zu verschließen.

Konstruktion: Das Gestell ist in Stollenbauweise mit Beinen und Zargen aus schwarz gefärbtem Nußbaum konstruiert. Allerdings waren die Beine zum einfacheren Transport nicht mit den Zargen verleimt und wurden beim Zusammenbau mit Eisenbändern an den Zargen befestigt. Außerdem ist der Korpus an den Übergängen vom Mittel- zu den Seitenteilen für den Transport mit zwei eingelassenen eisernen Schrauben in drei Teile auseinanderzulegen. Seitlich der Mittelschublade sind jeweils zwei kräftige, eichene Verbindungsstege mit etwas Abstand übereinander in die Zargen genutet. Parallel zu den oberen Stegen sind Stege von innen an die Oberkante der seitlichen Zargen geleimt, und an diesen vier Stegen ist die Platte von oben mit hölzernen Ösen eingelassen, die unter den Stegen mit Dübeln verkeilt werden, damit die Platte für den Transport abnehmbar bleibt. Die Platte ist eine Rahmenkonstruktion in Nadelholz mit drei Füllungen. Der Korpus ist nach unten mit Staubböden in Rahmenbauweise aus Nadelholz geschlossen. Alle drei Schubladen bestehen komplett aus Nußbaum. Die mittlere Schublade ist in der hinteren Hälfte noch einmal in drei Fächer geteilt, wobei die Querunterteilung in die Seiten gegratet, die Unterteilungen der kleinen Fächer aber genutet wurde. Es fällt auf, daß die Vorderstücke auf den Kasten gedoppelt wurden, aber so konnten die Kästen vorne und hinten mit der einfacheren, offenen Zinkung verbunden werden. Die Böden liegen rundherum in einem Falz und haben keine Laufsohlen. Abgelaufene Seiten und Böden verweisen auf eine längere Benutzung des Möbels. An der Unterseite der Böden sind die Spuren der Gattersäge deutlich sichtbar.

WÜRDIGUNG

Das repräsentative, rundum ansichtige Schreibmöbel stammt nicht, wie unlängst vermutet, aus dem Besitz der Kurfürsten von Bayern, und es bleibt zu konstatieren, daß offenbar zur gleichen Zeit auch der Ansbacher Hof ein Möbel des gleichen Meisters in Paris erworben hat.

Mit der Auffindung des Stempels »FL« ist die Zuschreibung des Ansbacher Bureau plat an den Pariser Kunstschreiner und Händler Noel Gérard (1690-1736) hinfällig. Zwei ähnliche Stücke müssen folglich François Lieutaud zuerkannt werden.[1] Von drei Bureaus plats aus dem historischen Bestand der Re-

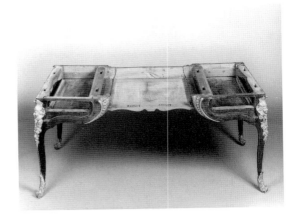

Blick in die Konstruktion bei abgenommener Platte

Eckverbindung bei abgenommener Platte

Unteransicht der Platte mit Steckvorrichtungen

Schubladenschloß

Schlagstempel ›FL‹

sidenz München wurde eines von Langer als deutsche Arbeit nach französischem Muster erkannt. Ein anderes Bureau plat ist »FL« gestempelt, hat jedoch eine aufwendige Marketerie und wesentlich kostbarere Beschläge. Außerdem konnte es nicht für den Transport auseinandergelegt werden und muß erst um 1740 datiert werden. Das frühere, um 1720/25 datierte und nicht gestempelte Exemplar wird heute in der Residenz Bamberg verwahrt und ähnelt dem Ansbacher Bureau plat sehr. Nur ist das Ansbacher Stück etwas einfacher: Es wurde ebonisiertes Nußfurnier und kein Ebenholz verwendet, die Schubladen sind nur mit glatten Profilen eingefaßt, und die Innenkanten der Beine haben keine Begleitfäden. Alle anderen vergoldeten Beschläge sind jedoch identisch. Die Art, wie die Möbel zum Transport auseinandergelegt werden können, ist bei dem Ansbacher Schreibtisch etwas einfacher. Vor allem wurde rechts und links von der Schublade keine Verkeilung mehr, sondern bequem zu handhabende Eisenschrauben mit Muttern verwendet, so daß das Möbel in Ansbach vielleicht zeitlich ein wenig später angesetzt werden kann.

1 Pradere 1990, S. 111-114

Paar Konsoltische

Frankreich, um 1720/25

Konstruktionsholz: Linde, geschnitzt und vergoldet,
Nadelholz
Platten: grauer Marmor
Beschläge: zwei Eisenbänder zwischen vorderer und
hinterer Zarge
AnsRes. M 85/1: 82,5 x 128 x 60 cm;
Gestell: 80,5 x 121 x 56 cm
AnsRes. M 85/7: 81 x 128 x 60 cm;
Gestell: 79 x 114 x 58 cm

Flügel der Drachen auf den Beinen weitgehend verloren,
Kragstück unter der Platte am linken Bein von AnsRes.
M 85/7 verloren

Standort Residenz Ansbach, Galerie, R 26

Historische Inventarnummern Residenz Ansbach 1807:
S.49; 1813: S.41; 1820: S. 57; 1830: S. 55; 1842*: 357;
1865*: 357; 1884: A.II.30.73-81; 1901: A.I.30.73-81; 1903*:
A.I.30.8; 1929*: F.V.III. Lit. B V Nr. 33, 39 Bl. 62 Zi. 30;
1939*: F.V.III. R 26 Bl. 250 M320-321

Inv. AnsRes. M 85/1, 85/7

Literatur Eichinger 1894, Taf. I – A.F. Residenz Ansbach
1939, S.40 – Kreisel 1970, S. 101, Abb.235 – Kreisel 1983,
S. 103, Abb. 235 – A.F. Residenz Ansbach 1993, S. 101

PROVENIENZ

Das Paar stammt aus einer Gruppe verschiedener
Konsoltische (Kat. 12-15), die das Inventar von 1807
in der Bildergalerie verzeichnet: »9. Consolen Tische
unter den Spiegeln, dann Platten von roth, schwarz
und weiss geflammten Marmor, die Gestelle von
Bildhauer Arbeit und vergoldet.« Seitdem ist der
Standort unverändert.

BESCHREIBUNG

Beide Konsoltische sind gleich und im Dekor spiegelbildlich aufgebaut. Beide über Eck gestellten,
schlanken Beine sind S-förmig geschweift und stehen auf Bocksfüßen. Aus den Beinen entwickelt sich
der kantige, geschweifte Steg zu einer Art Spreng-
giebel mit einem Podest, auf dem eine Palmette mit
wulstigen Rippen fußt. An den Innenseiten der vorschwingenden Beine sitzen Drachen mit aufgerissenen Mäulern und verlorenen, ehemals aber gespreizten Flügeln, die mit ihren dünnen Schwänzen die
Tischbeine umringeln. Oben sind die Beine zu Voluten gerollt, auf denen Köpfe als Stütze unter den
Ecken der Zargen sitzen. Die vier Köpfe haben Blü-
tenkränze um den Hals, sind aber sonst unterschiedlich. Jeder Tisch hat jeweils auf der rechten Seite
einen Frauenkopf mit Ohrschmuck und ähnlich ge-
welltem Haar, aber ein Mund ist leicht geöffnet, das
Kinn hat ein Grübchen, und das Gesicht macht einen lachenden Eindruck. Dagegen wirkt der weib-

liche Kopf mit geschlossenem Mund am anderen
Konsoltisch etwas ernster. Beide Männerköpfe ha-
ben lockiges Haar, einen lockigen Bart, markante
Warzen im knolligen Gesicht und eine gerunzelte
Stirn. Unterschiedlich sind vor allem die Münder.
Am Tisch mit dem ernst wirkenden Frauenkopf
(AnsRes. M 85/7) ist die Zunge im geöffneten Mund

*Frauenkopf von Konsoltisch
AnsRes. M 85/1*

*Mittelmotiv der Zarge von
Konsoltisch AnsRes. M 85/1*

des Männerkopfes sichtbar, während am Tisch mit dem lachenden Frauenkopf (AnsRes. M 85/1) die Zähne des Mannes hervorschauen.

Zu den geschwungenen Beinen bilden die geraden Zargen mit kräftigen Profilen an Ober- und Unterkante als architektonisches Element einen Kontrast. Von den abgeschrägten Ecken mit vorgesetzten Kragstücken unter der Platte schwingen die Zargen sanft zurück und bilden nach vorn einen flachen Bogen. Die seitlichen Zargen werden rechtwinklig zur Wand gerade nach hinten geführt, so daß die Konsolen nach hinten nicht breiter werden. Das Mittelmotiv der Zarge zeigt eine Palmette auf einer von Blattwerk gerahmten Kartusche mit Gitterwerk und hängt von der Zarge herunter. Eine Hälfte der Kartusche kehrt am Ende der seitlichen Zargen wieder.

Fassung: Der gesamte Dekor ist mit Gravuren differenziert. Die Zargen erhielten flache, gefüllte Bogenreihen und das Gitterwerk stecknadelkopfartige Höhungen auf mattem Grund. Auffallend sind die schmalen Begleitlinien auf den Palmetten. Steg und Beine haben etwas hochstehende Begleitbänder an den Kanten. Stets wurden die tieferliegenden Flächen und Hautpartien der Köpfe matt vergoldet, während die Höhen poliert sind.

Platten: Der graue Marmor wird von wenigen schmalen, weißen und schwarzen Adern durchzogen. Die profilierten Platten sind geschweift und passen zum Grundriß der Gestelle sowie zu den sieben anderen Konsoltischplatten aus dem gleichen Raum, die wohl für die Einrichtung der Galerie 1771 neu angefertigt wurden.

Konstruktion: Beide Tische sind in Konstruktion und Verarbeitung gleich. Beine, Steg und die geschnitzten Teile der Zargen bestehen aus Linde. Die vier Zargen aus Nadelholz sind zu einem Rahmen zusammengezinkt, auf den die geschnitzten Teile aufgeleimt wurden. Der vorschwingende Teil der vorderen Zarge ist mit einem Abstandhalter am Träger befestigt. Im Bereich der Zargen sind die Beine abgesetzt, fast um die Hälfte geschwächt und schlicht in die Ecken geleimt.

WÜRDIGUNG

Trotz ihrer normalen Maße wirken die Konsolen sehr leicht, zierlich und zerbrechlich. Die naturalistischen Fesseln der Bocksfüße unter dem Fellansatz sind schlank, und die Drachenschwänze werden von einem dünnen Grat gerade noch am Trägerholz gehalten. Auch die Blattäste sind nur über wenige Millimeter an die Zargen geheftet und scheinen frei in den Raum zu wachsen. Dazu wurden Blattwerk und Blütenblätter durchstrukturiert, als wollte man sich an biologischer Genauigkeit orientieren. Mit den Gesichtern war der Bildhauer nicht weit davon entfernt, an real erscheinende Physiognomien her-

Männerkopf von Konsoltisch AnsRes. M 85/7

Konsoltisch AnsRes. M 85/1

anzukommen. Dagegen machen Teile der Beine, der
Steg und die Zargen durch klare Randlinien und na-
gelartige Höhungen einen metallischen Eindruck.
Besonders die Kartusche der Zarge wirkt gegossen
und appliziert. Mit dem durchdachten Einsatz von
Gravuren sowie matter und polierter Partien in der
Vergoldung wurde ein selten differenziertes Finish
erreicht, das sich auch im schönen Erhaltungszustand niedergeschlagen hat.

Kreisel hatte die Konsolen 1939 als »hervorra-
gende, französisch beeinflußte Ansbacher Arbeiten
gegen 1730« eingeschätzt und 1970 in Johann Matusch den Entwerfer der Konsolen vermutet. Für die
Ausführung verwies er auf französische Bildhauer in
Ansbach, nämlich den 1717 einmal erwähnten Carolus Charpentier und den Hofbildhauer Leclerc, der
bis 1731 in den Hoftagebüchern aufgeführt ist. Von
beiden Bildhauern kennen wir kein Stück, und Ähnlichkeiten wären an den Schnitzereien der Paradewiege von Matusch, vor allem aber an der geschnitzten Ausstattung des Bilderkabinetts zu erwarten. Der
Teil des Gabrielibaus mit dem Kabinett war von
1713 bis 1716 gebaut,[1] aber wohl erst unter Markgräfin Christiane-Charlotte zur Hochzeit ihres Sohnes Carl-Wilhelm-Friedrich an Ostern 1729 mit
Hochdruck ausgestattet worden.[2] Die Schnitzerei
der Paradewiege (Kat. 2) hat mit den Konsoltischen
gar nichts zu tun, aber auch ein Vergleich mit der
Vertäfelung des Kabinetts,[3] die sich an französischen
Vorbildern orientiert, ist in keiner Weise ergiebig.

Die eigenartige Konstruktion taucht bei anderen
Konsoltischen der Ansbacher Residenz nicht mehr
auf, und für die nur selten erreichte Qualität in Bildhauerei und Vergoldung wird man auch in Frankreich nur wenig Vergleichsstücke finden. Hätte der
Ansbacher Hof 1720/30 über Bildhauer verfügt, die
in der Lage gewesen wären, so unerhört schöne
Stücke zu fertigen, hätte der markgräfliche Prinz
auf seiner Kavalierstour kaum viel Geld für den Ankauf luxuriöser Konsoltische ausgeben müssen. Deshalb werden die Jahre um 1720/25 als Datierung
vorgeschlagen.

1 Fiedler 1993, S. 176 f., 185
2 Maier 1988/89, S. 64
3 Kreisel 1939, Abb. 1

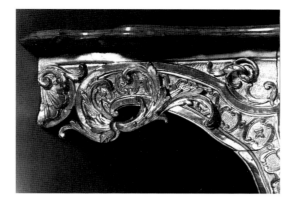

Linke Seitenzarge

Eckmotiv

12

Konsoltisch

Frankreich, vor 1728/29

Konstruktionsholz: Eiche, geschnitzt und vergoldet
Platte: grauer Marmor
81 x 132 x 60,5 cm; Gestell: 79 x 123,5 x 54 cm

Gut erhaltene Vergoldung

Standort Residenz Ansbach, Galerie, R 26

Historische Inventarnummern Residenz Ansbach 1807:
S. 49; 1813: S. 41; 1820: S. 57; 1830: S. 55; 1842*: 357;
1865*: 357; 1884: A.II. 30.73-81; 1901: A.I. 30.73-81; 1903*:
A.I. 30.8; 1929*: F.V.III. Lit. B V Nr. 36 Bl. 62 Zi. 30; 1939*:
F.V.III. R 26 Bl. 250 M 324

Inv. AnsRes. M 85/4

Literatur Eichinger 1894, Taf. 5 – A.F. Residenz Ansbach
1939, S. 76 – A.F. Residenz Ansbach 1993, S. 102

PROVENIENZ

Das Stück stammt aus einer Gruppe verschiedener
Konsoltische (Kat. 11, 13-15), die das Inventar von
1807 in der Bildergalerie verzeichnet: »9. Consolen
Tische unter den Spiegeln, dann Platten von roth,
schwarz und weiss geflammten Marmor, die Gestelle
von Bildhauer Arbeit und vergoldet.« Seitdem ist der
Standort unverändert.

BESCHREIBUNG

Der Konsoltisch mit spiegelbildlich aufgebautem
Dekor hat über Eck gestellte, geschweifte Beine, die
ohne Absatz in die geschweiften Unterkanten der
Zargen übergehen und auf kleinen Postamenten stehen. Als Füße dienen nach hinten offene C-Bögen,
die den Anschein applizierter Bronzebeschläge erwecken. An den Hinterkanten sind die Beine profiliert, auf den Flächen gerieft und auf den Ecken mit
einem Grat versehen, so daß sie im unteren Bereich
sehr schlank erscheinen. Etwa auf halber Höhe werden die Beine von einem C-Bogen überschnitten, die
Flächen mit kleinen C-Bögen anders gemustert und
das feine Profil von einem breiten Band übernom-

Gestell von Konsoltisch AnsRes. M 85/1

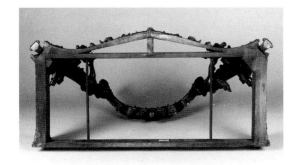

men, das mit der Musterung auf den Zargen weiterläuft. Im oberen Bereich sind die Beine mit üppigen
Blüten besetzt, und an den Ecken unter der Platte
wirkt ein ovales Gebilde mit spiegelndem Knopf
in der Mitte erneut wie ein Bronzebeschlag. Aus
den Füßen entwickelt sich ein ungewöhnlich starker,
kantiger Steg, der unten ein weit vorgeschuhtes
Blattwerkgebilde und oben eine durchbrochen geschnitzte Palmette im C-Bogen trägt, die von aufwendigen Blumengebinden eingefaßt ist. Die Zargen sind mit einem kräftigen Profil an der Oberkante
als tragende Teile charakterisiert. Sie schwingen von
den Ecken zurück und bilden nach vorn einen deutlichen Bogen. Die seitlichen Zargen werden nach
außen geführt, so daß der Konsoltisch nach hinten
sehr viel breiter wird. Als Mittelmotiv sitzt eine Palmette in einer profilierten Öffnung der vorderen
Zarge, die von Blattwerk eingefaßt wird.

Fassung: Blattwerk und Blüten haben eine differenzierte Gravur, und der Fond ist an Zargen und Beinen unterschiedlich gemustert. Manche Flächen
sind gewugelt, andere schraffiert oder punktartig gepunzt. Die Hochglanzvergoldung ist über weite
Strecken außergewöhnlich gut erhalten.

Platte: Der graue Marmor wird von wenigen schmalen, weißen und schwarzen Adern durchzogen. Die
profilierte Platte ist geschweift und paßt nicht zum
Grundriß des Gestells, aber zu Profilierung und
Schweifung der sechs anderen Konsoltischplatten im
gleichen Raum, die wohl für die Einrichtung der Galerie 1771 neu angefertigt wurden.

Konstruktion: Beine und Zargen werden mit einer
gedübelten Stemmzapfenverbindung zusammengehalten. Die hintere Zarge ist in die Seiten gezinkt,
aber nicht zusätzlich gedübelt, und der Steg unter
der Platte ist in die Zargen gezapft. Im Bereich der
Zargen sind die Beine von hinten fast um die Hälfte
ihrer Stärke abgesetzt, was nur noch an einem anderen Paar von Konsoltischen in der Residenz Ansbach
vorkommt (Kat. 11).

WÜRDIGUNG

Der komplett vergoldete Konsoltisch hat im unteren
Bereich sehr schlanke, oben aber fast zu kräftige
Beine. Der Eindruck wird durch die auftragenden,
an Bronzebeschläge erinnernden Füße verstärkt sowie durch das Band mit der breiten Musterung auf
dem oberen Bogen der Beine, das ohne Absatz auf
den Zargen weiterläuft. Der Verlauf des Bandes, mit
unverständlicher Ausbuchtung nach unten, ist stö-
rend. Eine Stärke des Bildhauers waren das Blattwerk, Palmetten und die Blumen mit trocken ausge-
arbeiteter Struktur.

Aus technischer Sicht ist das Stück anders als die
um 1740 in Ansbach entstandenen Konsolen, an denen die Zargen stets weit heruntergezogen sind und
das Muschelwerk ausgebildet ist. Vorher sind in Ansbach als französische Bildhauer Carolus Charpentier
1717 einmal erwähnt und der Hofbildhauer Leclerc
bis 1731 in den Hoftagebüchern aufgeführt. Von
beiden kennen wir kein Stück, und Ähnlichkeiten
wären an den Schnitzereien der Paradewiege von

Johann Matusch, vor allem aber an der geschnitzten
Ausstattung des Bilderkabinetts zu erwarten. Der
Teil des Gabrielibaus mit dem Kabinett war von
1713 bis 1716 gebaut,[1] aber wohl erst unter Markgräfin Christiane-Charlotte zur Hochzeit ihres Sohnes Carl-Wilhelm-Friedrich an Ostern 1729 mit
Hochdruck ausgestattet worden.[2] Die Schnitzerei
der Wiege (Kat. 2) hat mit den Konsoltischen gar
nichts zu tun, aber auch ein Vergleich mit der Vertäfelung des Kabinetts,[3] die sich an französischen Vorbildern orientiert, bleibt unergiebig. Trotzdem soll
eine Entstehung der Tische in Ansbach nicht ganz
ausgeschlossen werden. Angesichts der Ankäufe des
Ansbacher Hofs in Paris 1728/29 und der guten,
trockenen Schnitzerei ist die Entstehung in Frankreich jedoch viel wahrscheinlicher. Vielleicht dienten gleiche Stichvorlagen den Herstellern zweier
französischer Stücke im Kunsthandel,[4] an denen ein
Band von den Beinen über die Zarge geführt wurde
und Formen der Kartusche mit Blumen am Steg wiederkehren.

1 Fiedler 1993, S. 176 f., 185
2 Maier 1988/89, S. 64
3 Kreisel 1939, Abb. 1
4 Christie's, Monaco, 4.12.1993,
 Lot 83 – Christie's, Monaco,
 19.6.1999, Lot 40

13

Paar Konsoltische

Frankreich (?), vor 1728/29

Konstruktionsholz: Eiche, geschnitzt, vergoldet, graviert und gepunzt
Platten: dunkelgrauer Marmor mit wenigen weißen Adern, um 1771
BaRes. M 69: 83 x 133,5 x 59 cm; Gestell: 80 x 123 x 53,5 cm
BaRes. M 70: 82 x 133 x 59,5 cm; Gestell: 79 x 121 x 54 cm

Ein Konsoltisch verloren, durch Kopie ersetzt; Vergoldung stark überarbeitet

Standort Residenz Bamberg, Kaiserappartement, Kaiserzimmer, R 12

Historische Inventarnummern Residenz Ansbach 1807: S. 49; 1813: S. 41; 1820: S. 57; 1830: S. 55; 1842: 357; 1865 : 357; 1884: A.II. 30.75, 81

Inv. BaRes. M 69, 70

Literatur Lessing 1892, Taf. 87 – Eichinger 1894, Tafel 6, 8 – A.F. Residenz Bamberg 1956, S. 38 – Kreisel 1956, S. 22f., Abb. 5 – Kreisel 1970, S. 199, Abb. 542 – Kreisel 1983, S. 201, Abb. 545 – Sangl 1990, Abb. 116 – A.F. Residenz Bamberg 1995, S. 47

PROVENIENZ

In der Publikation aus dem Jahre 1894 sind beide Konsolen als Mobiliar aus der Ansbacher Residenz abgebildet und standen nach einem Photo des Jahres 1892 an den Schmalseiten der Bildergalerie. Sie stammen aus einer Möbelgruppe, die das Inventar von 1807 bereits dort verzeichnet: »9. Consolen Tische unter den Spiegeln, dann Platten von roth, schwarz und weiss geflammten Marmor, die Gestelle von Bildhauer Arbeit und vergoldet«. Der Inventareintrag wurde bis 1884 unverändert weitergeführt und erhielt den Nachtrag, daß im Jahre 1900 zwei der Konsolen in die Residenz Bamberg abgegeben worden sind. Dort wurden Möbel 1933 neu aufgestellt,[1] und wahrscheinlich haben die Konsoltische erst zu diesem Zeitpunkt ihren heutigen Platz im Kaiserzimmer erhalten.

BESCHREIBUNG

Beide Konsoltische haben den gleichen, spiegelbildlich aufgebauten Dekor mit über Eck gestellten, geschweiften Beinen, die mit Voluten auf kleinen Postamenten stehen. An den Hinterkanten sind die Beine profiliert und im unteren Bereich sehr schlank. Nach oben sind sie auf der Rückseite mit durchbrochen geschnitztem Blattwerk besetzt und rollen sich auf einem Drittel der Höhe nach hinten zu Voluten ein. Darüber werden die Beine in Form von Kartuschen weitergeführt, die mit Blattwerk und C-Bögen besetzt als Stütze unter den Ecken der Zargen sitzen. Durch einen konkaven Einzug treten die Ecken jedoch kaum als solche hervor und gehen fast ohne Absatz in die Zargen über. Sie schwingen

von den Ecken zurück und bilden nach vorn einen deutlichen Bogen. Die seitlichen Zargen werden nach außen geführt, so daß die Konsolen nach hinten deutlich breiter werden. Die niedrigen Zargen sind an der Unterkante geschweift, im Bereich des Mittelmotivs durchbrochen geschnitzt und nur noch mit einem flachen Profil an der Oberkante als tragende Teile charakterisiert. Sie werden von Bandwerk strukturiert, dem Blattwerk und Blütengehänge vorgesetzt sind. Als Mittelmotiv dient eine von Blattwerk gefaßte Palmette. Über den Füßen stößt ein starker Steg an die Rückseite der Beine, der optisch von Schlangen mit aufgerissenen Mäulern an den Tischbeinen gehalten wird, indem sich die Schwänze um die Beine wickeln. Hinten faßt der Steg eine große, durchbrochene Kartusche mit Strahlen und Blattwerk, die sich zu einem tellerartigen Gebilde mit dem Kopf eines wilden Phantasietieres nach vorn schiebt.

Fassung: Die Polimentvergoldung wurde fast ganz mit einer Ölvergoldung überdeckt, und die feinen

Konsoltisch BaRes. M 69

Gravuren an Blattwerk und Blüten sind verloren. Nur auf den tiefliegenden Flächen des Stegs (BaRes. M 69) sind scharf graviertes Gitterwerk und punktartige Punzierungen sichtbar erhalten.

Platten: Der graue Marmor wird von wenigen schmalen, weißen Adern durchzogen. Die schön profilierten Platten sind aufwendiger geschweift als der Grundriß der Gestelle, passen aber in den Maßen und den konvexen Ausschweifungen über den Beinen gut, so daß sie bestimmt für die Gestelle gefertigt wurden. In Farbe, Profil und Schweifung entsprechen sie auch den Platten der sieben Konsoltische in der Galerie, die wohl für deren Neueinrichtung 1771 angefertigt wurden (Kat. 11, 12, 14, 15).

Konstruktion: Eines der Gestelle besteht aus Eiche (BaRes. M 69). Beine und vordere Zargen sind nur miteinander verdübelt, und die hintere Zarge ist ohne zusätzlichen Dübel in die Seiten gezinkt. Der Steg unter der Platte wurde in die Zargen gezapft. Der geschnitzte Steg ist nicht mit angeschnittenen, sondern mit eingesetzten Zapfen zwischen den Beinen befestigt und stützt sich auf die nach hinten konsolenartig ausgesägten Füße. An den Hirnflächen beider Beine sind die trapezförmig angeordneten Löcher der Bankhaken sichtbar, mit denen das Werkstück eingespannt war. An beiden Tischgestellen wurden die seitlichen Zargen auf der Oberkante erhöht, damit die Platten gerade liegen. Das andere Gestell besteht aus Linde, imitiert die Konstruktion des Gegenstücks nahezu perfekt und ist an den Spuren der Hobelmaschine auf den Rückseiten der Zargen als späte Kopie zu erkennen.

WÜRDIGUNG

Weil die Konsoltische in der Residenz Bamberg stehen, wurden sie dem Bamberger Bildhauer Franz Martin Mutschele zugeschrieben. In der großen Arbeit über die Bildhauerfamilie Mutschele von 1987 tauchen die Konsoltische aus stilkritischen Gründen nicht auf, und es wurde geklärt, daß die Mitglieder der Bildhauerfamilie Mutschele kaum für die Ausstattung der Residenz Bamberg und des Schlosses Seehof gearbeitet haben.[2] Andernorts wurde die alte Zuschreibung beibehalten.

In der Konstruktion sowie in der bildhauerischen Bearbeitung ist kaum ein Unterschied zwischen beiden Stücken erkennbar, und die nahezu flächendeckende Neufassung hat lange verhindert, daß das eine Gestell als Kopie erkannt werden konnte (BaRes. M 70). Das andere Holz, die Spuren der Hobelmaschine, vor allem aber das Tafelwerk von 1892, das den erhaltenen sowie den in Bamberg verlorenen, aber ähnlichen zweiten Konsoltisch abgebildet hat, stellen sicher, daß beide Stücke aus Ansbach stammen. Unterschiede gab es in den Schnitzereien am Steg. Auf dem historischen Photo wirken die Beine des verlorenen Konsoltisches weniger schlank, die Körper der Schlangen deutlich kräftiger, wie auch die Linien des übrigen Schnitzwerks weniger fein und durchgebildet erscheinen. Der Übergang von den Beinen zum Steg wurde ein wenig anders gelöst, und die Schlangen haben das Maul nicht

aufgerissen. Vor allem aber sitzt der Kopf eines nicht identifizierbaren, delphinähnlichen Ungeheuers in der Mitte des Strahlenkranzes, während der Strahlenkranz des erhaltenen Konsoltisches offen blieb und der Kopf des wolfsähnlichen Ungeheuers mit Haarzotteln und langen Zähnen tiefer sitzt und von unten nach oben blickt, als läge er auf dem vorgeschuhten Steg. Ob es sich um Darstellungen der Elemente Wasser und Erde gehalten hat, wird kaum noch zu klären sein. Soweit das historische Photo des verlorenen Stücks eine Beurteilung zulassen kann, scheint es sich um das weniger fein und weniger elegant ausgeführte Exemplar des Paares gehandelt zu haben, ein Unterschied, der auch an anderen Konsoltischpaaren in Ansbach zu beobachten ist und dort sicher als zeitgenössische Kopie eines in Frankreich erworbenen Vorbilds angesehen werden kann. An dem erhaltenen Konsolengestell fällt die eigentümlich scharfe Gravur des Gitterwerks im Steg auf, die an anderen Ansbacher Möbeln nicht beobachtet und als Indiz gewertet werden kann, daß der Konsoltisch in Frankreich entstand.

Ansicht der Galerie in der Residenz Ansbach mit verlorenem Konsoltisch, aus: Lessing 1892

Historische Aufnahme des verlorenen Konsoltischs aus: Eichinger 1894

Aus technischer Sicht ist das Stück anders als die um 1740 in Ansbach entstandenen Konsolen, an denen die Zargen stets weit heruntergezogen sind und das Muschelwerk ausgebildet ist. Vorher sind in Ansbach der französische Bildhauer Carolus Charpentier von 1717 bis 1736 erwähnt und der Hofbildhauer Leclerc bis 1731 in den Hoftagebüchern aufgeführt. Von beiden kennen wir kein Stück, und Ähnlichkeiten wären an den Schnitzereien der Paradewiege von Matusch (Kat. 2), vor allem aber an der Lambris des Bilderkabinetts[3] zu erwarten, das nach 1716, aber wohl erst unter Markgräfin Christiane-Charlotte zur Hochzeit ihres Sohnes Carl-Wilhelm-Friedrich an Ostern 1729 mit Hochdruck ausgestattet wurde.[4] Beide Arbeiten haben mit dem geschnitzten Konsoltisch nichts zu tun. Trotzdem soll eine Entstehung der Tische in Ansbach nicht ganz ausgeschlossen werden. In der Grundstruktur ähnelt das Konsolenpaar einem weiteren Tisch der Residenz Ansbach (Kat. 12), und angesichts der Ankäufe des Ansbacher Hofs in Paris 1728/29 ist die Entstehung in Frankreich wahrscheinlicher.

1 Esterer 1934, S. 2, 12
2 Trost 1987, S. 103 f., 112
3 Kreisel 1939, Abb. 1
4 Maier 1988/89, S. 64

14

Paar Konsoltische

Frankreich und Ansbach, um 1728/30

Konstruktionsholz: Eiche, geschnitzt und vergoldet
Platten: grauer Marmor
Beschläge: zwei Eisenbänder zwischen den Zargen
81 x 156 x 63,5 cm; Gestelle: 79 x 156 x 55,5 cm

Standort Residenz Ansbach, Galerie, R 26

Historische Inventarnummern Residenz Ansbach 1807:
S. 49; 1813: S. 41; 1820: S. 57; 1830: S. 55; 1842*: 357;
1865*: 357; 1884: A.II. 30.73-81; 1901: A.I. 30.73-81;
1903*: A.I. 30.8; 1929*: F.V.III. Lit. B V Nr. 35, 37 Bl. 62
Zi. 30; 1939*: F.V.III. R 26 Bl. 250 M 322-323

Inv. AnsRes. M 85/3, 85/5

Literatur Eichinger 1894, Taf. 18 – A.F. Residenz Ansbach
1939, S. 76 – Kreisel 1970, S. 184 f., Abb. 486 – Kreisel
1983, S. 185 f., Abb. 489 – A.F. Residenz Ansbach 1993,
S. 101

PROVENIENZ

Das Paar stammt aus einer Gruppe verschiedener
Konsoltische (Kat. 11-13, 15), die das Inventar von
1807 in der Bildergalerie verzeichnet: »9. Consolen
Tische unter den Spiegeln, dann Platten von roth,
schwarz und weiss geflammten Marmor, die Gestelle
von Bildhauer Arbeit und vergoldet«. Seitdem wurde
der Standort nicht verändert.

Beide Konsoltische sind im Dekor gleich und spiegelbildlich aufgebaut. Trotz der breiten und deshalb
vierbeinigen Gestelle mit Kreuzsteg sind es keine
selbststehenden Konsolen. Während die vorderen
Beine über Eck gestellt sind, stehen die hinteren parallel zur Wand. Die S-förmig geschweiften Beine haben hochgestelzte, kannelierte Füße mit einer Rosette. Aus den unteren Voluten entwickelt sich ein
kantiger, geschweifter Kreuzsteg, der unten eine
Muschel und oben eine große, durchbrochene Palmette trägt, die mit einem Holm bis an die hintere
Zarge hinaufreicht. Oben stehen die Voluten der
Beine als Stütze unter den Zargen und sind deutlich
von ihnen abgesetzt. Beine und Zargen sind aber mit
Blattwerk optisch verbunden. Auch die Zargen sind
mit kräftigen Profilen an Ober- und Unterkante als
eigenständige, tragende Teile charakterisiert und
bilden über den Beinen abgesetzte Rundungen an
den vorderen Ecken. Von dort schwingen die Zargen
leicht zurück und bilden nach vorn einen Bogen, der
in der Mitte über ein kurzes Stück eingezogen ist.
Die seitlichen Zargen werden mit einem leichten
Bogen weit nach außen geführt, so daß die Konsolen
nach hinten sehr viel breiter werden und mit einem
geraden Stück über den hinteren Beinen an der
Wand enden. Das durchbrochene Mittelmotiv der
vorderen Zarge aus Blattwerk, C-Bögen und einer
Muschel am unteren Ende wird von Drachenköpfen
mit aufgerissenen Rachen begleitet und von luftigem
Blattwerk umschlossen. Den Schwerpunkt des Dekors bildet üppiges Blattwerk mit Blütenranken.

*Detail aus dem Steg von Konsoltisch
AnsRes. M 85/5*

*Links: Eckmotiv des Konsoltischs
AnsRes. M 85/5 (Original)*

*Rechts: Eckmotiv des Konsoltischs
AnsRes. M 85/3 (Kopie)*

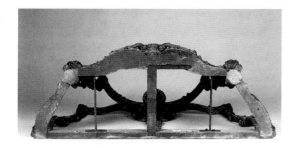

Fassung: Das gesamte Blattwerk wurde mit einer Gravur differenziert. An den Zargen erhielt der Fond ein graviertes Gitterwerk aus Rhomben mit Schraffuren und über den Beinen eine einfache Kreuzgravur sowie eine matte Vergoldung.

Platten: Der graue Marmor wird von wenigen schmalen, weißen und schwarzen Adern durchzogen. Die Einzüge und Ausbuchtungen der profilierten Platten sitzen wenig genau über ihren Gegenstücken und reichen vorne weit über die Gestelle hinaus, so daß die Platten nicht gut zu den Gestellen passen. Platten aus gleichem Material und mit gleicher Profilierung liegen auf sieben weiteren Konsoltischen aus dem gleichen Raum und wurden wohl für die Einrichtung der Galerie 1771 neu angefertigt.

Konstruktion: Alle Zargen sind in die Beine gezapft und die Verbindungen gedübelt. Nur der in Schnitzerei und Fassung feinere Konsoltisch AnsRes. M 85/5 hat eine zwischen die Zargen gezapfte Strebe unter der Platte. Das Gegenstück AnsRes. M 85/3 wurde auch auf der Rückseite gehobelt und die Ecken sauber abgefast.

WÜRDIGUNG

Die großen, komplett vergoldeten Konsolen fallen vor allem durch die Masse des feinen und vielfach durchbrochenen Blattwerks auf, in dem die Blüten oder die Drachen an der Zarge beinahe untergehen. Die Beine werden so stark von Blattwerk umspielt, daß ihre tragende Funktion zurückgedrängt ist. Dagegen blieb die Substanz der kantigen Stegarme recht deutlich erhalten.

Zwischen beiden Konsoltischen gibt es deutliche Unterschiede in der Schnitzerei, in der Fassung und in der Verarbeitung der Rückseiten, die bisher nicht aufgefallen waren. Am Konsoltisch AnsRes. M 85/5 sind die Arbeiten des Vergolders und Bildhauers viel klarer, differenzierter und schlanker ausgeführt, wenn man die Blätter am Steg, die Blattnasen unter

Konsoltisch AnsRes. M 85/3 *(Kopie)*

Links: Detail aus der seitlichen Zarge von Konsoltisch AnsRes. M 85/5 *(Original)*

Rechts: Detail aus der seitlichen Zarge von Konsoltisch AnsRes. M 85/3 *(Kopie)*

den Knien oder die Blattäste an den Füßen vergleicht. Auch sind die Beine um einen guten Zentimeter schlanker. Dafür wurden die Rückseiten der Zargen nur grob bearbeitet. Am Gegenstück AnsRes. M 85/3 wurde auf den Steg unter der Platte verzichtet, die Stemmzapfen in den Beinen sind sichtbar und die Rückseiten ganz anders und unnötig sauber ausgeführt. Gleiche Beobachtungen sind an zwei anderen Konsoltischen in der Residenz Ansbach zu machen (Kat. 15), so daß das schwächere Stück der Paare als Kopie des anderen anzusehen ist. Zudem gibt es zwischen beiden Paaren große Ähnlichkeiten in der Gestaltung, wenn man die vorderen Zargen mit den Drachen, die Stegarme oder die unteren Voluten der Beine nebeneinander sieht. Aber auch beide Kopien erscheinen in der fleischigen Handschrift ähnlich, so daß einerseits die Vorbilder und andererseits die Kopien jeweils in der gleichen Werkstatt entstanden sind.

Eine Erklärung bieten die Möbelankäufe des Ansbacher Hofs 1728/30 in Paris. Neben den Ankäufen des markgräflichen Prinzen und seiner Begleiter, unter denen sich einzelne Konsoltische und Paare befunden haben, hatte Baudirektor von Zocha ausdrücklich Möbel als Modellstücke für die örtlichen Handwerker bestellt (vgl. S. 14). Dazu kommt das französische Formenrepertoire in perfekter Umsetzung. Ähnlich zerlegte, eher als Blattwerk erscheinende Beine oder die stegartigen Elemente an den Zargen sieht man an einem Tisch in Versailles, den der Bildhauer Françoise Roumier (1701-1748) für Ludwig XV. 1731 hergestellt hat.[1] Auf einem 1750 postum veröffentlichten Kupferstich Roumiers kehren die Zargen mit den geschnitzten, stegartigen Elementen noch ähnlicher wieder.[2] Die Konsoltische sind nicht mit den späteren, nach französischen Vorbildern um 1740 in Ansbach hergestellten Konsolen vergleichbar.

1 Verlet 1990, Bd. 1, Kat. 19
2 Pons 1983, Taf. 512

Konsoltisch AnsRes. M 85/5 (Original)

15

3 Konsoltische

Frankreich und Ansbach, um 1728/30

Konstruktionsholz: Eiche, geschnitzt, gefaßt und vergoldet
Platten: beiger Marmor mit roten Einläufen, zwei Platten
grauer Marmor
Beschläge: zwei Eisenbänder zwischen den Zargen
AnsRes. M 81: 82 x 149 x 59,5 cm
Gestell: 78 x 148 x 55,5 cm
AnsRes. M 85/2: 81 x 154,5 x 62,5 cm
Gestell: 78 x 148 x 62,5 cm
AnsRes. M 85/6: 82 x 151 x 62,5 cm
Gestell: 80 x 150 x 56,5 cm

Konsoltisch AnsRes. M 81 weiß-gold überfaßt und Teile
des Schnitzwerks vor 1894 verloren; an Konsoltisch
AnsRes. M 85/2 Schnitzerei an der vorderen Zarge vor
langer Zeit erneuert

Standort Residenz Ansbach, Audienzzimmer des Gästeappartements, R 21; Galerie, R 26

Historische Inventarnummern Residenz Ansbach 1807:
S. 49, 59; 1813: S. 41, 50; 1820: S. 57, 74; 1830: S. 55, 71;
1842*: 357, 410; 1865*: 357, 410; 1884: *A.II. 35.19; A.II.
30.73-81; 1901: A.I. 35.17; A.I. 30.73-81; 1903*: A.I. 35.9;
A.I. 30.8; 1929*: F.V.III. Lit. B V Nr. 45 Bl. 63 Zi. 35; F.V.III.
Lit. B V Nr. 34, 38 Bl. 62 Zi. 30; 1939*: F.V.III. R 21 Bl. 216
M 250; F.V.III. R 26 Bl. 250 M 322-323

Inv. AnsRes. M 81, 85/2, 85/6

Literatur Eichinger 1894, Taf. 16, 20 – Kreisel 1939,
S. 70 – A.F. Residenz Ansbach 1939, S. 68, 76 – A.F. Residenz Ansbach 1993, S. 92, 102

PROVENIENZ

An seinem heutigen Standort im Audienzzimmer
des Gästeappartements ist der Konsoltisch AnsRes.
M 81 seit 1842 gesichert und kann wohl auch bis zum
Inventar von 1807 zurückverfolgt werden. Er unterscheidet sich nur wenig von den beiden anderen
Stücken AnsRes. M 85/2 und M 85/6, einer Gruppe
unterschiedlicher Konsoltische, die das Inventar von
1807 in der Bildergalerie verzeichnet: »9. Consolen
Tische unter den Spiegeln, dann Platten von roth,
schwarz und weiss geflammten Marmor, die Gestelle
von Bildhauer Arbeit und vergoldet« (Kat. 11-14).
Der Eintrag wurde bis 1884 unverändert weitergeführt und erhielt den Nachtrag, daß im Jahre 1900
zwei der Konsolen in die Residenz Bamberg abgegeben worden sind (Kat. 13).

BESCHREIBUNG

Die Konsoltische unterscheiden sich in den Maßen
um einige Zentimeter sowie in Einzelheiten des
spiegelbildlich aufgebauten Dekors. Trotz der breiten und deshalb vierbeinigen Gestelle mit Kreuzsteg
sind es keine selbststehenden Konsolen. Während
die vorderen Beine über Eck gestellt sind, stehen
die hinteren parallel zur Wand. Sie bestehen aus

*Mittelmotiv der Zarge von Konsoltisch
AnsRes. M 85/2 (Original)*

*Mittelmotiv der Zarge von Konsoltisch
AnsRes. M 85/6 (Kopie)*

*Ecklösung an Konsoltisch
AnsRes. M 85/2 (Original)*

*Ecklösung an Konsoltisch
AnsRes. M 85/6 (Kopie)*

zwei gegenläufig übereinandergesetzten C-Bögen,
die auf hochgestelzten, schneckenhausförmig gedrehten Füßen mit einer Rosette stehen. Aus den unteren Voluten der Beine entwickelt sich der kantige,
mehrfach geschweifte Kreuzsteg, der unten eine
Muschel und oben eine große, durchbrochene Palmette trägt, die mit einem Holm bis an die hintere
Zarge reicht. Oben stehen die Beine mit ausrollen-
dem Blattwerk als Stütze unter den Zargen und sind
deutlich von ihnen abgesetzt. Auch die Zargen sind
mit kräftigen Profilen an Ober- und Unterkante
als eigenständige, tragende Teile charakterisiert und
bilden über den Beinen eine Rundung an den vorderen Ecken. Von dort schwingen sie leicht zurück und
bilden nach vorn einen Bogen, der in der Mitte über
ein kurzes Stück eingezogen ist. Die seitlichen Zargen werden mit einem leichten Bogen weit nach
außen geführt, so daß die Konsolen nach hinten sehr

viel breiter werden und nach einem weiteren Bogen mit einem geraden Stück über den hinteren Beinen an der Wand enden. Das durchbrochene Mittelmotiv der vorderen Zarge aus Blattwerk, C-Bögen und einer Muschel am unteren Ende wird von Drachenköpfen mit aufgerissenen Rachen begleitet und von luftigem Blattwerk umschlossen. Den Schwerpunkt des Dekors bilden Blattwerk und Blütenranken.

Trotz der dicken Überfassung ist sichtbar, daß der Konsoltisch AnsRes. M 81 feiner und schlanker geschnitzt ist als der Konsoltisch AnsRes. M 85/2. Mit kannelierten Füßen und den Blumen auf der Zarge ist er auch im Dekor ein wenig anders gestaltet.

Fassung: An den Zargen erhielt der Fond ein graviertes Gitterwerk und über den Beinen eine matt erscheinende Kreuzgravur. Außerdem ist das Gitterwerk am Konsoltisch AnsRes. M 85/2 zusätzlich mit stecknadelkopfgroßen Höhungen in Pastigliatechnik versehen, die mit der brillanten Vergoldung auch heute noch eine funkelnde Oberfläche bilden. AnsRes. M 81 trägt eine neu erscheinende Überfassung in weißer Lackfarbe mit Ölvergoldung, unter der das Gestell komplett vergoldet ist. Wenn der Inventareintrag von 1807 mit diesem Konsoltisch identifiziert werden kann, war er schon zu diesem Zeitpunkt »weiß lakiert und vergoldet«.

Platten: Auf den Konsoltischen AnsRes. M 85/2 und AnsRes. M 85/6 wird der graue Marmor von wenigen schmalen, weißen und schwarzen Adern durchzogen. Die profilierten Platten sind geschweift. Einige

Einzüge und Ausbuchtungen sitzen aber wenig genau über ihren Gegenstücken, so daß die Platten nicht ideal auf die Gestelle passen. Platten aus gleichem Material und mit gleicher Profilierung liegen auf acht weiteren Konsoltischen aus dem gleichen Raum (Kat. 11-14) und wurden wohl für die Einrichtung der Galerie 1771 neu angefertigt. Auf dem Konsoltisch AnsRes. M 81 liegt eine in Maßen und Schweifungen gut passende beige Marmorplatte mit breiten, dunkelroten Einläufen.

Konstruktion: Alle Zargen sind in die Beine gezapft und die Verbindungen gedübelt. Die eingezinkte Strebe zwischen den Zargen ist bei AnsRes. M 85/2 und AnsRes. M 85/6 verloren. Von der Rückseite besehen, ist der weniger fein geschnitzte Konsoltisch AnsRes. M 85/6 deutlich anders und sauberer bearbeitet als die beiden, nur auf der Rückseite gröberen Gegenstücke.

WÜRDIGUNG

Die drei großen Konsolen waren alle komplett vergoldet und sind ungewöhnlich reich geschnitzt, mit feinem, durchbrochenem Blattwerk, Palmetten, Blüten und mit Drachen an der Zarge. Mit zwei gegenläufigen C-Bögen sind die Beine klar strukturiert. Wegen seiner Überfassung kann der eine in Blüten und an den Füßen anders gestaltete Konsoltisch schwerer beurteilt werden (AnsRes. M 81).

Zwischen den beiden anderen Tischen gibt es deutliche Unterschiede in der Schnitzerei, in der

Detail aus dem Steg von Konsoltisch AnsRes. M 85/2

Konsoltisch AnsRes. M 85/6

Fassung und in der Verarbeitung der Rückseiten, die bisher nicht aufgefallen waren. Am Konsoltisch AnsRes. M 85/2 sind die Schnitzereien viel klarer, differenzierter und schlanker, wenn man einen Ausschnitt an den Zargen, die Kartusche auf dem Steg oder die Blattäste an den Füßen vergleicht. Auch sind die Beine um einen guten Zentimeter schlanker; die Unterkante der Zargen verläuft eleganter. Besonders deutlich ist der Unterschied in der Vergoldung in Pastigliatechnik mit den stark reflektierenden Höhungen, die es nur auf der einen Konsole gibt. Im Gegensatz dazu wurden die Rückseiten der Zargen nur grob bearbeitet. Am Gegenstück AnsRes. M 85/6 wurden die Rückseiten ganz anders und unnötig sauber ausgeführt. Gleiche Beobachtungen sind an zwei anderen Konsoltischen in der Residenz Ansbach zu machen (Kat. 14), so daß das schwächere Stück der Paare als Kopie des anderen anzusehen ist. Zudem gibt es zwischen beiden Paaren große Ähnlichkeiten in der Gestaltung, wenn man die vorderen Zargen mit den Drachen, die Stegarme oder die unteren Voluten der Beine nebeneinander sieht. Aber auch beide Kopien erscheinen in der fleischigen Handschrift ähnlich, so daß einerseits die Vorbilder und andererseits die Kopien wohl jeweils in der gleichen Werkstatt entstanden sind.

Eine Erklärung bieten die Möbelankäufe des Ansbacher Hofs 1728/30 in Paris. Neben den An-

Gestell von Konsoltisch AnsRes. M 85/2 (Original)

Gestell von Konsoltisch AnsRes. M 85/6 (Kopie)

käufen des markgräflichen Prinzen und seiner Begleiter, unter denen sich einzelne Konsoltische und Paare befunden haben, hatte Baudirektor von Zocha ausdrücklich Möbel als Modellstücke für die örtlichen Handwerker bestellt (vgl. S. 14). Dazu kommt das französische Formenrepertoire in perfekter Umsetzung, und im Vergleich mit den ähnlichen Stücken (Kat. 14) können die drei Konsoltische eigentlich nur in Frankreich und Ansbach um 1728/30 entstanden sein. Sie sind nicht mit den späteren, nach französischen Vorbildern um 1740 in Ansbach hergestellten Konsolen vergleichbar.

Ecklösung von Konsoltisch AnsRes. M 81

Konsoltisch AnsRes. M 81

16

Brettspielkasten
(Mühle, Dame, Schach, Tric-Trac)

Ansbach, um 1730

Auf den Beschlägen gepunzt, Beschauzeichen Ansbach, Meistermarke »SH«
Konstruktionsholz: Eiche
Marketerie: Nußbaum, Amarant, Ahorn
Beschläge: Silber, Eisen, teilweise gebläut
Geschlossen: 13,5 x 43 x 43 cm; ausgeklappt mit Leuchtern: 11,5 x 96,5 x 43 cm

Reparatur in den 1950er Jahren; Überzug mit Zelluloselack

Standort Residenz Ansbach, Monatszimmer, R 23

Historische Inventarnummern Residenz Ansbach 1807: S. 257; 1813: S. 96; 1820: S. 106; 1830: S. 92; 1842*: 868; 1865*: 868; 1884: A.I. Silberkammer. 1547; 1901: A. Parterre. Silberkammer. 1547; 1903*: A. Parterre. Silberkammer. 1547; 1929*: F.V.III. Lit. O IV Nr. 3 Bl. 188 Parterre Zi. 38/39; 1939*: F.V.III. Depot Bl. 275 A 304

Inv. AnsRes. V 20

Geöffneter Brettspielkasten mit eingestecktem Tablett und ausgeklappten Leuchtern

PROVENIENZ

Laut Inventar von 1807 ist das Stück als: »1. eingelegtes Brettspiel von Nußbaumholz mit Silber beschlagen, und 2. silbernen Leuchtern, dann einem dergleichen länglichen Tellerlein, mit Steinen von schwarzen und weissen Ahornholz« mit Standort im Gardemeuble eingetragen. Das gilt auch für die Inventare bis 1830. Nach den Inventaren von 1842 bis 1929 wurde es in der Silberkammer im Erdgeschoß und 1939 im Depot verwahrt. Erst laut Inventar von 1966 ist es ausgestellt.

BESCHREIBUNG

Korpus: Der aufklappbare Spielkasten ist auf der einen Seite mit dem Spielfeld für Mühle, auf der anderen Seite mit dem Spielfeld für Dame und Schach sowie im Inneren für das Tric-Trac-Spiel marketiert. Die beiden gleichgroßen Teile des Kastens sind mit aufgesetzten Scharnieren aus Silber verbunden und werden von einem Schnappschloß mit Überfangbügel aus Silber geschlossen, das eingelassen und mit gebläuten Schrauben befestigt ist. Wenn der Kasten für das Tric-Trac-Spiel geöffnet ist, kann an jeder Schmalseite ein silberner Kerzenleuchter ausgeklappt und ein lose beiliegendes, silbernes Tablett für Spielsteine in den Schlitz zwischen den Kastenhälften gesteckt werden. Das Tablett und einer der Leuchter sind gepunzt. An den langen Seiten des Tric-Trac-Plans befinden sich sechs Bohrungen zum Einstecken von Stiften, mit denen der Spielstand markiert werden kann. Stifte und Spielsteine sind nicht erhalten.

WÜRDIGUNG

Der schlichte Spielkasten ohne datierbare, ornamentale Marketerie ist zeitlich schwer einzuordnen, aber die Marken der silbernen Beschläge können helfen. Neben dem Ansbacher Beschauzeichen hat Rosenberg das Meisterzeichen »SH« für das 18. Jahrhundert nachgewiesen.[1] Mittlerweile kann dem Zeichen der Name des Goldschmieds Samuel Hofmann aus Landshut in Schlesien zugewiesen werden, der im Jahre 1711 das Ansbacher Bürgerrecht erhalten hat und dessen Frau 1735 als Witwe in den Akten erscheint. Es wurden auch Arbeiten des Goldschmieds gefunden, die aufwendiger als die Beschläge des Spielkastens gearbeitet sind. Darunter befindet sich ein Deckelbecher, den der junge Markgraf Carl-Wilhelm-Friedrich 1732 als Preis für ein Wettschießen ausgesetzt hatte.[2] Damit ist gesichert, daß der Meister für den Hof und auch die Beschläge des Spielbretts gearbeitet hat.

Detail des silbernen Tabletts auf der Meistermarke ›SH‹ und dem Beschauzeichen der Stadt Ansbach

1 Rosenberg 1922, Nr. 106, Beschauzeichen Nr. 97
2 Lang 1970, S. 56 – Voll 1991 – Thormann 1997, Kat. 67

17

Aufsatzkommode

Martin Schuhmacher (archivalisch faßbar
ab 1720 – Ansbach 1781)
Uhrwerk ›Hofuhrmacher Baudenbach‹

Ansbach, 1736

Bezeichnung auf Klebezettel im Inneren »Hof. Ebenist
Martin Schuhmacher Fecit in Ansbach 1736« und in
Bleistift über dem Uhrwerk »Repariert 1907 Hox«
Konstruktionsholz: Eiche
Marketerie: in Boulletechnik, rot unterlegtes Schildpatt,
graviertes Messing, Palisander
Beschläge: Bronze, ziseliert und vergoldet, Messing, Eisen
Braun-rötliche Marmorplatte mit weißen Adern
Apfelgrüne Seidenbespannung im Mittelteil
236,9 x 151,5 x 68 cm; Kommode ohne
Platte: 77 x 149 x 68 cm; Platte: 3,2 x 151,5 x 63 cm;
Aufsatz: 156,7 x 149 x 36 cm

Beschlag unter der Uhr verloren; Spiegel erneuert;
Reparatur 1907 und vor 1972

Standort Residenz Ansbach, Audienzzimmer, Gästeappartement, R 21

Historische Inventarnummern Residenz Ansbach 1807:
S. 18; 1813: S. 10; 1820: S. 13; 1830: S. 13; 1842: 80; 1865:
80; Residenz München 1866*: a.G.1907; 1874*: A.V.7.18;
Schloß Nymphenburg 1929*: F.V.III Bd. 1 Bl. 20 M 30

Inv. AnsRes. M 109

Literatur Kreisel 1970, S. 185 f., Abb. 493 f. – Fränkische
Landeszeitung vom 4.7.1972 – Feulner 1980, S. 376 –
Kreisel 1983, S. 187 ff., Abb. 495, 497 – A.K. Möbel aus
Franken 1991, S. 52 f. – A.F. Residenz Ansbach 1993, S. 66

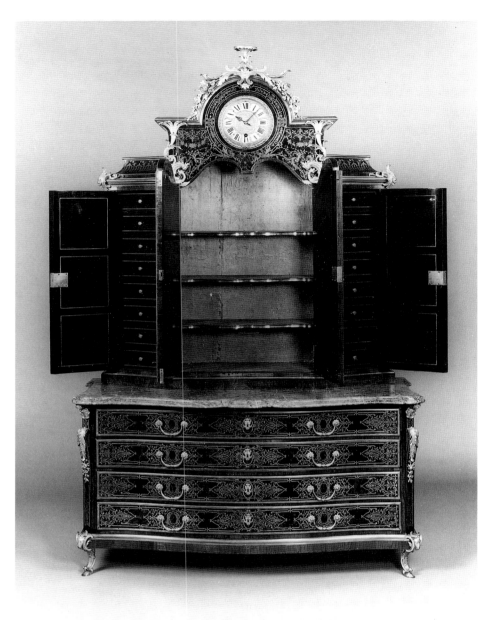

PROVENIENZ

Laut Inventar des Jahres 1807 ist das Stück im Braunen Wohnzimmer der Markgräfin (R 11) verzeichnet: »1. Commod mit Schildkrot und Messing eingelegt wovon 4. Schubladen mit 8. meßingen Handhaben, und 4. Schilden als Adler, mit einer braun,
roth und weissen Marmorplatte, der obere Theil mit
4. zu versperren Thüren mit Spiegeln, ganz oben
aber mit einer Uhr, so mit einem weiss emaillirten
Zieferblatt und blauen Zahlen versehen, worauf
5. Vasen von weissen Porcellain. 2. kleine Blumenstöcke, und 1. Vogelnest von Porcellain.« Mit der
gleichen Beschreibung ist das Prunkmöbel am gleichen Ort bis in die Inventare von 1842 und 1865 erfaßt, hat aber zuletzt den Vermerk: »August 1865
nach München«. Auch die oben aufstehenden Porzellane gingen mit. Dort stand es wohl nur vorübergehend im Alten Gardemeuble der Residenz und
wurde im Wohnzimmer der unter König Ludwig II.

*Abb. S. 93: Marketerie der rechten
Seitenwand des Aufsatzes*

ab 1864 neu ausgestatteten Trierzimmer[1] aufgestellt. Im Inventar des Jahres 1874 steht der Nachtrag: »1923 nach Schloß Nymphenburg«, wo das Boulle-möbel als ›Schatzschrank‹ im Schlafzimmer des Kurfürsten ausgestellt war. Nachdem die Herkunft bekannt geworden war, kam das Möbel 1972 in die Residenz Ansbach zurück.

BESCHREIBUNG

Korpus: Das Möbel besteht aus einer vierschübigen Kommode mit Marmorplatte und einem Aufsatz mit vier Spiegeltüren, in dessen Auszug eine Uhr integriert ist. Hinter den Seitentüren befinden sich je acht übereinanderliegende Schubladen und im Mittelteil drei Einlegeböden. Das Innere des Mittelteils ist vollkommen – auch unter der Decke und auf den Einlegeböden – mit apfelgrüner Seide in Atlasbindung ausgeschlagen, die nach vorn mit einer goldenen Borte aus Seide mit Metallahn abgeschlossen wird. Auf dieser Seite klebt direkt unterhalb des unteren Einlegebodens der Papierzettel mit der Bezeichnung in Tinte »Hof. Ebenist Martin Schuhmacher Fecit in Ansbach 1736«. Die Decke des Mittelfachs sitzt kurz über der geschweiften Türöffnung und hat unter der Uhr ein rechteckiges Loch für das verlorene Pendel, das man bei geöffneten Türen, je nach Länge, in Bewegung gesehen haben könnte. Der Vermerk »Repariert 1907 Hox« steht an schwer zugänglicher Stelle in Bleistift auf dem Gehäuse über dem Uhrwerk und ist nur von unten, durch das Loch für das Pendel hindurch zu lesen. Die Reparatur muß in München durchgeführt worden sein.

Die Kommode geht von den geraden Seiten mit lisenenartig vorgelegten und diagonal zum Korpus gestellten Ecken in die Front über. Weil die Kommode ungewöhnlich breit und die Schubladen relativ flach gehalten sind, wirkt die nach geradem Ansatz leicht vorschwingende Front elegant. Den unteren Abschluß bildet ein umlaufender Sockel. Vorne wird das Möbel von Füßen aus vergoldeter Bronze und hinten von Brettfüßen getragen.

Die Marmorplatte ist mit zwei Löchern in der Unterseite und eisernen Bolzen im oberen Boden gegen Verrutschen gesichert. An der Unterseite sind sorgfältig nebeneinandergesetzte Meißelspuren zu sehen, die von der Kante nach innen nur soweit poliert wurden, wie die Platte vorn und seitlich über den Korpus hinaussteht. Sie ist an den Kanten profiliert und auch an den Seiten geschweift, während das Möbel an den Seiten nicht geschweift ist. Außerdem hat die Vorderkante der Platte, im Gegensatz zur Kommodenfront, mehrere kräftige Schwünge. Trotzdem paßt die Platte in den Maßen, und die viertelkreisförmig ausgezogenen Ecken liegen genau auf den vorkragenden Möbelecken. Dazu stimmt die Farbe der Platte mit der Beschreibung im Inventar von 1807 überein und muß als originaler Bestand angesehen werden.

Der Kommodenaufsatz hat einen Mittelteil mit gerader Front und zwei Spiegeltüren, die an den Oberkanten kräftig geschweift und mit einer Schlag-leiste deutlich voneinander getrennt sind. Die Seitenteile haben rechteckige Spiegeltüren und sind mit Zwischenwänden in Breite der Schlagleiste vom Mittelteil ab- und zurückgesetzt. Von dort fluchten die Seiten schräg nach hinten, so daß nur schmale Außenwände verbleiben. Trotz der Spiegel sind die Türen der Seitenteile leicht geschweift, und die kleinen Schubladen hinter den Spiegeltüren sind ebenso geschweift. Dazu kommt ein langgezogener Schwung im Sockel und im Profil des Aufsatzes, mit dem versucht wurde, die harte Front weicher zu gestalten. Weil der Schwung aber sehr flach gehalten ist, fällt er kaum auf. Wie die Kommode hat auch der Aufsatz einen dreiseitig umlaufenden Sockel. Im Auszug geht der Aufsatz von außen mit zwei Stufen in den zentralen Rundbogen über, der die runde Uhr aufnimmt. Die unteren Stufen sind über den Seitenteilen angeordnet und schwingen von den Vorder- und Außenkanten mit einer Kehle weit zurück, enden aber mit einem vorstehenden Profil. Die zweite Etage liegt mit den Spiegeltüren in einer Front und kragt seitlich mit einer Kehle über die Grenze des Mittelteils hinaus, um Stellfläche zu schaffen. Hinter dem aufragenden Bronzebeschlag steht auf dem Rundbogen ein Sockel als Stellfläche und dritte Etage in der Mittelachse des Möbels zur Verfügung.

Marketerie: Neben den dominierenden Spiegeln ist das Möbel auf nahezu allen Flächen in Boulletechnik marketiert, auch in der Kehle des Aufsatzes und auf den Ecklisenen der Kommode sowie auf den schmalen Seiten der Lisenen. Rot unterlegtes Schildpatt bildet den Fond und graviertes Messing das Ornament. Alle Marketerieflächen sind mit einem Streifen Palisander sowie einem schmaleren Begleitstreifen in Messing gefaßt. Die Sockel und Traversen sind mit Palisander furniert, die geschweiften Brettfüße haben einen Messingfaden in Palisander. Die erste Etage des Auszugs ist zu beiden Seiten auf der Oberseite mit Palisander furniert, obwohl man die Flächen nicht einsehen kann. Die zweite Etage blieb unfurniert, während die Rundung über der Uhr von der Seite her eingesehen werden kann und deshalb furniert wurde. Die Türen des Aufsatzes sind rundum an allen Kanten mit Palisander furniert und auf den Innenseiten mit Messingfäden dreifach übereinander gefeldert. Die Felder selbst haben das diagonalgestellte Muster eines Kreuzfurniers. Hinter den seitlichen Türen sind die Vorderkanten der Traversen furniert und die Schubladen ebenfalls mit einem Messingfaden gefeldert. Sogar die Vorderkanten der Böden im Mittelteil haben einen Umleimer in Palisander mit einem Messingstreifen in der Mitte.

Die Marketerie auf den Schubladen besteht jeweils aus dem gleichen, durchlaufenden System aus Bandel- und Blattwerk, das sich über die ganze Breite erstreckt. Es bildet Schwerpunkte an den Seiten, um die Schlüsselschilde und um die Griffe herum mit freien Schildpattflächen dazwischen. Die Position der Griffe und Schlüsselschilde ist so abgestimmt, daß es kaum zu Überschneidungen kommt. Sie scheinen allerdings auch nicht exakt in die Freistellen zu passen. Auf den Seiten der Kommode ist die Marketerie rechteckig wie ein Rahmen mit Pal-

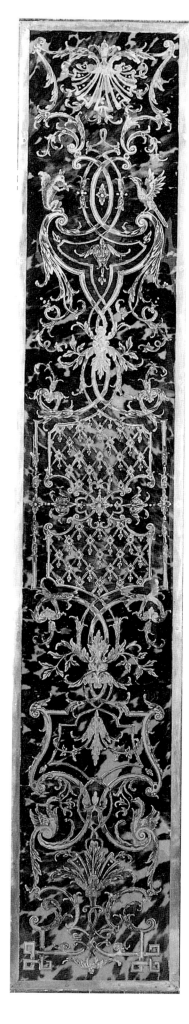

metten in den Ecken organisiert, der mit einem rhombusförmigen Feld in der Mitte verbunden ist. Während das Bandelwerk des Rahmens streng gerade und parallel geführt ist, setzt sich der Rhombus aus parallel gesetzten, flachen Bögen zusammen, die sich an den Berührungspunkten mit dem Rahmen gitterartig verflechten.

Die Kehle im Auszug ist mit Bandelwerk in eigenartig gestelzten U-Bögen marketiert, und für die Partie über den Türen des Mittelteils ist die Marketerie mit einem streng geführten Bandelwerkkreis auf die Rundung der Uhr ausgerichtet. Daneben bilden Blumen an Bändern Girlanden, die an anderen Stellen des Möbels nicht vorkommen.

Die schmalen Marketeriefelder an den Seiten des Aufsatzes sind vergleichsweise eng gemustert. In die unteren Ecken des Feldes ist eckig verkröpftes Bandelwerk eingeschrieben, über dem eine Palmette zu zwei größeren C-Bögen mit Schwänen weiterleitet. Von dort führen Bandel- und Blattwerk mit Ranken zu einer Mittelpartie mit Gitterwerk. Darüber ist das Ornament ähnlich wie unterhalb des Gitterwerks aufgebaut. Statt der Schwäne sitzen in den C-Bögen auf der heraldisch rechten Seite des Möbels ein Eichhörnchen und ein Paradiesvogel, während auf der linken Seite ein Reiher und ein Falke mit Kappe dargestellt sind.

Beschläge: Ein guter Teil der Beschläge besteht aus vergoldeter Bronze, aber die Kommode wird vor allem von stabilen Messingprofilen strukturiert. Ein flaches Profil bildet die Lippenränder der Schubladen, die Spiegeltüren sind ringsum mit Messingprofilen gerahmt, und die Marketeriefelder auf den Seiten des Möbels sind mit Messingstreifen gefaßt. Die Oberkante des Kommodensockels ist mit einer kräftigen Messingkehle belegt, und während der Sockel des Aufsatzes nur ein schmales Band aus Messing-

blech trägt, sind die Stufen des Auszugs samt Bogen wieder mit massiven Messingprofilen hervorgehoben. Dagegen sind die Bronzebeschläge feiner. Die Schubladengriffe aus geraden Riefen mit einem Knauf in der Mitte drehen sich in Kugeln auf Rosetten. Die sieben kartuschenartigen Schlüsselschilde an Schubladen und Türen sind gleich und werden von einem Markgrafenhut bekrönt. Die eleganten Bronzefüße aus einem C-Bogen mit Blattwerkschuh, die den Kommodensockel mit einem Widderkopf und kleineren C-Bögen nach oben umgreifen, sind zierlich und scheinen das gewaltige Möbel kaum tragen zu können. Darüber sind die marketierten Ecklisenen stellenweise geschweift und an diesen Stellen mit Blattwerk und Blüten sowie als Stütze der Marmorplatte mit Muschelwerk beschlagen. An den oberen Ecken wird der Auszug scheinbar von Agraffen mit dem Korpus verbunden, und über den mittleren Türen schlängeln sich Blüten- und Blattranken mit einem kleinen Drachen auf jeder Seite und bilden die Stütze der zweiten Etage. Vom Bogen über der Uhr hängen Blütengebinde herab und bekrönen das Möbel mit einer Vase, die von C-Bögen gestützt wird. Die Vase bildet jedoch keine Standfläche, und so wurde direkt hinter der Vase ein Sockel zum Aufstellen von Porzellan montiert. Ein Beschlag als visuelle Stütze der Uhr ging nach dem Vergleich von Photos zwischen 1968 und 1972 verloren. Weil sich die seitlichen Türen wegen der Agraffen an den oberen Ecken nicht weit genug öffnen lassen, können die kleinen Schubladen dahinter nur mit Mühe und nur unter Gefahr für die Spiegel hervorgezogen werden. Dabei handelt es sich nicht um das Ergebnis einer späteren Veränderung oder Restaurierung. Entweder waren dem Schreiner die Maße des Beschlags nicht bekannt, oder man hat sich erst später zum Aufsetzen der Beschläge entschlossen, als es für eine Änderung der Maße zu spät war.

Die Bronzefüße sind mit dem Korpus von unten verschraubt und die Schubladengriffe mit Messinggewinde und -muttern in die Rückseiten des Vorderstücks eingesenkt. Zur Befestigung der Messingstreifen in den Marketeriefeldern und der massiven Profile wurden angelötete Nägel verwendet. Von den Türen im Mittelteil wird die linke oben und unten mit Messingriegeln verschlossen. Alle sieben Schlösser haben Messingkästen mit Eisenmechanik. *Uhr:* Das Zifferblatt aus vergoldeter Bronze hat einen vorstehenden Rand und erhabenes Bandelwerk, auf dem gepunzten Fond in der Mitte aber keinen Glasrand. Die Minuteneinteilung ist am Rand des Zifferblatts eingraviert und die Stundeneinteilung auf 12 emaillierten Schildern, blau auf weißem Grund, in das Zifferblatt eingelassen. Das Uhrwerk mit erhaltenen Zeigern hat keine Zentralsekunde und kein Schlagwerk. Es handelt sich wohl um ein deutsches Werk mit einem französischen Zifferblatt. *Konstruktion:* Für die gesamte Konstruktion wurde Eiche verwendet. Die Kommodendecke ist halbverdeckt in die Seiten gezinkt und der Boden samt Zwischenböden in die Seiten gezapft. Der umlaufende Sockel wurde aufgedoppelt und die Hinterbeine in den Korpus gezapft. Die durchgehende Rückwand

ist seitlich in Fälze und stumpf auf Böden und Decke gedübelt. Die Schubladen sind offen gezinkt und haben rundum stumpf gedübelte und entsprechend den Vorderstücken geschweifte Böden. Die vorderen Stoßkanten werden von den aufgesetzten Lippenrändern aus Messing verdeckt. Hinten laufen die Böden unter dem Hinterstück durch und schlagen direkt auf die Rückwand. Seitlich der Schubkästen sind Streifleisten angebracht, die das Verkanten der ungewöhnlich breiten Schubladen in Grenzen halten. Nutzungsspuren an Schubladen oder Laufböden sind nicht zu beobachten, und das Fehlen von Laufsohlen oder Laufleisten auf den querlaufenden Traversen kann als Hinweis gewertet werden, daß bei dem Schaumöbel keine tatsächliche Nutzung der Schubladen vorgesehen war.

Im dreiteilig strukturierten Aufsatz haben Mittel- und Seitenteile je eine Rückwand. Die Rückwände der Seiten liegen seitlich in Fälzen und sind stumpf auf Boden, Decke und Zwischenwände gedübelt. Die Rückwand des Mittelteils ist in die Rundung des Daches eingeschrieben. Dagegen ist die erste Etage über den Seitenteilen von hinten als aufgesetztes Kästchen erkennbar. Die zweite Etage ist mit dem Mittelteil verzinkt. Böden und Decken der Seitenteile sind in die Zwischenwände zum Mittelteil gezapft. Auf gleiche Art sind die massiven Traversen zwischen den kleinen Schubladen mit je einem Zapfen an der Vorder- und Hinterkante mit den Seiten verbunden. Der untere Boden reicht über die ganze Breite des Aufsatzes, liegt etwa in Höhe der Oberkante des Sockels und ist zwischen die Seiten gezapft. Beide Zwischenwände sind durch den unteren Boden gezapft und verkeilt. Der Sockel ist auf die Wandungen geleimt. Die kleinen Schubläden sind offen gezinkt, die Böden rundherum stumpf untergeleimt, so daß die vordere Hirnholzkante der Böden furniert werden konnte.

WÜRDIGUNG

Die im Inventar von 1807 genannten Porzellane auf dem prunkvollen Möbel belegen seine ungeschmälerte Schaufunktion, obwohl zu dieser Zeit keine Hofhaltung mehr existiert hat. Wie wenig das Stück seit der Herstellung im Sinne eines Behältnismöbels benutzt werden sollte, wird an den kaum zu öffnenden Schubkästen hinter den seitlichen Türen deutlich. Durch die Aufstellung in den Räumen König Ludwigs II. von Bayern in der Münchner Residenz erfuhr das Repräsentationsmöbel eine erneute Wertschätzung und bekam für kurze Zeit wieder eine ähnliche Funktion wie zu Zeiten des Markgrafen.

Die Aufsatzkommode ist das einzige signierte und datierte Möbel des Ansbacher Hofschreiners Martin Schuhmacher. Sein Zettel mit der Signatur klebt an der Rückwand, direkt unter dem Fachboden. Dort fällt er nicht sofort ins Auge und sitzt doch an prominenter Stelle.

Mit dem Möbel können weitere Schriftquellen verbunden werden. Eine Rechnung ohne Namensnennung lautet: »Zu Ihro Hochfürstl. Durchl. des Herrn Marggrafens Zimmer, ist an einen neuen

Schlüsselschild mit Fürstenhut

Kommodengriff

Bronzefuß

Commodo, worauf eine Pendule zu stehen kommt, beydes mit Bronce wirklich gezieret: / An gedachten von Bronze bestehenden Ornements von mir zu verfertigen und zu ciselieren: / Alle Ornements, die leisten ausgenommen, so nicht in mein metiè lauffet, sauber zu ciselieren, davor der Arbeitslohn macht vor beyde Stücke   400 fl
und alles dieses hernach guth zu vergulden   200 fl
                                                      Summa fl 600
Onolzbach d. 24. Mai 1736«.[2]

Mit letzter Sicherheit ist die Rechnung nicht auf das Möbel zu beziehen, aber die Uhr, die Erwähnung von Kommode und Aufsatz als »beyde Stücke« sowie die aufwendigen, in gleicher Handschrift auf beide Teile des Möbels komponierten Bronzen sprechen dafür. Außerdem paßt das Datum der Rechnung zur Jahreszahl der Signatur, und wir wissen von keinem anderen Möbel der Hofwerkstatt, das einen solchen finanziellen Aufwand allein für die Beschläge erfordert hätte. Am ehesten stammt die Rechnung von Jean Houdan, der 1729/30 aus Paris nach Ansbach geholt worden war und bis 1745 als »Hofciseleur« in den Hofkalendern steht.[3] Die Messingprofile sind sicher mit der Markèterie in der Werkstatt Schuhmachers entstanden.

Zwei Jahre nach der Signatur Schuhmachers schrieb der Baudirektor Leopold Retti an den Mark-

Unterteil ohne Schubladen

grafen: »Serenissime / Ob ich gleich bey dem Hof Uhrmacher Baudenbach tendiret, vor die, in den herrschaftl. dermahlen einstweilen in die Kunstkammer gestellten Commod gemachte Uhr, statt den angesetzten 75 fl. etwas wenigeres zu nehmen, so hat er sich in geringsten nichts abhandeln lassen, sondern behauptet, daß er Hochfürstl. Gnst. Herrschafft jederzeit gute saubere Arbeit liefere, und nicht zu viel davor ansetze. Es dependiert dahero bey Eurer gnädigster Disposition ob ihme das ganze Quantum von dero hochfürstl. Renthauß zu bezahlen gnädigst decretiert werden will? Der ich [L. Retti] damit devotissime verbleibe. / Onolsbach den 19. Januar 1738«.[4] Damit erhalten technische Beobachtungen Gewißheit, nach denen zwar das

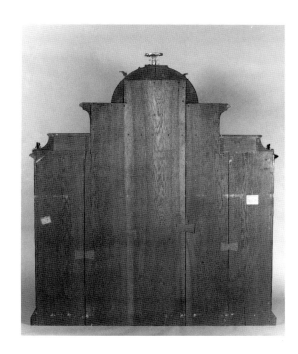

Zifferblatt, nicht aber das Uhrwerk in Frankreich entstanden ist.

Beide Schriftquellen enthalten Angaben zum vorgesehenen Standort des Möbels. Aus der Rechnung des Ziseleurs kann geschlossen werden, daß es sich bei dem Bestimmungsort um das Audienzzimmer des Markgrafen gehandelt hat. Es hätte aber auch das derzeit benutzte Audienzzimmer im Gabrielibau sein können, denn das spätere, bis heute erhaltene Audienzzimmer des Markgrafen war noch nicht fertig. Aber das Schreiben Rettis über den Uhrmacher von 1738 nennt einen provisorischen Standort und stellt so einen Bestimmungsort fest, der angesichts des Prunkmöbels nur das neue Audienzzimmer gewesen sein kann.

Kreisel hatte geschrieben: »Die Form der Kommode ist in der Silhouette sehr französisch, auch wird das Bestreben deutlich, dem französischen Geschmack auch bei dem der französischen Möbelkunst nicht geläufigen Aufsatz Rechnung zu tragen.« Einen organischen Übergang von der Kommode zum Aufsatz ließ die Marmorplatte dazwischen nicht zu. Die flache Schweifung in den Seiten des Aufsatzes blieb ohne Wirkung, und die Eleganz der geschweiften Kommodenfront fällt unter der kräftig geschweiften Marmorplatte kaum mehr auf. Neben Ungelenkigkeiten in der Form des Möbels gehören die Messingfäden an den Schubladen im Aufsatz und Innenseiten der Türen, die Einfassung der Marketeriefelder mit Messingstreifen, der Einsatz von Messingprofilen und von Messinglippen an den Schubladen zu den Merkmalen, mit denen sich unsignierte Ansbacher Möbel der Werkstatt von Schuhmacher zuweisen lassen.

Hilfreich für die Zuschreibung weiterer Möbel sind auch Merkmale in der Konstruktion, zuerst die ausschließliche, verschwenderische Verwendung von Eichenholz in kräftiger Materialstärke auch an untergeordneten Bauteilen. Deshalb ist das Möbel besonders schwer. Zwischen den Schubladen wurden

Signatur im Mittelteil des Aufsatzes

Unteransicht der Kommode, Detail

keine üblichen Traversen aus einer Art Rahmen mit
dünnem Staubboden eingezogen, sondern massive
Zwischenböden, die aus billigerem Nadelholz hätten
bestehen können. Der untere Boden liegt nicht an
den Unterkanten der Seiten, sondern höher und ist,
gleich den Zwischenböden, in die Seiten gezapft.
Auch die Zwischenwände sind massiv, zwischen die
Böden gezapft und die Zapfen verkeilt. Die eichene
Rückwand wurde nicht nur an den Kanten, sondern
auch an den Zwischenwänden und Zwischenböden
mit Dübeln fixiert. Alle Schubkästen wurden auch
vorne offen gezinkt, nicht halbverdeckt. Ihre Böden
liegen vorne nicht in einem Falz, sondern sitzen rundum nur stumpf unter den Seiten.

Fast pedantisch erscheint die sauber, in rechteckigen Feldern organisierte Marketerie mit dem über
weite Strecken parallel geführten Bandelwerk. In der
Handschrift sind jedoch keine Gemeinsamkeiten
mit der Marketerie an der Paradewiege von Johann
Matusch zu beobachten (Kat. 2), obwohl Schuhmacher als dessen Schüler angesehen und gerade die
Boulletechnik bei ihm gelernt haben wird. Wie Matusch hat aber auch Schuhmacher ohne Zweifel
Kupferstiche von Jean Berain als Vorlagen für die
Marketerie benutzt. Schuhmacher verwendete für
die Aufsatzkommode andere Teile des Berainschen
Rankenwerks[5] und setzte es viel häufiger ein. Offensichtlich waren die Vorlagen, von Matusch stam-
mend, in der Werkstatt vorhanden. Noch für ein
deutlich späteres Möbel hat die Hofwerkstatt eine
Darstellung der Diana von Berain wiedergegeben
(Kat. 27). Die Formen der Marketerie sind auch an
späteren Möbeln in der Ansbacher Residenz nicht
wiederzufinden.

Das Staunen der Betrachter riefen vor allem die
Spiegel, die Bronzen und die Boullemarketerie hervor. Allerdings war Boullemarketerie 1736 nicht
mehr in Mode. Markgraf Carl-Wilhelm-Friedrich
hatte Möbel in dieser Technik 1728/29 am Pariser
Hof gesehen und auch nach Ansbach mitgebracht
(Kat. 5).[6] Noch 1751 wurden Zahnstocher und Ohr-
löffel aus Schildpatt vom Hofebenisten für den
Markgrafen gefertigt, und so muß das Verlangen
nach dem Material auch als Vorliebe des Auftragge-
bers gewertet werden. Ebenfalls altmodisch ist das
Bandelwerk, während ein Ansatz von Muschelfor-
men an den Beschlägen das beginnende Rokoko als
neueste Mode vorführt.

Weder in der Marketerie noch an der Konstruktion oder den Beschlägen ist zu erkennen, daß die aus
Paris stammende Boullekommode in der Residenz
Ansbach als Vorbild für die Aufsatzkommode Schuhmachers gedient hat (Kat. 5).

1 Langer 1995, S. 29
2 SAN: Rep. 114 A, Prod. 66
3 Kreisel 1939, S. 64 f.
4 SAN: Rep. 114, Nr. 476 II, Prod. 11
5 Jessen 1923, Taf. 174–179
6 Anhang

*Schreibklappe und Spiegeltüren
geöffnet*

18

Schreibschrank

Zuschreibung an Martin Schuhmacher
(archivalisch faßbar ab 1720 – Ansbach 1781)

Ansbach, 1730/40

Konstruktionsholz: Eiche
Marketerie: Amarant, Messing
Beschläge: Messing, gegossen
Streusand- und Tintengefäß in Keramik
192 x 118,5 x 53,5 cm

Beschläge wohl ursprünglich vergoldet; letzte Reparatur in
den 1950er Jahren; Überzug mit Zelluloselack; Spiegelglas
erneuert; Schreibplatte fälschlich mit grünem Filz bezogen

Standort Residenz Ansbach, 2. Vorzimmer der Markgräfin, Gobelinzimmer, R 14

Historische Inventarnummern Residenz Ansbach 1807:
S. 130 f.; 1813: S. 69; 1865: 34b; 1884*: A.II. 3.43; 1901: A.I.
3.35; 1903*: A.I. 3.9; 1929*: F.V.III. Lit. B II b Nr. 6 Bl. 47
Zi. 3; 1939*: F.V.III. R 14 Bl. 180 M 175; Stempel: Ansbach,
zweifach

Inv. AnsRes. M 18

Literatur A.F. Residenz Ansbach 1939, S. 62 – Kreisel 1970,
S. 34 f., 185 f., Abb. 21 – Kreisel 1983, S. 36 f., 187 f., Abb.
21 – A.F. Residenz Ansbach 1993, S. 83

PROVENIENZ

Das Möbel ist im Inventar von 1807 leicht zu identifizieren: »1. Comptoir von Rosenholz mit 4. Schubladen, 1. Schreibpult und einem Aufsatz mit 2. Thü-

ren, mit Spiegelgläsern, dann mit Meßing garnirt und dergleichen vergoldeten Beschläg.« Erst das Inventar von 1830 verzeichnet das Möbel nicht mehr im gleichen Raum, sondern in einem Büro im 3. Obergeschoß. Im Nachtrag des Inventars von 1865 taucht es unter der schlichten Beschreibung »Schreibschrank mit Spiegelaufsatz« wieder auf, weil es mit einigen anderen Möbeln im Rechnungs-jahr 1880 »als bisher nicht inventarisiert in Zugang zu bringen« war. Demnach wird das große, schwer transportable Stück nicht neu in das Gebäude hin-eingekommen sein, sondern war aus unbekanntem Grund zwischenzeitlich nicht inventarisiert worden. Seit 1880 ist das Schreibmöbel im 2. Vorzimmer der Markgräfin verzeichnet.

BESCHREIBUNG

Korpus: Das große Möbel besteht aus einem Kom-modenteil, einem Schreibteil mit schräggestellter Klappe sowie einem Schrankteil mit zwei verspiegel-ten Türen darüber. Dabei handelt es sich jedoch nicht um einzelne Möbelteile, sondern um eine un-handliche konstruktive Einheit. Die Unterkanten des vorspringenden Sockels sind nach geradem An-satz wie Zargen um wenige Zentimeter hoch- und in der Mitte wieder hinabgeschweift, so daß das Möbel vorn auf drei Brettfüßen ruht. Vom Sockel aus führen Front und Seitenwände des Möbels glatt, ohne Unterbrechung durch ein Profil, bis zum Kranzgesims hinauf, das mit einer tiefen Kehle vor-kragt. Die Schubladen liegen bündig in der Front, die glatte Schreibklappe schlägt ohne Profil auf die Kanten des Korpus, und es fällt kaum auf, daß die Spiegel leicht eingetieft in den Türrahmen liegen.
Innenaufteilung: Im Kommodenteil sind drei Schub-laden sowie eine sehr flache Schublade unterge-bracht, die unter der Schreibklappe sitzt. Die flache Schicht wurde eingeschoben, weil sie, rechts und links von der flachen Schublade, vor allem als Lager der herausziehbaren Schreibklappenstützen dient. Hinter der Klappe gibt es ein breites offenes Fach, rechts und links begleitet von einer kleinen Schub-lade mit einem Fach darüber. In der rechten Schub-lade ist vorn eine Unterteilung für Streusandgefäß und Tintenfaß. Die erhaltenen Gefäße aus weiß gla-sierter Keramik sind kleiner als die Gefache und gehören nicht zum Erstbestand. Direkt hinter den Spiegeltüren sitzen 18 gleich hohe Schubladen, die tabernakelartig um eine weitere Schranktür in der Mitte gruppiert sind. In drei gleich breiten Streifen liegen rechts und links je acht Schubladen sowie je eine Schublade über und unter der Tür in der Mitte. Reste einer Facheinteilung existieren nicht. Auf drei der Schubladen stehen kaum lesbare Bezeichnungen in französischer Sprache.
Marketerie: Der Korpus hat eine Parkettierung in Amarant, deren Muster aus dem Rhombus ent-wickelt ist. Die Marketeriefelder sind mit einem Messingstreifen und einem weiter innenliegenden Messingfaden rechteckig eingefaßt, denen nach außen noch eine Rahmung in Amarant folgt. Nur auf den Rahmen der Türen und auf der flachen Schub-

lade wird die Parkettierung von den Messingstreifen überschnitten. Die Messingbänder an den Außen-seiten zeichnen die Bereiche von Kommoden-, Schreib- und Schrankteil nach, obwohl eine kon-struktive Unterteilung nicht besteht.
Beschläge: Neben den Messingfäden in der Marke-terie wird das Möbel von Profilen an Sockel und Ge-sims strukturiert, die mit Messing bezogen sind. Die gebogenen, glatten Griffe an den drei großen Schub-laden drehen sich in olivenförmigen Angeln auf Scheiben und sind mit Schrauben und Muttern befe-stigt. Auf den Spiegeltüren, der inneren Tür, der Schreibklappe und den drei großen Schubladen des

Kommodenteils sitzen identisch geschweifte Schlüsselschilde aus Messing. Die mittlere der drei großen Schubladen ist mit einem eingelassenen Messingschloß versehen, das auch die obere und untere Schublade schließt. Schreibklappe und die Tür im Inneren des Schrankes sind ebenfalls mit eingelassenen Schlössern zu verschließen, während die rechte Spiegeltür ein aufgesetztes Schloß erhalten hat. Die Schubladen im Inneren, die Schreibklappenstützen und die flache Schublade dazwischen wurden mit gleichen Messingknöpfen bestückt. Die linke Spiegeltür wurde mit zwei Riegeln versehen, die nach oben bzw. nach unten schließen, deren Griffe aber nicht an der Rückseite, sondern an der Stirnseite liegen, so daß an der Stirnseite der Gegentür Aussparungen eingestemmt werden mußten. Die Türen sind mit eingelassenen Bändern angeschlagen, deren Gelenke an der Front vorstehen.

Konstruktion: Die Schreibklappe läßt sich nur öffnen, wenn die Spiegeltüren entweder ganz geschlossen oder um 180° ausgeschwenkt sind. Die durchgehenden Seitenwände des Möbels sind mit dem obersten Boden verzinkt, während alle anderen Böden eingezapft wurden. Der Sockel wurde auf die Seiten gedoppelt und nur vorn als kräftige Stütze unter den Korpus gesetzt. Die durchgehende Rückwand ist an der Unterkante ausgeschweift, so daß seitlich zwei Brettfüße stehengeblieben sind. Die Rückwand liegt seitlich in Fälzen, ist mit allen Böden verdübelt und trägt so erheblich zur Stabilisierung des schweren Möbels bei. Die Türen bestehen aus einer Rahmenkonstruktion mit Schlitz und Zapfenverbindung sowie einer eingelassenen Füllung für die Tür im Inneren und aufgenagelten Rückseiten an den Spiegeltüren. Die Unterteilungen für Fächer und Schubladen im Oberteil sind in Seiten und Böden genutet, im Kommodenteil aber gezapft. Die Schubladen im Schrankteil sind vorne halbverdeckt gezinkt, und die Böden liegen vorne in einem Falz und sind sonst stumpf untergeleimt. Die Schubladen im Kommodenteil sind rundum offen gezinkt und haben stumpf untergedübelte Böden. Nur die flache Schublade hat ein aufgedoppeltes Vorderstück mit der Marketerie.

an den Berliner Hofschreiner Martin Böhme um 1730 hinfällig ist. Vorbild für die Marketerie war mit großer Sicherheit ein Möbel des Pariser Ebenisten François Lieutaud, das 1728/30 nach Ansbach kam. Folglich ist das Schreibmöbel 1730/40 zu datieren (vgl. S. 26 f.).

Zu dem Schreibschrank haben sich aus Privatbesitz zwei unpublizierte, in Form und technischen Details ähnliche Möbel erhalten. Aber für deren Marketerie wurde vor allem Nußbaum und für die Konstruktion Nadelholz verwendet. Gleiches gilt für ein weiteres, bereits publiziertes Vergleichsstück in Privatbesitz mit der Bezeichnung »J.C. Tresenreuter Fecit. Anspach. 1732«.[1] Leider sind Türen, Sockel und Gesims komplett erneuert. Die Bezeichnung ist mit dem Schnitzeisen und bemüht historisierenden Schriftzügen in die Unterseite geschnitten, so daß sie nicht als originale Signatur angesehen werden kann. Sicher hat eine entsprechende Information vorgelegen, aber Lesefehler sind möglich. Größere Ähnlichkeiten zu dem Möbel in Ansbach hat ein vierter Schreibschrank,[2] parkettiert, mit Spiegeltüren, Pultklappe, fast gleicher Aufteilung im Oberteil und auffälligen Beschlägen wie an den Anrichten (Kat. 21-23). Allerdings gibt es an dem Stück keine Messingadern oder -profile. Das Schreibmöbel mit der größten Ähnlichkeit – Messingeinlagen und Parkettierung in Amarant – steht in Schloß Ludwigsburg.[3] Vielleicht stammt es aus dem Nachlaß der Markgräfin Christiane-Charlotte von Brandenburg-Ansbach (1694-1729), die eine geborene Württembergerin war.

Zu dem Kabinettschränkchen (Kat. 20) war eine zweite, nur einfachere, weniger teure und weniger prestigeträchtige, ansonsten aber gleiche Version aufgetaucht. Deshalb muß angenommen werden, daß die Werkstatt um Martin Schuhmacher, je nach Auftraggeber, auch andere Möbel in verschieden aufwendigen Versionen hergestellt hat. Das kann die Verbindung der Vergleichsstücke mit dem großen Schreibschrank nur unterstützen.

Kranzgesims mit messingbezogenen Profilen

Schlüsselschild an der Schreibklappe

1 Kreisel 1972
2 Kunsthandlung Senger, Bamberg
3 Fleischhauer 1958, S. 227, Abb. 194

WÜRDIGUNG

Das Innere von Schrank- und Schreibteil wird von der wenig luxuriösen Oberfläche des Konstruktionsholzes Eiche bestimmt und wirkt auf den Betrachter abweisend. Außerdem sitzen Schubladen und Schranktür wie eine Wand direkt hinter den Spiegeltüren und erscheinen beim Öffnen fast bedrohlich. Die Form des Möbels ist kantig, ohne eine geschweifte Fläche im Korpus, und durch die strengen Messingstreifen wird die kantige Wirkung noch unterstrichen. Mit Messingprofilen auf dem Sockel, am Gesims und an den Spiegeltüren erhält das Möbel Akzente, während die Beschläge zurücktreten.

Ähnliche Marketerie haben in der Residenz Ansbach ein Paar Kommoden (Kat. 19) und ein Kabinettschränkchen (Kat. 20). Das Schreibmöbel stammt aus der Werkstatt des Ansbacher Hofebenisten Martin Schuhmacher, so daß die bisherige Zuschreibung

Tinten- und Streusandgefäß im Schreibteil

19

Paar Kommoden

Zuschreibung an Martin Schuhmacher
(archivalisch faßbar ab 1720 – Ansbach 1781)

Ansbach, 1730/40

Konstruktionsholz: Eiche
Marketerie: Amarant, Messing
Beschläge: Messing, gegossen, Eisen
81,5 x 138,5 x 60 cm

Beschläge wohl ursprünglich vergoldet; Befestigung der
Platte erneuert; Reparatur in den 1950er Jahren mit
Überzug aus Zelluloselack; letzte Restaurierung 1985

Standort Residenz Ansbach, 1. Vorzimmer Gästeappartement, Monatszimmer, R 23

Historische Inventarnummern Residenz Ansbach 1842*:
383; 1865*: 383; 1884: A.II. 33.33-34; 1901: A.I. 33.33-34;
1903*: A.I. 33.6; 1929*: F.V.III. Lit. C I Nr. 11-12 Bl. 70
Zi. 33; 1939*: F.V.III. R 23 Bl. 232 M 278-279; Stempel:
Ansbach

Inv. AnsRes. M 7/1-2

Literatur A.F. Residenz Ansbach 1939, S. 71 – Kreisel 1970,
S. 34f., 185f., Abb. 23 – Kreisel 1983, S. 36f., 187f.,
Abb. 23 – A.F. Residenz Ansbach 1993, S. 95

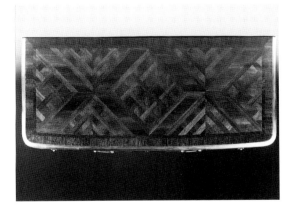

Parkettierte Platte von AnsRes. M 7/2

Rückseite von AnsRes. M 7/2

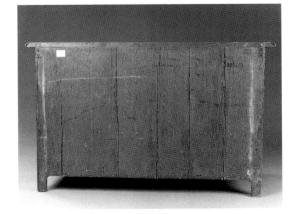

PROVENIENZ

Das Kommodenpaar kann im Inventar von 1807
nicht identifiziert werden, und die beiden Stücke
standen sicher nicht im gleichen Raum. Seit dem
Inventar von 1842 sind sie unter der Beschreibung:
»2 Commoden von Purpurholz mit Messing gar-
nierten Platten, jede mit 3. Schubladen mit 6. messingen Handhaben und 3. Schildern, die vorderen
Füße mit messingen Schilden garniert« im 1. Vorzimmer des Gästeappartements eingetragen.

BESCHREIBUNG

Korpus: Beide Stücke des dreischübigen Kommoden-
paares unterscheiden sich nur leicht in den Maßen.
Sie ruhen auf vier kurzen Beinen, von denen die vorderen diagonal zum Korpus mit Messingbeschlägen
betont sind. An den Unterkanten ist der Korpus gerade, die Schubladen schlagen bündig in die Front,
und von den geraden Seiten gehen die Möbel ohne
Absatz über runde Ecken glatt in die leicht stichbo-
gig vorschwingende Front über. Die glatte Linienführung wird von der Platte übernommen, wobei der
Stichbogen aber ein wenig verstärkt wurde und von
dem dreiseitig umlaufenden Messingprofil hervorgehoben wird.
Marketerie: Das Muster der Parkettierung ist aus
dem Rhombus entwickelt. Auf den Seiten und den
Schubkästen sind die Marketerien mit einem Messingstreifen rechteckig eingefaßt, dem weiter innen
ein Messingfaden folgt. Außen liegt eine Rahmung
in Amarant. Auf der Platte wurden keine Messingfäden verwendet, aber die Fläche dreifach geteilt und
neben den Formen des Rhombus ein Flechtwerk gewählt.
Beschläge: Das dreiseitig umlaufende, glatte Messingprofil ist mit angelöteten Nägeln an der Platte
befestigt und dominiert die Wirkung der Beschläge.
An den vorderen Füßen laufen die Beschläge mit
einem kugeligen Wulst und seitlichen Voluten aus.
Nach oben nehmen drei gekehlte, fächerartig gestellte sowie von C-Bögen begleitete Bänder die
Richtungen von Ecken, Seiten und Front des Korpus
auf. Die gebogenen, glatten Schubladengriffe drehen sich in olivenförmigen Angeln auf Scheiben und
sind mit Schrauben und Muttern befestigt. Alle
Schubladen sind mit gleich geschweiften, dünnen
Schlüsselschilden versehen, aber nur die mittleren
haben ein eingelassenes Eisenschloß, das die oberen
und unteren Schubladen mitschließt.
Konstruktion: Die Platte besteht aus einer Rahmenkonstruktion auf Gehrung mit Füllung und war
immer nur mit Eisenbändern an den Seitenwänden
des Korpus fixiert. Unter der Platte gibt es jedenfalls
keine Traverse. Der untere Boden ist mit den Seiten
verzinkt, und die beiden massiven Böden zwischen
den Schubladen sind in die Seiten gezapft. Hinten
aber laufen die Seiten, zu Brettfüßen ausgeschweift,
bis auf den Fußboden herunter. Vorn dienen gerundete und vor die Seiten geleimte Ecken als Beine.
Die Rückwand läuft stumpf unter die Platte und ist
an der Unterkante ausgeschweift, so daß zwei Brett-

Schlüsselschild

Schubladengriff

Fußbeschlag

füße stehengeblieben sind. Sie liegt seitlich gedübelt in Fälzen, ist aber auch mit den drei Böden verdübelt und trägt zur Stabilisierung des Möbels bei, dem eine konstruktive Verbindung mit der Platte fehlt. Die Schubladen sind rundum offen gezinkt und die offenen Verbindungen vorne seitlich überfurniert und verdeckt. Die Böden sind stumpf untergeleimt und verdübelt. Zur besseren Führung der Schubladen wurden Streifleisten hinter den vorderen Kommodenecken eingeleimt.

WÜRDIGUNG

Mit den runden Ecken und der leicht vorschwingenden Front, die vom Messingprofil der Platte betont wird, wirkt die Kommode sehr elegant. Es wurden keine aufwendigen Beschläge gewählt, und die ruhige Marketerie mit den feinen Messingfäden kann ihre Wirkung entfalten. Ebenfalls gut gelungen sind die Beschläge der Füße mit kugeligem Wulst und seitlichen Voluten, die nach oben palmettenartig die Kommodenecke und den bogigen Übergang der Beine in die Unterkanten des Korpus aufnehmen.

Ähnliche Marketerie haben in der Residenz Ansbach ein Schreibschrank (Kat. 18) und ein Kabinettschränkchen (Kat. 20). Im übrigen gehört die Kommode zu einer Gruppe von Möbeln aus der Werkstatt des Ansbacher Hofebenisten Martin Schuhmacher, so daß die bisherige Zuschreibung an den Berliner Hofschreiner Martin Böhme gegen 1730 hinfällig ist. Vorbild für die Marketerie war mit großer Sicherheit ein Möbel des Pariser Ebenisten François Lieutaud, das 1728/30 nach Ansbach kam. Folglich kann die Kommode 1730/40 datiert werden (vgl. S. 26 f.).

Kommode AnsRes. M 7/2

20

Kabinettschränkchen

Zuschreibung an Martin Schuhmacher
(archivalisch faßbar ab 1720 – Ansbach 1781)

Ansbach, 1730/40

Konstruktionsholz: Nußbaum, Eiche, Amarant
Marketerie: Amarant, Ebenholz, Ahorn (?)
Beschläge: Messing
35 x 28,7 x 15 cm

Originaler Eisenschlüssel

Standort Residenz Ansbach, Dienerschaftszimmer, R 16

Historische Inventarnummern Residenz Ansbach 1807:
S. 23; 1813: S. 16; 1820: S. 22; 1842*: 395; 1865*: 395;
1884: A.II. 34.13; 1901: A.I. 34.13; 1903*: A.I. 34.9; 1929*:
F.V.III. Lit. D II Nr. 3 Bl. 83 Zi. 34; 1939*: F.V.III. R 16 Bl. 197
M 222; Stempel: Ansbach

Inv. AnsRes. M 22

PROVENIENZ

Im Inventar von 1807 ist das Kleinmöbel als »1. kleines Behälterlein mit 2. Thüren und innwendig mit
Schubladen, von eingelegter Arbeit, mit messingen
Beschläg, von dem blinden Stamminger gefertiget«
beschrieben und war bis 1820 im Schlafzimmer der
Markgräfin (R 9) verzeichnet. Von 1842 bis 1929 war
das 2. Vorzimmer des Gästeappartements (R 22) und
seit 1939 das Dienerschaftszimmer zum Appartement der Markgräfin als Standort verzeichnet. Der
Hinweis auf den Hersteller wird in den Inventaren
bis 1903 mitgeführt und die Anzahl der neun Schubladen seit 1884 genannt.

BESCHREIBUNG

Korpus: Der rechteckige Korpus hat eine profilierte
Sockelleiste, ein profiliertes Gesims und wird von
einem flachen Auszug bekrönt, der mit einer Hohlkehle weit zurückschwingt und mit einem vorspringenden Profil abgeschlossen ist. Das Möbelchen ist
mit einer Schlagleiste in der Mitte deutlich strukturiert, steht auf vier Füßen und ist hinter den Türen
mit acht Schubladen ausgestattet, die den Behälter
ausfüllen und in fünf Etagen angeordnet sind: Unten, oben und in der Mitte liegen jeweils zwei Schubkästchen nebeneinander, während in der zweiten
und vierten Etage eine doppelt breite Schublade untergebracht ist. Von der Rückseite ist im Aufsatz eine
neunte Schublade zugänglich.
Marketerie: Die Außenseiten der Türen, die Seiten
des Korpus und die Oberfläche des Aufsatzes haben
eine Parkettierung in Amarant, deren Muster aus
dem Rhombus entwickelt ist. Es wird von einem feinen Blockfurnierstreifen mit schwarzem Mittel- und

hellen Begleitfäden gefaßt und nach außen von einem breiteren Streifen in Amarant gerahmt.
Beschläge: Auf den Beschlägen waren keine Vergoldungsreste zu finden. Es handelt sich um zwei
geschweifte und fein gravierte Schlüsselschildchen,
vier gedrehte Füße, acht Zugknöpfe für die Schubläden im Innern und einen Drehverschluß für die
Geheimschublade auf der Rückseite sowie um vier
geschweifte Bänder für die Türen, ein eingelassenes
Schloß samt Schließblech und zwei eingelassene
Riegelchen in der linken Tür. Die Riegelchen schließen nach oben und unten, aber die Griffe stehen aus
der Stirnkante heraus, so daß in die Kante der rechten Tür entsprechende Schlitze eingelassen werden
mußten.
Konstruktion: Als Konstruktionsholz wurde weitgehend Nußbaum verwendet. Der Korpus ist aus vier
offen gezinkten Brettchen mit aufgeleimten Profilen
und ebenfalls aufgeleimtem Aufsatz zusammengesetzt, dessen Kehle aus massiven Amarantstücken
besteht. Die Unterteilungen für die Schubladen sitzen in Nuten. Nur die Rückwand besteht aus Eiche,
sitzt seitlich in Fälzen und ist stumpf aufgeleimt. An
der Front wurden die Seitenwände mit Amarantstä-
ben verblendet, an denen die Türen angeschlagen
sind. Diese bestehen aus einem Amarantkern, der
vorn marketiert, auf der Rückseite mit Amarantfur-
nier gesperrt sowie mit Umleimern aus Amarant versehen wurden. Alle neun Schubkästen sind offen gezinkt und haben stumpf untergeleimte Böden. Die
Schubläden im Inneren haben aufgedoppelte Vorderstücke in Amarant mit aufgesetzten Randprofilen
aus gleichem Holz. Nur für die Schublade der Rückseite wurde ausschließlich Nußbaum verwendet. Benutzungsspuren im Inneren gibt es nicht.

Rückseite mit Schublade im Auszug

103

Das fein verarbeitete Kleinmöbel war bisher nicht publiziert und kann ohne Probleme zugewiesen werden. In der Residenz Ansbach haben ein Schreibschrank (Kat. 18) und ein Paar Kommoden (Kat. 19) ähnliche Marketerie. Vergleichbar schön gravierte, nur größere Schlüsselschilde haben die Türen der beiden Eckschränke (Kat. 27). Innerhalb der Sammlung sind nur die Gravuren der kleinen Beschläge auf dem französischen Barometer qualitätvoller (Kat. 9). Im übrigen gehört das Schränkchen zu den Möbeln aus der Werkstatt des Ansbacher Hofebenisten Martin Schuhmacher. Vorbild für die Marketerie war mit großer Sicherheit ein Möbel des Pariser Ebenisten François Lieutaud, das 1728/30 nach Ansbach kam. Folglich kann das Stück 1730/40 datiert werden (vgl. S. 26 f.).

Der Hinweis in den Inventaren, nach dem das Kabinettschränkchen »von dem blinden Stamminger gefertiget« sei, ist wegen der Behinderung schwer glaubhaft. Außerdem entstand das Inventarverzeichnis über 60 Jahre nach dem Möbel, und der blinde Handwerker hätte auch in der Lage gewesen sein müssen, das erhaltene Gegenstück anzufertigen. Wenn der Schreiner erst in einem späteren Stadium seiner Berufslaufbahn erblindet ist, war er eng mit der Hofwerkstatt verbunden.

Das Städtische Markgrafenmuseum Ansbach verwahrt ein perfektes Gegenstück.[1] Anstatt des Nußbaumholzes in der Konstruktion wurde Eiche verwendet und anstelle der Parkettierung in Amarant ein Nußbaumfurnier. Nur die Rahmung in Amarant wurde beibehalten und auch für die Profile wieder Amarant verwendet. Beine und Zugknöpfe der Schubladen sind gedrechselt, die Schlüsselschildchen aus Messing viel einfacher und die Riegelchen in der linken Tür etwas anders. Eine rückseitig zugängliche Schublade im Auszug gibt es nicht. Innenaufteilung, Maße, Profile und konstruktive Verbindungen sind jedoch so exakt gleich, wie man es nur bei Paaren findet. Es wurden nur weniger kostbare Beschläge und weniger kostbares Holz eingesetzt. Folglich handelt es sich um eine einfachere, weniger teure und weniger prestigeträchtige Version des gleichen Möbels. Deshalb muß damit gerechnet werden, daß die Werkstatt um Schuhmacher, je nach Auftraggeber, auch andere Möbel in verschieden aufwendigen Versionen hergestellt hat. Bisher ist das für die Zuschreibung der Vergleichsstücke des großen Schreibschranks bedeutsam (Kat. 18).

Das Vorhandensein der beiden Schränkchen und die Innenaufteilung mit Schubladen machen klar, daß es sich nicht um Modellmöbel handelt.[2] Es sind delikate Kabinettschränkchen, in denen wertvolle, erinnerungsträchtige oder skurrile Kunstkammerstücke aufbewahrt und präsentiert werden konnten.

---

1 Altbestand mit ungeklärter Provenienz, ohne Inv.-Nr.
2 A.K. Kleine Möbel 1979, bes. S. 20-24

2 Paar Anrichten

Zuschreibung an Martin Schuhmacher (archivalisch faßbar ab 1720 – Ansbach 1781)

Ansbach, um 1730/40

Anrichte AnsRes. M 11/2

Konstruktionsholz: Eiche, Buche
Furnier: Amarant, Messing
Beschläge: Messing, gegossen, ziseliert; Eisen
Bräunlich-graue Marmorplatten, dunkelgraue Platten mit weißen Einschlüssen
AnsRes. M 11/1-2: 79,5 x 109 x 54 cm;
Platten: 3 x 109 x 55 cm; ohne Platten: 76 x 101,5 x 48 cm
AnsRes. M 51: 79,5 x 140 x 60,5 cm;
Korpus: 76 x 132 x 52,5 cm
Hessische Hausstiftung: 79,5 x 141 x 60,5 cm;
Korpus: 76 x 133 x 52,5 cm

Beschläge wohl ehemals vergoldet; Stücke in Ansbach: Letzte Reparatur in den 1950er Jahren; Überzug mit Zelluloselack; Platte von AnsRes. M 51 gebrochen und Schlüsselschild der oberen Schublade im Mittelteil verloren

Standort Residenz Ansbach, 1. Vorzimmer der Markgräfin, R 15; Monatszimmer, R 23; Hessische Hausstiftung, Kronberg, Schloß Friedrichshof

Historische Inventarnummern Residenz Ansbach 1807: S. 40, 76; 1813: S. 4, 33; 1820: S. 4, 45; 1830: S. 4, 43; 1842: 342; 394; 1865: 342; 394; 1884: A.II. 29.5-6; A.II. 34.12; 1901: A.I. 29.5-6; A.I. 34.12; 1903: *A.I. 29.5; A.I. 34.8; 1929*: F.V.III. Lit. C I Nr. 13-14 Bl. 70 Zi. 2; F.V.III. Lit. C I Nr. 7 Bl. 69 Zi. 34; 1939*: F.V.III. R 15 Bl. 187 M 192-193; F.V.III. R 23 Bl. 232 M 280; Stempel: Ansbach; »Schloß Friedrichshof, Zimmer 19, lfd. Nr. 34«, Stempel: V 96

Inv. AnsRes. M 11/1-2, 51. Hessische Hausstiftung, Schloß Friedrichshof, M 3381

Literatur A.F. Residenz Ansbach 1939, S. 63, 70 – Kreisel 1939, S. 61-64 – Kreisel 1970, S. 35-37, Abb. 20 – Kreisel 1983, S. 36 f., 187 f., Abb. 20 – A.F. Residenz Ansbach 1993, S. 84, 95

PROVENIENZ

In den Inventaren von 1807 bis 1830 lautet die – trotz ungenauer Zählung der Beine – unverwechselbare Beschreibung der zwei kleineren Anrichten (AnsRes. M 11/1-2): »2. Commods von Purpurholz, jeder mit 9. Schubladen, 9. meßingen Handhaben und Schildern beschlagen und jeder mit 8. Füßen mit meßingen Klauen, mit 2. braun und gelb gesprengten geschweiften Marmorplatten.« Als Standort ist das 1. Vorzimmer des Markgrafen eingetragen. Von 1842 bis 1903 sind die Möbel im Bilderkabinett (R 27) verzeichnet und erst seit dem Inventar von 1929 im 1. Vorzimmer der Markgräfin (R 15).

Von dem größeren Möbelpaar gehörte das Stück in Ansbach laut Inventar von 1807 zur Ausstattung eines Büros im Zwischengeschoß des Gabrielibaus und wird beschrieben als »1. Schreibtisch von Rosenholz mit meßing eingelegt, 9. Schubladen mit meßingen Handhaben, und einer zerbrochenen Marmorplatte«. Trotz der unstimmigen Bezeichnung des Holzes ist die Identifikation der Beschreibung mit dem Möbel wegen der seltenen Anzahl der Schubladen und der zerbrochenen Marmorplatte unzweifelhaft. Deren Zustandsbeschreibung zieht sich bis heute durch die Inventare. Nach 1807 wurde die Möblierung der Räume im Zwischengeschoß nicht mehr aufgenommen, und das Möbel erscheint als »Commode mit Messing garniert und 9 verschließbaren Schubladen, mit Messingbeschlägen und zersprungener Marmorplatte« von 1813 bis 1830 im 2. Vorzimmer der Markgräfin. Nach den Inventaren von 1842 bis 1929 stand es im 2. Vorzimmer des Gästeappartements (R 22), und seit 1939 ist das 1. Vorzimmer des Gästeappartements (R 23) als Standort angegeben.

Ein gleiches, weiteres Möbelstück kann in den Inventaren der Residenz Ansbach ab 1807 nicht dingfest gemacht werden. Auch der Verkauf eines ähnlichen Möbels ist nicht vermerkt. Das andere Stück des größeren Paares von Anrichten ist mit Kaiserin Viktoria ab 1889 von Berlin nach Schloß Friedrichshof gekommen, das sich die Witwe des 99-Tage-Kaisers Friedrich III. als Gehäuse für ihre Kunstsammlung hatte bauen lassen.[1] Zur Besitzmarke der Kaiserin Viktoria »v 96« existiert kein korrespondierendes Inventar. Die Anrichte stand im »Schlafzimmer Ihrer Majestät der Kaiserin Friedrich«, und der

Eintrag des Inventars lautet »Waschtisch, Mahagoni mit Messingeinlagen [...] grau geaderte Marmorplatte«. Kaiserin Viktoria vererbte Schloß Friedrichshof mit der Kunstsammlung ihrer jüngsten Tochter Margarethe (1872-1954), die 1893 den späteren Landgrafen Friedrich-Karl von Hessen geheiratet hatte. Er gründete 1928 die Hessische Hausstiftung, in die der Kronberger Besitz eingeflossen ist. Vielleicht wurde das Möbel vor Übergabe der Markgrafschaft an Bayern aus Ansbach mit nach Berlin genommen, oder es gehörte zur Ausstattung des Markgräflichen Palais in Berlin, das Markgraf Alexander seit den späten 1780er Jahren besessen und mit Möbeln aus Ansbach ausgestattet hat.[2] Spätestens nach seinem Tode im Jahre 1806 wären die Möbel im Erbgang an Preußen gegangen und in der Folge weitervererbt worden.

BESCHREIBUNG

Korpus: Die beiden Möbelpaare unterscheiden sich paarweise nur in der Farbe der Marmorplatten sowie in Breite und Tiefe. Das größere Paar ist etwa 40 cm breiter und fünf Zentimeter tiefer. In der Höhe und bis in die Einzelheiten sind alle vier Stücke exakt gleich. Die Anrichten haben einen breiteren, geraden Mittelteil und zwei schmalere Seitenteile, die um sechs Zentimeter zurückversetzt am Mittelteil ansetzen und in einem leichten S-Bogen um weitere drei Zentimeter zurückschwingen. Dagegen sind die

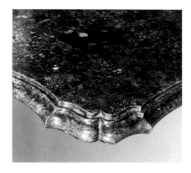

Schublade und abgenommener Schubladengriff von Anrichte AnsRes. M 11/2

Detail der Marmorplatte von Anrichte AnsRes. M 11/2

Anrichte AnsRes. M 51

Seitenwände gerade und nur mit einer aufgedoppelten rechteckigen Felderung versehen. Die Möbel werden von sechs hochgestelzten, nur leicht zurückgeschweiften Beinen getragen, die an den Außenseiten glatt, ohne Absatz in den Korpus einlaufen und als gerade Pfosten bis unter die Platte reichen. An den Innenseiten gehen die Beine mit einem Bogen in die geschweiften Unterkanten der Zargen über. Hinten werden die Möbel nur von zwei Beinen gestützt. Die senkrechte Struktur wird betont, indem der Mittelteil mit drei übereinanderliegenden Schubladen wie die Seitenteile ausgestattet ist, die beiden unteren Schubladen aber nicht in der Front liegen, sondern weit zurückversetzt wurden. Damit war eine Art Knieloch entstanden, das in der Front eine dunkle Partie bildet.

Die kleineren Möbel haben bräunlich-graue Marmorplatten, das größere Paar hat grau-weiß gesprenkelte Platten. Auf den Unterseiten sind sorgfältig nebeneinandergesetzte Meißelspuren zu sehen, die von den Kanten soweit nach innen abpoliert wurden, wie die Platten über die Möbel hinausstehen. Mit zwei Löchern in der Unterseite und eisernen Bolzen in der Holzkonstruktion sind die Platten gegen Verrutschen gesichert.

Marketerie: Die Marketerie ist eher eine mit Messing angereicherte Furnierung mit Rahmen und Feldern in Amarant. Messingfäden begleiten die Kanten der Pfosten und Beine sowie die geschweiften Unterkanten der Zargen. Die diagonal vorstehenden Ecken der Beine sind, auch an den hinteren Beinen, mit breiten, eingesenkten Messingstreifen geschient. Das rechteckige und aufgedoppelte Feld auf den Möbelseiten ist mit einem stärkeren Messingprofil gerahmt, dem nach innen ein Begleitfaden in Messing folgt. Er ist an den Schmalseiten, nach geradem Ansatz, bogenförmig eingezogen. Diese Abfolge kehrt auf den Schubladen wieder, nur daß die Messingprofile an den Schubladenkanten als Lippen überstehen und, wie die aufgedoppelten Felder auf den Seiten, ein Stück vor die Fronten der Traversen und Pfosten treten. Im Inventar von 1807 ist für die Holzart der Marketerie Purpurholz und für die einzelne Anrichte in Ansbach Rosenholz angegeben worden. Von 1842 bis 1929 hat man anstelle des Rosenholzes wohl aus Unsicherheit gar keine Benennung vorgenommen. Von Kreisel wurde die Marketerie der typgleichen Möbel im Inventar von 1939 einmal mit Mahagoni und das andere Mal mit Palisander belegt.

Beschläge: Die gegossenen Messingschuhe aus regelmäßig gefächertem Blattwerk sind ziseliert und laufen in Voluten aus. Alle Schubladen haben geschweifte Schlüsselschilde mit schrägen Kanten. Die Handhaben bestehen aus geschweiften Rücklagen, auf denen die Angeln der gebogenen Griffe befestigt sind. Die Angeln sind also nicht durch die Rücklagen hindurch im Holz befestigt, sondern nur die Rücklagen mit drei extra Schrauben an den Vorderstücken fixiert. Griffe und Angeln bestehen aus auffallend kantigem Material mit abgefasten Ecken.

Zum Verschließen der neun Schubladen eines Möbels sind nur vier Eisenschlösser eingelassen

worden. In den Seitenteilen hat jeweils die mittlere Schublade ein Schloß, mit dem die Schubladen darüber und darunter zentral verriegelt werden. Im Mittelteil hat die obere Schublade ein eigenes Schloß, während das Schloß für die beiden Schubladen darunter in der unteren Schublade sitzt und die obere mitschließt.

Konstruktion: Die Möbel sind ungewöhnlich konstruiert. Auf den ersten Blick könnte es sich um eine Pfostenkonstruktion handeln. Von den als Pfosten durchlaufenden Beinen aus Buche sind jedoch die äußeren Beinpaare an Ober- und Unterkante des Korpus mit eichenen Kanthölzern zu einer verzapften und gedübelten Rahmenkonstruktion verbunden. Dann wurde auf beide Rahmen von außen eine gefälzte Füllung geleimt, die als rechteckig vorstehendes Feld die Seitenwände strukturiert. Die Zwischenwände bestehen nur aus Brettern, die vorn in die Beine des Mittelteils gezapft und zusätzlich gedübelt sind. Die Verbindung der Seiten- und Zwischenwände wurde auf drei verschiedene Arten bewerkstelligt. Als Decke ist ein Rahmen von oben in die Fälze der Pfosten und Seiten eingelegt und verdübelt, dessen Füllung nur an den Schmalseiten in einem Falz liegt und dort mit Dübeln fixiert ist. Die Böden zwischen den Schubladen sind in die Wände gezapft, wobei an den Außenwänden die Differenz von den Innenkanten der Rahmen zu den von außen aufgesetzten Füllungen mit extra eingeleimten, starken Kanthölzern überbrückt werden mußten, in denen die Zapfen sitzen. Die eingeleimten Kanthölzer dienen den Schubladen gleichzeitig als Streichleisten. Der untere Boden wurde von unten eingedübelt. Die Rückwand liegt seitlich in Fälzen, stößt stumpf unter den Rahmen der oberen Decke und über die Hinterkante des Bodens. Sie ist auf alle Wände sowie alle Böden gedübelt. Alle Schubläden sind offen gezinkt und haben stumpf untergeleimte Böden, die vorne in einem Falz liegen. Laufleisten oder Gebrauchsspuren im Inneren existieren nicht. Als Konstruktionsholz wurde Eiche verwendet und nur für die Pfosten Buche. Die Rückseiten der hohen Beine wurden sorgfältig profiliert und rötlich gebeizt.

WÜRDIGUNG

In den Inventaren wurden die Möbel als Kommoden und Schreibtische bezeichnet, was eine Unsicherheit in der Funktionsbeschreibung andeutet. Kreisel hatte die beiden Möbelpaare wohl wegen des knielochartigen Raums als Schreibmöbel angesprochen. Es fehlen Fächer für Streusand- und Tintengefäß, aber auch Tintenflecke. Weil ein Knieloch aus praktischen Gründen in der Regel nicht mit Schubladen versehen wird, die Öffnung der Fronten für die Knie der Benutzer bei den kleineren Möbeln viel zu eng und Marmorplatten für Schreibmöbel unangenehm kühl sind, wird es sich viel eher um Anrichten handeln, für die eine paarweise Aufstellung im Raum zudem nicht ungewöhnlich wäre. Außerdem wirken hochbeinige Möbel mit aufgebrochener Front weniger kompakt.

Die Konstruktion bei abgenommener Platte von Anrichte AnsRes. M 11/2

Inneres im rechten Seitenteil bei herausgenommener Schublade von Anrichte AnsRes: M 11/2

Messingschuh von Anrichte AnsRes. M 11/2

Beide Möbelpaare werden von dem markanten Mittelteil und den hochgestelzten Beinen bestimmt, und nur die dreiteilige Struktur führt zu der ungewöhnlichen Anzahl von sechs Beinen. Unter den äußeren Ecken werden die Anrichten von vier Beinen getragen, der vorspringende Mittelteil erfordert aber vorn zwei weitere, eigene Beine, damit er visuell nicht in der Luft hängt. Außerdem stehen die äußeren Beine diagonal zum Korpus, die beiden mittleren aber parallel zu den vorderen Eckbeinen. Weil die inneren Beine keine eigene Ausrichtung erhalten haben, die dem vorspringenden Mittelteil entspricht, wirkt die Stellung unorganisch. Mittel- und Seitenteile werden durch die Marmorplatten optisch zusammengefaßt. Außerdem wirken die Anrichten nicht ganz so kantig, weil die Platten an drei Seiten geschweift sind und auch die Struktur der Front in die Schweifungen aufnehmen, wobei die Position der Beine mit Einzügen und geohrten Partien berücksichtigt ist.

Die Platten der beiden kleinen Anrichten bestehen aus dem gleichen Marmor wie die Platte von einem der drei Konsoltische (Kat. 46). Besondere Ähnlichkeit besteht mit einem weiteren Paar Anrichten (Kat. 22), und gleiche Handhaben wurden für Anrichten mit anderem Korpus verwendet (Kat. 23). Die gleiche Form der Beine haben drei Pultsekretäre (Kat. 24, 28, 30) und ein Tisch (Kat. 26). Gleiche Schuhe haben der Pultsekretär (Kat. 28) und der Tisch (Kat. 26). Auch die übrigen Merkmale stellen sicher, daß die Anrichten aus der Werkstatt des Ansbacher Hofebenisten Martin Schuhmacher stammen und die bisherige Zuschreibung an den Berliner Hofschreiner Martin Böhme um 1730 hinfällig ist. Vorbild für die Marketerie, die Einfassung der Schubladen mit Messinglippen, die Form der Beine und für die Schienen an den Ecken war mit großer Sicherheit ein Möbel des Pariser Ebenisten François Lieutaud, das 1728/30 nach Ansbach kam. Folglich sind die Anrichten 1730/40 zu datieren (vgl. S. 26 f.).

1 A.K. Vicky & The Kaiser 1997, S. 129-143
2 Störkel 1995, S. 256, Anm. 21

Anrichte AnsRes. M 11/2

Paar Anrichten

Zuschreibung an Martin Schuhmacher
(archivalisch faßbar ab 1720 – Ansbach 1781)

Ansbach, 1730/40

Konstruktionsholz: Eiche, Buche
Furnier: Palisander, Messing
Beschläge: Messing, gegossen und ziseliert, Eisen
Marmorplatten, schwarz mit weißen Adern
AnsRes. M 50: 81,5 x 108 x 53,5 cm;
ohne Platte: 78,5 x 102 x 47,5 cm;
StE 4337: 82 x 116,5 53,5 cm;
ohne Platte: 79 x 108,5 x 49,5 cm

Vergoldung der Beschläge verloren; AnsRes. M 50: Letzte
Reparatur in den 1950er Jahren; Überzug mit Zelluloselack; Griffe von zwei Schubladen 1939 als fehlend
vermerkt und später ersetzt

Standort Residenz Ansbach, Monatszimmer, R 23;
Sammlung Thurn & Taxis, Regensburg

Historische Inventarnummern Residenz Ansbach 1807:
S. 163; 1813: S. 81; 1820: S. 139; 1830: S. 117; 1842*: 500;
1865*: 500; 1884: A.II. 36.22; 1901: A.I. 33.46; 1903*: A.I.
33.8; 1929*: F.V.III. Lit. B II b Nr. 4 Bl. 46 Zi. 33; 1939*:
F.V.III. R 22 Bl. 225 M 263; Stempel: Ansbach

Inv. AnsRes. M 50, Sammlung Thurn & Taxis: StE 4337

Literatur A.F. Residenz Ansbach 1939, S. 63, 71 – Kreisel
1939, S. 61-64 – Kreisel 1970, S. 35-37, Abb. 19 – Kreisel
1983, S. 36 f., 187 f., Abb. 19 – A.F. Residenz Ansbach 1993,
S. 95 – Sotheby's, Thurn & Taxis 1993, Nr. 386, Taf. 26

PROVENIENZ

Das Ansbacher Möbel steht in den Inventaren von
1842/65 mit Standort im Gardemeuble unter der
einfachen Beschreibung: »Schreibtisch mit vielen
Schubladen, mit Messing garniert, mit einer Marmorplatte«. Erst mit Hilfe dieser Beschreibung kann
das Möbel auch in den Inventaren von 1807 bis 1830
gefunden werden und stand neben einem weiteren,
großen Schreibtisch in einem zur Bibliothek gehörenden Raum des 3. Obergeschosses. 1884 ist das
Stück dann als »Schreibtisch mit sieben Schubläden
und 1 Fach mit Flügelthüren, Messing garniert, mit
grauer Marmorplatte« im Schlafzimmer des Gästeappartements (R 20) verzeichnet, wobei das Wort
Schreibtisch nachträglich zu Toilettentisch verbessert wurde. Im folgenden Inventar von 1901 ist
die Bezeichnung, wiederum nachträglich, erneut
zu »Schreibtisch« verbessert. Das Möbel war ins
1. Vorzimmer des Gästeappartements gestellt worden, wo es auch heute steht. Nur laut Inventar von
1939 hat es im 2. Vorzimmer des Gästeappartements
gestanden.

Das andere Stück des Paares trägt keine alte Inventarnummer und kann in den Inventaren der Residenz Ansbach ab 1807 nicht dingfest gemacht werden. Auch der Verkauf eines ähnlichen Möbels steht

nicht vermerkt, und so ist die Anrichte auf unbekanntem Weg in den Besitz der Fürsten Thurn &
Taxis gelangt. Vielleicht wurde das Möbel vor Übergabe der Markgrafschaft an Bayern 1806 aus Ansbach mit nach Berlin genommen, oder es gehörte zur
Ausstattung des Markgräflichen Palais in Berlin, das
Markgraf Alexander seit den späten 1780er Jahren
besessen und mit Möbeln aus Ansbach ausgestattet
hat.[1] Spätestens nach seinem Tode 1806 wären die
Möbel im Erbgang an Preußen gegangen und in der
Folge weitervererbt worden.

BESCHREIBUNG

Korpus: Das Ansbacher Stück des Möbelpaares ist um
acht Zentimeter schmaler, gleicht der Anrichte in
der Sammlung Thurn & Taxis ansonsten jedoch bis
auf minimale Einzelheiten. Beide Stücke haben eine
gerade Front, gerade Seiten und bestehen von der
Seite betrachtet aus einem schmal an der Wand stehenden Möbelteil mit zwei Schubladen übereinander, dem ohne organischen Übergang in der Zarge
ein halb so weit nach unten reichender Teil mit nur
einer Schublade vorgesetzt wurde. Von vorn betrachtet haben die Möbel einen zurückgesetzten Unterteil, mit dem eine Art Fußraum entstanden ist. Sie
werden von sechs hochgestelzten und leicht geschweiften Beinen getragen, die an den Außenseiten
glatt, ohne Absatz in den Korpus einlaufen und als
gerade Pfosten bis unter die Platte reichen. An den
Innenseiten gehen die Beine mit einem Bogen in die
geschweiften Unterkanten über.

Anrichte AnsRes. M 50

Die schwarzen Marmorplatten mit weißen Adern sind an den Kanten fein abgestuft profiliert und an drei Seiten geschweift. Geohrte Partien an den Ecken nehmen die Diagonalstellung der Beine zum Korpus auf. Unten sind sorgfältig nebeneinandergesetzte Meißelspuren an den Platten zu sehen, die von den Kanten nur soweit nach innen abpoliert wurden, wie sie über die Möbel hinausstehen. Mit zwei Löchern in der Unterseite und eisernen Bolzen im Korpus sind die Platten gegen Verrutschen gesichert.

Innenaufteilung: Oben liegen drei Schubladen in der Front nebeneinander, von denen die mittlere ein wenig breiter ist. Im zurückgesetzten Unterteil ist ein kleines Schränkchen untergebracht, das von zwei Blindschubladen begleitet wird. Die Frontschubladen führen zu den seitlichen Blindschubladen im vorderen Teil, während im rückwärtigen Möbelteil zwei hohe Schubladen übereinander untergebracht werden konnten. Hinter den 11 Schubladenvorderstücken verbergen sich also vier Blend- und sieben echte Schubladen. Daneben fällt das kleine Schränkchen im zurückgesetzten Unterteil kaum auf.

Marketerie: Die Marketerie ist eher eine mit Messing angereicherte Furnierung mit Rahmen und Feldern in Palisander. Messingfäden begleiten die Kanten der Pfosten und Beine sowie die Unterkanten der Zargen. Die diagonal vorstehenden Ecken der Beine sind – auch an den hinteren Beinen – mit breiten, eingesenkten Messingstreifen geschient, und die aus den Flächen des Korpus hervortretenden rechteckigen Schubladen und Türen sind mit Messinglippen eingefaßt. Nach innen folgt ein breiterer, rechteckig geführter Messingstreifen mit Begleitfaden.

Beschläge: Die Messingschuhe sind kugelig, haben kleine Voluten an den Seiten und umhüllen die Füße mit Gebilden, die an Drachenflügel erinnern. Alle Schubladen sind mit dicken Schlüsselschilden aus C-Bögen belegt, und die Handhaben bestehen aus geschweiften Rücklagen mit abgeschrägten Kanten, auf dem die Angeln der gebogenen Griffe befestigt sind. Die Angeln sind also nicht durch die Rücklagen hindurch im Holz befestigt, sondern die Rücklagen sind mit vier extra Schrauben an den Vorderstücken fixiert. Die Griffe bestehen aus rundem Material und drehen sich in olivenförmigen Angeln. Vergoldungsreste konnten nicht festgestellt werden.

Alle fünf Schubladen der Ansbacher Anrichte haben eingelassene Eisenschlösser, und nur in der rechten Tür des Schränkchens sitzt ein Messingschloß, während das Möbel der Sammlung Thurn & Taxis komplett mit Messingschlössern ausgestattet ist. Im linken Türchen wurden Riegelchen eingelassen, die nach oben bzw. nach unten schließen, deren Griffe aber nicht an der Rückseite, sondern an der Stirnseite liegen, so daß an der Stirnseite der Gegentür Aussparungen eingestemmt werden mußten. An der Tür des Möbels in der Sammlung Thurn & Taxis war immer nur ein Riegel montiert.

Konstruktion: Die Möbel sind ungewöhnlich konstruiert. Die als Pfosten durchlaufenden Beine aus Buche sind an den Unterkanten des Korpus sowie anstelle der Zwischenböden seitlich und vorn mit eichenen Kanthölzern zu einer verzapften Rahmenkonstruktion verbunden. Oben wird die Konstruktion von einem überplatteten Rahmen zusammengehalten, der in die Hirnholzkanten der Pfosten eingeklinkt ist. Nur an dem Ansbacher Stück wurde der Rahmen unter der Platte mit Füllungen geschlossen, die an den Langseiten in einem Falz liegen und mit Dübeln fixiert sind. Solche Füllungen waren an dem Möbel der Sammlung Thurn & Taxis gar nicht vorgesehen. Die Zwischenwände bestehen aus Brettern mit Hirnleisten, die vorn in die Böden gezapft und hinten mit der Rückwand verdübelt sind. Die Rückwand liegt seitlich in Fälzen, stößt stumpf unter den Rahmen der oberen Decke und über die Hinterkante des Bodens. Sie ist auf beide Zwischenwände und die hinteren Beine gedübelt. Die beiden Türen aus Eiche sind mit Umleimern aus Palisander verkleidet und auf der Rückseite mit Palisander gesperrt. Alle Schubläden sind offen gezinkt und haben einen stumpf untergeleimten Boden, der vorne in einem Falz liegt. Laufleisten oder Gebrauchsspuren im Inneren existieren nicht. Als Konstruktionsholz wurde Eiche verwendet und nur für die Pfosten Buche. Die Rückseiten der hohen Beine wurden sorgfältig profiliert und rötlich gebeizt.

WÜRDIGUNG

Von beiden Möbeln ist das Stück der Sammlung Thurn & Taxis acht Zentimeter breiter und in einigen konstruktiven Details anders. Platten, Beschläge, Marketerie und Innenaufteilung sind jedoch so

Türchen mit Riegeln und Aussparungen im zurückgesetzten Unterteil von Anrichte AnsRes. M 50

Aufsicht bei abgenommener Platte von Anrichte AnsRes. M 50

Seitenansicht von Anrichte AnsRes. M 50

gleich, daß man von einem Möbelpaar sprechen muß, auch wenn beide Möbel nicht genau gleichzeitig, sondern nacheinander entstanden sind. Die unterschiedlichen Breitenmaße sind am ehesten durch bauliche Gegebenheiten des Raumes zu erklären, für den die Möbel ursprünglich bestimmt waren.

In den Inventaren wurde das Ansbacher Möbel als Schreibtisch sowie als Toilettentisch bezeichnet, nicht aber als Anrichte wie zwei ähnliche Möbelpaare (Kat. 21). Damit wird eine Unsicherheit in der Funktionsbeschreibung deutlich. Kreisel hatte die Möbel, wohl wegen des Fußraums, als Schreibmöbel angesprochen. Dagegen spricht das Fehlen von Fächern für Streusand- und Tintengefäß, aber auch von Tintenflecken. Weil ein Knieloch aus praktischen Gründen in der Regel nicht mit Schubladen oder Türen versehen wird, die Öffnung der Fronten für die Knie der Benutzer zu tief und Marmorplatten für Schreibmöbel unangenehm kühl sind, wird es sich eher um Anrichten handeln, für die eine paarweise Aufstellung im Raum zudem nicht ungewöhnlich wäre. Außerdem wirken hochbeinige Möbel mit aufgebrochener Front weniger kompakt.

Die Anrichten sehen wunderlich aus, weil es scheint, als seien sie aus zwei voreinanderstehenden Teilen zusammengesetzt. Dazu kommen die vielen Schubladen und die sechs hochgestelzten Beine. Von der Seite betrachtet, spiegelt die Ausrichtung der Beine die beiden voreinandergesetzten Möbelteile

jedoch nicht wider. Vorderes und hinteres Bein stehen diagonal zum Korpus. Das mittlere, eigentlich zum hinteren Möbelteil gehörende Bein hat aber keine eigene, dem Standort entsprechende Stellung, sondern die gleiche Ausrichtung wie das vordere Bein, so daß der unorganische Übergang beider Möbelteile in den Zargen durch die Ausrichtung der Beine bestätigt wird. Deshalb sind die Marmorplatten das optisch wichtigste Bindeglied. Außerdem sind sie an drei Seiten geschweift und überdecken den rechteckigen Grundriß der Möbel.

Besondere Ähnlichkeit besteht mit weiteren Anrichten (Kat. 21), und die Handhaben wurden auch für Anrichten mit anderem Korpus verwendet (Kat. 23). Nur die Schuhe sind weniger schön geraten. Die gleiche Form der Beine haben drei Pultsekretäre (Kat. 24, 28, 30) und ein Tisch (Kat. 26). Auch die übrigen Merkmale stellen sicher, daß die Anrichten aus der Werkstatt des Ansbacher Hofebenisten Martin Schuhmacher stammen und die bisherige Zuschreibung an den Berliner Hofschreiner Martin Böhme um 1730 hinfällig ist. Vorbild für die Marketerie, die Einfassung der Schubladen mit Messinglippen, die Form der Beine und für die Schienen an den Ecken war mit großer Sicherheit ein Möbel des Pariser Ebenisten François Lieutaud, das 1728/30 nach Ansbach kam. Folglich sind die Anrichten 1730/40 zu datieren (vgl. S. 26 f.).

1 Störkel 1995, S. 256, Anm. 21

Anrichte AnsRes. M 50

23

Paar Anrichten

Zuschreibung an Martin Schuhmacher
(archivalisch faßbar ab 1720 – Ansbach 1781)

Ansbach, 1730/40, Platten um 1750

Konstruktionsholz: Eiche, Nadelholz
Marketerie: Palisander, Amarant, Nußbaum, Ahorn,
Olive, Messing
Beschläge: Messing, Eisen
80 x 144 x 58,5 cm; ohne Platten: 76,5 x 132 x 50,5 cm

Beschläge ehemals vergoldet; letzte Reparatur in den
1950er Jahren; Überzug mit Zelluloselack

Standort Residenz Ansbach, 2. Vorzimmer der Markgräfin, Gobelinzimmer, R 14

Historische Inventarnummern Residenz Ansbach 1807: S.6;
1813: S. 5; 1820: S. 7; 1830: S.8; 1842: 28; 1865: 28; 1884:
A.II. 3.14-15; 1901*: A.I. 3.14-15; 1903: A.I. 3.8; 1929*:
F.V.III. Lit.C1 Nr. 2-3 Bl. 67 Zi. 3; 1939*: F.V.III. R 14 Bl. 180
M 176-177; Stempel: Ansbach, zweifach

Inv. AnsRes. M 5/1-2

Literatur A.F. Residenz Ansbach 1939, S.63 – Kreisel 1956,
S. 17 f., Abb. 16 – Kreisel 1970, S. 34 f., 185 ff., Abb. 24,
496 – Kreisel 1983, S. 36 f., 187 f., Abb. 24, 499 –
A.F. Residenz Ansbach 1993, S.84

Anrichte AnsRes. M 5/2

PROVENIENZ

Unter der Beschreibung »2. Commods von Purpurholz mit messing beschlagen, oben mit fein eingelegter Holz-Arbeith von verschieden couleur jeder
mit 2. Thüren und 2. Schubladen, dan mit 10. messingen Handhaben, und dergleichen Schildern« erscheinen die beiden Möbel 1807 im 2. Vorzimmer

der Markgräfin (R 14). Weil die Stücke mit dieser Beschreibung auch noch in den Inventaren bis 1929 am
gleichen Ort verzeichnet sind und die Anzahl der
10 Schubladen nun immer richtig angegeben wurde,
muß es sich bei der Zählung von 1807 um ein Versehen handeln. Noch heute stehen die Möbel im
gleichen Raum.

Platte von Anrichte AnsRes. M 5/1

Korpus: Beide Kommoden unterscheiden sich nur in den marketierten Darstellungen auf der Platte. Die relativ breiten Möbel haben gerade Seitenwände, in der Front einen breiteren, geraden Mittelteil und zwei schmalere Seitenteile, die um vier Zentimeter zurückversetzt am Mittelteil ansetzen und in einem leicht konvexen Bogen um weitere sieben Zentimeter zurückschwingen. Das Ganze hat einen leicht vorspringenden Sockel, dessen Unterkanten wie Zargen nach geradem Ansatz um wenige Zentimeter hochgeschweift sind. Dadurch werden die Möbel optisch zusammengefaßt. In den Seitenteilen liegen fünf gleich große Schubladen übereinander, während der Mittelteil mit zwei Türen einen Schrank bildet. Die Türen haben eine tiefliegende Füllung, die Schubladen treten aus der Front hervor, und die Seitenwände sind glatt gehalten. Hinter den Türen liegen zwei geschweifte Einlegeböden, die aber nur die hinteren zwei Drittel des Raumes einnehmen.

Marketerie: Platte und Korpus unterscheiden sich in der Marketerie deutlich. Die rechteckigen Füllungen der Türen, die Mittelfelder der Seitenwände und Schubladen sind mit einem gleichmäßigen Geflecht aus überschnittenen Kreisen mit Kreuzblüten überzogen, das von einem Messingfaden beschnitten wird. Auf den Schubladen folgt ein rahmender Streifen in Palisander bis zu den abschließenden Messinglippen. Auf den Seiten wird das Mittelfeld von einem breiten Ornamentband aus verschlungenen C-Bögen und Kreuzblüten samt Begleitstreifen gerahmt, dem nach außen noch ein breiterer Streifen folgt. Diese Rahmung kehrt auf den Türen wieder. Am Sockel werden die Kanten von einem Messingfaden begleitet. Für die Marketerie am Korpus wurde Palisander, Amarant und Messing verwendet, während die Marketerie der Platte vor allem aus Nußbaum und Ahorn mit Amarant und Olive besteht. Gleichmäßiges Ornamentgeflecht taucht nicht auf. Entsprechend der Dreiteilung der Möbelfront ist die Platte in drei unregelmäßig geschweifte Bereiche gegliedert. In der Mitte liegt jeweils ein größeres Marketeriefeld mit einer figürlichen Szene, während in den kleineren Feldern über den Seitenteilen eine Architekturlandschaft mit Staffagefiguren dargestellt ist. Auf der Platte der Anrichte AnsRes. M 5/2 sieht man links einen Hirten mit Hund und zwei Schafen und rechts im Vordergrund einen Hasen, während ein Mann mit Hut, Stab und geschultertem Bündel auf ein Tor zuwandert. In der Schäferszene des Mittelfeldes lagert ein Paar vor einer pittoresken Baumgruppe. Am Boden liegt ein Hirtenstab, und die Frau umgreift mit der Linken einen Vogelkäfig mit geöffneter Tür, den der Mann mit der Linken an einem Ring hochhält, während er mit der Rechten einen Vogel einsperren will. Auf der Kommode AnsRes. M 5/1 sieht man links einen Mann mit Hut, Stab und geschultertem Bündel vor einem Gewässer, der zu einem großen Zentralbau auf der anderen Seite blickt. Im rechten Feld sind wohl zwei Steinmetzen vor einer Stadtlandschaft mit einem großen Zentralbau und Festungsmauern dargestellt. Das Mittelfeld

hat wiederum eine Schäferszene mit lagerndem Paar, wobei der Mann einen Dudelsack und die Frau einen Hirtenstab hält. Die rahmende Ornamentik zeigt locker verteilte Gebilde aus fein gefiedertem Muschel- und Blattwerk mit füllhornähnlichen Blattzusammenstellungen. Hochgestelzte Bogenreihen kehren ebenso wieder wie scharfkantig gefaltete Füllungen des Muschelwerks, die an Drachenflügel erinnern. Teile der Marketerie wurden im heißen Sand schattiert und die Gravur der Binnenzeichnung mit schwarzer, im Blattwerk aber auch mit rötlicher Masse gefüllt.

Beschläge: An den Türen sind die Innenkanten der Rahmen mit einem messingbeschlagenen Viertelstab von den tieferliegenden Füllungen abgesetzt. Auch die vortretenden Schubladen sind mit Messinglippen rechteckig eingefaßt. Alle zehn Schubladen und beide Türen haben gleich geschweifte Schlüsselschilde mit schrägen Kanten. Die Handhaben bestehen aus geschweiften Rücklagen, auf denen die Angeln der gebogenen Griffe befestigt sind. Die Angeln sind also nicht durch die Rücklagen hindurch im Holz, sondern die Rücklagen mit drei extra Schrauben an den Vorderstücken fixiert. Die Griffe bestehen aus rundem Material, und die Angeln sind olivenförmig. Alle zehn Schubladen sind mit eingelassenen Eisenschlössern, die rechte Tür aber mit einem Messingschloß versehen. An den linken Türen sind Riegel eingelassen, die nach oben bzw. nach unten schließen und deren Griffe an der Stirnseite liegen, so daß an der Stirnseite der Gegentür Aussparungen eingestemmt werden mußten. Die Türen sind mit eingelassenen Messingbändern angeschlagen, deren Gelenke an der Front vorstehen. Zur Befestigung der Messingprofile an den Schubladen wurden angelötete Nägel verwendet.

Konstruktion: Die Platte ist eine lose aufliegende Rahmenkonstruktion mit vier Füllungen, die von unten mit zwei Schrauben oder Dübeln am Korpus fixiert war. Für das Gehäuse wurden die Seitenwände offen mit dem obersten Boden verzinkt und reichen bis auf den Fußboden herunter, so daß der unterste Boden in die Seiten gezapft wurde und der Sockel als Aufdoppelung herumläuft. Beide Zwischenwände sind oben und unten offen durch die Böden gezapft, verkeilt und kurz vor der Rückwand als Beine auf den Boden geführt. Die Rückwand liegt seitlich gedübelt in Fälzen, läuft oben stumpf unter die Platte und führt bis auf den Fußboden hinunter, wo sie zwischen den Trennwänden hochgeschweift zusätzlich als Stütze des Möbels dient. Die Unterteilungen zwischen den Schubläden sind in Seiten- und Zwischenwände gezapft. Alle Schubläden sind offen gezinkt und haben einen Boden, der vorne in einem Falz sitzt und stumpf untergeleimt wurde. Nur für die Rückwand wurde Nadelholz verwendet. Gebrauchsspuren im Inneren existieren nicht.

WÜRDIGUNG

An den Möbeln schwingen nur die Seitenteile zurück, wirken aber nicht so kantig, weil die Platten an drei Seiten geschweift sind und damit die dreiteilige

Anrichte AnsRes. M 5/2

Schubladengriff von Anrichte AnsRes. M 5/2

Rückseite von Anrichte AnsRes. M 5/2

Unterseite von Anrichte AnsRes. M 5/2

Struktur der Front in die Schweifungen aufnehmen. Dabei wurden Vorsprünge und Ecken berücksichtigt. Überschnittene Kreise und verschlungene C-Bögen in der Marketerie tauchen an anderen Möbeln in Ansbach nicht mehr auf und bilden einen weit weniger eleganten Anblick wie die Parkettierung im Fischgratmuster an anderen Möbeln (Kat. 18-20). Aber die gleichen Handhaben wurden noch an drei weiteren Paaren von Anrichten verwendet (Kat. 21, 22). Auch andere Merkmale stellen sicher, daß die Anrichten aus der Werkstatt des Ansbacher Hofebenisten Martin Schuhmacher stammen und die bisherige Zuschreibung an den Berliner Hofschreiner Martin Böhme um 1730 hinfällig ist. Eine Ausnahme bildet die Verwendung von Nadelholz für die Rückwand. Vorbild für die Verwendung von Amarant mit Messingfäden, die Einfassung der Schubladen mit Messinglippen und für die Profile in den Türen war mit großer Sicherheit ein Möbel des Pariser Ebenisten François Lieutaud, das 1728/30 nach Ansbach kam. Folglich sind die Anrichten, mit Ausnahme der Platten, 1730/40 zu datieren (vgl. S. 26 f.).

Die Platten passen zwar in der Schweifung gut zu den Möbeln mit dem vorspringenden Mittelteil, gehören aber sicher nicht zum ursprünglichen Konzept. Viel eher waren Marmorplatten vorgesehen, denn die Oberseiten der Korpusse sind gleich bearbeitet und konstruiert wie bei den Anrichten mit Marmorplatten. Auch die Umrisse der Marmorplat-

Platte von Anrichte AnsRes. M 5/2

ten sind fast gleich wie die marketierten Platten (Kat. 21, 22). Außerdem sind Marmorplatten bei der Benutzung der Anrichten praktischer. Wahrscheinlich gehen die später entstandenen Marketerieplatten auch mit einer veränderten Nutzung der Möbel einher. Von den Marketerien aus der Werkstatt Schuhmachers unterscheiden sich die Platten, indem Schäferszenen und Landschaften in das Repertoire aufgenommen und die Flächen mit C-Bögen zu unregelmäßigen Partien zerlegt worden sind, deren Rahmungen steif und wenig elegant aussehen. Eine solche Felderung ist auch an den Seiten eines Pultsekretärs zu sehen (Kat. 30). Weil die Ornamentik jedoch gleichgeblieben ist, wird man die Platten der Anrichten weiterhin um 1750 datieren (vgl. S. 27).

1 Ziffer 1996, S. 101

Detail der Platte von Anrichte
AnsRes. M 5/2

24

Pultsekretär

Zuschreibung an Martin Schuhmacher
(archivalisch faßbar ab 1720 – Ansbach 1781)

Ansbach, nach 1736

Konstruktionsholz: Eiche, Buche, Nadelholz
Marketerie: Amarant, Buchsbaum, schattiert und graviert
Beschläge: Messing, gegossen und ziseliert
97 x 106,5 x 47,5 cm

Beschläge ehemals wohl vergoldet; letzte Reparatur 1955;
Überzug mit Zelluloselack; grüner Filz auf der Schreibfläche; Tinten- und Streusandgefäß

Standort Residenz Ansbach, 2. Vorzimmer des Gästeappartements, Familienzimmer, R 22

Historische Inventarnummern Residenz Ansbach 1807:
S. 29; 1813: S. 21; 1820: S. 29; 1830: S. 28; 1842*: 190;
1865*: 190; 1884: A.II. 34.24; 1901: A.I. 34.29; 1903*: A.I.
34.10; 1929*: F.V.III. Lit. B II b Nr. 7 Bl. 47 Zi. 34; 1939*:
F.V.III. R 22 Bl. 224 M 272; Stempel: Ansbach und S. A.

Inv. AnsRes. M 13

Literatur A.F. Residenz Ansbach 1939, S. 70 – Müller-
Christensen 1950, S. 144 f. – Kreisel 1956, S. 17 f., Abb. 13,
15 – Jedding 1958, Nr. 352 – Kreisel 1970, S. 35 f., 187 f.,
Abb. 18, 492 – Jedding 1978, Abb. 352 – Müller-Christensen 1981, S. 157 f. – Kreisel 1983, S. 36 f., 187 f., Abb. 18,
496 – A.F. Residenz Ansbach 1993, S. 93

Das »Schreib Comtoir mit Nußbaumholz eingelegt, mit 9. Schubladen, in Faßungen von Meßing mit 9. Handhaben und 9. Schilden von Meßing mit meßingen Klauen an den 4. Füßen« läßt sich ab 1807 im Braunen Kabinett des Markgrafen nachweisen (R 7). Erst seit dem Inventar von 1884 ist es im 2. Vorzimmer des Gästeappartements (R 22) eingetragen.

BESCHREIBUNG

Korpus: Das Schreibmöbel mit schräggestellter Schreibklappe, gerader Front, geraden Seiten und geradem oberen Abschluß macht einen kantigen Eindruck. Nur die vier gestelzten, diagonal gestellten Beine sind leicht zurückgeschweift. Sie laufen an den Außenseiten glatt in den Korpus ein und gehen an den Innenseiten mit einem Bogen in die geschweiften Unterkanten der Zargen über. Alle Flächen des Möbels sind glatt, und nur die Front unter der Schreibklappe ist von den vortretenden Schubladen strukturiert. Mit einem flachen Knieloch ist die Front in eine breitere Mittelpartie und zwei schmalere Seiten geteilt.

Innenaufteilung: Neun Frontschubladen sind zu dritt nebeneinander in drei Registern angeordnet. In der flachen oberen Etage sind die herausziehbaren Schreibklappenstützen integriert. Die beiden unteren Etagen sind gleich hoch, aber wegen des Knielochs ist die untere Mittelschublade flach und macht mit der Unterkante die Ausschweifung des Knielochs mit. Hinter der Schreibklappe ist der Raum in eine flache untere und eine höhere Etage mit zwei schmalen Seitenteilen und einer breiten Mitte geteilt. In den Seiten sitzen zwei Schubkästen stufig übereinander. Die Mitte hat ein breites, offenes Fach und darüber zwei hohe Schubkästen nebeneinander, rechts und links begleitet von zwei flachen Schublädchen übereinander. In der Schublade unten rechts sitzt eine zweifache Unterteilung für Streusand- und Tintengefäß. Beide erhaltenen Gefäße aus Glas sind jedoch deutlich kleiner als die Gefache.

Marketerie der linken Seite

Marketerie: Auf der Oberseite des Möbels, aber auch auf der Schreibklappe wurde das Ornament jeweils zweimal verwendet. Auf den Frontschubladen wurde nur zwischen den flachen und hohen Schubladen variiert. Die Ornamentik ist stets symmetrisch aufgebaut und zeigt dünne C-Bögen und Reste von Bandelwerk mit fein gefiedertem Muschel- und Blattwerk, in dem hochgestelzte Bogenreihen und dunkle Lochreihen immer wiederkehren. Scharfkantig gefaltete Füllungen des Muschelwerks erinnern an Drachenflügel, und füllhornähnliche Blattzusammenstellungen enden bisweilen in spitzen Schneckenhäusern. Die beiden Hölzer der Marketerie bestehen aus Amarant für den Fond und aus Buchsbaum für das Ornament. Teile der Marketerie wurden im heißen Sande schattiert und die Gravur mit schwarzer, im Blattwerk aber auch mit rötlicher Masse gefüllt. Das Innere des Schreibfachs wurde nicht furniert, und man erblickt das eichene Konstruktionsholz.

Unterteilung für Streusand- und Tintengefäß im Schreibteil

Beschläge: Die Schuhe laufen in Voluten aus und sind aus regelmäßigem, zweifach hintereinandergestaffeltem Blattwerk mit wulstigen Rippen gebildet. Von den Schuhen aus sind die Ecken des Möbels mit eingesenkten Messingstreifen geschient und die Frontschubladen mit Messinglippen gerahmt. Die gebogenen Griffe drehen sich in Angeln auf Rosetten und bestehen aus auffallend kantigem Material mit abgefasten Ecken. Schubladen und Schreibklappe sind mit gleichen, geschweiften Schlüsselschildern mit schrägen Kanten und eingelassenen Messingschlössern ausgestattet. Nur die Schreibplattenstützen haben Zugknöpfe aus Messing, die in gleicher Form an den Schubladen im Schreibteil wiederkehren.

Konstruktion: Als Konstruktionsholz wurde vor allem Eiche verwendet. Nur die Beine sind aus Buche und die Rückwand aus Nadelholz. Als Pfostenkonstruktion sind die Seiten in die durchlaufenden Beine gezapft. Wegen der Schubladen wurden die Pfosten an den Innenseiten abgearbeitet, so daß die Zwischenböden in die Seiten gezapft werden konnten. Die beiden unteren Böden und der oberste Boden sind mit den Seiten verzinkt. Auch die Zwischenwände sind in die Böden gezapft, während die Seiten des Knielochs nur mit den untersten Böden verzinkt werden konnten. Im Schreibteil sind die Unterteilungen nicht als Einsatz konstruiert, sondern in Böden und Seiten genutet. Die Rückwand sitzt in Fälzen und ist auch an die Zwischenwände und -böden gedübelt. Alle Frontschubladen sind offen gezinkt, während die Schubladen im Schreibteil vorne wegen der lippenartig vorstehenden Vorderstücke halbverdeckt gezinkt sind. Nur bei diesen Schubladen liegen die Böden vorne in einem Falz. Die Böden sind stumpf untergeleimt.

WÜRDIGUNG

Der kantige Eindruck des Schreibmöbels wird durch die rechteckige Form der Marketeriefelder und den starken Farbkontrast verstärkt. Außerdem lassen die Messingeinfassungen der Schubladen die Front des Möbels gerastert erscheinen. Nur auf den großen Schubladen bilden die gebogenen Handhaben mit den Rosetten auf den Marketerien ein gutes Bild. Kleine Drachen auf der Schreibklappe lockern die rein ornamentale Marketerie etwas auf, und außerdem ist der Pultsekretär neben den parkettierten Möbeln der gleichen Werkstatt das einzige Stück, an dem kein Nußbaumholz verwendet wurde. Das flache Knieloch sitzt zu tief, als daß es die Funktion eines Knieloches erfüllen könnte.

Die Form des Sekretärs ähnelt, bis hin zu den geschweiften Unterkanten, einem zweiten Pultsekretär, bei dem die Beschläge und die Abstützung der Schreibklappe jedoch anders gestaltet sind (Kat. 28). Zu einem dritten Pultsekretär sind die Unterschiede noch größer (Kat. 30). Eine flache Schubladenschicht mit herausziehbaren Stützen unter der Klappe hat nur noch der große Schreibschrank (Kat. 18). Auch andere Merkmale stellen sicher, daß der Korpus des Sekretärs aus der Werkstatt des Ansbacher Hofebenisten Martin Schuhmacher stammt und die bisherige Zuschreibung an den Berliner Hofschreiner Martin Böhme gegen 1730 hinfällig ist. Vorbild für die Form der Beine, die Einfassung der Schubladen mit Messinglippen und für die Messingschienen an den Ecken war mit großer Sicherheit ein Möbel des Pariser Ebenisten François Lieutaud, das 1728/30 nach Ansbach kam. Weil die Marketerie aber kaum vor der Boullemarketerie auf der 1736 signierten Aufsatzkommode (Kat. 17) denkbar ist, muß der Sekretär etwas später entstanden sein. Bei den anderen Möbeln aus der Werkstatt Schuhmachers ist die Plazierung der Marketerie auf den Flächen besser gelungen (vgl. S. 27).

Rückseite

Schreibklappenstütze mit eingelassenen Messingprofilen

Marketerie der Oberseite, Detail

25

Tisch

Ansbach, um 1740/50

Konstruktionsholz: Nußbaum, geschnitzt
75,5 x 92,5 x 60,5 cm; Gestell: 73 x 84,5 x 54 cm

Ursprünglich gefaßt; Schublade verloren; Öffnung in der
Zarge zugesetzt; Restaurierung um 1960; Möbel gebleicht;
Überzug mit rotem Schellack

Standort Residenz Ansbach, Dienerschaftszimmer, R 18

Historische Inventarnummern Residenz Ansbach 1842: 455;
1865: 455; 1884: A.II. 38.5; 1901: A.I. 38.5; 1903: A.I. 38.5;
1929: F.V.III. Lit. B I Nr. 9 Bl. 39 Zi. 38; 1939*: F.V.III. Depot
Bl. 266 M 351

Inv. AnsRes. M 57

PROVENIENZ

Seit dem Inventar von 1842 ist das Möbel im
Dienerschaftszimmer des Gästeappartements (R 18)
faßbar. Nur das Inventar von 1939 verzeichnet es im
Depot. Die Beschreibung lautet von 1842 bis 1929:
»1 Tisch von Nußbaumholz mit Schublade«, und
erst 1939 und 1966 wird die Holzart mit »Kirsche«
falsch beschrieben.

BESCHREIBUNG

Korpus: Platte und Gestell des rechteckigen Tischs in
Pfostenkonstruktion bestehen aus Nußbaum. Die
Platte hat gerundete Ecken, fein profilierte Kanten
und steht an den Schmalseiten etwas weiter über das
Gestell hinaus als an den langen Seiten. Erst bei
einer jüngeren Restaurierung wurde die Platte mit
modernen Eisenwinkeln an den Zargen befestigt.
Von dieser Behandlung stammen auch wohl die modernen, eingebrannten Buchstaben »SD« unter der
Platte sowie an der Innenkante einer Zarge. Auch
das Gestell hat gerundete Ecken. Die leicht geschweiften Beine laufen in scharfkantig geschnitzte
Voluten mit Blattwerk aus, die an Bronzeschuhe erinnern, zumal sich aus den Schuhen heraus flache
Strahlen die Beine hinaufziehen und über den Knien
keulenförmig enden. Die Beine sind auch an der
Rückseite sauber bearbeitet und zart profiliert. Die
seitlichen Kanten sind erhaben geschnitzt und wirken wie aufgesetzte Schienen, die sich am Übergang
zu den Zargen eindrehen und den eingedrehten Pro-
filbändern der Zargen in den Ecken gegenüberste-
hen. An der Unterkante sind die Zargen in langen
Bögen geschweift, um in der Mitte einen kurzen Bogen zu fassen. Die Zargen verlaufen als flache, hohe
Kehle um das Gestell herum, so daß eine Art vorkra-
gender Absatz unter der Platte stehenbleibt.

WÜRDIGUNG

Offene Fraßgänge von Anobien an den geschnitzten
Beinen sowie Fassungsreste an der Innenseite einer
Zarge weisen darauf hin, daß der Tisch ursprünglich
gefaßt war, auch wenn die Inventare keinen Anhaltspunkt dafür bieten. Zu einer Fassung würde auch der
unregelmäßige Fugenverlauf in der aus Brettern zu-
sammengefügten Platte passen. Vor allem aber der
geschnitzte, beschlagähnliche Dekor an den Beinen
sowie die an Bronzeschuhe erinnernden Füße würden nur gefaßt einen Sinn ergeben. Gerade weil der
Tisch offensichtlich seit längerer Zeit abgelaugt,
ohne Fassung dasteht, wurde die Eleganz der Schnitzerei und des schön geschweiften, ausgewogenen
Möbels nicht erkannt.

Mit der langgestreckten Schweifung der Beine
erinnert das Möbel deutlich an die Beine von Anrichten (Kat. 21, 22) sowie eines Tisches aus der
Werkstatt des Hofebenisten Martin Schuhmacher
(Kat. 26). Die marketierten Möbel können um 1740
datiert werden. Ein späterer Tisch aus der Werkstatt
hat ein bewegter geschweiftes Gestell mit zierlicheren Beinen (Kat. 31), und so kann der ehemals gefaßte Tisch zwischen 1740 und 1750 eingeordnet
werden. Im übrigen haben alle drei Tische an den
Platten das gleiche Profil.

26

Tisch

Zuschreibung an Martin Schuhmacher
(archivalisch faßbar ab 1720 – Ansbach 1781)

Ansbach, 1740/50

Konstruktionsholz: Eiche, Buche
Marketerie: Nußbaum, Amarant, Ahorn, Bux, graviert
Beschläge: Messing, gegossen, ziseliert
76,4 x 92 x 60,8 cm

Vergoldung der Schuhe verloren; 1994/95 restauriert

Standort Bayreuth, Neues Schloß, Salon mit der Gold-
decke, R 7

Historische Inventarnummern Residenz Ansbach 1807:
S. 32; 1813: S. 45; 1820: S. 58; 1830: S. 56; 1842*: 358;
1865*: 358; 1884*: A.II. 30.82; Stempel: S.A.; Neues
Schloß Bayreuth 1879*: A.I. 19.51

Inv. BayNS. M 17

Literatur A.K. Markgräfin Wilhelmine 1959, Kat. 274 –
Kreisel 1970, S. 185 ff., Abb. 495 – Kreisel 1983, S. 187 ff.,
Abb. 498 – A.F. Neues Schloß Bayreuth 1995, S. 75 – A.K.
Paradies des Rokoko 1998, Kat. 161

Detail der Platte

Das reich marketierte Möbel ist im Inventar von
1842 schlicht als »1. eingelegter Tisch« beschrieben,
aber sicher zu fassen und unter der gleichen Beschreibung bis zum Inventar von 1813 mit Standort
in der Bildergalerie (R 26) zurückzuverfolgen. Im Inventar von 1807 ist der Tisch vielleicht mit einem
Eintrag im Schlafzimmer des Markgrafen zu identifizieren. Laut Inventar von 1884 stand der Tisch
»eingelegt u. boliert, ohne Schublade« noch in der
Galerie, und im Jahre 1890 ist der Transport nach
Bayreuth festgehalten. Der Transfer war die Folge
eines Besuchs der Bayreuther Festspiele durch das
deutsche Kaiserpaar und den Prinzregenten Luitpold im Jahre 1889, für den die standesgemäße Ausstattung des Neuen Schlosses sehr umständlich gewesen war. Im Jahr darauf hatte man in mehreren
fränkischen Schlössern nach entbehrlichen Inventarstücken für Bayreuth gesucht.[1]

BESCHREIBUNG

Korpus: Das Gestell hat vier stabile, diagonal nach
außen gestellte, nur leicht nach innen geschweifte
Beine. Die Kanten sind abgefast, und von den Innenkanten laufen die Beine mit einem kräftigen Bogen
über eine flache Nase in die flachen Zargen ein. Die
rechteckige Platte mit umlaufendem Profil ist an den
Ecken gerundet. Eine Schublade gibt es nicht.
Marketerie: Die Beine sind an den Außenseiten marketiert. Ein Band aus Amarant zieht sich wie eine
Schiene von den Schuhen die Beine herauf und
wurde als Band unter der Platte an den Zargen weitergeführt. An den Innenkanten sind die Beine ebenfalls mit einem Begleitstreifen aus Amarant gefaßt,
der an den Unterkanten der Zargen weiterläuft.
Auch die Platte wird mit einem Band aus Amarant
strukturiert, und zwar zu einer regelmäßigen, queroval geschweiften Mittelkartusche mit vier Zwickel-
bildern in den Ecken, einem eingezogenen Bogen an
den Lang- und einem Dreipaß an den Schmalseiten.
Die äußerst feine Marketerie liegt in einem Fond aus
Nußbaum. Sie ist rein ornamental aus Rocaillen,
Palmetten und Rankenwerk, streng achsensymmetrisch und in wechselseitiger Umkehrung der Farb-
stellung gestaltet. Die Mitte betont ein blütengefüll-
ter Korb mit einem fliegenden Papagei darüber.
Auch am Gestell ist die Marketerie in die geschweiften Flächen auf Beinen und Zargen gut eingepaßt.
Beschläge: Die gegossenen Schuhe sind sauber ziseliert, und das regelmäßig gefächerte Blattwerk läuft
vorn in Voluten aus.
Konstruktion: Beine und Zargen sind miteinander
verzapft und gedübelt. Die Rückseite der hohen
Beine wurde sorgfältig profiliert und rötlich gebeizt.
Die Platte ist aus gefügten Eichenbrettern mit Nußbaumumleimer zusammengesetzt und mit Gratleisten gegen das Verwerfen gesichert. Die Gratleisten
sitzen so, daß sie zwischen den Beinen liegen und die
Platte nicht verrutschen kann.

WÜRDIGUNG

Der Tisch besticht durch die leicht geschweiften
Beine und die klar gegliederte, kontrastreiche und
feine Marketerie auf der Platte. So reich marketierte
Zargen und Beine gibt es selten. Gleiche Schuhe findet man an zwei Paar Anrichten und einem Pultschreibtisch (Kat. 21, 28). Die Form der Platte, nicht
aber ihr Profil und die reichhaltige Marketerie entsprechen einem anderen Tisch, dessen Marketerie
die gleiche Handschrift trägt (Kat. 31). Auch andere
Merkmale stellen sicher, daß der Sekretär aus der
Werkstatt des Ansbacher Hofebenisten Martin
Schuhmacher stammt. Vorbild für die Form der
Beine war mit großer Sicherheit ein Möbel des Pariser Ebenisten François Lieutaud, das 1728/30 nach
Ansbach kam. Weil die charakteristische Marketerie
mit schwungvoll-fransigen Rocaille-, Palmetten-
und Rankenmotiven auch auf anderen Möbeln zu
sehen ist, wird der Tisch in die Jahre von 1740 bis
1750 datiert (vgl. S. 27).

Marketerie am Gestell

27

Paar Eckschränke

Zuschreibung an Martin Schuhmacher
(archivalisch faßbar ab 1720 – Ansbach 1781)

Ansbach, um 1740/50

Konstruktionsholz: Eiche
Marketerie: Nußbaum, Bux, Amarant, Olive, schattiert
und graviert
Beschläge: Messing, graviert
185 x 55 x 55 cm; ohne Etageren: Höhe 91,5 cm

Letzte Reparatur in den 1950er Jahren; Überzug mit
Zelluloselack

Standort Residenz Ansbach, Braunes Kabinett im
Appartement des Markgrafen, R 7

Historische Inventarnummern Residenz Ansbach 1807:
S. 30; 1813: S. 22; 1820: S. 30; 1830: S. 29; 1842*: 189;
1865*: 189; 1884: A.II. 18.12-13; 1901: A.I.18. 12-13;
1903*: A.I. 18.9; 1929*: F.V.III. Lit. D II Nr. 1-2 Bl. 83 Zi. 18;
1939*: F.V.III. R 7 Bl. 57 M 92-93; Stempel: Ansbach

Inv. AnsRes. M 21/1-2

Literatur A.F. Residenz Ansbach 1939, S. 47 – Kreisel 1970,
S. 185 ff., Abb. 498 – Kreisel 1983, S. 187 ff., Abb. 501 –
A.F. Residenz Ansbach 1993, S. 60

Oben: Platte von Eckschrank AnsRes. M 21/1

Rechts: Detail aus einem Kupferstich von Jean Berain

Außenseite des Eckschranks
AnsRes. M 21/1

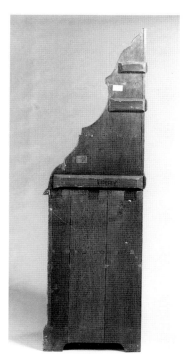

PROVENIENZ

Das Inventar von 1807 nennt die Möbel: »2. Eckbehälter von Nußbaumholz mit roth und weissen
Laub- und Blumenwerk eingelegt, jeder mit 2. Thüren und 2. messingen Schlüsselblechen dann jeder
mit einem Aufsatz von 3. Fächern«, und sie wurden
seitdem stets im Braunen Kabinett des Markgrafen
inventarisiert. Das Öffnen der eingebauten Biblio-
theksschränke des Raums wird durch die Eckschränke aber verhindert.

BESCHREIBUNG

Korpus: Die Eckschränke mit Grundriß im Viertelkreis haben im Unterteil zwei Türen mit Fachboden
im Inneren und einen Aufsatz mit zwei Böden, dessen Seitenwände sich über einziehende Bögen spitz
nach oben verjüngen. Inklusive der Platte ist eine
dreistufige Etagere entstanden. Die Unterkante der
vorspringenden Sockel ist nach geradem Ansatz um
wenige Zentimeter hoch- und zur Mitte wieder hinabgeschweift, so daß die Möbel vorn von drei Füßen
gestützt werden. Eine eingetiefte Füllung in den
Türen und die Schlagleiste strukturieren die Front.
Erst die profilierte Platte beschreibt nicht mehr
einen glatten Viertelkreis, sondern kragt über die
seitlichen Füße vor und ist symmetrisch zur Mitte
geschweift. Diese Schweifung wird von den zurück-
tretenden Böden der Etageren aufgenommen.

Marketerie: Beide Möbel sind an Sockel, Türen,
Platte, an den Seiten des Aufsatzes, aber auch im Inneren der Schränke marketiert. Auf den Türrahmen
und am Sockel liegt das Ornament in einem Nußbaumfond, der nach außen mit einem Band aus Olive
eingefaßt ist. Auf den Füllungen, auf der Platte und
an den Seiten des Aufsatzes liegt das Ornament
jedoch in einem dunklen Fond aus Amarant und
umfaßt eine einfache Nußbaumfelderung. Auf den
Platten wurde Diana dargestellt als Göttin der Jagd
mit Halbmond im Haar, Lanze in der Hand und
zwei Hunden. Zu ihren Füßen liegen ein Bogen mit
Köcher und Jagdhorn. Auf beiden Möbeln wurde die
gleiche Darstellung verwendet, die auf dem einen
Stück nur seitenverkehrt sitzt, so daß die Bilder
einander zugewandt sind, wenn die Pendantstücke
nebeneinander stehen. Die Ornamentik zeigt dünne
C-Bögen mit fein gefiedertem Muschel- und Blattwerk, in dem hochgestelzte Bogenreihen und scharf-

*Marketerie der
Innenseite der
Etagere von
Eckschrank
AnsRes. M 21/1*

kantig gefaltete Füllungen des Muschelwerks wiederkehren, die an Drachenflügel erinnern. Auf den Platten sind zwei kleine Eulen in das Ornament eingebunden. Die eingetieften Füllungen der gebogenen Türen liegen auf der Rückseite mit dem Rahmen plan auf einer Ebene und sind mit einem Streifen einfach rechteckig gefeldert, wobei die Marketerie allerdings zwei Füllungen beschreibt, die konstruktiv nicht existieren. Die Flächen der Rückwände und Böden sind mit breitem Federfries und einer einfachen Rahmung furniert. In den Bäumen hinter der Göttin Diana haben sich größere Reste der Grünfärbung erhalten. Teile der Marketerie wurde im heißen Sand schattiert und die Gravur der Binnenzeichnung mit schwarzer, im Blattwerk aber auch mit rötlicher Masse gefüllt.

Beschläge: Die Schränke sind mit einem eingelassenen Schloß in der rechten Tür zu verschließen, und auf beiden Türen sitzen geschweifte, schön gravierte Schlüsselschilde. In der linken Tür sind zwei Riegel angebracht, die nach oben bzw. nach unten schließen, deren Griffe aber an der Stirnseite liegen, so daß an der Stirnseite der Gegentür Aussparungen eingestemmt werden mußten. Die Türen sind mit eingelassenen Bändern angeschlagen, deren Gelenke an der Front vorstehen.

Konstruktion: Beide Rückwände sind mit der Platte verzinkt, laufen bis auf den Fußboden herunter und sind an der Unterkante hochgeschweift, damit sich Füße bilden. Fachboden und unterer Boden sind in die Rückwände gezapft, während vorn eine sehr dicke Zarge im Viertelkreis als Sockel unter die Boden gesetzt ist. Seitlich bleiben neben den Türen Streifen in der Front stehen, an denen die Türen angeschlagen sind und die deshalb mit Nut und Feder stabil in Sockel und Platte verankert sind sowie mit den gefälzten Rückwänden verdübelt wurden. Die aufgesetzten Etageren bestehen aus senkrecht gefügten Brettern, die mit Gratleisten plan gehalten, in der Ecke miteinander verdübelt und mit schwalbenschwanzförmigen Leisten von oben in die Platten der Schränke gesteckt sind. Die Böden sind eingezapft und von außen verkeilt.

WÜRDIGUNG

Die Eckschränke mit den Etageren wirken weder schwer noch ungelenk wie manch andere Ansbacher Möbel. Auch die Marketerien sind den geschweiften Flächen gut angepaßt oder locker in die Ecken der Türrahmen gesetzt. Weil im Inneren des Schreibschrankes aus gleicher Werkstatt das eichene Konstruktionsholz unfurniert blieb und daher befremdet, fällt die Marketerie im Inneren der Eckschränke besonders auf. Sie haben auch in geöffnetem Zustand eine repräsentative Wirkung. Dazu gehören die gravierten Schlüsselschilde, die in ähnlicher Qualität an dem Kabinettschränkchen vorkommen (Kat. 20). Nur die Gravuren der kleinen Beschläge auf dem französischen Barometer sind besser (Kat. 9). Als Vorlage für die Darstellung der Jagdgöttin Diana diente ein französischer Kupferstich nach Jean Berain.[1] Schon für die Marketerie der viel

Eckschrank AnsRes. M 21/1

früher entstandenen Wiege und die Fußböden hatte
sich Johann Matusch eng an Vorlagen von Berain gehalten (Kat. 2, 3). Ihre erneute Verwendung beweist,
daß die Vorlagen zum Bestand der Hofwerkstatt
gehört haben. Für die Eckschränke war das Ornament der Kupferstiche nicht mehr modern, und man
wählte nur die Figur, die auf den Platten vielleicht
deshalb so isoliert wirkt. Bogen, Köcher und Jagdhorn waren auf der Vorlage nicht abgebildet.

Marketerie und technische Details stellen sicher,
daß die Eckschränke aus der Werkstatt des Ansbacher Hofebenisten Martin Schuhmacher stammen
und um 1740/50 datiert werden können (vgl. S. 27).

1 Jessen 1923, Taf. 176 – Weigert 1937,
Abb. 50

*Detail der Platte von Eckschrank
AnsRes. M 21/1*

Pultsekretär

Zuschreibung an Martin Schuhmacher
(archivalisch faßbar ab 1720 – Ansbach 1781)

Ansbach, um 1740/50

Konstruktionsholz: Eiche, Buche
Marketerie: Amarant
Beschläge: Messing, gegossen und ziseliert
94 x 91 x 58,5 cm

Tinten- und Streusandgefäße erhalten; Marketerie auf der
Schreibfläche und Vergoldung der Beschläge verloren;
eine Schublade im Schreibteil fehlt; eine erneuert; letzte
Reparatur 1955, Überzug mit Zelluloselack

Standort Residenz Ansbach, Vorzimmer der Galerie, R 25

Historische Inventarnummern Residenz Ansbach 1842*:
365; 1865*: 365; 1884: A.II. 31.3; 1901: A.I. 31.3; 1903*: A.I.
31.9; 1929: F.V.III. Lit. B II b Nr. 3 Bl. 46 Zi. 31; 1939*: F.V.III.
R 25 Bl. 242 M 309; Stempel: Ansbach und S.A.

Inv. AnsRes. M 14

Literatur A.F. Residenz Ansbach 1939, S. 74 – Kreisel 1939,
S. 61-64 – Kreisel 1970, S. 35-37 – A.F. Residenz Ansbach
1993, S. 100

PROVENIENZ

Der Pultschreibtisch ist im Inventar von 1807 nicht
zu identifizieren und seit dem Inventar von 1842 im
Vorzimmer der Galerie (R 25) eingetragen. Der Eintrag lautet: »Schreibtisch von Mahagoniholz mit
Messing garniert, mit 7 großen und 8 kleinen Schubladen«. Der blaue Samtbezug auf der Schreibklappe
wird erst im Inventar von 1939 genannt.

BESCHREIBUNG

Korpus: Das Möbel hat eine schräggestellte Schreibklappe, eine gerade Front, gerade Seiten und einen
geraden oberen Abschluß, aber eine geschweifte
Schreibklappenstütze, die über die ganze Breite des
Möbels reicht. Sie ist profiliert und fünffach die
Mitte betonend vorgeschweift. Der Sekretär steht
auf vier hochgestellten, nur leicht zurückgeschweiften und diagonal zum Korpus gerichteten Beinen.
Sie laufen an den Außenseiten glatt, ohne Absatz in
den Korpus ein und an den Innenseiten mit einem
Bogen in die geschweiften Unterkanten. Fast alle
Flächen des Möbels sind glatt, aber die Front unter der Schreibklappenstütze ist mit vortretenden
Schubladen strukturiert. Außerdem ist die Front mit
einem flachen Knieloch in eine breitere Mittelpartie
und zwei schmalere Seiten geteilt.

Innenaufteilung: In der Front sitzen rechts und links
zwei schmale Schubladen übereinander und eine
breitere über dem Knieloch. Die dritte und obere
Etage wird von zwei nebeneinandersitzenden, breiten Schubkästen eingenommen. Hinter der Schreibklappe ist der Raum in zwei Etagen mit zwei schmalen Seitenteilen und einer breiten Mitte geteilt. Die
Mitte hat unten ein breites offenes Fach mit drei
Schubladen darüber, während in den Seiten zwei
Schubkästen stufig angeordnet übereinanderliegen.
In der rechten unteren Schublade ist im linken Bereich eine dreifache Unterteilung für die Streusand-
und Tintengefäße aus Glas und Messing sowie ein
längliches Fach für Stifte und Schreibfedern untergebracht. Die Inventareinträge nennen acht Schubladen im Inneren, so daß das Fach eventuell mit einer
Schublade geschlossen war.

Marketerie: Es handelt sich um eine Parkettierung in
Amarant, wobei Schreibklappe und Möbeloberseite
in zwei Felder, die kleinen Frontschubladen, aber
auch die großen Flächen der Möbelseiten nicht unterteilt sind. Rechteckige Furnierfelder werden jeweils von einem schmalen sowie nach außen von einem breiteren Band gerahmt und das schmalere
Band in beiden Achsen gestürzt. An den Schubladen

bilden profilierte Lippenränder die äußere Rahmung. Die Ecken der Beine sind auch an den hinteren Beinen mit eingesenkten Amarantstreifen geschient und die Rückseiten mit Amarant furniert. Auch die Innenseiten des Knielochs wurden furniert.

Beschläge: Die Messingschuhe mit regelmäßig gefächertem Blattwerk laufen in Voluten aus und sind ziseliert. Auf den Frontschubladen sitzen geschweifte Schlüsselschilde und Zugknöpfe, wobei die breiteren Schubladen mit zwei Knöpfen ausgestattet sind. Beide Knöpfe sind rechts und links vom Schlüsselschild montiert, während der Zugknopf an den schmalen Schubladen etwas unglücklich, direkt unter dem Schlüsselschild an den unteren Rand der Schublade befestigt ist. Alle sieben Frontschubladen und die Schreibklappe sind mit eingelassenen Messingschlössern versehen und letztere mit eingelassenen Messingbändern angeschlagen. Die sechs erhaltenen alten Schubladen im Schreibteil haben ebenfalls kleine Messingknöpfe. Reste einer Vergoldung konnten nicht gefunden werden.

Streusand- und Tintengefäß aus Glas und Messing

Konstruktion: Als Konstruktionsholz wurde Eiche und nur für die Beine Buche verwendet. Die Seiten sind mit Nut und Feder in die durchlaufenden Beine gefügt. Wegen der Schubladen mußten die Pfosten aber an den Innenseiten bis auf die Stärke der Seitenbretter abgearbeitet werden. Außerdem konnten die Böden deshalb ohne Probleme in die Seiten gezapft werden. Nur der oberste Boden ist wahrscheinlich mit den Seiten verzinkt. Auch die Zwischenwände wurden eingezapft, während die Seiten des Knielochs nur mit den unteren Böden verzinkt werden konnten. Im Schreibteil sind die Unterteilungen nicht als Einsatz konstruiert, sondern in Böden und Seiten genutet. Die Schreibplattenstütze ist zur Verankerung zwischen den Boden über den Frontschubladen und den unteren Boden des Schreibteils geschoben. Die Rückwand sitzt in Fälzen und ist auch an die Zwischenwände gedübelt. Alle Schubladen sind offen gezinkt und haben an den Vorderstücken Aufdoppelungen in Amarant, die an den Frontschubladen als profilierte Lippen überstehen. Nur bei diesen Schubläden liegen die Böden vorne in einem Falz. Alle Schubladenböden sind stumpf untergeleimt. Auf Streich- oder Laufleisten wurde verzichtet. Die linke untere Schublade im Schreibfach wurde in Nußbaum ohne Zugknopf erneuert.

WÜRDIGUNG

Der kantige Eindruck des Schreibmöbels wird durch die ungewöhnliche Schreibklappenstütze ein wenig entschärft, die wie ein Konsoltisch aus der Front ragt. Eleganter ist die Parkettierung in Amarant mit gestürzten Rahmen, die das Licht unterschiedlich, fast irritierend reflektieren. Entsprechend wurden bescheidene Beschläge angebracht.

Der Sekretär ähnelt in der Form, bis hin zu den geschweiften Unterkanten, dem Pultsekretär (Kat. 24), wurde aber nicht mit Messinglippen an den Schubladen und Schienen an den Beinen ausgestattet. Statt dessen wurden Amarantschienen eingelassen. Vor allem aber die Abstützung der Schreibklappe ist anders gestattet. Größer ist die Ähnlichkeit mit der Form des anderen Pultsekretärs, der auch die gleiche Schreibklappenstütze und gleiche Profile an den Kanten der Klappe und Schubladen hat (Kat. 30). Beide Sekretäre sind aber ornamental marketiert. Mit gleichen Messingschuhen wurden die beiden Anrichtenpaare (Kat. 21) und der marketierte Tisch ausgestattet (Kat. 26).

Auch die übrigen Merkmale stellen sicher, daß die Anrichten aus der Werkstatt des Ansbacher Hofebenisten Martin Schuhmacher stammen und die bisherige Zuschreibung an den Berliner Hofschreiner Martin Böhme gegen 1730 hinfällig ist. Gleich den genannten Möbeln war das Vorbild für die Form der Beine mit großer Sicherheit ein Möbel des Pariser Ebenisten François Lieutaud, das 1728/30 nach Ansbach kam. Weil der andere Pultsekretär mit gleicher Klappenstütze wegen der Marketerie um 1750 angesetzt werden muß, kann der parkettierte Pultsekretär um 1740/50 datiert werden (vgl. S. 27).

Rückseite

2 Ofenschirme

Zuschreibung an Martin Schuhmacher
(archivalisch faßbar 1720 – 1781)

Ansbach, 1751, Gemälde 1741

Auf dem Gemälde an der Treppenstufe bezeichnet
»Peint par J: A: Biarelle 1741«
Konstruktionsholz: Nußbaum
Marketerie: Amarant, Nußbaum, Bux
Bespannung AnsRes. M 90: Gemälde mit Ruhender Venus
von Johann Adolf Biarelle, Öl auf Leinwand, gelber
Seidendamast
Bespannung AnsRes. M 92: Handdrucktapete, französisch,
um 1860/70; Flocktapete nach 1835
AnsRes. M 90: 122,3 x 87 x 37,5 cm
AnsRes. M 92: 125,6 x 87,5 x 38 cm

Gemälde zugehörig, Gemälde des anderen Ofenschirms
verloren; starke Lichtschäden in der Marketerie

Standort Residenz Ansbach, Marmorkabinett, R 8; I.
Vorzimmer der Markgräfin, R 15

Historische Inventarnummern Residenz Ansbach 1807,
S. 28, 47; 1813: S. 19; 1820: S. 28; 1830: S. 29; 1842*: 518;
141; 1865*: 518; 141; 1884: A.II. 17.29; A.II. 2.41; 1901: A.I.
17.27; A.I. 2.41; 1903*: A.I. 17.12; A.I. 2.14; 1929*: F.V.III.
Lit. M Nr. 8 Bl. 151 Zi. 17; F.V.III. Lit. M Nr. 1 Bl. 149 Zi. 2;
1939: F.V.III. R 8 Bl. 66 M 108; *F.V.III. R 15 Bl. 190 M 203

Inv. AnsRes. M 90, 92

Literatur Lessing 1892, Taf. 40 – A.F. Residenz Ansbach
1939, S. 49, 64 – Kreisel 1939, S. 58, 60 f. – Krieger 1966,
S. 226 f., Kat. 7 g – Jahn 1990, S. 258 – A.F. Residenz Ansbach 1993, S. 64, 84

PROVENIENZ

Einen der Ofenschirme verzeichnet das Inventar von
1807 im Marmorkabinett (R 8): »1. Caminschirm,
das Gestell von Buchenholz mit eingelegter Arbeit,
mit einem Blatt von Leder mit Mahlerei auf vergoldeten Grund und mit rothen Damast doublirt.« Das
gleiche Inventar verzeichnet im Bilderkabinett (R 27)
einen weiteren, ähnlich beschriebenen Ofenschirm,
so daß zwischen beiden nur schwer unterschieden
werden kann: »1. Caminschirm, das Gestell von Buchenholz und eingelegter Arbeit das Blatt von vergoldeten Leder mit Mahlerey, dann mit rothen Damast.« Das Stück erhielt den Nachtrag »kommt in
Vorrath« und wird im folgenden Inventar nicht
mehr im gleichen Raum aufgeführt, ist aber auch im
Gardemeuble nicht zu finden. Erst im Inventar von
1842 ist das Möbel AnsRes. M 92 wieder sicher zu
identifizieren. Die Beschreibung lautet aber nun:
»Ofenschirm mit eingelegter Arbeit mit blauen Damast bezogen«. Wahrscheinlich war die Bespannung
mit der Malerei schadhaft, der Schirm deshalb ver-
bannt und später im Schlafzimmer der Markgräfin
(R 9) mit neuer Bespannung wieder aufgestellt wor-

den. Seit dem Inventar von 1884 steht der Ofenschirm im I. Vorzimmer der Markgräfin (R 15), und
es wurde nun vermerkt, daß das Stück mit Tapete bespannt ist. Der Ofenschirm aus dem Marmorkabinett (AnsRes. M 90) stand nach Angabe der Inventare
von 1842/65 im Gardemeuble.

BESCHREIBUNG

Korpus: Die Ofenschirme bestehen aus einem Gestell
und einem höhenverstellbaren Schieber, der die Bespannung rahmt. Die geraden Pfosten haben Beine
in Form eines Karniesbogens, die nach vorne und
hinten hinausstehen. Sie sind geschnitzt, mit flachen
Bändern und dünnen Kappen an den Spitzen, die an
Sandalen erinnern. Um den Scheitel der Bögen liegt
ein kantig geschnitztes Profil wie eine Manschette,
in denen die Pfosten stecken. Die Beine des Schirms
mit dem Gemälde sind zierlicher als am Gegenstück,
und der obere Abschluß der Pfosten ist zu einer Rosette gekerbt, während die Pfosten des anderen
Schirms in Voluten enden. Beide Abschlüsse sind jedoch gleich unbeholfen geschnitzt und bilden einen
Gegensatz zu den feinen Profilen an den Pfostenkanten. Unten wie oben sind die Pfosten mit Stegen
verbunden. Oben ist der Steg hinter die Nut zurückgesetzt, in denen der Schieber läuft, so daß die Bespannung der Vorderseite auch bei hochgezogenem
Blatt vollständig gesehen werden kann und nicht
überschnitten wird. Die Rahmen der Schieber und
die unteren Stege sind unterschiedlich. Am Schirm
mit dem Gemälde sind die obere Leiste des Schiebers sowie der untere Steg des Gestells mit geschweiften Bögen aufeinander bezogen und haben
jeweils eine andere Schweifung als das Gegenstück.
Die Innenkante bleibt unten jedoch gerade und stößt
im rechten Winkel auf die senkrechten Rahmenstücke. Am Schirm mit der Vase ist die obere Leiste
des Schiebers an der Außen- und Innenkante geschweift wie die Innenkante der unteren Leiste mit
der Unterkante des unteren Stegs. Alle Schweifungen sind aufeinander bezogen. Der Schieber mit
dem Gemälde berücksichtigt mit der Schweifung des
Rahmens die Komposition des Gemäldes an der
Oberkante, den Verlauf der Bäume oder die Wolken
über der Sonne im Bogen rechts. Das Gemälde hat
jedoch an den Seiten sowie an der Unterkante geschweifte und nicht bemalte Aussparungen auf der
Leinwand, die einen Rahmen verlangen, der an den
Seiten einen leichten und unten drei kräftige Bögen
beschreibt. Der andere Ofenschirm hat eine drei-
passige Schweifung, die jedoch mit dem Abstand der
vorstehenden Nasen auf keinen Fall zu dem Gemälde paßt. Deshalb hat es sicher keine Verwechslung von Gemälde und Ofenschirm gegeben.
Marketerie Die Pfosten sind vorn und an den
Schmalseiten marketiert, jedoch nicht an der Rückseite. Die schmalen Flächen sind in vier lange Felder
geteilt, wobei die Blattgehänge nur knapp die Hälfte
der Feldlänge einnehmen und der Rest frei bleibt.
Auf den Schiebern läuft ein breites Band aus Nußbaum mit einem helleren Begleitband in Buxbaum
entlang der Innenkanten. Ein gleiches Begleitband

Rückseite von Ofenschirm AnsRes. M 90

Rückseite von Ofenschirm AnsRes. M 92

umläuft die Griffleiste an den geschweiften Oberkanten, so daß jeweils ein geschweiftes Marketeriefeld eingeschlossen und die Begleitbänder an den
Engstellen mit ringartigen Elementen verbunden
werden. Wegen seiner anderen Form erhielt der
Schieber des anderen Ofenschirms unten in den
Zwickeln zusätzliche Flächen. Auch die unteren
Stege sind marketiert und mit hellen Begleitbändern
eingefaßt.

Die Farbigkeit der Marketerie ist teilweise stark
verblichen, und der Farbunterschied zwischen Bux
und Amarant kann nur am Ofenschirm mit der Vase
nachvollzogen werden. Das Braun an einigen Blattwerksträngen auf Steg und Griffleisten ist keine
künstliche Färbung, sondern eine Eigenart der Holzes, deren braune Partien im Sinne einer Färbung
benutzt wurden.

Bespannung: Die Bespannungen beider Ofenschirme
sitzen auf einem eigenen flachen Rahmen mit senk-
rechtem Mittelsteg, der von der Bespannung verdeckt wird. Der Ofenschirm mit dem Gemälde hat
eine rückseitige Textilbespannung, die nicht zum ursprünglichen Bestand gehört und wohl im 19. Jahrhundert erneuert wurde.

Die Bespannung des Ofenschirms AnsRes. M 92
zeigt vorn eine Handdrucktapete auf Textilträger.
Dargestellt ist eine schwarze Vase mit Bronzemon-
tierung und rötlichem Marmorsockel. An dem über
den Rand lappenden Rosenstrauß mit üppigem
Blattwerk sieht man die Stacheln an den Stengeln,
weiße offene Blüten und rosa Knospen. Die Darstellung hat keine Querklebenähte und ist auf Bogen-
papier gedruckt, so daß es sich nicht um eine Tapete
aus der Zeit um 1810 handeln kann. Allerdings kamen die Blumendekore des frühen 19. Jahrhunderts
um 1860/70 erneut in Mode und wurden im Hand-
druckverfahren hergestellt, obwohl der Maschinen-
druck bereits eingeführt war.[1] Die Datierung spiegelt sich in den Veränderungen der Inventareinträge
wider. Als Bezug der Rückseite dient eine Flocktapete mit Blattmuster in zwei verschieden farbigen
und verschieden hohen Flocksorten. Der längere
Flock ist stark verbräunt, der kürzere dient als Begleitlinie und ist hellviolett. Es handelt sich bereits
um eine Rollentapete, die folglich nach 1835 entstanden ist. Nach Auskunft der Inventare wurde sie
zwischen 1865 und 1884 montiert, und der Befund
ergibt, daß die Tapete aus der Bespannung des deutlich größeren Ofenschirms Kat. 93 herausgeschnitten und hierher übertragen wurde.

Konstruktion: Gestell und Schieber bestehen aus
Nußbaum. Die Pfosten sind in die Beine und die
Stege offen in die Pfosten gezapft sowie zusätzlich
von hinten gedübelt. Der Schieber läuft in einer Nut
und schlägt auf den unteren Steg. Die Rahmenteile
des Ofenschirms mit dem Gemälde sind offen mit
Schlitz und Zapfen verbunden, während die Rahmenteile des anderen Schirms einfach nur überplattet sind. Beide Rahmen werden von einem flachen
Lattenkreuz zwischen den Bezügen zusätzlich stabilisiert. Die marketierte Kopfleiste ist an der geschweiften Oberkante mit einem Umleimer versehen. Das ebenfalls marketierte und geschweifte

Gegenstück am unteren Steg ist recht dünn (8 mm)
und bildet nur eine Blende, die mit einem Verstär-
kungsstück auf den eigentlichen Steg geleimt ist.

WÜRDIGUNG

Einer der beiden Ofenschirme (AnsRes. M 92) ist nur
wenig größer als der andere, hat etwas kräftigere
Füße und einen anderen Abschluß der Pfosten.
Technisch ist er unwesentlich einfacher konstruiert.
Trotzdem war die Ähnlichkeit der beiden Ofen-
schirme in Marketerie und Gestell bisher nicht

Ofenschirm AnsRes. M 90

aufgefallen. Vielleicht haben die unterschiedlichen Bespannungen und die zur Unkenntlichkeit ausgeblichene Marketerie des einen Schirms dazu geführt.

Das Gemälde des Schirms paßt zu den sechs wandfesten Gemälden des Marmorkabinetts, und so wurde der Raum stets als ursprünglicher Standort des Ofenschirms angesehen. Auch die wandfesten Gemälde stammen von Johann Adolf Biarelle, und es gibt einen Bericht des Architekten Retti vom 17.6.1740 über die Arbeit an den Gemälden,[2] der zur Datierung des Gemäldes auf dem Ofenschirm von 1741 paßt. Die ruhende Venus auf dem Muschelthron im Schieber des Ofenschirms kehrt fast gleich in der Darstellung des Hochmuts auf einem Gemälde an der Wand wieder. Beide entstanden nach dem Kupferstich ›Les Bains de la Sultane‹ von Jacques de la Joue aus der Serie ›Livre nouveau de douze Morceaux de Fantaisie‹, die 1736 in Paris erschienen ist.[3] Der gleiche Stich wurde im Knobelsdorff-Flügel des Berliner Schlosses als Vorlage benutzt, der fast gleichzeitig ausgestattet wurde.

Die Oberfläche des Gemäldes auf dem Ofenschirm und der Gemälde des Marmorkabinetts erinnert an Malereien auf Leder, und deshalb wurde die Bespannung in den historischen Inventaren entsprechend charakterisiert. Dort ist auch festgehalten, daß bis nach 1807 zwei Ofenschirme mit einem »Blatt von vergoldeten Leder mit Mahlerey« versehen waren. Außerdem hatte Biarelle – zwei Jahre nach der Datierung des Gemäldes – 1743 für zwei Ofenschirme 110 Gulden erhalten,[4] was ebenfalls auf die beiden Ofenschirme bezogen werden muß, zumal späte Bezahlungen der Künstler an allen Höfen üblich war. Letztendlich klärt eine Schriftquelle die Situation: Am 8.3.1751 erhielt Baudirektor Retti eine Weisung, vom »Ebenisten« sei nach der »Visitation im Schloß zu reparieren und noch zu fertigen«, »In das mamor Cabinet / 2 eingelegte Tisch / 2 eingelegte Caminschirm, wozu die gemalte Blätter in der Kunstkammer stehen«.[5] Dabei hat es sich ohne Zweifel um die Gemälde von Biarelle gehandelt, die folglich zehn Jahre herumgestanden haben. Wegen der Aussparungen für den Rahmen waren die Gemälde anderweitig auch nicht zu gebrauchen.

Unklar bleibt, warum der Ebenist mit der Form des Rahmens auf die Oberkante des Gemäldes, nicht aber auf die Unterkante und die eingezogenen Seiten eingegangen ist, obwohl bei dem anderen Schirm der Rahmen auch unten geschweift werden konnte. Jedenfalls passen die Aussparungen des Gemäldes in den Maßen nicht zu den vorgeschweiften Nasen im Schieber des andern Ofenschirms, so daß es keine Verwechslung der Schieber gegeben haben kann. Biarelle war 1751 schon längere Zeit nicht mehr am Ansbacher Hof und hat keinen Einfluß mehr auf die Ausführung der Rahmen gehabt. Nur sein Bruder war bis zu seinem Tode 1752 als »Designateur« in Ansbach tätig.[6] Kreisel hatte vermutet, daß beide Brüder auch Entwürfe für Marketerien gezeichnet haben.[7] Im Vergleich mit der Malerei und der Marketerie des Ofenschirms kann dem nur zugestimmt werden. Die Formen des schilfigen Blatt-, Ranken- und Muschelwerks kehren trotz unterschiedlicher

Materialien und Techniken in der Marketerie deutlich wieder.

Trotz der geraden Pfosten wirken die aufwendigen Gestelle recht feingliedrig. In der Marketerie sind sie nur auf Vorderansicht konzipiert und sollten deshalb vor allem den Bildträger für die Malerei auf Goldgrund abgeben. Neben dem aufwendigen Eisenofen mit Messingverzierungen waren beide Ofenschirme zuerst Zierschirme und zusätzliche Schmuckstücke des Marmorkabinetts.

1 Thümmler 1998, S.136-144
2 Krieger 1966, S.227
3 Eggeling 1980, S.40, Abb.8 – Michel 1984, Kat.G 62 – Nach dem gleichen Stich tauchte ein weiteres Gemälde auf: Drouot Montaigne, Paris, 13.Juni 1997, Lot 69
4 Krieger 1966, S.222
5 SAN: Rep.114, Prod.46
6 Krieger 1966, S.210-224
7 Kreisel 1939, S.60f.

Ofenschirm AnsRes. M 92

30

Pultsekretär

Zuschreibung an Martin Schuhmacher
(archivalisch faßbar ab 1720 – Ansbach 1781)

Ansbach, um 1750

Konstruktionsholz: Eiche, Buche
Marketerie: Nußbaum, Amarant, Buchsbaum
Beschläge: Messing, gegossen, ziseliert und feuervergoldet

Bis auf wenige Teile im Zweiten Weltkrieg zerstört

Standort Residenz Bamberg, Depot

Inv. BaRes. M 110

PROVENIENZ

Die Reste des Schreibmöbels sind in der Residenz
Bamberg deponiert, wo auch 1936 das Altphoto entstand. Weil auf den Resten keine historischen Inventaretiketten aufgebracht waren, ist eine Rückverfol-
gung anhand der Inventareinträge nicht gelungen.
Jedenfalls passen die Beschreibungen der Schreibmöbel, die aus Ansbach nach München oder Bayreuth abtransportiert wurden, nicht auf das zerstörte Möbel. Unter den Inventareinträgen der nach
Bamberg transportierten Stücke befand sich kein
Schreibmöbel. Vielleicht wurde der Sekretär erst
nach Bamberg geschafft, als man die Residenz 1933
als Schloßmuseum eingerichtet hat.[1]

BESCHREIBUNG

Korpus: Trotz weitgehender Zerstörung läßt sich das
Möbel anhand der Vorkriegsaufnahme, der beiden
vergleichbaren Pultsekretäre (Kat. 24, 28) und eini-
ger erhaltener Bruchstücke gut beschreiben. Zu den
Resten zählen ein abgebrochenes Bein mit Sabot, die
Traverse über dem Knieloch und zwei marketierte
Schubladen aus der Front, an deren eine das Schlüs-
selschild und der Griff mit Rosetten befestigt ist.

Das kantige Schreibmöbel mit schräggestellter
Schreibklappe wird von geraden Flächen bestimmt.
Nur die Schreibklappenstütze ist geschweift, reicht
über die ganze Breite des Möbels und ragt aus der
Front heraus. Die hochgestelzten, diagonal zum
Korpus gestellten Beine sind nur leicht zurückgeschweift. Sie laufen an den Außenseiten glatt, ohne
Absatz in den Korpus ein und gehen an den Innenseiten mit einem Bogen in die geschweiften Unterkanten über. Unter der Schreibklappenstütze ist die
Front mit den vortretenden Schubladen strukturiert
und mit einem flachen Knieloch in eine breitere
Mittelpartie und zwei schmalere Seiten geteilt. In
der oberen Etage sind drei breitere Schubkästen nebeneinandergesetzt, während rechts und links noch
eine schmalere Schublade darunter Platz fand.
Marketerie: Die erhaltenen Schubladen haben eine
rechteckig gerahmte Blumenmarketerie auf Nußbaumfond, und die geschweifte Marketerie an den

Außenseiten der Beine war ebenfalls mit einer hellen
Begleitlinie gefaßt. Soweit auf dem historischen
Photo erkennbar, hatte die Schreibplatte ein spiegelbildlich aufgebautes Marketeriefeld mit gefiedertem
Muschelwerk, Blattwerk und Blumen im Zentrum,
das die rechteckige Fläche gut ausfüllt und sich an
den geraden Kanten orientiert. Dagegen war die
Blumenmarketerie an den Seiten des Möbels mit einer stark geschweiften Rahmung in die Fläche geschrieben.
Beschläge: Die gegossenen Messingschuhe sind ziseliert und vorn zu einer Volute gerollt, aus der ein
Blatt aufsteigt. An der erhaltenen Frontschublade
sitzt ein geschweifter und gravierter Schlüsselschild
sowie ein gebogener und gerieffter Griff mit einem
Knauf in der Mitte, der sich in Angeln auf Rosetten
dreht. An den Beschlägen sind große Flächen der
ehemaligen Feuervergoldung erhalten.

Historische Aufnahme von 1936

WÜRDIGUNG

Der kantige Eindruck des Schreibmöbels mit den
glatten Flächen wird durch die ungewöhnliche
Schreibklappenstütze ein wenig entschärft, die wie
ein Konsoltisch aus der Front ragt. Damit ähnelt es
einem weiteren Pultsekretär (Kat. 28), ist jedoch an
den Unterkanten anders geschweift, mit ornamentaler Marketerie versehen und hat aufwendigere Beschläge. Nur weil die Trümmer des Möbels nach
1945 nicht restauriert wurden, sind Reste der Vergoldung auf den Beschlägen erhalten geblieben, und
es muß als gesichert gelten, daß auch die Beschläge
der anderen Möbel aus der Werkstatt des Ansbacher
Hofebenisten Martin Schuhmacher ursprünglich
vergoldet waren. Im Gegensatz zu einem dritten
Pultsekretär (Kat. 24) wurde dieses Möbel nicht mit
Messinglippen an den Schubladen und Messingschienen ausgestattet. Statt dessen wurden Amarantschienen an den Beinen eingelassen und eine andere
Abstützung der Schreibklappe gewählt. Auch andere
Merkmale stellen sicher, daß der Sekretär aus der
Werkstatt Schuhmachers stammt. Vorbild für die
Form der Beine war mit großer Sicherheit ein Möbel
des Pariser Ebenisten François Lieutaud, das
1728/30 nach Ansbach kam (vgl. S. 26 f.). Die Marketerie an den Seiten des Sekretärs gleicht der Marketerie auf Platten von Anrichten, auf denen die
Flächen mit C-Bögen zu unregelmäßigen Partien
zerlegt worden sind. Die Rahmen sehen steif und
wenig elegant aus (Kat. 23). Weil die Ornamentik
im übrigen aber anderen Möbeln Schuhmachers
gleicht, wird man den Sekretär um 1750 datieren.

*Abgebrochenes Bein mit vergoldetem
Schuh*

1 Esterer 1934

31

Tisch

Zuschreibung an Martin Schuhmacher
(archivalisch faßbar ab 1720 – Ansbach 1781)

Ansbach, um 1750

Konstruktionsholz: Buche, Eiche
Marketerie: Nußbaum, Palisander, Olive, Ahorn,
Bux, Amarant
76 x 92 x 61 cm

Letzte Reparatur wohl in den 1950er Jahren; Überzug
mit Zelluloselack

Standort Bayreuth, Neues Schloß, Bilderzimmer, R 16

Historische Inventarnummern Residenz Ansbach 1820:
S. 58; 1830: S. 30; 1842: *359; 1865: *359; 1884: A.II. 30.83;
Stempel: S. A.; Neues Schloß Bayreuth 1879: I. 21.24

Inv. BayNS. M 28

Literatur A.K. Markgräfin Wilhelmine 1959, Kat. 272 – A.F.
Neues Schloß Bayreuth 1995, S. 97

PROVENIENZ

Der Tisch ist in den Inventaren von 1842 bis 1884
mit Standort in der Bildergalerie sicher zu fassen und
hat stets die gleiche Inventarnummer und den
gleichlautenden Eintrag wie ein ganz anders gearteter Spieltisch (Kat. 34). Auch 1820 und 1830 sind die
Tische bereits am gleichen Ort vermerkt. 1865 hieß
es: »2 Tische mit eingelegten Blättern und roth gebeizten Gestellen«, aber 1884: »2 Tische mit eingelegten, polirten Platten und glatten, lakierten Gestellen, Füße geschweift«, und im Nachtrag steht
»1890 nach Bayreuth«. Die Verlagerung war die
Folge eines Besuchs der Bayreuther Festspiele durch
das deutsche Kaiserpaar und den Prinzregenten
Luitpold im Jahre 1889, für die eine standesgemäße
Ausstattung des Neuen Schlosses sehr umständlich
gewesen war. Im Jahr darauf hatte man in mehreren
fränkischen Schlössern nach entbehrlichen Inventarstücken für Bayreuth gesucht.[1]

Ausschnitt der Platte

BESCHREIBUNG

Korpus: Die rechteckige Platte mit umlaufendem
Profil ist an den Ecken gerundet und liegt auf einem
Gestell mit vier langen, geschweiften Beinen. Über
den Füßen werden die Beine schwächer, nach oben
wieder stärker und gehen mit einem Bogen in die
Zargen über. Der Bogen endet mit einer Nase an den
Unterkanten der Zargen, die nach einem langen Bo-
gen zur Mitte hin hochgeschweift sind, wo das Be-
gleitband der Kanten einen Kreis bildet. An den
Füßen wurden dünne Kappen angeschnitten, die in
flache Bänder übergehen, die sich an den Kanten der
Beine und Zargen entlangziehen. Auch direkt unter

der Platte zieht sich ein geschnitztes Band um das Gestell herum.

Marketerie: Nur die Platte ist marketiert. Nach einer breiten Rahmung in Nußbaum folgt nach innen eine zweite, schmale Rahmung mit Olivenholz und eine parkettierte Fläche in Streifen aus Palisander und Nußbaum, die auf Kreuzfuge gestürzt ist und eine queroval geschweifte Mittelkartusche umfaßt, die wiederum mit Olivenholz gerahmt ist. Inmitten von Muschel- und Blattwerk sitzt eine weibliche Figur auf einem Podest, die mit Palmzweig und Lorbeerkranz in den Händen vielleicht als Siegesgöttin gedeutet werden kann. Die ornamentale Marketerie aus Rocaillen, Palmetten und Rankenwerk ist achsensymmetrisch aufgebaut.

Fassung: Farbreste in den Fugen zwischen Beinen und Zargen stellen sicher, daß das Gestell einmal gestrichen war, was auch der Eintrag des Inventars von 1884 widerspiegelt. Vorher war es dagegen rot gebeizt.

Konstruktion: Das nicht furnierte Gestell besteht aus Buche. Beine und Zargen sind miteinander verzapft und gedübelt, wobei die Löcher durchgebohrt wurden und die Dübel an den Außenseiten sichtbar sind. Die Platte aus gefügten Eichenbrettern mit Nußbaumumleimer ist mit Gratleisten gegen Verwerfen gesichert. Die Gratleisten liegen an den Innenkanten der Beine an, so daß die Platte nicht verrutschen kann. Zusätzlich sitzen Klötze ungefähr in der Mitte der Zargen unter der Platte. Zum Gestell passende Risse an der Unterseite der Platte zeigen ebenfalls, daß die Platte für das Gestell gefertigt worden ist.

Unterseite

WÜRDIGUNG

Vor allem die langgezogenen Schweifungen der Beine mit zu- und abnehmenden Materialstärken machen das Gestell elegant. Die Form der Platte, nicht aber das Profil entsprechen einem anderen Tisch (Kat. 26). Dessen Marketerie ist reichhaltiger, trägt jedoch die gleiche Handschrift. Außerdem ist die charakteristische Marketerie mit schwungvoll-fransigen Rocaille-, Palmetten- und Rankenmotiven auf anderen Möbeln zu sehen, womit sichergestellt ist, daß die Platte aus der Werkstatt des Ansbacher Hofebenisten Martin Schuhmacher stammt (vgl. S. 27). Vergleichbare Beine und Füße haben eine Reihe verschiedener Stühle (Kat. 57, 61-63) sowie ein Konsoltisch (Kat. 58) und ein Spieltisch, dessen Marketerie jedoch von anderer Hand geschaffen ist (Kat. 34). Im Vergleich mit der Marketerie und den Beinen soll der Tisch um 1750 datiert werden.

1 Ziffer 1996, S. 101

32

Kommode

Zuschreibung an Martin Schuhmacher
(archivalisch faßbar ab 1720 – Ansbach 1781)

Ansbach, um 1750

Konstruktionsholz: Eiche
Marketerie: Nußbaum, Bux, Palisander, Amarant
Beschläge: Messing, gegossen, Eisen
80,5 x 122 x 65 cm

Letzte Reparatur in den 1950er Jahren; Überzug mit Zelluloselack

Standort Residenz Ansbach, Schlafzimmer der Markgräfin, R 9

Historische Inventarnummern Residenz Ansbach 1807: S. 31; 1813: S. 24; 1820: S. 33; 1830: S. 32; 1842: 135; 1865 : 135; 1884: A.II. 15.28; 1901: A.I. 15.28; 1903*: A.I. 15.10; 1929*: F.V.III. Lit. C I Nr. 5 Bl. 68 Zi. 15; 1939*: F.V.III. R 9 Bl. 72 M 110

Inv. AnsRes. M 3

Literatur A.F. Residenz Ansbach 1939, S. 51 – Kreisel 1956, S. 18, Abb. 14 – Kreisel 1970, S. 185 ff., Abb. 497 – Kreisel 1983, S. 187 ff., Abb. 500 – A.F. Residenz Ansbach 1993, S. 66

Marketerie der rechten Kommodenseite

Auf das Möbel paßt nur die Beschreibung: »1. Commod mit Nußbaumholz eingelegt, mit 4. Schubladen, 8. meßingen Handhaben und Schilden dann 4. meßingen Schlüßelblechen«, und es stand nach dem Inventar von 1807 im Schlafzimmer des Markgrafen (R 6). Auch das Inventar von 1830 verzeichnet das Möbel noch am gleichen Ort, und die Beschreibung erhielt den Zusatz: »mit einem Anno 1822/23 neu angeschafften Schlüssel«. Seit dem Inventar von 1842 steht die Kommode im Schlafzimmer der Markgräfin.

BESCHREIBUNG

Korpus: Die Kommode geht von den geraden Seiten mit lisenenartig vorgelegten und diagonal zum Korpus gestellten Ecken in die Front über und schwingt aus einem geraden seitlichen Ansatz mit einem leichten Bogen vor. In der Front liegen drei gleich hohe Schubladen sowie eine flache Schublade unterhalb der Platte. Den unteren Abschluß bildet ein dreiseitig umlaufender Sockel, dessen Unterkanten um wenige Zentimeter hochgeschweift sind und Füße bilden. An den Ecken stützt der Sockel die unten leicht vorquellenden Lisenen wie ein Postament. Die profilierte und geschweifte Platte geht mit geohrten Partien an den vorderen Ecken auf die schräggestellten Lisenen ein.

Marketerie: Als Fond wurden Nußbaum und Bux für das Ornament verwendet, Palisander als rahmender Streifen und Amarant nur in kleinen Stücken. Auf den Schubladen umfassen Ornamentfelder die Schlüsselschilde und bilden außerhalb der Handhaben einen seitlichen Abschluß. Die Lisenen haben einen Behang, und auf den Seiten der Kommode sitzen sehr große Ornamente, während die Fläche der Platte mit symmetrisch geschweiftem Bandwerk in drei Bereiche geteilt ist. In den kleineren seitlichen Feldern sind Stadtlandschaften mit hohen Zentralbauten dargestellt, über denen jeweils ein gleicher Vogel eingesetzt ist. Im Mittelfeld sieht man eine Parforcejagd auf einen Hirsch mit drei Hunden und zwei uniformierten Reitern. Das Ornament zeigt luftig aufgebaute Ornamentgebilde aus fein gefiedertem Muschel- und Blattwerk mit hochgestelzten Bogenreihen und scharfkantig gefaltete Füllungen des Muschelwerks, die an Drachenflügel erinnern. Es kommen aber auch Blüten und C-Bögen vor. Teile der Marketerie wurden im heißen Sand schattiert und die Gravur der Binnenzeichnung mit schwarzer, im Blattwerk aber auch mit rötlicher Masse gefüllt.

Beschläge: Alle Schubladen haben gleiche, vielfach geschweifte Schlüsselschilde, die in die umgebende Marketerie gut eingepaßt sind. Auch die Handhaben bestehen aus vielfach geschweiften Rücklagen, deren gebogene Griffe sich in kantigen Angeln drehen. Sie sind mit Schrauben durch die Rücklagen hindurch

Platte

Detail von einer Schublade

Schubladenschloß

mit Muttern befestigt. Alle Schubladen sind mit eingelassenen Eisenschlössern zu verschließen.

Konstruktion: Die glatten Seitenwände laufen vom Fußboden bis zur Platte hinauf und sind in die Platte gegratet, die aus gefügten Brettern mit Hirnleisten besteht. Nur über der obersten Schublade ist eine Traverse zwischen die Lisenen gespannt, während sonst massive Böden zwischen den Schubladen in die Seiten gegratet sind. Der Sockel ist aufgedoppelt. Die Rückwand läuft stumpf unter die Platte, sitzt seitlich in Fälzen und reicht – ausgeschweift mit drei Stützen – bis auf den Boden. Sie ist an allen Böden und in den Fälzen gedübelt. Die Schubladen sind hinten offen, vorne aber halbverdeckt gezinkt und haben Böden, die dreiseitig in einer Nut sitzen und unter dem Hinterstück durchlaufen. Hinter den schräg gestellten Lisenen mußten Streichleisten angebracht werden, um den Raum zwischen Schubkästen und seitlichen Wänden zu überbrücken.

WÜRDIGUNG

Wegen der eher derb geformten Platte kommt die elegantere Front mit leichtem Schwung und leicht anschwellenden Lisenen weniger zum Tragen.

Trotzdem sind diese Formen gegenüber den eckigen Möbeln aus der Werkstatt Martin Schuhmachers neu. Außerdem ist das Möbel anders konstruiert. Für den Korpus wurden Grat- und Nutverbindungen und keine Zinkung oder Zapfenverbindungen benutzt. Die Böden der Schubkästen liegen in Nuten und sind nicht nur stumpf untergeleimt. Neu sind auch die luftig auf die Flächen gesetzten und nicht mehr eng in die Rahmung eingebundenen Ornamentgebilde. In der Handschrift hat sich die Markerie aber kaum verändert, und so steht die Kommode mit Schuhmacher in enger Verbindung, dessen Werkstatt offensichtlich in der Lage war, sich auf modernere Formen und andere Techniken umzustellen. Bisher wurden die Neuerungen mit Helwig Michael Schuhmacher, dem Sohn des Hofebenisten, in Verbindung gebracht, der dem Vater seit etwa 1750 zur Hand gegangen, aber nicht zum Hofebenisten gemacht worden ist. Davon muß Abstand genommen werden, solange kein gesichertes Werk des Sohnes bekannt ist und er den Sekretär und Spieltisch gefertigt haben kann, an denen die Formen Martin Schuhmachers leblos reproduziert wurden (Kat. 33, 34).

Gratverbindung von Platte und Seitenwand

33

Pultsekretär

Ansbach, um 1760

Konstruktionsholz: Eiche, Buche, Nadelholz
Marketerie: Nußbaum, Palisander, Amarant, Ahorn,
Bux, gefärbte Hölzer
Beschläge: Messing, Eisen
96 x 91 x 60,5 cm; ausgeklappt: T 73,7 cm

Unterteilung im Schreibfach und Bezug auf der Klappe
verloren; letzte Reparatur wohl in den 1950er Jahren;
Überzug mit Zelluloselack

Standort Bayreuth, Neues Schloß, Schlafzimmer, R 20

Historische Inventarnummern Residenz Ansbach 1807:
S. 155; 1813: S. 73; 1820: S. 130; 1830: S. 111; 1842: 583;
1865: 583; 1884: A.III. 32.5; Bayreuth Neues Schloß 1929*:
F.V.III. S. 43 M 3

Inv. BayEr. M 53

Literatur A.K. Markgräfin Wilhelmine 1959, Kat. 271,
Abb. 18 – Kreisel 1970, Abb. 499, S. 185 ff. – Kreisel 1983,
Abb. 502, S. 187 ff. – A.F. Neues Schloß Bayreuth 1995,
S. 105

PROVENIENZ

Das Möbel trägt keine Ansbacher Inventaretiketten.
Vielleicht wurden sie bei der Restaurierung anläßlich der Ausstellung über die Markgräfin Wilhelmine von Bayreuth 1959 entfernt. Das Möbel ist
aber mit dem Eintrag »1 Schreibtisch, eingelegt mit
zwei untern Schubladen« im Ansbacher Inventar
von 1884 zu identifizieren, der den Nachtrag »1890
nach Bayreuth« führt. Dort kam es in das Schlafzimmer
des Markgrafen im Neuen Schloß und erst nach
den Verlusten des Zweiten Weltkriegs 1949 in die
Eremitage. Der Transfer von Ansbach nach Bayreuth war die Folge eines Besuchs der Bayreuther
Festspiele durch das deutsche Kaiserpaar und den
Prinzregenten Luitpold im Jahre 1889, für den die
standesgemäße Ausstattung des Neuen Schlosses
sehr umständlich gewesen war. Schon im Jahr darauf
hatte man in mehreren fränkischen Schlössern nach
entbehrlichen Inventarstücken für Bayreuth gesucht.[1] Bis zu diesem Zeitpunkt stand das Möbel in
der Residenz Ansbach auf dem Stockwerk über der
Belle Etage. Dort ist es unter gleichlautender Beschreibung bis zum Inventar von 1830 im Kabinett
(R 286), 1820 im Eckzimmer (R 284) und von 1813
bis 1807 im Raum daneben (R 283) zurückzuverfolgen. Nur im Inventar von 1807 sind auch die
»meßingen Handhaben und Schlüßelbleche« angeführt.

BESCHREIBUNG

Korpus: Das Möbel hat eine gerade Front, gerade
Seiten und einen geraden oberen Abschluß. Der
kantige Eindruck wird von der schräggestellten

Schreibklappe, der geschweiften Unterkante des
Korpus und durch die geschweifte Schreibklappenstütze kaum entschärft, die sich über die ganze Breite
des Möbels zieht und wie ein Träger aus der Front
ragt. Die vier hochgestellten, diagonalgestellten
Beine sind nur leicht zurückgeschweift und haben
ungelenke, kantig vorgeschobene Füße. Sie laufen an
den Außenseiten glatt in den Korpus ein, gehen aber
mit einem unschön geknickten Bogen in die Unterkanten über. Alle Flächen des Möbels sind glatt und
nur die Front unter der Schreibklappenstütze mit
vortretenden Schubladen strukturiert.

Detail von der Oberseite

Innenaufteilung: In der Front sitzen zwei Schubladen unter der Schreibklappenstütze nebeneinander, während die Einteilung im Inneren des Schreibteils verloren ist. An den offenen Nuten ist erkennbar, daß es ein freies Fach in der Mitte gegeben hat. Rechts und links davon saß eine schmale Schublade und darüber je ein zurückgesetztes Fach.

Marketerie: Das Möbel ist mit Nußbaum furniert, während für die Marketerien ein Palisanderfond gewählt wurde, der sich dem Nußbaum farblich mittlerweile angeglichen hat. Von der äußeren Rahmung sind die Marketerien mit einem Streifen aus Palisander mit Begleitfäden abgesetzt. Schreibklappe und obere Abdeckung des Möbels sind jeweils in drei Flächen, mit einer großen Rundung in der Mitte, geteilt. Auf den Flächen der Schreibklappe werden verschiedene Blumengestecke mit großen Blüten von Muschel-, Blatt- und Rankenwerk mit Blüten gerahmt. Gleiches Ornament wurde auf der Deckplatte für die Rahmung einer Büste in der Mitte und einem Vogel auf jeder Seite verwendet. Die weibliche, behelmte Büste unter dem Baldachin, vielleicht eine Athene, steht unbeholfen, ohne Piedestal auf einem Podest.

Beschläge: Die Frontschubladen haben einen schlichten, gebogenen Griff, der sich in Angeln auf Scheiben dreht, die mit Eisengewinde und Muttern befestigt sind. Beide Schubladen und die Schreibklappe haben die gleichen, geschweiften Schlüsselschilde aus Messing und eingelassene Eisenschlösser. Nur das Schloß der Schreibklappe ist an der Stirnseite mit Messing verblendet. Auch die Bänder der Klappe bestehen aus Messing. Die vorgeschobene Form der Möbelfüße läßt eine Ausstattung mit Schuhen nicht zu.

Konstruktion: Das Möbel besteht aus zwei konstruktiven Einheiten: Beine und Zargen bilden eine Pfostenkonstruktion, und darauf sitzt ein zusammengezinkter Kasten mit Schreibteil und Schubladen. Der Boden über und die Traverse unter der Schreibklappenstütze sind eingegratet, und in Verlängerung der Beine sind die Seiten des Kastens mit Anfaßleisten gegen Verwerfen gesichert. Die Fuge zwischen den konstruktiven Einheiten spiegelt sich in der Furnierung wider. Nur die Beine und Anfaßleisten bestehen aus Buche. Für die Schreibklappe wurde eine Rahmenkonstruktion in Eiche gewählt. Die Rückwand aus Nadelholz liegt in Falzen und ist auch mit den Zwischenböden verdübelt. Die eichenen Schubladen sind offen gezinkt und haben eine Aufdoppelung mit der Marketerie. Die stumpf untergeleimten Böden aus Nadelholz liegen vorn in einem Falz.

WÜRDIGUNG

Das Möbel ähnelt drei anderen Ansbacher Pultsekretären mit ähnlicher Innenaufteilung und Form (Kat. 24, 28, 30), hat aber stämmige, weniger elegante Beine, eine Front ohne Knieloch, weniger Schubladen und deutlich weniger aufwendige Beschläge. Konstruktion und Marketerie sind ebenfalls deutlich anders. Den Marketerien des Pultsekretärs (Kat. 24) vergleichbar, wurden die Reste von Bandel-

werk nun zu schwachen Stangen eines Spaliers. Außerdem wurden die Ornamente nicht mehr organisch auf die Flächen gesetzt, sondern wie Ausschneidebögen verteilt.

Neben der Form ist auch die Marketerie an den Arbeiten Martin Schuhmachers orientiert, bleibt jedoch qualitativ weit zurück. Offensichtlich bildet das Möbel die schlecht verstandene Wiederaufnahme einer alten Form und wird entstanden sein, nachdem der ältere Schuhmacher nur mehr eingeschränkt arbeiten konnte und 1757 seinen Sohn Hellwig Michael als Hilfe in der Werkstatt hatte.

1 Ziffer 1996, S. 101

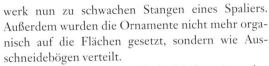

34
Spieltisch

Ansbach, um 1760

Konstruktionsholz: Buche, Nadelholz
Marketerie: Nußbaum, Amarant, Ahorn, Bux,
Palisander, Perlmutt, gefärbte Hölzer
Beschläge: Eisen
Bezug: grüner Filz auf dem Mittelteil der Platte
70,5 x 76,6 x 38,2 cm; ausgeklappt: 68,5 x 76,6 x 76,7 cm

Marketerie stark beschliffen; Restaurierung wohl in den
1950er Jahren

Standort Bayreuth, Eremitage, Eckzimmer, R 26

Historische Inventarnummern Bayreuth Neues Schloß
1903*: App. III. 50.210; 1929*: F.V.III. Lit. C Nr. 64 Bl. 30;
Bayreuth Altes Schloß Eremitage 1929*: F.V.III. Lit. b
Nr. 16 Bl. 4

Inv. BayEr. M 40

Literatur A.K. Markgräfin Wilhelmine 1959, Kat. 273 – A.F.
Bayreuth Eremitage 1997, S. 36

PROVENIENZ

Der Tisch trägt keine Ansbacher Inventaretiketten
mehr und kam wahrscheinlich zusammen mit einem
anderen Tisch 1890 nach Bayreuth. In Ansbach waren beide Tische unter der gleichen Inventarnummer zusammengefaßt (Kat. 31). Erst nach den Verlusten des Zweiten Weltkriegs wurde der Spieltisch
1949 in der Eremitage aufgestellt.

BESCHREIBUNG

Korpus: Der Spieltisch hat diagonal zum Korpus gestellte Beine. Die hinteren Beine sind an einer
Schublade befestigt, die aus dem vorderen Teil des
Tisches herausgezogen werden kann und als Stütze
für den ausklappbaren Teil der Platte dient. Beide
Plattenhälften sind an den äußeren Ecken gerundet.
Die langgeschweiften, glatten Beine werden über
den Füßen schwächer, nach oben wieder stärker und
gehen mit einem großen Bogen in die einfach geschweiften Zargen über. Vor allem die langgezogenen Schweifungen mit den zu- und abnehmenden
Materialstärken machen das nicht marketierte Gestell elegant.
Marketerie: Auf den Innenseiten sind beide Plattenteile mit Filz bezogen und der aufklappbare Teil auf

*Oberseite der zusammengeklappten
Platte*

der Oberseite marketiert. In der Mitte liegt der Spielplan für Schach in Palisander und Ahorn und wird an den Schmalseiten von einer mit Rocaillen und Blattwerk umrahmten Schäferszene in einem Fond aus Amarant begleitet. Auf der einen Seite steht ein höfisch gekleidetes Paar in einer Landschaft. Die Dame mit einem Wanderstab in der Linken wendet sich mit dem Kopf zurück und dem Herrn zu, der einen nicht identifizierbaren Gegenstand, vielleicht ein Glas, in der Linken hält. Die winzigen Knöpfe seiner Weste bestehen aus Perlmutt. Bei der anderen Figurengruppe steht die Frau mit grün gefärbtem Oberteil hinter einer Rasenbank und beugt sich zu dem Herrn mit einer Schalmei herunter, der mit übereinandergeschlagenen Beinen dasitzt, neben sich eine Kanne und einen Stab zu Füßen. Im Hintergrund ist jeweils eine Gebäudegruppe dargestellt. Seitlich werden die Szenen von Rocaillen mit Blattwerk und Blüten begrenzt, in das auf einer Seite je ein Postament mit einer Vase eingebunden ist, so daß die Szenerie als Parkanlage verstanden werden kann.

Konstruktion: Beide Plattenteile sind aus Nadelholz, als Rahmen mit Füllung konstruiert und haben an den Außenkanten breite Umleimer aus Nußbaum. Das nicht furnierte Gestell besteht aus Buche. Beine und Zargen sind miteinander verzapft und gedübelt, wobei die Dübellöcher durchgebohrt wurden und die Dübel an den Außenseiten sichtbar sind. Der Boden aus Nadelholz sitzt in einer Nut zwischen den seitlichen und der vorderen Zarge, so daß die Schub-

lade mit den hinteren Beinen zwischen Platte und Boden läuft. Seiten- und Hinterstück der Schublade bestehen aus Nußbaum, der Boden aber aus Nadelholz. Er liegt rundum in einem Falz, so daß der Schubkasten sicher im Winkel gehalten wird. Die Seiten sind vorn in die Beine gezapft, mit dem Hinterstück aber verzinkt.

WÜRDIGUNG

Das Gestell mit den schön geschweiften, schlanken Beinen ist gut mit jenen von drei anderen Tischen (Kat. 26, 31, 58) und einer Gruppe von Stühlen (Kat. 61-63) vergleichbar, nur daß die angeschnittenen Kappen an den Füßen und die Begleitbänder an den Kanten fehlen. Die Marketerie ist stark an den Arbeiten Martin Schuhmachers orientiert, bleibt in der Ausführung qualitativ jedoch weit zurück. Demnach wird der Tisch erst entstanden sein, nachdem der ältere Schuhmacher nur noch eingeschränkt arbeiten konnte und 1757 seinen Sohn Hellwig Michael als Hilfe in der Werkstatt hatte.

Spieltisch mit ausgezogenem Gestell und aufgeklappter Platte

links: Spieltisch geschlossen

136

35

Sitzgarnitur ›à la Reine‹

4 Sessel, 8 Stühle, 6 Hocker, 1 Sofa

Ansbach, um 1730/35
München, um 1866

*Historische Aufnahme von 1923
mit Bezügen von 1866*

Gestelle: Nußbaum, geschnitzt, gefaßt, vollständig
vergoldet, graviert und gepunzt
Bezüge: roter Damast, erneuert
Sessel: 106 x 73 x 69 cm, Zargenprofil: H 39 cm
Stühle: 107 x 56 x 61 cm, Zargenprofil: H 39 cm
Hocker: Sitzhöhe ca. 47 x 63 x 48 cm; Zargenprofil: H 39 cm
Sofa: 127 x 171 x 87 cm, Zargenprofil: H 37,5 cm

Garnitur nachträglich um das Sofa erweitert; Polster
und Vergoldung an zwei Hockern weitgehend original

Standort Residenz Ellingen, 2. Obergeschoß, Kabinett,
R 210; Residenz Bamberg, Kaiserzimmer im
Kaiserappartement, R 12; Schlafzimmer der Kurfürstenzimmer, R 6; Schleißheim, Neues Schloß, Schlafzimmer
des Kurfürsten, R 8

Historische Inventarnummern Residenz Ansbach 1807: S. 5;
1813: S. 6; 1820: S. 8; 1830: S. 8; 1842: 42-45; *140; 1865:
42-45; *140; 1884: A.II. 15.37-38; A.II. 4.15-17, 22-23; *A.II.
15.35-36; *A.II. 4.18-21; 1901: A.I. 15.35-36; 1903*: A.I.
15.13; 1929*: F.V.III. Lit. A IIa 15-16 Bl. 23 Depot; 1939*:
F.V.III. Depot Bl. 272 M 397-398; Residenz Bamberg um
1880*: A.V. 7.48; um 1900*: Lit. A 32; 1930: F.V.III App. VI
R 7 Bl. 138-139 1-7; 1952*: F.V.III App. VI R 7 Bl. 325 M 267;
Residenz München 1873*: A.II. 3.6-12; um 1900*: Lit. A
No. 4; 1929*: F.V.III. R 35 Bl. 51 M 22-28

Inv. Ell. M 49/1-2, BaRes. M 136, 146, 147, 237-240,
398-400, SNS. M 27-28, 38-39, ResMü. F.V.III. Bd. 1 Bl. 51
M 23, 26

Literatur Schmitz Barock und Rokoko 1923, S. 132 – A.F.
Residenz Bamberg 1956, S. 24, 38 – A.F. Residenz Bamberg
1995, S. 33, 47 – A.F. Residenz Ellingen 1997, S. 57 – A.F.
Schleißheim 1998, S. 59

PROVENIENZ

Aus dieser großen Ansbacher Sitzgarnitur befindet
sich kein Stück mehr am ursprünglichen Ort. Von
den in der Residenz Bamberg stehenden 11 Stücken
lassen sich über die Inventaretiketten zwei Sessel,
vier Stühle und zwei der vier Hocker 1884 im dritten
Vorzimmer der Ansbacher Markgräfin (R 13) sicher
identifizieren. Auch ist der Standort am gleichen Ort
bis zum Eintrag des Inventars von 1807 zurückzuverfolgen: »2. Fauteuils / 4. Chaises und / 2. Tabourets, mit geschnittenen, vergoldeten Kranz Gestellen, und mit rothen Damast bezogen«. Laut
Nachtrag im Inventar von 1884 wurden die acht
Stücke erst im Jahre 1900 mitsamt der 1896 neu
angefertigten »Möbelhoussen / von ungebleichter
Leinwand« sowie einem nicht zu dieser Garnitur
gehörenden Sofa (Kat. 39) nach Bamberg abgegeben. Bei der Neueinrichtung der Bamberger Residenz 1933 wurden die Sitzmöbel im Schlafzimmer
der Kurfürstenzimmer und im Kaiserzimmer aufgestellt.

Zwei weitere Hocker (BaRes. M 398, M 399) kamen ebenfalls im Jahr 1900 aus Ansbach nach Bamberg, standen aber bis dahin nicht im Vorzimmer,
sondern im Schlafzimmer der Markgräfin (R 9). Dazu gehörten die beiden Hocker, die erst 1972 aus
dem Ansbacher Depot, wo sie 1929 verzeichnet ste-

Sessel BaRes. M 146

hen, nach Ellingen transferiert wurden und als einzige Stücke der Garnitur lange in Ansbach verblieben waren. Nach Auskunft der Inventare standen sie noch 1901 und 1903 am alten Ort. Diese vier Hocker paßten nicht mehr zur Sitzgarnitur im Schlafzimmer der Markgräfin, nachdem man das ursprüngliche, weiß-gold gefaßte Himmelbett der Rokokozeit im Rechnungsjahr 1851/52 versteigert,[1] durch zwei Betten mit Nachttischen in Nußbaum ersetzt[2] und die zumindest seit 1807 im Raum stehende, komplett vergoldete Sitzgarnitur zwischen 1866 und 1873 gegen eine braun-gold gefaßte Garnitur aus München ersetzt hatte (Kat. 50, 73). Wohin die beiden Sessel und die vier Stühle aus der komplett vergoldeten Garnitur gekommen waren, bleibt zunächst unklar und kann aus den Ansbacher Inventaren nicht erschlossen werden, weil der Austausch von gleichwertigen Möbeln in den Inventaren von 1842 und 1865 nicht vermerkt wurde.

Nur das Sofa (BaRes. M 136) trägt Inventaretiketten der Residenz München, aber keines der Residenz Ansbach. Mit Inventareintrag von 1873 steht das Sofa als »1 Canapee mit geschnittenem und vergoldeten Gestell, auf 8 Füßen mit Steg, Sitz und Rücken gepolstert und bezogen mit rothem Damast, besetzt mit 1 reichen Goldborte« im Vorzimmer der Päpstlichen Zimmer in der Residenz München. Dazu gehören laut Inventar zwei Sessel, vier Stühle und vier Hocker. Das Inventar von 1929 verzeichnet die Möbel im Vorzimmer der Trierzimmer als »Sopha, 19. Jahrhundert, leicht geschwungene Beine verbunden durch eckig gebrochene Stege, Holzteile vergoldet, gepolstert, Bezug roter Damast mit Goldborte, moderne Arbeit«. Der Nachtrag lautet: »1930 transferiert nach Bamberg« und gilt nur für das Sofa. Die dazugehörigen beiden Sessel und die vier Stühle blieben in München und wurden nun von den Museumsleuten der neuen Schlösserverwaltung, im Gegensatz zum Sofa, zeitlich als »frühes 18. Jh.« charakterisiert. Passende Hocker werden nicht mehr erwähnt, weil die ehemals als passend empfundenen Hocker nicht mehr als zugehörig anerkannt wurden. Die sechs Sitzmöbel aus der Ansbacher Garnitur kamen, laut Nachträgen im Inventar von 1929, während des Zweiten Weltkriegs in das neu gegründete Jagdmuseum[3] im nördlichen Flügel des Schlosses Nymphenburg. Heute stehen die Stücke im neuen Schloß in Schleißheim. Zwei der vier Stühle wurden bei der Aufstellung des Inventarverzeichnisses von 1966 aus unbekanntem Grund nicht mit aufgenommen.

Einen Beweis, daß es sich bei den bis hierher nur aus Inventareinträgen bekannten Möbeln um Stücke aus der in Teilen nach Bamberg transferierten Sitzgarnitur handelt, liefert die Publikation eines Stuhls und eines Sessels aus dem Jahr 1923 im Photo, in der die Stücke als Münchner Erzeugnisse angesehen worden waren, weil sie schon lange Zeit in der Residenz München gestanden hatten. Einen weiteren Beweis bildet das Sofa, das nach den Formen der publizierten Sitzmöbel entstanden sein muß. König Ludwig II. von Bayern hatte ab 1864 vor allem das Appartement der Päpstlichen Zimmer in der Resi-

denz München wieder mit Möbeln des Rokoko möblieren lassen.[4] Dazu wurden auch Sitzmöbel aus dem Schlafzimmer der Markgräfin, gleich anderen Ansbacher Möbeln, im Rechnungsjahr 1864/65 und spätestens vor 1873 nach München gebracht und gegen eine gleiche Anzahl braun-gold gefaßter Möbel ausgetauscht (Kat. 50, 73). Im gleichen Zeitraum wurde die Garnitur in München um das Sofa erweitert.

Sessel BaRes. M 146

Stuhl BaRes. M 238

BESCHREIBUNG

Gestell: Der relativ große Sessel hat eine gerade, leicht nach hinten geneigte, rundherum bezogene und relativ hohe Rückenlehnen, die nur an der Oberkante geschweift ist. Die Sitzfläche ist an der Vorderseite gerade, bildet über den Beinen eine Ecke und verjüngt sich im Grundriß trapezförmig nach hinten. Unterhalb des Bezuges beginnt die Zarge mit einem rundumlaufenden, glatten Dreiviertelstab, der den kantigen Eindruck, aber auch die breite und tiefe Lagerung des Sessels hervorhebt. Der bequeme Eindruck wird von den flachen Zargen unterstützt, die an der Unterkante geschweift sind und nach einer spitzen Nase mit einem Bogen ohne Absatz in die Beine übergehen. In der Mitte sind die Zargen mit einer größeren Muschel akzentuiert, dazu kommt gewundenes Blattwerk. Die Beine sind S-förmig weit eingeschwungen, so daß sie nicht unter den Ecken der Sitzflächen, sondern weiter innen auf dem Boden stehen. Unten laufen die Beine in Voluten aus, stehen aber noch auf kleinen, profilierten Klötzchen, die mit der Kante nach vorn in der Flucht des Sessels, mit den Ecken aber diagonal zu den Beinen stehen. Durch das Wechselspiel der

Knie am Sessel BaRes. M 146

Richtungen erscheint der schwere Sessel mit seinen kräftigen Beinen leichter. In Höhe der Voluten sind die Beine kreuzweise mit einem geschwungenen Steg verbunden. Er hat in der Mitte eine geschnitzte Rosette und Blüten zwischen Begleitstreifen auf den Stegarmen. Oben sind die Beine mit einer kleinen Volute, Blatt- und Muschelwerk belegt, das die Knie bedeckt und in ein glattes Profil auf der diagonal zum Korpus stehenden Kante übergeht, das an eine Schiene erinnert. Von den Voluten an den Füßen steigt ein einzelnes, geriefltes Blatt mit kräftiger Mittelrippe zur Schiene hin auf. Die stämmigen Rückseiten der Beine sind von den Schauseiten durch ein Band geschieden, das von der Unterkante der Zargen bis in die Voluten der Füße läuft. Die gepolsterten Armlehnen sind von der Vorderkante der Sessel zurückgesetzt, was der Bequemlichkeit zugute kommt. Die Verbindungen zum Gestell verschwinden unter den Bezügen. Die kräftig profilierten Handstücke sind nach außen gestellt und ragen über den Grundriß der Sitzfläche hinaus. Das Schnitzwerk suggeriert erstaunliche Tiefe, weil Muschel- und Blattwerk aus dem Fond herausgedreht erscheinen und der Bildhauer das Blattwerk aus dem unteren Begleitband der Zarge entwickelt sowie in die Zone des oberen Abschlußprofils hat einlappen lassen.

Stühle (BaRes. M 237-240; SNS. M 38, 39) und Hocker (BaRes. M 398-401; Ell. M 49/1-2) entsprechen den Sesseln (BaRes. M 146, 147; SNS. M 27, 28). Das Sofa (BaRes. M 136) ist deutlich gröber gearbeitet und gut als spätere Erweiterung der Garnitur zu erkennen.

Fassung: Zwei der Hocker tragen noch die originale, handwerklich brillante Vergoldung (Ell. M 49/ 1-2). Sie ist fein gepunzt, die Grundierung auf Blatt- und Muschelwerk vielseitig graviert, so daß nicht nur die Rippen des Blattwerks, sondern auch an kleinen Blattspitzen einzelne Blattansätze zu unterscheiden sind. Dazu kommen Licht- und Schattenspiel auf den glanzvergoldeten Schnitzereien, hinter denen der punktartig gepunzte Fond matt zurücksteht. Auch die Struktur der Beine wird unterstützt, indem der rückwärtige Wulst glänzend vergoldet, der Fond der Schauseiten aber punktartig gepunzt und matt erscheint. An den anderen Stücken der Garnitur wurde die Polimentvergoldung fast flächendeckend mit einer Ölvergoldung übergangen, und das Sofa hatte wohl immer nur eine Ölvergoldung gehabt. Die neue Vergoldung stammt entweder aus dem Jahr 1900, als die Stücke von Ansbach nach Bamberg gebracht wurden, oder aus der Zeit der Neueinrichtung der Bamberger Residenz um 1933.

Bezüge/Polster: Alle Teile der Garnitur hatten nach Auskunft der Inventare bis zu ihrem Abtransport aus Ansbach Bezüge aus rotem Damast. Nur an zwei Hockern (Ell. M 49/1-2) ist die ursprüngliche Polsterung erhalten. Die grünen Bezüge wurden 1970 aufgebracht. Die Sessel und Stühle in Bamberg erhielten entweder mit dem Abtransport im Jahre 1900 oder anläßlich der musealen Ummöblierung der Bamberger Residenz 1933 eine modernere Polsterung mit Stahlfedern mit den bis jetzt erhaltenen roten Bezügen.[5] Das neu hergestellte Sofa und die Stücke in der Residenz München bekamen vor 1873 eine modernere Polsterung mit Stahlfedern und neue rote Damastbezüge mit goldenen Borten, die auf dem 1923 publizierten Photo zu sehen sind. Diese Bezüge wurden auch noch im Inventar von 1966 beschrieben und erst 1972, anläßlich der Olympischen Sommerspiele in München, mit dem gleichen Stoff bezogen, mit dem auch die Wände der Großen Galerie in Schleißheim zur gleichen Zeit bespannt wurden. Von den Bezügen aus der Zeit König Ludwigs II. sind nur an der Rückseite des Sofas Reste erhalten.

Konstruktion: Die Nußbaumgestelle sind stabil und sauber verarbeitet. Zargen und Beine sind miteinander verzapft und die Verbindungen mit Dübeln gesichert. An der Rückseite sind die relativ starken

Innen abgearbeitete Zarge an Hocker Ell. M 49/2

Hocker Ell. M 49/2

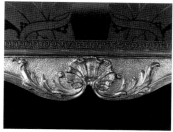

Von oben nach unten:

Detail der Zarge von Sessel BaRes. M 146

Hocker Ell. M 49/2

Sofa BaRes. M 136

Zargen zu einer kräftigen Kehle abgearbeitet. Der vierteilige Steg besteht aus einem langen, diagonal von Bein zu Bein laufenden Stück und zwei kurzen Stücken, die mit einer Überplattung bzw. mit einem Schwalbenschwanz mittig verbunden sind. Auch das nachgeschnitzte Sofa besteht aus Nußbaum, aber die verwendeten Teile sind in den Maßen sehr viel stärker und die Verarbeitung deutlich anders.

WÜRDIGUNG

Entsprechend Kat. 36. Unterschiede bestehen in der geraden, nicht konvex nach vorn kommenden und flacheren Zarge, deren Unterkante zu spitzen Nasen geschweift ist. Außerdem sind die Handstücke der Armlehnen kantiger, zwischen den Beinen sitzt ein Steg, und der geschnitzte Dekor wurde sparsamer verteilt. Die Höhe des Zargenprofils liegt mit vier Zentimetern deutlich höher, wenn man berücksichtigt, daß die Höhe des Profils bei den anderen Sitzmöbeln nur um wenige Millimeter variiert. Deshalb muß die Garnitur wohl doch etwas früher, etwa um 1730/35 datiert werden. Daß in dieser Zeit Sitzmö-

bel entstanden sind, bezeugt ein Auftrag vom
20.10.1732 an den Bildhauer Paul Amadeus Biarelle,
der zusammen mit dem Bildhauer Mayer acht
Hocker für die Räume hinter den acht Fenstern der
3. Etage des Gabrielibaus anfertigen sollte.[6]

Einen ähnlich geformten Steg hat der Thronses-
sel auf dem 1737 datierten wandfesten Porträt des
Markgrafen Carl-Wilhelm-Friedrich im Festsaal der
Residenz Ansbach von Johann Christian Sperling.[7]
Die Schnitzerei des Sessels ist jedoch anders, und der
Hinweis sei nur angebracht, weil sich der auf dem im
Saal gegenüberstehenden Gemälde abgebildete Ses-
sel mit einer bis heute erhaltenen Sesselgarnitur ver-
binden ließ (Kat. 36).

1 Inventar Ansbach 1842, S. 106
2 Inventar Ansbach 1842, S. 105
3 Schätzl 1998
4 Langer 1995, S. 29
5 Esterer 1934, S. 2, 11 f.
6 SAN: Rep. 114 Nr. 476 I Prod. 16, nach Mayer 1993, S. 142
7 Inv. AnsRes. L-G 2 – Krieger 1966, S. 122 ff., 133 f.

Sofa, München um 1866

36

Sitzgarnitur ›à la Reine‹

8 Sessel, 8 Stühle, 4 Hocker sowie
6 weitere Hocker mit gleichen Gestellen

Ansbach, um 1740

Gestell: Buche, geschnitzt
Fassung: vollständig vergoldet, graviert und gepunzt
Bezüge: Nachwebung des hellblauen Seidenlampas von
1784
Sessel: 105 x 73 x 68 cm
Stühle: 103 x 56 x 64 cm
Hocker: Sitzhöhe ca. 48 x 64 x 46 cm;
Zargenprofil: H 35 cm

Polsterung weitgehend original

Standort Residenz Ansbach, Audienzzimmer der Markgräfin, R 12, und in weiteren Räumen

Historische Inventarnummern Residenz Ansbach 1807: S. 7,
31, 65; 1813: S. 7, 23, 54; 1820: S. 9, 10, 33, 80; 1830: S. 6,
10, 32, 76; 1842*: 32, 60-62, 229, 442; 1865*: 32, 60-62,
229, 442; 1884: A.II. 5.28-47; A.II. 19.29-32; A.II. 3.29-34;
A.II. 37.5-8; 1901: A.I. 5.28-47; A.I. 19.29-32; A.I. 17.17-18;
A.I. 3.23-26; A.I. 37.5-8; 1903*: A.I. 5.13-15; A.I. 4.12; A.I.
19.19; A.I. 17.11; A.I. 3.14; A.I. 37.4; 1929* F.V.III. Lit. A I b
Nr. 14-18 Bl. 12 Zi. 5; F.V.III. Lit. A I b Nr. 11-13 Bl. 12 Zi. 4;
F.V.III. Lit. A I a Nr. 11-13 Bl. 1 Zi. 4; Lit. A I a Nr. 19-22 Bl. 2
Zi. 5; Lit. A II a Nr. 5, 7 Bl. 22 Zi. 5; Lit. A II a Nr. 27-28 Bl. 24
Zi. 19; Lit. A II a Nr. 19 Bl. 24 Zi. 17; Lit. A II a Nr. 1-2 Bl. 22
Zi. 3; Lit. A II a Nr. 43 Bl. 26 Zi. 37; 1939*: F.V.III. R 12 Bl. 161
M 146-161; F.V.III. R 6 Bl. 49 M 89, 90; F.V.III. R 13 Bl. 172 M
173; F.V.III. R 14 Bl. 184 M 188-189; F.V.III. R 19 Bl. 204 M 234

Inv. Sessel: AnsRes. M 25/2-9; Stühle: AnsRes. M 25/10-17;
Hocker: AnsRes. M 25/18-19, 26/8, 27/10-11, 37/1-4, 40/1

Literatur Fischer 1786, S. 46 – Schmitz Barock und
Rokoko 1923, S. 132 – Farbige Raumkunst 1930, Taf. 29 –
A.F. Residenz Ansbach 1939, S. 59 – Kreisel 1970, S. 184 f.,
Abb. 490 f. – Kreisel 1983, S. 187, Abb. 493 – A.F. Residenz
Ansbach 1993, S. 78

PROVENIENZ

Über die Bezüge, einer ungenauen Nachwebung des
historischen Stoffes, der im Original als Tapete,
Fenstervorhänge und Baldachinbehang erhalten ist,
läßt sich die Garnitur leicht im Audienzzimmer der
Markgräfin lokalisieren. Im ersten gedruckten Führer der Residenz Ansbach heißt es 1786 über »das
Audienz=Zimmer der Frau Markgräfin. Tapeten,
Baldachin, Vorhänge und Sesselbezüge sind von
blauem weiß und roth schillerndem Seidendamast.
Es ist erst im leztern 1784. Jahr ganz neu eingerichtet worden.« Laut Inventar von 1807 ist das Audienzzimmer der Markgräfin mit »1. Tapete von figurirten Seiden-Atlas, der Grund himmelblau, die
Figuren aber bleich carmoisin und weiss, mit Bordüren von nemlichen Zeuch« sowie gleichartigen
Fenstervorhängen und Baldachindraperie ausgestattet. Dazu gehören »8. Fauteuils / 8. Chaises / 4. Tabourets, die Gestelle von Bildhauer-Arbeit und vergoldet, mit dem nehmlichen Zeuch wie die Tapeten
beschlagen. Sämtliche Seßel mit Surtouts von weißer
Leinenwand« zum Schutz der wertvollen Textilien.
In dieser Zusammenstellung ist die Garnitur noch

Knie von Sessel AnsRes. M 25/9

im Inventar von 1901 im Audienzzimmer der Markgräfin verzeichnet, während drei der Sessel (AnsRes. M 25/2, 5, 7) laut Inventar von 1903 und 1929 in das 3. Vorzimmer der Markgräfin gestellt, bis 1939 aber wieder zurückgebracht worden waren. Das gleiche gilt für vier von den acht Polsterstühlen (AnsRes. M 25/10, 13, 14, 17). Bei den vier ursprünglich zur Garnitur im Schlafzimmer der Markgräfin gehörenden Hockern handelt es sich um die heute noch im Raum befindlichen beiden Stücke AnsRes. M 25/18-19 sowie um zwei der vier grün bezogenen Hocker (AnsRes. M 37/1, 4) im Braunen Wohnzimmer der Markgräfin (R 11). Letztere sind noch 1939 an ihrem ursprünglichen Ort verzeichnet und wurden wohl erst mit dem neuen Bezug von 1968 aus dem Raum genommen.

Die folgenden Hocker haben zwar die gleichen Gestelle, gehörten aber nicht zur Garnitur im Audienzzimmer der Markgräfin. Zwei Hocker im Braunen Wohnzimmer der Markgräfin (AnsRes. M 37/2-3) sind von 1807 bis 1939 zusammen mit zwei braun-gold gefaßten Hockern im Schlafzimmer des Markgrafen verzeichnet. Wegen der anderen Fassung haben die beiden Hocker ursprünglich sicher nicht zur Garnitur im Schlafzimmer des Markgrafen (Kat. 38) gehört, wurden vermutlich erst nach 1945 aus dem Raum genommen und wohl 1968 ebenfalls neu bezogen. Der Hocker AnsRes. M 26/8 steht seit 1939 in einer ähnlichen Garnitur (Kat. 39) im 3. Vorzimmer der Markgräfin (R 13). Die Inventare von 1901 bis 1929 verzeichnen ihn im Marmorkabinett (R 8). Die beiden Hocker AnsRes. M 27/10-11 stehen

Sessel AnsRes. M 25/9

Sessel AnsRes. M 25/9

ebenfalls in einer ähnlichen Garnitur (Kat. 41) im 2. Vorzimmer der Markgräfin (R 14). Dort sind sie seit 1842 nachzuweisen, standen aber vielleicht auch schon laut Inventar von 1820 am gleichen Ort. Der Hocker AnsRes. M 40/1 ist zusammen mit drei ähnlichen Hockern (Kat. 39) wohl seit dem Inventar von 1807, sicher aber seit 1842 im Braunen Kabinett des Gästeappartements (R 19) verzeichnet.

BESCHREIBUNG

Gestell: Die relativ großen Sessel haben gerade, leicht nach hinten geneigte, rundherum bezogene und relativ hohe Rückenlehnen, die nur an der Oberkante geschweift sind. Auch die Sitzfläche ist nur an der Vorderseite geschweift, bildet über den Beinen eine Ecke und verjüngt sich im Grundriß trapezförmig nach hinten. Unterhalb des Bezuges beginnt die Zarge mit einem rundumlaufenden glatten Dreiviertelstab, der den kantigen Eindruck, aber auch die Breite und die tiefe Lagerung der Sessel hervorhebt. Der bequeme Eindruck wird von den Zargen unterstützt, die zu den Beinen hin nicht sehr hoch sind und in einem weiten, fast halbkreisförmigen Bogen ohne Absatz in die Beine übergehen. Die Beine sind S-förmig so weit eingeschwungen, daß sie nicht unter den Ecken der Sitzflächen, sondern weiter innen auf dem Boden stehen. Dadurch wirkt der Sessel ausladend. Unten laufen die Beine in Voluten aus, stehen aber noch auf kleinen, nach oben und unten verjüngend profilierten Klötzchen. Die Klötzchen stehen mit der Kante nach vorn in der Flucht des Sessels, mit den Ecken aber diagonal zu den Beinen. Durch das Wechselspiel der Richtungen mit den profilierten, zierlichen Klötzchen erscheint der schwere Sessel mit seinen kräftigen Beinen leichter. Die Armlehnen sind nicht für eine Polsterung angelegt und bestehen aus Armlehne mit Armlehnstütze, deren Verbindungen zum Gestell unter dem Bezug verschwinden. Die Armlehnstützen entwickeln sich aus den vorderen Beinen, so daß die gepolsterten Armlehnen fast bis an die Vorderkante der Sessel hervorgezogen sind. Sie sind schön geschweift, in sich geschwungen und ein wenig nach außen gebogen. Stühle und Hocker folgen in der Form den Sesseln. Die Rückenlehne der Stühle ist aber nicht ganz so hoch.

Schnitzerei: Alle vier Beine sind oben mit einer Volute und Blattwerk belegt, das wie ein Beschlag die Knie bedeckt und in ein Blütengehänge auf der diagonal zum Korpus stehenden Kante übergeht. Die Rückseiten der diagonal gestellten Beine sind zu einem Wulst geformt und von den beiden Schauseiten mit einem flachen Band geschieden, das von der Unterkante der Zargen ohne Absatz bis in die Voluten der Füße läuft. Dadurch werden die Beine deutlich strukturiert. Auch die Armlehnen sind der Länge nach mit bandartigen Profilen in Vorder-, Ober- und Rückseite strukturiert. Vorder- und Seitenzargen werden in kleineren und größeren Bögen zur Mitte heruntergeschweift und haben die gleiche Schnitzerei, mit ausfladerndem Muschelwerk, gewundenem Blattwerk und muldenförmig einge-

drückten Spiegeln. Auf den vorderen Zargen wurde das Blattwerk ein wenig gestreckt und nicht so nah an die Beine herangeführt, weil die vorderen Zargen deutlich kürzer sind als die Seiten. Mit dem aus dem Fond herausgedrehten Muschel- und Blattwerk suggeriert das Schnitzwerk erstaunliche Tiefe. Außerdem hat der Bildhauer das Blattwerk aus dem unteren Begleitband der Zarge entwickelt und ließ es in die Zone des oberen Abschlußprofils hineinlappen. An den längsstrukturierten, aber mehrfach geschwungenen Armlehnen kommt der Wechsel von Vorder- zu Ober- und Rückseite in der Linienführung dem geschnitzten Muschel-, Blatt- und Bandwerk entgegen. Abgesehen von einem Begleitband an den Kanten ist die rückseitige Zarge nicht geschnitzt.

Trotz des im Prinzip gleichen, geschnitzten Schmucks läßt sich ablesen, daß die Garnitur von verschiedenen Bildhauern angefertigt wurde. Bei fast allen Stücken liegt das Schnitzwerk teilweise hoch am glatten Zargenprofil und wirkt nicht so fein wie an zwei Sesseln (AnsRes. M 25/4, 25/6) und einem Hocker (AnsRes. M 37/2), bei denen das

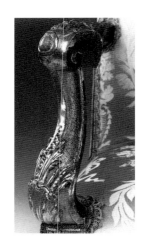

Schnitzwerk etwas tiefer liegt, feiner und deutlich differenzierter erscheint. An einem der 17 Hocker besteht das Ornament aus Stuck mit sehr glatten und harten Konturen, der die Schnitzerei jedoch erstaunlich gut imitiert (AnsRes. M 40/1).

Fassung: Die Gestelle der Möbel sind komplett vergoldet. Dazu kommen Licht- und Schattenspiel auf den glanzvergoldeten Schnitzereien, hinter denen der punktartig gepunzte Fond matt zurücksteht. Auch die Struktur der Beine und Armlehnen wird unterstützt, indem der rückwärtige Wulst glänzend vergoldet, die Schauseiten aber punktartig gepunzt sind und matt erscheinen. Nur bei einem Sessel (AnsRes. M 27/7) ist der Fond auf den Armlehnen gewugelt und an einem Hocker (AnsRes. M 27/10) in kleinen Rhomben graviert.

Wie die Schnitzerei ist auch die Fassung in Grundierung, Gravur und Polimentvergoldung in Ausführung und Qualität unterschiedlich. An sieben Sesseln (AnsRes. M 25/2-3, 5-9), drei Stühlen (AnsRes. M 25/11, 13, 16) und an vier Hockern (AnsRes. M 26/8, 27/10-11, 35/1) ist die Fassung ausgezeichnet verarbeitet, an einem Sessel (AnsRes. M 25/4), fünf Stühlen (AnsRes. M 25/10, 12, 14-15, 17) und vier Hockern (AnsRes. M 25/18-19, 37/2-3) weniger gut sowie an fünf Hockern (AnsRes. M 35/1-4, 37/1) ausgesprochen schlecht verarbeitet. Bei der handwerklich brillanten Fassung ist der Fond sehr fein gepunzt, die Grundierung auf Blatt- und Muschelwerk vielseitig graviert, im Blattwerk sind Rippen und auch an kleinen Blattspitzen einzelne Blattansätze zu unterscheiden. Bei der weniger guten und gar schlechten Verarbeitung ist die Grundierung stärker bzw. richtig dick aufgetragen, bis das Schnitzwerk an manchen Stellen fast versunken ist. Es wurde mit größeren Punzen unregelmäßiger gearbeitet, und die Gravuren sind mit deutlich geringerem Aufwand steif ausgeführt. Der Qualitätsunterschied ist auch am Erhaltungszustand abzulesen und läßt auf mindestens zwei, vielleicht auch auf drei Vergolderwerkstätten schließen.

Bezüge: Auf keinem Stück ist der alte Bezug erhalten. Zwei Hocker haben seit 1957 einen beigen, fünf Hocker erhielten um 1968 neue grüne (AnsRes. M 37/1-4, 40/1) und fünf weitere Hocker 1970 rote Bezüge (AnsRes. M 26/8, 35/1-4). Der mit 17 Stücken größte Teil der Garnitur wurde nach 1970 mit hellblauen Bezügen ausgestattet, bei denen es sich um eine wenig exakte Nachwebung (es fehlen alle Rottöne) der noch in situ erhaltenen Wandbespannung handelt. Mit diesem Stoff war das Audienzzimmer der Markgräfin 1784 komplett neu ausgestattet worden.

Konstruktion: Die Buchengestelle sind ausgesprochen stabil und sauber verarbeitet. Hinterbeine und Seiten der Rückenlehne sind aus einem Stück, Zargen und Beine stets miteinander verzapft und die Verbindungen mit Dübeln gesichert. Armlehnstützen und Vorderbeine bestehen ebenfalls aus einem Stück. In der Rückenlehne sitzt ein unterer Steg, der überpolstert ist. Die Rückseite der starken Zargen ist zu einer flachen Kehle abgearbeitet, aber die Abarbeitungen sind von verschiedenen Händen ausge-

führt worden, was sich mit den Unterschieden in der Bildhauerei deckt. Bei dem Hocker mit Stuckzierat (AnsRes. M 40/1) ist die Konstruktion im Prinzip gleich, die Bearbeitung der Zargenrückseiten aber sehr viel gröber und gut von den anderen Stücken der Garnitur zu trennen.

WÜRDIGUNG

Es existieren zwei weitere Sitzgarnituren in gleichen Formen, die zu eigenen Garnituren und Katalognummern ausgeschieden sind. Eine ist anders gefaßt (Kat. 38), während die andere noch den Erstbezug hat und über den Stoff einem historischen Standort zugewiesen werden kann (Kat. 37). Vier weitere Garnituren haben fast gleiche Gestelle, aber anderen Dekor (Kat. 35, 39-41, s. S. 19-23).

Der Sessel mit gewugeltem Fond auf den Armlehnen und der Hocker mit gravierten Rhomben im Fond sind ansonsten nicht von den anderen Stücken der Garnitur zu unterscheiden. Es könnten Probestücke gewesen sein, nach denen man sich für eine durchgängige punktartige Punzierung entschlossen hat. Jedenfalls wurde diese Punzierung an allen Sitzmöbeln der anderen, ungefähr zeitgleichen Garnituren beibehalten.

Detail der Zarge von Sessel AnsRes. M 25/9

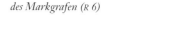

Detail der Lambris im Schlafzimmer des Markgrafen (R 6)

Hocker AnsRes. M 25/19

Links: Detail der Zarge von Sessel AnsRes. M 25/6

Rechts: Detail der Zarge von Sessel AnsRes. M 25/7

Die Garnitur wurde offensichtlich durch einen Hocker mit Ornamenten aus Stuck ergänzt oder erweitert (AnsRes. M 40/2-4). Leider geben die nur für das 19. Jahrhundert erhaltenen Inventare keine Auskunft darüber, wann das geschehen sein könnte. Auch in einer anderen Sitzgarnitur gibt es Hocker mit Ornamenten aus Stuck (Kat. 39).

Bei der Planung für die Ausstattung der neuen Raumfluchten hatte der Kammermeister Christian Wolfgang Ulrich in einer Liste 1733 festgehalten, daß für das Audienzzimmer der Markgräfin acht Sessel und acht Polsterstühle benötigt würden.[1] Das entspricht dem heutigen Bestand, und nur die Hocker waren nicht vorgesehen. Nachrichten, ob die Planzahlen umgesetzt worden sind, existieren nicht. Sie können deshalb nur einen Anhaltspunkt bieten und die Wahrscheinlichkeit untermauern, daß die blau bezogenen Sessel und Stühle seit langem im Audienzzimmer der Markgräfin gestanden und im Zuge der blauen Wandbespannung 1784 einen blauen Bezug erhalten haben.

Schon die vollständige Vergoldung und die qualitätvolle Schnitzerei weisen darauf hin, daß die Sitzmöbel für einen wichtigen Raum und entsprechende Funktion vorgesehen waren. Für die offizielle Funktion sprechen auch die bis zur Vorderkante des Sessels vorgezogenen Armlehnstützen, da zurückgesetzte Armlehnen bequemer sind und eine weniger große Bedeutung anzeigen. Die relativ hohe und wenig elegant wirkende Rückenlehne wird aus zeremoniellen Gründen so hoch gewählt worden sein. Bei einer Hochzeit am Münchner Hof im Jahre 1747 wurden Sessel mit vergoldeten Armlehnen und höherer Rückenlehne höherstehenden Personen zugewiesen als Sessel mit niedrigeren Rückenlehnen und braunen Armlehnen aus Nußbaumholz.[2] Demnach hätte die Rückenlehne, die in einigem Widerspruch zu den eleganten Gestellen steht, ihren funktionalen Grund in der Benutzung der Sessel während des Zeremoniells.

Ein Sessel der Ansbacher Garnitur ist auf einem Gemälde gleichsam mitporträtiert worden. Deshalb können Funktion und Bedeutung so deutlich erkannt werden, wie es nur für wenige Möbel möglich ist. Es handelt sich um das wandfeste und über vier Meter hohe Porträt des Markgrafen Wilhelm-Friedrich (1703-1723) im Festsaal, das postum ab 1746 entstand.[3] Der Markgraf steht unter einer Baldachindraperie vor dem Sessel, der damit eindeutig als Thronsessel charakterisiert ist. Auch für das Gemälde konnte der Grad des Repräsentativen nach Größe und Standort nicht mehr überboten werden. Von dem Sessel ist ein Ausschnitt mit Zarge, Armlehne und Beinansatz wiedergegeben, genau bis in die Details der Schnitzerei und die punktartige Punzierung der Vergoldung. Auch wenn die Farbe des blauen Bezuges auf dem Gemälde sicher als Gegensatz zum roten Rock des Markgrafen gewählt worden ist, kann man aus der genauen Wiedergabe folgern, daß die Polsterung, vor allem aber der aufwendige Besatz, wohl ebenso genau dargestellt worden ist. Eine breite, gewebte Goldborte läuft außen um die Armlehnstützen herum, hebt die Kanten der

Rückenlehne hervor und markiert mit einem eckigen Einzug den Ansatz der Armlehne. Auf dem früheren, bereits 1737 datierten Gemälde an der gegenüberliegenden Seite des Festsaal ist der Auftraggeber und derzeit regierende Markgrafen Carl-Wilhelm-Friedrich (1729-1757) dargestellt.[4] Auch er steht als Herrscher vor einem Thronsessel, der sich jedoch mit keinem erhaltenen Ansbacher Sessel in Verbindung bringen läßt.

Schon weil das Gemälde mit dem ›porträtierten‹ Sessel ab 1746 entstanden ist, müssen die Sitzmöbel mit gleichen und ähnlichen Gestellen vorher entstanden sein. Kreisel hatte eine Datierung um 1740 vorgeschlagen und gesehen, daß eine ganze Reihe von Sitzmöbeln und Konsoltischen von den gleichen

Stuhl AnsRes. M 25/16

Kunsthandwerkern wie die wandfeste Ausstattung der beiden neuen Staatsappartements entworfen und hergestellt worden sind. Daneben nannte er Rechnungen und datierte, wandfeste Gemälde.[5] Auch die Möbelliste des Kammermeisters Ulrich von 1738 deutet an, daß ein großer Teil der Sitzmöbel noch angefertigt werden mußte. Deshalb wird die Datierung um 1740 beibehalten. Dagegen kann die Zuschreibung an den Hofbildhauer und Designateur Paul Amadeus Biarelle nicht so eindeutig gesehen werden (s. S. 19-23). Unzweifelhaft bleibt die starke Orientierung an französischen Vorbildern aus der Zeit um 1720.[6] Deren Formen wurden fließender, eleganter geschweift und der bildhauerische Zierat der Zeit um 1740 in Deutschland mit Muschelwerk angepaßt. Solche Sitzmöbel gab es in Frankreich nicht, trotz der französisch anmutenden, wunderbar feinen und trockenen Bildhauerei.

1 vgl. Anhang S. 285
2 Klingensmith 1993, S. 230
3 Inv. AnsRes. L-G 1 – Krieger 1966, S. 122 ff., 285, Kat. 3, Abb. 46
4 Inv. AnsRes. L-G 2 – Krieger 1966, S. 122 ff., 133 f., Kat. 34
5 Kreisel 1939, S. 54-61
6 Jarry 1973, Taf. 49, 52, 60-63, 64 f., 68 – Partridge, London, Recent Acquisitions, Mai-Juli 1991, Nr. 39 – Jean Wanecq, Paris, Abb. in: Weltkunst 1998, S. 1012

37

Sitzgarnitur ›à la Reine‹

10 Sessel, 4 Stühle, 4 Hocker

Ansbach, um 1740

Gestelle: Nußbaum, geschnitzt
Fassung: vollständig vergoldet, graviert und gepunzt
Bezüge: rot-weiß-grüner Seidenlampas auf Sesseln und
Stühlen, Frankreich um 1770 (?)
Sessel: 106 x 77 x 68 cm
Stühle: 104,5 x 58 x 64 cm
Hocker: Sitzhöhe ca. 48 x 64 x 46 cm; Zargenprofil: H 35 cm

Vorzügliche Vergoldung; vollkommen erhaltene Polsterung; Erstbezüge mit schweren Lichtschäden seit 1995
in Restaurierung; Hocker mit neuen Bezügen

Standort Residenz Ansbach, Audienzzimmer des Markgrafen, R 5; Marmorkabinett, R 8

Historische Inventarnummern Residenz Ansbach 1807:
S. 35 f.; 1813: S. 27 f.; 1820: S. 39; 1830: S. 38; 1842:
S. 257, 259-261; 1865: S. 257, 259-261; 1884: A.II. 21.31-67
; 1901: A.I. 21.31-67; 1903: A.I. 21.11, 13, 14; 1929*: F.V.III.
Lit. A I b Nr. 26-35 Bl. 13 Zi. 21; F.V.III. Lit. A I b Nr. 41-44
Bl. 3 Zi. 21; F.V.III. Lit. A II a Nr. 29-32 Bl. 24 Zi. 21; 1939*:
F.V.III. R 5 Bl. 39 M 63-74; F.V.III. R 8 Bl. 65
M 106, 107

Inv. Sessel: AnsRes. M 33/1-10; Stühle: BayEr. M 3/1-4,
Hocker: AnsRes. M 35/1-4

Literatur Fischer 1786, S. 42 f. – Lessing 1892, Taf. 18 –
Meyer, 1893, S. 19 – A.F. Residenz Ansbach 1939, S. 44 –
A.F. Residenz Ansbach 1962, S. 64 – Kreisel 1970, S. 184 f.,
Abb. 490 f. – Kreisel 1983, S. 187, Abb. 493 f. – A.F. Resi-
denz Ansbach 1993, S. 57

Über die historischen Bezüge, aus deren Stoff auch
die Tapeten der Wände, die Fenstervorhänge und
der Baldachinbehang bestehen und bis heute erhalten sind, läßt sich die Garnitur leicht im Audienzzimmer des Markgrafen lokalisieren. Im ersten gedruckten Führer durch die Residenz Ansbach heißt
es 1786 zur textilen Ausstattung: »Tapeten, Vorhänge und Sesselbezüge sind von roth und weiß geblumten auserlesenem Seidendamast«. Laut Inventar von 1807 ist das Audienzzimmer des Markgrafen mit »1. Tapete von roth grün und weiss geblümten
Seidenzeuch mit carmoisin rothen Grund« sowie
gleichartigen Fenstervorhängen und Baldachindraperie ausgestattet. Dazu gehören »10. Fauteuils /
4. Chaises, und / 4. Tabourets von geschnitenen und
vergoldeten Gestellen, Sitze und Lehnen von roth
grün und weiss geblümten Seidenzeuch mit dergli-
chen Crepinen eingefaßt, die Rückenlehnen der
Fauteuils und Chaises von carmoisin rothen Taffent
mit Überhängen von roth und weiss gesteinten Taffent«. Dazu kam der anders geartete, aber gleich be-

zogene Thronsessel (Kat. 81) und zahlenmäßig dazu
passend »19. Überwürfe zu vorstehenden Seßeln
von rother Glanzleinwand« zum Schutz der wertvollen Bezüge. Bis zum Inventar von 1929 ist die gesamte Garnitur im gleichen Raum faßbar. Die vier
Stühle wurden zusammen mit dem Thronsessel, laut
Nachtrag im Inventar von 1929, erst 1949 in die Eremitage nach Bayreuth abgegeben und werden nun
wieder zurückgeführt. Von den vier Hockern standen zwei (AnsRes. M 35/1, 3), laut Inventar von 1939,
am alten Ort, während die beiden anderen (AnsRes.
M 35/2, 4) in das Marmorkabinett (R 8) gebracht worden waren. Wohl erst seitdem die Hocker 1966 mit
grünen Bezügen versehen wurden, stehen sie dort
beieinander.

BESCHREIBUNG

Gestell: Entsprechend Kat. 36, 38. Nur die Armleh-
nen sind von der Vorderkante der Sessel ein ganzes
Stück zurückgesetzt.
Schnitzerei: Entsprechend Kat. 36, 38.
Fassung: Entsprechend Kat. 36.
Grundierung, Gravur und Vergoldung ist an vier der
zehn Sessel weniger gut verarbeitet (AnsRes. M 33/3,
5, 6, 9), was sich im Erhaltungszustand niedergeschlagen hat. Hervorzuheben ist die handwerklich
besonders brillante Vergoldung der sechs anderen
Sessel sowie der seltene, vergleichsweise unberührte
Zustand.
   Bei einigen Sesseln ist unter der Borte zu sehen,
daß der Weißbezug stellenweise mit Grundierung
überstrichen ist. Bei einem Sessel (AnsRes. M 33/4)
wurden Bezug und Polster über 30 cm geöffnet, und
es war ebenfalls sichtbar, daß beim Auftragen der
Grundierung der Weißbezug überstrichen worden
war. Auf dem rückwärtigen Leinen vom Polster der
Rückenlehne waren weiße Grundierungsspritzer
und an der Innenseite der Armlehne beim Übergang

Sessel AnsRes. M 33/1

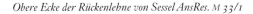

Obere Ecke der Rückenlehne von Sessel AnsRes. M 33/1

in den Sitz war sogar etwas Bolus samt Vergoldung auf dem Weißpolster nachzuweisen. Außerdem konnten beim Ziehen einiger Nägel Partikel der Grundierung in den Nagellöchern festgestellt werden, die beim Aufnageln der Bezüge mit in die Nagellöcher hineingetrieben worden waren, so daß der wertvolle Bezug nach der Vergoldung montiert worden sein muß, die Polsterarbeiten jedoch vor den Faß- und Vergolderarbeiten durchgeführt worden sind.

Stuhl BayEr. M 3/3

Polster/Bezüge: Für die Befestigung von Polster und Weißbezug wurden Eisennägel, für die Befestigung des Bezugs feine Silbernägel verwendet. Die Borten sind geklebt und später stellenweise mit Blauköpfen geheftet. Manchmal wurde versucht, die Borten auf Gehrung zu montieren, was aber nur unvollkommen gelungen ist. Für das Sitzpolster sind 4 x 4 Gurte von oben auf die Zarge genagelt, wobei an einem Sessel bisweilen zwei verschieden gewebte Gurtmaterialien verwendet wurden. Das massive Roßhaarpolster mit durchgenähter Façon und Feinpolster hat einen Weißbezug, der an die Außenseiten der Zargen genagelt ist. Das Polster der Rückenlehne reicht bis zu einem Steg in der Lehne herunter und geht nicht, wie Bezug und Weißbezug, in das Sitzpolster über. Im Innern der Lehne sind zwei kreuzförmig geführte Gurte angebracht, damit das Polster nicht durch den Lehnenrahmen gedrückt wird.

Sessel und Stühle haben den gleichen, originalen Bezug aus rot-weiß-grünem Seidenlampas auf Sitz und Lehne mit einem einfarbigen Bezug der Lehnenrückseite aus dunkelrotem Seidentaft. Sitz und Lehne schmückt jeweils ein großer gebundener Strauß aus weiß-grünen Blüten, Blattwerk und Bändern auf rotem Fond. Die Bezüge sind jeweils nach dem gleichen Muster genäht, indem eine Mittelbahn von der Oberkante der Lehne bis zur Vorderkante des Sitzes reicht. Die Bahn setzt sich allerdings aus zwei Stücken zusammen, die im Knick zwischen Lehne und Sitz aneinandergenäht sind. Dies ist ungewöhnlich, denn üblicherweise wurden die Bezüge von Sitz und Lehne getrennt montiert, damit sie nicht auseinanderreißen, wenn der Sitz belastet wird. Rechts und links wurde die Mittelbahn mit vielen aneinandergestückten Kleinteilen verbreitert, die an Stoffreste erinnern, deren Verwendung die Knappheit und Kostbarkeit des Stoffes dokumentiert. Der Bezug der Rückseite wurde direkt an den Bezug der Vorderseite der Lehne genäht, mit diesem über die Lehne gezogen und dann erst genagelt. Außerdem bleibt vorerst unverständlich, warum Bezug und Weißbezug von Sitz und Rückenlehne miteinander verbunden sind, zumal das Polster der Rückenlehne über dem Sitz mit einem Querholm nach unten abgeschlossen wurde. Der hohe Ansatz der Armlehnstützen zeigt, daß die Gestelle für eine Polsterung mit hohem, umlaufenden Besatz eingerichtet worden sind, wie er beispielhaft an dem Porträt eines solchen Sessels auf dem Gemälde im Festsaal zu sehen ist. Das erklärt auch die aus den Reststücken zusammengesetzten Randbereiche der Bezüge, die vom Besatz wohl verdeckt werden sollten. Ein solcher Besatz ist jedoch mit Sicherheit nie montiert worden, da an keinem der zehn Sessel Einstiche oder Nahtreste nachgewiesen werden konnten und einmal gemachte Einstiche nicht wieder unsichtbar werden.

Die Bezüge der Rückseite sind auf ein rotfarbenes Leinenfutter geheftet, und beide Gewebe wurden anschließend an den Bezug der Vorderseite genäht. Diese Naht wurde von der linken Stoffseite her ausgeführt und ist deshalb auf der rechten Seite, d. h. von vorn nicht zusehen. Nun wurde der Bezug wie eine Hülle über die Lehne gezogen und mußte nur zur Hälfte von der rechten Seite nach unten vernäht werden. Diese Nähte sind deutlich sichtbar und grö-

Sessel AnsRes. M 33/1

Links: Zarge von Sessel AnsRes. M 33/2

Rechts: Zarge von Sessel AnsRes. M 33/1

ber. Erst jetzt wurde der Heftfaden, der den Bezug der Rückseite mit dem Futter verbindet, herausgezogen. Die Nählöcher im Seidentaft der Rückenlehnen sind sichtbar, und an einem der Sessel wurde ein Fadenrest gefunden, der mit einem Einstichloch im Seidentaft übereinstimmt. Die im Inventarverzeichnis von 1807 genannten rot-weiß gewürfelten Überhänge an den Rückenlehnen sind nicht erhalten.

Die roten Bezüge der vier Hocker AnsRes. M 35/ 1-4 wurden erst 1966 durch grüne Bezüge ersetzt.
Konstruktion: Bis auf die Holzart entsprechend Kat. 36 und 37.

WÜRDIGUNG

Entsprechend Kat. 36. Dagegen sind die Armlehnen ein Stück von der Vorderkante der Sitzfläche zurückgesetzt, so daß die Sessel eine bequemere und weniger offizielle Variante darstellen.

Weil der Garnitur mit den roten Bezügen das Audienzzimmer des Markgrafen als historischer Standort zugewiesen werden kann, sind folgende Zahlen von Bedeutung. Bei der Planung für die Ausstattung der neuen Raumfluchten hatte der Kammermeister Christian Wolfgang Ulrich am 6.11.1733 in einer Liste festgehalten, daß für das Audienzzimmer des Markgrafen sechs Sessel und acht Polsterstühle benötigt werden. Hocker waren ungewöhnlicherweise nicht vorgesehen und tauchen erst in einer weiteren Planung vom 2.7.1738 auf. Nun werden acht Sessel, acht Polsterstühle und vier Hocker eingeplant.[1] Nachrichten, ob die Planzahlen tatsächlich umgesetzt worden sind, existieren nicht. Sie können deshalb nur einen Anhaltspunkt bieten, daß zu dieser Zeit schon ein Teil der Garnitur im Audienzzimmer des Markgrafen gestanden haben kann. Ursprünglich kann jedoch eine andere, offiziellere Garnitur mit vorgezogenen Armlehnen im Raum gestanden haben, wenn die Verwendung des Sessels auf dem Porträt des Markgrafen Wilhelm-Friedrich richtig wiedergegeben ist (Kat. 36). Dann wäre die heutige Garnitur erst in das Audienzzimmer des Markgrafen gekommen, als der Raum unter Markgraf Alexander um 1774 modernisiert wurde.[2] Dazu wurden drei neue Konsoltische (Kat. 80) und ein neuer Thronsessel (Kat. 81) angefertigt.

Aus der Datierung der Sesselgestelle um 1740 und der Modernisierung des Audienzzimmers wurde gefolgert, daß die Sessel um 1774 mit einem neuen, bis heute erhaltenen roten Stoff bespannt worden sind. Die Befunde machen jedoch nachdenklich. Unter dem Weißbezug des einen Sessels war keine weitere, leere Nagelreihe zu finden, die von einem früheren Bezug als dem roten Lampas stammen könnte. Weil das Gestell jedoch um 1740 entstand und wenn der erste Bezug um 1774 montiert wurde, muß das Gestell über 30 Jahre lang – fertig gepolstert und vergoldet – ohne Bezug dagestanden haben. Das ist bei einem aufwendigen Sitzmöbel schwer vorstellbar, um so mehr, wenn an weiteren Stücken der Garnitur zukünftig gleiche Befunde auftauchen sollten. Dann muß überlegt werden, ob der Raum nicht schon früher mit dem rot-weiß-grünen Seidenlam-

pas ausgestattet worden ist. Dazu müßte ein gut datierbares textiles Vergleichsstück gefunden werden. Dagegen spricht die Nachricht, daß Markgraf Alexander 1773 eine ganze Reihe von Kostbarkeiten aus der Kunstkammer versteigern ließ, mit deren Erlös vornehmlich seidene Wandbespannungen für das Residenzschloß angeschafft wurden.[3] Dann hätte es ursprünglich gar keine festen Bezüge gegeben, sondern aufwendige Bezüge in Form von Houssen, die es nicht nur in einfachen Stoffen zum Schutz vor Licht und Staub gegeben hat. Darüber hinaus wissen wir, daß der Ansbacher Hof 1728/29 in Paris sehr kostbare Textilien in Form von Houssen für Sessel, Stühle und Hocker erworben hat. Gleiche Befunde waren an Hockern aus dem Spiegelkabinett zu beobachten (Kat. 40).

1 vgl. Anhang S. 285
2 Kreisel 1939, S. 72
3 Seelig 1994, S. 566, Anm. 28

Sessel AnsRes. M 33/1

Sessel AnsRes. M 23/2

38

Sitzgarnitur ›à la Reine‹

2 Sessel, 4 Stühle, 2 Hocker

Ansbach, um 1740

Gestelle: Nußbaum geschnitzt, braun lasiert und vergoldet
Sessel: 106 x 77,5 x 73 cm
Stühle: 104 x 56 x 67 cm
Hocker: Sitzhöhe ca. 46 x 61 x 46 cm; Zargenprofil: H 35 cm

Originale Fassung; Bezüge erneuert

Standort Residenz Ansbach, Schlafzimmer des Markgrafen, R 6

Historische Inventarnummern Residenz Ansbach 1807:
S. 31; 1813: S. 23; 1820: S. 33; 1830: S. 32; 1842*: 227-229;
1865*: 227-229; 1884: A.II. 19.23-32; 1901: A.I. 19.23-32;
1903*: A.I. 19.17-19; 1929*: F.V.III. Lit. A I b Nr. 24-25 Bl. 13
Zi. 19; F.V.III. Lit. A I a Nr. 37-40 Bl. 3 Zi. 19; Lit. A II a Nr. 25-
26 Bl. 24 Zi. 19; 1939*: F.V.III. R 6 Bl. 49 M 80-87

Inv. AnsRes. M 23/1-8

Literatur Fischer 1786, S. 43 – A.F. Residenz Ansbach
1939, S. 46 – Kreisel 1956, S. 16, Abb. 25 – Kreisel 1970,
S. 184 f., Abb. 490 f. – Kreisel 1983, S. 187, Abb. 493 f. – A.F.
Residenz Ansbach 1993, S. 59

PROVENIENZ

Wegen ihrer gold-braunen Fassung lassen sich die
Sitzmöbel im Schlafzimmer des Markgrafen lokalisieren, in dem auch ein gold-braun gefaßtes Bett
steht (Kat. 66). Im ersten gedruckten Führer durch
die Residenz Ansbach heißt es zur textilen Aus-

stattung des Raums 1786: »Das Schlafzimmer des
Herrn Markgrafen ist mit papageygrünem Seidendamast tapisirt und hat eben solche Vorhänge und
Sesselbezüge«. Das Inventar von 1807 verzeichnet
dort eine »Tapette von grünen Damast« mit Bezügen aus gleichem Material für »2. Fauteuils / 4.Chai-
ses und 4. Tabourets / Die Gestelle von vergoldeter
Bildhauer Arbeit und der Grund braun lakirt, mit
grünen Damast beschlagen und grünen seidenen
Gimpen besezt.« In dieser Zusammenstellung ist die
Garnitur bis zum Inventar des Jahres 1939 am gleichen Ort verzeichnet.

Hocker AnsRes. M 23/8

Stuhl AnsRes. M 23/6

148

In den Inventaren sind stets vier Hocker im Schlafzimmer des Markgrafen genannt, von denen aber zwei komplett vergoldet sind. Sie haben wohl nicht zur ursprünglichen Möblierung des Zimmers gehört und werden deshalb in einer anderen Katalognummer geführt (Kat. 36 A AnsRes. M 37/2-3). Aus gleichem Grund waren sie erst nach 1945, vielleicht 1968, mit erneuerten Bezügen in das Braune Wohnzimmer der Markgräfin gestellt worden.

BESCHREIBUNG

Gestell, Schnitzerei: Entsprechend Kat. 36, 37.

Auch in dieser Garnitur sind an der Schnitzerei verschiedene Hände abzulesen. An einem Hocker (AnsRes. M 23/7) liegt das Ornament teilweise etwas unter dem glatten Zargenprofil und erscheint differenzierter, während das geschnitzte Ornament bei allen anderen Stücken der Garnitur stets etwas höher sitzt und nicht so fein wirkt.

Fassung: Nur an dieser Garnitur sind die hervorgehobenen, geschnitzten Teile sowie die Rückseiten der Beine und Armlehnen vergoldet, während der Fond mit einer hauchdünnen braunen Lasur versehen ist, die die Struktur des Nußbaumholzes durchscheinen läßt. Diese Stellen wurden von der Grundierung säuberlich ausgespart. Es handelt sich eindeutig nicht um eine spätere Zutat oder Braunfassung des 19. Jahrhunderts. Allerdings wurde an vielen Stellen mit brauner Farbe retuschiert.

Bezüge: Die grünen Bezüge wurden 1970 erneuert.

Konstruktion: Bis auf die Holzart entsprechend Kat. 36, 37.

WÜRDIGUNG

Entsprechend Kat. 36. Dagegen sind die Armlehnen ein Stück von der Vorderkante der Sitzfläche zurückgesetzt, so daß die Sessel eine bequemere und weniger offizielle Variante darstellen.

Weil der braun-gold gefaßten Garnitur das Schlafzimmer des Markgrafen mit einiger Sicherheit als ursprünglicher Bestimmungsort zugewiesen werden kann, sind folgende Zahlen von Bedeutung. Bei der Planung für die Ausstattung der neuen Raumfluchten hatte der Kammermeister Christian Wolfgang Ulrich 1733 in einer Liste festgehalten, daß für das Schlafzimmer des Markgrafen vier Sessel, vier Polsterstühle und vier Hocker benötigt würden. Eine weitere Planung für Sitzmöbel aus dem Jahr 1738 erhöht die Zahl der Polsterstühle auf sechs.[1] Nachrichten, ob die Planzahlen umgesetzt worden sind, existieren nicht. Sie können aber einen Anhaltspunkt bieten, daß zwei Stühle aus der Garnitur eventuell verloren sind. Zusätzlich muß festgehalten werden, daß die Fassung technisch ganz anders ist als die braun-goldene Fassung des Bettes im gleichen Raum (Kat. 66).

[1] vgl. Anhang S. 285

39.

Sitzgarnitur ›à la Reine‹

2 Sofas, 6 Hocker

Ansbach, um 1740

Gestelle: Buche, geschnitzt
Fassung: vollständig vergoldet, graviert und gepunzt
Rückenlehnen der Sofas mit Rohrgeflecht, Sitze gepolstert
Sofas: 133 x 200 x 75 cm; Zargenprofil: H 35 cm; Hocker:
Sitzhöhe ca. 48 x 62 x 47 cm; Zargenprofil: H 35,5 cm

Ursprüngliches Rohrgeflecht; Bezüge erneuert; Polsterung teilweise original; Maskarons an den Beinen stark bestoßen; Garnitur durch drei Hocker mit Stuckdekor erweitert

Standort Residenz Ansbach, Jagdzimmer, R 13; Gobelinzimmer, R 14; Kabinett, R 19

Historische Inventarnummern Residenz Ansbach 1807: S. 27; 1813: S. 18; 1820: S. 33; 1830: S. 51; 1842: 42, *29, *32, *442; 1865: 42, *29, *32, *442; 1884: A.II. 37.5-8; *A.II. 3.16; *A.II. 4.15; 1901: A.I. 3.16; A.I. 37.5-8; 1903*: A.I. 3.11; A.I. 37.4; 1929*: F.V.III. Lit. A III Nr. 2 Bl. 31 Zi. 3; F.V.III. Lit. A II a Nr. 43-46 Bl. 26 Zi. 19; 1939: F.V.III. R 14 Bl. 183 M 181; F.V.III. R 19 Bl. 204 M 234-237; Stempel: Ansbach; Residenz Bamberg nach 1900*: A.V. 7.46; um 1903*: Lit. A Nr. 32; 1929*: F.V.III. R 7 Bl. 138 Nr. 1

Inv. Sofas: AnsRes. M 26/1, 27/1; Hocker: AnsRes. M 26/9, 27/8-9, 40/2-4

Literatur Schmitz Barock und Rokoko 1923, S. 130 – Feulner 1927, Abb. 319 – Farbige Raumkunst 1930, Taf. 34 – A.F. Residenz Ansbach 1939, S. 61 f., 66 – Kreisel 1970, S. 185, Abb. 489 – Feulner 1980, S. 206, Abb. 328a – Kreisel 1983, S. 187, Abb. 492 – A.F. Residenz Ansbach 1993, S. 66

Maske von Sofa AnsRes. M 26/1

Armlehne von Sofa AnsRes. M 27/1

PROVENIENZ

Die beiden gleichen Sofas sind mit den »2. Canapées von ausgeschnittenen und vergoldeten Gestellen, die Rückenlehnen mit spanischen Rohr geflochten, und die Sitze mit carmoisinrothen Damast beschlagen« in den Inventaren von 1807 und 1813 identisch, für die das Marmorkabinett als Standort eingetragen ist (R 8). Auch bei den »6. Tabourets von geschnittenen und vergoldeten Gestellen mit carmoisinrothen Damast beschlagen« im gleichen Raum wird es sich um die aufgrund der Schnitzerei zugehörigen Hocker handeln. Laut Inventar von 1820 standen Sofas und Hocker nicht mehr im gleichen Raum. Die Garnitur war durch zwei weiß-gold gefaßte Bänke (Kat. 100) und Sessel ersetzt worden. Nun standen beide Sofas im Festsaal (R 2), wo vorher die beiden Bänke gestanden hatten und wo sie auch noch im Inventar von 1830 verzeichnet sind. Nach den Verzeichnissen von 1842 bis 1884 stand eines der Sofas im zweiten Vorzimmer der Markgräfin (Gobelinzimmer, R 14) und das andere im dritten Vorzimmer der Markgräfin (Jagdzimmer, R 15). Während ersteres bis heute im zweiten Vorzimmer

Sofa AnsRes. M 27/1

der Markgräfin stehenblieb, wurde letzteres (Ans-Res. M 26/1) im Jahre 1900 in die Residenz Bamberg transferiert, zusammen mit ebenfalls komplett vergoldeten, in der Bildhauerei aber anderen Sesseln, Stühlen und Hockern (Kat. 35). Offensichtlich wurde das Sofa während der Neueinrichtung der Bamberger Residenz 1933 als Ansbacher Stück erkannt, zurückgebracht und wieder im dritten Vorzimmer der Markgräfin aufgestellt. Zumindest wurde es 1966 dort wieder inventarisiert. Die Inventare von 1842 und 1865 verzeichnen neben dem Sofa im zweiten Vorzimmer der Markgräfin auch sechs Hocker, von denen drei (AnsRes. M 26/8-9, 27/8) mit Sicherheit zu den Sofas gehören. Nach den gleichen Inventaren standen die drei anderen erhaltenen Hocker im Braunen Kabinett des Gästeappartements (R 19). Seit 1842 ist der Standort der Hocker gleich geblieben.

BESCHREIBUNG

Gestelle: Die beiden dreisitzigen Sofas mit rechteckigem Grundriß ruhen auf acht geschwungenen Beinen, von denen diejenigen an den Ecken diagonal zum Korpus stehen. Die Rückenlehnen sind mit Rohrgeflecht versehen, die Sitze gepolstert, die Armlehnen aber ungepolstert und bis an die Vorderkante der Sofas vorgezogen. Die geraden Rückenlehnen sind leicht nach hinten geneigt und in Verlängerung der vier hinteren Beine mit geraden Holmen in drei Bereiche geteilt. Unten sind die Lehnen mit einem geraden Steg geschlossen, aber oben von den Ecken aus im Bogen eingezogen, um sich zur Mitte mit zwei aufschwingenden Bögen zu erhöhen. Mit dem etwas durchsichtigen Rohrgeflecht werden die Konturen der Lehne besonders hervorgehoben.

Unterhalb des Bezuges beginnt die Zarge mit einem umlaufenden, geraden und glatten Dreiviertelstab. Die Beine gehen mit einem Bogen ohne Absatz in die Zargen über, die in Bögen zur Mitte herabgeschweift sind. An den Ecken stehen die Beine über den Grundriß des Polsters hinaus und sind nach unten so weit eingeschwungen, daß sie nicht unter den Ecken der Sitzflächen, sondern weiter innen auf dem Boden stehen. Unten laufen die Beine in Voluten aus, stehen aber noch auf kleinen, verjüngend profilierten Klötzchen, die mit der Kante nach vorn in der Flucht der Zargen, mit den Ecken aber diagonal zu den Beinen ausgerichtet sind. Durch das Wechselspiel der Richtungen mit den profilierten Klötzchen erscheinen die Sofas leichter, auf zierliche Postamente gestellt.

Die Hocker mit rechteckigem Grundriß entsprechen mit Beinen und Zargen den Sofas, wirken aber etwas ausladender, weil die Zargen zu den Beinen hin nicht sehr hoch sind und in einem weiten Bogen ohne Absatz in die Beine übergehen.

Schnitzerei: Die vorschwingenden Knie der Eckbeine sind zu einem männlichen Maskaron mit schmalem, scharfkantigem Gesicht mit Hakennase geformt. Sie tragen einen Kopfputz mit Blattwerk und einem flügelartigen Gebilde an Stelle der Ohren. Der lange, gezwirbelte Bart ist von einem Akanthusblatt unterlegt und geht in die Außenkante der Beine über. An den beiden mittleren Vorderbeinen der Sofas stehen die Maskarons nicht hervor, sondern wirken in die gerade Front hineingedrückt und beinahe deformiert. Das Blattwerk auf den Beinen reicht in den Bereich der Zargen hinein, die in der Mitte mit palmettenartig gefächertem Blattwerk besetzt sind, dem eine Muschel vorgelegt ist und die Unterkante agraffenartig umfaßt. Auf den Zwischenstücken der herabschweifenden Bögen sitzen konvex vorstehende, ovale Spiegel. Das aus dem Fond herausgedrehte Blattwerk suggeriert erstaunliche Tiefe. Außerdem hat der Bildhauer das Blattwerk aus dem unteren Begleitband der Zarge entwickelt und ließ es knapp in die Zone des oberen Abschlußprofils einlappen. An den Eckbeinen ist die wulstige Rückseite sichtbar und von den beiden Schauseiten mit einem flachen Band geschieden, das von der Unterkante der Zargen ohne Absatz bis in die Voluten der Füße läuft. Dadurch werden die geschwungenen Beine deutlich strukturiert.

Die wenig elegant geschweifte Armlehne rollt sich nach hinten ein, ist auf der Oberseite in Form von umwundenem Stabwerk geschnitzt, aber an der eingerollten Unterseite mit Muschelwerk besetzt. Vorne werden die Lehnen zum Kopf eines Ungeheuers, in dessen aufgerissenem Maul die Stütze steckt, was aber nur mit einem Blick von der Seite erkennbar ist. Die Rückenlehnen sind besonders reich geschnitzt. Auf den geraden Rahmenstücken sitzen eng gedrängt C-Bögen, Blattwerk, Blüten und ovale Spiegel. Die großen Muschelwerkkartuschen an den oberen Ecken bilden einen Schwerpunkt, während das Blattwerk mit Blüten auf den geschweiften Lehnenoberkanten zur Mitte hin immer stärker durchbrochen ist und in der Mitte von einer Chinesen-

maske mit Bart und spitzem Hut bekrönt wird. Nur die Chinesenmasken an den Sofas sind unterschiedlich, die Schnitzerei ansonsten gleich, aber nicht von gleicher Hand. Bei einem der Hocker ist die Schnitzerei nicht von den Sofas zu unterscheiden (AnsRes. M 27/9), während das geschnitzte Ornament bei zwei anderen Hockern stets etwas höher am glatten Zargenprofil liegt und differenzierter ausgearbeitet ist (AnsRes. M 26/9, 27/8). An drei weiteren Hockern besteht das Ornament aus Stuck mit sehr glatten und harten Konturen, der die Schnitzerei erstaunlich gut imitiert (AnsRes. M 40/2-4).

Fassung: Blattwerk und Maskarons sind vielseitig graviert, so daß Blattrippen und Haarstränge hervortreten. Dazu kommen Licht- und Schattenspiel auf den polierten Schnitzereien, hinter denen der punktartig gepunzte Fond matt zurücksteht. Auch die Struktur der Beine in Vorder- und Rückseite wird unterstützt, indem der rückwärtige Wulst glänzend vergoldet, die Schauseiten aber gepunzt sind und stumpf erscheinen. Hinterbeine und rückwärtige Zargen sind auch auf der Rückseite vergoldet und punziert, während die Rückseite der Rückenlehnen glatt gehobelt blieb. Wie das Schnitzwerk ist die Fas-

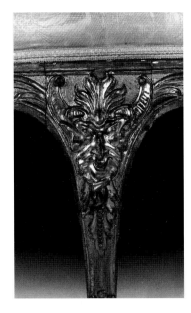

Bein von Sofa AnsRes. M 27/1

Detail der Rückenlehne von Sofa AnsRes. M 27/1

sung mit Grundierung, Gravur und Vergoldung im Prinzip gleich und läßt unterschiedliche Hände bei der Bearbeitung mit starkem Qualitätsunterschied erkennen. Diese Unterschiede sind nicht einer der beiden Arten an Schnitzerei zuzuordnen, sondern an Stücken von beiden Händen zu beobachten. Am Sofa AnsRes. M 27/1 ist die Vergoldung in größeren Stellen retuschiert und am Gegenstück AnsRes. M 26/1 weitgehend verloren, weil die Polimentvergoldung in weiten Teilen mit einer viel zu rötlichen Ölvergoldung überzogen wurde. Trotzdem lassen sich noch Unterschiede an Hockern und Sofas erkennen. Beide Sofas und ein Hocker (AnsRes. M 26/9) sind in der Grundierung deutlich weniger gut graviert und die Punktpunzen weniger fein als bei zwei erstklassig vergoldeten Hockern, die farblich auch etwas kühler erscheinen (AnsRes. M 27/ 8-9). An den Hockern mit Stuckzierat (AnsRes. M 40/2-4) ist die Oberfläche sehr glatt, nicht punziert und farblich heller.

Polster/Bezüge: An der Rückseite der Rückenlehnen wurde die Nut für das Rohrgeflecht nach der Bespannung sauber geschlossen und stellt sicher, daß die Bespannung nicht erneuert wurde. Die inneren Beinpaare der Sofas sind mit Schwingen verbunden, die im Segmentbogen nach unten geschweift sind, so daß das Polster bei Belastung nach unten Platz hat. Folglich war für die Sitzflächen immer eine Polsterung vorgesehen und nicht etwa ein Rohrgeflecht mit Auflegekissen. Der hohe Ansatz der Armlehnstützen zeigt außerdem, daß die Gestelle der Sofas für eine Polsterung mit hohem, umlaufendem Besatz eingerichtet sind. Nach Auskunft der Inventare waren alle Teile der Garnitur mit rotem Damast bezogen. 1970 erhielten das Sofa AnsRes. M 26/1 und der Hocker AnsRes. M 26/9 eine neue Polsterung mit Stahlfedern und roten Bezügen. Die beigen Bezüge von Sofa AnsRes. M 27/1 und den beiden Hockern AnsRes. M 27/8-9 wurden 1957 und der grüne Bezug auf den drei Hockern AnsRes. M 40/2-4 um 1968 aufgebracht.

Konstruktion: Die Gestelle sind stabil und sauber verarbeitet. Alle Hocker und beide Sofas bestehen aus Buche. Zargen und Beine sind stets miteinander verzapft und die Verbindungen zusätzlich mit Dübeln gesichert. Die Rückseite der relativ starken Zargen ist zu einer flachen Kehle abgearbeitet, aber die Abarbeitungen sind an den Stücken der Garnitur von verschiedenen Händen ausgeführt worden. An den Sofas bestehen die vorderen Außenbeine und die Stützen der Armlehnen aus einem Stück, und die vier hinteren Beine bilden mit den Holmen der Rückenlehne ein Stück. Die Fuge zwischen Armlehne und Armlehnstütze liegt unter dem Kopf des Ungeheuers, das in die Stütze beißt. Die Armlehnen sind verdeckt in die seitlichen Holme der Rückenlehne gezapft, aber an der Rückseite nicht durchgezapft. Bei den drei Hockern mit Stuckzierat (AnsRes. M 40/ 2-4) ist die Konstruktion im Prinzip gleich, die Bearbeitung der Zargenrückseiten aber sehr viel gröber und gut von den anderen Stücken der Garnitur zu trennen.

WÜRDIGUNG

Entsprechend Kat. 36.

Unterschiede bestehen im geschnitzten Dekor. Es gibt weniger ausfladerndes Muschelwerk und anstelle der eingetieften Spiegel erhaben geschnitzte Partien. Besonders augenfällig sind die Maskarons an den Ecken. Auch wenn die Gesichter nicht knollig und viel schmaler sind als an den französischen Hockern (Kat. 8), so ähneln sie sich ein wenig im Kopfputz, den langen Gebilden anstelle der Ohren und dem gezwirbelten Bart auf einem Akanthusblatt. Deshalb können die französischen Hocker bei der Auswahl des Motivs eine gewisse Vorbildfunktion gehabt haben.

Die Garnitur wurde durch drei Hocker mit Ornamenten aus Stuck ergänzt oder erweitert (AnsRes. M 40/2-4), aber leider geben die nur für das 19. Jahrhundert erhaltenen Inventare keine Auskunft dar-

Zarge von Hocker AnsRes. M 27/9

Zarge von Hocker AnsRes. M 40/2

Hocker AnsRes. M 27/9

Hocker AnsRes. M 40/2

über, wann das geschehen sein könnte. In einer anderen Sitzgarnitur gibt es ebenfalls einen Hocker mit Ornamenten aus Stuck (Kat. 36). Sechs weitere Hocker in gleichen Formen sind zu einer eigenen Garnitur und Katalognummer ausgeschieden, weil sie noch den Erstbezug haben und damit einem historischen Standort zugewiesen werden können (Kat. 40).

Eine große Seltenheit bilden die beiden Sofas. Entgegen den Angaben des Inventars von 1807 wird das Marmorkabinett wohl nicht der ursprüngliche Bestimmungsort gewesen sein. Bei einer Stellprobe paßten die Rückenlehnen kaum zur Struktur der Wände, und seitlich des Ofens blieb nur sehr wenig Platz.

Sofa AnsRes. M 27/1

Detail der Rückenlehne

40

6 Hocker

Ansbach, um 1740

Nicht erhaltene Bezeichnung »F« in Farbe auf einem Bezug
Gestelle: Buche, geschnitzt
Fassung: vollständig vergoldet, graviert und gepunzt
Bezug: Chenillestickerei, vor 1774 (?)
Sitzhöhe ca. 48 x 63 x 46 cm; Zargenprofil: H 35 cm

Übertragung der Stickereien auf neuen Träger 1956; seit 1982 werden die Stickereien erneut appliziert, parallel dazu Reinigung und Retusche der Fassung

Standort Residenz Ansbach, Spiegelkabinett, R 10

Historische Inventarnummern Residenz Ansbach 1807: S. 22 f.; 1813: S. 14; 1820: S. 16; 1830: S. 16; 1842*: 96; 1865*: 96; 1884: A.II. 14.20-31; 1901: A.I. 14.20-31; 1903*: A.I. 14.8; 1929*: F.V.III. Lit. A II Nr. 9-14 Bl. 23 Zi. 10; 1939: F.V.III. R 10, Bl. 82, M 127-132; Bayreuth Eremitage 1966*: BayEr. M 3, M 11

Inv. AnsRes. M 36/1-6

Literatur Lessing 1892, Taf. 58 – A.F. Residenz Ansbach 1939, S. 53 – A.K. Markgräfin Wilhelmine 1959, Kat. 295 – A.F. Residenz Ansbach 1993, S. 68

PROVENIENZ

Im Inventar des Jahres 1807 sind die sechs Hocker unverwechselbar im Spiegelkabinett verzeichnet: »6. Tabourets mit geschnittenen und vergoldeten Gestellen, mit weissen Atlas worauf Bouquets von Chenille, bezogen, und mit seidenen Gimpen besetzt, mit / 6. Überzügen von gelber Glanzleinwand mit weissen Papier doublirt«. Ein Kaminschirm mit gleichem Bezug ist erhalten, und auch das Photo von 1892 zeigt Hocker samt Kaminschirm mit den Stickereien im Spiegelkabinett. Laut Inventar von 1807 hatte auch das Fenster des Raumes Vorhänge mit gleicher Stickerei, die jedoch im Inventar von 1813 nicht mehr erscheinen und durch Vorhänge aus

weißem Taft ersetzt worden waren. Seit dem Inventar von 1830 bestanden die Houssen der Hocker aus schwarzer Glanzleinwand, und seit 1884 wurden Houssen aus grauer Glanzleinwand beschrieben, die 1929 nicht mehr genannt sind. Im Inventar von 1939 ist erfaßt, daß 1949 zwei Hocker nach Bayreuth in die Eremitage gebracht wurden (AnsRes. M 36/5-6). Dort war das Mobiliar im Zweiten Weltkrieg weitgehend zerstört worden. Während der Vorarbeiten für diesen Katalog kamen die Hocker wieder zurück.

BESCHREIBUNG

Gestell, Schnitzerei, Fassung: Entsprechend Kat. 39.

Die Schnitzerei ist an allen sechs Hockern gleich und entspricht dem etwas höher am Zargenprofil liegenden und differenzierter ausgearbeiteten Typus. Über die Qualität der Fassung ist nach der Restaurierung von zwei Hockern keine übergreifende Beurteilung möglich, sie scheint aber wohl an allen sechs Hockern ursprünglich gleich gut gewesen zu sein.

Bezüge: Die Stickerei besteht aus zwei wellenförmig geführten Blütenranken sowie gleichartigen größeren und kleinen Blütenzweigen, die aber nicht gleichmäßig neben den langen Ranken verteilt sind: Eine der Ranken wird an der Außenseite von kleinen und die andere von großen Zweigen begleitet. Diese Verteilung ist bei allen sechs Hockern gleich. An den Enden sind die Ranken nicht beschnitten und stammen deshalb nicht von längeren Stoffbahnen oder umgearbeiteten Vorhängen. Auf dem 1892 publizierten Photo sind die Seiten der Polster rundum mit hohen Borten besetzt, von denen Teile der Stickerei überdeckt wurden. Demnach waren die Stickereien nicht explizit für die Hocker, aber doch für Objekte mit ähnlichen Maßen angefertigt worden. Der hohe Besatz verschwand in den 1950er Jahren, weil der Bezugsstoff zerschlissen war. Die gestickten Partien wurden aus den Bezügen herausgeschnitten und auf einen neuen Trägerstoff appliziert. Seit 1982 ist der

Hocker AnsRes. M 36/2

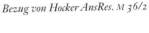
Hocker AnsRes. M 36/2

Bezug von Hocker AnsRes. M 36/2

Träger durch Lichtschäden bereits wieder zerstört, und die Stickereien müssen zum zweiten Mal auf einen neuen Trägerstoff übertragen werden.

WÜRDIGUNG

Entsprechend Kat. 36.

Sechs gleiche Hocker und zwei Sofas sind zu einer eigenen Garnitur und Katalognummer ausgeschieden (Kat. 39).

Die Chenillestickerei auf den Bezügen der sechs Hocker bildete zusammen mit der gleichen Stickerei auf den Vorhängen und auf der Bespannung eines Ofenschirms (Kat. 91) eine »en Suite-Ausstattung« für das Spiegelkabinett. Laut Ausstellungskatalog von 1959 war der »Futterstoff« von einem der Hocker mit »F« bezeichnet (AnsRes. M 36/5-6), was zur Vermutung führte, die Stickerei sei von der Markgräfin Friederike Luise geschaffen worden. Das ist jedoch eine Legende, auch wenn die Markgräfin ihre Tage mit Filetstickerei verbrachte und große Mengen unverarbeiteter Textilien und Kurzwaren sowie eine »Maschiene zur Stickereiarbeit« hinterließ.[1] Das Markgrafenpaar war bald nach der Regierungsübernahme zerstritten, die Markgräfin hatte sich auf die Schlösser Triesdorf und Unterschwaningen zurückgezogen und hatte daher keinen Anlaß, einen Raum in der Stadtresidenz auszustatten. Weil Maße der Ranken für Hocker und Kaminschirm gleich groß und für die Hocker zu groß erscheinen, wird es sich um fertig angekaufte, etwas zu lange Stücke gehandelt haben. In Ansbach hätte man maßgenau fertigen können, und die Stickerei wäre kaum unter den ehemaligen Besatz gelaufen. Wahrscheinlich wurden die Stoffe mit der Chenillestickerei angekauft, nachdem Markgraf Alexander 1773 eine ganze Reihe von Kostbarkeiten aus der Kunstkammer hat versteigern und mit dem Erlös vornehmlich seidene Wandbespannungen für das Residenzschloß anschaffen lassen.[2]

Anläßlich der zweiten Übertragung der Stickereien auf einen neuen Trägerstoff lagen an zwei Ge-

Bezug eines Hockers 1956

stellen die Kanten offen, an denen die Bezüge aufgenagelt waren. Die Analyse der Nagellochreihen
ergab, daß bis dahin nur zwei Bezüge aufgenagelt
waren, nämlich der Erstbezug und der Bezug mit der
ersten Applikation aus den 1950er Jahren. Aus diesem Grund muß die Chenillestickerei als erster
fester Bezug auf den sechs Hockern angesehen werden. Aus der Datierung der Gestelle um 1740 und
einer vorläufigen Datierung des Erstbezugs vor 1774
ist zu schließen, daß die Gestelle über 30 Jahre lang
wohl ohne festen Bezug waren. Ein gleicher Befund
war an einem Sessel aus der Garnitur im Audienzzimmer des Markgrafen zu beobachten (Kat. 37).
Demnach hatte es ursprünglich gar keine festen Bezüge gegeben, sondern aufwendige Bezüge in Form
von Houssen, die es nicht nur in einfachen Stoffen
zum Schutz vor Licht und Staub gegeben hat. Darüber hinaus wissen wir, daß der Ansbacher Hof
1728/29 in Paris sehr kostbare Textilien in Form von
Houssen für Sessel, Stühle und Hocker erworben
hat.

Sessel AnsRes. M 27/4

1 Störkel 1995, S. 212, bes. Anm. 23
2 Seelig 1994, S. 566, Anm. 28

41

Sitzgarnitur ›à la Reine‹

6 Sessel, 6 Stühle

Ansbach, um 1745

Gestelle: Buche, geschnitzt, gefaßt, vollständig vergoldet,
graviert und gepunzt
Sessel: 106,5 x 70-74 x 72 cm
Stühle: 104 x 54 58 cm; Zargenprofil: H 34-35,5 cm

Fassung stark überarbeitet und bronziert, Bezüge erneuert,
alte Polsterung teilweise durch Stahlfederung ersetzt

Standort Residenz Ansbach, 2. Vorzimmer der Markgräfin
(Jagdzimmer), R 13; 3. Vorzimmer der Markgräfin
(Gobelinzimmer), R 14

Historische Inventarnummern Residenz Ansbach 1807: S. 3;
1813: S. 3; 1820: S. 5; 1830: S. 5; 1842*: 30, 31; 1865*: 30,
31; 1884: A.II. 3.17-28; 1901: A.I. 3.17-22; A.I. 17.11-16;
1903*: A.I. 3.12, 13; A.I. 17.9, 10; 1929*: F.V.III. Lit. A 1 b
Nr. 7-10 Bl. 11 Zi. 3; F.V.III. Lit. A 1 b Nr. 22-23 Bl. 13 Zi. 17;
F.V.III. Lit. A 1 a Nr. 33-36 Bl. 3 Zi. 17; F.V.III. Lit. A 1 a Nr. 13-
14 Bl. 1 Zi. 3; 1939*: F.V.III. R 14 Bl. 183 f. M 182-187; F.V.III.
R 13 Bl. 170 f. M 167-172

Inv. Sessel: AnsRes. M 26/2-3, 27/2-5; Stühle: AnsRes. M
26/4-7, 27/6-7

Literatur A.F. Residenz Ansbach 1939, S. 61 f. – Kreisel
1956, S. 16, Abb. 25 – Kreisel 1970, S. 184 f., Abb. 490 –
Kreisel 1983, S. 187, Abb. 493 – A.F. Residenz Ansbach
1993, S. 79, 83

PROVENIENZ

Von 1807 bis 1865 ist die Garnitur aus »6. Fauteuils,
und 6. Chaises, mit geschnittenen und vergoldeten
Gestellen, die Sitze und Lehnen mit Carmoisin rothen Damast bezogen« im 2. Vorzimmer der Markgräfin (R 13) verzeichnet, in dem die Fenstervorhänge aus gleichem Stoff bestanden. Laut Inventar
von 1884 standen die Möbel weiter am gleichen Ort,
waren aber zwischenzeitlich »mit korn[blumen]-
blauen Seidendamast« bezogen worden. Gleichzeitig bekam eines von zwei gleichen Sofas den gleichen
Bezug und wurde trotz des anderen Gestells seitdem
mit den Sesseln und Stühlen zu einer Garnitur gezählt (Kat. 39). Das Inventar von 1901 verzeichnet
nur noch vier Sessel und zwei Stühle im 2. Vorzimmer der Markgräfin und die anderen zwei Sessel
mit den vier Stühlen im Marmorkabinett (R 8). Letztere waren für den neuen Standort im Jahre 1901 mit
rotem Seidendamast bezogen, aber wohl zu diesem
Zeitpunkt auch mit Stahlfedern gepolstert worden
(AnsRes. M 26/1-7). Diese Verteilung der Sitzmöbel
ist bis zum Inventar von 1929 unverändert, und erst
seit dem Verzeichnis von 1939 sind die vier Sessel
mit den beiden Polsterstühlen aus dem Marmorkabinett im 3. Vorzimmer der Markgräfin verzeichnet.
Einer der Polsterstühle bekam den Nachtrag
»Kriegsschaden, zertrümmert« und wurde offensichtlich wieder repariert (AnsRes. M 27/7).

Fuß von Sessel AnsRes. M 27/4

BESCHREIBUNG

Gestelle: Die Sessel haben gerade, leicht nach hinten
geneigte, rundherum bezogene und relativ hohe
Rückenlehnen, die nur an der Oberkante geschweift
sind. Die Armlehnstützen entwickeln sich aus den
vorderen Beinen, so daß die gepolsterten Armlehnen

fast bis an die Vorderkante der Sessel hervorgezogen sind. Außerdem sind die Armlehnen nur in der Aufsicht leicht geschweift, nicht aber in der Horizontalen, was den Sessel streif, eng und unbequem erscheinen läßt. Dagegen sind die Armlehnstützen besser geschwungen. Die Sitzfläche ist nur an der Vorderseite geschweift, bildet über den Beinen eine Ecke und verjüngt sich im Grundriß trapezförmig nach hinten. Unterhalb des Bezugs beginnt die Zarge mit einem rundumlaufenden glatten Dreiviertelstab, der den geraden, kantigen Eindruck der Sessel unterstützt. Unter den Ecken der Sessel sind die Beine zurückgezogen, um sich nach unten leicht vor und gleich wieder einzubiegen, als ob die Möbel auf eingekrümmten Fingern stünden. Darunter sitzen kegelförmige Füßchen. Nur die Hinterbeine sind etwas nach hinten ausgestellt. Die wulstigen Rückseiten der Beine sind von den Schauseiten mit einem Band abgesetzt, das den Übergang zur Zarge mit einer kurzen Eindrehung markiert. Von da aus sind die Zargen mit einem längeren Bogen hochgezogen und mit kurzen Bögen wieder herabgeführt, so daß die Zargen zentriert sind, im übrigen aber an den Seiten und in der Mitte die gleiche Höhe behalten. Damit erscheinen die Zargen nicht als Schwingung, sondern wie ein ausgeschnittenes Brett. Die Stühle folgen in der Form den Sesseln, sind aber nicht ganz so hoch.

Schnitzerei: Unter dem glatten Stabprofil sind die Beine eingezogen und zu einer von C-Bögen gefaßten Muschelkartusche geformt, die den überkragenden Sitz zu stützen scheint. Von dort geht ein Blütenband auf der Kante bis zu den wulstigen Füßen herunter, die rundherum wellenförmig geschnitzt sind, was an heruntergerutschte Strümpfe erinnert. Von den Beinen reichen Band- und Blattwerk in den Bereich der Zargen hinein und belegen die Schwünge der geschweiften Zargen. Das Blattwerk dreht sich aus dem Fond heraus, dreht sich aber auch aus der geschweiften Linie der Zargen nach unten heraus, so daß die Schwünge unterbrochen und kürzer werden, was einen eleganten Eindruck verhindert. Dazu tragen die stämmigen, steif geschwungenen Beine bei. Die Armlehnstützen sind an der Vorwölbung mit einem großen, teigig erscheinenden Blatt belegt und nach oben – wenig abwechslungsreich und wie an den Füßen – wellenförmig geschnitzt. Unterschiedliche Hände oder Qualitäten sind an den verschiedenen Stücken nicht abzulesen.

Fassung: Der Kreidegrund mit rötlichem Bolus ist dick aufgetragen und sparsam graviert, so daß die Oberfläche von Muschel- und Blattwerk wenig belebt und undifferenziert geblieben ist. Die Polimentvergoldung ist auf den geschnitzten Partien, an den Innenseiten der Beine und Armlehnstützen poliert, an den gewugelten Unterseiten der Armlehnen sowie auf dem punktartig gepunzten Fond der Zargen und Beine stumpf gehalten. Auch an der Fassung kann keine Qualitäts- oder Händescheidung vorgenommen werden, was aber auch am schlechten Erhaltungszustand liegen mag.

Polster/Bezüge: Der hohe Ansatz der Armlehnstützen zeigt, daß die Gestelle der Sessel für eine Polsterung mit hohem, umlaufendem Besatz eingerichtet sind. Die beigen Bezüge der Sessel AnsRes. M 27/2-5 und der Stühle AnsRes. M 27/6-7 wurden 1957 aufgebracht. Die Sessel AnsRes. M 26/2-3 sowie die Stühle AnsRes. M 26/4-7 mit der Stahlfederung von 1901 erhielten 1970 neue rote Bezüge. Dabei wurden die Bezüge von Sitz und Rückenlehne nicht mehr durchlaufend zusammengenäht und die Lehne nur bis zur unteren Strebe mit Stoff verhüllt. Die freien Stücke der Holme wurden fälschlicherweise nachträglich vergoldet.

Konstruktion: Die Buchengestelle sind stabil und sauber verarbeitet. Hinterbeine und Seiten der Rückenlehnen sind aus einem Stück, die Zargen und Beine stets miteinander verzapft und die Verbindungen zusätzlich mit Dübeln gesichert. Im Bereich hinter den Zargen wurden die Beine abgerundet und nicht als eckige Pfosten stehengelassen. Die Rückseite der relativ starken Zargen ist hoch gekehlt und nach unten zu einem dünnen Brett abgearbeitet. Die Abarbeitungen sind an allen 12 Stücken der Garnitur unterschiedlich, was aber in der Schnitzerei an den Schauseiten nicht zu Tage tritt.

WÜRDIGUNG

Entsprechend Kat. 36.

Unterschiede bestehen in den weniger flüssig geschwungenen Zargen und Beinen. Auch das geschnitzte Blattwerk ist steifer und neben Gravur und Vergoldung weniger differenziert, was nicht nur mit Kriegsschäden und Reparaturen zu begründen ist. Außerdem sind die Beine deutlich dicker und die gepolsterten Stücke der Armlehnen nicht geschweift, was unelegant wirkt. Die Breitenmaße der Sessel schwanken um mehrere Zentimeter, was bei den anderen Garnituren nicht vorkam. Demnach stammt die Garnitur, trotz gleicher Grundstruktur, von einem anderen Entwerfer sowie aus einer anderen Werkstatt am Ansbacher Hof.

Nur die Sessel dieser Garnitur haben, neben den Thronsesseln, gepolsterte Armlehnen. Damit wäre ihnen im Zeremoniell eine größere Bedeutung beizumessen und eines der Audienzzimmer als Bestimmungsort anzunehmen, was jedoch nicht mehr verifiziert werden kann.

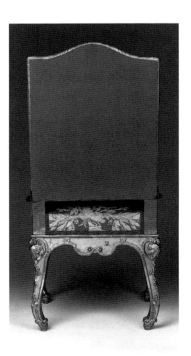

Stuhl AnsRes. M 26/5

42

Konsoltisch

Ansbach, um 1740

In der Kartusche mit ligierten Buchstaben bezeichnet
»CWF« für Markgraf Carl-Wilhelm-Friedrich
Konstruktionsholz: Eiche, geschnitzt, weiß gefaßt
Platte: weißer Marmor
82 x 128 x 64 cm; Gestell: 79 x 122 x 56 cm

Standort bis 1775 im Schlafzimmer des Markgrafen (R 6),
bis dahin vergoldet; nachträglich erhöhte Füße; Federbusch auf der Haube des linken Falken nach 1923 ergänzt;
letzte Reparatur 1956

Standort Residenz Ansbach, 2. Vorzimmer des Markgrafen
(R 4)

Historische Inventarnummern Residenz Ansbach 1807:
S. 38; 1813: S. 31; 1820: S. 42; 1830: S. 40; 1842: 282; 1865
: 282; 1884: A.II. 22.38-41; 1901: A.I. 22.38-41; 1903: A.I.
22.7; 1929: F.V.III. Lit. B V Nr. 23-26 Bl. 61 Zi. 22;
1939*: F.V.III. R 4 Bl. 30 M 45

Inv. AnsRes. M 64/2

Literatur Eichinger 1894, Taf. 4 – Schmitz 1923,
Taf. 111 – A.F. Residenz Ansbach 1939, S. 42 – Kreisel 1939,
S. 72 – Kreisel 1970, S. 184 f., Abb. 483 – Kreisel 1983, S.
185 f., Abb. 486 – A.F. Residenz Ansbach 1993,
S. 53

PROVENIENZ

Kreisel hatte den ursprünglichen Standort des Konsoltisches bereits 1939 im Schlafzimmer des Markgrafen vermutet, weil die beiden Falken auf dem Steg
gut zur wandfesten Ausstattung des Raumes mit Falken und Reihern passen. In der Lambris zwischen
den beiden Fenstern befinden sich fünf verschiedene
Paare von Befestigungslöchern, von denen eines zu-
gedübelt ist und zu den beiden übereinanderliegenden Befestigungslöchern in der hinteren Zarge des
Konsoltisches paßt. 1775 wurde das 2. Vorzimmer
des Markgrafen modernisiert, die wandhohen Vertäfelungen weiß gefaßt und der Konsoltisch mit erhöhten Füßen an den neuen und seitdem nicht mehr
veränderten Standort gebracht. In den Inventaren ist
der Konsoltisch stets zusammen mit den drei anderen Konsolen des Raumes als »weiß lakiert« mit »geschweiften, weißen Marmorplatten« beschrieben.

BESCHREIBUNG

Korpus: Die beiden übereck gestellten Beine aus
großen S-Bögen rollen sich unten zu Voluten ein,
sind mit einem Steg verbunden und stehen auf rechteckigen, hohen Füßen. Auch die beiden flachen Bögen des Stegs rollen sich zur Mitte hin ein und halten
eine große fächerartige Muschel mit einer bärtigen
Maske, die von Muschel- und schilfigem Blattwerk
umrahmt wird. Rechts und links sitzen verkappte
Falken mit Federbusch, von denen der linke nach
hinten und der rechte nach vorn gerichtet ist. Die

Beine des Konsoltischs haben Kanten aus flachen,
bandartigen Profilen und sind vor allem mit Blüten-
bändern besetzt. Innen, auf den vorgeschweiften
Beinen, sind fliegende Reiher befestigt, deren Stän-
der hinten herausgestreckt sind und von den Seiten
des Tischs einen lustigen Anblick bieten. Unter der
Platte enden die Beine mit Muschelwerk und Voluten. Die gefelderten Zargen sind kaum von den Beinen abgesetzt und mit feinen Profilen an Unter- und
Oberkante als tragendes Element gekennzeichnet.
Die Zargen sind flach gewellt, so daß die Konsole
nach hinten nicht breiter wird. Die Kartusche mit
den ligierten Buchstaben hat einen Kranz aus Muschelwerk und sitzt zwischen filigranem Gitterwerk.
Rechts und links davon sind die Kappen von Jagd-
falken auf runde, als Öffnungen charakterisierte und
mit Profilen abgesetzte Felder gesetzt.

Reiher vom linken Bein

Die fein profilierte und geschweifte Marmorplatte entspricht dem Umriß der Konsole in Bögen und Absätzen an den Seiten und über den Beinen, geht auch auf die Mittelkartusche ein und erscheint nur vorn kräftiger geschweift als die Zarge.

Konstruktion: Die Pfostenkonstruktion mit Stemmzapfenverbindung ist zusätzlich gedübelt, die hintere Zarge halbverdeckt in die Seiten gezinkt und ebenfalls gedübelt. Ein Steg unter der Platte ist in die Zargen gezinkt. Die Füße unter den Voluten wurden um 3,5 Zentimeter erhöht und die untergesetzten Stücke von unten verschraubt.

WÜRDIGUNG

Der Konsoltisch entspricht einem weiteren Konsoltisch so weitgehend, daß man an eine gemeinsame Aufstellung im Audienzzimmer des Markgrafen denken möchte (Kat. 43). Allerdings ist die Mittelkartusche nicht leer; neben dem Gitterwerk verdecken Falkenkappen die Öffnungen der Zargen, und auf den Beinen sitzen Vögel und keine Drachen. Die Falken auf dem Steg sind verkappt, und dazwischen wurde eine andere Maske verwendet. Außerdem ist die andere Konsole viel weniger tief, und wenn man die Gestelle in der Aufsicht vergleicht, wird deutlich, daß beide Konsolen kaum in einem Zug als Gegenstücke entstanden sind. Dazu kann für den anderen Konsoltisch ein früher Standort im Marmorkabinett nachgewiesen werden und auch aus anderen Garnituren steht eine Konsole in einem anderen Raum (Kat. 46, 48).

Anläßlich der Modernisierung im 2. Vorzimmer des Markgrafen um 1775 wurde der Konsoltisch mit drei weiteren Konsolen aus anderen Räumen zusammen aufgestellt (Kat. 42-44). Unter den Akten über die Umbauten befindet sich der Nachweis, daß 1776 vier Tischplatten aus weißem Marmor anstelle der alten neu angefertigt worden sind und damit auf die vier Konsoltische bezogen werden kann.[1] Wahrscheinlich wurde die Vergoldung bereits jetzt gründlich entfernt und die Gestelle mit dem Raum weiß gefaßt. Die Nachricht über die Restaurierung im Jahre 1956 auf der benachbarten Konsole (Kat. 43) muß wegen der weißen Fassung auf alle Konsolen im Raum bezogen werden.

Der Konsoltisch gehört außerdem zu einer Reihe von 15 ähnlichen Konsolen (Kat. 42-49), und von den gleichen Kunsthandwerkern stammt auch eine große Anzahl von Sitzmöbeln (Kat. 36). Schon die meist vollständige Vergoldung und die qualitätvolle Schnitzerei weisen darauf hin, daß die Konsolen für wichtige Räume vorgesehen waren. Darüber hinaus ist der ursprüngliche Standort all dieser Konsolen bekannt. Nur vier wurden bereits in markgräflicher Zeit in einen anderen Raum versetzt, in dem sie bis heute stehen (Kat. 42-44). Am ursprünglichen Standort wurden modernere Stücke benötigt, die dort ebenfalls erhalten sind (Kat. 80). Gesicherte Bestimmungsorte für eine so große Anzahl erhaltener Konsoltische aus einer Ausstattungsphase in der ersten Hälfte des 18. Jahrhunderts sind wohl einmalig. Es läßt sich beobachten, wie genau oder weniger genau

die Wandtische zur Lambris passen. Daß Mobiliar und Wandgestaltung stets aufeinander abgestimmt werden sollten, gehörte zum Ideal. Nachzuvollziehen ist es auf Plänen und Entwurfszeichnungen, aber nur selten in einer so weitgehend originalen, vom Zweiten Weltkrieg verschonten Situation.

Bereits Kreisel hatte erkannt, daß das Mobiliar von den gleichen Künstlern wie die wandfeste Ausstattung der beiden neuen Staatsappartements entworfen und hergestellt worden war. An Hand von Baurechnungen und datierten wandfesten Gemälden hatte er eine Datierung um 1740 vorgeschlagen.[2] Auch die Möbelliste des Kammermeisters Ulrich von 1738 deutet an, daß zumindest ein Teil der Konsoltische für das Appartement des Markgrafen noch angefertigt werden mußte.[3] Deshalb wird die Datierung um 1740 beibehalten. Dagegen kann die Zuschreibung an den Hofbildhauer und Designateur Paul Amadeus Biarelle ohne direkte Schriftquelle nicht so deutlich gesehen werden (s. S. 19-23).

Alle 15 Konsolen sind geschnitzt, bestehen aus Eichenholz und haben gleiche, konstruktive Merkmale. Die abgesetzten Zapfen der Zargen sind in der Aufsicht gut sichtbar wie auch die Schwalbenschwanzverbindungen der Mittelstege unter den Platten, wobei der Schwalbenschwanz in der hinteren Zarge jeweils offen und in der vorderen Zarge verdeckt eingelassen ist. Auch die hinteren Zargen sind auf jeder Seite mit einem Schwalbenschwanz und zusätzlich mit einem Dübel in den seitlichen Zargen verankert. Nur das vierbeinige und das einbeinige Konsolenpaar haben zwangsläufig andere Verbindungen (Kat. 45, 47). Fast alle Zargen der Schauseiten sind auch an der Rückseite entsprechend der Vorderseite geschweift. Schon aufgrund der konstruktiven, verarbeitungstechnischen Ähnlichkeiten müssen die Konsolen in engem Werkstattzusammenhang entstanden sein, auch wenn es in der Gestaltung der Schauseiten Unterschiede gibt.

Fast immer sind Zargen und Steg mit Begleitstreifen versehen oder gefeldert und damit als architektonisch tragende Elemente charakterisiert. In der Regel gehen die S-förmig geschwungenen Beine mit einem großen Bogen in die Zargen über, die wegen der großen Kartuschen zur Mitte relativ weit heruntergezogen sind. Verschieden gestaltete Innenkanten der Beine tauchen jeweils an mehreren Tischen auf. In der Bildhauerei ähneln sich Blüten, Blatt- und Muschelwerk. Innerhalb der Gruppe gibt es aber auch Besonderheiten: Das Konsolenpaar mit den Delphinen wurde mit viel Blattwerk überzogen (Kat. 46), und bei drei gleichen Konsoltischen sind die Beine, vor allem aber die Zargen, in höherem Maße durchbrochen und aufgelöst. Bei einer der beiden Garnituren mit weiblichen Maskarons an den Beinen (Kat. 49) ist die Ecklösung steif und weniger organisch als bei der anderen (Kat. 44). Die Unterschiede legen nahe, daß verschiedene Gestalter mit Entwürfen betraut waren. Die Gemeinsamkeiten sagen aber auch, daß die verschiedenen Stücke in engem Werkstattzusammenhang entstanden sind.

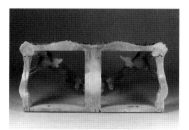

Gestell von oben

1 SAN: Rep. 271 II, Nr. 11744 – nach Maier 1993, S. 106
2 Kreisel 1939, S. 54-61
3 vgl. Anhang S. 285
4 Kreisel 1939, S. 72, 74, 79
5 Jahn 1990, S. 242-278, bes. S. 250, 278
6 Jahn 1990, S. 246
7 Ansbach – 750 Jahre Stadt 1971, S. 112
8 Jahn 1990, S. 244
9 Jahn 1990, S. 244 ff.
10 zitiert nach Jahn 1990, S. 246
11 Langer/Württemberg 1996, Kat. 27-33
12 Kat. und Langer/Württemberg 1996, Kat. 33
13 Schick 1993, S. 70-73, Abb. 68-73
14 Ein Vergleich von Ansbacher und Münchner Sitzmöbeln erbringt keine Gemeinsamkeiten, Langer/ Württemberg 1996

43

Konsoltisch

Ansbach, um 1740

Auf dem Steg unter der Platte in Bleistift bezeichnet
»Restauriert Karl Meier Malermeister / Ansbach Büttenstr.
/ 1956 Okt.-Dez. desgleichen Weißen Saal [R 4]«
Konstruktionsholz: Eiche, geschnitzt, weiß gefaßt
Platte: weißer Marmor
81 x 128 x 64,5 cm; Gestell: 78 x 124 x 47 cm

Standort bis 1775 im Marmorkabinett (R 8), bis dahin
vergoldet; nachträglich erhöhte Füße; letzte Restaurierung
1956

Standort Residenz Ansbach, 2. Vorzimmer des Markgrafen, R 4

Historische Inventarnummern Residenz Ansbach 1807:
S. 38; 1813: S. 31; 1820: S. 42; 1830: S. 40; 1842: 282; 1865
: 282; 1884: A.II. 22.38-41; 1901: A.I. 22.38-41; 1903: A.I.
22.7; 1929: F.V.III. Lit. B V Nr. 23-26 Bl. 61 Zi. 22;
1939*: F.V.III. R 4 Bl. 30 M 48

Inv. AnsRes. M 64/1

Literatur Eichinger 1894, Taf. 13 – Schmitz Barock und
Rokoko 1923, S. 111 – A.F. Residenz Ansbach 1939, S. 42 –
Kreisel 1939, S. 72 – A.F. Residenz Ansbach 1993, S. 53

PROVENIENZ

Der Konsoltisch hat in der hinteren Zarge zwei Paar
Bohrlöcher, die übereinanderliegen und neben den
nachträglich erhöhten Füßen auf eine frühere Befestigung an einem anderen Ort verweisen. Wegen der
Chinesenmaske am Steg kommt das Marmorkabinett als ursprünglicher Standort in Frage (R 8). Dort
befinden sich in der Tat alte, für den heute dort stehenden Konsoltisch nicht benötigte Befestigungslöcher zwischen den Fenstern in alten, eingeputzten
Holzdübeln, deren Entfernung zu den Befestigungslöchern in der Zarge des Konsoltisches paßt. 1775
wurde das 2. Vorzimmer des Markgrafen modernisiert, die wandhohen Vertäfelungen weiß gefaßt und
der Konsoltisch mit erhöhten Füßen an den neuen
und seitdem nicht mehr veränderten Standort gebracht. In den Inventaren ist der Konsoltisch stets
zusammen mit den drei anderen Konsolen des
Raumes als »weiß lakiert« mit »geschweiften,
weißen Marmorplatten« beschrieben.

BESCHREIBUNG

Grundstruktur und Schnitzereien entsprechen weitgehend dem Konsoltisch (Kat. 42). Allerdings ist die
Mittelkartusche leer, neben dem Gitterwerk winden
sich Drachen aus den Öffnungen in den Zargen, und
auch die ausgeschweiften Beine werden von Drachen umwunden. Die Falken auf dem Steg sind nicht
verkappt, und zwischen ihnen sitzt die Maske eines
Chinesen mit Hut, Bart und glattem Gesicht. Außerdem ist das Gestell deutlich weniger tief. Die fein

profilierte und geschweifte Marmorplatte paßt weder in der Form noch in den Maßen zum Gestell und
steht vorn weit über.
Konstruktion: Die Pfostenkonstruktion mit Stemmzapfenverbindung ist zusätzlich gedübelt und die
hintere Zarge halbverdeckt in die Seiten gezinkt. Ein
Steg unter der Platte ist in die Zargen gezinkt. Die
ehemals flachen Füße unter den Voluten wurden um
knapp vier Zentimeter erhöht und die untergesetzten Stücke von unten verschraubt.

WÜRDIGUNG

Entsprechend Kat. 42.
  Kreisel hatte eine Rechnung des Jahres 1775 auf
den Konsoltisch bezogen, nach der der Tisch das
Gegenstück zum Konsoltisch aus dem Schlafzimmer
des Markgrafen sei und als Ergänzung in diesem Jahr
für die Neuausstattung des Raums von einem Bildhauer Zech aus Fürth nachgeschnitten worden sei.
Diese Zuweisung muß verworfen werden. Der Tisch
ist keine Kopie, dem anderen Stück in den Details
der Schnitzerei aber so verblüffend gleich, daß sich
die Hand eines anderen Bildhauers auch bei bestem
Willen nicht herauslesen läßt. Ein weiteres Argument war die leere Kartusche, aber blanke Spiegel in
den Kartuschen gibt es auch an anderen Konsolen
(Kat. 46, 47). Außerdem machen weder die kompliziert gewundenen Drachen noch die Chinesenmaske
als Neuerfindung im neu ausgestatteten 2. Vorzimmer einen Sinn. Deshalb muß die Rechnung des
Bildhauers Zech zu einem anderen Stück gehören
und der Konsoltisch als Möbel aus der Zeit um 1740
angesehen werden (Kat. 48).

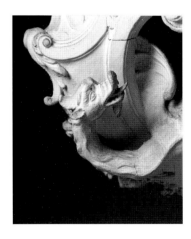

Drache vom linken Bein

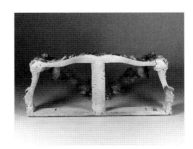

Gestell von oben

44

Paar Konsoltische

Ansbach, um 1740

Auf der Zargeninnenseite von AnsRes. M 64/3 in Bleistift
bezeichnet: »Restauriert 1956 Karl Meier«
Konstruktionsholz: Eiche, geschnitzt, weiß gefaßt
Platten: weißer Marmor
78,5 x 120 x 63,5 cm; Gestelle: 75,5 x 111 x 54,5 cm

Bis 1775 im Audienzzimmer des Markgrafen (R 5),
bis dahin vergoldet; letzte Restaurierung 1956

Standort Residenz Ansbach, 2. Vorzimmer des Markgrafen, R 4

Historische Inventarnummern Residenz Ansbach 1807:
S. 38; 1813: S. 31; 1820: S. 42; 1830: S. 40; 1842: 282; 1865
: 282; 1884: A.II. 22.38-41; 1901: A.I. 22.38-41; 1903: A.I.
22.7; 1929: F.V.III. Lit. B V Nr. 23-26 Bl. 61 Zi. 22;
1939*: F.V.III. R 4 Bl. 30 M 46-47

Inv. AnsRes. M 64/3-4

Literatur Lessing 1892, Taf. 97 – Eichinger 1894, Taf. 9 –
A.F. Residenz Ansbach 1939, S. 42 – Kreisel 1939, S. 72 –
A.F. Residenz Ansbach 1993, S. 53

Konsoltisch AnsRes. M 64/4

PROVENIENZ

Kreisel hatte den ursprünglichen Standort der Konsoltische bereits 1939 im Audienzzimmer des Markgrafen (R 5) vermutet, was sich mit dem Vergleich
einiger Maße auch nachweisen läßt. Die ausgeschnittenen Deckprofile der Lambrien zwischen den
Fensternischen im Audienzzimmer entsprechen bis
auf den Millimeter dem Breitenmaß an den hinteren
Zargen. Außerdem passen die Entfernungen zwischen den Bohrlöchern in den Lambrien und den
hinteren Zargen zur Befestigung der Tische sowie
die Höhe der Bohrlöcher vom Fußboden so genau
aufeinander, daß der eine Konsoltisch (AnsRes. M
64/3) dem rechten und der andere (AnsRes. M 64/4)
dem linken Trumeaupfeiler zuzuordnen ist. 1775
wurde das 2. Vorzimmer des Markgrafen modernisiert, die wandhohen Vertäfelungen weiß gefaßt
und die beiden Konsoltische an den neuen, seitdem
unveränderten Standort verbracht. Im Audienzzimmer mußten die Stücke moderneren Konsoltischen weichen (Kat. 80). In den Inventaren sind die
Konsolen stets zusammen mit den drei anderen
Konsoltischen des Raumes als »weiß lakiert« mit
»geschweiften, weißen Marmorplatten« beschrieben.

AnsRes. M 64/4

BESCHREIBUNG

Die zweibeinigen Möbel sind im Dekor gleich und
spiegelbildlich aufgebaut. Die übereck gestellten
Beine aus zwei übereinandergesetzten, gegenläufigen C-Bögen rollen sich unten ein, sind an dieser
Stelle mit einem Steg verbunden und stehen auf
rechteckigen, nach unten verjüngend profilierten
Füßen, die wie kleine Postamente erscheinen. Der

AnsRes. M 64/4

kantige Kern des wellenförmig geführten Stegs mit Begleitprofilen wandelt sich zur Mitte in Muschelwerk mit ovalen, eingedrückten Spiegeln, auf dem eine durchbrochene Kartusche mit einer weiblichen Maske im Strahlenkranz sitzt, die von den lockigen Haaren mit Blütengirlanden wieder an den Steg gebunden ist. Die C-Bögen der Beine sind an den Kanten mit umwundenem Stabwerk belegt und werden von durchbrochen geschnitztem Blattwerk umfaßt. Aus der Brust der beiden oberen Bögen ist wieder eine weibliche Maske entwickelt, die jedoch nicht direkt unter der Platte sitzt, sondern von einem Bogen baldachinartig überfangen wird, der sich nach vorn zur Volute rollt und für die Platte als Stütze fungiert. Von den Beinen schwingen die Zargen zurück, um nach vorn wieder vor- und seitlich nach hinten auszuschwingen, so daß die Konsoltische nach hinten deutlich breiter werden. Als tragendes, wandähnliches Element sind die Zargen weitgehend im durchbrochen geschnitzten Dekor aufgegangen, und nur an einigen Stellen sind Reste eines tragenden Profils unter der Platte sichtbar. Die durchbrochene Mittelkartusche wird rundum von Muschelwerk mit ovalen, eingetieften Spiegeln gerahmt und seitlich von Drachenköpfen mit aufgerissenen Mäulern begleitet. Aus Öffnungen in der Zarge wurden Reiher entwickelt, die mit ihren langen Schnäbeln nach außen gewandt sind.

Platten: Die beiden fein profilierten, geschweiften Marmorplatten entsprechen dem Umriß der Konsoltische in Bögen und Absätzen so gut, daß Zweifel an der Zugehörigkeit unbegründet sind. Außerdem wurden sie nachträglich am hinteren Ende seitlich um einige Zentimeter ausgeklinkt und für den heutigen Standort passend gemacht.

Seitliche Zarge von Konsoltisch AnsRes. M 64/4

Konstruktion: Die Pfostenkonstruktion mit Stemmzapfenverbindung ist zusätzlich gedübelt und die hintere Zarge halbverdeckt in die Seiten gezinkt. Auch der Steg unter den Platten ist in die Zargen gezinkt.

WÜRDIGUNG

Entsprechend Kat. 42.

45

Paar Konsoltische

Ansbach, um 1740

Konstruktionsholz: Eiche, geschnitzt und vergoldet
Platten: rot-brauner Marmor
75 x 94 x 47,5 cm; Gestelle: 71,5 x 86,5 x 44 cm

Ursprünglicher Standort und originale Platten; Retuschen in Ölvergoldung besonders auf den Masken

Standort Residenz Ansbach, Braunes Kabinett im Appartement des Markgrafen, R 7

Historische Inventarnummern Residenz Ansbach 1807: S. 29; 1813: S. 21; 1820: S. 29; 1830: S. 28; 1842*: 188; 1865*: 188; 1884: A.II. 18.10-11; 1901: A.I. 18.10-11; 1903*: A.I. 18.8; 1929*: F.V.III. Lit. B V Nr. 17-18 Bl. 59 Zi. 18 ; 1939*: F.V.III. R 7 Bl. 57 M 94-95

Inv. AnsRes. M 67/1-2

Literatur Lessing 1892, Taf. 98 – Eichinger 1894, Taf. 3 – Farbige Raumkunst 1930, Taf. 32 – A.F. Residenz Ansbach 1939, S. 47 – Kreisel 1956, S. 16, Abb. 10 – Kreisel 1970, S. 184 f., Abb. 482 – Kreisel 1983, S. 185 f., Abb. 485 – A.F. Residenz Ansbach 1993, S. 60

PROVENIENZ

Schon der genaue Anschluß von Gestellen und Platten an die Lambrien und das darübersitzende Spiegeltrumeau stellen sicher, daß es sich bei dem Braunen Kabinett im Appartement des Markgrafen um den ursprünglichen Aufstellungsort beider Konsolen handelt. Weitere Befestigungsspuren in der Lambris oder den hinteren Zargen gibt es nicht. In den Inventaren sind die Stücke zumeist als »2 Tischblatten von braun-gelben und weißen Marmor, auf geschnittenen vergoldeten Consolen« beschrieben.

BESCHREIBUNG

Die beiden einbeinigen Konsoltische gleichen sich in den Maßen und dem spiegelbildlich aufgebauten Dekor. Der Einlauf des Beins in die Zargen ist nicht markiert, die nach einem Einzug von den Ecken einen durchlaufend vorschwingenden Bogen bilden. Auch die seitlichen Zargen sind hinter den Ecken erst eingezogen und schwingen dann wieder ein wenig aus, ohne die Konsolen nach hinten deutlich zu erweitern. Das Bein schwingt als weicher S-Bogen an die Wand zurück, spaltet sich in der unteren Hälfte auf und erweitert sich zu einer offenen Kartusche, die mit Voluten in der Mitte und seitlich schräg vorgebogenen Muschelfüßchen als Stütze charakterisiert ist. An die tragende Funktion der Zargen wurde mit flachen Profilen an der Unterkante, einem kräftigeren und umlaufenden Profil unter den Marmorplatten sowie einer Art Wandfelderung erinnert. Den Schwerpunkt des Dekors bildet den Träger fast verdeckendes Muschel-, Blatt- und Blütenwerk. Charakteristisch sind die eingedrückten ovalen Spiegel im Muschelwerk oder das schilfig abste-

Braunes Kabinett im Appartement des Markgrafen (R 7); siehe Farbtafel S. 42

Platte von Konsoltisch AnsRes. M 67/2

durch eine punktartige Punzierung zurückgenommen.

Platten: Die fein profilierten Platten umschreiben die Schweifungen der Gestelle genau und springen nur am hinteren Ende im spitzen Winkel aus, um einen Übergang zum Profil der Lambris herzustellen. Der rot-braune Marmor mit hellroten Flecken und weißen Einläufen ist dunkler als der rot-weiß gefleckte Marmor des Kamins im gleichen Raum.

Konstruktion: Die vordere Zarge besteht aus einem Stück und ist in der Mitte zu einem schmalen Stück abgesetzt, das von oben in einen Schlitz des Beins geschoben ist, wobei die hintere Wange des Beins als breite Gratleiste in der Zarge sitzt. Vordere und seitliche Zargen sind halbverdeckt miteinander verzinkt und haben eingeleimte Verstärkungen in den Ecken. Hintere und seitliche Zargen sind halbverdeckt miteinander verzinkt und die Schwalbenschwänze zusätzlich gedübelt.

Gestell von AnsRes. M 67/2

hende Blattwerk mit Blüten in Begleitung der Beine. Das Band übereinandergestaffelter Muscheln mit engen, scharfkantigen Riefen auf den Beinen und die behelmte Maske heben die Mittelachse hervor. Gerahmt wird die Maske von einem Motiv, das mit scharfkantigen Fledermausflügeln verglichen werden kann. Die Gestelle sind vollkommen vergoldet, und die Grundierung erhielt eine sehr differenzierte Gravur. Vom polierten Dekor wurde der Fond, der die tragende Funktion der Zargen mitbestimmt,

WÜRDIGUNG

Entsprechend Kat. 42.

Konsoltisch AnsRes. M 67/2

46

3 Konsoltische

Ansbach, um 1740

Konstruktionsholz: Eiche, geschnitzt und vergoldet
Platten: bräunlich-grauer Marmor und zwei Platten
in weißem Marmor mit dunkelroten Einläufen
AnsRes. M 69:
75,5 x 111 x 57,5 cm; Gestell: 72 x 103 x 54,5 cm
AnsRes. M 74/1-2:
82,5 x 118 x 62 cm; Gestelle: 79 x 111 x 52 cm

Alle drei Tische am ursprünglichen Aufstellungsort

Standort Residenz Ansbach, Schlafzimmer der Markgräfin, R 9; Audienzzimmer der Markgräfin, R 12

Historische Inventarnummern Residenz Ansbach 1807: S.8;
1813: S.8; 1820: S. 10; 1830: S. 10, 23; 1842*: 58, 131;
1865*: 58, 131; 1884: A.II. 15.17; A.II. 5.25-26; 1901: A.I.
15.17; A.I. 5.25-26; 1903*: A.I. 15.9; A.I. 5.11; 1929*: F.V.III.
Lit. B V Nr. 14 Bl. 59 Zi. 15; F.V.III. Lit. B V Nr. 7-8 Bl. 57
Zi. 5; 1939*: F.V.III. R 9 Bl. 72 M 111; F.V.III. R 12 Bl. 160
M 143-144

Inv. AnsRes. M 69, 74/1-2

Literatur Lessing 1892, Taf. 97 – Eichinger 1894, Taf. 7,
12 – A.F. Residenz Ansbach 1939, S. 51, 59 – Kreisel 1939,
Abb. 22 – Kreisel 1983, S. 186f., Abb. 488 – A.F. Residenz
Ansbach 1993, S. 66, 76

Konsoltisch AnsRes. M 74/1 im Audienzzimmer der Markgräfin (R 12)

PROVENIENZ

Der Konsoltisch im Schlafzimmer der Markgräfin
(AnsRes. M 69) ist in den Inventaren nur bis 1830
zurückzuverfolgen: »1 Tisch mit vergoldeten Gestell und einer weiß und grauen Marmorplatte«.
Allerdings lautet eine Ergänzung des Eintrags »war
bisher nicht inventarisiert«, so daß die Konsole auch
schon vorher am gleichen Ort gestanden haben wird.
Seit dem Inventar von 1884 ist die Platte dann ebenfalls richtig, als braune Marmorplatte beschrieben.
Die Standortangabe des Konsoltisches durch Kreisel
1939 ist irreführend. In der Bildunterschrift muß es
nicht Schlafzimmer des Markgrafen sondern Schlafzimmer der Markgräfin heißen.

Das Konsolenpaar im Audienzzimmer der Markgräfin (AnsRes. M 74/1-2) ist in den Inventaren von
1807 bis 1830 gleich beschrieben, und der Eintrag
von 1842 lautet sehr ähnlich: »2 Consols geschnitten
und vergoldet mit roth und weißen Marmorplatten«,
so daß offensichtlich immer die gleichen Konsoltische gemeint waren. Daneben gibt es hinter allen
drei Konsoltischen keine weiteren Befestigungslöcher in der Lambris, und die Tische passen in der
Höhe und mit den Platten so gut zu den Spiegeltrumeaus, insbesondere im Schlafzimmer der Markgräfin, daß sie mit Sicherheit auch heute noch am ursprünglichen Bestimmungsort stehen.

Fuß von Konsoltisch AnsRes. M 69

BESCHREIBUNG

Zwei der Konsoltische setzen sich in den Maßen und
im Material der Platten ab, aber alle drei Gestelle
gleichen sich im spiegelbildlich aufgebauten Dekor,
der sich an den seitlichen Zargen wiederholt. Die
übereck gestellten Beine in Form kräftig geschwungener S-Bögen rollen sich unten zu Voluten ein und
sind mit einem kantigen Steg verbunden, der sich
mit einer Blattwerktülle auf den Boden stützt und auf
dem zwei Delphine mit verzwirbelten Schwanzflos-
sen postiert sind. An den Hinterkanten sind die
Beine mit umwundenem Stabwerk belegt, das sich
oben einrollt und die Beine von den Unterkanten der
Zargen absetzt. An der Vorderseite sind die Beine

Konsoltisch AnsRes. M 69

Detail der Zarge von Konsoltisch AnsRes. M 69

Fußsteg von Konsoltisch AnsRes. M 69

mit üppigen Blütengehängen und im Bereich der Füße mit Blatt- und Muschelwerk besetzt. Unter den Platten sind die Beine mit konkav eingezogenen Muschelkartuschen als Stütze charakterisiert. Von den Ecken schwingen die Zargen kaum merklich zurück, um nach vorn einen durchlaufend vorschwingenden Bogen zu beschreiben und seitlich nach hinten kaum auszuschwingen, so daß die Gestelle nach hinten nur wenig breiter werden. An die tragende Funktion der Zargen wurde mit einem kräftigen, umlaufenden Profil unter den Marmorplatten sowie einer Felderung erinnert. Den Schwerpunkt des Dekors bilden Muschel- und Blattwerk mit scharfen Riefen, eingedrückten ovalen Spiegeln und differenzierten Blattrippen, das den durchbrochen geschnitzten Träger zu überwachsen scheint. Die Mitte der Zarge bestimmt eine blanke Kartusche, umfaßt von regelmäßigem Muschelwerk. Die Grundierung der Gestelle erhielt eine differenzierte Gravur. Von der Glanzvergoldung wurde der Fond, der die tragende Funktion der Zargen und Beine mitbestimmt, durch punktartige Punzierung matt zurückgenommen.

Platten: Die kräftig profilierten Platten umschreiben die Schweifungen der Gestelle, betonen die Ecken über den Beinen und schweifen nur am hinteren Ende noch einmal kurz aus. Dabei paßt die Platte auf dem Tisch im Schlafzimmer der Markgräfin mit der hinteren, kurzen Ausschweifung ideal zum Schnitzwerk des Trumeaus. Die beiden Platten auf den Tischen im Audienzzimmer der Markgräfin passen zwischen die glatten Rahmungen der Fensternischen sowie unter die geraden Unterkanten der Trumeaus. Die Platte des Konsoltischs AnsRes. M 69 besteht aus dem gleichen Marmor wie die Platten zweier Anrichten (Kat. 21).

Konstruktion: Die Pfostenkonstruktion mit Stemmzapfenverbindung ist zusätzlich gedübelt, die hinteren Zargen halbverdeckt in die Seiten gezinkt und ebenfalls gedübelt. Unter den Platten ist mittig ein Steg in die Zargen gezinkt. Beide Tische AnsRes. M 74/1-2 wurden an den Füßen beschnitten und sind heute um 2-3 cm niedriger. Das hat jedoch an dem auch vorher vorhandenen Höhenunterschied von ca. 10 cm gegenüber dem Tisch AnsRes. M 69 nichts Wesentliches geändert. In der hinteren Zarge von Tisch AnsRes. M 69 wurden keine weiteren Befestigungslöcher angebracht. Die beiden anderen Tische haben je ein Paar nach oben erweiterte Befestigungslöcher. Nur der Konsoltisch AnsRes. M 74/2 hat ein weiteres Lochpaar, das aber nicht gebohrt wurde, sondern von recht dünnen Schrauben stammt, mit denen der Tisch mit der schweren Platte nicht hätte befestigt werden können.

WÜRDIGUNG

Entsprechend Kat. 42.

Gestell von AnsRes. M 69

Anschluß von Konsoltisch AnsRes. M 69 an die Lambris im Schlafzimmer der Markgräfin (R 9)

47

Paar Konsoltische

Ansbach, um 1740

Konstruktionsholz: Eiche, geschnitzt und vergoldet
Platten: rötlich-grauer Marmor
74,5 x 154 x 54,5 cm; Gestelle: 71 x 148 x 50 cm

Ursprünglicher Standort und originale Platten; Blumenranken am Steg teilweise verloren; bei AnsRes. M 71/1 die
Flügel und bei AnsRes. M 71/2 der Kopf eines Drachen
verloren

Standort Residenz Ansbach, Spiegelkabinett im Appartement der Markgräfin, R 10

Historische Inventarnummern Residenz Ansbach 1807:
S. 20; 1813: S. 12; 1820: S. 16; 1830: S. 16; 1842*: 92;
1865*: 92; 1884: A.II. 14.14-15; 1901: A.I. 14.14-15; 1903*:
A.I. 14.5; 1929*: F.V.III. Lit. B V Nr. 10-11 Bl. 58 Zi. 14;
1939*: F.V.III. R 10 Bl. 81 M 121-122

Inv. AnsRes. M 71/1-2

Literatur Eichinger 1894, Taf. 2 – A.F. Residenz Ansbach
1939, S. 53 – Kreisel 1970, S. 184 f., Abb. 485 – Kreisel
1983, S. 185 f., Abb. 484 – A.F. Residenz Ansbach 1993,
S. 68

Schon der genaue Anschluß von Gestellen und Platten am vorspringenden Teil der Lambris und dem Spiegeltrumeau stellen sicher, daß es sich um den ursprünglichen Aufstellungsort beider Konsolen handelt. Weitere Befestigungslöcher in den Lambrien oder in den rückwärtigen Zargen der Gestelle gibt es nicht, und in den Inventaren sind die Stücke seit 1807 gut nachzuweisen. Die Beschreibung von 1813 lautet: »2. weiße roth und graue Marmorplatten auf vergoldeten Consolen«.

Konsoltisch AnsRes. M 71/1

Konsoltisch AnsRes. M 71/1

Beide Konsoltische gleichen sich in den Maßen, dem spiegelbildlich aufgebauten Dekor und den Platten. Trotz der breiten, vierbeinigen Gestelle mit Kreuzsteg sind es keine selbststehenden Konsolen. Während die vorderen Beine übereck gestellt sind, stehen die hinteren parallel zur Wand. Unten bilden die Beine eine Volute, steigen kaum geschweift und schräg nach vorn gekippt auf, um dann etwas unorganisch und knaufartig in einen kräftig nach vorn schwingenden C-Bogen überzugehen. Er ist von den Unterkanten der Zargen abgesetzt und scheint die Platte mit einem fächerartigen Motiv zu stützen. Die Zargen schwingen von den Beinen leicht zurück und bilden nach vorn einen flachen Bogen, der in der Mitte konkav abgesetzt ist. So haben die Gestelle den Grundriß eines flachen, gewellten Segmentbogens. Aus den Voluten der Füße ist der hochgebogene, kantige Steg entwickelt, der sich mit Muschelwerk auf den Boden stützt und eine große, durchbrochene Kartusche trägt, deren ovales Feld mit Blüten gefüllt ist. An den Hinterkanten sind die Beine mit einem Eierstab belegt, im unteren Bereich mit üppigen Blütenwerk besetzt und oben von geflügelten Drachen umschlungen. An die tragende Funktion der Zargen wurde mit einem kräftigen, umlaufenden Profil unter den Platten sowie einer Art Wandfelderung auf der vorderen Zarge und den kantigen Stegen erinnert. Zwischen den vorderen und hinteren Beinen wurden die Zargen mit einer Reihe nierenförmiger Elemente vom Zierat der vorderen Zarge geschieden. Den Schwerpunkt des Dekors bildet überlappendes Muschel-, Blüten und Blattwerk mit scharf differenzierenden Rippen. Charakteristisch scheint auch das aufgerollt abstehende Blattwerk. Die Mitte der Zarge bestimmt eine große, blanke und nur am Rand mit flachen C-Bögen belegte Kartusche, die von zwei C-Bögen aus umwundenem Stabwerk gerahmt wird, aus denen oben ein Flügelpaar hervorgeht.

Fassung: Die Grundierung erhielt eine differenzierte Gravur, und in der Glanzvergoldung wurde der Fond an den Zargen, der die tragende Funktion verstärkt, mit einer punktartigen Punzierung matt zurückgenommen.

Platten: Die hellrötlichen Marmorplatten haben gleichmäßig verteilte, hellgraue Einschlüsse. Sie liegen in Höhe des Lambrisprofils und wurden ein Stück in die Wand gesteckt. Schweifungen, Absätze und geohrte Vorschwünge nehmen den Grundriß der Gestelle auf, verstärken aber die Rundungen, so daß die Platten bewegter sind, als das Gestell.

Konstruktion: Die Pfostenkonstruktion mit Stemmzapfenverbindung ist zusätzlich gedübelt und der Steg unter der Platte in die Zargen gezinkt.

Anschluß an die Lambris

WÜRDIGUNG

Entsprechend Kat. 42.

    Daneben fällt die weniger organische Form der Beine auf, die an anderen Stücken nicht wiederkehrt.

48

3 Konsoltische

Ansbach, um 1740 und um 1785

Konstruktionsholz: Linde, Eiche, geschnitzt; AnsRes.
M 75/1-2 vergoldet, AnsRes. M 73 braun gefaßt und
vergoldet
Platten: weiß-braun-grauer Marmor, zwei Platten groß-
gefleckter hellgrau-dunkelroter Marmor
AnsRes. M 73: 81 x 122,5 x 56 cm; Gestell: 78 x 111 x 52 cm
AnsRes. M 75/1-2: 74 x 115 x 61 cm; Gestelle: 71 x 101,5 x
50 cm

AnsRes. M 75/2 1771 nachgeschnitzt; rötliche Marmorplatten nicht zugehörig

Standort Residenz Ansbach, Braunes Wohnzimmer im
Appartement der Markgräfin, R 11; 3. Vorzimmer der
Markgräfin (Jagdzimmer), R 13

Historische Inventarnummern Residenz Ansbach 1807: S. 5,
18; 1813: S. 5, 10; 1820: S. 8, 14; 1830: S. 8, 14; 1842: 40,
78; 1865: 40, 78; 1884: A.II. 13.13; A.I. 4.12-13; 1901: A.I.
13.13; A.I. 4.12-13; 1903*: A.I. 13.8; A.I. 4.6; 1929*: F.V.III.
Lit. B V Nr. 9 Bl. 57 Zi. 13; F.V.III. Lit. B V Nr. 5-6 Bl. 57 Zi. 4;
1939*: F.V.III. R 11 Bl. 153 M 135; F.V.III. R 13 Bl. 169 M 164-
165

Inv. AnsRes. M 73, 75/1-2

Literatur Lessing 1892, Taf. 98 – Eichinger 1894, Taf. 11 –
A.F. Residenz Ansbach 1939, S. 58, 61 – Kreisel 1956, S. 16,
Abb. 11 – Kreisel 1970, S. 184 f., Abb. 485 – Kreisel 1983,
S. 185 f., Abb. 490 – A.F. Residenz Ansbach 1993, S. 72

PROVENIENZ

Am Standort aller drei Konsoltische befinden sich
keine weiteren Befestigungslöcher in der Lambris
und keine weiteren Befestigungslöcher in den hinteren Zargen, so daß die Konsolen mit großer Wahrscheinlichkeit am ursprünglichen Standort stehen.
Der braun-gold gefaßte Konsoltisch im Braunen
Wohnzimmer der Markgräfin (R 11) ist bis zum Inventar von 1807 an dieser Stelle zurückzuverfolgen.
In der Beschreibung des Inventars von 1820 heißt
es: »1. Tischplatte von grau und weißen Marmor auf
vergoldeten Consolen[füßen], die Platte ist schad-
hafft«. Die beiden Konsoltische AnsRes. M 75/1-2
im 3. Vorzimmer der Markgräfin sind ebenfalls
seit dem Inventar von 1807 nachzuweisen und am
treffendsten im Inventar von 1813 beschrieben:
»2. Consol-Tische, worauf 2. buntfärbig gesprengte
Marmorplatten, die Consolen vergoldet sind, unter
den 2. Spiegeln«.

Nachgeschnitzter Konsoltisch AnsRes. M 73
im 3. Vorzimmer der Markgräfin (Jagdzimmer, R 13)

Zwei der Konsoltische setzen sich in den Maßen und im Material der Platten ab, aber alle drei Gestelle gleichen sich im spiegelbildlich aufgebauten Dekor, der sich auch an den seitlichen Zargen wiederholt. Die beiden übereck gestellten Beine in Form geschwungener S-Bögen rollen sich unten zu Voluten ein und stehen auf niedrigen Muschelwerkstümpfen. Im unteren Drittel ist ein C-Bogen abgesetzt, während die Beine im Bereich der Zargen mit einem gegenläufigen kurzen C-Bogen kräftig eingezogen werden, der oben zur Volute gerollt als Stütze unter den Ecken der Platten sitzt. Auf den Rückseiten der Beine liegt, durchbrochen geschnitzt, ein kleinerer C-Bogen, der an die Unterkante der Zarge stößt, die ebenfalls in Form eines nach unten offenen C-Bogens geschweift ist. Heruntergezogenes Muschelwerk bildet die Zargenmitte. Von den Ecken schwingen die Zargen kaum merklich zurück und bilden einen welligen Grundriß, so daß die Gestelle nach hinten nur wenig breiter werden. Aus den Voluten der Füße entwickeln sich kantige C-Bögen zu einem Steg, der sich mit einer Muschel auf den Boden stützt und ein durchbrochen geschnitztes, rundes Motiv mit innenliegenden C-Bögen trägt, das von Muschel- und üppigem Blütenwerk fast kreisförmig umrahmt wird. An die tragende Funktion der Zargen wurde nur mit einem flachen, umlaufenden Profil unter den Marmorplatten erinnert. Den Schwerpunkt des Dekors bildet das den durchbrochen geschnitzten Träger fast überwachsende Muschel- und Blattwerk mit scharfen Riefen, eingedrückten ovalen Spiegeln und differenzierten Blattrippen, wobei die Konturen der Zargen von Muschelsäumen betont sind. Die Mitte der Zarge bestimmt wiederum ein rundes, aber kleineres Motiv mit Kreuzblume in Muschel- und Blattwerkrahmung. Die Kanten der Beine sind als Eierstab hervorgehoben.

Bei gleichem Dekor fällt am Konsoltisch an der rückwärtigen Wand des Jagdzimmers die unterschiedliche Hand des Bildhauers auf (AnsRes. M 75/2). Das Schnitzwerk ist deutlich undifferenzierter, die Kanten teigig, und die Blumen erinnern eher an Wachsgebilde.

Fassung: An den Gestellen AnsRes. M 73 und AnsRes. M 75/1 erhielt die Grundierung eine differenzierte Gravur, die bei AnsRes. M 75/2 weitgehend fehlt und anders aussieht. Auch ist die Technik der Vergoldung an diesem Stück anders. Die Gestelle AnsRes. M 75/1-2 sind vollkommen vergoldet, und der Fond, der die tragende Funktion der Zargen und Beine mitbestimmt, wurde vom polierten Dekor mit Hilfe einer Mattvergoldung zurückgenommen. Diese Stellen sind am Konsoltisch AnsRes. M 73 im Braunen Wohnzimmer auf heller Grundierung lasierend hellbraun gefaßt. In der Fassung gibt es partielle Ausbesserungen, aber aus fassungstechnischer Sicht bisher keinen Hinweis, daß es sich bei der Braunfassung um eine spätere Überfassung handelt.

Platten: AnsRes. M 73 hat eine kräftig profilierte Platte aus hellem, weiß-grau-braunem Marmor mit einer farblich unpassenden, an Bruchkanten ange-

Konsoltisch AnsRes. M 75/2

setzten Partie an der rechten Seite. Ein Schaden an der Platte wird im Inventar von 1820 das erste Mal erwähnt. Sie umschreibt die Schweifung des Gestells, berücksichtigt die Position der Beine, ist aber zusätzlich in der Mitte mit einem kurzen geraden Stück eingezogen. Seitlich ist die Platte kurz vor der Hinterkante zu einem geraden Endstück verengt und paßt gut zwischen die geschnitzten Profile des Trumeaus, so daß der Tisch mit großer Wahrscheinlichkeit am ursprünglichen Standort steht. Die beiden hellgrau-rosa bis dunkelrot in großen Flecken gemusterten Platten auf den Tischen im 3. Vorzimmer der Markgräfin sind deutlich zu groß für die Gestelle und anders geschweift. Die Rahmungen der Fenstergewände wurden für die Platte von Tisch AnsRes. M 75/1 um ein bis zwei Zentimeter ausgestemmt.

Konstruktion: Nur das Gestell AnsRes. M 75/2 hat Beine und geschnitzte Zargen aus Lindenholz. Bei

Wandanschluß von Konsoltisch AnsRes. M 73 im 3. Vorzimmer der Markgräfin (Jagdzimmer, R 13)

Detail der Zarge von Konsoltisch AnsRes. M 73

allen Gestellen wurde die Pfostenkonstruktion mit Stemmzapfenverbindung zusätzlich gedübelt, die hinteren Zargen halbverdeckt gezinkt und die Schwalbenschwänze ebenfalls zusätzlich gedübelt. Unter der Platte ist mittig ein stützender Steg in die Zargen gezinkt, der bei dem Tisch aus Lindenholz (AnsRes. M 75/2) verlorenging. Dieses Gestell kopiert die Konstruktion der anderen Gestelle, trägt in der Verarbeitung aber eine andere Hand. Alle drei Gestelle haben in den hinteren Zargen keine weiteren Befestigungslöcher. Nur die Befestigungslöcher des Tisches AnsRes. M 73 sind nach oben erweitert, weil die Füße etwas beschnitten und somit niedriger gemacht wurden. Sonst passen die Befestigungslöcher von Lambris und rückwärtiger Zarge genau übereinander.

WÜRDIGUNG

Entsprechend Kat. 42. Das nachgeschnitzte Stück wurde wohl bei der Veränderung des 3. Vorzimmers der Markgräfin zum Jagdzimmer um 1785 notwendig. Kreisel bezog eine Rechnung des Bildhauers Zech aus Fürth für das Gegenstück eines Konsoltischs vom 4.8.1775 auf eine Konsole, die aber als Original aus der Zeit um 1740 angesehen werden muß (Kat. 43).[1] Wahrscheinlich handelt es sich um eine Verwechslung, denn eine Rechnung von Zech und dem Bildhauer Berg für einen Trumeautisch nach dem Vorbild bereits vorhandener Tische stammt vom 29.8.1785 und könnte der eindeutig nachgeschnitzten Konsole im Jagdzimmer zugeordnet werden.[2]

Konsoltisch AnsRes. M 75/2

1 Kreisel 1939, S. 72
2 SAN: Rep. 271 II, Nr. 12323 Prod. 8, 9, nach Maier 1993, S. 74

49

Paar Konsoltische

Ansbach, um 1740

Konstruktionsholz: Eiche, geschnitzt und vergoldet
Platten: rötlich, grauer und weiß gefleckter Marmor
78,5 x 104 x 61 cm; Gestelle: 75,5 x 104,5 x 55 cm

Fassung ruinös; einzelne Teile der astronomischen Geräte auf dem Steg verloren; Platten ursprünglich wohl nicht zugehörig

Standort Residenz Ansbach, 2. Vorzimmer der Markgräfin (Gobelinzimmer), R 14

Historische Inventarnummern Residenz Ansbach 1807: S. 3; 1813: S. 3; 1820: S. 5; 1830: S. 5; 1842*: 27; 1865*: 27; 1884: A.II. 3.12-13; 1901: A.I. 3.12-13; 1903*: A.I. 3.7; 1929*: F.V.III. Lit. B V Nr. 3-4 Bl. 56 Zi. 3; 1939*: F.V.III. R 14 Bl. 182 M 179-180

Inv. AnsRes. M 76/1-2

Literatur Eichinger 1894, Taf. 10 – A.F. Residenz Ansbach 1939, S. 62 – Kreisel 1970, S. 184 f., Abb. 484 – Kreisel 1983, S. 185 f., Abb. 487 – A.F. Residenz Ansbach 1993, S. 83

PROVENIENZ

An beiden Konsoltischen im 2. Vorzimmer der Markgräfin gibt es keine weiteren Befestigungslöcher in den Zargen, und auch in den Lambrien des Raumes sind keine weiteren Befestigungsspuren erkennbar. Deshalb stehen die Konsoltische wahrscheinlich am alten Ort und können dort auch in den Inventaren bis 1807 zurückzuverfolgen werden. Der Eintrag von 1842 für das Paar lautet schlicht: »2. Consols, vergoldet mit weißen und rothen Marmorplatten.«

BESCHREIBUNG

Beide Konsoltische gleichen sich in den Maßen und dem spiegelbildlich aufgebauten Dekor. Die beiden übereck gestellten, geschweiften Beine rollen sich unten zu Voluten, stehen auf kleinen, profilierten Postamenten und sind mit einem kantigen Steg verbunden. Er ist zu einer Art Postament mit runder Öffnung und gravierten Gitterwerkflächen entwickelt, das sich mit einer Muschel auf den Boden stützt und astronomische Geräte trägt. Winkel, Fernrohr und Globus sind zu identifizieren. An der Vorderseite sind die Beine mit üppigen Blütengehängen und im Bereich der Füße mit Blatt- und Muschelwerk besetzt. Mit der oberen Schweifung steigen die Beine ein ganzes Stück gerade, als weibliche Maske mit Federkrone zu den Tischecken auf. Von dort schwingen die Zargen zurück und beschreiben nach vorn einen kräftig vorschwingenden

Eckmotiv von Konsoltisch AnsRes. M 76/2

Rückseite von Konsoltisch AnsRes. M 76/2

Bogen. Die seitlichen Zargen sind nach hinten gewellt, so daß das Gestell nach hinten nur wenig breiter wird. An die tragende Funktion der Zargen wurde mit einem umlaufenden Viertelstab unter den Platten und flachen Bändern an den Unterkanten der Zargen erinnert. Den Schwerpunkt des Dekors bildet Muschel- und Blattwerk mit scharfen Riefen, eingedrückten ovalen Spiegeln und differenzierten Blattrippen, das den durchbrochen geschnitzten Träger überwächst. Besonders fein sind die Reihen durchbrochen geschnitzter Ovale. Die Mitte der Zarge bestimmt eine große durchbrochene Kartusche mit dem Relief einer bärtigen, männlichen Büste im Profil. Sie kann im Zusammenhang mit den astronomischen Geräten wohl als Darstellung eines Gelehrten angesehen werden. Beide Konsoltische sind durch die zueinandergerichteten Gelehrtenköpfe aufeinander bezogen.

Fassung: Die Gestelle sind vollkommen vergoldet, und die Grundierung erhielt eine differenzierte Gravur. Vom polierten Dekor wurde der Fond, der die tragende Funktion der Zargen und Beine mitbestimmt, durch eine punktartige Punzierung matt zurückgenommen.

Konstruktion: Die Pfostenkonstruktion mit Stemmzapfenverbindung ist gedübelt, die hinteren Zargen sind halbverdeckt in die seitlichen Zargen gezinkt und die Schwalbenschwänze ebenfalls verdübelt. Unter der Platte ist ein stützender Steg in die Zargen gezinkt. In den Zargen gibt es keine weiteren Befestigungslöcher, und auch in der Lambris sind keine weiteren Befestigungslöcher erkennbar.

WÜRDIGUNG

Entsprechend Kat. 42.

Konsoltisch AnsRes. M 76/2

50

4 Stühle

Eichstätt (?), 1740/50

Gestelle: Buche, geschnitzt, gefaßt, mahagoniartig
gefaßt und vergoldet
106 x 50 x 65,5 cm; Zargenhöhe: 41,5 cm

Fassung mit Lichtschäden; neue Bezüge

Standort Residenz Ansbach, Schlafzimmer der Markgräfin, R 9; Wittelsbacher Ausgleichsfonds, München
(Schloß Nymphenburg)

Historische Inventarnummern Schloß Aschaffenburg um
1870*: A. Part. 42.11; Residenz München 1866*: 257. N 6
St.; um 1900*: B 13; 1929*: F.V.III Depot Lit. A I M 35/36;
Residenz Ansbach 1842*: 139; 1865*: 139; 1884*: A.II.
15.31-34; 1901*: A.I. 15.31-34; 1903*: A.I. 15.12; 1929*:
F.V.III. Lit. A I a Nr. 29-32 Bl. 2 Zi. 15; vor 1939: F.V.III. R 9,
Bl. 74, M 115-118;

Inv. AnsRes. M 24/3-6

Literatur A.F. Residenz Ansbach 1939, S. 51 – A.F. Residenz
Ansbach 1993, S. 66

PROVENIENZ

Von den sechs gleichen Stühlen tragen zwei einen
Inventarklebezettel aus dem Schloß Aschaffenburg,
die den Etiketten der Residenz München um 1770
entsprechen, zu denen sich aber noch kein Inventarband des Schlosses Aschaffenburg gefunden hat. Um
1900 tauchen die Stühle in der Residenz München
auf,[1] wo sie 1929 im Depot stehen und wohl bald danach an den Wittelsbacher Ausgleichsfonds abgegeben worden sind.

Nach Ausweis der Inventarmarken haben die vier
anderen Stücke einen anderen Weg genommen und
kamen zusammen mit zwei ebenfalls 1866 in München gesicherten Sesseln nach Ansbach. Auch die
Stühle tragen die Inventarnummer der Residenz
Ansbach von 1865. Darunter sind vier geschnitzte,
vergoldete Polsterstühle im Schlafzimmer der Markgräfin beschrieben, zu denen zwei Sessel mit vier
Hockern gehörten, die ebenfalls ganz vergoldet waren. Entsprechende Zu- und Abgänge sind in den
Nachträgen nicht aufgeführt. Erst 1884 lautet die
Beschreibung der Stühle: »mit geschnitten, braun
gefaßten und vergoldeten Kranzgestellen mit blau
und weiß geblümten Halbseidenzeug bezogen«.
Dazu werden die beiden gleich gefaßten Sessel erwähnt. Offensichtlich wurde die Ansbacher Garnitur
nach 1866 oder auch erst zwischen 1868 und 1873
gegen eine Garnitur aus München ausgetauscht und
die schwer zu ändernden Ansbacher Inventarnummern auf den neu hinzugekommenen Möbeln einfach nachgetragen, ohne die zugehörigen Beschreibungen anzupassen. Seitdem die beiden Sessel mit
den vier Stühlen nach Ansbach kamen, ist das Schlafzimmer der Markgräfin als Standort verzeichnet.

AnsRes. M 24/4
AnsRes. M 24/4

BESCHREIBUNG

Korpus: Die Stühle ruhen auf diagonal zum Gestell
stehenden, S-förmig geschweiften und unten zu Voluten gedrehten Beinen auf kugeligen Füßen. Die
Beine stehen nicht eckig vor, sondern sind wulstig
geformt und gehen mit einem Knick in die gekehlten
Zargen über. An den Unterkanten sind die Zargen in
kurzen kräftigen Bögen geschweift, an den Oberkanten aber in langen flachen Bögen, die im stumpfen
Winkel aneinanderstoßen. Von den gerundeten und
geohrt vorstehenden Ecken schwingt die Sitzfläche,
nach geradem Ansatz, zur Mitte hin vor und wird
nach hinten verjüngt. Aber auch über den hinteren
Beinen ist die Sitzfläche leicht geohrt, und die rückwärtige Zarge schwingt nach geradem Ansatz zur
Mitte hin ebenfalls aus. Die gepolsterte Rückenlehne ist mit kurzen Stützen über die Sitzfläche gehoben, kippt von den gerade stehenden Beinen
schräg zurück und wird im Material nach oben hin
deutlich schwächer. Sie ist seitlich eingezogen, hat
unten einen kräftig hochgezogenen Bogen und wird
mit einem kräftigen Bogen überhöht.
Schnitzerei: Alle Kanten haben ein Begleitband, das
sich vorn an den Zargen zu einer runden, charakteri-
stischen Schlinge eindreht und in der Mitte eine sti-
lisierte Blüte faßt. Die Oberkante der Zargen wird
von einem schmaleren Profil abgeschlossen. Die gekehlte Rückenlehne wird beidseitig von halbrunden
Stäben begleitet, die sich auf dem Kopfstück der
Lehne eindrehen.

Fassung: Aller geschnitzter Zierat hat eine Poliment-vergoldung und erhielt später zusätzliche Begleitfäden in Ölvergoldung, während die gekehlten Bereiche edles Holz imitieren und maserierend gefaßt sind. An den Vorderseiten der Möbel hat die Fassung Lichtschäden und ist braun geworden. Nur auf der Rückseite ist die Maserung mit schwarzen Adern noch sehr rötlich und stellt eine Mahagoniimitation dar. Eine frühere Fassung scheint gründlich entfernt worden zu sein. Zwei der Stühle wurden wohl bereits vor 1945 abgelaugt und braun gebeizt (WAF: M 1227d/1-2).

Bezüge: Entsprechend AnsRes. M 24-1.

Konstruktion: Das Gestell ist gezapft und gedübelt. Die Zargen sind an der Innenseite schräg abgearbeitet und die Innenkanten der Beine im Bereich der Zargen so weit wie möglich abgefast.

WÜRDIGUNG

Die Stühle werden vom Gegensatz der wulstigen Beine zu den gekehlten Zargen mit den geohrten Sitzflächen bestimmt. Dazu bilden die relativ hohen Rückenlehnen mit der eng gekehlten Rahmung keine organische Einheit. Die Polsterstühle passen nicht zu den Sesseln, mit denen sie heute eine Garnitur bilden (Kat. 73). Sessel und Stühle wurden erst

zwischen 1866 und 1873 mit Hilfe der Fassung sowie einer nachträglichen Erhöhung der Sessel zu einer Garnitur verbunden.

Kreisel hatte zwei gleiche Stühle des Wittelsbacher Ausgleichsfonds bereits mit der Herkunft aus Schloß Aschaffenburg sowie mit einem weiteren ähnlichen Stuhl als fränkisch publiziert. Zwei weiß gefaßte, vergoldete, aufwendiger geschnitzte und etwa zehn Jahre später entstandene Stühle, die heute in Schloß Nymphenburg stehen, haben Linienführungen an Lehne und Beinen sowie knollige Voluten an den Füßen, die den Polsterstühlen verwandt erscheinen. Auch die kräftig vorragenden Knie und die vorgeschuhten Voluten sowie eine zwar flachere, aber doch markante, umlaufende Kehlung der Zargen scheinen ähnlich. Als Provenienz ist die Residenz des Herzogs von Leuchtenberg in Eichstätt mit entsprechenden Inventaretiketten gesichert.[2] Deshalb sollen auch die heute in Ansbach stehenden Stühle samt denen des Wittelsbacher Ausgleichsfonds versuchsweise nach Eichstätt lokalisiert werden. Das Inventar der Residenz Eichstätt war nach dem Tode der Herzogin Augusta-Amalie von Leuchtenberg 1855 gegen eine Ausgleichszahlung an das Königreich Bayern zurückgefallen.[3] Auch ein Paar bisher als würzburgisch eingeschätzte Stühle gehören in diese Gruppierung.[4]

Stuhl AnsRes. M 24/4

1 Zu den Inventaren der Residenz München: Langer 1995, S. 33
2 Kreisel 1970, S. 320, Abb. 1101 – Kreisel 1983, S. 316, Abb. 1114 – Inv. WAF: M 1227d/1-2, Haudorf Schloß Nymphenburg, Die Stühle sind abgelaugt.
3 Inv.-Nr.: Ny. M 134, 135 – Kreisel 1983, S. 191, Abb. 509
4 Historischer Atlas von Bayern 1959, S. 179
5 Schwarze 1977, Abb. 566

51

Konsoltisch

Berlin (?), um 1745

Konstruktionsholz: Buche, geschnitzt, gefaßt, graviert und vergoldet, Nadelholz
Platte: hellgrauer Marmor
77,5 x 99,5 x 53 cm; Gestell: 75,5 x 95,5 x 48 cm

Teile des durchbrochenen Muschelwerks an der vorderen Zarge verloren

Standort Residenz Ansbach, Galerie, R 26

Historische Inventarnummern Residenz Ansbach 1807: S. 54; 1813: S. 46; 1820: S. 64; 1830: S. 62; 1842*: 364; 1865*: 364; 1884: A.II. 31.2; 1901: A.II. 28.2; 1903*: A.II. 28.17; 1929*: F.V.III. Lit. B V Nr. 15 Bl. 59 Zi. 15; 1939*: F.V.III. R 9 Bl. 73 M 112

Inv. AnsRes. M 70

Literatur A.F. Residenz Ansbach 1939, S. 76 – A.F. Residenz Ansbach 1993, S. 102

PROVENIENZ

Der Konsoltisch ist in den Inventaren von 1807 bis 1884 im Vorzimmer der Galerie (R 25) nachweisbar. 1813 lautet die Beschreibung: »1 Tischgestell von Bildhauerarbeit vergoldet mit aschfarbener Mar-

morplatte«. Von 1901 bis 1903 ist das Gardemeuble und von 1929 bis 1966 der Alkoven im Schlafzimmers der Markgräfin als Standort verzeichnet.

BESCHREIBUNG

Die vorderen Beine des selbststehenden Konsoltischs sind übereck und die hinteren parallel zur Wand gestellt. Alle Beine sind schlank, geschweift und im Fußbereich eingezogen, als ob sie auf eingebogenen Fingerspitzen stehen. An den Hinterkanten werden die Beine von flachen C-Bögen mit Blattwerkenden geschlossen. Oben gehen die vorderen Beine mit einem Bogen in die Zargen über, während die hinteren fast rechtwinklig an die Zargen stoßen. Zargen und Beine sind zur Platte hin ausgeschweift, so daß der Tisch nach oben weiter wird. Nur die vorderen Beine sind im Bereich der Zarge zu einem Doppelwulst mit einem Einzug an den Ecken ausgebildet. Über den Knien sind Beine und Zargen mit Muschel und Blattwerk belegt, wobei nierenförmige, fast aufgesetzt wirkende Teile im Muschelwerk, aber auch das besonders tief hinterschnittene Muschelwerk in der Front, das weniger tief geschnittene Muschel- und durchbrochen geschnittene Blattwerk über den hinteren sowie das deutlich flacher geschnittene Muschelwerk über den vorderen Beinen

Rechtes hinteres Bein

auffallen. Unter dem Dekor ist die tragende Funktion der Zargen und Beine mit einer Felderung sowie einem Profil unter der Platte kenntlich gemacht.

Fassung: In der Vergoldung wird zwischen matt gewugeltem Fond, gehöhten Feldern und poliertem Dekor unterschieden. Es scheint, als stecken die Beine bis unter die Knie in glatten Schäften, während sie von da an gewugelt und mit gravierten Ranken geschmückt sind.

Platte: Die geschweifte Platte paßt mit Einzügen und Ausbuchtungen zum Grundriß des Gestells, auch zu den wellenförmig eingedrückten Ecken über den Beinen und scheint im Inventar von 1807 beschrieben zu sein. Der hellgraue, leicht schwarz gewölbte Marmor ähnelt den grauen Marmorplatten auf den Konsoltischen in der Galerie, die wohl für die Einrichtung des Raums 1771 neu angefertigt wurden (Kat. 11-15). Die Profilierung ist jedoch anders und die Platte im Material sehr viel dünner.

Konstruktion: Nur die hintere Zarge besteht aus Nadelholz. Die vorderen Beine und Zargen sind mit einer Stemmzapfenverbindung auf Gehrung verbunden, während die Seiten mit der hinteren Zarge halbverdeckt gezinkt und die hinteren Beine nur abgesetzt in die Ecken gedübelt sind.

WÜRDIGUNG

Die Zuschreibung an den Ansbacher Bildhauer Johann Christoph Berg um 1771 muß fallengelassen werden, denn die für ihn gesicherten Spiegeltrumeaus im Audienzzimmer des Markgrafen (R 5) und die Bilderrahmen im 3. Vorzimmer der Markgräfin (Jagdzimmer, R 13)[1] sind in der Ausführung deutlich schwerer und nicht vergleichbar. Auch sonst ist in Ansbach oder Bayreuth nichts Vergleichbares aufgefallen.

Für den Tisch sind die wellenförmige Doppelung der vorderen Ecken und die langgestreckte Schweifung der Beine mit den eingezogenen Füßen bezeichnend. Dazu kommen großflächige und detaillierte Gravuren in der Fassung, vor allem aber ein spielerisch leicht geführtes Schnitzwerk. Es hebt sich an der vorderen Zarge beinahe vom Untergrund, führt ein fast eigenständiges Leben und scheint die Unterkante der Platte zu berühren. Am ehesten sind solche Freiheiten an Möbeln zu beobachten, die mit dem Namen Johann August Nahl verbunden werden,[2] der bis 1746 für Friedrich den Großen in Berlin und später für den Landgrafen von Hessen gearbeitet hat.[3] An einer Reihe von Tischen sind Vergoldung und Bildhauerei, vor allem aber die Linienführung der Gestelle vergleichbar.[4]

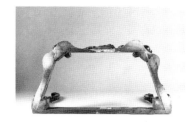

1 Kreisel 1939, S. 72
2 Kreisel 1970, Abb. 719, 737, 746-749 – A.K. Friedrich der Große 1992, Kat. 176f.
3 Kreisel 1970, S. 233-238
4 Kreisel 1970, Abb. 738, 754, 816f. – Reepen 1996, Kat. 39f.

52

Chaiselongue

Ansbach, um 1750

Konstruktionsholz: Buche, geschnitzt und gefaßt
Sessel: 101,5 x 84 x 84 cm
2 Fußstücke: 30 x 83 x 58 cm

Mit zwei Fußstücken; braun überfaßt und vergoldet;
Bezüge erneuert

Standort Residenz Ansbach, Depot; Residenz Bamberg,
Depot

Historische Inventarnummern Residenz Ansbach 1807:
S. 256; 1820: S. 14; 1830: S. 14; 1842: 82; 1865: 82; 1884:
A.II. 13.15; 1901: A.I. 15.73; 1903*: A.I. 13.18; 1929*: F.V.III.
Lit. A II a Nr. 17-18 Bl. 23 Zi. 15; Residenz Bamberg um
1880*: App. V. 7.52; um 1900*: überklebt; 1930*: F.V. Abt. III
R 7 Bl. 139 M 12; 1952*: F.V. Abt. III Gartensaal M 562

Inv. AnsRes. M 24/7-8, BaRes. M 141

Literatur Esterer 1934, S. 11, Abb. 8 – A.F. Residenz
Bamberg 1956, S. 24

Als »1. Chaiselong mit 3. Abtheilungen 4. Kißen und
1. Rolon von weiss und roth gestreiften Halbseidenzeuch« ist das Sitzmöbel 1807 im Gardemeuble der
Residenz nachweisbar. Bis zum Inventar von 1820

Fußstück AnsRes. M 24/8

erhielt das Möbel neue Bezüge und wurde im ei-
chengetäfelten Wohnzimmer der Markgräfin (R 11)
mit folgender Beschreibung wieder aufgestellt: »1
Bergère in 3 Stücken bestehend, braun angestrichen
und vergoldet, mit 4 Kissen und 1 Rollon, mit Federn gefüllt und mit grünem Damast bezogen«.
Dort blieb es bis 1884 inventarisiert, erhielt 1885
neue Houssen und im Jahre 1900 den Nachtrag:
»Der obere Teil n.[ach] Bamberg, die unteren Teile
i. Zi. 15 [Schlafzimmer der Markgräfin, R 9], ebenso

die Houssen«. Dort standen die Fußstücke noch als
Hocker im Bettalkoven laut Inventar von 1929 und
sind spätestens seit dem Zweiten Weltkrieg magaziniert. Der Sessel wurde 1933 bei der Neueinrichtung
der Bamberger Residenz im Schlafzimmer der Kurfürstenzimmer aufgestellt und nach den Auslagerungen des Zweiten Weltkriegs ebenfalls magaziniert.

BESCHREIBUNG

Gestell: Die niedrigen Gestelle haben geschweifte
Beine, die unten in Voluten auslaufen und ohne Absatz in die leicht wellig geschweiften Zargen übergehen. Von den Beinen schwingen die Zargen nach geradem Ansatz vor, während die rückwärtigen Zargen
der Fußstücke in gleichem Maße konkav eingeschwungen sind, so daß man die Gestelle ganz nah an
die konvex vorschwingende Front des Sessels heran-

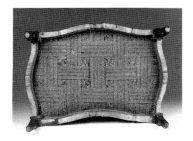

Fußstück AnsRes. M 24/8

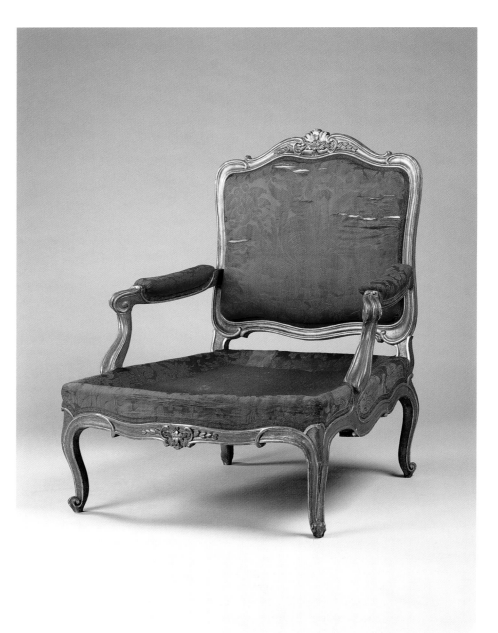

schieben konnte. Weil man die Stücke aber auch wegschieben und frei stellen konnte, sind die Gestelle rundum geschnitzt.

Der tiefe Sessel hat eine leicht nach hinten geneigte Rückenlehne mit umlaufender Rahmung auf Stützen. Sie ist allseitig elegant geschweift, am Kopfstück erhöht und mit einer Palmette gekrönt. Außerdem hat das Mittelmotiv vorgelegte Blüten und Blätter. Die gepolsterten Armlehnen sind von der Vorderkante des Sessels zurückgesetzt, haben kräftig profilierte Handstücke, die nach außen gedreht sind und über den Grundriß der Sitzfläche hinausstehen. Die Armlehnstützen entwickeln sich mit einem Schwung aus den Zargen. An den Flächen sind die Gestelle gekehlt und haben rundliche Begleitstäbe, welche die Kehlen charakteristisch überschneiden. Einen zusätzlichen Akzent bilden schuppenartiges Blattwerk mit Blüten.

Fassung: Blattwerk, Blüten und die geschnitzten Stäbe sind vergoldet, während die gekehlten Bereiche an den Fußstücken braun überfaßt, am Sessel aber neu vergoldet sind. Die frühere Fassung scheint gründlich entfernt worden zu sein.

Polster/Bezüge: Sessel und Fußstücke haben noch die alte Gurtung, aber erneuerte Polster und Auflegekissen. Die Fußstücke haben beige Bezüge, während der rote Bezug des Sessels anläßlich seiner Aufstellung im Schlafzimmer der Kurfürstenzimmer in der Residenz Bamberg zusammen mit dem roten Bettbaldachin 1933 montiert worden ist.

Konstruktion: Die Gestelle sind gezapft und gedübelt. An der Innenseite wurden die Zargen nicht abgearbeitet, und die Beine sind im Bereich der Zargen kantig geblieben.

WÜRDIGUNG

Das niedrig gelagerte Möbel wirkt mit der nach hinten gekippten Lehne und den zurückgesetzten sowie ausgestellten Armlehnen sehr bequem. Dazu kommt die schöne Führung der Armlehnstützen und die langgezogenen Schwünge der Rückenlehne und Zargen, so daß die Chaiselongue ein elegantes Sitzmöbel darstellt. Das gilt um so mehr, weil einige Merkmale an drei weiteren Sitzgarnituren auftauchen, jedoch weniger elegant umgesetzt wurden (Kat. 76, 77, 90). An all diesen Möbeln wurden Form und Struktur der Armlehnstützen wieder aufgenommen. Die runden Stäbe an den Kanten sind wulstig geraten, und an der zeitlich besonders nahstehenden Garnitur sind die vorderen Zargen und die Kopfstücke der Lehnen vergleichsweise unsicher geschweift. Der Bildhauer hat es nicht verstanden, den Möbeln eine ähnlich klare Struktur zu geben. Auch die Blüten und Blätter sind sehr ähnlich, jedoch flacher und qualitativ schwächer ausgefallen. Weil kaum eine so große Anzahl verwandter Möbel aus Bayreuth nach Ansbach geschafft worden ist und einige Garnituren sicher nach dem Übergang der Markgrafschaft Bayreuth an den Markgrafen von Ansbach entstanden sind, bildet die Chaiselongue nicht nur ein elegantes, sondern ein besonders elegantes Ansbacher Sitzmöbel des Rokoko.

53

Schrank

Ansbach, um 1750

Konstruktionsholz: Eiche, dunkelbraun lasiert
Beschläge: Eisen
Verglaste Türen
264 x 304 x 95 cm

Ehemals fest eingebaut; weitgehend originale Verglasung

Standort Residenz Ansbach, Depot

Historische Inventarnummern Residenz Ansbach 1807: S. 239; 1813: S. 114; 1820: S. 161; 1830: S. 135; 1842*: 862; 1865*: 862; 1884: A.I. 38-39. 1544; 1901: A. Parterre 38-39. 1544; 1903: A. Parterre 38-39. 187; 1929*: F.V.III. Lit. D I C Nr. 3; 1939*: F.V.II. Bl. 14 M 5

Inv. AnsRes. M 123

PROVENIENZ

Die Inventare von 1842/65 verzeichnen den Schrank als Mobiliar der Silberkammer im Erdgeschoß unter der Inventarnummer »861, 1 Behälter mit 6 Thüren von Eichenholz gefirnißt, die Thüren von Glas« und unter der Inventarnummer »862, 1 dergleichen mit 2 Glasthüren«. Die Anzahl der Türen wurde im Inventar von 1884 auf »3 Glasthüren« verbessert. Rücklaufend lassen sich die Schränke problemlos und weiterhin als Mobiliar der Silberkammer bis zum Inventar von 1807 zurückverfolgen. Laut Inventar von 1903 wurden die fest eingebauten Schränke 1927 aus dem Inventar gestrichen und offensichtlich zu diesem Zeitpunkt aus der Silberkammer entfernt. Danach wurden die Stücke als einfache Möbel 1929 und 1939 in den nicht erhaltenen Inventaren der Verwaltung geführt. Erst für diesen Katalog wurde der Schrank neu inventarisiert.

BESCHREIBUNG

Korpus: Der Schrank hat zwei paarweise einander zugeordnete Türen sowie eine einzelne Tür. An den Enden stehen schmale, lisenenartige Streifen in der Front, aber auch zwischen Türpaar und Einzeltür ein lisenenartiger Streifen, an denen die Türen befestigt sind. Unter den Lisenen, aber auch unter der Schlagleiste des Türpaares springt der hohe Sockel etwas vor, während das weit vorkragende, stark profilierte Kaffgesims ohne Unterbrechung durchläuft. In den Türen sitzt unten eine flache, profilierte Füllung, und darüber werden zwei Scheiben nebeneinander und fünf Scheiben übereinander von schönen, halbrund mit unterlegtem Absatz profilierten Sprossen gehalten. Die Innenaufteilung mit Einlegeböden ist teilweise erneuert.
Beschläge: Die Türen sind jeweils mit drei Bändern angeschlagen und haben noch die originalen Schlösser sowie die durchbrochenen und mehrfach geschweiften, eisernen Schlüsselschilde.
Konstruktion: Die rohe Verarbeitung der Seitenwände und die Schnittstellen an Gesims und Sockel zeigen deutlich, daß der Schrank einmal in einem Raum eingebaut war. Deshalb ragt das Kaffgesims in voller Höhe über die Schrankdecke hinaus. Der Korpus ist gezinkt, und die Rückwand wurde wohl nach dem Ausbau durch Preßspanplatten ersetzt.

WÜRDIGUNG

Die flachen Füllungen im unteren Bereich der Türen haben die gleichen Profile wie die Füllungen einiger anderer Schränke (Kat. 54) und einer ganzen Reihe von Zimmertüren des Schlosses. Auch die recht aufwendig geschweiften Schlüsselschilde kehren dort wieder. Die Sprossen haben das gleiche Profil wie die mehrfach erneuerten Fenster des Schlosses, von denen wohl nur im ersten Vorzimmer der Markgräfin (R 15) noch Rahmen und Sprossen des 18. oder frühen 19. Jahrhunderts erhalten sind. Schon aus diesem Grund hat der Schrank für die Denkmalpflege einen besonderen Wert. Daneben läßt sich die ehemalige Funktion des Schrankes gut belegen, und es ist selten, daß fest eingebaute Behältnismöbel einer Silberkammer erhalten sind.

Schlüsselschild

54

Schrank

Ansbach, um 1750

Konstruktionsholz: Nadelholz, weiß-blau gefaßt
Beschläge: Eisen
256 x 192 x 76 cm

Grau überstrichen; Innenaufteilung jünger

Standort Residenz Ansbach, Depot

Historische Inventarnummern Residenz Ansbach 1842*: 316; 1865*: 316; 1884: A.II. 27.1; 1901: A.I. 27.1; 1903*: A.I. 27.1; 1929*: F.V.II. Lit. D I a Nr. 10; 1939*: F.V.II. Bl. 55 M 5

Inv. AnsRes. M 117

PROVENIENZ

Seit dem Inventar von 1842 ist das Möbel eindeutig mit der Beschreibung »1 Großer Kleiderschrank von weichem Holz mit 2 Thüren, weiß und blau angestrichen« zu identifizieren und stand bis zum Inventar von 1903 in der Garderobe neben dem Gardesaal

Schlüsselschild

(R 1). Später wurde es nicht in den Museumsinventaren, sondern als einfaches Möbel in den nicht erhaltenen Inventaren der Verwaltung von 1929 und 1939 geführt. Für den vorliegenden Katalog wurde der ungewöhnliche Schrank wieder inventarisiert.

BESCHREIBUNG

Korpus: Der große, zweitürige Schrank steht auf einem hohen, an der Oberkante profilierten Sockel, der an der Unterkante nach geradem Ansatz um wenige Zentimeter ausgeschnitten ist. Auf diese Weise sind in der Mitte zusätzliche Stützen entstanden. In der Front sind rechts und links schmale, lisenenartige Streifen mit einer hohen und schmalen Felderung belassen, an denen die Türen befestigt sind. Sie haben drei Füllungen mit kräftigen Profilen, wobei in der Mitte eine ganz flache Füllung liegt. Auch die Seiten des Schrankes sind entsprechend strukturiert. Den Abschluß bildet ein Kranzgesims.
Fassung: Die in den Inventaren von 1807 bis 1903 nachvollziehbare weiß-blaue Fassung wurde zu einem späteren Zeitpunkt überstrichen, ist an abgeblätterten Stellen aber gut sichtbar.
Beschläge: Die Türen sind jeweils mit drei aus der Front stehenden Scharnieren angeschlagen und haben durchbrochene und geschweifte Schlüsselschilde. Weil der Schrank auseinandergelegt werden kann, sind Seiten, Sockel und Gesims mit Hilfe von Haken und Ösen zu verbinden.

WÜRDIGUNG

Der Schrank ist durch die dreifache Felderung mit dem flachen Mittelfeld, aber auch durch Profile und Beschläge gekennzeichnet und hat sich in mehreren ähnlichen Exemplaren in der Residenz Ansbach erhalten: als viertüriger Einbauschrank[1] und als zweitüriger Schrank,[2] an dem ebenfalls die hellblaue Abfassung der Profile aus der Entstehungszeit unter einer Zweitfassung erhalten ist.[3] Die Profile der Felderung und die Schlüsselschilde sind auch an einem braun gebeizten Schrank mit verglasten Türen wiederzufinden (Kat. 53). Außerdem kehren die Felderung, die Profile der Füllungen und die durchbrochen geschweiften Schlüsselschilde in Eisen oder Messing an mehreren Zimmertüren des Schlosses wieder. Dadurch können die Schränke zeitlich unschwer in die Ausstattungsphase unter Leopold Retti eingeordnet und um 1750 datiert werden. So etwas ist gerade bei einfacheren Ausstattungsstücken nur selten möglich, die sich zudem selten am Entstehungsort in den Schlössern erhalten haben.

1 Inv. AnsRes. M 119
2 Inv. AnsRes. M 121
3 Es handelt sich um die gleiche Farbgebung wie im
  1. Vorzimmer der Markgräfin (R 15) mit blau gefaßten
  Stukkaturen

55
Schrank
Ansbach, um 1750

Konstruktionsholz: Nadelholz, gelblich-braun maseriert
Beschläge: Eisen
212 x 283 x 54 cm

Originale Fassung; Innenaufteilung jünger; zwei Türbänder ersetzt; ein Schloß verloren

Standort Residenz Ansbach, Depot

Historische Inventarnummern Residenz Ansbach 1820: S. 83; 1830: S. 77; 1842*: 460; 1865*: 460; 1884: A.II. 13.34; 1901: A.I. 13.31; 1903*: A.I. 13.12; 1929*: F.V.II. Lit. D I a Nr. 8; 1939*: F.V.II. Bl. 15 M 3

Inv. AnsRes. M 128

PROVENIENZ

Nach den Inventaren von 1842/65 stand der Schrank auf dem Gang zum Flügelbau hinter dem Dienerschaftszimmer des Gästeappartements (R 18). Der Eintrag lautet: »1 Großer Behälter mit 3 Thüren und Fächerabtheilungen von weichem Holze«. Am gleichen Ort nennen ihn auch die Inventare von 1820 und 1830. Das Inventar von 1884 beschreibt genauer: »dreithürig, eichenartig lakiert mit Facheintheilung und Kleiderrechen« im Raum hinter dem Braunen Wohnzimmer (R 11) im Appartement der Markgräfin, wo er auch noch 1901 und 1903 verzeichnet ist. Später wurde er nicht in den Museumsinventaren, sondern als einfaches Möbel in den nicht erhaltenen Inventaren der Verwaltung von 1929 und 1939 geführt. Für den vorliegenden Katalog wurde der Schrank erneut inventarisiert.

BESCHREIBUNG

Korpus: Der große Schrank hat zwei paarweise einander zugeordnete Türen sowie eine Einzeltür und steht auf einem hohen Sockel, der an der Unterkante nach geradem Ansatz etwa handbreit ausgeschnitten ist. Auf gleiche Art sind zusätzliche Stützen unter

Schlüsselschild

den Schlagleisten der Türen entstanden. Nur die Türen haben zwei gleich große, tief profilierte Füllungen. Den Abschluß bildet ein Kranzgesims.
Beschläge: Alle Türen sind mit zwei aus der Front vorstehenden Scharnieren angeschlagen und haben durchbrochene, unregelmäßig geschweifte Schlüsselschilde. Weil der Schrank auseinandergelegt werden kann, sind Seiten, Sockel und Gesims mit Hilfe von Haken und Ösen zu verbinden.

WÜRDIGUNG

Der große Schrank hat eine einfachere Felderung, aber einen ähnlichen Sockel und fast gleiche Profile an den Türen wie eine Gruppe von Schränken, die zeitlich unschwer in die Ausstattungsphase unter Leopold Retti einzuordnen sind (Kat. 54). Deshalb kann der Schrank trotz anderer Felderung und unregelmäßig geschweifter Schlüsselschilde wohl ebenfalls um 1750 datiert werden. Dazu gehört ein sehr ähnlicher, ebenfalls dreitüriger Schrank mit den gleichen Profilen, Sockel und Gesims mit spitzovalen Schlüsselschilden.[1]

1 Inv. AnsRes. M 122

56
Pultsekretär
Ansbach, um 1750 (?)

Konstruktionsholz: Nadelholz, braun gestrichen
und maseriert
Beschläge: Messing, Eisen
104 x 94 x 55 cm

Anstrich abgegriffen

Standort Residenz Ansbach, Depot

Historische Inventarnummern Residenz Ansbach 1929*:
F.V.II. Lit. B II b Nr. 1 1939* F.V.II. R 30 M 4;

Inv. AnsRes. M 114

PROVENIENZ

Weil es sich um ein sehr einfaches Möbel handelt und entsprechende Etiketten fehlen, ist es in den Inventaren von 1807 bis 1903 nicht zu identifizieren. 1929 und 1939 wurde es als Büromöbel nicht in den Museumsinventaren, sondern in den nicht erhaltenen Inventaren der Verwaltung geführt. Erst für diesen Katalog wurde das Schreibmöbel neu inventarisiert.

BESCHREIBUNG

Korpus: Das Schreibmöbel besteht aus einem eintürigen Unterschrank über rechteckigem Grundriß mit

einer vorn und seitlich überkragenden, profilierten Platte, auf der der seitlich und vorn zurückgesetzte Schreibteil mit schräggestellter Klappe fußt. Schreibteil und Schrank sind aber gleich breit. Der Unterschrank hat eine umlaufende Sockelleiste, die an der Oberkante profiliert und an der Unterkante nach geradem Ansatz ausgeschnitten ist. Tür und Schreibklappe haben eine kräftig profilierte Füllung, und die Oberseite des Schreibteils wird von einem flachen Profil umfaßt.
Innenaufteilung: Im Unterteil ist ein Fachboden montiert, und im Schreibteil, neben zwei übereinanderliegenden, offenen Fächern, sind rechts und links drei kleine Schubladen mit gedrechselten Zugknöpfen übereinander angeordnet.
Beschläge: Tür und Klappe haben spitzovale Schlüsselschilde aus Messing, aber eiserne Schlösser und sind mit eisernen Bändern angeschlagen.
Konstruktion: Der Schreibteil ist halbverdeckt gezinkt. Die Unterteilungen sind von hinten in Nuten geschoben, und die Rückwand ist in Fälze gesetzt. Dann wurde der Schreibteil von oben auf die Platte des Unterschranks gedübelt. Die Seiten des Unterschranks sind in die Platte und der untere Boden auf Höhe des Sockels in die Seiten gegratet, so daß die Seiten auf dem Fußboden stehen. Nach dem Zusammenbau wurde die Rückwand von unten dreiseitig in Nuten geschoben.

WÜRDIGUNG

Das Schreibmöbel hat ähnliche Profile und einen ähnlichen Sockel wie eine Reihe von Schränken (Kat. 53-55), ähnelt in der Konstruktion aber auch einer Kommode (Kat. 59). Deshalb soll das einfache Möbel gleichfalls um 1750 datiert werden, es könnte aber auch viel später entstanden sein. Der Möbeltyp mit aufgesetztem Schreibkasten war bekannt.[1]

1 A.K. Kaiserlicher Kunstbesitz 1991,
Kat. 91

57

16 Stühle

Ansbach, um 1750

Gestelle: Buche, geschnitzt, braun gefaßt und maseriert
Bezüge: rotes Leinen, weiß-dunkelbraun bedruckt und
gechintzt
99,5 x 51 x 55 cm; Sitzrahmenhöhe: 43,5 cm

12 Stühle mit originaler Fassung, ehemals mit Auflegekissen; Restaurierung von Fassung und Bezügen 1996/97;
vier Stühle 1963 repariert, abgelaugt und neu bezogen

Standort Residenz Ansbach, Dienerschaftszimmer, R 16,
und Depot

Historische Inventarnummern Residenz Ansbach 1842*:
540; 978; 1865*: 540; 978; 1884: A.III. 1.3-14; 1901: A.I.
1.8-19; A.I. 26.5-12; 1903*: A.I. 1.11; A.I. 26.3; 1929: *F.V.III.
Lit.A1a Nr. 1-12 Bl. 1 Zi. 1; *F.V.III. Lit.A1a Nr. 77-79, 88
Bl. 4 Zi. 26; 1939: *F.V.III. R 16 Bl. 197 M 210-221; *F.V.III.
Depot Bl. 271 M 370-373

Inv. AnsRes. M 28/2-13, 47/1, 47/3-4, 47/6

Literatur Kreisel 1970, S. 101, Abb. 237 – Kreisel 1983,
S. 103, Abb.237

PROVENIENZ

Die 12 Polsterstühle sind im Inventar von 1842 als
»12 Sessel mit durchbrochenen Lehnen auf Kirsch-
baumart lackiert und grünem Manchester beschlagen« aufgeführt und das imitierte Holz nachträglich
zu »Nußholz« verbessert. Bis zum Inventar von
1901 sind die Stühle auf dem Stockwerk über der
Belle Etage (R 201) und erst seit 1903 am heutigen
Standort verzeichnet. Die vier anderen Stühle verzeichnen die Inventare von 1842/65 in einer Gruppe
von 20 Stühlen unter den »Geräthschaften des
Theaters« als »Sessel von Buchenholz mit Lehnen,
braun lackiert, mit grünem Wollenzeuch bezogen«.
Laut Inventaren von 1901 bis 1929 stehen sie dann in
einer Gruppe von acht Stühlen im Gardesaal (R 1),
und die Beschreibung lautet: »Buchenholz, gelb lakiert, die Polsterung mit rothen Wachstuch bezogen«. Danach wanderten die Stücke ins Magazin,
und 1945 wurden noch zwei Stühle aus der Gruppe
an den »Garteninspektor Bernthaler verkauft«.
Nach der Reparatur 1963 wurden die Stühle bei
Konzerten benutzt.

BESCHREIBUNG

Gestell: Die trapezförmige Sitzfläche schwingt nach
geradem Ansatz leicht vor und ruht auf langgeschweiften Beinen. Über den Füßen werden die
Beine schwächer, nach oben wieder stärker und gehen ohne Absatz mit einem weiten Bogen in die Zargen über. An der Unterkante der seitlichen Zargen
stößt der Bogen im stumpfen Winkel an eine
Schweifung in Armbrustform, während an der hinteren Zarge nur ein heruntergeschwungener Bogen
anschließt. Vorn wurden Nasen gebildet, die S-för-

mig weiterlaufen und in der Zargenmitte einen kurzen Bogen fassen. Dort wo die Knie in die gerade
aufsteigenden Zargen übergehen, liegt ein Knick,
der unten eine vorgewölbte und darüber eine gerade
Zone bildet. Etwa in Höhe der Sitzfläche sind die
hinteren Beine in der Materialstärke halbiert und

Abgelaugter Stuhl AnsRes. M 47/4

Stuhl AnsRes. M 28/2

führen als Rückenlehne, leicht nach hinten gekippt,
weiter. An den Kanten ist die Lehne profiliert, und
die Holme werden mit einer langen Schweifung
schlank hinaufgeführt, wo sie wieder etwas stärker
werden und mit einer Nase an die armbrustförmig
geschweifte Oberkante des Querholmes stoßen. Das
langgeschweifte Rückenbrett wird nach oben ebenfalls breiter. Die langgezogenen Schweifungen mit
den zu- und abnehmenden Materialstärken machen
die Stühle elegant. Schnitzerei wurde zurückhaltend
eingesetzt. An den Füßen wurden dünne Kappen angeschnitten, die in flache Begleitbänder an den Kanten der Beine und Zargen übergehen. An den Innenkanten der Rückenlehne wurden die Begleitbänder

*Rückseite
von Stuhl
AnsRes. M 28/2*

ebenfalls verwendet und über dem Rückenbrett Gitterwerk eingetieft.

Fassung: Die Imitation von Nußbaumholz in der Farbskala von gelblich bis tief dunkelbraun sitzt auf weißer Grundierung. Dabei wurde detailliert auf die geschweiften Formen eingegangen, so daß die Maserung organisch wirkt. Die Fugen in der Holzkonstruktion wurden aber nicht berücksichtigt. Vier Stühle (AnsRes. M 47/1, 47/3-4, 47/6) wurden 1963 abgelaugt und holzsichtig belassen.

Bezüge: Die Polsterung ist nicht an den Zargen befestigt, sondern sitzt auf einem Rahmen mit alter Schnürung, der ursprünglich mit einem Profil über die Zargen hinausstand und für Auflegekissen vorgesehen war. Heute sind die Bezüge an den Kanten des abgearbeiteten Rahmens befestigt und die Fuge mit der Borte verblendet. Der heutige Bezug wurde nach 1865 aufgebracht, und der Eintrag lautet ab 1884: »mit rotbraunen Möbelgers bezogen«. Das rote, weiß-dunkelbraun bedruckte und gechintzte Leinen sowie die in verschiedenen Rottönen längsgestreifte Borte mit Ripscharakter sind stark ausgeblichen, können aber an den Rückseiten der Stühle noch etwas von der kräftigen Farbigkeit vermitteln. Vom gleichen Bezugsstoff sind deponierte Vorhangbahnen erhalten. Die vier abgelaugten Stühle wurden 1963 gepolstert und hellgrün bezogen.

Konstruktion: Zargen und Beine sind verzapft und gedübelt, wobei die Dübel auch an den Außenseiten sichtbar sind und durch die Fassung drücken. An den Lehnen liegen die Fugen der gedübelten Schlitz- und Zapfenverbindungen ebenfalls offen. Die Unterkanten der Zargen sind mit dem Stecheisen nach hinten abgeschrägt. An den abgelaugten Stücken ist zu sehen, daß der geschlitzte Sitzrahmen fest auf die Zargen gedübelt ist.

Beine und Rückenlehne der Stühle sind nicht so stark geschwungen und wirken durch die langgezogenen Bögen schlanker und deutlich eleganter als drei weitere Stuhlformen, mit denen die Stühle stilistisch eng verbunden und sicher in der gleichen Werkstatt angefertigt worden sind. Ein einzelner Stuhl ist etwas niedriger, hat andere Zargen und Beine, aber fast die gleiche Lehne (Kat. 61). Weitere Stühle sind in der Lehne niedriger, haben aber die Sitzrahmen in gleicher Höhe, Bänder an den Kanten und auch die Kappen an den Füßen (Kat. 60, 62, 63). Gleiche Füße haben ein Konsoltisch (Kat. 58) sowie zwei Tischgestelle (Kat. 31, 34). Aus der gleichen Werkstatt stammt ein Satz von 14 Stühlen aus Schloß Niederstotzingen bei Ulm, deren Provenienz bis Anfang des 19. Jahrhunderts zurückverfolgt werden kann.[1]

Kreisel hatte die Stühle wegen ihrer »Frührokokoform und des Gitterwerks« um 1730 datiert. In der Form nahezu gleiche Stühle stehen in Schloß Pommersfelden, sind aber ungefaßt, bestehen aus Nußbaum, haben ein marketiertes Rückenbrett und anstelle des Gitterwerks in der Lehne Schnitzwerk mit Rocaillen. Das zugehörige achtbeinige Sofa wurde bereits publiziert und eine Zuschreibung an Abraham Roentgen versucht.[2] Die ungemein große Verwandtschaft zu den Ansbacher Stühlen zeigt sich vor allem an Beinen und Zargen. Die schön geschwungenen Armlehnen erinnern an die Armlehnen der vergoldeten, um 1740 entstanden Ansbacher Sessel (Kat. 36). Wegen der ausgereiften Rocaillen an den sonst gleichen Stücken in Pommersfelden sollen die Ansbacher Stühle vorerst um 1750 datiert werden.

Stuhl AnsRes. M 28/2

1 Christie's, Amsterdam, Auktion am 24.3.1999, Los 384. Zu diesem Satz passen drei weitere Stühle, Neumeister München, Auktion 255, 1990, Lot 295, sowie zwei aufwendiger geschnitzte Stücke: Kunsthandlung Senger, Bamberg, 1995
2 Schmitz 1923, S. 281 – Jedding 1958, Abb. 417

58

Konsoltisch

Ansbach, um 1750 (?)

Konstruktionsholz: Eiche, geschnitzt, braun gestrichen und maseriert
76,5 x 71 x 55 cm

Originaler Anstrich; Fußspitzen der hinteren Beine verloren

Standort Residenz Ansbach, Depot

Historische Inventarnummern Residenz Ansbach 1842*: 490; 1865*: 490; 1901: A.I. 15.74; 1903*: A.I. 15.16; 1929*: F.V.III. Lit. B I Nr. 11 Bl. 39 Zi. 15; 1939*: F.V.III. R 18 Bl. 201 M 231

Inv. AnsRes. M 79

Tischplatte

Der kleine Konsoltisch wird in den Inventaren von 1842/65 im Gardemeuble mit wenigen Worten beschrieben: »Tisch mit geschweiften Füßen und grüner Wachsdecke«. Von 1901 bis 1929 ist das Schlafzimmer der Markgräfin als Standort eingetragen, aber der Tisch wird eher im dahinterliegenden, nicht extra aufgeführten Garderobenraum gestanden haben. Nach den Inventaren von 1939 und 1966 stand das Möbel im Dienerschaftszimmer des Gästeappartements.

BESCHREIBUNG

Korpus: Der Konsoltisch hat vier diagonal zum Korpus stehende, lange, geschweifte Beine. Über den Füßen werden die Beine schwächer, nach oben wieder stärker und gehen ohne Absatz mit einem Bogen in die Zargen über. An der vorderen Zarge fassen die Bögen einen weiteren Bogen, während die Unterkanten der hinteren und seitlichen Zargen nur wellenförmig nach unten gezogen sind. An den flach vorgeschuhten Füßen wurden dünne Kappen angeschnitten, die als flache Begleitbänder an den Kanten der Beine entlang- und an den Unterkanten der Zargen weiterlaufen. Nur die vordere Zarge schwingt nach geradem Ansatz zur Mitte vor. Alle Zargen sind den Knien entsprechend eingezogen und bilden bis zur Platte rundum eine weite Kehle. Vorn und an den Seiten ist die allseits überstehende Holzplatte fein profiliert und geschweift. Vorn richtet sich die Schweifung nach der Zarge, wird über den vorderen Beinen geohrt und über den geraden seitlichen Zargen kräftig geschweift.
Konstruktion: Die Platte ist mit zwei Gratleisten zusammengefügt und wird mit Dübeln durch die Gratleisten an den seitlichen Zargen arretiert. Letztere erscheinen für das kleine Tischchen ungewöhnlich stark (4 cm).

WÜRDIGUNG

Das einfache, gestrichene Möbel mit Holzplatte wirkt wegen der schlanken, langen Beine und der schön geschweiften Platte elegant. Während die Form der Platte an die Platten einiger Konsoltische aus der Zeit um 1740 erinnert (Kat. 45, 46, 70), kommen Beine und Zargen in sehr ähnlicher Form an einer Reihe leicht unterschiedlicher Stühle vor (Kat. 61-63). Besondere Ähnlichkeit ist mit der elegantesten Garnitur der Reihe zu konstatieren (Kat. 57), so daß der Konsoltisch ebenfalls um 1750 angesetzt werden kann. Dazu passen auch die Gestelle von zwei marketierten Tischen (Kat. 31, 34). Ein kleiner Konsoltisch, ebenfalls aus Eiche, hat eine fast identische Platte, und beide Möbel sind sicher gleichzeitig, wenn nicht sogar für den gleichen Raum entstanden (Kat. 58).

59

Kommode
Ansbach, um 1750 (?)

Konstruktionsholz: Eiche, Nadelholz
Beschläge: Messing, Eisen
80 x 116 x 68 cm

Originale Beschläge; Oberfläche erneuert und holzsichtig

Standort Residenz Ansbach, Depot

Historische Inventarnummern Residenz Ansbach 1842: 538; 1865: 538; 1901: A.I. 38.4; 1903*: A.I. 38.4; 1929*: F.V.III. Lit. C I Nr. 10 Bl. 69 Zi. 38; 1939*: F.V.III. Depot Bl. 266 M 349

Inv. AnsRes. M 9

PROVENIENZ

Zuerst ist das Möbel als »Commode von Eichenholz mit 4. Schubladen, messingen Knöpfen und Schilden« in den Inventaren von 1842/56 verzeichnet und stand auf dem Stockwerk über der Belle Etage

(R 201). Nach den Inventaren von 1901 bis 1929 ersetzte das Stück eine Kommode im Dienerschaftszimmer des Gästeappartements (R 18), die im Inventar von 1884 den Nachtrag erhalten hatte: »1901 durch Wurmstich zerfallen«.[1] Seit dem Inventar von 1939 wird die Kommode im Depot geführt.

BESCHREIBUNG

Korpus: Die dreischübige Kommode hat glatte, gerade Seiten und eine gerade Front, während die Platte an drei Seiten mehrfach geschweift, über den vorderen Ecken geohrt und an den Kanten fein profiliert ist. Die Schubladen schlagen mit angefälzten

1 Inventar 1884, S. 56

Lippen auf den Korpus und strukturieren die Front. Dazu gehört eine umlaufende Sockelleiste, die an der Oberkante profiliert und an der Unterkante um wenige Zentimeter ausgeschweift ist. Auf der Oberfläche sitzt eine grünliche Lasur.

Beschläge: Alle drei Schubladen sind mit aufgesetzten Eisenschlössern zu verschließen, haben massive Zugknöpfe aus Messing und relativ aufwendig durchbrochene und geschweifte Schlüsselschilde aus dickem Messing.

Konstruktion: Die Korpusseiten sind in die Platte gegratet und reichen bis auf den Fußboden. Folglich wurde der untere Boden auf Höhe des Sockels in die Seiten gezapft. Traversen und Laufleisten der Schubladen sind eingegratet und die Rückwand nach dem Zusammenbau des Korpus von unten in eine Nut der Seiten und der Platte geschoben. Rückwand und Laufleisten bestehen aus Nadelholz. Nur die Vorderstücke der Schubladen sind aus Eiche. Sie wurden vorne halbverdeckt gezinkt und haben Böden, die vorne in einem Falz liegen, aber sonst stumpf untergedübelt sind.

Das einfache Möbel wird durch die schön geschweifte Platte und stabile Messingbeschläge hervorgehoben. Die Schweifung der Platte kehrt an Marmorplatten einiger Konsoltische aus der Zeit um 1740 in ähnlicher Form wieder (Kat. 45, 46, 70). Eine Holzplatte mit nahezu gleicher Form und identischem Profil hat ein kleiner Konsoltisch aus Eiche, der um 1750 datiert werden kann (Kat. 58), und beide Möbel sind sicher gleichzeitig, wenn nicht sogar für den gleichen Raum entstanden. Das Gestell des Konsoltischs ähnelt wiederum den Gestellen zweier Tische, deren marketierte Platten in der Werkstatt des Hofebenisten Martin Schuhmacher entstanden sind (Kat. 31, 34). Auch der ausgeschnittene Sockel und die bis auf den Boden laufenden Seitenwände entsprechen den technischen Gepflogenheiten der Werkstatt (s. S. 24-26), so daß es sich bei der Kommode wahrscheinlich um ein einfaches Möbel aus dem Umkreis Schuhmachers handelt.

Schlüsselschild

60

40 Stühle

Ansbach, um 1750/60

Konstruktionsholz: Buche, geschnitzt
Fassung: maseriert und vergoldet
100,5 x 53 x 54 cm

1 Stuhl seit 1945 verschollen; Fassung, Polster und Bezüge erneuert

Standort Bayreuth, Neues Schloß, Palmenzimmer, R 17; Eremitage, Vorzimmer, R 2

Historische Inventarnummern Residenz Ansbach 1807: S. 45, 55, 57, 120, 137, 138; 1813: S. 38, 48 f., 61-63, 132; 1830: S. 45, 46, 47, 56, 66; 1842*: 506, 508, 510, 978; 1865*: 506, 508, 510, 978; 1884: A.II. 26. 15-32; *A.III. 29.9-18; *A.III. 29.19-38; Residenz München um 1900*: Lit. B Nr. 239; 1929: GM S. 31 Nr. 1209, S. 33 Nr. 1229; Neues Schloß Bayreuth 1929*: Abt. III Fol. II Nr. 47

Inv. BayNS. M 110-115, 176-202, BayEr. M 7/1-6

Literatur Kreisel 1956, Abb. 27, S. 29 – Jedding 1958, Abb. 401 – Kreisel 1970, Abb. 707, S. 229 – Jedding 1978, Abb. 401 – Kreisel 1983, Abb. 713, S. 231 – A.F. Bayreuth Neues Schloß 1995, S. 99 – Ziffer 1996, S. 106 – A.F. Bayreuth Eremitage 1997, S. 23

Das Inventar der Residenz München von 1874 verzeichnet in Nachträgen der Jahre 1897 und 1899 den Zugang der Stühle aus Ansbach in das Gardemeuble. Der erste Eintrag lautet: »12 Stühle, Gestell von Buchenholz« und der nächste: »18 Stühle mit durchbrochenen Lehnen, braun gebeizt, eingelegten Roßhaarkissen, rothbraunem Lederbezug«. Erst 1924 kamen die Stühle nach Bayreuth. Einer wurde 1945 am Auslagerungsort auf der Plassenburg »geplündert«. Unter gleichlautenden Einträgen wie im Inventar der Residenz München sind die Stühle in den Inventaren der Residenz Ansbach bis 1842 sicher zurückzuverfolgen, wo sie neben gleichen oder ähnlichen Stühlen in verschiedenen Räumen standen. Einige Stücke waren aber nicht maseriert, sondern »gelb gestrichen« und mit grünem Stoff bezogen. Mit einiger Wahrscheinlichkeit können die Stühle auch bis zum Inventar von 1807 zurückverfolgt werden.

Gestell: Die trapezförmige Sitzfläche schwingt nach geradem Ansatz leicht vor und ruht auf kräftig geschweiften Beinen. Über den Füßen werden die Beine schwächer, nach oben wieder stärker und gehen mit einem Bogen in die geschweiften Unterkanten der Zargen über. Dort wo die Knie an den Ecken in die gerade aufsteigenden Zargen übergehen, liegt ein Knick, der die Zargen rundum in eine untere, vorgewölbte sowie in eine gerade Zone darüber teilt.

Den Abschluß bildet ein gerades, umlaufendes Band. Die hinteren Beine führen als leicht nach hinten geschwungene Rückenlehne weiter. Außerdem ist die Lehne seitlich eingezogen, und das geschweifte Rückenbrett ist den Holmen angepaßt. Holme und Rückenbrett werden an den Kanten von flachen Bändern begleitet. An den Füßen wurden Kappen angeschnitten, die in flache Bänder an den Kanten übergehen und auch die Zargen fassen.

Fassung: Einer der Stühle wurde 1995 restauriert (BayNS. M 115). Unter der weißen, klassischen Grundierung lag an unebenen Partien oder genagelten Stellen eine weitere, hellgraue Grundierung, die mit einer hellgrauen Fassung einhergeht und vielleicht an den profilierten Kanten vergoldet war. Eine technologische Untersuchung dazu steht aus. Nach Ausweis der Inventareinträge waren einige Stühle bis 1924 gelb, die meisten aber braun gefaßt. Von einer partiellen Vergoldung sagen die Inventare nichts. Die braun gemaserte Fassung ist teilweise gut, teilweise nicht sehr qualitätvoll und wurde teilweise erst nach der neuen Polsterung mit Stahlfedern aufgebracht.

Bezüge: Die Stühle tragen einen gelben Seidenbezug mit weißem Blumenmuster. Beim Aufbringen der neuen Polsterung wurden die Einlegerahmen der Sitzpolster am Gestell befestigt und Gurte für die Stahlfedern an die Zargen genagelt. Weil die Gurte über die Ansbacher und Münchner Inventarnummern genagelt sind, wurde das neue Polster erst für die Benutzung in Bayreuth, also nach 1924 aufgebracht.

Konstruktion: Zargen und Beine sind verzapft und gedübelt, wobei die Dübel an den Außenseiten sichtbar sind. Auch an den Lehnen werden die Fugen der Schlitz- und Zapfenverbindungen von der Fassung verdeckt. Die Zargen sind an den Innenkanten abgearbeitet.

Ursprünglich waren die Stühle hellgrau gefaßt und trugen eventuell eine partielle Vergoldung. Während des ganzen 19. Jahrhunderts ist ein gelber Anstrich und für den größeren Teil der Stühle eine braune Fassung erwähnt. Als Polster dienten Auflegekissen aus rotem Leder. Das heutige Aussehen mit neuem Polster, einheitlicher Fassung und Vergoldung bekamen die Stühle erst für die museale Aufstellung in Bayreuth nach 1924. Die ›Wiederherstellung der markgräflichen Wohn- und Festräume‹ im Neuen Schloß Bayreuth fand von 1922 bis 1932 unter der kunsthistorischen Federführung von Heinrich Kreisel statt. Dabei wurde die Einrichtung »durch markgräfliche Möbel aus den Depots vervollständigt«,[1] zu denen offensichtlich auch Möbel der Markgrafen von Ansbach gezählt wurden, bevor die Markgrafschaft Bayreuth im Erbgang 1769 ansbachisch geworden war. Bereits vor einiger Zeit war aufgefallen, daß Kreisel verschwiegen hatte, wenn er Möbel aus verschiedenen Depots »teilweise vollständig mit farblich entsprechenden Öllacken anstreichen ließ und sie dadurch derart ihrer bayreuthischen Umgebung anpaßte«, daß ihre Provenienz verunklärt wurde.[2]

Anläßlich der Neubearbeitung des Amtlichen Führers für das Neue Schloß in Bayreuth 1995 war die Herkunft der Stühle aus der Residenz Ansbach erkannt worden. Bis dahin waren sie als »vielleicht Spindler um 1755/60« oder »Bayreuth um 1750« klassifiziert. Dieser größte erhaltene Stuhlsatz aus der Residenz Ansbach, von dem heute kein Stück mehr dort steht, gehört zu einer Gruppe von Stühlen mit ähnlichen Gestellen (AnsRes. M 47/2, M 48, M 47/5), die sich von einer wohl früher zu datierenden und viel eleganteren Stuhlform ableitet (AnsRes. M 28/2).

1 Esterer 1934, S. 17 f.
2 Ziffer 1996, S. 103

Stuhl BayNS. M 176

kanten der Zargen über. Die hinteren Beine führen als Rückenlehne, leicht nach hinten gekippt, weiter. Außerdem ist die Lehne von oben nach unten sehr leicht konkav geschweift, was wegen der niedrigen Lehne kaum auffällt. An den Kanten ist die Lehne profiliert, und von vorn gesehen, werden die Holme mit einer schlanken Schweifung hinaufgeführt, wo sie wieder etwas stärker werden und mit einer Nase an die armbrustförmig geschweifte Oberkante des Querholmes stoßen. Das geschweifte Rückenbrett ist den geschweiften Holmen angepaßt. An den Füßen wurden dünne Kappen angeschnitten, die in flache Begleitbänder an den Kanten übergehen, aber sich auch als Schiene über die Mittelachse der Beine hinaufziehen. Auf den Knien und in der Mitte der Zargen sind die Bänder zu Kartuschen geschlungen, welche über die ganze Höhe der Zargen reichen und in das gerade Band der Zargenoberkante einlaufen. Dazwischen sind Felder eingetieft, die in kurzem Abstand den Bewegungen der Bänder folgen und den Eindruck erwecken, als habe man zwei parallele Bänder aufgelegt. An den Innenkanten der Rückenlehne wurden die Begleitbänder mit der Schleifmaschine vollkommen entfernt; nur das eingetiefte Feld über dem Rückenbrett blieb erhalten.

Fassung: An den Innenkanten der Zargen sind Reste von heller Grundierung und dunkelbrauner Fassung erhalten, so daß der Stuhl wohl die gleiche Maserung in Nußbaumholz gehabt hat wie die Stühle mit den ähnlichen Rückenlehnen (AnsRes. M 28/2). 1963 wurde der Stuhl abgelaugt und holzsichtig belassen.

Bezüge: Die Polsterung ist nicht direkt an den Zargen befestigt, sondern sitzt auf einem Rahmen, der ursprünglich mit einem Profil über die Zargen hinausstand und auch wegen der Schnürung anstelle von Gurtung für Auflegekissen vorgesehen war. Heute sind die Bezüge an den Kanten des abgearbeiteten Rahmens befestigt und die Fugen mit der Borte verblendet. Der abgelaugte Stuhl wurde 1963 neu gepolstert und hellgrün bezogen.

Konstruktion: Entsprechend Kat. 60, aber die Zargen sind an den Innenkanten nicht abgearbeitet.

61

Stuhl

Ansbach, um 1750/60

Gestell: Buche, geschnitzt
96,5 x 53 x 52 cm; Sitzrahmenhöhe: 40 cm

Ehemals mit Auflegekissen; 1963 repariert; Fassung abgelaugt; Bänderung teilweise abgeschliffen; neu gepolstert und bezogen

Standort Residenz Ansbach, Depot

Historische Inventarnummern Residenz Ansbach 1842*: 978 ; 1865*: 978; 1901: A.I. 26.5-12; 1903: A.I. 26.3; 1929*: F.V.III. Lit. A I a Nr. 82 Bl. 4 Zi. 26; 1939*: F.V.III. Depot Bl. 271 M 375

Inv. AnsRes. M 47/5

PROVENIENZ

Entsprechend den abgelaugten Stücken Kat. 57.

WÜRDIGUNG

Entsprechend Kat. 60.

BESCHREIBUNG

Gestell: Die trapezförmige Sitzfläche schwingt nach geradem Ansatz leicht vor und ruht auf kräftig geschweiften Beinen. Über den Füßen werden die Beine schwächer, nach oben wieder stärker und gehen mit einem Bogen in die geschweiften Unter-

62

3 Stühle

Ansbach, um 1750/60

Gestelle: Buche, geschnitzt
96 x 50,5 x 56,5 cm; Sitzrahmenhöhe: 43,5 cm

Ehemals mit Auflegekissen; 1963 repariert; Fassung
abgelaugt; neu gepolstert und bezogen

Standort Residenz Ansbach, Depot

Historische Inventarnummern Residenz Ansbach 1842*:
978; 1865*: 978; 1901: A.I. 5-12; 1903: A.I. 26.3/4; 1929:
F.V.III. Lit. A1a Nr. 80, 83 Bl. 4 Zi. 26; 1939*: F.V.III. Depot
Bl. 271 M 374, 376

Inv. AnsRes. M 47/2, 47/7-8

PROVENIENZ

Entsprechend den abgelaugten Stücken Kat. 57.

BESCHREIBUNG

Gestell: Die trapezförmige Sitzfläche schwingt nach
geradem Ansatz leicht vor und ruht auf kräftig
geschweiften Beinen. Über den Füßen werden die
Beine schwächer, nach oben wieder stärker und gehen mit einem Bogen in die geschweiften Unterkanten der Zargen über. Die hinteren Beine führen
als Rückenlehne, leicht nach hinten gekippt, weiter.
Außerdem ist die Lehne von oben nach unten sehr

Stuhl AnsRes. M 47/2

leicht konkav geschweift, was aber wegen der niedrigen Lehne kaum auffällt. Das geschweifte Rückenbrett ist den geschweiften Holmen angepaßt. An den
Füßen wurden dünne Kappen angeschnitten, die in
flache Begleitbänder an den Kanten übergehen. Auf
den Knien und in der Mitte der Zargen sind die Bänder zu Kartuschen geschlungen, die knapp an das
flache Profil der Zargenoberkante heranreichen.
Holme und Rückenbrett der breit ausgeschweiften
Rückenlehne sind an beiden Kanten von flachen
Bändern begrenzt, fassen unten einen kurzen Bogen
und oben eine Scheibe. An den Rückenlehnen der
Stühle AnsRes. M 47/7-8 wurden die Begleitbänder
vollkommen abgeschliffen.
Fassung: An den Innenkanten der Zargen sind Reste
von heller Grundierung und dunkelbrauner Fassung
erhalten, so daß die drei Stühle wohl die gleiche Maserung gehabt haben wie die Stühle (Kat. 57). 1963
wurden die Stühle abgelaugt und holzsichtig belassen.
Bezüge: Die Polsterung ist nicht direkt an den Zargen befestigt, sondern sitzt auf einem Rahmen, der
ursprünglich mit einem Profil über die Zargen hinausstand und auch wegen der Schnürung anstelle
von Gurtung für Auflegekissen vorgesehen war.
Heute sind die Bezüge an den Kanten des abgearbeiteten Rahmens befestigt und die Fugen mit der
Borte verblendet. Der abgelaugte Stuhl wurde 1963
neu gepolstert und hellgrün bezogen.
Konstruktion: Entsprechend Kat. 60.

WÜRDIGUNG

Entsprechend Kat. 60. Drei gleiche Stühle, braun
gebeizt und vergoldet, wurden 1971 im Münchner
Kunsthandel versteigert.[1]

1 Weinmüller, München, Auktion 135,
1971, Los 723

Stuhl AnsRes. M 47/2

63

18 Stühle

Ansbach, um 1750/60

Gestelle: Buche, geschnitzt
95 x 50,5 x 54,5 cm; Sitzrahmenhöhe: 43 cm

1963 repariert; Fassung abgelaugt; neue Auflegekissen

Standort Residenz Ansbach, Depot

Historische Inventarnummern Residenz Ansbach 1842*:
507; 1865*: 507; 1901: A.II. 28.5-9, 33.6-13; 1903*: A.II.
28.18; A.II. 33.9; 1929*: F.V.III. Lit. A1a Nr. 116, 118-130,
132, 133, 170 Bl. 5 Zi. 28, 33; 1939* F.V.III. Depot Bl. 272
M 378-395

Inv. AnsRes. M 48/1-18

PROVENIENZ

Alle 18 Polsterstühle verzeichnet das Inventar von
1842 im Gardemeuble unter der Beschreibung:
»18 Sessel von Buchenholz gelb lakiert, Roßhaarkis-

Stuhl AnsRes. M 48/10

sen mit grünen Morens bezogen«. Sie blieben bis zur Reparatur 1963 deponiert und wurden danach als Konzertbestuhlung benutzt.

BESCHREIBUNG

Gestell: Die trapezförmige Sitzfläche besteht aus einem profilierten Rahmen, der rundherum über die Zargen kragt. Wie der Rahmen schwingt auch die Zarge nach geradem Ansatz leicht vor und ruht auf kräftig geschweiften Beinen. Über den Füßen werden die Beine schwächer, nach oben wieder stärker und gehen mit einem Bogen ohne Absatz in die geschweiften Unterkanten der Zargen ein. Erst weiter innen setzt eine armbrustförmige Schweifung an und bildet die Zargenmitte. An der hinteren Zarge schließt nur ein heruntergeschwungener Bogen an, während die Schweifung der seitlichen Zargen unregelmäßig und nicht zur Mitte orientiert verläuft. Die hinteren Beine führen als Rückenlehne, leicht nach hinten gekippt, weiter. Außerdem ist die seitlich eingezogene Lehne von oben nach unten leicht konkav geschweift, was aber wegen der niedrigen Lehne

kaum auffällt. Das geschweifte Rückenbrett ist in stilisierten Blattformen durchbrochen. An den Füßen wurden dünne Kappen angeschnitten, die in flache Begleitbänder an den Kanten übergehen, die Unterkanten der Zargen begleiten, aber auch an den Innen- und Außenkanten der geschweiften Rückenlehne wiederkehren.
Fassung: An den Innenkanten der Zargen sind Reste von heller Grundierung und dunkelbrauner Fassung erhalten, so daß die 18 Stühle wohl die gleiche Maserung in Nußbaumholz gehabt haben wie ein Satz vergleichbarer Stühle (Kat. 57) und später erst gelb gestrichen waren. 1963 wurden die Stühle abgelaugt und holzsichtig belassen.
Bezüge: Die Sitzrahmen sind mit einer alten Schnürung für Auflegekissen bespannt, die Kissen aber erneuert.
Konstruktion: Entsprechend Kat. 57.

WÜRDIGUNG

Entsprechend Kat. 60.

Stuhl AnsRes. M 48/10

64

Paar Kommoden

Entwurf Johann Michael Hoppenhaupt
(Zittau 1709 – nach 1755)
Schreinerarbeiten »Schilansky«
Bronzearbeiten »Verdeil«

Berlin, 1755

Konstruktionsholz: Nadelholz, Nußbaum, Eiche
Marketerie: Zedernholz, Messing
Beschläge: Bronze, ziseliert und vergoldet Messing
Weiße Marmorplatten
AnsRes. M 16/1 ohne Platte: 83 x 71,5 x 45 cm;
Marmorplatte: 2,5 x 69,4 x 40 cm
AnsRes. M 16/2 ohne Platte: 83,5 x 60 x 42 cm;
Marmorplatte: 2,5 x 58 x 41 cm

Marmorplatten vielleicht jünger

Standort Residenz Ansbach, Gästeappartement, Braunes Kabinett, R 19

Historische Inventarnummern Residenz Ansbach 1842: 441; 1865: 441; 1884: A.II. 37.3-4; 1901: A.I. 37.3-4; 1903*: A.I. 37.3; 1929*: F.V.III. Lit. C I Nr. 8-9 Bl. 69 Zi. 37; 1939*: F.V.III. R 19 Bl. 204 M 232-233; Stempel: Ansbach

Inv. AnsRes. M 16/1-2

Literatur Schmitz 1926, Abb. 232 – Feulner 1927, Abb. 318 – Reidemeister 1934 – A.F. Residenz Ansbach 1939, S. 66 – Müller-Christensen 1950, Abb. 159, S. 150 – A.K. Europäisches Rokoko 1958, Nr. 856 – Stengel 1958, S. 100 – Kreisel 1970, S. 244, 279, Abb. 766 – Müller-Christensen 1981, Abb. 166 – Kreisel 1983, S. 245 f., 280, Abb. 794 – A.F. Residenz Ansbach 1993, S. 87 f.

PROVENIENZ

Seit 1934 sind die Schatullrechnungen bekannt, nach denen Königin Sophie-Dorothea von Preußen die beiden Zedernholzkommoden 1755 bezahlt hat. Ihre Beschreibung in den Rechnungen ist unverwechselbar. Man nimmt an, sie seien für eines der – 1945 zerstörten – Zedernzimmer des Berliner Stadtschlosses oder in Schloß Monbijou bestimmt gewesen und nach dem Tod der Königin 1757 als Erbe ihrer mit Markgraf Carl-Wilhelm-Friedrich verheirateten Tochter Friederike-Luise nach Ansbach gelangt.

Bei Anfertigung des Nachlaßinventares der Königin im Frühjahr 1758 wurden die Interessen der beiden Markgräfinnen von Ansbach und Bayreuth durch »Georg Eickstadt, Königl. Preuß. Chur Märki.[scher] Hof und Cammer Gerichts Rath« vertreten. Leider ist nicht vermerkt, welcher Erbe welche Hinterlassenschaften erhalten sollte. Unter den aufgeführten Zedernholzmöbeln ist für die Ansbacher Kommoden nur eine einzige Position interessant: »eine kleine Cederne Commode mit 4 Tiroirs und stark vergoldeten Beschlag und marmorner Platte«. In der nächsten Zeile ist »eine dergl.« Kommode verzeichnet, und für beide ist jeweils der Wert von 155 Reichstalern eingetragen.[1] Nach einer Kommode mit Marketerie aus Amarant, einem Lackschrank und einem Schrank mit Spiegeln gehörten die beiden Kommoden zu den wertvollsten Möbeln, sind aber nicht unter Stücken in Schloß Monbijou genannt, für die ein eigenes Kapitel eingerichet wurde. Mit dem Inventareintrag können die Ansbacher Kommoden nur in Verbindung gebracht, aber nicht identifiziert werden. Zum einen sind die Einträge zu wenig differenziert, und die Inventarisatoren müßten vor allem die obere fläche und die weniger auffallende fünfte Schublade der Ansbacher Kommoden übersehen haben, was wenig wahrscheinlich ist. Demnach könnten die Kommoden bereits vor dem Tod der Königin Sophie-Dorothea von Preußen nach Ansbach gelangt sein, zumal sie einigen Kindern schon vor ihrem Tod hat Prunkmöbel zukommen lassen.[2]

Die auffälligen Stücke können im Inventarverzeichnis der Residenz Ansbach von 1807 nicht identifiziert werden, obwohl solche Möbel in der Regel gut beschrieben sind und die ungewöhnliche Anzahl von fünf Schubladen samt aufwendigem Bronzedekor für eine Erkennung ausreichen müßten. Erst im Inventar von 1842 sind die Stücke zu fassen und stehen seitdem mit der Beschreibung »2 Commoden mit Cedernholz eingelegt und mit vergoldeten

Broncebeschlägen und weißen Marmorplatten, je mit 5 Schubläden, schmal« im Kabinett des Gästeappartements (R 19). Wahrscheinlich standen die Möbel vorher in einem der markgräflichen Schlösser in Triesdorf, Gunzenhausen, Deberndorf oder in Unterschwaningen. In Unterschwaningen hatte Friederike-Luise von 1733 bis zu ihrem Tode 1784 hauptsächlich gelebt. Das Schloß wurde 1806 auf Abbruch verkauft und die Einrichtung weitgehend veräußert.[3] Eventuell tauchen die Kommoden deshalb nicht im Inventar von 1807 auf. Sie könnten somit die einzigen nicht verkauften Stücke aus Unterschwaningen sein.

Seitlicher Griff von Kommode AnsRes. M 16/1

BESCHREIBUNG

Korpus: Über einem Fußgestell mit sechs Beinen kragt der Korpus nach vorn und zu den Seiten in einer kurzen, kräftigen Wölbung aus, wird dann verjüngt, um sich mit einem langen Schwung nach oben zu weiten und wieder mit einem kräftigen Bogen,

Kommode AnsRes. M 16/1

Kommode AnsRes. M 16/2

Schubladenbeschlag von Kommode AnsRes. M 16/1

Schlüsselschild von Kommode AnsRes. M 16/1

beinahe wulstartig einzuziehen. Darüber enden die Möbel mit einem flachen, sockelartigen Absatz, der ähnlich dem Fußgestell gegenüber dem Grundriß der Möbel zurücksteht. Weil die Möbel in Höhe und Marketerie mit dem Beschlagwerk und der Anzahl der Schubladen gleich sind, fällt erst beim zweiten Blick auf, daß nur eines der Möbel im Bereich der drei oberen großen Schubladen vorne und an den Seiten gebaucht ist (AnsRes. M 16/1). Daraus ergeben sich die unterschiedlichen Maße in Breite (11,5 cm) und Tiefe (3 cm). Die vorderen Ecken der Kommoden sind zu breiten Bändern gefast, die zwischen Front und Seiten zusätzliche Flächen bilden. Mit dem Zwischenschalten der Flächen an den

Fußbeschlag von Kommode AnsRes. M 16/1

Ecken wird die Front von den Seiten abgesetzt und die Verwendung von sechs und nicht vier Kommodenfüßen motiviert, die jeweils paarweise Front und Seiten stützen. Zwischen den Schubladen liegen Schattenfugen, die über die Eckflächen bis an die Hinterkante der Seiten geführt sind, was entfernt an eine Rustika bei Mauerwerk denken läßt. Die Schichtung wird an den Ecken der Möbel wieder von einem profilierten sowie furnierten Band zusammengefaßt, das von oben nach unten durchläuft, von Messingstäben begleitet und mit Bronzedekor belegt ist. Dadurch sind die Ecken hervorgehoben, und die Eigenständigkeit der Ecken als Flächen wird verstärkt, indem Schattenfugen und Marketerie unter dem marketierten Band mit den Beschlägen hindurchlaufen und so das Aufliegen des Dekors betonen.

Beide Kommoden haben vier hohe Schubladen sowie eine flache im oberen Absatz. Nur die obere flache und die drei unteren Schubladen sind mit Schlössern versehen.

Die weißen Marmorplatten sind ungewöhnlich stark und nicht profiliert. Außerdem wurde die Platte der nicht bombierten Kommode nach Form der bombierten Kommode hergestellt und hängt deshalb an den nicht bombierten Stellen der anderen Kommode über. Somit könnten die Platten vielleicht nicht zur Erstausstattung gehören, aber bald nach Ankunft in Ansbach hergestellt worden sein. Sie wurden im Inventar von 1842 genannt und 1936 das erste Mal abgebildet.

Marketerie: Beide Möbel gleichen sich auch in der Marketerie. Alle Flächen an Seiten, Schubladen und Ecken haben einen rahmenden Federfries für die Felder mit Würfelmarketerie, in den wellenförmige Messingbänder eingeschrieben sind, welche die eckigen Felder zwar nicht exakt begrenzen, aber an den Rändern als wellenförmige Einheit hervorheben. Im flachen Aufsatz ist die Marketerie einfacher, aber das Kreuzfurnier ist ebenfalls mit wellenförmig geführten Messingbändern umschrieben. Auf den Messingadern konnten keine Reste einer Vergoldung gefunden werden.

Beschläge: Beide Kommoden haben identische Beschläge aus vergoldeter Bronze, die dem bombierten Exemplar angepaßt wurden. Formen und Binnenstrukturen des Blatt- und Muschelwerks oder der Blüten wurden bereits vor dem Guß, im Modell mit feinen, scharfen Kanten differenziert und hinterher mit Gravur und Punzierung optimiert.

Die hölzernen Beine sind vollständig umkleidet und erscheinen deshalb als besonders stabile, bronzene Beine. Nach oben laufen sie zu Akanthusblättern aus und rollen sich unten zu Voluten ein. Untereinander sind die Fußbeschläge mit Messingbändern verbunden, die bogenförmig an den Unterkanten der Sockel entlanglaufen. Die Beschläge auf den Möbelecken sind aus mehreren Teilen zusammengesetzt. Von unten kommt ein schilfiger Zweig aus einer großen Blüte, von dem mit Blütenzweigen gebündeltes Stabwerk in das großflächige Muschelwerk auf dem oberen Wulst führt, das von zwei C-Bögen mit Blattwerk eingefaßt ist. Jeweils auf der oberen hohen Schublade stellt das Beschlagwerk ein textiles Band mit eingesteckten Blütenköpfen dar, das im weichen Bogen an den oberen Ecken der Schubladen hängt und deren Wölbung betont. Mit einer Schleife als Zuggriff sitzt die größte Blüte in der Mittelachse der Möbel, wo in den anderen Schubladen der Schlüsselschild plaziert ist. Am Fußgestell wird die Achse mit einem Blatt, ohne praktische Funktion wie bei Schlüsselschilden, wieder aufgenommen und zeigt die gezielte Betonung der Achse an, mit der die bewegte Erscheinung des Möbels weiter gesteigert wird.

An den unteren drei Schubladen unterstützen zwei gestreckte Griffe aus hervordrehenden C-Bögen mit gefiedertem Blattwerk die Horizontalität der Schubladen. Dagegen sind die größeren, aber ähnlichen Handhaben an den schmaleren Möbelseiten in runderen Schleifen geführt. Sie liegen in Höhe der dritten Schublade und sind Relikte seitlicher Griffe an früheren Truhen oder Behältern für den eiligen Abtransport im Gefahrenfall.

An den flachen, oberen Schubladen sitzen sehr einfache Messingschilder, die auch noch die Messingbänder der Marketerie überschneiden und vielleicht nicht zum ursprünglichen Bestand gehören. Alle Schubladengriffe und Handhaben sind mit Schrauben und Muttern aus Messing befestigt. Die Schlösser in den Schubladen bestehen aus Eisen.

Die profilierten Bänder auf den Ecken der Möbel, der untere Sockel und der flache Aufsatz sind jeweils mit durchlaufenden, eingeschlitzten Messingstäben vom Korpus abgesetzt.

Konstruktion: Für die Qualität der Möbel ist die Herstellung der Korpuswände bezeichnend: Der Schreiner hat Eichenbretter auf Nadelholzbretter als Träger geleimt und die bombierten bzw. geschweiften Formen dann aus dem Eichenholz herausgeschnitten. Die eichenen Deckplatten sind im Grundriß der Möbel geschweift und von oben in einen entsprechenden Falz gedübelt. Den unteren Sockel bilden zwei Böden aus Nadelholz mit nicht zu nutzendem Zwischenraum, der vorn mit einem Eichenbrett als Zarge verschlossen ist. Die durchgehenden Rückwände aus Nadelholz wurden seitlich in einen Falz gedübelt.

Zwischen den Schubladen wurden die Traversen aus Eiche mit den Laufleisten aus Nadelholz in die Korpusseiten gegratet. Die oberste Schublade besteht ganz aus Nußbaum, während bei den vier großen Schubladen nur für die Böden, Seiten- und Hinterstücke Nußbaum, für die geschweiften Vorderstücke aber Eiche, teilweise in Blockverleimung, verwendet wurde. Vorn wurde die halbverdeckte und hinten die offene Zinkung als Verbindung der Schubkästen gewählt. Sie hat auffallend feine Zinken, recht breite Schwalbenschwänze und paßt perfekt. Die Schubladenböden haben parallel zu den Seiten verlaufende Faserrichtung. Sie wurden vorne in einen Falz gelegt und stumpf unter die Hinter- und Seitenstücke geleimt.

Kommode AnsRes. M 16/1
ohne Schubladen

WÜRDIGUNG

Mit den ungeheuer aufwendigen und prachtvollen Beschlägen, die in Form und Volumen gekonnt auf die Schweifung des Untergrunds abgestimmt sind, wird die Bewegung der beiden Möbel visuell hervorgehoben und deutlich faßbar. Aufgrund dieser Qualitäten wurden die Kommoden zuerst als französische Erzeugnisse angesehen, aber fast gleichzeitig von Feulner aus stilistischen Gründen nach Potsdam lokalisiert, bevor Reidemeister 1934 die Rechnungen publizierte. Daraus geht das Jahr der Lieferung 1755, der Entwurf durch Johann Michael Hoppenhaupt,[4] die Arbeiten des Tischlers Schilansky sowie die Herstellung der vergoldeten Bronzen durch Verdeil hervor. Trotzdem wurden die Möbel danach noch bisweilen den Brüdern Spindler aus Bayreuth zugeschrieben.

Es ist eine große Seltenheit, daß das Herstellungsjahr, der Auftraggeber, der Künstler und die Arbeitsverteilung so gut wie bei diesen Möbeln bekannt sind. Nach den Entwürfen durch Hoppenhaupt fertigte der Schreiner für jede Kommode ein Modell im Maßstab 1:1, auf das Hoppenhaupt, wohl in Wachs, die Beschläge modelliert hat. Erst danach wurden Möbel und Beschläge gefertigt. Während Hoppenhaupt für seine Arbeiten nur 30 Reichstaler erhielt, wurde der Schreiner mit 145 und der Metallhandwerker mit 190 Reichstalern entlohnt. Demnach wurden Entwürfe und die Modelle der Beschläge deutlich geringer bewertet als Arbeit und Materialkosten von Schreiner und Bronzegießer, wobei wir jedoch nicht wissen, ob alle Materialkosten in den Summen enthalten sind. Oftmals wurde in Berlin das Zedernholz nicht vom Hofschreiner beschafft, sondern direkt von der Königin zur Verfügung gestellt[5] und der »Hoftischler« Schilansky stand nicht im festen Sold des Hofes. Für Schilansky muß auch beim Entwurf der Marketerie ein wichtiger Einfluß angenommen werden, zumal er schon früher Zedernmöbel mit Messingeinlagen an die Königin Sophie-Dorothea von Preußen geliefert hatte.[6]

Mit den Ansbacher Kommoden veröffentlichte Reidemeister eine Kommode aus dem Besitz der Kö-

Kommode AnsRes. M 16/1 von unten

Obere hohe Schublade von Kommode AnsRes. M 16/1

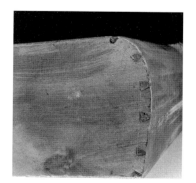

nigin Ulrike von Schweden in Schloß Tullgarn, die auch eine Tochter der Königin Sophie-Dorothea von Preußen war, und wies den Entwurf ebenfalls Hoppenhaupt zu. Das gilt bis heute,[7] und neben der ähnlichen Würfelmarketerie sowie einer weißen Marmorplatte kommen an den drei unteren Schubladen der Ansbacher Kommoden und an den äußeren, oberen Schublade der Kommode in Tullgarn die gleichen Schubladengriffe vor. Auch die Tischlerarbeiten der Kommode in Tullgarn schienen Reidemeister »so übereinstimmend zu sein, daß man auch hier an Chilansky denken möchte.« Größte technische Ähnlichkeiten finden sich auch bei einem Paar Schreibkommoden mit Zedernholzmarketerie, die heute verteilt in Haus Doorn und Schloß Charlottenburg stehen.[8] Beispielsweise sind Formgebung und Zinkung der Schubladen in einem Maße identisch, daß die Ausführung nur dem Hoftischler Schilansky zugeschrieben werden kann.

Vielleicht kann die ungewöhnliche Form der Kommoden einen Hinweis auf ihre ursprüngliche Funktion geben. Sowohl die Anzahl als auch das Material der Beine, der über dem scharf eingezogenen Sockel rundlich hervortretende Korpus, die Schwel-

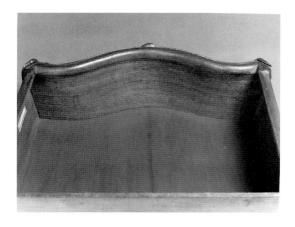

lung im oberen Bereich und die zusätzlich geschaffenen Flächen an den Ecken lassen die Möbel ausgesprochen stabil erscheinen. Dazu kommt die flache, zurückgesetzte Zone mit der oberen Schublade und die ausgestellten Beine, die dem Betrachter suggerieren, die Möbel hätten eine schwere Last zu tragen. Dabei wäre etwa an eine große Skulptur oder Vase zu denken und dann wäre der sockelartige Eindruck beider Kommoden motiviert.

1 ›Inventarium der Verlassenschaft der den 28ten Junii 1757 verstorbenen Königin Sophia Dorothea … errichtet vom 27ten Februar bis 3ten April 1758 …, S. 110‹, Stiftung Preussische Schlösser und Gärten Berlin-Brandenburg, Archiv‹ – Die Inventarverzeichnisse des Schlosses Monbijou und des Berliner Stadtschlosses sind 1945 verbrannt.
2 A.K. Von Sanssouci nach Europa 1994, S. 71 f.
3 Krieger 1966, S. 412
4 Zur Familiengeschichte der Hoppenhaupt: Grote 1938; Berckenhagen 1972
5 Stengel 1958, S. 117
6 Stengel 1958, S. 100
7 A.K. Von Sanssouci nach Europa 1994, Kat. 11.2
8 A.K. Kaiserlicher Kunstbesitz 1991, Kat. 91

65

3 Konsoltische
Bayreuth, um 1755/60

Konstruktionsholz: Linde, geschnitzt und gefaßt, Nadelholz
Zwei Platten grünlich-dunkelgrauer Marmor mit Ammoniten
80 x 121 x 66,5 cm; Gestelle: 78 x 115 x 60,5 cm; AnsRes. M 82: Tiefe 54,5 cm

Überfaßt und vergoldet; zwei originale Platten

Standort Residenz Ansbach, Schlafzimmer des Markgrafen, R 6; Marmorkabinett, R 8; 2. Vorzimmer des Gästeappartements (Familienzimmer), R 22

Historische Inventarnummern Residenz Ansbach 1807: S. 57, 59 f; 1813: S. 49, 50 f.; 1820: S. 70, 74; 1830: S. 67, 71; 1842: 391, *409; 1865: 391, *409; 1884: A.II. 19.60; A.II. 17.43; A.II. 34.11; 1901: A.I. 19.60; A.I. 17.38; A.I. 17.7; A.I. 34.11; 1903*: A.I. 19.15; A.I. 17.7; A.I. 34.7; 1929*: F.V.III. Lit. B V Nr. 19 Bl. 60 Zi. 19; F.V.III. Lit. B V Nr. 19 Bl. 59 Zi. 17; F.V.III. Lit. B V Nr. 44 Bl. 63 Zi. 34; 1939*: F.V.III. R 6 Bl. 48 M 80; F.V.III. R 8 Bl. 65 M 101; F.V.III. R 22 Bl. 226 M 264

Inv. AnsRes. M 66, 68, 82

Literatur A.F. Residenz Ansbach 1939, S. 46, 49, 70 – A.F. Residenz Ansbach 1993, S. 59, 64, 93

PROVENIENZ

Die Konsoltische stehen heute in drei verschiedenen Räumen und haben in der hinteren Zarge jeweils zwei oder drei Paar Bohrlöcher, die auf eine frühere Befestigung an anderen Orten verweisen. Über die aufgebrachten Inventarnummern von 1842/65 kann für zwei der drei Konsolen das Audienzzimmer des Gästeappartements (R 21) als Standort sicher nachgewiesen und bis 1807 zurückverfolgt werden. Beispielsweise beschreibt das Inventar von 1830 die Spiegel an den beiden abgeschrägten Ecken des Raums »in weiß lakierten und vergoldeten Rahmen«, und dazu gehören »2 Consolen unter den Spiegeln mit weiß und schwarzen Marmorplatten«. Da die gefaßte Lambris stellenweise mehrmals dick retuschiert wurde, konnten Befestigungslöcher für die Konsoltische in den Wänden noch nicht ausgemessen oder dokumentiert werden. Das Inventar von 1884 verzeichnet eine der zwei Konsolen (AnsRes. M 66), nun »braun gefaßt und vergoldet«, im Schlafzimmer des Markgrafen, wo sie bis heute steht. Der weiß gefaßte, nicht braun überstrichene Konsoltisch AnsRes. M 68 ist seit dem Inventar von 1884 an seinem heutigen Ort im Marmorkabinett verzeichnet. Wegen der rot-weiß-grauen Marmorplatte ist der zweite, braun überfaßte Konsoltisch AnsRes. M 82 in den Beschreibungen gut bis zum Inventar von 1807 zurückzuverfolgen. Als Standort ist stets das 2. Vorzimmer des Gästeappartements (R 22) eingetragen. Noch im Inventar von 1865 lautet der Eintrag: »1. Console, weiß und vergoldet, mit roth und weißer Marmorplatte«, aber ab 1884: »1 Consoltisch braun und vergoldet mit roth und weißer geschweifter Marmorplatte«.

Einer der Konsoltische ist deutlich weniger tief. Seine Beine sind zu großen S-Bögen geschweift, rollen sich unten zu Voluten auf niedrigen Stümpfen und sind mit einem Steg aus Muschelwerk verbunden. Oben gehen die Beine mit einem Bogen in die geschweiften Unterkanten der Zargen ein. Von den Beinen her ist die Zarge mit flachen Wellen eingezogen und mit vorspringenden und senkrecht durchlaufenden Nasen vom Mittelteil abgesetzt. An den Ecken bilden die Zargen eine voluminöse Rundung, von denen die seitlichen Zargen ein- und kräftig wieder ausschwingen, so daß die Konsolen nach hinten deutlich breiter werden. Im hinteren Drittel der seitlichen Zargen sitzt eine Rundung wie an den Ecken, die ebenfalls mit vorspringenden Nasen abgesetzt ist. Die vordere Zarge ist tief heruntergezogen und mit kräftigem Muschelwerk besetzt. Das gefiederte Muschelwerk auf den Ecken sowie das von C-Bögen gerahmte Gebilde in der Mitte haben ein nierenförmiges Zentrum. Auf der einen Seite sitzt ein Rohrkolben und auf der anderen ein Ornament, das als Flügelschwinge beschrieben werden kann. Unterhalb der Platte sind die Gestelle leicht vorkragend profiliert, wobei das geschnitzte Blattwerk den Bereich des Profils überlappt.

Bei zwei Konsolen (AnsRes. M 66, 68) sitzt der Rohrkolben links, bei dem anderen Konsoltisch (AnsRes. M 82) rechts von der Mitte, so daß von daher zumindest zwei Tische aufeinander bezogen und für den gleichen Raum konzipiert waren.

Fassung: Die Konsole AnsRes. M 68 trägt eine schön gealterte Polierweißfassung mit Vergoldung, unter der auf hellem Grund rot-gold gemalte Blüten durchschimmern. Ähnliche Malerei liegt unterhalb der Knie noch offen und wurde nicht übermalt, weil sie nur vom knienden Betrachter gesehen werden kann. Unter der braunen Überfassung des Konsoltischs AnsRes. M 66 liegt eine gleiche Fassung. Der dritte Konsoltisch (AnsRes. M 82) wurde ebenfalls braun überfaßt und trägt darunter eine Polierweißfassung, die jedoch, eventuell spätere, hellblau abgesetzte Kanten hat.

Platten: Bei der ungewöhnlichen starken, profiliert und geschweiften, rot-weiß-grauen Marmorplatte handelt es sich um eine Platte des 18. Jahrhunderts, die jedoch nicht zur Schweifung des Konsoltischs AnsRes. M 82 paßt. Dagegen passen die beiden sehr fein profilierten und markant grünlich-grauen Platten mit dunklen und weißen Ammoniten in der Schweifung perfekt auf Rundungen und Nasen der Gestelle, so daß es sich nur um die originalen Platten handeln kann. Die originale Platte der Konsole AnsRes. M 66 wurde hinten links mit gleichem Stein glatt angestückt.

Konstruktion: Die Beine bestehen aus Linde, die Zargen aus Nagelholz mit aufgeleimten Lindenbrettern und nur die rückwärtige Zarge allein aus Nadelholz. Beine und Zargen sind nur miteinander verdübelt, die Beine wurden aber im Bereich der Zargen abgesetzt, so daß die Zargen auf Gehrung um die Beine herumgeführt werden konnten. Die hinteren Zargen liegen nicht direkt an der Wand, sondern wurden ein Stück nach innen, zwischen die Seiten gegratet.

WÜRDIGUNG

Die drei Konsolen treten in Material und Konstruktion aus dem übrigen Bestand an Konsoltischen der Residenz Ansbach heraus. Auch für die Schnitzerei, die sich in hohem Maße vom Untergrund zu lösen scheint, ist in Ansbach kein Vergleich zu finden. Das Bett ist deutlich feiner (Kat. 66), das Fenstertrumeau im 2. Vorzimmer des Gästeappartements (R 22) deutlich flacher, und die beiden Spiegeltrumeaus im Audienzzimmer des Markgrafen (R 5) sind mit den Konsolen ebenfalls nicht zu vergleichen.

Die gleiche, ursprünglich weiße Fassung mit rot-goldener Malerei auf zwei Konsolen und ihre gegenseitige Ausrichtung durch den geschnitzten Dekor legt nahe, daß beide Tische einmal als Paar im gleichen Raum gestanden haben. Auch der dritte Tisch hatte wahrscheinlich die gleiche Fassung, was mit einer technologischen Untersuchung noch zu verifizieren wäre. Eine gleiche Fassung samt rot-goldener Malerei hat die Lambris im Audienzzimmer des Gästeappartements (R 20), wo der Standort der beiden einander zugeordneten Konsolen an den abgeschrägten hinteren Ecken bereits nachzuweisen war. Die dritte Konsole könnte am Trumeau zwischen den beiden Fenstern des Raumes gestanden haben. Darüber hinaus stammt die wandfeste Ausstattung aus Bayreuth, von wo sie nach dem Zusammenschluß der beiden Markgrafentümer 1775 nach Ansbach geschafft und am heutigen Ort montiert wurde.[1] Weil Konsoltische stets für eine bestimmte wandfeste Ausstattung geplant wurden, hat man die

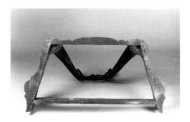

AnsRes. M 66

AnsRes. M 66

Konsoltisch AnsRes. M 66

zur Lambris gehörenden Konsolen offensichtlich ebenfalls von Bayreuth nach Ansbach gebracht.

Seit 1956 wurde eine Reihe Bayreuther Konsoltische publiziert und auf den üppigen Zierat hingewiesen, insbesondere auf die Flügelschwingen und Rohrkolben.[2] An einem besonders ähnlichen Tisch findet man auch die nierenförmigen Elemente im Zentrum des Muschelwerks sowie eine gleiche Schweifung der Zargen mit senkrecht durchlaufenden Nasen. Weil die Herkunft der meisten Möbel in den Bayreuther Schlössern ungeklärt ist,[3] kann nun von Ansbach her die Provenienz einiger Konsoltische aus Bayreuth sowie ihre Herstellung durch Bayreuther Handwerker abgesichert werden. Im Vergleich können die Konsolen um 1755/60 datiert werden. Sie haben aber kaum etwas mit einem Paar kleiner Eckkonsolen gemein, an denen ebenfalls Rohrkolben zu sehen sind, deren Schnitzerei jedoch naturalistischer und sehr viel feiner ist (Kat. 67).

1 Kreisel 1939, S. 73 f.
2 Kreisel 1956, S. 28, Abb. 28 ff. – Kreisel 1970, S. 228 f., Abb. 703 ff. – Ziffer 1996, S. 110 ff. – A.K. Paradies des Rokoko 1998, Kat. 165
3 Ziffer 1996

66

Bett ›Lit à la Polonaise‹

Ansbach, um 1750/60

Mit Bleistift an der Innenkante der vorderen Zarge, neben Zahlenkolonnen bezeichnet: »Diese Bettstadt wurde wieder neu gemacht den 3ten May 1798 / von Johann Michael Gerhäuser dermahliger Hof-Tapisier«
Gestell: Buche, geschnitzt, holzimitierend gefaßt und vergoldet, Eiche
Beschläge: Eisen
365 x 206 x 116 cm

Originale Fassung mit Retuschen; Schnitzwerk des Baldachins teilweise verloren; textile Ausstattung erneuert

Standort Residenz Ansbach, Schlafzimmer des Markgrafen, R 6

Historische Inventarnummern Residenz Ansbach 1807: S. 31; 1813: S. 23; 1820: S. 34; 1830: S. 32; 1842: 223; 1865 : 223; 1884: A.II. 19.19; 1901: A.I. 19.19; 1903: A.I. 19.6; 1929*: F.V.III. Lit. E I Nr. 1 Bl. 84 Zi. 19; 1939*: F.V.III. R 5 Bl. 48 M 79

Inv. AnsRes. M 105

Literatur Fischer 1786, S. 43 f. – Lessing 1892, Taf. 25 – Schmitz Barock und Rokoko 1923, S. 80 – A.F. Residenz Ansbach 1939, S. 46 – Kreisel 1956, S. 16, Abb. 12 – Jedding 1958, Abb. 422 – Kreisel 1970, S. 185, Abb. 488 – Jedding 1978, Abb. 422 – Feulner 1980, Abb. 329 – Kreisel 1983, S. 187, Abb. 491 – A.F. Residenz Ansbach 1993, S. 59

Zuerst wird das Bett 1786 im Schlafzimmer des Markgrafen erwähnt, und nach Auskunft der Inventare steht es bis heute am gleichen Ort. Im Inventar von 1807 lautet der Eintrag: »1. Pohlnische Bettstatt von Bildhauer Arbeit, braun lakirt und vergoldet mit einem Chapiteau auf 4. eisernen Stangen mit 4. Vorhängen von grünen Damast«. Dazu gehörte »1. Parade Decke von grünen Damast«.

BESCHREIBUNG

Gestell: Das Bett hat gleiche, gerade aufsteigende Kopf- und Fußenden sowie einen nahezu rechteckigen Grundriß mit sehr leicht vorschwingenden langen Seiten. Auf Kopf- und Fußstück fußt vorne und hinten eine eiserne Stange, die auf einer Höhe von etwa zwei Metern zur Mitte eingezogen werden, die Bettvorhänge auseinanderhalten und den geschnitzten Baldachin tragen. Allerdings sind die vorderen Stangen weiter nach hinten geführt als die beiden hinteren Stangen nach vorn, so daß der Baldachin zwar von vorn besehen in der Mitte, von der Seite besehen aber weiter hinten plaziert ist. Nur daran ist erkennbar, welches die Vorderseite des Bettes ist, denn Gestell und Baldachin sind rundherum gleich aufwendig geschnitzt und gefaßt. Die Rückseite des Baldachins kann nur erkannt werden, weil dort ein Beschlag mit zwei Ösen eingeschraubt ist, durch die wohl Glockenzüge liefen, mit denen Lakaien gerufen wurden. Heute ist der Beschlag zur Vorderseite

Lambris im Schlafzimmer des Markgrafen (R 6)

Kopfende

des Bettes gerichtet, weil nur auf der Rückseite des Baldachins eine geschnitzte Blütengirlande erhalten ist.

Die vier geschweiften Beine mit knaufartig vorgeschuhten Füßen gehen mit einem weiten Bogen in die Unterkanten der Zargen ein. Sie sind in langen Bögen, regelmäßig geschweift, an der Oberkante aber weitgehend gerade und laufen nur zu den Enden hin mit einem weichen Bogen in die Rahmen von Kopf- und Fußstück ein. Im Bereich der Zargen sind die Beine zu einem gegenläufigen Bogen eingezogen, von dem der Rahmen von Fuß- und Kopfende gestützt wird. Von den Zargen kommend, wird der Rahmen wie eine Wellenlinie nach oben geführt, wo er sich in der Mitte zu einem Podest erhöht. Der Baldachin hat einen rechteckigen Grundriß, mit umlaufendem, wellig geschweiftem Rahmen. Von den vier Ecken schwingen sich Stege hinauf, so daß sich der Baldachin nach oben verjüngt und mit einem Bogen endet. Als Bekrönung dient ein geschnitzter Federbusch, der jedoch nicht von dem Bildhauer ausgeführt wurde, der die anderen Teile des Betts geschnitzt hat. Alle Teile des Gestells sind aufwendig geschnitzt; die Bettenden auch an den Innenseiten. Die tief gekehlten Zargen und Rahmenstücke werden an den Kanten von Stäben mit Blattwerk begleitet. Dazwischen sind die Kehlen mit Blumenranken, Muschel- und Blattwerk gefüllt, wobei die Riefelung im Muschelwerk hervortritt. Auf den Podesten der Bettenden sitzen geschnitzte Ranken mit großen Blüten.

Fassung: Die braune Fassung besteht aus einer hellen Grundierung mit einer braunen Lasur, die Nußbaumholz imitieren soll. Im Muschelwerk sind die Riefen mit einer Ölvergoldung angelegt, während der übrige Zierat mit Hilfe der Polimentvergoldung gehöht ist. Eine frühere Fassung konnte nicht festgestellt werden.

Beschläge: Die Zargen sind mit den Endstücken des Bettes verschraubt, indem ein Loch in die Hirnholzkante der Zargen gebohrt und ein Stück weiter innen eine Mutter in das Holz eingelassen wurde. So konnte ein Gewindestab eingeschraubt, durch ein Loch im Bettende gesteckt und von außen mit Muttern angezogen werden. Auch die eisernen Winkel als Lager des Matratzenrahmens sind erhalten. Die Bettvorhänge sind mit Ringen an eisernen Vorhangstangen im Inneren des Baldachins aufgehängt und der geschnitzte Federbusch mit Beschlägen aufgeschraubt.

Bezüge: Daß die textile Ausstattung des ganzen Raumes samt dazugehörigem Bett aus ein und dem gleichen Stoff, nämlich »papageygrünem Seidendamast« bestanden hat, wurde 1786 von Fischer beschrieben, und die Bezeichnung auf der Zarge sagt, daß die textile Ausstattung des Bettes, vielleicht aber auch nur Teile davon, 1798 erneuert worden waren. In den Inventaren von 1807 und 1813 werden die Textilien als grüner Damast beschrieben. Ab 1820 werden Bettvorhänge »von grünen Taffet« genannt und noch im Inventar von 1929 mit gleichen Worten beschrieben. Dieser Materialunterschied ist auf publizierten Photos der Jahre 1892 und 1923 zu sehen,

so daß ältere, vielleicht ursprüngliche Bezüge nur noch am Baldachin sowie an den Bettenden existiert haben. Auf dem Photo von 1923 ist die bis heute erhaltene Wandbespannung bereits angebracht, während auf dem Photo von 1892 noch eine andere Bespannung zu sehen ist. Beide haben jedoch ein an-

 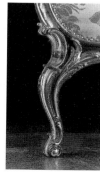

Montagebeschläge von innen und außen

Schlafzimmer des Markgrafen (R 6)

Baldachin

Detail vom Fußende

deres Muster als die Bespannung des Baldachins auf beiden Photos. Folglich stammt die heutige Wandbespannung aus der Zeit zwischen 1892 und 1923. Es handelt sich um ein Baumwollgewebe mit Maschinennähten. Die Bespannungen des Bettes wurden 1970 durch ein grünes Jaquardgewebe ersetzt und in der Form nachgebildet, wie sie auf den historischen Photos zu sehen sind. Die Paradedecke wird von 1807 bis 1903 aufgeführt, während im Inventar von 1929 die bis heute erhaltene »grün seidene Steppdecke« genannt ist.

Konstruktion: Die Beine laufen wie Pfosten als seitliche Begrenzung der Bettenden hinauf und sind mit den waagerechten Rahmenteilen verzapft. Für den großen Matratzenrahmen wurden breite Eichendielen mit Schlitz und Zapfen verbunden und mit Gurten bespannt.

WÜRDIGUNG

Kreisel datierte das Bett um 1740, weil er glaubte, es sei gleichzeitig mit der wandfesten Ausstattung des Appartements entstanden. Ein festes Datum bot eine der Supraporten des Schlafzimmers, die 1741 von Johann Adolph Biarelle signiert und datiert wurde. Bei genauerer Ansicht muß jedoch auffallen, daß Gestell und Schnitzwerk des Bettes weder mit den wandfesten Ausstattungen noch mit den Konsoltischen oder Sitzmöbeln etwas gemein haben, die sicher um 1740 datiert werden können (Kat. 36, 42). In den Konturen ist das Bett noch achsensymmetrisch aufgebaut, aber viel stärker geschwungen, und im Schnitzwerk der Zargen wurde die Achsensymmetrie zugunsten des freien Muschelwerks aufgegeben. Auch die holzimitierende Fassung der Sitzgarnitur, die mit dem Bett seit langem im gleichen Raume steht (Kat. 38), ist anders. Daneben wurde der Typ eines ›Lit à la Polonaise‹ erst ab den 1750er Jahren modern.[1] Allerdings kann die ideale Abstimmung des Bettes auf den Raum gar nicht deutlich genug hervorgehoben werden, der Maße und Stellung des Bettes mit Zäsuren in Parkett und Deckenstuck vorbestimmt hat.

Von der Hand des gleichen Bildhauers gibt es ein Paar kleiner, delikat geschnitzter Eckkonsoltische (Kat. 67) sowie ein Paar Spiegelrahmen (Kat. 68), an denen die Blumenranken des Bettes und das geriefte Muschelwerk unverkennbar wiederkehren. Beide Paare müssen jedoch etwas später als das Bett datiert werden, weil die Achsensymmetrie aufgegeben und der unerhört naturalistischen Schnitzerei gewichen ist. Von gleicher Qualität sind einige Wandkonsölchen im Spiegelkabinett sowie Dekorationen auf der Lambris in 2. Vorzimmer des Markgrafen, das 1775 teilweise verändert wurde.[2] Leider gibt es zur Entstehung der ursprünglichen Lambris bisher keinen brauchbaren Hinweis oder ein Datum.

1 Thornton 1985, S. 103 – Kjellberg 1991, S. 181 f.
2 Lessing 1892, Taf. 16 f., 102

67

Paar Eckkonsoltische

Ansbach, um 1760

Konstruktionsholz: Linde, geschnitzt und vergoldet, Eiche
Platten: versteinertes Holz mit Ergänzungen in Nußbaum
79,5 x 54 x 48 cm; Gestelle: 77 x 46,5 x 41 cm

An den Füßen gekürzt

Standort Residenz Ansbach, Spiegelkabinett, R 10

Historische Inventarnummern Residenz Ansbach 1807: S. 20; 1813: S. 12; 1820: S. 16; 1830: S. 16; 1842*: 94; 1865*: 94; 1884: A.II. 14.16-17; 1901: A.I. 14.16-17; 1903*: A.I. 14.6; 1929*: F.V.III. Lit. B V Nr. 12-13 Bl. 58 Zi. 14; 1939* : F.V.III. R 10 Bl. 81 M 123-124

Inv. AnsRes. M 72/1-2

Literatur Eichinger 1894, Taf. 17 – A.F. Residenz Ansbach 1939, S. 53 – A.F. Residenz Ansbach 1993, S. 68

PROVENIENZ

Nicht mehr benutzte Befestigungslöcher in den Zargen und die abgeschnittenen Beine zeigen, daß die Konsolen nicht für den heutigen Standort bestimmt waren. Es befinden sich auch keine weiteren Befestigungslöcher in der Wand. Im Inventar von 1807 lautet der Eintrag: »2. Ecktischlein, daran Blätter von petrificirten Holz auf vergoldeten Consolen von Bildhauer-Arbeith«. Seitdem ist der Standort im Spiegelkabinett gut dokumentiert. Das Inventar verzeichnet im Marmorkabinett (R 8) ein weiteres, nicht mehr vorhandenes Paar von Konsoltischen mit »pe-

Detail vom Bein des Konsoltischs AnsRes. M 7

Konsoltisch AnsRes. M 72/2 (links)
Konsoltisch AnsRes. M 72/1 (rechts)

trificirten« Platten »auf einfüßigen Gestellen«, die jedoch in »antiker« Art, das heißt im klassizistischen Stil geschnitzt waren und deshalb nicht mit den Konsolen im Spiegelkabinett verwechselt werden können.[1]

BESCHREIBUNG

Die Beine der Konsolen sind elegant gedreht und beinahe schlangenhaft aus der Raumecke nach vorne heraufgeführt. Sie gehen mit Muschel- und Blattwerk organisch in die durchbrochen geschnitzten Zargen über. Auch die Beine sind durchbrochen geschnitzt, so daß der Blütenzweig und lange Schilfblätter mit Rohrkolben vom Bein gelöst erscheinen. Den Fuß bildet eine vielfach durchbrochene Muschelkartusche. Als letztes Relikt architektonisch verstandener Konsoltische sitzt ein weiches Profil über dem naturalistischen Dekor unter der Platte. Mit der Bewegung der Beine und der Anordnung des Zierats sind beide Tische aufeinander bezogen.
Fassung: An den vollkommen vergoldeten Gestellen wurden die Stengel der Rohrkolben und Blüten sowie der Fond an Beinen und Zargen gewugelt und damit von den polierten Flächen matt abgesetzt. Blüten und Blattwerk haben keine Gravur, und das Muschelwerk wird von geschnitzten Riefen belebt.
Platten: Die Platten aus »petrifiziertem« Holz haben rundherum abgeschrägte Kanten, sind vorne kelchförmig geschweift und haben hinten zwei kurze sowie eine längere, gerade Kante in der Mitte. Dadurch bleibt hinten ein dreieckiger Zwickel bis in die Ecken des Raumes unbedeckt, der mit entsprechend geschnitzten Nußbaumplättchen gefüllt ist. Vorn stehen die Platten weit über (10 cm).
Konstruktion: Für die Beine samt den geschnitzten Zargen wurde Lindenholz verwendet und nur für die wandseitigen Zargen Eiche. Die vorderen Zargen bestehen aus zwei Stücken, die mit Zapfen in einem offenen Schlitz des Beins sitzen. Hintere und vordere Zargen sind zusammengegratet und die hinteren Zargen in der Ecke miteinander verzinkt.

WÜRDIGUNG

Mit den geschnitzten Tischchen wurde eine Feinheit sowie ein Grad des Naturalismus erreicht, wie er in Ansbach nur noch an den Aufsätzen eines Spiegelpaares zu sehen ist (Kat. 68). Unter der hauchdünnen Fassung liegt jedoch keine Grundierung, und so wirken die Strukturen schärfer. Aber das durchfladerte Muschelwerk mit den kräftigen Riefen, die Führung der Rankenstengel oder die knolligen Knospen zeugen ohne Zweifel von der Hand des gleichen Bildhauers. Außerdem sind Konsolen und Spiegel mit dem geschnitzten Dekor des Paradebettes im Schlafzimmer des Markgrafen zu vergleichen (Kat. 66). Auf den Podesten von Kopf- und Fußende sind gleiche Blütenranken mit knolligen Knospen und gewugelten Rankenstengeln zu sehen. Im Gegensatz zu dem Bett ist das Muschelwerk der Konsolen und Spiegel jedoch durchbrochen, und eine Achsensymmetrie spielt keine Rolle mehr, so daß Konsolen und

Seitliche Zarge von Konsoltisch AnsRes. M 72/1

Spiegel etwas später als das Bett, um 1760 zu datieren sind.

Von gleicher Hand werden auch die späteren, bereits klassizistischen Konsoltische im Audienzzimmer des Markgrafen stammen, an denen 1774/75 immer noch die gleichen Blüten und knolligen Knospen mit gewugelten Stengeln appliziert wurden (Kat. 65). Einen ähnlich erscheinenden Formenapparat haben die Spiegeltrumeaus an den Seiten des Audienzzimmers sowie fest montierte Gemälderahmen im 3. Vorzimmer der Markgräfin (Jagdzimmer, R 13), deren Herstellung 1773/74 durch Johann Christoph Berg belegt ist.[2] Deshalb hatte Kreisel dem Bildhauer auch die kleinen Eckkonsoltische zugeschrieben und eine gleichzeitige Datierung vorgenommen. Die gesicherten Arbeiten Bergs wirken im Dekor jedoch schwerer, weniger bewegt, weniger fein, und es fällt schwer, in ihm den Bildhauer des Bettes, der delikaten Konsoltische und der Spiegelrahmen zu sehen. Dagegen sind Wandkonsölchen im Spiegelkabinett sowie Dekorationen auf dem Lambris im 2. Vorzimmer des Markgrafen,[3] das 1775 teilweise verändert wurde, von ähnlicher Qualität. Leider gibt es zur Entstehung des ursprünglichen Lambris bisher keinen brauchbaren Hinweis oder ein Datum. Eine Lokalisierung nach Bayreuth kommt nicht in Frage, auch wenn Kreisel Bayreuther Schnitzereien wegen ihres Naturalismus bewundert hat. Die meisten, naturalistischen Konsoltische in Bayreuth sind deutlich gröber,[4] und die Vertreter des »radikalsten Naturalismus«[5] sind zwar sehr fein geschnitzt, aber ganz anders gestaltet.[6]

Konsoltisch AnsRes. M 72/1

1 Anhang, Inventar 1807, S. 27
2 Kreisel 1939, S. 72
3 Lessing 1892, Taf. 16 f., 102
4 A.K. Paradies des Rokoko 1998, Kat. 163 ff.
5 Kreisel 1956, S. 28 f.
6 A.K. Paradies des Rokoko 1998, Kat. 166 f.

Paar Spiegelrahmen

Ansbach, um 1760

Konstruktionsholz: Linde, geschnitzt, braun gefaßt,
Eiche, braun gefaßt, Nadelholz
126 x 71,5 x 8 cm

Originale Fassung; Kopf eines Vogels verloren

Standort Residenz Ansbach, 1. Vorzimmer der Markgräfin, R 15

Historische Inventarnummern Residenz Ansbach 1807: S. 1;
1813: S. 1; 1820: S. 1; 1830: S. 1; 1842*: 14; 1865*: 14;
1884: A.II. 2.15-16; 1901: A.I. 2.15-16; 1903*: A.I. 2.5;
1929*: F.V.III. Lit. K II Nr. 2-3 Bl. 133 Zi. 2; 1939*: F.V.III.
R 15 Bl. 190 M 204-205

Inv. AnsRes. S 1/1-2

Literatur Lessing 1892, Taf. 96 – A.F. Residenz Ansbach
1993, S. 85

PROVENIENZ

Die »2. Spiegel in braun lakierten Rahmen mit
Aufsätzen von Bildhauer Arbeit« sind unter stets
gleichbleibender Beschreibung in den Inventaren
von 1807 bis 1830 im Dienerschaftszimmer (R 16)
und seit 1842 im 1. Vorzimmer der Markgräfin verzeichnet.

BESCHREIBUNG

Die rechteckigen, kräftig profilierten Rahmen haben
einen geschnitzten Aufsatz mit durchbrochenem
Muschel- und Blattwerk, C-Bögen und Blütenranken, der über die obere Rahmenleiste hinweg in das
Spiegelfeld hineinreicht und von einem Vogel mit
langem Schnabel und differenziertem Gefieder bekrönt wird. Beide Vögel sind einander zugewandt
und die Spiegel somit als Paar aufeinander bezogen.
Nur einer der Spiegel hat deutliche Fehlstellen im
Schnitzwerk (AnsRes. S 1/1): Dem Vogel fehlt der
Kopf und dem Zierat mehrere große Stücke, die einmal die obere Profilleiste bedeckt haben. An den
ehemals verdeckten Stellen des Rahmens ist die
dünne, originale Fassung gut zu beurteilen. Ein
Kreidegrund wurde nicht aufgetragen.
Konstruktion: Beide Rahmen haben einen Nadelholzkern mit eichenen Umleimern und wohl immer
noch die originalen Rückwände aus Nadelholz. Die
Aufsätze bestehen aus Linde und sind mit rückseitig
angeschraubten, eichenen Zinken in schwalbenschwanzförmige Aussparungen der Rahmen gesteckt, wobei die Verbindungen präzise passen. Nur
die Vögel wurden mit einem verschraubten Metall-
streifen (später?) von hinten stabilisiert.

WÜRDIGUNG

Entsprechend Kat. 67.

Rückseite von Spiegel AnsRes. S 1/1

Spiegel AnsRes. S 1/2

Aufsatz von Spiegel AnsRes. S 1/1

69

Konsoltisch

Ansbach, um 1760

Konstruktionsholz: Buche, geschnitzt, braun lasiert,
Eiche
Platte: fein gesprenkelter hellbraun-weißer Marmor,
profiliert und geschweift
79,5 x 134 x 60 cm; Gestell: 75,5 x 113,5 x 56,5 cm

Braun überfaßt; Platte nicht zugehörig; Kopf des Vogels
auf dem Steg verloren

Standort Residenz Ansbach, Schlafzimmer des Gästeappartements, R 20

Historische Inventarnummern Residenz Ansbach 1842*:
431; 1865*: 431; 1884: A.II. 36.10; 1901: A.I. 36.7; 1903*:
A.I. 36.6; 1929*: F.V.III. Lit. B V Nr. 46 Bl. 64 Zi. 36; 1939*:
F.V.III. R 20 Bl. 209 M 240

Inv. AnsRes. M 80

Literatur A.F. Residenz Ansbach 1939, S. 67 – A.F. Residenz
Ansbach 1993, S. 90

PROVENIENZ

Der Konsoltisch ist erst im Inventar von 1842
identifizierbar und steht seitdem im Schlafzimmer
des Gästeappartements. Die Beschreibung lautet:
»1. Consol mahagoniart angestrichen mit roth und
weißer Marmorplatte«.

BESCHREIBUNG

Korpus: Die beiden geschweiften Beine stehen auf
Rocaillen, die sich zu einem Muschelsaum an der
Unterkante des Stegs entwickeln. Er ist ein großes,
durchbrochenes Gebilde aus gerolltem und stark
zerfiedertem Muschelwerk, das von den ausgebreiteten Flügeln eines Vogels überfangen wird, der sich
einer Weintraube zuwendet. Der Verlust des Vogel-
kopfes ist in den Inventaren nicht beschrieben. Oben
gehen die Beine mit einem Bogen in die mit Blattwerk besetzten Unterkanten der Zargen ein und bil-

Detail des Fußstegs

den eine voluminöse Rundung an den Ecken. Von
dort schwingen die seitlichen Zargen nur wenig ein
und aus, so daß die Konsolen nach hinten kaum breiter werden. Dagegen ist die vordere Zarge nach
leichtem Einzug deutlich vorgeschwungen und heruntergezogen. In der durchbrochenen Muschel-
werköffnung sitzt eine von Blumen bekränzte Kna-
benbüste mit einem Parasol. An die tragende
Funktion der Zargen wurde mit einem kräftigen
Profil unter der Platte sowie einem Profil an den
Unterkanten erinnert, das ohne Absatz an den Hinterkanten der Beine weiterläuft.

Fassung: Direkt auf dem Holz liegt eine braune Lasur, die später auf einer hellen Grundierung braun
überfaßt wurde. Noch im Inventar von 1929 wird
die Oberfläche des Konsoltischs »auf Mahagoniart
angestrichen« beschrieben und 1939 als »braun gefaßt« angegeben.

Konstruktion: Die hintere Zarge und der zwischen
den Zargen eingezinkte Steg unter der Platte bestehen aus Eiche. Die Pfostenkonstruktion ist gedübelt
und die rückwärtige Zarge in die Seiten gezinkt.

WÜRDIGUNG

Den Schwerpunkt des Dekors bilden durchbrochenes, stark zerfiedertes Blatt- und Muschelwerk mit
scharfen Kanten und Riefen, das sich vom Untergrund abzulösen scheint. Auf der vorderen Zarge
sowie auf den Knien gibt das Muschelwerk glatte,
eigenartig aufgeblähte Partien frei. Die Knabenbü-
ste mit differenzierten Haaren und Kopfputz sowie
der Vogel mit kleinteiligem Federkleid bilden besondere Blickfänger.

Detail der Zarge

Ecklösung

Kreisel verband die Konsole mit einem Paar Spiegel (Kat. 68), deren geschnitzter Aufsatz ebenfalls von einem Vogel mit stark gebogenem Hals bekrönt wird. Die Spiegel können stilistisch wiederum mit einem Paar kleiner Eckkonsoltische verbunden werden (Kat. 67), und die feine Bildhauerei des Konsoltischs mit den ausgeprägten Riefen ist sicherlich ebenbürtig. Allerdings wird der Grad naturalistischer Schnitzerei nicht erreicht, was an den unterschiedlichen Dimensionen liegen mag. Es führt aber auch dazu, daß die Konsole kaum später datiert werden kann. Daneben gibt es einen Konsoltisch mit Beinen in gleicher Linienführung und sehr ähnlichem Übergang zu den Zargen (Kat. 70). Sein Dekor scheint sich in höherem Maße vom Grund zu lösen und sollte von daher zeitlich etwas später angesetzt werden. Außerdem ist er vergleichsweise derb geschnitzt. Die Konstruktion beider Konsolen ist jedoch nahezu identisch, so daß beide in der gleichen Werkstatt entstanden sind, aber von unterschiedlichen Händen geschaffen wurden.

70

Paar Konsoltische

Ansbach, um 1760/70

Konstruktionsholz: Eiche, geschnitzt und gefaßt
Platte: weißer Marmor
82 x 163 x 69 cm; Gestell: 78,5 x 149,5 x 60 cm

Ein Exemplar nach 1901 verschollen; braun überfaßt; Platte zugehörig

Standort Residenz Ansbach, 1. Vorzimmer des Gästeappartements, Monatszimmer, R 23

Historische Inventarnummern Residenz Ansbach 1820: S. 49; 1830: S. 47; 1842*: 310; 1865*: 310; 1884: A.II. 33.44; 1901: A.I. 33.44; A.II. 28.45; 1903*: A.I. 33.5; 1929*: F.V.III. Lit. BV Nr. 43 Bl. 63 Zi. 33; 1939*: F.V.III. R 23 Bl. 233 M 281

Inv. AnsRes. M 83

Literatur Eichinger 1894, Taf. 19 – A.F. Residenz Ansbach 1939, S. 71 – A.F. Residenz Ansbach 1993, S. 95

PROVENIENZ

1842/65 ist der Konsoltisch in einem Paar von wahrscheinlich gleichen Tischen zu fassen, und neben der Beschreibung »2 Consols mit weißen Marmorplatte« ist der Vorsaal des Festsaals als Standort eingetragen. Dort sind die Tische bis 1820 zurückzuverfolgen. Das Inventar von 1884 verzeichnet das Paar dann im 1. Vorzimmer des Gästeappartements unter dem Eintrag »2 Consoltische, Gestelle geschnitzt und braun lakiert mit weißen geschweiften Marmorplatten«. Dort ist der eine Konsoltisch bis heute geblieben, während der andere 1901 im Gardemeuble aufbewahrt wurde. Danach ist seine Spur verloren.

BESCHREIBUNG

Die S-förmig geschweiften Beine gehen mit einem Bogen in die Unterkanten der Zargen über, rollen sich unten C-bogenförmig ein und stehen auf kurzen Stümpfen. Aus der Biegung entwickelt sich ein langgestreckter Steg mit durchbrochenem Muschelwerk, dem tief strukturiertes Blattwerk vorgesetzt ist. Wegen des Muschelwerks mit den vielen Durchbrechungen wirken die Zargen kaum mehr als tragendes Element. Darüber gibt es nur noch ein kaum einsehbares Profil unter der Platte. Dagegen wirken die kräftigen Beine als Stütze, deren Muschelwerk auf den Knien weniger tief geschnitzt ist. An den Ecken bilden die Beine eine breite Rundung, von der sich die vordere Zarge einzieht und in einem durchlaufenden Bogen nach vorne schwingt. Auch die seitlichen Zargen werden hinter dem Einzug nach außen geführt, so daß das Gestell nach hinten breiter wird.

Fassung: Unter dem braunen Anstrich sind Reste einer weißen Fassung mit blauen Kanten auf heller

Detail des Fußstegs

Grundierung sichtbar. In den Beschreibungen der
Inventare von 1842/65 wird keine Fassung erwähnt
und erst nach dem Standortwechsel 1884 der braune
Anstrich vermerkt.

Platte: Die profilierte Platte ist geschweift und paßt
zum Grundriß des Gestells, ist aber vorn, entgegen
dem durchlaufenden Bogen der Zarge, zweimal kurz
eingezogen und steht an allen drei Seiten recht weit
über das Gestell hinaus.

Konstruktion: Beine und Zargen sind verzapft und
gedübelt, wobei die eckigen Beine im Bereich der
Zargen nicht abgearbeitet wurden. Unter der Platte
ist ein Steg in die Zargen und die hintere Zarge in die
Seiten gezinkt.

WÜRDIGUNG

Entsprechend Kat 69. Die ehemals weiße Fassung
des Tischs mit blau abgesetzten Kanten erinnert an
die Fassung des 1. Vorzimmers der Markgräfin (RI 5),
in dem das Konsolenpaar einmal gestanden haben
könnte. Aber auch ein Schrank (Kat. 54) und ein weiterer Konsoltisch (Kat. 65) haben blau abgesetzte
Kanten.

Tischplatte

Ecklösung

71

Tisch

Ansbach (?), um 1750/70

Konstruktionsholz: Eiche, braun gestrichen
und maseriert, Nadelholz
75,5 x 90,5 x 60 cm

Beine wahrscheinlich gekürzt; Gestell holzsichtig

Standort Residenz Ansbach, Depot

Inv. AnsRes. M 120

PROVENIENZ

Mangels Inventaretiketten läßt sich das einfache
Möbel in den historischen Inventaren nicht identifizieren.

BESCHREIBUNG

Korpus: Der Tisch hat eine Schublade in einer der
langen Seiten und geschweifte Beine, die von der Innenkante mit einem Bogen in die Unterkante der
Zargen einlaufen. Nach kurzer Schweifung werden
die Zargen gerade weitergeführt. Entsprechend der
Schweifung des Knies sind die Zargen im unteren
Bereich vorgeschwungen. Die rechteckige Platte ist
an den Ecken gerundet, an den Kanten profiliert und
trägt Reste eines gelblich-braunen, maserierten Anstrichs.

Konstruktion: Beine und Zargen der Pfostenkonstruktion sowie die Platte und das Vorderstück der
Schublade sind aus Eiche, während für die Traverse,
Laufleisten und die anderen Teile der Schublade Nadelholz verwendet wurde. Die Platte ist an den Gratleisten mit Dübeln durch die seitlichen Zargen arretiert.

WÜRDIGUNG

Der Tisch ist das einfachste erhaltene Möbel aus
dem Ansbacher Bestand. Es läßt sich deshalb kaum
lokalisieren und nur grob um 1750/70 datieren.

Brettspielkasten
(Dame, Schach, Tric-Trac)

Ansbach (?), um 1750/80

Blindholz: Nadelholz
Marketerie: Ebenholz, Elfenbein, teilweise grün gefärbt
Beschläge: Silber
Geschlossen: 14 x 59,3 x 37,3 cm;
ausgeklappt: 7 x 59 x 74,6 cm
Spielsteine: 1,1 x ø 5,2 cm

16 grün gefärbte und 16 weiße Spielsteine aus Elfenbein;
Furnierausbrüche

Standort Residenz Ansbach, Depot

Historische Inventarnummern Residenz Ansbach 1820:
S. 44; 1830: S. 42; 1842: 285; 1865: 285; 1884: A.I. Silber-
kammer. 1549; 1901: A. Parterre. Silberkammer. 1549;
1903*: A. Parterre. Silberkammer. 194; 1929*: F.V.III.
Lit. O IV Nr. 4 Bl. 188 Zi. Parterre 38/39; 1939*: F.V.III. R
Depot Bl. 276 A 305; Stempel: Ansbach

Inv. AnsRes. V 21

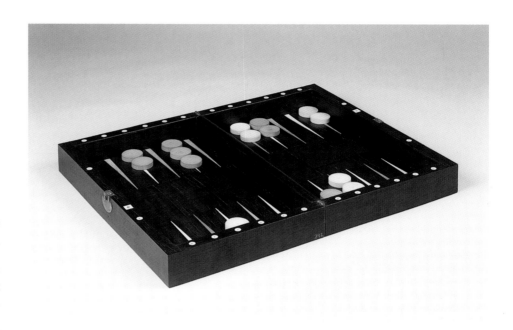

PROVENIENZ

Trotz der üblicherweise genau beschriebenen Materialien Ebenholz und Elfenbein kann das Spielbrett
im Inventar von 1807 nicht dingfest gemacht werden
und kam wohl erst später aus einem der Sommerschlösser in die Residenz. Das Inventar von 1820
verzeichnet das »Damenbrett von Ebenholz mit
Elfenbein eingelegt, wozu gehören 32. Steine von
Elfenbein. 3. ordinäre Würfel und 2. lederne Becher, dann 2. weiß gesottene [versilberte?] Leuchter
zum aufstecken« im 2. Vorzimmer des Markgrafen,
wo es auch noch im Inventar von 1842 beschrieben
steht. Seit dem Verzeichnis von 1865 wird das Stück
in der Silberkammer im Erdgeschoß aufbewahrt und
ist seit 1939 im Depot verzeichnet.

BESCHREIBUNG

Korpus: Der aufklappbare, schwarz furnierte Spielkasten ist über beide Außenseiten für die Spiele Schach
und Dame sowie im Inneren für das Tric-Trac-Spiel
marketiert. Die beiden gleich großen Teile des Kastens sind mit eingelassenen, überfurnierten Scharnieren aus Silber verbunden und werden mit einem
silbernen Schnappschloß zusammengehalten. An
den langen Seiten des Tric-Trac-Spielfelds befinden
sich sechs mit Elfenbeinscheiben eingefaßte Bohrungen zum Einstecken von Stiften, mit denen der
Spielstand markiert werden kann. Ein erhaltener
Elfenbeinstift könnte dazugehören. An den Seiten
mit den Schloßhälften liegen jeweils zwei Löcher mit
der gleichen Einfassung und je ein größeres Loch
mit einer quadratischen Einfassung.

WÜRDIGUNG

Die in den Inventaren genannten silbernen Leuchter
zum Aufstecken sind erhalten, passen aber nicht in
die Löcher des Spielbretts und gehören deshalb wohl
auch nicht dazu.

Der Spielkasten hat keine datierbare, ornamentale Marketerie und ist deshalb zeitlich schwer einzuordnen. Außerdem sind die silbernen Beschläge
auf den Schauseiten nicht gemarkt. Die Scharniere
sind zwar symmetrisch angelegt, aber wenig qualitätvoll und schief gefertigt. Auch das Schloß ist deutlich schwächer in der Ausfertigung als die Beschläge
des zweiten Spielbretts in der Sammlung, das von
dem 1734 gestorbenen Goldschmied Samuel Hofmann stammen könnte (Kat. 16). In diesem Zusammenhang kann das Stück nur in die zweite Hälfte des
18. Jahrhunderts datiert werden.

Verschluß

73

2 Sessel ›à la Reine‹

München, um 1760

Gestelle: Buche, geschnitzt, weiß gefaßt und vergoldet
109 x 71 x 77,5 cm; nachträgliche Erhöhung um 4,5 cm;
Zargenhöhe: 41,5 cm

Beine nachträglich erhöht; mahagoniartig überfaßt
und vergoldet

Standort Residenz Ansbach, Schlafzimmer der Markgräfin, R 9

Historische Inventarnummern Residenz München 1769*:
Lit b No. 4; 1845*: 638, 750; 1853*: G 552; 1866*: A.II.
3.46.48. Residenz Ansbach 1842*: 138; 1865*: 138; 1884:
A.II. 15.29-30; 1901: A.I. 15.29-30; 1903*: A.I. 15.11; 1929*:
F.V.III. Lit.A1b Nr. 20/21 Bl. 12 Zi. 15; vor 1939*: F.V.III.
R 9, Bl. 73, M 113/114

Inv. AnsRes. M 24/1-2

Literatur A.F. Residenz Ansbach 1939, S. 51 – Kreisel 1956,
S. 16, Abb. 25 – Kreisel 1970, S. 184 f., Abb. 490 – Kreisel
1983, S. 187, Abb. 493 – A.F. Residenz Ansbach 1993, S. 64

PROVENIENZ

Beide Sessel kommen aus der Residenz München
und tragen die Inventarmarke von 1769, nach der sie
im Schlafzimmer des Kurfürsten, im Appartement
der Kurfürstenzimmer standen. Die Möbel gehörten
zu einer Garnitur aus »2 grosse und 1 kleines fauteuil, dann 2 Tabourets mit weis grundirten, zier ver-
golten gestellen von bildhaur arbeit. Ihre Kleydung
ist von schnillien Arbeit und die Houssen sind von
grünem Täffet, sammentl. mit weisser Leinwand gefüttert.«[1] Vier bis auf Details in der Schnitzerei
gleiche Sessel standen zur gleichen Zeit im Schlafzimmer der Päpstlichen Zimmer.[2] Später werden die
Stücke der beiden leicht verwechselbaren und nun
mit grünem Damast bezogenen Möbelgruppen ver-
mischt. Einer der heute in Ansbach stehenden Sessel
ist 1845 noch im Schlafzimmer der Kurfürstenzimmer, der andere aber im Schlafzimmer der Päpstlichen Zimmer nachweisbar. 1853 ist ein Sessel
(AnsRes. M 24/1) im Gardemeuble und 1866 sind
beide im Schlafzimmer der Päpstlichen Zimmer verzeichnet. In den Nachträgen des gleichen Inventars
sind für das Rechnungsjahr 1867/68 keine Sessel unter den Abgängen eingetragen. Anschließend wurden die Nachträge nicht weitergeführt, und im Inventar von 1873 ist nur noch einer der ehemals sechs
ähnlichen Sessel im Gardemeuble der Residenz
München erfaßt, während sich im Schlafzimmer der
Päpstlichen Zimmer nun gar kein Sessel mehr befindet.

Obwohl die zwei Sessel 1866 noch in der Residenz München standen, tragen sie die offensichtlich
nachgetragene Inventarnummer der Residenz Ansbach von 1865. Unter dieser Nummer sind jedoch
zwei geschnitzte und vergoldete Sessel im Schlaf-

zimmer der Markgräfin beschrieben, mit vier Polsterstühlen und vier Hockern, die ebenfalls ganz vergoldet waren. Entsprechende Zu- und Abgänge sind
in den Nachträgen nicht aufgeführt. Erst 1884 lautet
die Beschreibung: »2 Armsessel mit geschnittenen,
braun gefaßten und vergoldeten Kranzgestellen mit
blau und weiß geblümten Halbseidenzeug bezogen«, und es werden auch vier gleich gefaßte
Hocker und vier Polsterstühle genannt. Offensichtlich wurde die in Ansbach vorhandene Garnitur nach
1866 – oder auch erst zwischen 1868 und 1873 – gegen eine Garnitur aus München ausgetauscht und
die schwer zu ändernden Ansbacher Inventarnummern auf den neu hinzugekommenen Möbeln einfach nachgetragen, ohne die zugehörigen Beschreibungen anzupassen. Auch die Polsterstühle sind
erhalten (Kat. 50). Seitdem die beiden Sessel mit den
vier Stühlen nach Ansbach kamen, ist das Schlafzimmer der Markgräfin als Standort verzeichnet.

Sessel AnsRes. M 24/1

Gestell: Die Sessel ruhen auf diagonal zum Gestell stehenden, geschweiften Beinen, die über den birnenförmigen Füßchen knaufähnlich abgesetzt sind und mit einem weiten Bogen in die Zargen übergehen. Von den Beinen schwingt die Sitzfläche nach einem Rückschwung zur Mitte hin wieder vor und wird nach hinten mit leichtem Schwung verjüngt. Nur die rückwärtige Zarge ist gerade, aber ebenfalls an Unter- und Oberkante geschweift. Vorn ist die Zarge mit weiteren Bögen zur Mitte zentriert. Die seitlichen Zargen laufen von den Hinterbeinen mit einem durchgehenden Bogen weit vor, über das Niveau der Zarge hinaus in die Armlehnstützen hinein, die von der Vorderkante der Sessel ein Stück zurückgesetzt sind. Von dort schwingt die Stütze, diagonal zur Sitzfläche gedreht, zurück und wieder vor, um die gepolsterte Armlehne aufzunehmen. Diese schwingt von der Rückenlehne ein wenig ab und ist am Handstück nach außen gedreht. Die gepolsterte Rückenlehne ist mit kurzen Stützen über die Sitzfläche gehoben, kippt von den geradestehenden Beinen zurück, ist rundum gerahmt, unten gewellt, seitlich leicht eingezogen und mittig mit einem kräftigeren Aufschwung überhöht.

Schnitzerei: Fast alle Schauseiten des Gestells sind gekehlt und schließen an den Kanten mit Rundstäben ab, die als C-Bögen geführt sind oder als Blattwerk enden. Die Mitte der vorderen Zarge und der Rückenlehne sind mit Muschelwerk und Blüten betont. Auf den Knien der Beine werden Blüten von kräftig strukturierten Blattwerksträngen eingefaßt, und auf den Füßen scheint das deutlich flachere Blattwerk mit einem kugeligen Ziernagel befestigt. Auffällig ist die Riefelung des gekehlten Grundes.

Fassung: Alles Muschelwerk, Blattwerk, Blüten und die geschnitzten Stäbe haben eine Polimentvergoldung und erhielten zu einem späteren Zeitpunkt zusätzliche Begleitfäden in Ölvergoldung, während die gekehlten Bereiche edles Holz imitieren und maserierend gefaßt sind. Dabei wurde auf die Fugen in der Konstruktion eingegangen. An den Vorderseiten hat die Fassung starke Lichtschäden und ist braun geworden. Nur auf der Rückseite ist die Maserung mit schwarzen Adern noch sehr rötlich, und es wird klar, daß Mahagoni imitiert worden ist. Unter dem Imitat befindet sich eine weiß-goldene Fassung, bei der es sich wohl um die Erstfassung des 18. Jahrhunderts nach der Inventarbeschreibung der Residenz München von 1769 handelt.

Bezüge: Die hellblauen Bezüge wurden 1970 erneuert. Auf Photos der 1920er Jahre haben die Bezüge das gleiche Muster wie die bis heute vorhandene, hellblaue Tapete aus Seidenlampas im Schlafzimmer der Markgräfin, deren Ankauf und Montage im Rechnungsjahr 1896/97 bezeugt ist: »1 Stofftapete von blauen Seidensatin mit Goldleisten befestigt«.[3]

Konstruktion: Das Gestell ist gezapft und gedübelt. Die Zargen bestehen aus aufeinandergeleimten Kanthölzern, die an der vorderen Zarge nach unten hin schwächer gewählt wurden, so daß die Rückseite der Zargen dreistufig abgetreppt ist. Die Baluster

unter den Füßen wurden nachträglich untergeschraubt und die Beine um 4,5 cm erhöht. Unter der holzimitierenden Fassung haben die Baluster eine andere helle Fassung, die sich von der Unterfassung der Sessel unterscheidet.

Detail der hinteren Zarge von Sessel AnsRes. M 24/1

WÜRDIGUNG

Beide Sessel sind nach den Bearbeitungsspuren an Zargen und Beinen sowie in der Form grundsätzlich anders als die vier Polsterstühle (Kat. 50). Die Stücke wurden nur mit Hilfe der Fassung und durch die Erhöhung der Sessel zu einer Garnitur zusammengeführt. Nachdem die Sessel nicht mehr als »Ansbach, Biarelle um 1740« eingestuft werden können, entfällt ein Argument, mit dem die Ausstattungen der Ansbacher Residenz stilistisch in die Nähe der Ausstattungen der Residenz München unter François Cuvilliés gerückt werden können. Außerdem wurden in München verbliebene Stücke der Garnitur gerade mit Sitzmöbeln verbunden, die zur Ausstattung des 1764 errichteten Eßzimmers von Kurfürst Max III. Joseph gehört haben.[4]

1 Langer 1995, S. 31 ff., 308
2 Langer/Württemberg 1996, Kat. 49
3 Inventar 1884, S. 19
4 Langer/Württemberg 1996, Kat. 50

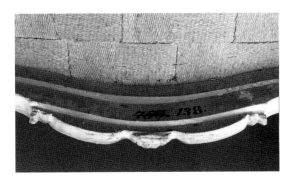

Innenseite der vorderen Zarge von Sessel AnsRes. M 24/1

74

Ziertisch ›Table à Ecrire‹

Zuschreibung an François Bayer
(archiv. faßbar 1764–1785, Meister 1764)

Paris, 1763

Bezeichnet »S. Beyer 1763 / rep. von G. Beyer 1842«
sowie »Rep. v. Ludwig Goller« und »Goller 1954«
Blindholz: Eiche, Nußbaum
Marketerie: Rosenholz, Ahorn (?), Ilex (?), Palisander
Beschläge: Bronze, feuervergoldet und ziseliert, Messing,
vergoldet, Eisen
Hellblaues Glanzpapier in den Schubladen
Hellblauer Seidenbezug auf der Buchstütze
74 x 36 x 29 cm

Seidenbezug und Glanzpapier von 1842; Befestigung der
Beschläge 1972 erneuert; Marketerie stark ausgeblichen;
Gravuren beschliffen; Restaurierungen 1842, 1954 und
1972

Standort Residenz Ansbach, Braunes Kabinett, R 7

Historische Inventarnummern Residenz Ansbach 1807:
S. 125; 1813: S. 68; 1820: S. 21; 1830: S. 21; 1842*: 136;
1865*: 136; Residenz München 1873*: A.VI. 6.26; 1929*:
F.V.III Bd. III Bl. 630 M 471

Inv. AnsRes. M 61

Literatur Feulner 1927, S. 371 – A.F. Residenz München
1937, S. 87 – A.K. Europäisches Rokoko 1958, Kat. 888 –
Stengel 1958, S. 111 f. – Casa d'oro, 2. Jg., Mailand 1968,
S. 530 – Kreisel 1970, S. 188, Abb. 501 f. – Fränkische
Landeszeitung vom 4.7.1972 – Feulner 1980, S. 203,
Abb. 324 a – Kreisel 1983, S. 189 ff., Abb. 504 f. – Müller-
Christensen 1988, Abb. 133 – A.K. Möbel aus Franken
1991, S. 54 – A.F. Residenz Ansbach 1993, S. 60 – Langer/
Württemberg 1996, S. 35

Spiegelkabinett in den Hofgartenzimmern der Residenz München, 1945 zerstört, Aufnahme 1931

PROVENIENZ

Im Inventarverzeichnis von 1807 ist nur ein einziges
Rosenholztischchen zu finden und stand auf dem
Stockwerk über der Belle Etage in einem Schlafzimmer (R 208). Die Beschreibung lautet: »1. Toilette
Tischlein mit 4. geschweiften Füßen, mit Rosenholz
fournirt, einer Schublade und einem Spiegel« und
kann nicht sicher auf das Ziertischchen bezogen werden. Der gleiche Eintrag steht auch noch im Inventar
von 1813 an gleicher Stelle, nicht aber mehr im Inventar von 1820. Die Möblierung wurde verändert,

Links: Vorzeichnung (?)

Rechts: Platte

weil der Raum im Juni gleichen Jahres der Königlichen Regierung zur Nutzung eingeräumt worden war. Das gleiche Inventar verzeichnet im Schlafzimmer der Markgräfin (R 9) eine vorher in diesem Raum nicht vorhandene »Toilette mit 4. geschweiften Füßen mit Nußbaumholz eingelegt und mit Messing beschlagen«. Auch mit dieser Beschreibung fällt eine Identifikation schwer, macht aber eventuell mit dem Eintrag des folgenden Inventars von 1830 Sinn: »Nacht=Tischchen von Nußbaumholz von vorzüglicher Schönheit«, bei dem die Identifikation vergleichsweise leicht fällt. Erst mit der aufgemalten Inventarnummer ist das Möbel in den Inventaren von 1842 und 1865 im Schlafzimmer der Markgräfin (R 9) eindeutig zu fassen. 1842 war auch das Jahr der Restaurierung. Das »Arbeitstischchen mit Rosen- und Silberholz eingelegt, mit Bronze garniert« führt den Nachtrag »August 1865 nach München«. Dort ließ König Ludwig II. seit 1864 einige Appartements seiner Stadtresidenz im Stile ihrer Erbauungszeit möblieren,[1] und das Tischchen wurde im Spiegelkabinett der 1945 untergegangenen Hofgartenzimmer aufgestellt. Auf einem Photo des Jahres 1931 ist das Tischchen in diesem Raum zu sehen.[2] Nachdem die Herkunft des Stückes bekannt geworden war, wurde es 1972 in die Residenz Ansbach zurückgebracht.

BESCHREIBUNG

Korpus: Das kleine Möbel wird von diagonal zum Korpus stehenden, leicht geschwungenen und sehr schlanken Beinen getragen, die mit einem Bogen ohne Absatz in die Zargen übergehen. Die Enden der Bögen stehen an den Zargen als Nasen vor und bilden eine dreifach geschweifte Unterkante. An den Beinen sind die Schauseiten leicht gekehlt und die äußeren und die nach hinten stehenden Ecken zu schmalen Streifen abgefast. Zwischen den Beinen sitzt ein Boden mit umlaufender Galerie. Entsprechend der S-förmig geschwungenen Beine ist der Korpus oben rundum verjüngend eingezogen, so daß die Platte über den Schultern zurück- und ein wenig über die Zargen hinaussteht. Von den gekehlten Beinen ausgehend, ist der Korpus auf allen vier Seiten durch feine Wölbungen charakterisiert, die dem Möbel eine bewegte, elegante Oberfläche geben. Entsprechend dem Grundriß sind die Kanten der Platte geschweift und über den Beinen geohrt. Nur die Vorderkante ist profiliert, während die anderen Seiten von einer Galerie umgrenzt werden.
Innenaufteilung: Zu der nach vorne offenen Galerie an der Platte, die das Schreiben weniger Worte knapp zuläßt, paßt die handgerecht nach rechts öffnende Schublade mit einem großen Fach und drei kleinen Unterteilungen für Löschsanddose, Tintenfaß und andere Utensilien. Die seitliche Schublade ist zwischen einer weiteren Schublade und einem Ziehbrett in der Vorderseite positioniert. Das Ziehbrett sitzt direkt unter der Platte und hat ein aufstellbares Lesepult, dessen unterer Rand als bewegliche Leiste beim Aufstellen im rechten Winkel abknickt und dafür sorgt, daß ein aufgelegtes Buch nicht abrutscht. Das Pult ist mit hellblauer Seide in Atlasbin-

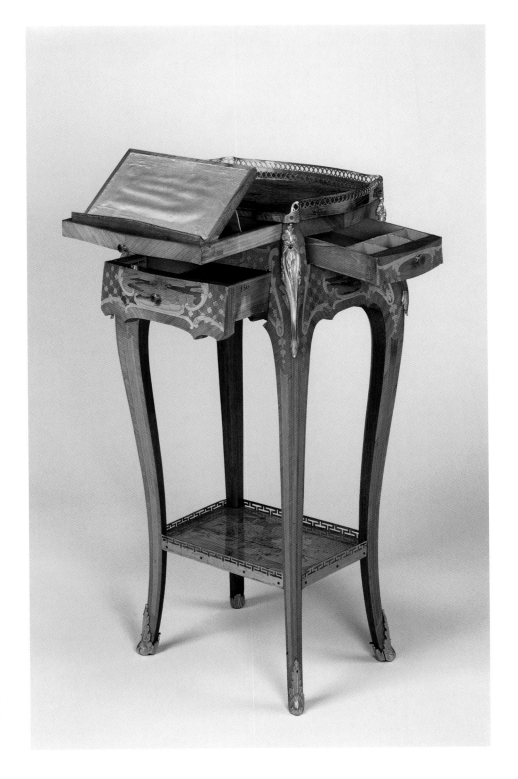

dung bezogen und die Schubladen mit hellblauem Glanzpapier ausgeschlagen.

Marketerie: Das Möbelchen ist mit einem Fond aus Rosenholz überzogen, der die Marketeriefelder rahmt. Nur die Innenkanten der Beine sind mit dunklerem Palisander und die abgefasten äußeren Ecken mit hellerem Ilex furniert. Auf den Schauseiten der Beine sitzt das Furnier mit schräglaufender Holzfaser, hat aber einen innenliegenden Streifen mit längslaufender Holzfaser, so daß die Flächen zu schmalen Streifen geteilt sind. Der innere Streifen nimmt die Form und Schwingung der Beine auf, was die zierliche und gestreckte Erscheinung verstärkt.

Auf der Platte wird eine figürliche Szene auf der rechten und linken Seite von einem üppigen Blütenzweig eingefaßt, der wiederum beidseitig von C-Bögen aus Blattwerk gerahmt wird. Im Zentrum über dem Mittelfeld sitzt eine Kartusche mit Gitterwerk, und von dort führen Blattfestons zu den hinteren Ecken der Platte. Die vordere Rahmung der Marketerie zeichnet die Schweifung der vorderen Plattenkante nach. Im Vordergrund wird ein flüchtender Wolf in der Verkleidung eines Schäfers mit Hirtenstab und Hut am Zipfel seines Mantels von einem Hund gefaßt. Die Szene spielt vor einem Hügel, von dem der Schäfer mit Dreispitz, Stab und Hirtentasche seiner Herde zu Hilfe kommt. Der Hügel ist mit einem knorrigen Baum und Sträuchern bewachsen und wird im Hintergrund von Gebäudegruppen begleitet.

Auf dem Boden zwischen den Beinen ist ein großer Blumenzweig marketiert, dessen Blätter und Blüten vom Stiel in der Mitte regelmäßig nach rechts und links aufgefächert sind. Zwischen vielen Blättern sind einige kleine, aber auch zwei große Blütenköpfe verteilt, die bereits in Abwandlung auf der Platte Verwendung fanden.

Für die Darstellungen auf den vier Seiten des Korpus wurden Dorf- oder Stadtlandschaften gewählt und mit Gitterwerkfeldern eingefaßt, deren äußere Form auf die Konturen des Möbels abgestimmt sind. Auf der Vorderseite ist eine Stadt mit vorgelagerten Festungsanlagen zu sehen, wobei das Stadttor mit dem Torbogen in die Mittelachse zwischen die runden Zugknöpfe von Schublade und Ziehbrett gelegt wurde. Die Festungsmauern mit den davorliegenden Gräben und Zäunen sind zur Mitte orientiert. Auch die Stadtlandschaft auf der Rückseite ist mit Staffagefiguren vor einem hohen Gebüsch im Mittelgrund zentriert. Sie wird von Mauern eingefaßt und zieht sich über die ganze Breite des Bildfeldes. Auf der linken Schmalseite des Möbels steht, aus der Mitte nach links gerückt, ein vom Betrachter abgewandtes Kruzifix, darunter die Reste eines Zaunes und eine Staffagefigur. Im Hintergrund ist wieder eine Reihe von Gebäuden über die Breite des Bildfeldes gezogen. Auf der rechten Seite des Möbels sitzt der Himmel im Bereich der Schublade, und wieder liegt der Zugknopf in einer Achse mit dem Halbrund einer Brücke, die eine Staffagefigur überfängt und in ein hohes Brückengebäude führt. Auf der anderen Seite stehen Bäume und vereinzelte Gebäude im Hintergrund.

Die Marketerie wurde in Sägetechnik ausgeführt.

Eckbeschlag

Nur an Gesicht und Händen des Schäfers, am Schwanz des Wolfes und an den Blüten sowie auf den Flügeln der Schmetterlinge sind noch die feinen Binnenzeichnungen erhalten. In Blüten und Blättern schimmern Reste der Färbung in Blau und Grün, und das Auge des Wolfes ist noch kräftig rot. Auf der Vorderseite sind Reste rot ausgelegter Gravur in einigen C-Bögen und Reste von Gravuren in Erdschollen und Büschen erhalten. Beide Wanderer im Vordergrund haben leicht grün schimmernde Jacken. An der rechten Seite sind ebenfalls noch Reste von Färbungen erhalten, und auf der Rückseite wurden die Röcke der Figuren, die Fensterhöhlen und Dachflächen wohl schwarz nachgefärbt. Jedenfalls kommen solch dunkle Flächen in den anderen Marketerien nicht vor. Dort sind Höhenunterschiede in der Geländeformation mit hellen und dunklen Furnierstücken dargestellt, und die Fensterhöhlen schimmern grünlich. Erwähnenswert bleibt, daß gerade auf der üblicherweise höherbelasteten Platte und auch auf dem Boden die Gravur der Blüten und Blätter deutlich besser erhalten sind. Offenbar haben die Galerien vor intensiverer Abnutzung geschützt.

Beschläge: Schuhe und Eckbeschläge bestehen aus feuervergoldeter Bronze, die Galerien aus vergoldetem Messing, und auch auf den drei Zugknöpfen sind winzige Reste einer Vergoldung erhalten. Für die Scharniere und Stützen des Lesepults wurde ebenfalls Messing verwendet, während das Tablett auf vier eisernen Ösen mit den alten Schrauben von unten fixiert ist. Die Galerie der Platte ist ohne Fuge um die Schweifungen herumgelegt und macht einen recht massiven Eindruck. Sie ist im unteren Bereich geschlossen und nur im oberen Teil durchbrochen. Das gilt auch für die Galerie am Boden, die aber weniger fein gemustert und aus vier Teilen zwischen die Beine gesetzt ist. Die Schuhe aus Blattwerktüllen stehen nasenförmig vor, und auch die Eckbeschläge bestehen aus Blattwerk mit langen, glatten Rippen. Alle Eckbeschläge wurden an der gleichen Stelle verändert: Dort wo die Beine unter dem Knie einschwingen, sind sie von hinten eingeschnitten, und es wurde ein flacher Keil entnommen, um die Beschläge der Schweifung anzupassen. Danach wurde der Schnitt wieder geschlossen und neu vergoldet, so daß die Veränderung nur bei genauer Untersuchung auffällt.

Konstruktion: Als Konstruktionsholz wurde weitgehend Eiche verwendet, auch für die Vorderstücke der Schubladen, während die anderen Schubladenteile und das Ziehbrett mit der Buchstütze aus Nußbaum sind. An der Pfostenkonstruktion des Möbels fallen die starken Zargen und Schubladenvorderstücke (3,9 cm) auf. Nach unten ist der Korpus mit einem Boden geschlossen, der seitlich und hinten in einer Nut liegt, aber vorn stumpf an die Traverse stößt. Zwischen unterer und seitlicher Schublade liegt ebenfalls ein Boden. Er sitzt an zwei Seiten in einer Nut und an den anderen in einem Falz. Unter dem Ziehbrett wurde kein Trennboden eingebracht. Die Platte und der Boden zwischen den Beinen sind als Tafeln mit Anfaßleisten konstruiert.

Die untere Schublade ist hinten offen und vorne halbverdeckt gezinkt, wobei das Vorderstück an den Seiten mit Rosenholz furniert wurde, um die Zinkung zu verdecken. Der Boden sitzt vorn in einer Nut. Auch die Seitenschublade ist hinten offen und vorne halbverdeckt gezinkt, hat aber an den Seiten kein Furnier (mehr?), und der Boden liegt vorne in einem Falz. Beide Schubladenböden waren stumpf unter die Seiten- und Hinterstücke geleimt und wurden später mit Industrienägeln neu befestigt. Das Ziehbrett besteht konstruktiv aus einem geschlitzten Nußbaumrahmen mit eingefälzter Füllung, auf die von oben das Lesepult montiert wurde. Das Brett läuft mit seitlichen Stiften in den Nuten der seitlichen Zargen, und damit es nicht herausrutschen kann, sind die Nuten vorn geschlossen. Das Lesepult kann mit einer Stütze aus Rosenholz festgestellt werden, die mit eisernen Ösen am Pult befestigt ist. Die Vorderstücke beider Schubladen sind so stark geschweift wie die Zargen und wahrscheinlich nach dem Aufleimen der Marketerie aus den Zargen herausgeschnitten. Dieses Verfahren konnte bei dem Ziehbrett unter der Platte nicht angewendet werden, aber trotzdem ist der Faserverlauf des Furniers nicht gestört.

Die Industrienägel in den Schubladen stammen von der Restaurierung des Jahres 1842, weil der Kle-

bezettel mit dem Schriftzug auf das Hinterstück, aber auch auf die Hinterkante des Bodens geklebt ist. In das gleiche Jahr muß der hellblaue Papier- und Seidenbezug datiert werden, denn die Schubkästen sind an Böden und Seiten mit dem Papier ausgeschlagen, und es müßten Risse im Papier sein, wenn die Schubladenböden nach dem Aufkleben des Etiketts noch einmal abgenommen und genagelt worden wären.

WÜRDIGUNG

Bei der Darstellung auf der Platte handelt es sich um die Illustration einer Fabel von Jean de la Fontaine (1621-1695), der als älterer Mann am Hofe des Königs von Frankreich angestellt war. Während des 18. Jahrhunderts wurde die Geschichte mehrmals neu aufgelegt, war aber fast 100 Jahre vor der Entstehung des Tischchens, 1668, das erste Mal im Druck erschienen. Die Übersetzung lautet:[3]

Links oben: Vorderseite
Links unten: Rückseite
Rechts oben: rechte Seite
Rechts unten: linke Seite

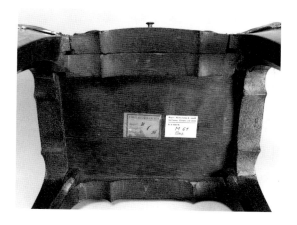

Oben: Unterseite des Bodens

Links: Unterseite des Korpus

207

Ein Wolf, dessen Geschäft in Schafen etwas flau
    Nachgerade ging, mochte wohl meinen,
Gut wär's, in andrer Gestalt, wie'n Füchslein schlau,
    Und nur vermummt noch zu erscheinen.
Er kleidet sich als Hirt, zieht einen Kittel an,
    Als Stab hat er 'nen Knittel, dann
      Den Dudelsack auch mitgenommen.
      Und um die Täuschung ganz vollkommen
Zu machen, schrieb er gern an seinen Schäferhut:
    ›Guillot bin ich, der Hirt, in dessen treuer Hut
      Die Herde steht.‹ – In diesem Kleide
Schlich, auf den Stab gestützt die Vorderfüße beide,
Der falsche Guillot leis herbei und unentdeckt.
Guillot, der wahre Hirt, lag da, auf grüner Heide
    In festem Schlummer ausgestreckt.
Sein Hund schlief ebenfalls und, satt von fetter Weide,
Die meisten Schafe auch, da nichts sie weckt und schreckt.
    Fein, mit der List des Diplomaten
Hätt gern der Schelm gelockt die Schaf in seinen Bau,
Und zur Verkleidung fügt' er noch das Wort höchst schlau;
    Denn also schien es ihm geraten.
    Das war die dümmste seiner Taten;
Denn da des Hirten Ton zu treffen ihm mißlang,
War, wie nur sein Geheul im Walde wiederklang,
    Sein ganz Geheimnis bald verraten.
    Vor Schreck ob dieser Stimme wird
    Gleich alles wach, Schaf, Hund und Hirt.
    Der arme Wolf in Angst und Bangen
    Kann sich, durch seinen Rock beirrt,
    Nicht wehren noch zur Flucht gelangen.*

[Moralteil]
Auf irgendeine Art läßt jeder Schelm sich fangen.
    Wer Wolf ist, laß als Wolf sich sehn,
    So wird er meistens sichergehn.

Als die Fabeln des Jean de la Fontaine entstanden, wurden sie als Kritik des Lebens am französischen Hof verstanden, und es wurde versucht, ihr Erscheinen zu verhindern. Dagegen kann angenommen werden, daß die dargestellte Szene als Ausschnitt der Fabel in Ansbach, wenn überhaupt, nur äußerst selten verstanden worden ist.

Das äußerst elegante Luxusmöbelchen gehört zu den raffinierten Kombinationsmöbeln in den Boudoirs der Damen, die als Rangabzeichen fungiert haben und für deren Erwerb Unsummen ausgegeben werden mußten.[4] Ein berühmtes Beispiel bildet das Tischchen des Ebenisten Bernard II. van Risamburgh, das 1756 von François Boucher auf dem repräsentativen Porträt der Mätresse des Königs von Frankreich, der Marquise de Pompadour, mit abgebildet wurde.[5] Auf dem Gemälde wurde die seitliche Schublade mit den Schreibeinsätzen aufgezogen wiedergegeben. Ähnlich kann man sich die Nutzung des Ansbacher Tischchens vorstellen, das eine vergleichbare Schublade auf der gleichen Seite hat.

Weil das Möbel über 100 Jahre in der Residenz München stand und die Herkunft aus Ansbach noch nicht bekannt war, vermutete Feulner 1927, daß es mit den Möbeln des Kurfürsten Karl-Theodor aus Mannheim nach München gekommen sei. Er schrieb: »Noch feiner ist ein Nipptischchen der Hofgartenzimmer mit Schäferszenen auf der Platte,

das nach einer Inschrift von F. Beyer 1763 gefertigt wurde. In der Qualität der Arbeit steht das Möbel, das vielleicht in Mannheim entstanden ist, sogar weit über dem Durchschnitt Pariser Arbeiten.« Bald danach wurde es als Werk des berühmten Pariser Ebenisten François Oeben deklariert, bis Heinrich Kreisel 1970, auf Grund der Bezeichnungen auf dem Etikett, die Zuweisung an den Ansbacher Hofschreiner Samuel Erdmann Beyer veröffentlicht hat.

Der blaue Klebezettel mit den Bezeichnungen sitzt auf der Rückseite des Hinterstücks der seitlichen Schublade und ist auch über die Hirnholzkante des Bodens geklebt. Die zeitlich frühere Beschriftung läuft in schwarzer Tinte über zwei Zeilen und lautet nach der Auflösung durch Kreisel

»S.[amuel Erdmann] Beyer 1763 / rep.[ariert] von G.[eorg] Beyer 1842«. Beide Zeilen stammen von der gleichen Hand, aber es handelt sich nicht um eine Handschrift des 18. Jahrhunderts. Außerdem wurde mit der Jahreszahl 1763 die Zahl 1673 überschrieben und offensichtlich ein Schreibfehler verbessert, der im Jahre 1763 kaum passiert wäre. Die Bezeichnung stammt demnach erst aus dem Jahre 1842. Allerdings muß eine Information, eventuell ein früherer Klebezettel, vorhanden gewesen sein, auf die der Nachkomme des S. E. Beyer nach seiner Reparatur bei der Beschriftung zurückgegriffen hat.

Zwischen den beiden Zeilen in schwarzer Tinte steht der stark verlaufene blaue Schriftzug »Rep. v. Ludwig Goller«. Die Farbe stammt wohl aus einem Kugelschreiber, denn auf dem Holz neben dem Klebezettel steht in vergleichbarer Handschrift mit blauem Kugelschreiber »Goller 1954« und bezieht sich auf den damaligen Möbelrestaurator der Schlösserverwaltung. Nach den Kriegsauslagerungen der

Marketerie auf dem Boden zwischen den Beinen

* Hervorhebung bezieht sich auf die dargestellte Szene (S. 204).

Möbel aus der Residenz München war offensichtlich eine Reparatur notwendig geworden.

Kürzlich tauchte eine detailliert ausgearbeitete Tuschzeichnung auf, welche die marketierte Platte des Ziertisches samt deren Konturen wiedergibt. Der Kunsthändler hatte das Stück in einem Konvolut ganz anders gearteter Blätter 1987/89 in Franken erworben. Auf der Zeichnung mißt die Platte 26,6 x 35,6 cm, die ausgeführte Platte aber 24 x 32,5 cm. Sie ist folglich um zwei bis drei Zentimeter kleiner als auf der Zeichnung. Das paßt zu den Unterschieden in der Rahmung des Mittelfelds. Während die Zeichnung auf jeder Seite zwei Blütenzweige wiedergibt, ist auf der weniger breiten Platte nur ein Zweig zu sehen. Trotzdem ist der zur Verfügung stehende Raum dichter mit Blättern, Blüten sowie Schmetterlingen besetzt, die auf der Zeichnung nicht vorkommen. Auch wird das in C-Bögen geführte rahmende Blattwerk, anders als auf der Zeichnung, mehrmals von den Zweigen überlappt. Erstaunlicherweise sind die Mittelfelder jedoch in den Maßen wie in der Darstellung identisch. Sogar die Länge der Hirtenstöcke ist gleich, und minimalste Unterschiede sind eher auf den Erhaltungszustand des Tisches zurückzuführen.

Weil die Platte des Tischchens kaum übersteht und die Plattenmaße folglich sehr genau auf die Abmessungen des Korpus abgestimmt wurden, kann es sich bei der größeren Zeichnung nicht um eine Nach- oder Abzeichnung, sondern nur um eine Zeichnung handeln, die der Fertigung des Stückes vorausgegangen ist. Auf Grund ihrer Genauigkeit und den kurz aneinandergesetzten Strichen, die an die Arbeit eines Kopisten erinnern, kann sie auch nicht als Entwurf, sondern viel eher als Musterzeichnung angesprochen werden, die einem Auftraggeber genaue Vorstellungen geben sollte, bevor er das Möbel in Auftrag gegeben hat. Natürlich könnte es sich auch um eine fertige Werkzeichnung handeln, die nicht benutzt und verbraucht wurde, weil die Maße des Möbels aus unbekanntem Grund verändert worden waren.

Auf der Zeichnung wurde auch eine namentliche Kennzeichnung vorgenommen. Zentriert, am unteren Rand des Bildfeldes stehen zwei Buchstaben, getrennt durch ein Zwischenzeichen, von denen der erste als »J« oder »F« und der zweite eindeutig als »B« gelesen werden kann. Nur die Variante »JB« könnte mit einem Sohn des Ansbacher Hofschreiners S.E. Beyer in Verbindung gebracht werden. Johann Michael Beyer folgte seinem Vater im Amt, aber von beiden hat sich kein vergleichbares und gesichertes Möbel erhalten. In den Akten sind vor allem Wandvertäfelungen und einfachere Arbeiten nachgewiesen.[6] Auch der Nachweis, nach dem der »Tischer Beyer aus Ansbach. Berlin 22. Mai [17]67« ein Probstück geliefert hatte, das mit der großen Summe von 1043 Talern aus der Privatschatulle König Friedrichs des Großen bezahlt wurde,[7] kann nicht als Nachweis für die Eleganz der Erzeugnisse S.E. Beyers gewertet werden. Es muß auffallen, daß sich in der Residenz Ansbach kein annähernd vergleichbar qualitätvolles Möbel erhalten hat. Der auf-

wendige Sekretär ist in der Form steifer, und die Marketerie stammt von anderer Hand (Kat. 79). Wenn man aber einen so begabten Möbelkünstler in Ansbach gehabt hätte, der die berühmten Pariser Ebenisten in den Schatten stellen konnte, wären weitere qualitativ vergleichbare Stücke mit Ansbacher Provenienz kaum unbekannt geblieben. Außerdem wurde das Ziertischchen nicht umsonst lange Zeit als äußerst qualitätvolle Pariser Arbeit angesehen, während in Deutschland nach unserem heutigen Kenntnisstand nur der Ebenist des Kurfürsten von der Pfalz, Johann Kieser in Mannheim, gleichzeitig ein annähernd vergleichbar elegantes Stück hergestellt hat.[8]

Aus Ansbacher Sicht liegt es nahe, das Möbelchen mit Arbeiten des deutschstämmigen Pariser Ebenisten François Bayer zu verbinden. Mehr ist über seine Herkunft nicht bekannt, und auch das Geburts- oder Todesdatum kennen wir nicht. Erst mit Erlangung des Meisterrechts taucht der Name 1764 in den Akten auf, die anfänglich auch eine gute wirtschaftliche Situation, eine Werkstatt in bester Lage und entsprechende Kundschaft dokumentieren. Später herrschte aus unbekanntem Grunde der Geldmangel vor, der Meister war nicht mehr kreditwürdig, seine Frau war krank, und die Familie mit sieben Kindern lebte in großem Elend, bevor sich die Spur 1785 verliert.[9] Gesicherte Stücke sind selten. Ein »F Bayer« gestempeltes, etwas größeres Tischchen mit einer Schublade und ohne Tablett zwischen den Beinen besitzt das Victoria & Albert Museum in London. Auf der fast gleich geschweiften Platte mit dreiseitig umlaufender Galerie bieten die Schafe, die dicht gedrängten Blätter an den Bäumen, die Blätter der Blütenzweige und das rahmende Blattwerk zur Einfassung der Marketeriefelder auf der Platte einen hohen Grad der Ähnlichkeit. Ein ungestempeltes Tischchen in der Sammlung Rothschild, ebenfalls etwas größer, mit einer Schublade und ohne Tablett, hat fast identische Sabots, die Galerie an der Platte zeigt das gleiche Muster wie die Galerie am Tablett des Ansbacher Tischchens. Vor allem aber ist die Platte gleich geschweift, gleich aufgeteilt, und das rahmende Blattwerk zur Einfassung der Marketeriefelder kehrt wieder. Dazu kommt die in den 1760er Jahren nicht mehr modische Vorliebe für Gitterwerk.[10]

Schon die französischen Vergleichsstücke machen deutlich, daß das Ansbacher Tischchen eigentlich nicht in Ansbach entstanden sein kann. Daneben läßt die erneuerte Bezeichnung als Hersteller nur den Pariser Ebenisten François Bayer zu. Verständlicherweise konnte Georg Beyer in Ansbach, anläßlich der Reparatur 1842, nur an seinen Vorfahren S.E. Beyer gedacht, aber keinen deutschen Schreiner F. Bayer in Paris gekannt und statt des »F« ein »S« in die Bezeichnung hineingelesen haben. Das Herstellungsjahr 1763 und die Zeichnung der Platte deuten an, daß Markgraf Alexander das Luxusmöbel wohl nicht auf einer seiner nach 1770 ansetzenden häufigen Parisreisen[11] erworben hat. Viel eher ist es von Ansbach aus, nach Augenschein von Zeichnungen, erworben worden.

Bezeichnungen an der Schublade

1 Langer 1995, S. 29
2 Langer 1995, Abb. S. 28
3 Fontaine 1995, S. 98 f., 573
4 Bangert 1978, S. 12 ff.
5 Das Möbel wird vom Metropolitan Museum of Art in New York und das Gemälde von der Alten Pinakothek in München verwahrt – A.K. François Boucher 1986/87, Kat. 64
6 Kreisel 1983, S. 189 f. – A.K. Möbel aus Franken 1991, S. 52 – Mayer 1993, S. 142
7 Stengel 1958, S. 111 f.
8 Langer/Württemberg 1996, Kat. 68
9 Salverte 1985, S. 12 f. – Kjellberg 1989
10 Bellaigue 1974, Kat. 95
11 Störkel 1995, S. 180 f.

75

Konsoltisch

Bayreuth (?), um 1760

Konstruktionsholz: Linde, geschnitzt, weiß und farbig
gefaßt, vergoldet, Nadelholz
Platte: weißer Marmor, geschweift und profiliert
82 x 87 x 52 cm; Gestell: 79 x 83 x 46 cm

Platte nicht zugehörig; letzte Restaurierung 1995/96,
braune Überfassung abgenommen, Fehlstellen in der
Schnitzerei rekonstruiert

Standort Residenz Ansbach, Vorzimmer der Galerie, R 25

Historische Inventarnummern Residenz Ansbach 1842: 3;
1865: 3; 1884: A.II.1.4; 1901: A.I.31.2; 1903*: A.I.31.8;
1929*: F.V.III. Lit. B V Nr. 40 Bl. 62 Zi. 31; 1939*: F.V.III.
R 25 Bl. 242 M 310

Inv. AnsRes. M 84

Literatur Eichinger 1894, Taf. 14 – A.F. Residenz Ansbach
1939, S. 74 – A.F. Residenz Ansbach 1993, S. 100

PROVENIENZ

Der Konsoltisch ist seit dem Inventar von 1901 am
heutigen Ort verzeichnet und sicher bis zum Inventar von 1884 zurückzuverfolgen, als er unter der Beschreibung »Consoltisch geschnitzt, braun lakiert,
mit weißer Marmorplatte« im Dienerschaftszimmer zum Appartement der Markgräfin eingetragen
war (R 16). Bereits 1842/65 scheint er nach Auskunft
der Inventare am gleichen Ort gestanden zu haben.

BESCHREIBUNG

Die beiden Beine des Konsoltischs sind im unteren
Drittel wie Bänder zusammengezwirbelt und an den
Enden zu Volutenfüßen gerollt. Oben gehen sie mit
einem Bogen in die durchbrochenen Zargen aus
Muschel- und Blattwerk mit Blüten über, die von

einer profilierten Holzplatte bedeckt sind. Von den
Ecken ist die vordere Zarge eingezogen und beschreibt dann einen durchlaufend vorschwingenden
Bogen. Die seitlichen Zargen sind hinter den Ecken
sehr kräftig nach außen geschweift und wieder nach
innen gezogen. Alle Zargen sind bis auf die profilierte Deckplatte im geschnitzten Dekor aufgegangen, wobei das Muschelwerk mit aneinandergereih-
ten Spiegeln auffällt, die an den seitlichen Zargen
nicht wiederkehren. Das Blattwerk wurde meist in
C-Bögen geführt.

Bereits auf dem 1894 publizierten Photo fehlt
ein größeres Teil des Mittelmotivs in der vorderen Zarge. Es wurde bei der letzten Restaurierung
den Blüten der heraldisch rechten, seitlichen Zarge
nachempfunden.

Fassung: Auf dem Photo aus dem Jahre 1894 ist die
abgenommene braune Überfassung erkennbar. Darunter kamen Reste einer porzellanartigen Fassung
zutage. Das Muschelwerk hatte hellblaue, fast weiße,
glänzende Innenflächen mit vergoldeten Rändern.
Das Blattwerk war vergoldet, und nur die Blüten an
den Zargen waren auf weißem Grund glänzend farbig, rot-blau-gelb gefaßt und von grünen Blättern
begleitet. Vor dem braunen Anstrich war die alte Fassung an allen vorstehenden Teilen grob abgeschrubbt
worden.

Konstruktion: Zargen und Beine aus Lindenholz sind
nur aneinandergeleimt und auf die stabilisierende
Nadelholzplatte gedübelt.

Aufnahme von 1894

WÜRDIGUNG

Der kleine Konsoltisch hebt sich von anderen
Stücken in der Residenz Ansbach ab. Dagegen kommen in hohem Maße durchbrochene Zargen, vor allem aber die eigenartige Konstruktion mit stabili-
sierender Holzplatte an vielen Bayreuther Konsolen
vor. Eine porzellanähnliche Farbigkeit kennen wir
an gesicherten Ansbacher Möbeln nicht, während
die naturalistische Farbigkeit Bayreuther Bildhauermöbel hervorgehoben wird.[1] Auch wenn sich dort
noch kein direkter Vergleich zur Bildhauerei gefunden hat, soll die Konsole aus technischen Gründen
vorerst nach Bayreuth lokalisiert werden. Sie könnte
zu den Möbeln gehören, die nach dem Zusammenschluß der beiden fränkischen Markgrafschaften
1769 nach Ansbach überführt wurden (Kat. 65).
1774 wurden drei Konsoltische von Bayreuth nach
Ansbach gebracht, von denen zwei »von Serpentin =
fourniret« und der dritte »von einer Composition«
offensichtlich anders aussah.[2]

Gestell von oben ohne Platte

1 Kreisel 1970, S. 228f. – A.K. Paradies
des Rokoko 1988, Kat. 163
2 SAN Rep. 271 II, Nr. 11744, nach
Maier 1993, S. 72

*Seitliche Zarge,
heraldisch links*

76

Sitzgarnitur ›à la Reine‹

Sofa, 14 Sessel

Ansbach, um 1760

Gestelle: Buche, geschnitzt, weiß gefaßt und vergoldet
Bezüge: teilweise mit Schwanenpaar, Schilf, Blumen
und Vögeln, 1869 montiert
Sofa: 102 x 226 x 72 cm; Sessel: 96 x 68 x 68,5 cm

Gestelle 1869 erneuernd überfaßt; Polsterung erhalten

Standort Residenz Ansbach, Audienzzimmer des Gästeappartements, R 21; Bayreuth, Neues Schloß, Schlafzimmer, R 20

Historische Inventarnummern Residenz Ansbach 1807:
S. 59; 1813: S. 50; 1820: S. 74; 1830: S. 72; 1842: 412, 414,
*413; 1865: 412, 414, *413; 1884: A.II. 35.22-36; 1901*: A.I.
35.20-34; 1903*: A.I. 35.12; 1929*: F.V.III. Lit. A1b Nr. 91-98
Bl. 15 Zi. 35; 1939*: F.V.III. R 21 Bl. 217 M 254-261; Bayreuth
Neues Schloß 1929*: F.V.III. Bl. 9-10 M 41-42

Inv. Sessel: AnsRes. M 41/1-8, BayNS. M 215-220, Sofa:
BayNS. M 221

Literatur Farbige Raumkunst 1930, Taf. 26 – A.F. Residenz
Ansbach 1939, S. 69 – A.F. Residenz Ansbach 1993, S. 92 –
A.F. Neues Schloß Bayreuth 1995, S. 105 – Ziffer 1996,
Abb. 111, S. 116

PROVENIENZ

Die Garnitur kann problemlos bis zum Inventar von
1807 im Audienzzimmer des Gästeappartements
zurückverfolgt werden: »14. Fauteuils mit geschnittenen weiss lakirt und vergoldeten Gestellen von

Detail der Rückenlehne des Sofas

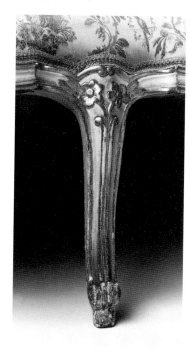

Binnenfuß des Sofas

Buchenholz, Sitze Rückenlehnen und Arme mit
blauen Damast bezogen und mit vergoldeten Nägeln
beschlagen«. Dazu gehörte »1. Canapée von dergleichen Holz, weiss lakirt und vergoldet, mit 8. Füßen,
mit blauen Damast bezogen, und mit vergoldeten
Nägeln beschlagen, mit einem Kißen mit dergleichen
Damast bezogen«. In den folgenden Verzeichnissen werden die Bezüge als schadhaft bezeichnet,
und im Inventar von 1884 heißt es dann, die Möbel
sind »mit Creton bezogen, Dessin: braune Schwa-
nen auf weißem Grunde«. Nur zu den Sesseln heißt
es: »neu vergoldet«. Im gleichen Inventar ist vermerkt, daß sechs Sessel, das Sofa und sieben zugehörige Houssen am 10.2.1891 nach Bayreuth abgegeben worden sind. Der Transfer war die Folge
eines Besuchs der Bayreuther Festspiele durch das
deutsche Kaiserpaar und den Prinzregenten Luitpold im Jahre 1889, für den die standesgemäße Ausstattung des Neuen Schlosses sehr umständlich gewesen war. Im Jahr darauf hatte man in mehreren
fränkischen Schlössern nach entbehrlichen Inventarstücken für Bayreuth gesucht.[1]

Gestell: Die Sessel ruhen auf diagonal zum Gestell stehenden, geschweiften Beinen, die über den eckigen Füßchen knaufähnlich abgesetzt sind und ohne Absatz mit einem weiten Bogen in die Zargen übergehen. Von den Beinen schwingt die Sitzfläche leicht vor und wird nach hinten deutlich schmaler. Nur die

Textil an der Rückseite der Rückenlehne von Sessel AnsRes. M 41/1, Detail

rückwärtige Zarge ist gerade, aber ebenfalls an Unter- und Oberkante geschweift. An der Vorderseite ist die Zarge mit zwei flachen Bögen zur Mitte orientiert. Seitlich laufen die Zargen von den Hinterbeinen mit einer durchgehenden Schweifung weit vor und über das Niveau der Zarge hinaus in die Armstütze ein, die von der Vorderkante der Sessel zurückgesetzt ist. Von dort schwingt die Stütze diagonal zur Sitzfläche gedreht zurück, um die Armlehne aufzunehmen. Die gepolsterte Armlehne verläuft waagerecht und ist am Handstück ein wenig nach außen gedreht. Die gepolsterte Rückenlehne ist mit gebogenen Stützen über die Sitzfläche gehoben und kippt über den geraden Beinen leicht zurück. Sie wird unten und seitlich von schönen Bögen eingezogen, aber oben nur von ungelenken Bögen überhöht. Fast alle Schauseiten des Gestells sind gekehlt und schließen an den Kanten mit wulstige Stäben. Auf den Ecken der vorderen Beine sind zwei der Stäbe nebeneinandergesetzt. Die hinteren Beine wurden nicht gekehlt. Die Partie über den Knien, über den Füßen, die vorderen Zargen und die Rückenlehnen

sind mit flachen, eher unbeholfen geschnitzten Blüten und Blättern betont.

Das achtbeinige Sofa entspricht weitgehend den Sesseln, bis auf die höher heraufgezogene Rückenlehne mit Schnitzerei aus Muschel- und Blattwerk. Zu den Beinen hin schwingen die Zargen mit einem scharfen Knick zurück, so daß der Übergang wenig flüssig erscheint.

Fassung: Blätter, Blüten und Stäbe haben eine Polimentvergoldung, während die gekehlten Bereiche weiß gefaßt sind. Darunter liegt eine sehr ähnliche Fassung. Wahrscheinlich wurde die Fassung erneuert, bevor man die Möbel 1869 neu bezogen hat.

Polster/Bezüge: Die Gurte wurden von oben auf die Zargen genagelt und die Polsterung wahrscheinlich nicht erneuert. Die in Ansbach verbliebenen Stücken haben beige Baumwollbezüge, die mit einem Schwa-

Sessel AnsRes. M 41/1

Sessel AnsRes. M 41/1

nenpaar, Schilf, Blumen und Vögeln in den Farben von Hellrot bis Dunkelrot mit brauner Schattierung bedruckt sind. Die Borte ist nicht zugehörig und später erneuert. Vom gleichen Bezugsstoff existieren Vorhänge im gleichen Raum, die im Inventar von 1865 für das Jahr 1869 im Wert von 80 fl als Zugang eingetragen sind.[2] In den früheren Inventaren sind blaue Bezüge genannt, die anscheinend zur Wandbespannung gepaßt haben. Sie ist bis heute erhalten und wurde wahrscheinlich montiert, nachdem die Lambris aus Bayreuth 1775 nach Ansbach gebracht und eingebaut worden war.[3] Auf den Sesseln und dem Sofa in Bayreuth sitzen neue, lindgrüne Damastbezüge mit chinoisen Motiven.

Konstruktion: Die Gestelle sind gezapft und gedübelt und die Einzelteile der Rückenlehne mit Schlitz und Zapfen verbunden. Die Armlehnstützen sind in die Zargen gezapft und gedübelt, die Armlehnen aber offen durch die Holme der Rückenlehnen gezapft. Zargen und Beine sind an der Innenseite nicht abgearbeitet. Das Gestell des Sofas ist zwischen den mittleren Beinpaaren anstelle hölzerner Schwingen mit eisernen Stangen versteift.

WÜRDIGUNG

Daß Bezüge von Sitzmöbeln einmal sicher datiert werden können, ist selten. Weil der Ankauf des Stoffs im Jahre 1869 belegt ist, kann die zeitliche Entstehung etwas früher angesetzt werden.

Wegen der nach hinten schmaleren Sitzfläche und den zurückgesetzten Armlehnen wirken die Möbel bequem. Außerdem vermitteln die geschwungenen Armlehnstützen und die langen Einzüge der Rückenlehnen einen recht eleganten Eindruck. Dagegen stehen die unsicheren Schweifungen im Kopfstück der Rückenlehne und in der vorderen Zarge. Auch die wulstigen Stäbe auf den Kanten samt Blüten und flachen Blättern sind qualitativ einfacher zu beurteilen. Die große Garnitur hat eine deutlich elegantere, mit Hilfe der Bildhauerei besser strukturierte Chaiselongue zum Vorbild gehabt und muß deshalb später datiert werden (Kat. 52). Die Blüten und Blätter von Zarge und Rückenlehne tauchen an einer späteren (Kat. 77), Form und Struktur der Armlehnstützen auch an einer noch späteren Garnitur wieder auf (Kat. 90).

1 Ziffer 1996, S. 101
2 Inv.-Nr. 424a
3 Kreisel 1939, S. 73 f.

77

12 Sessel ›en cabriolet‹

Ansbach, um 1760/70

Gestelle: Buche, geschnitzt, weiß gefaßt
85,5 x 66 x 61 cm

3 Sessel nach 1939 verschollen; weiß überstrichen; 1960 neu bezogen

Standort Residenz Ansbach, 2. Vorzimmer des Markgrafen, R 4

Historische Inventarnummern Residenz Ansbach 1807: S. 157; 1813: S. 75; 1820: S. 132; 1830: S. 44; 1842*: 303; 1865*: 303; 1884: A.II. 22.65-76; 1901: A.I. 22.51-62; 1903*: A.I. 22.8; 1929*: F.V.III. Lit. A1b Nr. 37-48 Bl. 14 Zi. 22; 1939*: F.V.III. R 4 Bl. 31 M 49-60

Inv. AnsRes. M 32/1-8, 32/11

Literatur A.F. Residenz Ansbach 1939, S. 43 – A.F. Residenz Ansbach 1993, S. 53

Sessel AnsRes. M 32/11

PROVENIENZ

Die neun Sessel sind im Inventar von 1807 wohl innerhalb einer Garnitur von »12. Fauteuils, aschenfarb und weiss lakirt mit eingesetzten Sitzen und Rückenlehnen von Damasade wie die Tapetten« im Salon über der Galerie (R 185) zu identifizieren. Dort sind die Sitzmöbel noch im Inventar von 1820 verzeichnet. Der Raum war mit lila Damast bespannt, der später als grün und lila beschrieben ist, und die gleiche Beschreibung der Sesselbezüge

taucht in den Inventaren von 1813 bis 1865 auf. Das Inventar von 1884 beschreibt die Bezüge aus »grün und weiß dessiniertem Damast«, was den mittlerweile ausgebleichten Zustand dokumentiert. Diese Bezüge werden noch im Inventar von 1939 genannt. Vom Inventar des Jahres 1830 bis 1865 sind die 12 Sessel im 1. Vorzimmer des Markgrafen (R 3) und seit dem Verzeichnis von 1884 im 2. Vorzimmer des Markgrafen verzeichnet. Noch das Inventar von

Sessel AnsRes. M 32/11

1939 nennt 12 Sessel, so daß drei weitere Sessel der Garnitur während des Zweiten Weltkriegs wohl verlorengegangen sind.

BESCHREIBUNG

Gestell: Die Sessel ruhen auf diagonal zum Gestell stehenden, geschweiften Beinen, die über kurzen Stützen knaufähnlich abgesetzt sind und mit einem Bogen in die Zargen übergehen. Von den Beinen schwingt die U-förmige Sitzfläche an der Vorderseite vor. Alle Zargen sind in flachen Wellen geschweift. Die Armlehnstützen sind von der Vorderkante der Sessel zurückgesetzt, schwingen weiter zurück und seitlich über den Grundriß der Sitzfläche hinaus. Sie tragen eine kurze, gepolsterte und ebenfalls nach außen gebogene Armlehne. Die Rückenlehne ist mit kurzen Stützen über die Sitzfläche gehoben und leicht nach hinten geneigt. Sie ist an drei Seiten leicht eingezogen, oben aber in Form eines Korbbogens überhöht, während das Polster gegenläufig nach unten schwingt. Fast alle Schauseiten des Gestells sind gekehlt und schließen nach einem feinen Absatz an den Kanten mit Rundstäben ab. Die Verbindung zwischen Zarge und Armlehnstütze wird von Bezügen fast verdeckt, und die Kehle der Zargen läuft nicht in die Stützen ein, so daß ein organischer Übergang fehlt. Auf den Ecken der vorderen Beine sind zwei Stäbe nebeneinandergesetzt, die sich nach oben aufspalten und einen Blütenzweig fassen, während der Knauf über den Füßen mit regelmäßigem Blattwerk besetzt ist. Die Rückseite der hinteren Beine ist rund geblieben. Die vordere Zarge und das Kopfstück der Rückenlehne sind mit Blüten und Blattwerk betont.

Fassung: Die Gestelle sind weiß überstrichen und tragen darunter eine gebrochene Polierweißfassung.

Bezüge/Bespannung: Die Gurte sind von oben auf die Zargen genagelt und gehören wohl zum Originalbestand. Dagegen wurde die Polsterung aufgefüllt und die Konturen schärfer genäht als der Grundriß des Gestells, als die gelben Bezüge 1960 montiert wurden.

Konstruktion: Die Gestelle sind gezapft und gedübelt und die Teile der Rückenlehne mit Schlitz und Zapfen verbunden. Zargen und Beine sind an der Innenseite nicht abgearbeitet.

WÜRDIGUNG

Im Verhältnis zur Höhe sind die Sitzflächen recht breit, und deshalb wirken die Sesselchen mit den kurzen, zurückgesetzten und über den Grundriß ausgeschwenkten Armlehnen sehr bequem. Die rundlichen Stäbe an den Kanten sind mit feinen Linien von den Kehlen abgesetzt und bildhauerisch sauber gearbeitet. Vor allem aber lassen die flüssig und leicht geschwungenen Konturen der Rückenlehne und die gekonnten Übergänge von den Beinen zur Zarge die Gestelle elegant erscheinen. Die Blüten und Blätter an Zargen und Rückenlehnen kamen bereits an zwei früheren Garnituren vor, während Form und Struktur der Armlehnstützen auch an einer späteren Sitzgarnitur wieder auftaucht (Kat. 52, 76, 90). Folglich müssen die Sessel innerhalb dieses Gefüges, beinahe zwangsläufig um 1760/70 datiert werden.

Detail der Rückenlehne von Sessel AnsRes. M 32/11

78

Schreibschrank
›Secrétaire à trois corps‹

Deutsch, 1760/70

Konstruktionsholz: Nadelholz, Eiche, Buche
Marketerie: Nußbaum, Rüster, Pflaume, Ahorn (?)
Beschläge: Messing, Eisen
Hellblaues Naturpapier im Aufsatz
Rotes Kleisterpapier in den Schubladen des Unterteils
198 x 111 x 54 cm; Unterteil: 104,5 x 111 x 54 cm;
Aufsatz: 93,5 x 110 x 38 cm

Verwendung älterer Teile; schwarze Anstriche aus neuerer Zeit; Kranzgesims wohl erneuert; letzte Reparatur in den 1950er Jahren

Standort Residenz Ansbach, Dienerschaftszimmer des Gästeappartements, R 18

Historische Inventarnummern Residenz Ansbach 1807: S. 256; 1830: S. 77; 1842: 453; 1865: 453; 1884: A.II. 38.3; 1901: A.I. 38.3; 1903*: A.I. 38.3; 1929*: F.V.III. Lit. B II b Nr. 8 Bl. 47 Zi. 38; 1939*: F.V.III. R 18 Bl. 200 M 224

Inv. AnsRes. M 19

Literatur A.F. Residenz Ansbach 1939, S. 65 – A.F. Residenz Ansbach 1993, S. 87

PROVENIENZ

Im Inventar von 1807 paßt nur eine Beschreibung im Gardemeuble auf das Stück, nämlich: »1. Secretaire, mit Nußbaumholz eingelegt, einem Aufsatz und 3. untern Schubladen«. Sicher faßbar ist das Möbel seit dem Inventar von 1830 als »Schreibtisch mit Aufsatz und Nußbaumholz eingelegt«. Seitdem steht es im Dienerschaftszimmer des Gästeappartements.

BESCHREIBUNG

Korpus: Das Möbel besteht aus einem kommodenartigen Unterteil mit drei Schubladen und integriertem Schreibteil mit schräggestellter Klappe sowie einem Aufsatz mit zwei Türen. Der Unterteil ruht auf geschweiften Brettfüßen, die um die Korpusecken herumgeführt sind. Darüber beginnt der Korpus mit einem leicht vorstehenden, schmalen Sockelprofil, das mit dem schwarzen Anstrich besonders auffällt. Die glatten Seiten führen gerade hinauf, während die Front mit den Schubladen unter dem geraden Schreibteil in Armbrustform geschweift ist. Über der obersten Schublade und unter der Schreibklappe ist eine flache Schicht eingeschoben, die nur als Lager für die herausziehbaren Schreibklappenstützen dient. Diese Schicht ist leicht vorgezogen, überdacht die Schubladen gleichsam und ist auch durch die um wenige Zentimeter vorkragende Seitenwand hervorgehoben. Der rechteckige Aufsatz mit geraden Türen und geraden Seiten springt nur wenig vom Unterteil zurück und hat eine schwarz gestrichene Sockelleiste. Das schwarze Kranzgesims kragt relativ weit vor.

Innenaufteilung: Hinter den Türen des Aufsatzes befinden sich ein Fachboden im oberen Drittel und unten sechs Schubladen, die paarweise übereinander und zu dritt nebeneinander angeordnet sind. Im Schreibteil werden zwei übereinanderliegende breite Fächer rechts und links von drei übereinander angeordneten Schubladen begleitet. Die rechte, untere Schublade hat eine dreifache Unterteilung für das erhaltene Streusandgefäß, das ebenfalls erhaltene Tintenfaß aus Glas sowie ein längliches Fach für Stifte und Schreibfedern. Die großen Schubladen im Unterteil sind mit aufwendigem Kleisterpapier in rotem Modeldruck auf hellem Grund, der Aufsatz aber nur mit blauem Naturpapier in Bögen ausgeschlagen.

Marketerie: Nur auf den Türen, auf der Schreibklappe und auf den großen Schubladen sitzen unregelmäßig geschweifte Felder aus Nußbaumwurzelmaser, die von aneinanderstoßenden, hellen und dünnen C- und S-Bögen eingefaßt sind und wieder in einem Nußbaumfond liegen. Dieser wird an der Klappe und den Türen von einer recht breiten, rechteckigen Rahmung aus Rüster eingefaßt und nach außen noch einmal von einer sehr breiten Nußbaumrahmung abgeschlossen. An den großen Schubladen wurde auf eine Rahmung in Rüster verzichtet und die Handhaben mit einem rechteckigen Feld in Nußbaum mit hellem Faden hinterlegt. Die Seitenflächen sind weit einfacher furniert, indem das Oberteil auf jeder Seite ein rechteckiges Feld aus Pflaume, gerahmt von Rüster und Nußbaum erhielt, das Unterteil nur ein Feld aus Nußbaum mit gleicher Rahmung. Die Schubladen im Schreibteil haben einfache, nur mit Pflaumenholz furnierte Fronten und die Schubladen im Aufsatz immerhin ein rechteckiges Mittelfeld in Pflaume mit hellem Begleitstreifen und Nußbaumrahmung. Nur die Schlagleiste hat eine auffälligere Marketerie mit schräggesetzten und rechtwinklig aneinandergesetzten Furnierstücken in einer schmalen Rahmung. Die Schubladen im Schreibteil haben gedrechselte Zugknöpfe aus Pflaumenholz; zwei sind in Nußbaum ersetzt.

Beschläge: Auf der Schlagleiste und auf der Schreibklappe sitzen durchbrochen geschweifte Schlüsselschilde aus Messing, während auf den drei Schub-

laden im Unterteil glatte, spitzovale Schlüsselschilde befestigt sind. Die sechs Handhaben bestehen aus gebogenen Messinggriffen, die sich in Eisenösen drehen, welche durch Messingscheiben hindurchgeführt und mit Eisenmuttern verschraubt sind. Für die sechs Schubladen im Aufsatz wurden wieder reine Messingbeschläge verwendet, bestehend aus einem Zugring mit Splint, der durch eine Scheibe hindurchgeführt und auf der Rückseite des Schubladenvorderstücks auseinandergebogen ist. Die Türen sind mit eisernen Zapfenbändern, die Schreibklappe mit eingelassenen, aber groben Eisenbändern angeschlagen. In der linken Tür sind die eisernen Riegel oben und unten sowie das eiserne Schloß in der rechten Tür eingelassen, während die eisernen Schlösser der großen Schubladen nur aufgesetzt wurden.

Konstruktion: Als Konstruktionsholz dient fast ausschließlich Nadelholz. Grundlage des Unterteils bildet ein geschweifter Rahmen, der in jüngerer Zeit mit einem gefälzten Boden von unten verschlossen wurde. Die Seiten sind mit dem Rahmen und Deckbrett über dem Schreibteil verzinkt. Traversen und Laufleisten sowie der Boden hinter der Schreibklappe sind eingegratet, das eichene Kantholz mit den Klappenstützen aber von vorne in die Seiten gestemmt. Fachböden und Unterteilungen für die Schubladen in Schreibteil und Aufsatz sind ebenfalls eingegratet. Türen und Schreibklappe bestehen aus Nadelholz und werden von angenuteten Hirnleisten aus Eiche plan gehalten. Die Rückwände von Unterteil und Aufsatz liegen seitlich in Fälzen und wurden oben wie unten stumpf auf die Hinterkanten der Böden genagelt. Alle Schubladen sind offen gezinkt und haben rundum stumpf untergeleimte Böden. Die Vorderstücke wurden erst nach dem Zusammensetzen furniert. Für die herausziehbaren Stützen

Schubladen im Aufsatz

Schubladen im Schreibteil

Kleisterpapier in den unteren Schubladen, Detail

der Schreibplatte wurde Buche verwendet, während das schwarz gestrichene Kranzgesims aus Eiche wahrscheinlich erneuert ist.

Die Innenflächen der Türen, aber auch die Schreibfläche der Klappe sind nur grob mit dem Schrupphobel geglättet. Deshalb war es notwendig, den Aufsatz mit Papier auszuschlagen. Es ist anzunehmen, daß auch die Innenseite der Klappe bezogen war und erst bei der letzten Reparatur mitsamt den Innenflächen des Schreibteils schwarz gestrichen wurde.

Für das flache Gesims über den Türen wurden marketierte Teile verwendet, die dort keinen Sinn machen und als Resteverwertung zu betrachten sind. Ebenfalls in Zweitverwendung steht der Boden des Schreibfachs. Auf der Unterseite befindet sich eine rundum beschnittene Bemalung in Weiß, Grau und Schwarz, mit großen Blattgebilden, so daß der Boden aus einer ehemaligen Raumausstattung stammt.

WÜRDIGUNG

Die schwarz gestrichenen Profile geben dem Möbel ein biedermeierliches Aussehen, das es aber erst im Laufe von Reparaturen bekommen hat. Befremdend wirkt die rohe Bearbeitung im Inneren, aber auch die breiten, furnierten Rahmungen. Auf Grund der wiederverwendeten Teile im Gesims könnte das Möbel vielleicht einen Aufsatz gehabt haben und verändert worden sein. Anhand des wiederverwendeten Teils einer bemalten Raumausstattung kann die Herkunft des Möbels vielleicht einmal geklärt werden, das mit großer Sicherheit nicht in Ansbach entstanden ist. Wegen der Einfassung der Marketeriefelder mit schmalen, hellen Bögen könnte eine Entstehung in Thüringen oder Braunschweig um 1760/70 erwogen werden.[1] Wahrscheinlich ist das Schreibmöbel erst nach der Resignation des letzten Markgrafen ab 1791 in den Bestand der Residenz gelangt.

Wiederverwendetes Brett mit Grisaillemalerei

1 Schwarze 1977, bes. Nr. 164

79

Schreibschrank

>Secrétaire à abattant<

Ansbach, um 1770

Konstruktionsholz: Eiche, Ahorn
Marketerie: Nußbaum, Ahorn, Buchs, Palisander, Eibe, Rosenholz, Padouk (?)
Beschläge: Bronze, feuervergoldet und ziseliert, Messing, Eisen, Zinkblech
Platte: weißer, leicht grau geaderter Marmor
Rotes Kleisterpapier im Unterteil
140 x 96,5 x 39 cm; Platte: 2 x 92 x 38 cm

Leder auf der Schreibklappe erneuert, Reste des alten Leders darunter erhalten; Restaurierung 1951 durch Schreinerei Spengler in Ansbach; Gravuren stark beschliffen; letzte Restaurierung 1984/85

Standort Residenz Ansbach, Schlafzimmer der Markgräfin, R 9

Historische Inventarnummern Residenz Ansbach 1807: S. 158; 1813: S. 76; 1820: S. 133; 1830: S. 20; 1842*: 134; 1865*: 134; 1884: A.II. 15.22; 1901: A.I. 15.15; 1903* A.I. 15.15; 1929: F.V.III. Lit. B II b Nr. 2 Bl. 45 Zi. 15; vor 1939*: F.V.III. R 9, Bl. 71, M 109; Stempel: Ansbach und S.A.

Inv. AnsRes. M 15

Literatur Lessing 1892, Taf. 51 – A.F. Residenz Ansbach 1939, S. 40 – Kreisel 1970, S. 188, Abb. 500 – A.F. Residenz Ansbach 1993, S. 66

PROVENIENZ

Das Inventarverzeichnis von 1807 nennt mehrere Sekretäre, aber nur ein Eintrag paßt auf dieses Möbel: »1 eingelegter Secretaire, mit einer weissen

Marmorplatte«. Zu dieser Zeit steht das Möbel nicht auf der Belle Etage, sondern im Kabinett neben dem klassizistischen Saal im 2. Obergeschoß (R 280). Nach den Inventaren von 1813 und 1820 blieb der Standort erhalten, und seit 1830 ist das Möbel bis heute im Schlafzimmer der Markgräfin eingetragen. Ein Photo aus dem Jahre 1892 zeigt den Sekretär im gleichen Raum.

Blumenmarketerie an der heraldisch rechten Seite

BESCHREIBUNG

Korpus: Das Möbel steht auf vier kurzen Beinen, hat im unteren Bereich zwei Türen, darüber die Schreibklappe und direkt unter der Marmorplatte eine breite Schublade. Im Bereich der Schublade ist der Korpus stark eingezogen, und die Marmorplatte steht gegenüber dem Grundriß des Möbels zurück. Der gerade Korpus täuscht darüber hinweg, daß Front und Seiten des Möbels geschweift sind. Allerdings ist die Front so leicht von den Kanten ein- und zur Mitte hin vorgewölbt, daß man den schwingenden Eindruck der Vorderansicht für eine Täuschung hält und diesen Eindruck durch einen Blick von der Seite zu verifizieren genötigt ist. Die kräftige Rundung der beiden vorderen Ecken wurde über ein gutes Stück abgeplattet, das Möbel damit gelängt und die diagonale Ausrichtung der Beine zum Korpus betont. Die Beine sind kurz und kräftig, aber doch geschwungen und gebaucht und treten an den Ecken aus den Senkrechten des Möbels hervor. Der flache, obere Teil des Sekretärs ist stark eingezogen, so daß an den runden Ecken eine sehr kräftige Schulter entstanden ist. Wegen des Einzugs konnte es nicht bei einer schlichten Schweifung bleiben. Um

sie an Front und Seiten mit der Einziehung zu verschmelzen, mußte der Oberteil zusätzlich gebaucht werden. Anders ist eine Einziehung über geschweiftem Grundriß nicht möglich. Das Vorderstück der oberen Schublade reicht über die ganze Breite des Möbels, so daß die seitlichen Fugen nicht in der Front, sondern auf den Seiten des Möbels liegen.

Platte: Die Platte ist profiliert, in der Stärke unregelmäßig, von 12 mm hinten links bis 24 mm vorne rechts, geschnitten und nimmt den geschweiften Grundriß mit der Bauchung des Möbels im Oberteil auf. Dies kann als sicheres Zeichen gelten, daß es sich um die originale Marmorplatte handelt.

Innenaufteilung: Hinter den Schranktüren befinden sich zwei nebeneinanderliegende hohe Schubladen, die etwa die halbe Höhe des Unterteils einnehmen. Darüber liegt ein offenes Fach. Die Vorderstücke der Schubladen und die Rückseite der Türen sind mit rotem Kleisterpapier bezogen, das auch unter den Beschlägen sitzt und dessen Muster diagonal zu den Flächen verläuft. Das Schreibfach hinter der Klappe ist in drei Etagen geteilt: Oben liegt ein durchgehendes Fach und in der Mitte zwei Fächer nebeneinander. Unten ist die Etage höher, hat in der Mitte ein offenes Fach und zu beiden Seiten drei Schubladen übereinander. Die Front des Schreibeinsatzes samt Schubladen ist geschweift. In der unteren rechten Schublade ist seitlich ein Streifen mit drei Fächern für Streusanddose, Tintenfaß und Schreibfedern abgeteilt. Beide Einsätze haben unregelmäßige Maße und passen genau in entsprechend eingerichtete Fächer, so daß der Sandstreuer nur in das hintere und das Tintenfaß nur in das vordere Fach eingesetzt werden kann. Folglich gehören beide mit Sicherheit zum originalen Bestand.

Marketerie: Die Vorderbeine sind anstelle von Schienen mit einem Streifen Rosenholz eingelegt, der Ecke und Bewegung der Beine betont. Auch die Lippen der Schreibklappe und Türen sind mit Rosenholz marketiert. Die Ecken des Möbels haben abgeplattete Rundungen mit auffälligem Flechtband, und der eingezogene Oberteil ist mit einem Blockfurnierfaden, wie eine umlaufende Naht, vom Unterteil abgesetzt. Eine Fuge existiert jedoch nur an der Unterkante der Schublade. Der eichene Schreibeinsatzes hat Vorderkanten aus Eibe, und die Schubladen sind mit Nußbaum furniert. Allerdings lassen Reste rötlichbrauner Färbung auf eine ehemalige Veredelung der Innenflächen schließen.

Das Möbel hat eine markante Rahmung aus Nußbaum mit kontrastierender Maserung, die nur an der Front im Federfries geführt ist. An den Seiten ist die Rahmung einfach und breiter. Die Linien der Maserung werden aber fast zu Wellenlinien, weil die Seiten des Möbels stärker geschweift sind. Der Fond besteht aus gekochtem Ahorn und wird an der Front von drei, an den Seiten aber nur von zwei parallel verlaufenden Streifen mit hellen Begleitlinien eingefaßt. An den Ecken sind die Streifen zu Knoten verkröpft, die auf der Front über die Flucht der Linien hinauskragen und an den Seiten streng in das Rechteck der Felder eingeschrieben bleiben. Die querformatigen Marketerien am Oberteil sind nur mit

Marketeriedetail an der vorderen Möbelecke

einem Faden abgesetzt und mit einem Blütenzweig gefüllt. Auf den Marketerien an den Seiten sind jeweils vier Blütenzweige zusammengefaßt, während auf den breiteren Flächen der Türen fünf Zweige dargestellt sind. Auf der Klappe ist eine große Anzahl von Blumenzweigen fächerartig ausgebreitet und die Mitte mit einem Gebinde aus Notenblättern und Musikinstrumenten abgedeckt. Flöte, Klarinette, Laute, Trompete und ein Tambourin scheinen mit einem Band zusammengebunden und an einem Nagel in der Klappe aufgehängt. Viele der großen Blüten lassen sich als Nelken und Tulpen identifizieren. Die feine Gravur ist teilweise gut erhalten und die Blüten aus unterschiedlichen Holzarten oder verschieden gefärbten Holzstücken zusammengesetzt.

Beschläge: An den vergoldeten Schlüsselschilden für Schreibklappe, Schublade und die zwei Türen wird die Grundplatte von einem hochovalen Lorbeerkranz gerahmt und einer Schleife bekrönt. Als Verbindung dient ein Pinienzapfen, an dem der Lorbeerkranz mit einer Manschette befestigt ist. Die Bänder der Türen haben die Form von Schwalbenschwänzen und bestehen aus Messing. Auch die Zugknöpfe der Schubladen im Schreibeinsatz bestehen aus Messing und haben angeschmiedete Messinggewinde, während die Griffe der Schubladen im Unterteil nur mit einem eisernen Splint befestigt sind. Alle drei Kastenschlösser bestehen aus Eisen, haben aber eine Abdeckung aus Messing. Auch die Schließbleche bestehen aus Messing. Für die gut sichtbare Führungsstange der Schreibklappe wurde Eisen, für die zugehörigen Führungsbeschläge jedoch wieder Messing gewählt. Die Behälter für Tinte und Löschsand bestehen aus zinkummantelten Glasgefäßen mit einer Abdeckung aus Messing.

Konstruktion: Das Möbel ist ungewöhnlich konstruiert. Die Seiten bestehen aus einer starken Rahmenkonstruktion aus eichenen Kanthölzern, deren Seiten als Beine durchlaufen. An der Rückseite sind die Rahmen gleichzeitig Bestandteil einer weiteren Rahmenkonstruktion mit vier Füllungen als Rückwand, die fest mit den Seiten verzapft ist und nicht aus dem Korpus herausgenommen werden kann. Boden und Decke haben zwei Füllungen und sind nach dem gleichen Prinzip konstruiert, untrennbar mit den Seiten verbunden und in der Mitte stumpf durch die Rückwand gezapft. Von den drei Traversen der Vorderseite sitzt die obere mit einem Schwalbenschwanz im Hirnholz des Pfostens, während die anderen eingezapft und verdübelt sind. Soweit stellt der Korpus nur eine Rahmenkonstruktion aus Eiche mit ebensolchen Füllungen dar, die nun an den Seiten mit geschweiften Ahornbrettern aufgedoppelt wurden. Auch für Klappe und Türen wurde Ahorn mit Anfaßleisten aus Eiche verwendet. Nur die Klappe erhielt einen Umleimer aus Nußbaum. Der eingezogene Oberteil ist nicht konstruktiv mit dem Korpus verbunden, vielleicht aufgedübelt oder auch nur geleimt und die Decke rundum in einen Falz gedübelt. Die Schublade liegt dicht unter der Marmorplatte und streift mit der Oberkante beim Herausziehen die Unterkante der Platte. Hinter den Türen

sind die seitlichen Rahmen des Korpus von innen mit Eichenbrettchen verkleidet, so daß Konstruktion und die Wangen aus Ahorn an diesen Stellen nicht sichtbar sind. Die Verkleidung ist mit Fälzen in die Rahmen gesenkt und hält den eichenen Fachboden. Beide Schubladen sind hinten offen und vorne halbverdeckt gezinkt, die Böden liegen vorne und seitlich in einer Nut, aber hinten, recht ungewöhnlich, in einem Falz. Auch die obere Schublade besteht vollständig aus Eiche, wurde hinten offen gezinkt und die Seitenstücke in das kompliziert geformte Vorderstück geschlitzt. Der Boden liegt vorne wie an den Seiten in einer Nut und läuft unter dem Hinterstück durch. Der eichene Schreibeinsatz wurde vor dem Einbau der Klappe von vorne eingeschoben und verschraubt. Böden und Zwischenwände sind gezapft. Die ebenfalls eichenen Schubladen sind hinten offen und vorne verdeckt gezinkt. Die Böden liegen rundum in einem Falz.

WÜRDIGUNG

Das Möbel besticht durch die zart gewellte Front, etwas kräftiger geformte Seiten und die prachtvolle Blumenmarketerie. Die Blumenzweige füllen die Flächen recht ausgewogen, wagen sich aber nicht über die Rahmung hinaus. Es gibt eine Auswahl verschiedener Blumenköpfe, teilweise als Nelken oder als Tulpen mit zerfaserten Blättern charakterisiert und oft aus mehreren, farblich unterschiedlichen Teilen zusammengesetzt. Auch halbgeöffnete Blüten sind dargestellt.

Kreisel hatte versucht, das Möbel mit dem 1763 datierten französischen Ziertisch in Verbindung zu bringen, von dem er glaubte, daß es der Ansbacher Hofschreiner Samuel Erdmann Beyer geschaffen habe (Kat. 74). Die stämmigen Beine, der fleischige Wulst an den Ecken und die kräftigen Schultern können jedoch nicht mit den hocheleganten Formen des Tischchens konkurrieren. Auch scheint die Masse der Blüten die Rahmungen fast zu sprengen, und die Führung der Zweige wirkt auf dem Tischchen naturalistischer. Dagegen werden die Blätter laufend wiederholt, weder gedreht noch gar umgeschlagen. Wenn man den Anschnitt der Zweige vergleicht, kommt ebenfalls keine Gemeinsamkeit zutage. Auch ein Vergleich mit der Marketerie des späteren, 1799 signierten Rollbüros des Hofschreiners Johann Laurenz Weymar (Kat. 122), dessen Blütenzweige ebenfalls anders gestaltet sind, läßt keine Gemeinsamkeit erkennen. Deshalb ist der Sekretär auch nur grob um 1770 zu datieren. Erst der Vergleich der eigenartigen Konstruktion mit einem Schreibschrank (Kat. 98), der wiederum mit anderen Möbeln des Schlosses verbunden werden kann, stellt wenigstens sicher, daß der Sekretär in Ansbach entstanden ist. Die beiden unterschiedlichen Möbel sind selbstverständlich nicht gleich, aber vergleichsweise stabil konstruiert. So können die Rückwände nicht herausgenommen werden, und die Böden sind durch die Rückwand gestemmt. Vielleicht stammt das Stück aus der Werkstatt des Hofschreiners S. E. Beyer.

Rückseite

Schubladen im Schreibteil

80

3 Konsoltische

Ansbach, um 1774

Im Dekor der Zargen bezeichnet »A« für Markgraf
Alexander, auf der hinteren Zarge des Konsoltisches an der
Seitenwand mit Bleistift in Handschrift des 18. Jahr-
hunderts »Hinden undern Spiegel«
Konstruktionsholz: Buche, Eiche, gedrechselt und
geschnitzt, Nadelholz
Fassung: graviert, vergoldet, versilbert und grün gelüstert
Zwei Platten weißer, leicht grau gewölkter Marmor, eine
Platte weiß-rosa-schwarz und grau gesprenkelter Marmor
AnsRes. M 65/1:
81 x 105,5 x 73,5 cm; Gestell: 76 x 104,5 x 71 cm
AnsRes. M 65/2-3:
78,5 x 118,5 x 68 cm; Gestelle: 74,5 x 113,5 x 62 cm

Ursprünglicher Standort; Fassung ruinös

Standort Residenz Ansbach, Audienzzimmer des Markgrafen, R 5

Historische Inventarnummern Residenz Ansbach 1807:
S. 36; 1813: S. 29; 1820: S. 39; 1830: S. 37; 1842*: 255, 256;
1865*: 255, 256; 1884: A.II. 21.28-30; 1901: A.I. 21.28-30;
1903*: A.I. 21.9; 1929*: F.V.III. Lit. B V Nr. 20-22 Bl. 60
Zi. 21; vor 1939*: F.V.III. R 5 Bl. 40 M 75-77

Inv. AnsRes. M 65/1-3

Literatur A.F. Residenz Ansbach 1939, S. 44 – Kreisel 1939,
S. 72 – A.F. Residenz Ansbach 1993, S. 56

PROVENIENZ

Die unterschiedlichen Höhenmaße der einheitlichen Gestelle stimmen mit den Oberkanten der
Lambris im Audienzzimmer des Markgrafen (R 5)
überein. Das Spiegeltrumeau an der Seitenwand hat
unten eine geschnitzte Aussparung, die zu Länge
und Wulst der gesprenkelten Marmorplatte paßt, so
daß die Platte in die Aussparung eingeschoben werden kann. Beide Platten der Tische zwischen den
Fenstern passen genau zwischen die Rahmungen der
Fensternischen. Schon deshalb ist nicht nur der
Raum, sondern auch der Standort im Raum als ursprünglicher Bestimmungsort der Konsoltische gesichert.

Das Inventar von 1807 vermerkt die Konsoltische
im Audienzzimmer des Markgrafen mit den Einträgen: »2. Tische, an den 2. Pfeilern, die Gestelle von
antiker vergoldeter Bildhauer Arbeit mit 4. Platten
von weissen Marmor« sowie »1 dergleichen Tisch
mit nehmlichen Gestell und Platte von grau und
schwarzen Marmor«. Die Zahlenangabe der weißen
Marmorplatten wird ein Schreibfehler sein, der im
Inventareintrag von 1813 zugunsten von »2. Blatten von weiß und schwarzen Marmor« korrigiert
erscheint, während die Beschreibung der dritten
Tischplatte beibehalten wurde. Auch die späteren
Inventare verzeichnen die Konsolen stets im Audienzzimmer des Markgrafen.

BESCHREIBUNG

Gestelle: Die Konsoltische haben vier runde, konisch
nach oben erweiterte Beine mit Kanneluren, die im
unteren Drittel geflötet und mit einem schräg gerieften Wulst von den ebenfalls kannelierten Fuß-
stümpfen abgesetzt sind. Oben werden die Beine
von einer wulstigen Scheibe eingeschnürt, auf der
eine kelchförmige Blattwerktülle mit quadratischer
Kämpferplatte fußt. Darüber stehen die Beine mit
den Zargen bündig in einer Flucht und treten nur in
der gravierten Vergoldung als Würfel hervor. An den
Enden sind die Zargen ausgeschnitten und hängen
über die Kämpferplatten herunter. Dadurch bilden
die Zargen einen flachen Kasten mit Ecknischen, der
auf Beinen ruht. Die geraden Zargen haben an der
Unterkante zwei geschweifte Blattbögen, und auf
den Flächen sitzt im Zentrum der Buchstabe A, in
dessen Mitte sich die Enden zweier Zweige kreuzen.
Zwischen dem Konsoltisch für die Seitenwand des
Raums und den beiden Tischen an der Fensterwand
ist die Schnitzerei jedoch unterschiedlich. Der einzelne Konsoltisch AnsRes. M 65/1 hat links vom
Buchstaben einen langgeschwungenen, schilfigen
Zweig und rechts einen Zweig mit Blütenknospen.
Bei den anderen Tischen ist der Zweig mit Blütenknospen durch einen Blattzweig ersetzt, der sich jedoch von dem schilfigen Zweig unterscheidet. An
den Tischen der Fensterwand sind die Zweige wech-
selseitig zum Standort des Throns ausgerichtet.
Der links gegenüberstehende Konsoltisch AnsRes.
M 65/3 hat den schilfähnlichen Zweig links vom
Buchstaben und der rechts stehende Konsoltisch
AnsRes. M 65/2 rechts. Gleichen Dekor tragen die
seitlichen Zargen, und am Konsoltisch der Seitenwand wurde auch die rückwärtige Zarge mit dem geschnitzten Dekor versehen.

Ecklösung Konsoltisch AnsRes. M 65/1

Ecklösung Konsoltisch AnsRes. M 65/3

Konsoltisch AnsRes. M 65/1

Zarge von Konsoltisch AnsRes. M 65/1

Zarge von Konsoltisch AnsRes. M 65/3

Zarge von Konsoltisch des Bayerischen Nationalmuseums, Inv. R 6486

Fassung: Alle drei Gestelle sind auch auf der Rückseite vollständig vergoldet. Die Flächen sind gewugelt und stehen gegenüber dem polierten Schnitzwerk matt zurück. Zumeist sitzt die Vergoldung auf rötlichem Bolus, aber die Kanneluren der Beine, Teile der Beinwülste und das Blattwerk an den Zargen sind versilbert und grün gelüstert. Allerdings ist das Grün stark verblichen. Technisch ist die Fassung des Konsoltischs der Seitenwand (AnsRes. M 65/1) von den beiden anderen verschieden.

Platten: Die beiden Konsoltische zwischen den Fenstern (AnsRes. M 65/2-3) haben leicht grau gewölbte, weiße Marmorplatten, während der andere mit einer wertvolleren, gleichmäßig fein gesprenkelten Marmorplatte in Weiß, Rosa, Schwarz und Hellgrau versehen ist. Alle Platten haben vierseitig das gleiche Profil, das über dem Gestell mit einer Kehle eingezogen ist und oben mit einem Wulst vorkragt.

Konstruktion: Für die Pfostenkonstruktion des Gestells an der Seitenwand (AnsRes. M 65/1) wurde Buche verwendet und für die Platte ein Stützkreuz aus Nadelholz in die Zargen gegratet, während die anderen Gestelle aus Eiche bestehen und vier stützende Kanthölzer aus Nadelholz erhalten haben, die übereck sehr paßgenau in die Zargen gegratet sind. Das hängende Blattwerk unter den Zargen erscheint wie angeheftet, ist jedoch aus den Zargen herausgeschnitzt, während die Schnitzerei auf den Fronten appliziert wurde.

WÜRDIGUNG

Beine und Zargen sind nicht nach architektonischen Regeln stimmig miteinander verbunden. Es scheint, als seien die Zargen nur auf die Beine gelegt. Ähnlich unorganische Übergänge sind an dem gleichzeitig entstandenen Thronsessel im gleichen Raum zu beobachten (Kat. 81). Anscheinend hatte man in Ansbach – von klassizistischen Vorbildern geleitet – einzelne Komponenten nach eigener Vorstellung zusammengesteckt.

Schon bei den Vorgängern der beiden Konsoltische an der Fensterfront (Kat. 44) paßten die Platten genau zwischen die Lambris und die Spiegelrahmen, an deren Unterkante sowohl Grundierung als auch ein wenig von der Vergoldung sitzt, so daß sie für die neuen Konsoltische nicht verändert oder abgeschnitten worden sind.

Obwohl der Standort des einen Konsoltischs, »Hinden undern Spiegel«, genau bezeichnet ist, wurde er auch an der Rückseite mit geschnitztem Dekor versehen und vergoldet. Die Rückseiten der anderen Tische sind nur vergoldet, aber alle Marmorplatten sind rundherum profiliert. Außerdem hätte man fest montierte, zweibeinige Konsolen und keine selbststehenden Tische herstellen können. Deshalb muß damit gerechnet werden, daß die Möbel vielleicht auch als freistehende Tische benutzt werden sollten und in gewissem Maße mobil waren. Andernfalls hätte man sie nur als selbständige, nicht von der Wand abhängige Konsoltische charakterisiert, weil die alte Ausstattung des Raumes einem früheren Stil entstammt. Gleichzeitig hat man sich der älteren Ausstattung aber auch unterworfen, indem die 1774 neu hergestellten Spiegeltrumeaus an den Seiten des Raums der früheren Stilstufe entsprechen. In jedem Falle muß man von einer kostengünstigen, vor allem aber einfühlsamen und überlegten Modernisierung des Audienzzimmers sprechen.

In der Bildhauerei, in der Fassung sowie in der Konstruktion gibt es Unterschiede zwischen dem Konsoltisch an der Seitenwand des Audienzzimmers (AnsRes. M 65/1) und den beiden Tischen der Fensterwand. Die Unterschiede sind aber nicht so, daß man von verschiedenen Bildhauern ausgehen muß. Eher kann man die besseren Proportionen des Schnitzwerks unter den Zargen oder die flüssiger geführten Linien an den Füßen der beiden Tische an der Fensterseite als Entwicklung werten und den Tisch an der Seitenwand zeitlich etwas früher ansetzen. Vergleichbar kleine Unterschiede sind zwischen den Thronsesseln zu beobachten, deren runde Beine jedoch geschnitzt und nicht gedrechselt wurden. Ähnliche Füße wie die Konsoltische hat eine Truhe (Kat. 82).

Ein vierter, nahezu identischer Konsoltisch tauchte unverhofft im Magazin des Bayerischen Nationalmuseums auf.[1] Er hat eine weiße Marmorplatte mit gleichem Profil und die gleiche Konstruktion in Eiche mit übereck gestellten Streben unter der Platte wie die Konsolen an der Fensterwand. Nur an diesem Tisch sind die Löcher der Drechselbank im Hirnholz der Pfosten sichtbar geblieben. Wiederum ist die rückwärtige Zarge vollständig vergoldet, die Fläche gewugelt, aber nicht mit Schnitzereien versehen. Auch gibt es keine grün gelüsterten Partien in der Vergoldung, und das Schnitzwerk besteht auf den Zargen aus Blattzweigen mit Blüten und rundlichen Früchten, die in der Mitte mit einer Schleife optisch zusammengebunden sind. Leider kann die Provenienz des Tisches in den Akten des Museums nicht zurückverfolgt werden, und die knappen Beschreibungen in den Inventaren der Residenz Ansbach lassen die Identifikation eines ge-

Gestell von Konsoltisch AnsRes. M 65/1

Gestell von Konsoltisch AnsRes. M 65/3

schnitzten und vergoldeten Konsoltischs mit weißer Marmorplatte nicht zu. Auch ein Vermerk über die Abgabe eines entsprechenden Tisches gibt es nicht.

Bereits die geschnitzten und applizierten Zweige mit ihren Blüten und rundlichen Früchten an den Konsoltischen im Audienzzimmer ähneln den Blütenzweigen am Bett des Markgrafen (Kat. 66). Aber die durchbrochen geschnitzten, streckenweise vom Untergrund gelösten Ästchen der Blattzweige mit rundum gewugelten Gravuren am Konsoltisch des Bayerischen Nationalmuseums stellen endgültig sicher, daß die applizierten Schnitzereien auf den Zargen aller vier Konsoltische von der gleichen Hand stammen sowie das Bett und weitere, stilistisch zugehörige Stücke (Kat. 67, 68), die jedoch zeitlich früher liegen.

Für die Modernisierung des Audienzzimmers sind einige Jahreszahlen bekannt. 1773 ließ Markgraf Alexander eine ganze Reihe von Kostbarkeiten

aus der Kunstkammer versteigern, mit deren Erlös vornehmlich seidene Wandbespannungen für das Residenzschloß angeschafft wurden.[2] Dazu gehörten sicher die erhaltenen Textilien des Audienzzimmers. 1774 fertigte der Bildhauer Johann Christoph Berg die Spiegeltumeaus an den Seiten des Raumes,[3] und weil einer der Konsoltische genau in die geschnitzte Aussparung des einen Trumeaus hineinpaßt, müssen Spiegelrahmen und Konsolen im gleichen Zuge entstanden sein. Außerdem passen die klassizistischen Konsoltische stilistisch zur Zeit um 1774 und haben vergleichbar unorganische Übergänge von den Beinen zu den Zargen wie die Thronsessel (Kat. 81). 1775 wurde dann das 2. Vorzimmer des Markgrafen modernisiert und mit den alten Konsoltischen des Audienzzimmers ausgestattet, so daß die Konsoltische mit dem Thronsessel eng um das Jahr 1774 datiert werden können.

*Einfügung von Konsoltisch
AnsRes. M 65/1 im Spiegeltrumeau*

1 Inv.-Nr. R 6486; Maße: 80,2 x 122 x 67 cm; Gestell: 77 x 117 x 64 cm
2 Seelig 1994, S. 566, Anm. 28
3 Kreisel 1939, S. 72

Thronsessel des Markgrafen, AnsRes. M 112

81

2 Thronsessel

Ansbach, um 1774 und 1784 (?)

Gestelle: Buche, geschnitzt, vollkommen vergoldet, graviert
Bezüge: auf einem Sessel rot-weiß-grüner Seidenlampas um 1774
100 x 64 x 60 cm

Vollkommen erhaltene Polsterung, originaler Erstbezug mit schweren Lichtschäden auf dem Thronsessel des Markgrafen; Bezüge auf dem Thronsessel der Markgräfin 1970 erneuert

Standort Residenz Ansbach, Audienzzimmer des Markgrafen, R 5; Audienzzimmer der Markgräfin, R 12

Historische Inventarnummern Residenz Ansbach 1807: S. 7, 35 f.; 1813: S. 7, 27 f.; 1820: S. 10, 39; 1830: S. 10, 38; 1842*: 59, 258; 1865*: 59, 258; 1884: A.II. 21.68; A.II. 5.27; 1901: A.I. 21.68; A.I. 5.27; 1903*: A.I. 21.12; A.I. 5.12; 1929: *F.V.III. Lit. A1b Nr. 36 Bl. 13 Zi. 21; F.V.III. Lit. A1b Nr. 19 Bl. 12 Zi. 5; 1939*: F.V.III. R 5 Bl. 38 M 26; F.V.III. R 12 Bl. 160 M 154; Bayreuth Eremitage 1929: F.V.III. Lit. A Nr. 26; 1966: BayEr. M 2

Inv. AnsRes. M 25/1, 112

Literatur Fischer 1786, S. 46 – Farbige Raumkunst 1930, Taf. 29 – A.F. Residenz Ansbach 1939, S. 44, 59 – A.F. Residenz Ansbach 1993, S. 66, 78

PROVENIENZ

Für den Thronsessel im Audienzzimmer des Markgrafen (AnsRes. M 112) entsprechend Kat. 37 und für den Thronsessel im Audienzzimmer der Markgräfin (AnsRes. M 25/1) entsprechend Kat. 36. Der Thronsessel des Markgrafen wurde laut Nachtrag im Inventar von 1929 erst 1949 in die Eremitage nach Bayreuth abgegeben, um die Lücken der Kriegsver-

luste aufzufüllen. Nach der Restaurierung wird er wieder in das Audienzzimmer nach Ansbach zurückkehren.

Gestell: Die Sessel haben fast hochovale, konisch nach oben erweiterte Rückenlehnen und U-förmige Sitzflächen, die von den vorderen Beinen nach geradem Ansatz leicht vorschwingen. Die Zargen haben oben und unten einen flachen Absatz mit einem um-

Thronsessel der Markgräfin, AnsRes. M 25/1

laufenden, von Bändern umwundenen Wulst in der Mitte, der von den Beinen nicht unterbrochen wird. Bei dem neu bezogenen Sessel (AnsRes. M 25/1) ist der obere Absatz leider überpolstert. Die geraden, runden Beine bestehen aus kleinen, gedrückten Kugelfüßen unter einem kannelierten, nach oben erweiterten Schaft, der auf zwei Drittel der Höhe in einen Wulst mit ionischem Kyma übergeht. Darüber sitzt unvermittelt noch ein Stück Pfosten mit Rosette unter der Zarge, so daß die Beine unter die Zargen gesetzt erscheinen. Von der Vorderkante der Sitzfläche zurückgesetzt, fußen die Armlehnstützen auf der Zarge, schwingen mit Blattwerk und C-Bögen besetzt weiter zurück und nehmen die Armlehnen mit einem schönen Bogen auf, der organisch in das zu Voluten eingerollte Handstück mit Blattwerk einläuft. Von der Rückenlehne fallen die geschweiften und gepolsterten Armlehnen leicht ab. Über den rückwärtigen Beinen fußt die Rückenlehne mit gekehlten Postamenten auf der Zarge und trägt auf je-

der Seite eine Blatttülle, in der die umwundenen Stabbündel der seitlichen Lehnenbegrenzungen stecken. Die Bündel werden oben von einer Art Kämpferplatte mit einem Pinienzapfen bekrönt. Oben und unten ist die Rückenlehne mit einem Lorbeerkranz besetzt und mit einer Blüte in der Mitte akzentuiert.

Fassung: Die Gestelle sind vollständig mit einer Polimentvergoldung auf rotem Bolus überzogen, wobei der Fond auf den Armlehnstützen, auf dem Wulst der Zargen und den Stäben neben den Kanneluren gewulgt ist und matt erscheint.

Polster/Bespannung: Die Gurte sind von oben auf die Zargen genagelt und die alte Polsterung auf beiden Sesseln erhalten. Der Thronsessel des Markgrafen trägt auch noch den Erstbezug. Das obere Leinen der Polsterung ist mit Eisennägeln befestigt und an den Kanten versehentlich mit Grundierung und Vergoldung überzogen. Auch der Bezugsstoff ist mit Eisennägeln befestigt und der Bezug somit anders genagelt als diejenigen auf den anderen Sitzmöbeln des Raums (Kat. 37). Der Thronsessel im Audienzzimmer der Markgräfin wurde 1970 zusammen mit den anderen Sitzmöbeln des Raums neu bezogen. Dabei wurde der oberste Absatz der Zarge verdeckt. Die hellblauen Bezüge sind eine Nachwebung der erhaltenen, 1784 montierten Wandbespannung. Die Polster der Rückenlehnen sitzen auf einem eigenen Rahmen, der von hinten in die Lehne eingesetzt wird.

Konstruktion: Die runden, kannelierten Beine sind nicht gedrechselt, sondern geschnitzt. Während die vorderen Beine von unten in die Zargen gedübelt sind, laufen die hinteren Beine als Begrenzung der Rückenlehnen durch und sind mit den Zargen verzapft. An den vorderen Ecken sind die Zargen mit Schlitz und Zapfen verbunden. Nur am Thronsessel der Markgräfin ist der untere Absatz der Zarge an den Wulst geleimt.

Thronsessel AnsRes. M 25/1

Thronsessel AnsRes. M 25/1

Entsprechend Kat. 80.

Die Stücke gehören zum Typ eines Sessels ›en cabriolet‹ und nicht zum Typ ›à la Reine‹, wie er für Thronsessel üblich wäre. Dagegen gehören die Relikte der hoheitsvollen Lictorenbündel an den Seiten

Detail von Thronsessel AnsRes. M 25/1

der Rückenlehnen samt Pinienzapfen zum Instrumentarium offizieller Sessel. Ebenso ungewöhnlich sitzen die Beine unter den Zargen und wurden eben nicht mit Klötzchen architektonisch in die Zargen eingebunden. Der umlaufende, matt gewugelte Wulst mit den Bändern wirkt eher wie ein gedrücktes Kissen auf Beinen.

Der Thronsessel der Markgräfin gleicht dem Thronsessel des Markgrafen auf den ersten Blick, und beide könnten von daher gleichzeitig entstanden sein. Allerdings bezeugt der erste gedruckte Führer durch die Stadt und das Residenzschloß in Ansbach aus dem Jahre 1786, das Audienzzimmer der Markgräfin sei 1784 neu eingerichtet worden. Dazu gehörten »Tapeten, Baldachin, Vorhänge und Sesselbezüge« aus »blauem weiß und roth schillernden auserlesenen Seidendamast«, der an den Wänden erhalten und auf dem Thronsessel 1970 durch eine Nachwebung ersetzt worden ist. Außerdem gibt es kleine Unterschiede zwischen den Sesseln: Am Thronsessel der Markgräfin wurden die Zargen nicht jeweils aus einem Stück geschnitzt, sondern als technische Vereinfachung ist der untere Absatz angeleimt. Die Sockel der Pinienzapfen sitzen auf einem rechteckig geführten Profil und nicht auf einem Ring. Die Bänder an den Seiten der Rückenlehne verlaufen etwas anders verteilt, und die Holme der Rückenlehne fußen nicht auf rechteckigen, sondern nach oben verjüngten Postamenten. Überdies sind die Beinschäfte gewugelt und nicht mehr glatt. All das spricht dafür, daß beide Sessel nicht gleichzeitig, sondern nacheinander entstanden sind. Maximal war der Thronsessel der Markgräfin jedoch zehn Jahre später fertiggestellt.

82

Truhe

Ansbach, um 1774 (?)

Konstruktionsholz: Eiche, geschnitzt
Fassung: weiß gestrichen und vergoldet
Beschläge: Eisen
82,5 x 109 x 56 cm

Ursprünglich hellgrau gefaßt mit vergoldeten Profilstäben; Restaurierung 1992/95

Standort Residenz Ansbach, Schlafzimmer Gäste-appartement, R 20

Historische Inventarnummern Residenz Ansbach 1807: S. 61; 1813: S. 51; 1820: S. 76; 1830: S. 73; 1842*: 415; 1865*: 415; 1884: A.II. 35.37; 1901: A.I. 35.28; 1903*: A.I. 35.21; 1929*: F.V.III. Lit. C III Nr. 1 Bl. 80 Zi. 35; 1939*: F.V.III. R 20 Bl. 210 M 249

Inv. AnsRes. M 17

Literatur A.F. Residenz Ansbach 1993, S. 90

Laut Inventar von 1807 ist im Audienzzimmer des Gästeappartements (R 21) »1. Holzkasten silberfarb angestrichen« verzeichnet, der im Raum verbleibt, im Inventar von 1820 als »Holzkasten, silberfarb angestrichen, mit goldenen Staeben« und 1842 als »silberfarben angestrichen mit vergoldeten Rahmen« beschrieben ist. Erst im Inventar von 1884 ist von einem weißen Anstrich »mit vergoldeten Rahmen« die Rede, wobei unter dem silberfarbenen Anstrich ein leicht grauer, nicht ganz weißer Anstrich zu verstehen ist. Erst seit dem Inventareintrag von 1939 steht das Möbel im Schlafzimmer des Gästeappartements (R 20).

Truhe geöffnet mit Feststellhaken

BESCHREIBUNG

Korpus: Das Möbel ruht auf vier runden Beinen mit einem Knauf in der Mitte und Kanneluren, die von oben als gewundene Riefen in den Knauf einlaufen. Unterhalb des Knaufs ist der Schaft als Stabbündel

gestaltet. Die gerade Front hat eine leicht vorspringende Mittelpartie sowie eine Gebälkzone, die von einem umlaufenden Profil ausgeschieden wird. Auch an den geraden Unterkanten wird der Korpus von einem Profil betont. Über den Vorderbeinen springen die Ecken als Lisenen diagonal zum Korpus vor, während die Lisenen über den hinteren Beinen mit einer kräftigen Kehle aus den Seiten vortreten. Die Platte ist an den Kanten profiliert, nimmt alle Vorsprünge des Korpus auf und ist über den schräggestellten Lisenen zusätzlich geschweift. Alle Flächen, auch auf den Lisenen und der Platte, sind mit aufgesetzten, geraden Stäben gefeldert, und jedes Feld ist an den Ecken eckig eingezogen. Die Platte ist kurz vor den hinteren Beinen in einen fest auf dem Korpus sitzenden schmalen Steg und den größeren Vorderteil getrennt, der nach oben aufgeklappt werden kann und den Innenraum des Korpus freigibt. Eine Inneneinteilung hat nicht existiert.

Fassung: Profile und Stäbe der Felderung sind matt vergoldet. Dagegen besteht die weiße Oberfläche aus einer Ölfarbe ohne Fassungsaufbau, so daß die ursprüngliche Fassung, wie in den Inventaren beschrieben, hellgrau oder »silberfarben« gewesen ist.

Beschläge: Die Platte ist mit zwei geschweiften Bändern angeschlagen, kann über einen Federmechanismus in der Gebälkzone entriegelt und auf der rechten Seite mit einem langen Haken in einer Öse festgestellt werden. Der Druckknopf des Federmechanismus ist verloren.

Konstruktion: Die hinteren Lisenen wurden nicht aufgedoppelt, sondern vergleichsweise mühsam aus den Pfosten gekehlt. Dagegen ist der vorspringende Mittelteil der Front aufgedoppelt. Neben der Front und den Seiten ist auch die Rückwand in die Pfosten gezapft und gedübelt, was die Pfostenkonstruktion besonders stabil macht. Die Beine sind in die Pfosten und der Boden von unten in einen umlaufenden Falz gedübelt. Der Haltesteg der Platte sitzt hinten dicht auf Pfosten und Rückwand und hat an der Vorderkante eine Nut, in welche die Klappe beim Schließen eingreift. Damit wurde für effektiven Staubschutz gesorgt. Die Platte aus gefügten Brettern ist mit profilierten Gratleisten gegen Verwerfen gesichert.

WÜRDIGUNG

Die Flächen in der Gebälkzone liegen querformatig und die Flächen darunter hochformatig, so daß die Struktur den Betrachter an ein Schrankmöbel mit Schublade denken läßt. Es gibt aber keine Blindtüren, so daß es sich nicht um einen eindeutigen Blender handelt. Die Platte ist mit den aufgesetzten Stäben als Fläche gekennzeichnet, die nicht als Abstellfläche gedacht, sondern als Klappe jederzeit zugänglich bleiben sollte. Am ehesten wäre an eine Holztruhe für einen aufwendigeren Raum mit Ofen zu denken. Es fehlen aber entsprechende Spuren, die beim Hineinwerfen des Holzes im glatt gehobelten Inneren nicht ausgeblieben wären.

Das Profil an den Ecken der Klappe nimmt die Ecklösungen der Marmorplatten von drei Paar Anrichten wieder auf, die sehr viel früher zu datieren sind (Kat. 21, 22). Auch die mühsam aus massivem Holz herausgeschweifte und nicht nur aufgedoppelte Lisene an den hinteren Kanten taucht als technische Besonderheit an einem marketierten Schreibmöbel wieder auf (Kat. 98). Vor allem aber ähneln die Beine mit den gewundenen Riefen deutlich den Füßen der drei Konsoltische im Audienzzimmer des Markgrafen (Kat. 80). Deshalb wird die Truhe ebenfalls um 1774 entstanden sein.

83

2 Sitzgarnituren

6 Stühle sowie 8 Stühle mit 4 Hockern

Ansbach, um 1775

Gestelle: Buche geschnitzt, Nadelholz
Fassung: rot-braun gefaßt und vergoldet, acht Stühle und Hocker weiß gefaßt und vergoldet
Bezüge: hellgrüner Seidenlampas, Frankreich um 1773 (?), rote Seide
96,5 x 52 x 56 cm; Sitzhöhe: ca. 53 cm
Hocker: Zargenhöhe 40 x 59,5 x 56,5 cm;
Sitzhöhe: ca. 47 cm

Auf sechs Stühlen Erstbezüge; Restaurierung von Fassung und Textilien der rot-braun gefaßten Möbel 1996/97; rote Bezüge zerschlissen

Standort Residenz Ellingen, 2. OG, 1. Vorzimmer, R 204, und Depot

Historische Inventarnummern Residenz Ansbach 1830: S. 15; 1842*: 83, 171, 414; 1865*: 83, 171, 414; 1884: A.II. 13.16-21; *A.III. 30.25-36; 1901: A.I. 13.14-19; A.I. 34.15-26; 1903*: A.I. 13.10; A.I. 34.12-13; 1929*: F.V.III. Lit. A1a Nr. 23-28 Bl. 2 Zi. 13; F.V.III. Lit. A1a Nr. 103-109 Bl. 5 Zi. 31; F.V.III. Lit. A11a Nr. 39-42 Bl. 25 Zi. 34; 1939*: F.V.III. R 11 Bl. 154 M 136-141; F.V.III. R 22 Bl. 226 M 265-276; Stempel: S.A.

Inv. Ell. M 1/1-6, 7/1-12

Literatur A.F. Residenz Ansbach 1939, S. 58 – A.F. Residenz Ellingen 1997, S. 45

Hocker Ell. M 7/3

PROVENIENZ

Die sechs braun-gold gefaßten Polsterstühle sind in den Inventaren von 1830 bis 1939 als Mobiliar des Braunen Wohnzimmers im Appartement der Markgräfin (R 11) verzeichnet. Im Inventar von 1842 lautet der Eintrag: »6 Sessel mit Lehnen, braun angestrichen und vergoldet, die Kissen mit grünen Atlas bezogen, mit 6 weißen Überzügen«.

Von den weiß-gold gefaßten Stücken sind die Sessel 1842 im Marmorkabinett (R 8) und die Hocker im Audienzzimmer des Gästeappartements (R 21) verzeichnet, jeweils »mit rothen Damast bezogen und mit Houssen«. Nach dem Inventar von 1865 blieben die Hocker am Ort, während die Stühle bereits in einem der Salons über der Belle Etage stehen, wo sie 1884 wieder zusammen aufgestellt sind. Die Inventare von 1901 und 1903 verzeichnen Stühle und Hocker wieder auf der Belle Etage im 2. Vorzimmer des Gästeappartements (R 22). Dann stehen die Stücke 1929 wieder getrennt, die Stühle im Vorzimmer der Galerie und die vier Hocker im 2. Vorzimmer des Gästeappartements. Alle 12 Sitzmöbel sind nach dem Inventar von 1939 wieder im 2. Vorzimmer des Gästeappartements versammelt. Erst 1952 wurden alle Stücke für die Einrichtung des 1939 vom Land Bayern erworbenen Schlosses nach Ellingen verbracht.

Gestelle: Die Stühle stehen auf quadratischen, konisch nach oben erweiterten Beinen, die auf allen vier Seiten dreifach kanneliert sind. Die Füße sind mit einem umlaufenden Profil abgesetzt. Im Bereich der Zargen bilden die Beine Würfel mit einem Kreisornament in der Mitte. Die Zargen haben ein Wellenband, das oben von einem einfachen, flachen Band, unten aber von einer gravierten Leiste mit kleinen, aufgesetzten Halbkugeln begrenzt wird, die an ein Lederband mit Ziernägeln erinnern. Entsprechend ist auch die rückwärtige Zarge dekoriert. Die querrechteckigen Rückenlehnen sind schräg nach hinten gekippt, mit kurzen, kannelierten Pfosten in Verlängerung der hinteren Beine über das Sitzpolster erhoben und haben querovale Rückenpolster. Innen- und Außenkanten sind mit einem flachen Band gefaßt und die Zwickel mit einer geschlungenen Blattranke besetzt, wobei die Schlinge auf einem Blattmotiv liegt. Die Stühle variieren in der Höhe um bis zu drei Zentimetern. Die Hocker Ell. M 7/2-5 sind etwas breiter als die Stühle, entsprechen aber im Dekor bis auf die nur zweifach kannelierten Beine.

Fassung: Das untere Profil der Zargen ist lederähnlich gewugelt, die Profile über den Füßen und die Einfassungen der Rückenlehne haben eine Abfolge von glatten und gravierten Dreiecken. Auch die Blattranken in den Zwickeln sind graviert. An allen 18 Sitzmöbeln ist der Dekor samt Kanneluren vergoldet. An den acht Stühlen Ell. M 7/1, 6-12 sowie den vier Hockern Ell. M 7/2-5 ist der Fond weiß gefaßt, während die sechs anderen Stühle Ell. M 1/1-6 einen rötlich-braunen, lasierenden Fond haben, der als Anlehnung an Mahagoniholz verstanden werden

kann. Die Fassungen wurden bereits mehrere Male retuschiert.

Polster/Bezüge: Die scharfkantig geformten Sitzpolster auf Einlegerahmen reichen etwa neun Zentimeter über die Zargen hinauf und das Polster der Rückenlehnen etwa vier Zentimeter vor. Auch das Rückenpolster sitzt auf einem extra Rahmen, wird von hinten durch ein Loch in der Lehne geführt und verschraubt. Bei den ehemals kräftig hellgrünen Bezügen mit weißer und brauner Musterung auf den sechs rot-braun lasierten Stühlen Ell. M 1/1-6 handelt es sich um formgenähte Bezüge aus mehreren Teilen. An den Seiten der Sitze sieht man zwei Blatt- und Blütengirlanden mit einem Blattbehang in der Mitte sowie einen oberen und unteren Randstreifen mit Punkten. Auf der Sitzfläche wird eine Vase mit verschiedenen, üppigen Blumen von kreisförmig angeordneten Blättern gerahmt, und auf der Rückenlehne wird eine ähnliche, aber kleinere Vase von einem Queroval aus kleineren Blättern gefaßt. Es handelt sich um den Erstbezug. Die weiß gefaßten Stücke haben einen jüngeren, roten, ungemusterten und zerschlissenen Seidenbezug.

Konstruktion: Zargen und Beine sind verzapft und gedübelt, die Nadelholzrahmen der Sitz- und Rückenpolster mit Schlitz und Zapfen zusammengesetzt. Die Füße wurden mit aufgeleimten Profilen vom Schaft abgesetzt. Nur die Zargen der Hocker sind an den Innenseiten nicht abgearbeitet.

WÜRDIGUNG

Die weiß und gold gefaßten Sitzmöbel kann man sich am ehesten als Bestuhlung des repräsentativen Saales mit den korinthischen Säulen im 2. Oberge-

Detail von Stuhl Ell. M 1/2

Stuhl Ell. M 7/6 (links),
Stuhl Ell. M 1/2 (rechts)

schoß (R 281) vorstellen. In der Form erinnern die Stühle mit den kannelierten Beinen und eckig abgesetzten Füßen an englische Vorbilder. Allerdings sind Zargen und Beine recht stabil geraten und erinnern eher an Möbel, die in Ansbach entstanden sind. Auch die Konsoltische und der Thronsessel für das Audienzzimmer des Markgrafen fallen durch ungelenke Details auf. Sie entstanden um 1774 (Kat. 80, 81). 1773 ließ Markgraf Alexander eine ganze Reihe von Kostbarkeiten aus der Kunstkammer versteigern, mit deren Erlös vornehmlich seidene Wandbespannungen für das Residenzschloß angeschafft wurden.[1] Anläßlich dieser Aktion könnten auch die grünen Seidenbezüge beschafft worden sein. Vielleicht sind die Sitzmöbel etwas später als die neue Möblierung des Audienzzimmers entstanden und können um 1775 datiert werden.

1 Seelig 1994, S. 566, Anm. 28

84

Paar Ofenschirme

Ansbach, um 1775

Gestelle: Buche, geschnitzt, weiß gefaßt und vergoldet
Beschläge: Eisen
113 x 93 x 20 cm

Bespannung verloren; geschnitzte Festons teilweise verloren; Umlaufrollen und Beschläge für Seilzüge erhalten

Standort Residenz Ansbach, Depot

Ofenschirm AnsRes. M 104

Zugmechanismus von Ofenschirm AnsRes. M 103

Historische Inventarnummern Residenz Ansbach 1830: S. 6, 8; 1842*: 33, 46; 1865*: 33, 46; 1884: A.II. 3.35; A.II. 4.24; 1901: A.I. 3.27; A.I. 4.24; 1903*: A.I. 3.15; A.I. 4.9; 1929*: F.V.III. Lit. M Nr. 2-3 Bl. 149 Zi. Depot; 1939*: F.V.III. R Depot Bl. 267 f. M 254-255

Inv. AnsRes. M 103, 104

PROVENIENZ

Beide Ofenschirme sind vielleicht im Inventar von 1830, sicher aber im Inventar von 1842 im zweiten (AnsRes. M 104) und dritten (AnsRes. M 103) Vorzimmer der Markgräfin nachzuweisen (R 13, 14). Dort blieben sie bis zum Inventar von 1884 verzeichnet, bevor sie bis heute im Magazin abgestellt wurden. Laut Nachtrag im Inventar von 1929 wurden die Ofenschirme 1950 aus dem Museumsinventar abgeschrieben und nun erneut inventarisiert.

BESCHREIBUNG

Gestell: Beide Ofenschirme haben einen höhenverstellbaren Schieber, der in geschlossenem Zustand nicht über das Gestell hinausragt. Die geraden Pfosten fußen auf postamentartigen Beinen, die nur nach hinten mit einer Schweifung hinausstehen. Von vorn sind die Beine über einem eckigen Sockel kanneliert und untereinander mit einem Steg verbunden, der sich um die Pfosten herumkröpft. Unten hat der Steg ein appliziertes Wellenband und darüber eine Blende vor der Unterkante des Schiebers, die zur Mitte postamentartig erhöht und mit Blattfestons und Schleifen besetzt ist. Die Pfosten haben gerade Begleitbänder an den Kanten und stützen einen Kragsturzbogen mit Festons an den Seiten. Das Profil des Bogens hat an der Innenkante ein ionisches Kyma und wird von einem Blattwulst mit begleitenden Rundstäben geschlossen.
Fassung: Der geschnitzte Zierat trägt eine Polimentvergoldung auf rotem Bolus, und nur die tragenden Teile des architektonischen Aufbaus sind weiß gefaßt.
Bezüge: Die Ofenschirme hatten seit dem Inventar von 1842, passend zur Ausstattung der Räume, einen Bezug aus blauem (AnsRes. M 104) bzw. rotem Damast, so daß sie offenbar schon länger nicht mehr zusammen im gleichen Raum gestanden haben. Seit dem Inventar von 1929 sind fehlende Bezüge vermerkt.
Konstruktion: Zur leichten Bedienung der Schieber haben die gezapften Gestelle im oberen Teil der Pfosten fein gedrechselte Umlenkrollen für Seilzüge mit Gewichten, die in den hohlen Pfosten liefen und in kleine Eisenhaken an den Außenkanten der Schieber eingehängt waren. Die Schieber aus Nadelholz sind nur sieben Millimeter stark und ebenfalls mit einer Schlitz- und Zapfenverbindung zusammengesetzt.

WÜRDIGUNG

Entsprechend Kat. 83. Blattwerk und Festons erinnern stark an die Rückenlehnen der beiden Thronsessel (Kat. 81).

Eingelassener Haken im Schieber von Ofenschirm AnsRes. M 104

Fuß von Ofenschirm AnsRes. M 104

85

Ofenschirm

Ansbach, um 1775

Gestell: Buche, geschnitzt, maseriert und vergoldet,
Nadelholz
Bezug: mehrfarbige Bändchenstickerei auf beigem
Kettatlas
143,5 x 89,5 x 57 cm

Erstbespannung mit schweren Lichtschäden, deren
Farbigkeit rückseitig erhalten; größere Retuschen in der
Fassung; Restaurierung 1996/98

Standort Residenz Ellingen, 2. Obergeschoß, 1. Vorzimmer, R 204

Historische Inventarnummern Residenz Ansbach 1842*: 85;
1865*: 85; 1884: A.II. 13.28; 1901: A.I. 13.26; 1903*: A.I.
13.13; 1929*: F.V.III. Lit. M Nr. 5 Bl. 150 Zi. 13; 1939*:
F.V.III. R 11 Bl. 154 M 142

Inv. Ell. M 43

Literatur A.F. Residenz Ansbach 1939, S. 58 – A.F. Residenz
Ellingen 1997, S. 45

PROVENIENZ

Leider läßt sich das auffällige Stück im Inventar der
Residenz Ansbach von 1807 nicht identifizieren,
sondern erst ab 1842 mit dem Eintrag: »Ofenschirm
mit Bildhauer-Arbeit, braun angestrichen und vergoldet, das Blatt von Seidenzeuch gestickt, über denselben Glas«. Vielleicht kam das Möbel aus einem
der Landschlösser. Seit 1842 gehörte es bis zum
Inventar von 1939 zur Möblierung des Braunen
Wohnzimmers im Appartement der Markgräfin
(R 11). 1954 wurde es in das 1939 vom Land Bayern
erworbene Schloß Ellingen verbracht.

BESCHREIBUNG

Gestell: Der Schirm hat eine geschnitzte Vorderseite,
eine untergeordnete Rückseite und keinen höhenverstellbaren Schieber. Der rechteckige Rahmen
ruht auf zwei Beinen mit geschweiften, zu Voluten
gerollten Füßen, die nach vorn und hinten hinausstehen und trapezartig ausgestellt sind, so daß die
Füße vorn weiter auseinanderstehen als hinten. Nur
der obere Teil des Rahmens beschreibt nach geradem Ansatz einen leichten Bogen. Im Scheitel sitzt
eine Art Keilstein mit Blattrosette, auf dem eine Vase
fußt, deren Festons seitlich herunterhängen und auf
dem Oberteil des Rahmens aufliegen. Ihre Enden
reichen bis an geschnitzte Eckstücke, die wie ein Beschlag die oberen Ecken des Rahmens umfassen und
die Holzverbindung verdecken. Die Vorderseite des
Rahmens ist profiliert, hat einen breiten Wulst und
begleitende Kugelstäbe an den Kanten. Auch die geschweiften Füße sind an allen vier Kanten mit Kugelstäben besetzt, auf die nur an den Innenseiten der
hinteren Füße verzichtet wurde. Die würfelförmigen

Verbindungsklötze zwischen den Füßen tragen auf
Innen- und Außenseiten ein Kreuzblatt.
Fassung: Alle geschnitzten Teile sind vergoldet. Die
Blattfestons haben eine hellere, weniger rote und
ehemals wohl grünliche Vergoldung. Im unteren Bereich des Gestells wurde die mahagonifarbene Maserung weitgehend braun überstrichen und die Schäden in der Polimentvergoldung in Ölvergoldung
retuschiert.
Bezug: Die Bespannung sitzt auf einem Rahmen und
wird von hinten in den Falz des Gestellrahmens gestellt. Die Stickerei stellt mit dünnen Linien eine
perspektivisch konstruierte Treillage mit feinen Blütenranken dar, wie sie in den Gärten des Rokoko üblich waren. Dabei richten sich die seitlichen, geraden
Linien mit dem oberen Bogen der Treillage am Gestellrahmen aus, so daß entweder die Stickerei genau
für diesen Rahmen oder der Rahmen für die Stickerei angefertigt worden ist. Es wurde ein- und mehrfarbiges Bändchengarn verwendet, das in einigen
Partien nur fragmentarisch erhalten ist. Zum Schutz
der Textilie nennt bereits das Inventar von 1842 eine
Glasscheibe, die erst im Inventar von 1939 nicht
mehr genannt ist. Bei der letzten Restaurierung
wurde wieder eine Scheibe montiert.
Konstruktion: Für Beine, Vase und Festons wurde Buchenholz verwendet, während der Rahmen des Gestells aus Nadelholz besteht. Er setzt sich aus einem
rückwärtigen Rahmen mit gedübelter Schlitz- und
Zapfenverbindung zusammen, auf den die geschnitzte Front mit Wulst und Kugelstäben aufgedoppelt ist. Die Füße sind mit Dübeln an den
Klötzen in der Mitte befestigt, auf die wiederum der
Rahmen gedübelt wurde. Der Nadelholzrahmen für
die Bespannung ist ebenfalls mit Schlitz und Zapfen
zusammengesetzt und gedübelt.

Seitenansicht des Fußes

Bespannung des Ofenschirms mit Bändchenstickerei, Detail

Der Ofenschirm hat keinen höhenverstellbaren Schieber und ist mit der seltenen Textilie zuallererst ein Ziergegenstand gewesen. Rahmen und Textilie sind aufeinander abgestimmt, und deshalb könnte die Textilie im Umkreis der Markgräfin Friederike Luise geschaffen worden sein, die ihre Tage mit Filetstickerei verbrachte und große Mengen unverarbeiteter Textilien und Kurzwaren sowie eine »Maschiene zur Stickereiarbeit« hinterließ.[1] Die Markgräfin lebte zurückgezogen auf Schloß Unterschwaningen, was zum späten Auftauchen des Stückes in der Residenz Ansbach passen würde. Zeitlich wird der Ofenschirm bald nach den ersten klassizistischen Konsoltischen (Kat. 80) sowie dem Thronsessel für das Audienzzimmer des Markgrafen entstanden sein. Vor allem die Führung des Schnitzeisens an den Festons erinnert an den Thronsessel (Kat. 81). Deshalb kann der Ofenschirm wohl bald nach der Modernisierung des Audienzzimmers, um 1775, datiert werden.

1 Störkel 1995, S. 212, bes. Anm. 23

86

Paar Tische
Ansbach, um 1775

Tisch AnsRes. M 52/1

Gestelle: Linde, geschnitzt, weiß gefaßt und vergoldet, Nadelholz
Platten: weißer Marmor
83 x 97,5 x 67; ohne Platten: 79 x 84,5 x 58 cm

Medaillons entfernt; Rosetten teilweise verloren; neuere Platten

Standort Residenz Ansbach, Audienzzimmer des Gästeappartements, R 21

Historische Inventarnummern Residenz Ansbach 1807: S. 154; 1813: S. 72; 1842*: 411; 1865*: 411; 1884: A.II. 35.20-21; 1901: A.I. 35.18-19; 1903*: A.I. 35.10; 1929*: F.V.III. Lit. B I Nr. 5-6 Bl. 38 Zi. 35; 1939*: F.V.III. R 21 Bl. 216 M 251-252; Stempel: Ansbach

Inv. AnsRes. M 52/1-2

Literatur Lessing 1892, Taf. 90 – A.F. Residenz Ansbach 1939, S. 68 – A.F. Residenz Ansbach 1993, S. 92

PROVENIENZ

Nach den Inventaren von 1807 und 1813 standen über der Belle Etage in einem Raum neben dem Saal mit den korinthischen Säulen (R 282) »2. Tische von

Bildhauerarbeit mit antiken Füßen und Platten von weissen Kieselstein«. Es sind die einzigen Tische mit solchen Platten und können deshalb mit einem Eintrag des Inventars von 1842 identifiziert werden, der anhand der aufgemalten Inventarnummer wiederum mit einem der beiden hier zu beschreibenden Tische (AnsRes. M 52/1) eindeutig identifiziert werden kann, die ihren Standort seitdem im Audienzzimmer des Gästeappartements (R 21) haben. 1842/65 lautet die Inventarbeschreibung: »1 Tisch von Bildhauerarbeit, weiß und vergoldet, mit einer Platte von Kieselsteinen«. Wo der zweite Tisch zu dieser Zeit stand, bleibt unklar. 1884 sind jedoch wieder beide Tische genannt: »2 Tische, Schnitzwerk weiß und vergoldet, mit je einem Medaillon, im Kranze einen Kopf umwunden, mit einer Platte von weißem Marmor«. Offensichtlich waren die beiden Stücke zwischenzeitlich wieder in einem Raum zusammengekommen, die Platten aber ausgewechselt worden. Die Medaillons an den Zargen sind auf einem 1892 publizierten Photo zu sehen. Ihre Beschreibung fehlt seit dem Eintrag von 1939, so daß die Tische wohl erst nach 1929 purifiziert wurden. Sie nahmen zwischen 1865 und 1884 den Platz unter den Spiegeln im Audienzzimmer des Gästeappartements ein, wo bis dahin andere Konsolen gestanden hatten (Kat. 65).

BESCHREIBUNG

Gestell: Die gleich großen Tische haben konisch nach oben erweiterte Beine mit Füßen in Form einer sechsfingrigen Vogelkralle, die eine Kugel umfaßt. Bis auf zwei Drittel der Höhe sind die Beine auf allen vier Seiten dreifach kanneliert, wobei die mittlere Kannelur höher hinaufführt und bis in Höhe der seitlichen Kanneluren geflötet ist. Dann sind die Beine mit einem umlaufenden Profil in zwei Bereiche geteilt und oben an allen vier Seiten mit einem Blütenbehang besetzt. Unterhalb der Zargen sind die Beine mit einem ionischen Kyma abgeschlossen, das mit einem direkt aufsitzenden Perlenband konfrontiert ist, welches um den Tisch herumlaufend, die untere Kante der Zargen beschließt. Oben wird das Gestell von einem kräftigen Profil mit ionischem Kyma umlaufen. Zwischen den Profilen sind die Zargen rundherum mit einem Flechtband besetzt, das geschnitzte Rosetten umfaßt. Die Platten liegen in einem profilierten Holzrahmen mit Resten einer Vergoldung.
Konstruktion: Für die Rahmen der Platten wurde Nadelholz verwendet und die Rahmen mit Gratleisten gegen Verrutschen gesichert. In beiden Mittelachsen sind Schnittfugen in den Zargen, so daß die Gestelle im Grundriß aus vier Vierteln bestehen, die mit Nadelholzbrettern an den Innenseiten der Zargen zusammengeleimt sind. Vielleicht hatte man die Tische für den Standort unter den Spiegeln verkleinert. Die umkränzten Medaillons saßen jedoch nicht in den Zargen und wurden herausgeschnitten, sondern waren vorgeblendet.

WÜRDIGUNG

Vielleicht haben die Tische mit ihren ehemals aufwendigeren Platten und den verlorenen Medaillons zur Möblierung des repräsentativen Saales mit korinthischen Säulen im 2. Obergeschoß (R 281) gehört. Sie wirken schwer und haben eigenartige Übergänge von den Beinen zur Zarge mit zwei Profilen. Vergleichbar wenig elegante Details waren an den neuen Möbeln für das Audienzzimmer des Markgrafen zu beobachten (Kat. 80, 81). Deshalb können die Tische vielleicht etwas später, um 1775, datiert werden. Ähnliche Kugelprofile wie an den Unterkanten der Zargen hat ein Kaminschirm (Kat. 85), und ein halbrunder Konsoltisch mit sehr ähnlichen Beinen steht in einem Schloß nahe Ansbach.

Audienzzimmer des Gästeappartements (R 21), Aufnahme aus: Lessing 1892, mit Medaillon an der Zarge des Tisches

87

12 Stühle

England (?), um 1770

Gestelle: Mahagoni, geschnitzt, Buche, furniert
Furnier: Mahagoni
95,5 × 55,5 × 56 cm; BayEr. M 9/3: 96,5 × 54 × 54 cm
Neun Stühle 1970 mit hellgrünem Velour bezogen

Standort Residenz Ellingen, R 205; Bayreuth, Eremitage,
R 9

Historische Inventarnummern Residenz Ansbach 1807:
S. 62; 1813: S. 52; 1820: S. 78; 1830: S. 75; 1842*: 367, 437;
1865*: 367, 437; 1884: A.II. 26.14-19; A.III. 31.20-25;
1901: A.I. 32.11-22; 1903*: A.I. 32.7; 1929*: F.V.III. Lit. A Ia
Nr. 90-101 Bl. 4 Zi. 32; vor 1939*: F.V.III. R 24 Bl. 238
M 297-308

Inv. Ell. M 2/1-9, BayEr. M 9/1-3

Literatur A.F. Residenz Ellingen 1997, S. 49

PROVENIENZ

Vom Inventar des Jahres 1842 ausgehend, kann ein
Teil der Garnitur, nämlich »6. Chaises von Mahagonyholz mit grünen Damast beschlagen«, bis in das
Jahr 1807 zurück, im Schlafzimmer des Gästeappartements (R 20) lokalisiert werden. Die Bezüge paßten
zur Tapete des Raumes »von grünen großgeblümten
Damast mit einer Einfaßung en tour von grün seidenen Borten«. 1842 und 1865 stehen je sechs Stühle
im Vorzimmer der Galerie (R 25) und im Schlafzimmer des Gästeappartements. Letztere sind 1884
noch an ihrem Standort verzeichnet, während die
anderen nun im Saal über der Galerie (R 285) standen und das erste Mal als »sog. Cheapendeal=
Stühle« bezeichnet wurden. Seit dem Inventar von
1901 ist der Standort aller 12 Stühle im Gekachelten
Saal (R 24) nachweisbar. Erst 1950 wurden drei
Stühle aus Ansbach nach Bayreuth in die Eremitage
transferiert. Die anderen brachte man 1954 in das
vom Land Bayern 1939 erworbene Schloß Ellingen.

BESCHREIBUNG

Gestell: Die Sitzfläche mit geraden Zargen ist konisch stark nach hinten verjüngt und ruht vorne auf
senkrecht stehenden geraden Beinen, während die
hinteren Beine nach unten zurückschwingen, aber
auch als Rückenlehne in weitem Bogen rückwärts
ausschwingen. Die Kanthölzer der vorderen Beine
sind an den inneren Ecken stark abgefast und an den
äußeren Ecken zu einem abgesetzten Dreiviertelstab
profiliert. Dagegen beließ man die geschweiften hinteren Beine rechteckig. Hinten und seitlich sind die
Beine mit schmalen, hochformatigen Stegen verbunden, die soweit nach außen gesetzt sind, daß sie
mit den Außenflächen der Beine bündig liegen. Vorn
ist der Steg aus Gründen der Bequemlichkeit von
den Beinen zurück, zwischen die seitlichen Stege ge-

setzt. Um den Steg von vorn nicht zu hoch erscheinen zu lassen, ist die Unterkante nach geradem Ansatz hochgeschweift. Über dem Polster sind die
Holme der Rückenlehne mit einem kurzen kräftigen
Bogen eingezogen, um nach oben mit einem weiten,
langen Bogen wieder auszuschwingen und unter den
geschweiften Steg zu stoßen, der seitlich überkragt.
Die Innenkanten der Holme sind mit einem Stab besetzt, der nach unten in Blattwerk ausläuft. Die oberen Stege haben den Stab an der Oberkante, der mittig in Blattwerk endet. Auf der sockelartig erhöhten,
hinteren Zarge sitzt als Rückenbrett ein Gebilde aus
verflochten geschnitzten Bändern in zwei verschiedenen Mustern: Bei sechs Stühlen (Ell. M 2/1-4,
BayEr. M 9/1-2) ist es ein hoher Dreipaß mit großen
eingeflochtenen S-Formen im oberen Bereich und
kleinen gegenläufigen C-Bögen auf dem Sockel. Bei
den sechs anderen Stühlen (Ell. M 2/5-9, BayEr.
M 9/3) besteht das weniger komplizierte Gebilde aus
vier gegenläufigen großen S-Bögen, zwischen denen
ein kleines Blatt auf dem Sockel sitzt.

Bezüge: Für einen Teil der Garnitur sind 1807 Bezüge aus grünem Damast mit großen Blumen passend zur Tapete des Raums nachgewiesen, und der
Bezug wird in den späteren Beschreibungen auf allen
12 Stühlen genannt. Erst seit dem Inventar von 1884
lautet die Beschreibung der 12 Bezüge auf hellblauen
Atlas. Auch das Inventar von 1939 benutzt noch die
gleiche Beschreibung, und bei den »grauen Atlasbe-
zügen« aus den Inventaren von 1966 könnte es sich
noch um die gleichen, ehemals hellblauen Stoffe gehandelt haben. Während die Stücke in Bayreuth
neue graue Bezüge haben, wurden die Stühle in Ellingen 1970 mit hellgrünem Wollvelour bezogen.

Konstruktion: Nur die Zargen bestehen aus Buche
und sind furniert. Der rückwärtige Steg und die seit-

Stuhl Ell. M 2/3

Rückenlehne von Stuhl Ell. M 2/6

Stuhl Ell. M 2/3

lichen Stege stecken mit abgesetzten Zapfen in den
Beinen, während der vordere Steg mit einem feinen
Schwalbenschwanz in die seitlichen Stege gezinkt
ist. Auch die Rückseiten der geschnitzten Rücken-
lehnen sind ausgesprochen sauber bearbeitet. Nur
ein Stuhl (BayEr. M 9/3) besteht aus einem helleren
Mahagoni, und die Zargen sind hinter den vorderen
Beinen übereck mit Streben verstärkt.

kennen, die im englischen Stil gefertigt hat, werden
die Stühle eher in England hergestellt worden sein.
In ihrer Schwingung und Verarbeitung sind sie eleganter und aufwendiger als Nachbauten englischer
Stühle in Schloß Wörlitz, die Friedrich Wilhelm von
Erdmannsdorff bald nach 1766 entworfen hat.[1] Vergleiche mit Möbeln in England[2] zeigen größere
Ähnlichkeit. Viertelkreisförmige Stege in den Ecken
unter den Zargen wie an den Stühlen für Schloß
Wörlitz, aber auch an englischen Stücken waren an
den Stühlen aus der Ansbacher Residenz nicht vorhanden. Schon bevor Markgraf Alexander 1791 abgedankt und seinen Wohnsitz in England genommen hatte, unternahm er 1763 und 1779 Reisen nach
London,[3] auf denen er die Stühle hätte kaufen können.

1 A.K. Friedrich Wilhelm II. und die
Kunst 1997, Kat. II. 84 f.
2 Feulner 1927, Abb. 428 – Ellwood,
S. 72 – Claxton-Stevens 1994,
S. 51-58
3 Störkel 1995, S. 180 f.

WÜRDIGUNG

Die Stühle im Stil von Thomas Chippendale sind
besser und feiner verarbeitet als der nach englischen
Vorbildern von Johann Georg Tröster sehr wahrscheinlich in Ansbach gefertigte Verwandlungstisch
(Kat. 97). Da wir keine weitere Ansbacher Werkstatt

88

Tisch ›Pembroke-Table‹

England, um 1770/80

Konstruktionsholz: Mahagoni, Nadelholz
Beschläge: Messing, gegossen, Eisen
Räder mit Leder bezogen
Geschlossen: 73 x 53,5 x 64 cm; ausgeklappt:
73 x 99,5 x 64 cm

Reparatur in den 1950er Jahren, Überzug mit Zelluloselack

Standort Residenz Ansbach, Monatszimmer, R 23

Historische Inventarnummern Residenz Ansbach 1807:
S. 141; 1842*: 366; 1865*: 366; 1884: A.II. 31.4; 1901: A.I.
31.4; 1903*: A.I. 31.10; 1929*: F.V.III. Lit. B I Nr. 1 Bl. 37
Zi. 31; 1939*: F.V.III. R 23 Bl. 233 M 282

Inv. AnsRes. M 59

Literatur A.F. Residenz Ansbach 1939, S. 74 – A.F. Residenz
Ansbach 1993, S. 95

PROVENIENZ

Laut Inventar von 1807 wurde das Möbelchen als
»1. kleiner Arbeitstisch von Mahagonyholz mit antiken Füßen und meßingen Rädlein« in einem der
Büros des »General Landes Commissariats« im
3. Obergeschoß benutzt, deren Mobiliar in den folgenden Verzeichnissen nicht aufgeführt wird. 1842
ist das Möbel wieder faßbar und war bis in das Inventar von 1929 zusammen mit einem weiteren Mahagonimöbel (Kat. 97) im Vorzimmer der Galerie verzeichnet (R 25). Seit dem Inventareintrag von 1939
steht es an seinem heutigen Ort.

BESCHREIBUNG

Korpus: Der rechteckige Tisch mit dreiteiliger Platte
steht auf vier schlanken konischen Beinen, die sich
unten zu eckigen Standflächen erweitern, aber auf
Rollen montiert sind. Etwa auf halber Höhe sind die
Beine mit einem Steg verbunden, und zwischen den
Stegen liegt eine Ablagefläche, die vorn und hinten

tief eingezogen ist, so daß der Tisch auch als Arbeitstisch zu benutzen ist. In der Vorderseite sitzt eine Schublade anstelle einer Zarge zwischen zwei Traversen. An den Seiten des Tischs hängen die äußeren Plattenteile herunter und können mit ausschwenkbaren Stützen in den Zargen hochgestellt werden.
Beschläge: Nur die Handhabe der Schublade aus Messing tritt als Schmuck hervor. Der gebogene Griff mit gerieften Kanneluren und Blattwerk an der Vorderseite ist hinten glatt. Er dreht sich in runden Angeln auf Scheiben und war mit Schrauben und Muttern befestigt. Im Schlüsselloch sitzt eine Messingbuchse, aber auch das eingelassene Schloß besteht aus Messing. Dagegen wurden die Klappen mit je drei eisernen Bändern von unten angeschlagen. Für die Fassung der Laufräder wurde Messing gewählt, während die Rollen selbst aus Leder bestehen.

Konstruktion: Aus den seitlichen Zargen der Pfostenkonstruktion sind die ausschwenkbaren Stützen herausgeschnitten, bleiben aber mit einem Holzscharnier angebunden. Mit den herausgeschnittenen Schwenkstützen entstand ein Loch in den Zargen, die deshalb mit Nadelholzbrettern hinterfüttert wurden. Sie reichen bis an die Innenkanten der Pfosten und dienen der Schublade als Streifleiste. Alle drei Platten bestehen aus einem massiven Brett, und das Mittelstück ist mit Schrauben von unten auf dem Tischgestell befestigt. Die seitlichen Stege sind in die Beine gezapft und die Ablage von unten an die Stege geschraubt. Sie ist aus drei sehr dünnen Brettern mit Federn zusammengefügt. Der Schubkasten ist vorne halbverdeckt gezinkt und hat ungewöhnlich schmale und feine Zinken. Der Boden liegt dreiseitig in einem tiefen Falz, der mit Laufsohlen aufgefüllt wurde, und läuft stumpf unter das Hinterstück.

Der Typ des ›Pembroke-Table‹ beschreibt einen kleinen Tisch mit zwei Klappen und einer durchgehenden Schublade, der ohne Schwierigkeiten herumgeschoben und ebenso gut als Frühstückstisch wie als Schreibtisch verwendet werden konnte.

Das Ansbacher Tischchen hat schlanke Beine, eine umlaufende Profilierung der Platte und ein aufgesetztes Profil auf dem Schubkasten. Die Profile lassen die ohnehin schwachen Platten noch dünner erscheinen, aber auch die Stege zwischen den Beinen und das Ablagebrett wurden zu den Kanten hin abgeschrägt, so daß alles getan worden ist, um das Möbelchen möglichst feingliedrig erscheinen zu lassen. Folglich sind die zierlichen Formen, das Mahagoni und die feine Verarbeitung als hauptsächlicher Schmuck anzusehen. Dazu kommt nur noch der Schubladengriff, der sich mit geringen Abweichungen in Katalogen englischer Hersteller wiederfindet.[1] Aufgrund der hervorragenden technischen Verarbeitung muß die Herstellung des Tischchens in England vermutet werden, zumal der nach englischen Vorbildern von Johann Georg Tröster sehr wahrscheinlich in Ansbach gefertigte Verwandlungstisch (Kat. 97) in der Verarbeitung deutlich weniger professionell und vergleichsweise unbeholfen geraten ist. Schon bevor Markgraf Alexander 1791 abgedankt und seinen Wohnsitz in England genommen hatte, unternahm er 1763 und 1779 noch einmal eine Reise nach London,[2] auf der er das Tischchen gekauft haben könnte.

1 Goodison 1975, Abb. 23
2 Störkel 1995, S. 180 f.

Tischfuß mit Rad aus Leder

Herausklappbare Plattenstütze mit Holzscharnier

89

Pultschreibtisch ›Bureau d'Officier‹

Zuschreibung an Claude-Charles Saunier
(Paris 1735 – Paris 1807, Meister 1752,
registriert 1765)

Paris, um 1770/80

Schlagstempel »CC SAUNIER« und »JME«
Konstruktionsholz: Mahagoni, Eiche
Beschläge: Messing, vergoldet, Eisen
Streusand- und Tintengefäß: Zink und Messing
Marmorplatte: hellgelblich mit roten und dunkelbraunen
Einschüssen
98,5 x 120,5 x 45 cm; ohne Platte: 96 x 119 x 45 cm

Originale Platte, gebrochen mit alten Reparaturen; wohl
originales Tinten- und Streusandgefäß; Vergoldung der
Beschläge abgegriffen; Reparatur in den 1950er Jahren;
Überzug mit Zelluloselack; eine Schublade im Schreibteil
ersetzt

Standort Residenz Ansbach, Appartement der Markgräfin,
Braunes Wohnzimmer, R 11

Historische Inventarnummern Residenz Ansbach 1807:
S. 19; 1813: S. 11; 1820: S. 13; 1830: S. 14; 1842*: 432;
1865*: 432; 1884: A.II. 36.11; 1901: A.I. 13.38; 1903: A.I.
13.10; 1929*: F.V.III. Lit. B II b Nr. 1 Bl. 45 Zi. 13; 1939*:
F.V.III. R 11 Bl. 153 M 134; Stempel: Ansbach, zweifach

Inv. AnsRes. M 10

Literatur A.F. Residenz Ansbach 1939, S. 58 – A.F. Residenz
Ansbach 1993, S. 72

PROVENIENZ

Im Inventar von 1807 ist das Möbel problemlos
wiederzuerkennen: »1. Schreibtisch von Mahagonyholz, mit 6. Schubladen, mit 8. meßingen vergoldeten vorderen und neben Handhaben, dann
5. Schloß-Schildern, die obern mit einem Knopf, die
Füße mit Meßing eingefaßt, auch die daran befindlichen 4. eisernen Füße mit 4. meßingen Rädlein, das
Tischblatt von roth und gelben Marmor«. Standort
war das Braune Wohnzimmer im Appartement der
Markgräfin (R 11), den das Möbel mit einer Unterbrechung bis heute beibehalten hat. Nur in den Inventaren von 1842 bis 1884 ist als Standort das
Schlafzimmer im Gästeappartement (R 20) eingetragen. Wahrscheinlich hat man das Möbel wieder
zurückgestellt, als man das Schloß 1886/87 für den
Besichtigungsbetrieb öffnete.

BESCHREIBUNG

Korpus: Das nicht furnierte Mahagonimöbel hat
einen integrierten Schreibteil mit schräggestellter
Klappe über rechteckigem Grundriß, ruht auf vier
konischen Beinen und hat auf jeder Seite ein Fahrgestell mit Rollen. Im Unterteil wird die Front von
sechs Schubladen strukturiert, die aus dem Korpus
etwas hervorstehen und in zwei Etagen zur Mitte

zentriert angeordnet sind. Unten liegen vier hohe
Schubladen und darüber zwei flachere, aber doppelt
so breite Schubladen. Die Schreibklappe springt um
Klappenstärke aus der Front, wobei die Seitenwände
den Vorsprung nachvollziehen, so daß die geschlossene Klappe oben und an den Seiten bündig im Korpus liegt. Mit der sauber verarbeiteten Mahagoni-
rückwand konnte das Möbel auch frei im Raum
aufgestellt werden. Die Marmorplatte steht rundum
nur wenig über, war mit vier in der Platte montierten
eisernen Bolzen und entsprechenden Löchern im
Korpus gegen Verrutschen gesichert und gehört,
nach der Beschreibung des Inventars von 1807, zum
alten Bestand. Im Inventar von 1884 ist die Platte
als »schadhaft« bezeichnet und wurde offensichtlich
bald danach repariert.

Innenaufteilung: Das Schreibfach ist in drei Bereiche
geteilt: In der Mitte liegen drei breite offene Fächer
übereinander und seitlich je zwei flachere Schubladen oben und ein höherer Schubkasten unten. Die
beiden unteren haben jeweils eine Mittelwand und
die linke untere flache Schublade hat eine Quertei-
lung sowie einen Einsatz mit vier weiteren Unterteilungen für Stifte, Tinten- und Streusandgefäß. Die
erhaltenen Zinkgefäße mit Messingabdeckung passen in Aussparungen am Boden der Gefache und
können deshalb zum alten Bestand gehören.

Beschläge: Alle sechs Schubladen in der Front haben
eine Handhabe mit gebogenem, in der Mitte an-
schwellendem und nach oben eingezogenem Griff,
der sich in runden Angeln auf Strahlenkranzrosetten
dreht und mit Schrauben und Muttern aus Eisen befestigt ist. Je eine größere, sonst aber gleiche Handhabe ist an den Seiten des Möbels befestigt, damit
man das Möbel auf den Rollen der beiden Fahr-
gestelle ziehen kann. Jedes der beiden Gestelle ist
einem der seitlichen Beinpaare zugeordnet und besteht aus drei eisernen Stangen mit einem Steg, die
an der Unterseite des Korpus und an die Beine geschraubt sind. Die Rollen mit messingummantelten
Laufflächen sitzen mit Stäben in einer Hülse und
werden mit Schrauben gesichert, die in Nuten ein-
greifen. Die Räder sind nicht in der Höhe verstellbar
und tragen das Möbel, so daß die Beine aus Holz
eher optisch von Nutzen sind. Von den Frontschub-

Beschläge an der Schreibklappe

laden sind nur die beiden mittleren in der unteren Etage nicht verschließbar, während die anderen sauber eingelassene Eisenschlösser und sehr dicke sechseckige Schlüsselschilde aus vergoldetem Messing haben. Die Klappe ist mit einem eingelassenen Messingschloß, einem kräftigen Zugknopf sowie geschweiftem Schlüsselschild versehen, mit eingelassenen Messingbändern angeschlagen und wird von einem Stangenbeschlag aus Messing gehalten. Der sechspassige Zugknopf kommt kleiner und in vierpassiger Ausfertigung an den unteren Schubladen eines großen, »I.C. Tresenreuter. Fecit. Anspach. 1732« bezeichneten Schreibschranks in Privatbesitz vor (Kat. 18). Demnach wurde der Knopf vielleicht erst in Ansbach montiert. Fünf der sechs Schubladen im Schreibteil können an Zugringen aus Messing herausgezogen werden, während an der erneuerten Schublade links unten auf die Handhabe verzichtet wurde.

Konstruktion: Für alle von außen und bei geöffneter Klappe sichtbaren Teile wurde massives Mahagoni, sonst aber Eichenholz verwendet. So bestehen die Vorderstücke der Frontschubladen aus Mahagoni und die Böden, Seiten und Hinterstücke aus Eiche. Im Korpus erhielten Böden und Zwischenwände recht starke Anleimer aus Mahagoni. Für die Pfostenkonstruktion wurde die Rückwand in die hinteren Beine gezapft und gedübelt, die Seiten bestehen aber aus einer gezapft und gedübelten Rahmenkonstruktion mit zwei Füllungen und Querstücken an der Korpusunterkante sowie über den Frontschubladen. Der oberste Boden ist mit den Seiten verzinkt, während die drei anderen Böden in Pfosten und Seiten gezapft sind. Die Frontschubladen sind vorne halbverdeckt und hinten offen gezinkt. Die Böden liegen auf drei Seiten in einer Nut und laufen stumpf unter das Hinterstück. Zum leichteren Lauf der Schubladen sind Lauf-, Streif- und für die breiten Schubladen auch Kippleisten vorhanden. Die Unterteilungen hinter der Schreibklappe wurden von hinten in die Nuten des Gehäuses geschoben. Die Schubladen sind komplett aus Mahagoni gefertigt, und die Böden liegen dreiseitig in einem Falz und laufen stumpf unter das Hinterstück. Die linke un-

Schlagstempel ›C C Saunier‹ und ›JME‹ auf der Oberseite

Schubladen im Schreibteil

tere Schublade ist anders konstruiert und als Ersatz
aus neuerer Zeit anzusehen.

WÜRDIGUNG

Der Pultschreibtisch mit Marmorplatte besticht
durch die schlichte Form mit den wulstig vorstehenden Schubladenfronten, die Auswahl des massiv verarbeiteten Mahagoniholzes und durch das seltene,
aber praktische Fahrgestell. Hervorzuheben sind die
ungemein präzise gearbeiteten Holzverbindungen
sowie die Dübel der Zapfenverbindungen, die an den
Seiten offen gezeigt werden.

Nachdem sich Pariser Stempel auf dem Möbel
gefunden haben, sind bisherige Zuschreibungsver-
suche an den Berliner Schreiner Martin Böhme, um
1730, und an den Ansbacher Hofschreiner Martin
Schuhmacher, um 1770, hinfällig. Schon aufgrund
der wenig eleganten Form des Möbels wäre man
kaum auf das Herkunftsland Frankreich gekommen.
Wegen des Möbeltyps, seiner kompakten Form, des
verwendeten Mahagoniholzes und des eisernen
Fahrgestells hätte man eher an England gedacht.
Schuhmacher wurde die Verwendung englischer
Formen nachgesagt, und für Böhme hat man aufgrund von Quellenforschungen eine enge Verbindung nach England vermutet,[1] ohne daß ihm ein erhaltenes Möbel sicher zugewiesen werden kann.

Der Stempel des Ebenisten und der Kontroll-
stempel der »Jurande des Menuisiers-Ebénistes« in
Paris sitzen rechts auf der Oberseite des Möbels und
sind über die Schwalbenschwanzverbindung geschlagen. Claude-Charles Saunier stammt aus einer
Ebenistenfamilie in Paris, wurde 1752 Meister und
ließ den Meisterbrief aber erst 1765 registrieren.
Weil der Stempel nicht zwingend den Hersteller bezeichnen muß, der auch ein namenloser Subunter-
nehmer gewesen sein könnte, wird das Möbel nur
zugeschrieben. Bisher ist Saunier als Hersteller erst-
rangiger Luxusmöbel mit üppigen Bronzen und Por-
zellanplatten, aber auch durch die klaren Formen
seiner Möbel und die Schönheit der verwendeten
Hölzer bekannt.[2] Der Ansbacher Pultsekretär kann
sicher nicht zu diesen Luxusmöbeln gezählt werden und bildet unter den bisher bekannten Möbeln
mit dem Stempel des Ebenisten eine deutliche Ausnahme.

Gleiches gilt für einen ähnlichen Pultschreibtisch
mit dem Stempel des Pariser Ebenisten Jean-
François Leleu.[3] Das Möbel wirkt ebenfalls durch
seine klare Form und das verwendete Mahagoniholz,
hat aber weitere Schubladen an den Seiten sowie auf
der Rückseite. Außerdem liegen die Schubladenvorderstücke bündig im Korpus. Das Möbel Leleus hat
kein aufwendiges Fahrgestänge, aber Rollen unter
den konischen Beinen und kann mit Griffen an den
Seiten manövriert werden. Beschläge wurden sparsam verwendet, und eine Marmorplatte liegt oben
auf. Leleu (1729-1807, Meister 1764) arbeitete etwa
zur gleichen Zeit wie Saunier, ist ebenfalls wegen seiner Luxusmöbel berühmt, aber es konnte bereits ein
delikates Schrankmöbel mit Marmorplatte – nur in
Mahagoni und ohne sichtbare Beschläge – von ihm

Marmorplatte, Detail

publiziert werden.[4] Aufgrund der Lebensdaten beider Ebenisten und der Möbelform können beide
Pultschreibtische zeitlich bisher nur wenig genau,
um 1770/80 eingeordnet werden. Markgraf Alexander unternahm 1770, 1772 und 1778 eine Reise nach
Paris und war zwischen 1783 und 1787 jährlich längere Zeit in der Stadt.[5] Auf einer der Reisen wird er
das Möbel erworben haben, und es bietet den fast
unschlagbaren Nachweis, daß Markgraf Alexander
in Paris auch Möbel gekauft hat. Daß er gerade in
Paris ein Möbel im ›gôut anglais‹ erwarb, ist der aktenkundigen ›Anglomanie‹ des Fürsten zuzuschreiben,[6] die zudem eine Modeerscheinung war. Möbel
im englischen Stil wurden an vielen Orten auf dem
Festland hergestellt. »Die Deutschen, die in der ersten Hälfte des 18. Jahrhunderts am liebsten Franzo-
sen geworden wären, hatten in der zweiten Jahrhun-
derthälfte kein höheres Ideal, als Engländer zu sein –
jedenfalls wollten sie einen Abglanz des Reichtums,
der Technik, der Modernität, der Eleganz, welche
London und das ganze Inselreich auszuzeichnen
schienen.«[7]

1 Stengel 1958, S. 93-97
2 Pradère 1990, S. 365-369 – Salverte
  1985, S. 297 f. – Franz 1998, Kat. 21
3 Auktion Drouot Richelieu Paris,
  16.10.1996, Los 208
4 Pradère 1990, S. 333-341
5 Störkel 1995, S. 180 f.
6 Störkel 1995, S. 205 ff.
7 Stürmer 1993, S. 334

*Seitenansicht (links),
Fahrgestänge (rechts)*

10 Sessel ›en cabriolet‹

Ansbach, um 1770/80

Gestelle: Buche, gedrechselt, geschnitzt, vergoldet
99 x 67 x 56 cm

Weiß überstrichen; 1970 neu bezogen

Standort Residenz Ansbach, Festsaal, R 2

Historische Inventarnummern Residenz Ansbach 1807:
S. 156; 1813: S. 74; 1820: S. 131; 1830: S. 109; 1842*: 569;
1884: A.II. 28.94-103; 1901: A.I. 28.106-115; 1903*: A.I.
28.7; 1929*: F.V.III. Lit. A I b Nr. 49-58 Bl. 14 Zi. 28; 1939*:
F.V.III. R 2 Bl. 8 M 21-30

Inv. AnsRes. M 31/1-10

Literatur Farbige Raumkunst 1930, Taf. 30 – A.F. Residenz
Ansbach 1939, S. 39 – A.F. Residenz Ansbach 1993, S. 47

PROVENIENZ

Als »10. Fauteuils grau und weiss angestrichen,
Rückenlehnen Sitz und Arme mit rothen Damast beschlagen« sind die Möbel im Inventar von 1807 als
Mobiliar eines Salons mit roter Damastbespannung
über der Belle Etage beschrieben (R 284). Noch das
Inventar von 1842 verzeichnet die Möbel am gleichen Ort und vermerkt den »sehr schadhaften Damast«. Vielleicht waren die Sessel zur Reparatur
außer Haus und sind deshalb im Inventar von 1865
nicht zu finden. Erst das Inventar von 1884 verzeichnet die Sessel, wahrscheinlich mit erneuerten roten
Bezügen, an ihrem heutigen Ort.

BESCHREIBUNG

Gestell: Die Sessel haben große, hochovale Rückenlehnen und breitere, beinahe runde Sitzflächen. Die
geraden Zargen stehen auf verschiedenartigen Beinen: Vorn haben die gedrechselten Beine kugelige
Füße mit einem eckig eingezogenen Rundstück, das
scheinbar von unten in den kannelierten Schaft gesteckt wurde. Der Schaft ist oben manschettenartig
erweitert, dann mit einem dünneren Rundstück eingezogen und endet mit einem Viertelstab unter der
Zarge. Ein organischer Übergang fehlt, obwohl
Würfel in den Zargen die Position der Beine markie-
ren. Während die vorderen Beine geradestehen, sind
die hinteren deutlich ausgestellt, haben eher birnenförmige Füße, und die kannelierten Schäfte gehen
ohne Einzug würfelig in die Zargen ein. Die Armlehnstützen sind hinter den vorderen Beinen auf die
Zargen gesetzt, schwingen weiter zurück und seitlich
über den Grundriß der Sitzfläche hinaus. Sie nehmen eine kurze, gepolsterte und nach außen gebogene Armlehne auf, die ein wenig von der Rückenlehne herunterschwingt. Letztere ist mit geraden
Stützen über die Sitzfläche gehoben und leicht nach
hinten geneigt. Zargen, Arm- und Rückenlehnen
sind gekehlt und schließen an den Kanten mit einem

wenig feinen Absatz sowie einem kräftigen Rundstab
oder einem flachen Band. Vorn ist die Zarge mit fla-
chem Blattwerk besetzt, das sich oben an der
Rückenlehne wiederholt.
Fassung: Der bereits im Inventar von 1807 genannte
weiße Anstrich blättert ab und gibt die alte, komplette Vergoldung in größeren Partien frei. Darunter
wurde nur dünn grundiert.
Polster/Bezüge: Die Gurte sind von oben auf die Zargen genagelt, und die Polsterung wurde wohl nur repariert, als man 1970 die neuen roten Bezüge aufgebracht hat.
Konstruktion: Die Gestelle sind gezapft und gedübelt
und die Teile der Rückenlehne mit Schlitz und Zapfen verbunden. Zargen und Beine sind an der Innenseite nicht abgearbeitet.

Unteransicht von Sessel AnsRes. M 32/2

WÜRDIGUNG

Form und Struktur der Armlehnstützen waren
schon an zwei früher zu datierenden Sitzgarnituren
und einer Chaiselongue eingesetzt worden (Kat. 52,
76, 77). Auch der gelungene, organische Übergang
von der Zarge zu den Armstützen zeigt die Fähigkeit
eines Bildhauers, der in den Formen des Rokoko ge-
schult war. Dagegen waren ihm modernere, klassizistische Elemente offensichtlich noch fremd, was an
der befremdlichen Stellung, aber auch an der Verbindung der Beine mit den rundlaufenden Zargen zu
sehen ist. Die große Lehne läßt den Sessel gar etwas
kopflastig erscheinen. Ähnliche Schwächen haben
Thronsessel und Konsoltische, die für das Audienzzimmer des Markgrafen um 1775 geschaffen wurden. Auch in bezug auf die genannten Sitzgarnituren
müssen die Sessel gesehen und um 1770/80 datiert
werden.

Sessel AnsRes. M 32/2

91

Ofenschirm
Ansbach, um 1775/85

Gestell: Mahagoni, geschnitzt
Beschläge: Messing
Bespannung: Blumenranken in Chenillestickerei
auf originalem Träger
104 x 60 x 39,5 cm
Klapptisch: H 71,5 cm; ausgeklappt: T 48 cm

Vorderseite wohl Erstbespannung; Restaurierung
von Gestell und Textilien 1996/97

Standort Residenz Ansbach, Spiegelkabinett, R 10

Historische Inventarnummern Residenz Ansbach 1807:
S. 22; 1813: S. 14; 1820: S. 19; 1830: S. 19; 1842: 97; 1865:
97; 1884: A.II. 14.32; 1901: A.I. 14.32; 1903*: A.I. 14.9;
1929*: F.V.III. Lit. M Nr. 6 Bl. 150 Zi. 14; 1939*: F.V.III. R 10
Bl. 82 M 133

Inv. AnsRes. M 96

Literatur Lessing 1892, Taf. 58

PROVENIENZ

Seit dem Inventar des Jahres 1807 ist das Stück im
Spiegelkabinett verzeichnet: »1. Caminschirm von
englischen Holz mit weissen Atlas, worauf Bouquets
von Chenille, bezogen und mit weissen seidenen
Gimpen besetzt, mit dergleichen Überzug wie bey
den Tabourets.« Zu dieser Zeit hatte das Fenster des
Raumes Vorhänge mit gleicher Stickerei. Die genannten sechs Hocker sind mit den Bezügen erhalten (Kat. 40). Das Photo aus dem Jahre 1892 zeigt
den Ofenschirm samt Hocker im Spiegelkabinett.
Im Inventar von 1903 ist noch eine zugehörige
Housse zum Schutz der Textilie genannt.

BESCHREIBUNG

Korpus: Der Ofenschirm besteht aus einem Gestell
mit höhenverstellbarem Schieber, der die Bespannung rahmt. Es hat zwei gerade Pfosten auf Beinen
in Form eines Karniesbogens, die nach vorne und
hinten hinausstehen. Die Füße haben ein geschnitztes Blatt auf der Schulter und stehen auf flachen, angeschnitzten Sockeln. Die Pfosten sind an den Ecken
leicht profiliert und an drei Seiten gekehlt. Zwischen
den Beinen sind die Pfosten mit einem flachen Steg
verbunden und werden durch den in einer Gratnut
laufenden Schieber zusammengehalten. Oben gibt
es keinen Verbindungssteg, so daß die Bespannung
auch bei ausgezogenem Blatt vollständig gesehen
und nicht von einem Querholm überschnitten wird.
Der Schieber ist an der Griffleiste mehr, an der unteren Leiste weniger geschweift. An der Rückseite kann eine Klappe als Tischchen hochgestellt
werden.
Bespannung: Der Schieber ist auf der Rückseite mit
beigem Seidentaft und vorn mit Chenillestickerei
bespannt, die von einer breiten (5,3 cm), beigen

Borte eingefaßt ist. Die Stickerei sitzt noch auf dem
originalen Trägergewebe, einem beigen Kettatlas,
der im Inventarverzeichnis von 1807 als »weisser
Atlas« bezeichnet ist. Die Blumenranken reichen bis
unter die Borte und in die Einschläge, die zur Befestigung der Bespannung notwendig waren. Demnach ist die Stickerei nicht extra, passend zu den
Maßen des Ofenschirms hergestellt. Weil der sehr
flache Schieber einer Nagelung kaum standhalten
könnte, wurde die Bespannung durch eine Reihe von
Bohrlöchern festgenäht. Deshalb kann aus technischer Sicht nicht sicher beurteilt werden, ob es sich
um die Erst- oder Zweitbespannung des Ofenschirms handelt. Die Näharbeiten sind jedoch ausgesprochen sauber und akkurat ausgeführt. Die
Bespannung der Rückseite konnte als Zweitbespannung erkannt werden und besteht zudem aus einem
Gewebe in Zweitverwendung.
Konstruktion: Für alle Teile des Ofenschirms wurde
Mahagoni verwendet. Die gebogenen Füße sind mit
Schwalbenschwänzen in das Mittelstück gezinkt, das
die eingezapften Pfosten hält. Der flache Brettsteg
zwischen den Beinen ist auf ein viel schmaleres
Kantholz geleimt, das in die Beine gezapft ist und
erst die konstruktive Verbindung des Gestells bildet.
Die Rahmenteile des Schiebers sind mit Schlitz und
Zapfen auf Gehrung verbunden und werden von ei-
nem flachen Kreuzsteg zwischen den Bespannungen
stabilisiert. Die Klappe ist mit eingelassenen Messingbändern befestigt und wird mit einem gelochten
Messingband an den Pfosten und entsprechenden

Detail der Chenillestickerei

Rückseite mit Klapptisch

Schrauben in der Klappe festgestellt. Der leicht hochstehende Umleimer ist mit Messingnägeln gesichert.

Die Stickerei auf dem Schieber war Bestandteil der ehemaligen ›en Suite-Ausstattung‹ des Spiegelkabinetts, mit gleichen Textilien für Vorhänge, Sitzmöbel und Ofenschirm. Die Vorhänge sind nicht erhalten. Die erhaltenen Borten des Ofenschirms waren auch an den Hockern vorhanden, und Verteilung wie Länge der Ranken sind ebenfalls gleich. Weil die Stickereien der Hocker mehrfach neue Trägerstoffe erhalten haben, wurde bei der Restaurierung des Ofenschirms auf die Erhaltung des originalen Trägerstoffes besonderer Wert gelegt. Wahrscheinlich wurde der Stoff mit den Stickereien bald nach 1773 angekauft (Kat. 40). Zur Datierung des Gestells müssen auch die Daten der Neuausstattung im Audienzzimmer des Markgrafen um 1774 und im Audienzzimmer der Markgräfin 1785 herangezogen werden (Kat. 36, 37), in deren Zuge sicher auch neue Ofenschirme benötigt wurden. Ähnlich gekehlte Pfosten haben weitere Ofenschirme (Kat. 94, 95).

Ein weiterer, in den Maßen jedoch größerer Ofenschirm hat bis zu den Beschlägen die gleichen Formen. Allerdings wurden billigere Materialien verwendet, so daß beide Schirme als nicht so häufiges Beispiel für die Herstellung und Verwendung von Möbeln in wichtigen bzw. einfacheren Räumen stehen (Kat. 92).

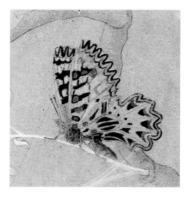

Detail der gemalten Bespannung

92

Ofenschirm

Ansbach, um 1775/85

Gestell: Buche, geschnitzt, mahagonifarben gefaßt
Beschläge: Eisen
Bespannung: Papier, bemalt mit Vögeln und Pflanzen, Rückseite roter Seidentaft, handgenäht
153 x 96,2 x 45,5 cm
Klapptisch: H 79,5 cm; ausgeklappt: T 51,5 cm

Fassung der Vorderseite mit starken Lichtschäden; Klapptisch verzogen; Vorderseite evtl. Erstbespannung mit Wasser- und Lichtschäden; Bespannung der Rückseite zerschlissen

Standort Residenz Ansbach, Dienerschaftszimmer, R 16

Historische Inventarnummern Residenz Ansbach 1807: S. 108; 1842*: 377; 1865*: 377; 1884: A.II. 32.25; 1901: A.I. 32.23; 1903*: A.I. 32.8; 1929*: F.V.III. Lit. M Nr. 13 Bl. 152 Zi. 32; 1939*: F.V.III. Depot Bl. 269 M 358

Inv. AnsRes. M 93

Literatur A.F. Residenz Ansbach 1939, S. 73

Womöglich kann das Stück mit dem Eintrag »1. Ofenschirm von Buchenholz, das Blatt von Bunten Pappier« im Inventar von 1807 identifiziert werden und stand dann im Königlichen Archiv, das im 1. Obergeschoß des Flügelbaus untergebracht war. Die Räume des Archivs wurden nach Auskunft des Inventars von 1813 als Wohnung genutzt. Sicher ist das Möbel erst im Inventar von 1842 unter der Beschreibung »Ofenschirm von Buchenholz, auf Mahagoniart lakiert, die Füllung auf einer Seite mit

Vögeln gemalt« zu fassen. Als Standort ist von 1842 bis 1929 der Gekachelte Saal (R 24) vermerkt. Laut Inventarverzeichnis von 1939 stand das Stück im Depot, wurde aber im gleichen Jahr wieder am alten Ort aufgestellt.

BESCHREIBUNG

Gestell: Es gleicht bis auf Größe, Beschläge und Holzart einem kleineren Mahagonischirm (Kat. 91) und ist anstelle des teuren Mahagoni aus Buche gefertigt, aber mahagonifarben lasiert. Der Schirm ist gut 50 cm höher, die Pfosten sind etwas stärker, haben einen unbeholfen geschnitzten Kopf, und die Beine sind zu breit und zu glatt, um elegant erscheinen zu können. Auch die Schweifungen an Kopf- und Fußleiste des Schiebers sind etwas anders, aber die Beschläge sind gleich und wurden statt in Messing aus Eisen gefertigt. Zum Feststellen des größeren und schwereren Schiebers wurden zusätzlich Federstifte mit Griffen in die Pfosten eingelassen.
Bespannung: Die Vorderseite des Schiebers ist mit Papier auf Textilträger bespannt, wobei die Papierfläche aus zwei Bögen mit horizontal, ungefähr

auf halber Höhe verlaufender Fuge zusammengesetzt ist. Die farbige Handzeichnung in Aquarell und schwarzer Tusche sitzt auf stark verbräuntem, europäischem Büttenpapier. Sie ist an der Mittelachse orientiert, indem die Stämme von zwei Bäumen sich fast wie ein Flechtband umwinden. Es sind jedoch verschiedene Baumarten mit unterschiedlichen Stämmen, Blättern, Blüten und Knospen. Sie stehen auf einem beidseitig von Wasser umspülten Wiesenstück, auf dem rechts eine große bunte Gans und links ein Baumstumpf stehen. Links von der Mittelachse sind drei größere und rechts drei kleinere Vögel darunter sowie je eine Libelle und ein Schmetterling über die Fläche im Laubwerk verteilt. Auch die Pflanzen sind sehr genau wiedergegeben.

WÜRDIGUNG

Entsprechend Kat. 91. Die detaillierte Handzeichnung auf europäischem Papier ist im Inventar von 1842 genannt und ähnelt asiatischen Vorbildern in hohem Maß. Vergleichbare asiatische Tapeten aus den 1770er Jahren sind in Schloß Wilhelmstal sowie in Schloß Wörlitz erhalten.[1]

1 Reepen 1996, Kat. 73 f. – Thümmler 1998, S. 40-46

93

Ofenschirm

Ansbach, um 1775/85

Gestell: Eiche, geschnitzt, braun gestrichen mit Maserung, Nadelholz
Bezug: Reste einer stark verbräunten Flocktapete, nach 1835
156 x 96 x 65 cm

Bezug auf anderen Ofenschirm übertragen; alle Beine gebrochen

Standort Residenz Ansbach, Depot

Historische Inventarnummern Residenz Ansbach 1842*: 385; 1865*: 385; 1884: A.II. 33.43; 1901: A.I. 33.43; 1903*: A.I. 33.10; 1929: F.V.III. Lit. M Nr. 15 Bl. 152 Depot; 1939*: F.V.III. Depot Bl. 269 M 360

Inv. AnsRes. M 95

PROVENIENZ

Zuerst kann der Schirm 1842, im 1. Vorzimmer des Gästeappartements gefaßt werden: »1 Ofenschirm braun lakiert, mit grünem Damast und Papier bezogen«. Bis zum Inventar von 1903 bleibt er im gleichen Raum verzeichnet und wurde spätestens 1929 magaziniert.

BESCHREIBUNG

Gestell: Das Gestell hat einen höhenverstellbaren Rahmen als Schieber und zwei gerade Pfosten auf

zwei Beinen in Form eines Karniesbogens, die nach vorne und hinten mit vorgeschobenen Füßen weit hinausstehen. Ein Stück über den Beinen sind die Pfosten mit einem Steg verbunden, in dessen Profil der Schieber schlägt, während die Pfosten oben vor und hinter dem Schieber mit Stegen verbunden sind. Pfosten und Stege sind gerade, an den Innenkanten mit einem halbrunden Stab besetzt, während die Außenkanten wellig, mit Wulst und begleitenden Kehlen profiliert sind. Für das geschnitzte Kopfstück des Schiebers wurde Eiche, für die anderen Rahmenteile Nadelholz verwendet. Es hat einen Griffausschnitt, ist an der Oberkante profiliert, mehrfach geschweift und in der Fläche mit Begleitstreifen an den Kanten eingetieft.
Fassung: Der dunkelbraune, gemaserte Anstrich sitzt direkt auf dem Holz.
Bezug: Von der Bespannung existieren nur noch der Träger und schmale Randstreifen einer Flocktapete auf der Vorderseite.

Detail der ausgeschnittenen Bespannung

WÜRDIGUNG

Der ungewöhnlich hohe Ofenschirm ist in der Form mit zwei anderen Schirmen vergleichbar und kann in den gleichen Zeitraum datiert werden (Kat. 91, 92). Bei der Flocktapete von der Bespannung des Schiebers handelt sich um eine Rollentapete, die folglich nach 1835 entstanden ist. Sie wurde zwischen 1865 und 1884 herausgeschnitten und auf einen anderen Ofenschirm übertragen. Auf diese Weise erhielt das wertvollere, marketierte Stück eine schönere Rückseite (Kat. 89).

5 Ofenschirme

Ansbach, um 1775/85

Konstruktionsholz: Buche, geschnitzt, gefaßt; Mahagoni, geschnitzt
Beschläge: Eisen
Bezüge: (AnsRes. M 89) rot-weiß-grüner Seidenlampas, Frankreich um 1785
94 x 142 x 39 cm

Originale Bezüge auf AnsRes. M 89

Standort Residenz Ansbach, 2. Vorzimmer des Markgrafen, R 4; Audienzzimmer des Markgrafen, R 5; Audienzzimmer der Markgräfin, R 12; Braunes Kabinett im Gästeappartement, R 19; Depot

Historische Inventarnummern Residenz Ansbach 1807: S. 37, 8, 158; 1813: S. 30, 9, 76; 1820: S. 40, 11, 133; 1830: S. 39, 11, 111; 1842: *262; *63, *449; 587; 1865: *262; *63, *449; 587; 1884: A.II. 21.69; A.II. 5.48; A.II. 37.19; A.II. 15.71 ; 1901: *A.I. 21.69; A.I. 5.48; A.I. 37.19; A.I. 15.71; 1903: A.I. 22.9; *A.I. 21.15; *A.I. 5.16; *A.I. 37.10; *A.I. 15.19; 1929*: F.V.III. Lit. M Nr. 11 Bl. 151 Zi. 22; F.V.III. Lit. M Nr. 10 Bl. 151 Zi. 21; F.V.III. Lit. M Nr. 4 Bl. 150 Zi. 5; F.V.III. Lit. M Nr. 16 Bl. 153 Zi. 37; F.V.III. Lit. M Nr. 7 Bl. 150 Zi. 15; 1939*: F.V.III. R 4 Bl. 31 M 61; F.V.III. R 5 Bl. 40 M 78; F.V.III. R 12 Bl. 162 M 162; F.V.III. R 19 Bl. 205 M 238; F.V.III. Depot Bl. 268 M 356

Inv. AnsRes. M 88, 89, 91, 94, 97

Literatur A.F. Residenz Ansbach 1939, S. 43, 66 – A.F. Residenz Ansbach 1993, S. 53, 57, 78, 88

PROVENIENZ

Wegen der dreiteiligen Gestelle und der Bezüge lassen sich drei der Ofenschirme problemlos bis zum Inventar von 1807 zurückverfolgen.

Für das Stück im Audienzzimmer des Markgrafen (AnsRes. M 89) lautet der Eintrag: »1. Caminschirm von weiss lakirten Holz in 2. Theilen, mit rothen Taffent innen und außen bezogen, das Leistenwerk daran vergoldet«. Erst im Inventar von 1842 ist die Beschreibung genauer: »1 Caminschirm, weiß lakiert mit vergoldeten Stäben, die 3. Blatt mit roten Taffent«, und der Eintrag des Inventars von 1884 erhielt den Nachtrag, daß 1885 eine neue Housse für den Ofenschirm angefertigt worden war, die noch im Inventar von 1903 aufgeführt ist.

Der Schirm aus dem Audienzzimmer der Markgräfin (AnsRes. M 91) wurde 1807 beschrieben: »1. Caminschirm, das Gestell lakirt und vergoldet, die 3. Blatt deßelben mit Seidenzeuch, wie die Tapete bezogen, mit einem Surtout von weißer Leinenwand«. Im Eintrag der Inventare von 1842/65 wurde die Bespannung nicht mehr mit der Tapete des Raums verglichen, sondern der Schirm war mit »selbigen Seidenzeuch wie die Sessel überzogen« und von 1884 bis 1929 »mit demselben Seidenzeuch wie der Baldachin bezogen«. Stets wurde auch die zugehörige Housse aufgeführt. Erst im Inventar von

1939 wurde wieder festgehalten, daß der Bezug der Tapete gleicht.

Der Ofenschirm aus Mahagoni (AnsRes. M 94) läßt sich im Raum über dem Bilderkabinett (R 286) mit der Beschreibung identifizieren: »1. niedriger Caminschirm von Mahagony Holz mit 3. Blatt von carmoisin rothen Atlas« und ist bis zum Inventar von 1830 in diesem Raum verblieben. Erst seit dem Inventar von 1842 steht er im Braunen Kabinett des Gästeappartements. Auch für diesen Ofenschirm ist bis zum Eintrag von 1903 eine zugehörige Housse aufgeführt.

Der braun gefaßte Schirm (AnsRes. M 97) wurde 1842/65 als »weiß gestrichen« in einem Kabinett über der Belle Etage (R 286) erfaßt und erst seit dem Inventar von 1884 als »braun lakiert, Bezug von Möbelstoff wie die Stühle« geführt (Kat. 50, 73). Von 1884 bis 1929 ist er im Schlafzimmer der Markgräfin (R 9) und seit 1939 im Depot eingetragen.

BESCHREIBUNG

Gestell: Die fünf Ofenschirme gleichen sich in der Form, nicht aber in der Fassung und in den Bezügen. Ein Exemplar aus Mahagoni wurde nicht gefaßt (AnsRes. M 94). Die dreiteiligen Gestelle bestehen aus zwei schmalen Seitenstücken mit je zwei Beinen und einem breiten, an Scharnieren zwischen den Seiten hängenden Mittelstück. Wenn man die Seitenteile mit dem Mittelteil in eine Flucht stellt, kann der Schirm fast auf das Doppelte verbreitert werden. Alle drei Teile haben einen höhenverstellbaren Schieber mit textiler Bespannung. Jedes Seitenteil hat zwei gerade Pfosten auf zwei Beinen, die nach vorne und hinten bogig ausgestellt sind und vorgeschobene Füße haben. Etwas oberhalb der Beine sitzt ein gerader Steg, der mit einem weiteren Steg darüber eine durchbrochene Füllung hält, in der große und kleine Kreise einander abwechseln. Auf die oberen Stege schlagen die Schieber, während die Pfosten oben mit zwei Stegen verbunden sind, zwischen denen der Schieber läuft. Stege und Pfosten sind an den Ecken fein profiliert. Die oberen Stege des Schirms sind geschweift und die Griffstücke der Schieber ebenfalls. Das Kopfstück des mittleren Schiebers ist zur Mitte erhöht, geschweift und ausgeschnitten. Neben dem Griffausschnitt in der Mitte liegen zwei langgeschweifte Ausschnitte, so daß bei runtergefahrenem Schieber vom Kopfbrett fast nur geschweifte Stege an der Oberkante zu sehen sind. Die Kopfstücke der seitlichen Schieber sind ebenfalls geschweift und mit einem Ausschnitt durchbrochen, aber die erhöhende Schweifung ist zur Mitte des Ofenschirms ausgerichtet. Alle Verbindungen sind Zapfenverbindungen.
Fassung: Zwei Ofenschirme (AnsRes. M 88, 91) sind weiß gefaßt, während Füllungen und Pfostenkanten eines weiteren weiß gefaßten Schirms (AnsRes. M 89) mit einer Ölvergoldung hervorgehoben sind. Ein anderes Exemplar (AnsRes. M 97) war weiß gefaßt und wurde zwischen 1865 und 1884 braun maseriert.
Bezüge Der grüne Bezug des Ofenschirms AnsRes.

Ofenschirm AnsRes. M 89 mit eingeklappten Seitenteilen

M 88 wurde 1960 durch einen gelben ersetzt. Der Schirm AnsRes. M 94 hatte nach Auskunft der Inventare zumindest bis 1939 den originalen, roten Bezug, der 1960 gegen eine grünen ausgetauscht wurde. Der zur hellblauen Tapete, Baldachin und Sesselbezügen passende Ofenschirm AnsRes. M 91 erhielt 1970 den neuen hellblauen Bezug.

Der braun gefaßte Schirm AnsRes. M 97 stand eine Weile im Schlafzimmer der Markgräfin (R 9) und hatte den gleichen Bezug wie die Sitzmöbel im Raum (Kat. 50, 73). Diese Bezüge entsprachen wiederum der bis heute vorhandenen Tapete des Raums, deren Ankauf und Montage im Rechnungsjahr 1896/97 bezeugt ist.[1] Die heutige, beige Bespannung wurde nach 1939 aufgebracht.

Allein der Ofenschirm im Audienzzimmer des Markgrafen (AnsRes. M 89) hat seine erste Bespannung aus rot-weiß-grünem Seidenlampas bis heute behalten, die mit Hilfe von Lochreihen in den Rahmen der Schieber angenäht ist und zur Wandbespan-

nung, aber auch zu den Bezügen der Sitzgarnitur gehört (Kat. 37).

WÜRDIGUNG

Die niedrigen Ofenschirme behindern die Ansicht der Räume wenig und sind wegen der beiden Flügel besonders variabel nutzbar. Ähnlich gekehlte Pfosten haben weitere Ofenschirme (Kat. 91, 92), und zwei andere Ofenschirme haben auch vergleichbare Griffstücke am Schieber sowie ähnliche Durchbrechungen des unteren Stegs (Kat. 35).

Zur Datierung der Gestelle müssen die Daten zur Anschaffung teurer Textilien ab 1773 und zur Neuausstattung des Audienzzimmers des Markgrafen um 1774 und des Audienzzimmers der Markgräfin 1785 herangezogen werden (Kat. 36, 37). In diesem Zuge wurden sicher mehrere neue Ofenschirme benötigt, und deshalb können die Stücke um 1775/85 datiert werden.

Ofenschirm AnsRes. M 89

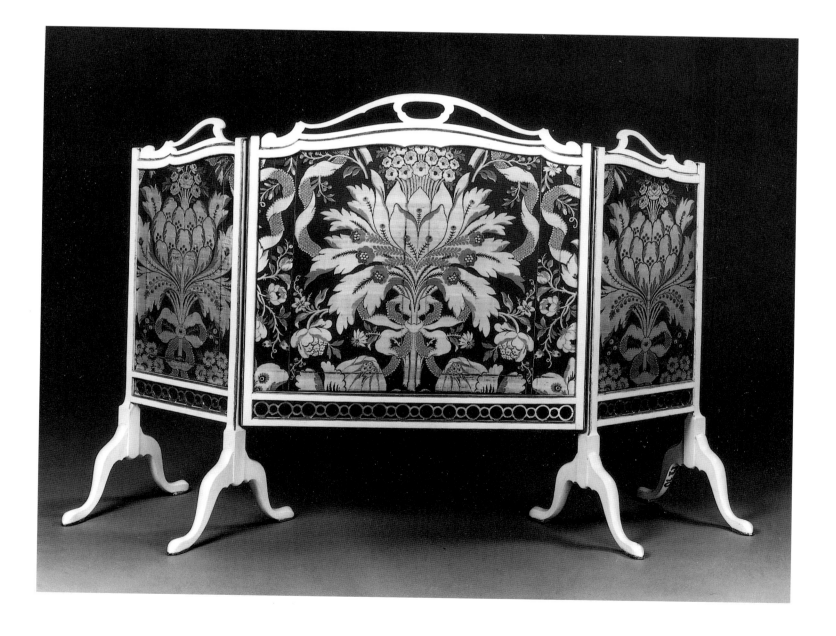

95

2 Ofenschirme
Ansbach, um 1775/85

Konstruktionsholz: Buche, geschnitzt, gefaßt und vergoldet
130 x 85 x 46 cm

Bezüge um 1900 erneuert; Fassung braun und weiß überstrichen

Standort Residenz Ansbach, Depot; Residenz Ellingen,
Depot

Historische Inventarnummern Residenz Ansbach 1842*:
368; 1865*: 368; 1884: A.II. 31.13; 1901: A.I. 34.27; A.I.
31.13; 1903*: A.I. 34.14; A.I. 31.14; 1929*: F.V.III. Lit. M
Nr. 12/15 Bl. 152 Zi. Depot; 1939*: F.V.III. R 22 Bl. 227
M 277; F.V.III. R Depot Bl. 269 M 359

Inv. AnsRes. M 98, Ell. M 42

Literatur A.F. Residenz Ansbach 1939, S. 70

Ofenschirm Ell. M 42

PROVENIENZ

Nach den Inventaren von 1842 bis 1903 stand das
Stück AnsRes. M 98, beschrieben als »Ofenschirm
von Buchenholz, auf Mahagoniart lakiert, die Füllung von grünem Damast«, im Vorzimmer der Galerie (R 25) und ist seit dem Inventar von 1929 im
Magazin untergebracht. Der formgleiche andere
Schirm kann nur bis zum Inventar von 1901 zurückverfolgt werden, als er mit der Beschreibung »Ofenschirm, Buchenholz, weiß lakiert, die Füllung von
rotbraunem Wollstoff« und dem Nachtrag »1898
neu renoviert« im 2. Vorzimmer des Gästeappartements stand. 1929 wurde er im Depot verzeichnet
und 1939 erneut im 2. Vorzimmer des Gästeappartements (R 22) aufgestellt, bevor er 1962 in die Residenz Ellingen transferiert worden ist.

BESCHREIBUNG

Gestell: Die Schirme bestehen aus einem Gestell mit
höhenverstellbarem Schieber, der die Bespannung
rahmt. Das Gestell hat zwei gerade Pfosten auf zwei
Beinen, die nach vorne und hinten bogig ausgestellt
sind. Nach einem eingeschnürten Ansatz werden die
Beine mit einem kantigen Absatz stärker, um sich
nach unten zu verjüngen und in eingerollten Voluten
auf abgesetzten Standflächen zu enden. Die Flächen
der Beine sind gefeldert. Zwischen den Beinen sitzt
ein kräftiger, an der Unterkante geschweifter Steg,
der mit einem weiteren Steg kurz über den Beinen
eine durchbrochene Füllung hält, in der sich hohe
Ovale und kleinere Kreise abwechseln. Auf diesen
Steg schlägt der Schieber, während die Pfosten oben
mit zwei Stegen verbunden sind, zwischen denen der
Schieber läuft. Stege und Pfosten sind an den Ecken
fein profiliert und die Pfosten an drei Seiten der
Länge nach gekehlt. Oben auf den Pfosten sitzen flache, gedrechselte Knöpfe. Das Kopfstück des Schiebers ist zur Mitte erhöht und mehrfach geschweift.
Die Fläche hat neben dem Griffausschnitt in der
Mitte zwei weitere und größere Ausschnitte, so daß
bei runtergefahrenem Schieber vom Kopfstück nur
die geschweiften Stege an der Oberkante zu sehen
sind.
Fassung: Beide Schirme unterscheiden sich im Anstrich über der Fassung. Das Stück AnsRes. M 98 ist
braun maseriert, während der Schirm Ell. M 42 1898
weiß überstrichen wurde.
Bespannung: Die Bespannungen entsprechen den
Beschreibungen der Inventare von 1842 bzw. 1901.
Konstruktion: Die Gestelle werden mit Stemmzapfen
und die Schieber mit Schlitz- und Zapfenverbindungen zusammengehalten.

WÜRDIGUNG

Angesichts der ruinösen Fassungen fallen die feinen
Profile und Kehlen der Gestelle kaum mehr auf.
Sehr ähnlich gekehlte Pfosten haben zwei weitere
Ofenschirme (Kat. 91, 92), und das Griffstück des
Schiebers kehrt in ähnlichen Formen an einem Satz
von fünf anderen Ofenschirmen wieder (Kat. 94).
Deshalb können die beiden Stücke ebenfalls um
1775/85 datiert werden.

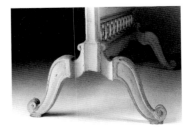

Fuß von Ofenschirm Ell. M 42

96

Sitzgarnitur

6 Sessel, 2 Ruhebetten

England (?), um 1780

Gestell: Buche, weiß gefaßt, farbig bemalt
Polster: Einlegerahmen für Auflegekissen
92 x 65 x 61 cm

Beide Ruhebetten verloren, Auflegekissen fehlen

Standort Residenz Ansbach, Depot

Historische Inventarnummern Residenz Ansbach 1807:
S. 124; 1813: S. 67; 1820: S. 71; 1830: S. 68; 1842*: 397;
1865*: 397; 1884: A.II.34.16-21; 1901: A.II.30.16-21;
1903*: A.II.30.6; 1929*: F.V.III. Lit. A I b Nr. 105-110 Bl. 16
Zi. Depot; 1939*: F.V.III. R Depot, Bl. 271, M 364-369

Inv. AnsRes. M 45/1-6

PROVENIENZ

Die Sessel lassen sich bis in das Inventarverzeichnis
von 1807 zurückverfolgen und standen auf dem
Stockwerk über der Belle Etage in einem Kabinett
(R 208): »6. Fauteuils mit durchgebrochenen Lehnen, grün und weiss lakirt, mit Kißen von grün und
weiss gesteinten [gewürfelten] Taffent«. Dazu gehörten »2. Ruhebetten, die Gestelle von Bildhauer
Arbeit, grün und weiss lakirt, jedes mit grün und
weiss gesteinten Taffent beschlagen, dann jedes mit
1. Lieg- 1. Kopf- und 1. Fuß Kißen mit Federn in
Leder gefüllt, und mit Bezügen von grün und weiss
gesteinten Taffent«. Das Inventar von 1813 verzeichnet die Stücke noch am gleichen Ort, während
sie laut Inventar von 1820 im 2. Vorzimmer des Gästeappartements (R 22) stehen und nun auch als zu-
sammengehörend genannt werden. Das Inventar
von 1830 führt die Garnitur noch im gleichen Raum,

aber sie ist jetzt mit »grünen Morens« bezogen, und
ein Zusatz vermerkt: »Der grün und weiß gesteinte
Taffent, mit dem diese Ruhebetten [und Sessel]
früher bezogen waren, ist verkauft worden«. Noch
das Inventar von 1884 nennt alle Stücke im gleichen
Raum, aber 1899 wurde das erste und im Jahre 1900
auch das andere Ruhebett in die Residenz München
abgegeben, wo sie verloren sind. Ohne Ruhebetten
war die Garnitur anscheinend nicht mehr attraktiv
und wurde seit 1901 im Gardemeuble verzeichnet.

BESCHREIBUNG

Gestell: Die Möbel haben fast quadratische Sitzflächen mit geraden Zargen und geraden Beinen, die
im unteren Bereich zu geohrten Füßen nach außen
geschweift sind und über den Grundriß der Sitzfläche hinausstehen. Die Armlehnstützen fußen weit
zurückgesetzt auf den Zargen, schwingen von dort
leicht zurück und im gleichen Bogen zum Handstück
vor, das ohne Absatz in die Armlehne übergeht. Diese
sind zur Oberkante der Rückenlehne hinaufgebogen
und halten das trichterförmige Rückenbrett mit der
Kopfleiste. Auf eine Verlängerung der hinteren
Beine als Stütze der Rückenlehne wurde verzichtet.
Fassung: Innerhalb der vorstehenden Begleitstreifen
an den Kanten sind die seitlichen Zargen rechteckig
eingetieft, und von der vorderen Zarge wird die Vertiefung über die Beine bis zu den Füßen herunterge-
führt. Auch das Rückenbrett und das obere Brett der
Lehne haben vorstehende Begleitstreifen an den
Kanten. Auf den eingetieften Flächen von Rückenlehnen und Beinen sind die weiß gefaßten Gestelle
mit hellgrauem bis dunkelblauem Rankenwerk auf
grünem Fond bemalt. Die Zargen wurden in gleichem Farbton mit Bogenreihen versehen.
Konstruktion: Alle Verbindungen sind gezapft
und gedübelt. Die flachen Einlegerahmen liegen in
einem Falz und haben Aussparungen anstelle der
Armlehnstützen. Sie bestehen aus dem gleichen Material wie das Gestell und haben für die Bespannung
eine Reihe von Bohrungen an den Innenkanten.

WÜRDIGUNG

Die Sessel waren wohl für eine Ausstattung im pompejanischen Stil gedacht. Die Rückenlehne ist stark
nach hinten geknickt, was trotz fehlender Sitzkissen
einen bequemen Eindruck macht. Durch den Verzicht auf eine Stabilisierung der Rückenlehne in Verlängerung der hinteren Beine entstand ein unge-
wöhnliches, vor allem aber leicht wirkendes Gestell
sowie eine schon kühn zu nennende, moderne Konstruktion. Eine solche Erfindung ist eher in England
denn in Ansbach zu vermuten, auch wenn noch keine
direkten Vergleichsstücke gefunden sind.[1] Sitzmöbel
mit üppiger Blumenmalerei sind in England ebenfalls häufig. Schon bevor Markgraf Alexander 1791
abgedankt und seinen Wohnsitz in England genommen hatte, unternahm er 1763 und 1779 noch einmal eine Reise nach London,[2] auf der er die Sessel
gekauft haben könnte. Sie sollen deshalb um 1780
datiert werden.

Links: Sessel AnsRes. M 45/3

Sessel AnsRes. M 45/3

*Detail der Rückenlehne von Sessel
AnsRes.* M 45/3

1 Als berühmteste Vergleichsstücke die
  Stühle in Osterley Park House. Hardy
  1985, S. 87 f.
2 Störkel 1995, S. 180 f.

Geschlossen, als Konsoltisch

Nach der 1. Wandlung als Tisch

Nach der 2. Wandlung als Spieltisch

Seitenansicht, geschlossen

97

Verwandlungstisch
›Harlekin-Pembroke-Table‹

Zuschreibung an
Johann Georg Tröster

Ansbach (?), um 1780

*Nach der 3. Wandlung als Schreibtisch mit
hochgestelltem Lesepult*

Konstruktionsholz: Mahagoni, Eiche
Furnier: Mahagoni
Beschläge: Messing, Eisen, Stahlfedern
Bezug: grüner Filz
Geschlossen als Konsoltisch: 77,5 x 76,5 x 38 cm;
als Tisch: 76 x 76,5 x 77 cm; als Spieltisch: H. 74 cm;
als Schreibtisch mit hochgestelltem Lesepult: H. 107 cm

Reparatur 1955, Überzug mit Zelluloselack

Standort Residenz Ansbach, Vorzimmer der Galerie, R 25

Historische Inventarnummern Residenz Ansbach 1807: S. 54
; 1813: S. 46; 1820: S. 64; 1830: S. 62; 1842*: 501; 1865*:
501; 1884: A.II.31.20; 1901: A.I.31.20; 1903: A.I.31.11;
1929*: F.V.III. Lit. B 1 Nr. 12 Bl. 39 Zi. 31; 1939*: F.V.III. R 25
Bl. 243 M 311; Stempel: Ansbach, dreifach

Inv. AnsRes. M 60

Literatur A.F. Residenz Ansbach 1939, S. 74 – A. F.
Residenz Ansbach 1993, S. 100

PROVENIENZ

In den Inventaren von 1807 bis 1830 ist das Möbel
mit dem Eintrag »1. englischer Schreibtisch von
Mahagonyholz, innwendig mit grünen Tuch bezogen« im Vorzimmer der Galerie verzeichnet (R 25).
Unter gleichem Wortlaut steht es nach Auskunft der
Inventare von 1842/65 im Gardemeuble und wird
seit 1884 wieder am alten Ort geführt.

Korpus: Der rechteckige, glatte Korpus mit geraden Unterkanten wird in geschlossenem Zustand von drei gleich großen Platten um knapp zwei Zentimeter überragt und steht auf vier langen, sich nach oben verstärkenden Beinen, die unten zu Füßen in Form eines ›Club and Ball-Foot‹ ausgebildet und diagonal zum Korpus gestellt sind. Ein Stück unterhalb des Korpus werden die runden Beine zu rechteckigen Pfosten und laufen nach einem Absatz mit einem kleinen Bogen in die Unterkanten der Wandungen ein. An den Tischecken wird der Übergang zum scharfkantigen Pfosten mit einer abgefasten Partie vollzogen, die nach einigen Zentimetern ausläuft.

Wandlungsmöglichkeiten: In geschlossenem Zustand ist dem Möbel durch die dreiseitig profilierten Platten und dem Schlüsselloch in der Vorderseite eine eindeutige Rückseite zugewiesen, so daß er auch wie ein Konsoltisch gestellt werden kann. Für die Wandlungen wird das linke hintere Bein, wie bei einem ›gate-leg-table‹, mitsamt der Zarge als Stütze der Platten um 90° ausgeschwenkt. In der schwenkbaren Zarge befindet sich eine weitere Klappstütze samt Feststellriegel, mit der der Höhenunterschied variiert werden muß, je nachdem, ob für die Wandlung eine oder zwei der drei Platten umgeklappt werden. Bei der 1. Wandlung wird die oberste der drei Platten zu einer quadratischen Tischplatte ausgeklappt. Für die 2. Wandlung muß die Klappenstütze an der Schwenkzarge ein- und die zweite Platte ausgeklappt werden, und man erhält einen Spieltisch mit grünem Filzbezug. Der Spieltisch kann bereits als Arbeitstisch benutzt werden, wenn das Lesepult im vorderen Drittel des Tisches hochgestellt wird. Allerdings wird nun die Rückseite des Tisches zur Sitzseite für den Benutzer, mit der ausgeschwenkten Stütze zwischen den eigenen Beinen. Für die 3. Wandlung zu einem Schreibmöbel muß das Schloß in der Vorderseite geöffnet und die Federknöpfe an den Schmalseiten des Tischs gezogen werden, damit ein Kasten mit sieben Schubkästen und sechs offenen Fächern von einem Federmechanismus aus dem Korpus heraufgedrückt wird. Rechts und links liegen zwei Schubläden übereinander mit einem kleinen offenen Fach darüber. In der Mitte sitzt unten eine breite Schublade und mittig darauf zwei hohe Fächer sowie rechts und links davon eine Schublade mit je einem weiteren kleinen Fach darüber. In der rechten unteren Schublade ist eine Unterteilung für Löschsand- und Tintengefäße, die sich aber nicht erhalten haben.

Beschläge: Das Schlüsselloch in der Vorderseite hat eine Messingbuchse. Die Zugknöpfe an den Seiten und an den Schubkästchen sind aus Messing sowie das eigentlich nicht sichtbare Schloß und die eingelassenen Bänder an den Klappen und an dem ausschwenkbaren Bein. Nur für die Halterung der Stahlfedern im Inneren des Korpus wurden Eisenschrauben verwendet.

Konstruktion: Die Kugeln unter den Füßen sind als gedrechselte Einzelteile mit Dübeln untergesetzt. In der Pfostenkonstruktion bestehen die Zargen aus Eiche, aber nur die vordere und die seitlichen Zargen sind mit Mahagoni furniert. Dabei wurden die massiven Mahagonipfosten im Bereich des Korpus überfurniert. Für das ausschwenkbare Bein war eine Art zweite Zarge in Mahagoni notwendig. Auch für alle anderen sichtbaren Teile wurde massives Mahagoni, sonst aber Eichenholz verwendet. Mit den zwei Zargen an der Rückseite entstand ein stabiles Gehäuse für den ausfahrbaren Schreibkasten, das wegen der zwei kräftigen Druckfedern mit einem starken Boden von unten verschraubt wurde. Der Schreibkasten läßt sich auch nur bei gelöstem Boden nach unten herausnehmen. Eine der Druckfedern ist gebrochen. Rückseite und Seiten des Schreibkastens sind nicht fein oder repräsentativ verarbeitet: Man schaut in die Verbindungen hinein, und die unregelmäßig geschnittenen Scharniere der Feststellbretter wirken hausgemacht. Dagegen ist die Vorderseite besser gelungen. Die Schubkästchen aus Mahagoni wurden vorne verdeckt gezinkt und die Böden rundum in einen sehr feinen Falz geleimt.

WÜRDIGUNG

Der Typ eines englischen ›Harlequin-Pembroke-Table‹ ist eine aufwendigere Variante des ›Pembroke-Table‹ (Kat. 88), die den einfachen Früh-

Seitenansicht des hochgefahrenen Schreibkastens

Stellung der Klappenstütze für die 2. und 3. Wandlung

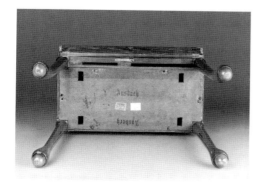

Ansicht von unten

Ansicht von unten bei hochgefahrenem Schreibkasten und herausgenommenem Boden

Innenseite des Bodens mit Druckfedern

stücks- und Arbeitstisch zu einem aufwendigen Vielzweckmöbel macht.

Das schmucklose Stück wirkt durch die Holzauswahl, die Form der Beine und die Verwandlungsmöglichkeiten. Dabei fällt auf, daß der hochgefahrene Schreibkasten nur vorn als Schauseite verarbeitet ist. Das ist bei einem rundumsichtigen Möbel bemerkenswert. Es verweist auf die Fähigkeiten des Schreiners und zeigt vielleicht auch, daß das Verwandlungsmöbel eher nicht in England entstanden ist.

In einem der Mittelfränkischen Schlösser existiert ein identischer, nicht restaurierter Verwandlungstisch, der an einer Innenseite des Korpus in Schriftzügen des 18. Jahrhunderts mit »Johann Georg Tröster« bezeichnet ist. An die Innenseiten gelangt man ebenfalls nur, wenn man den Boden des Möbels herausschraubt, so daß es sich wohl um eine Signatur handelt. Ein Schreiner dieses Namens ist bisher nicht bekannt. Offensichtlich war er in der Lage, englisch aussehende, qualitätvolle Möbel zu fertigen, und hatte vielleicht in England gelernt. Weil in der Nähe von Ansbach ein identisches Stück existiert, hat Tröster wahrscheinlich in Ansbach gearbeitet. Schon bevor Markgraf Alexander 1791 abgedankt und seinen Wohnsitz in England genommen hatte, unternahm er 1763 und 1779 noch einmal eine Reise nach London,[1] auf der er solche Tische sicher gesehen hat. Folglich soll dieses Stück um 1780 datiert werden.

1 Störkel 1995, S. 180 f.

Schreibteil mit geöffneter Schreibschublade

Ecklösung des Aufsatzes auf dem Kommodenteil

PROVENIENZ

Sicher kann das Schreibmöbel an seinem heutigen Standort nur bis zum Inventar von 1929 zurückverfolgt werden. Von dort wird auf ein Möbel zurückverwiesen, das im Inventar von 1865 als »Commode mit Aufsatz, von Olivenholz mit Ebenholz eingelegt, geschweift« das erste Mal auftaucht, im Gardemeuble steht und in der Beschreibung nicht auf das erhaltene Stück passen will. Zudem paßt die in den Inventaren von 1884 und 1901 übernommene alte Inventarnummer 470a nicht zu der auf dem Möbel angebrachten Nummer 981. Letztere paßt in der Ausführung zu den Nummern auf anderen Möbeln, die mit den Ansbacher Inventaren von 1842/65 korrelieren. Unter der Nummer 981 sind jedoch in Ansbach Sitzmöbel verzeichnet, so daß das Möbel sicher erst später aus einem der anderen markgräflichen Schlösser nach Ansbach gekommen ist.

BESCHREIBUNG

Korpus: Das Möbel besteht aus einem dreiseitig geschweiften Unterteil mit Türen und einer Schublade, das auf recht hohen Beinen steht. Der Übergang zum rechteckigen, weit zurückgesetzten und hohen Aufsatz wirkt abrupt. Das Oberteil hat diagonal zum Korpus gestellte Lisenen an den vorderen Ecken, schließt aber auch an den Seiten mit Lisenen nach hinten ab. Unten ist ein flacher Sockel ausgeschieden und oben ein Kranzgesims mit Zahnschnitt

98

Schreibschrank

Ansbach, um 1780

Konstruktionsholz: Eiche, Nußbaum, geschnitzt
Marketerie: Bux, Ahorn (?), teilweise grün gefärbt, Nußbaum
Beschläge: Messing
Bezug: blauer Filz auf der Schreibplatte
181 x 114 x 59,5 cm; Unterteil: 79 x 114 x 59,5 cm; Oberteil: 102 x 95 x 34,5 cm

Fächer im Oberteil verloren; 1955 restauriert; Bezug ersetzt

Standort Residenz Ansbach, 1. Vorzimmer der Markgräfin, R 15

Historische Inventarnummern Residenz Ansbach 1865: 470a; 1884: A.II. 2.37; 1901: A.I. 2.37; 1903: A.I. 2.9; 1929: F.V.III. Lit. B II b Nr. 9 Bl. 48 Zi. 2; 1939*: F.V.III. R 15 Bl. 188 M 194; Stempel: Ansbach, zweifach

Inv. AnsRes. M 20

Literatur A.F. Residenz Ansbach 1939, S. 63 – A.F. Residenz Ansbach 1993, S. 84

kapitellartig um die Lisenen herumgekröpft. Die vier rechteckigen, konisch nach oben erweiterten Beine haben gefelderte Flächen, einen Einzug unter dem Korpus und kissenartig geschwellte Füße. Die Beine sind als Pfosten weitergeführt, erscheinen auf den Schauseiten als Lisenen und stehen vorn diagonal zum Korpus. Von dort aus schwingt die Front nach geradem Ansatz vor und an den Seiten S-bogenförmig aus, so daß sich der Unterteil nach hinten stark verbreitert. Mit einem Profil ist eine flache Schicht als Kapitellzone unter der Platte ausgeschieden. Die Unterkante der Türen und Seiten sind in mehreren flachen Bögen geschweift.

Innenaufteilung: Hinter den beiden Türen des Aufsatzes sind zwei Fachböden auf genagelten Trägern erhalten, an deren Unterseite jeweils Gratnuten der ehemaligen Facheinteilung zu sehen sind. Weitere Befestigungslöcher für Fachbodenträger gibt es nicht. Im Sockel liegen zwei Schubladen nebeneinander und können benutzt werden, ohne die Türen des Aufsatzes öffnen zu müssen. Die rechte Schub-

lade ist für Streusandgefäß und Tintenfaß unterteilt und hat ein längliches Fach in der Mitte, dessen Boden wie eine Rinne geformt ist, aus der man Stifte bequem herausnehmen kann. Über den Türen im Unterteil sitzt eine weitere, breite Schublade mit einem nach hinten beweglichen Schieber an der Oberfläche, so daß der Schubkasten gleichzeitig als Schreibplatte benutzt werden kann. Hinter den Türen liegen sechs Schubladen zu drei Paaren übereinander, deren Vorderstücke entsprechend den Türen geschweift sind.

Marketerie: Unter- und Oberteil haben die gleiche, einfache Marketerie. Große Flächen aus Nußbaum werden parallel zu den Kanten von einem Buxbaumband mit grünen Begleitstreifen eingefaßt, die beide wiederum zwei helle Begleitlinien haben. Diese Adern sind an den Ecken verkröpft. Den Abschluß bildet ein Rahmen aus Nußbaum. Auf den Lisenen und Frontschubladen sitzen rechteckige Flächen aus Nußbaum mit quadratischen Einzügen an den Ecken in einen Buxbaumfond und sind nur von einer grünen Ader mit hellen Begleitlinien gefaßt. Die Türen im Oberteil sind an Innen- und Außenseiten, mit einem niedrigen Feld im unteren Drittel, zweifach gefeldert. An den Innenseiten der unteren Türen ist das Mittelfeld mit einem hellen Faden von der Rahmung abgesetzt, und die Schubladen sind nur mit Nußbaum furniert. Auf der Platte ist der Standort des Oberteils in der Marketerie ausgespart.

Beschläge: Die Türen im Aufsatz sind mit drei und die Türen im Unterteil mit je zwei Messingbändern angeschlagen. Die echten und die blinden Schlüssellöcher sind mit Messingbuchsen gefaßt, die Messingschlösser und Schließbleche eingelassen. An den Stirnseiten der linken Türen sind zwei Riegel eingelassen, für deren Knöpfe an den Stirnseiten der Gegentüren Aussparungen eingestemmt werden mußten. Die Schubladen im Unterteil haben gebogene Messinggriffe, die sich in Kugeln mit gestuften Rosetten drehen und deren Gewinde aus Messing von eisernen Muttern gehalten werden. Zwischen den Kugeln liegen zugekittete Löcher in den Vorderstücken, so daß ursprünglich wohl nur an Zugknöpfe gedacht war.

Konstruktion: Der Aufsatz besteht aus einem gezinkten Gehäuse aus Eiche, in dem die Rückwand als Rahmenkonstruktion mit zwei Füllungen oben und an den Seiten bündig in Fälze eingelassen ist. Während die hinteren Lisenen mit den Seiten aus einem Stück bestehen, wurden die vorderen Lisenen als Pfosten aus Nußbaum eingesetzt. Die hinteren Lisenen wurden nicht aufgedoppelt, sondern vergleichsweise mühsam aus den Seitenstücken herausgekehlt. Alle Türen sind aus gefügten Eichenbrettern mit seitlichen Anfaßleisten zusammengesetzt und das Blindholz mit Umleimern aus Nußbaum verdeckt.

Im Unterteil bilden die starke, eichene Rückwand (2,5 cm) und die noch stärkeren, eichenen Seitenwände (bis 5 cm) mit den durchlaufenden Beinen aus Nußbaum eine Pfostenkonstruktion. In Höhe der drei Traversen sind weitere Streben rechtwinklig in die Rückwand gezapft und tragen die Platte, die Schreibschublade und den Einsatz mit den sechs Schubladen, der von vorne eingeschoben ist. Folglich blieben in den Zwickeln hinter den ausgeschweiften Seiten des Unterteils Hohlräume. Die relativ dünne Platte (2,3 cm) besteht aus einer Rahmenkonstruktion mit zwei Füllungen und ist konstruktiv nicht mit dem Korpus verbunden. Sie war nur aufgelegt, mit angeleimten Leisten an der Unterseite gegen Verschieben gesichert und wurde wohl erst bei der letzten Restaurierung nachträglich von unten verschraubt. Der Schubladeneinsatz besteht wieder aus Eiche, hat aber an den Vorderkanten

Kommode von unten

Rückseite

Türen des Unterteils mit Riegeln und Aussparungen in der Gegentür

Nußbaumanleimer, die später schwarz überstrichen wurden. Alle neun Schubladen bestehen ebenfalls aus Eiche und sind gleich konstruiert. Die Böden liegen dreiseitig in einem Falz, laufen unter dem Hinterstück durch und haben untergeleimte Laufsohlen. Die Platte der Schreibschublade ist als Tafel mit Anfaßleisten konstruiert und ruht mit einer abgesetzten Feder auf drei Seiten in einer Nut und hinten auf dem Hinterstück.

Das einfach marketierte Schreibmöbel hat ein schön geschweiftes Unterteil, doch es fehlt ein harmonischer Übergang zum eckigen Aufsatz, der wie abgestellt erscheint, obwohl er zweifellos dazugehört. Hervorzuheben ist die unauffällige, ungewöhnliche, aber praktische Schreibschublade. Die hinteren, nicht aufgedoppelten, sondern aus den Seitenwänden herausgekehlten Lisenen am Aufsatz stellen eine konstruktive Besonderheit dar und kommen an einer Ansbacher Truhe noch einmal vor, die um 1774 datiert werden kann (Kat. 82). Eine vergleichbar stabile Konstruktion wie das Unterteil hat auch ein Sekretär (Kat. 79). Bei den eigenartigen Konstruktionen können die Rückwände nicht herausgenommen werden, und die Böden sind durch die Rückwand gestemmt. Außerdem ist die Felderung auf den konischen Beinen mit den Beinen von Anrichten vergleichbar, die sicher erst um die Mitte der 1780er Jahre entstanden sind (Kat. 108). Deshalb kann die bisherige Datierung des Schreibschranks um 1780 beibehalten werden.

99

Konsoltisch

Ansbach (?), um 1780

Gestell: Eiche, geschnitzt, Nadelholz, braun gefaßt, maseriert
Platte: weißer Marmor
81,5 x 105 x 58 cm; Gestell: 79 x 93,5 x 55,5 cm

Gelblich überstrichen

Standort Residenz Ansbach, Depot

Historische Inventarnummern Residenz Ansbach 1813: S. 32; 1820: S. 42; 1830: S. 40; 1842*: 283; 1865*: 283; 1884: A.II. 22.42; 1901: A.I. 34.14; 1903*: A.I. 34.11; 1929*: F.V.III. Lit. B I Nr. 4 Bl. 38 Zi. 34; 1939*: F.V.III. R Depot Bl. 280 M 351

Inv. AnsRes. M 58

In den Inventaren von 1842 bis 1929 ist der Tisch im 2. Vorzimmer des Gästeappartements (R 22) eingetragen: »1 Tisch von Bildhauerarbeit, weiß lackiert

mit weißer Marmorplatte«. An gleicher Stelle ist in den Inventaren von 1813 bis 1830 mit gleichen Worten ein Tisch »mit einem Marmorblatt von Mosaique Arbeit« verzeichnet, und weil sich an der Ausstattung des Raumes ansonsten nichts verändert hatte, handelte es sich eventuell um den gleichen Tisch, der nur eine andere Platte bekam. Seit 1939 ist das Depot als Standort verzeichnet.

Gestell: Der selbststehende Konsoltisch hat im Grundriß quadratische, konisch nach oben erweiterte Beine, aber runde Füße, die über einem Stumpf mit vorkragendem Schaftring eingezogen werden und mit einem weiter vorkragenden Perlbandring von den Beinen abgesetzt sind. Die Schäfte sind an allen vier Seiten mit einem Band an den Kanten gefeldert und mit einer Kannelur versehen. Darüber sitzt eine Kämpferplatte mit rechteckigem Blattkapitell, bevor das Bein als vorspringender Eckklotz zwischen den Zargen sitzt. Die geraden Zargen haben an der Unterkante Profilleisten, die um die vorspringenden Beinpfosten herumgekröpft sind. Nur die vordere Zarge ist mit einer aufgedoppelten Schürze versehen, die an den Kanten mit Begleitstreifen und einer Rosette besetzt ist und über die Zarge herunterreicht. Auf die Zargen wurde eine Gebälkzone gesetzt, die sich ebenfalls um die vorspringenden Bein-

pfosten, aber auch um die vorspringende Schürze herumgekröpft. Nur für die Gebälkzone wurde Nadelholz verwendet. Es scheint sich aber nicht um eine deutlich spätere Aufstockung des Tisches zu handeln, da die braun maserierte Fassung an allen Teilen des Tisches direkt auf dem Holz sitzt.

Für das einfache Möbel sind keine Ansbacher Vergleichsstücke bekannt, und es kann deshalb nur unter Vorbehalt nach Ansbach lokalisiert und vorläufig um 1780 datiert werden.

Paar Bänke

Ansbach, um 1780

Eine Bank auf der Unterseite der Schwinge in Bleistift
bezeichnet: »Schneeberger 1840« (AnsRes. M 29/2)
Gestelle: Eiche, gedrechselt, geschnitzt, weiß gefaßt und
vergoldet, Buche, Nadelholz
AnsRes. M 29/1: 72 x 197 x 74 cm
AnsRes. M 29/2: 72 x 201 x 74 cm

Stützleisten für Rückenkissen jünger; letzte Restaurierung
1994/96; neue Bezüge

Standort Residenz Ansbach, Schlafzimmer des Gästeappartements, R 20

Historische Inventarnummern Residenz Ansbach 1807:
S. 45; 1813: S. 38; 1820: S. 27; 1830: S. 26; 1842* 170;
1865* 170; 1884: A.II. 17.13-14; 1901: A.I. 36.16-17; 1903*:
A.I. 36.9; 1929*: F.V.III. Lit. A III Nr. 3-4 Bl. 32 Zi. 36; 1939*:
F.V.III. R 20 Bl. 210 M 247-248; Stempel: S. A.

Inv. AnsRes. M 29/1-2

Literatur Farbige Raumkunst 1930, Taf. 37 – A.F. Residenz
Ansbach 1939, S. 67 – A.F. Residenz Ansbach 1993, S. 90

PROVENIENZ

Es handelt sich um die »2. Sopha mit rothen Damast
bezogen, weiß lakirt«, die das Inventar von 1807 im
Festsaal (R 2) verzeichnet. Das Inventar von 1813
nennt die Möbel am gleichen Ort, bemerkt aber, daß
der rote Damast »schlissig und neu zu beziehen« sei.
Bis zum Inventar von 1820 hatte man die beiden
schadhaften Sitzmöbel in das Marmorkabinett (R 8)
gestellt und durch die bis dahin dort stehenden Sofas
(Kat. 39) ersetzt. Bis zum Inventar von 1884 sind
beide Bänke im Marmorkabinett verzeichnet. Ab
1820 wurde die Beschreibung konkretisiert:
»2 Sophas, die Gestelle weiß lakiert, mit vergoldeten
Staeben, die Sitze mit rothen Damast bezogen, dann
zu jeden ein Rück und zwei Seitenkissen mit dergleichen Damast bezogen« sowie »2 Überwürfe zu diesen beiden Sophas von weißer Leinwand«. Erst seit
dem Inventar von 1865 bilden die Stücke mit sechs
Sesseln (Kat. 101) eine Garnitur, zuerst im Marmorkabinett (R 8) und seit 1901 im Schlafzimmer des Gästeappartements. Bis zuletzt waren die Stücke mit
rotem Damast bezogen.

BESCHREIBUNG

Gestell: Die Bänke unterscheiden sich in der Länge
um vier Zentimeter, haben einen rechteckigen
Grundriß und stehen auf sechs Beinen. Aus den seitlichen Beinen entwickeln sich die Holme der seitlichen Lehnen, die im Bogen nach außen schwingen
und oben eingerollt sind. Während die hinteren
Holme gerade aufsteigen, sind die vorderen Holme
auch noch von der Vorderkante der Sofas nach hinten zurückgeschweift. Beide Holmenpaare sind lei-
terartig, mit fünf Stegen untereinander verbunden.

Die Zargen sind gerade, lang gekehlt und schließen
nach einem Absatz mit Rundstäben ab. Die gedrechselten und konisch nach oben erweiterten Beine
haben Fußstümpfe mit einem Wulst und sind nach
einem flachen Einzug mit kurzen Kanneluren versehen. Darüber ist der Schaft glatt, bevor die Beine
nach einem Einzug würfelförmig zwischen den Zargen sitzen.

Fassung: An den weiß gefaßten Bänken sind die Stäbe
und die Außenhaut der Beine, nicht aber die Kanneluren vergoldet. Bei der letzten Restaurierung wurde
eine weiße Überfassung mit Mattvergoldung abgenommen, weil die darunterliegende weiße Erstfassung
mit Polimentvergoldung über weite Strecken
erhalten war. Es brauchte nur stellenweise nachgrundiert und retuschiert werden.

Polster/Bezüge: Ursprünglich hatten die Bänke keine
Stützleisten für die Rückenkissen. Bei der letzten
Restaurierung wurden die Kissen und die Polsterung
mit Sprungfedern beibehalten.

Konstruktion: Die gedübelte Pfostenkonstruktion aus
Eiche erhielt bei der späteren (?) Neupolsterung mit
Sprungfedern zwei Schwingen aus Buche und zwei
lange Nadelholzleisten als Stützen für das Rückenkissen.

WÜRDIGUNG

Wegen der unterschiedlichen Maße waren die Bänke
wohl für eine ganz bestimmte bauliche Situation
vorgesehen. Weitere Sitzmöbel mit gleichen Beinen gibt es nicht. Auffallend bleibt die unsichere
Linienführung der geschweiften seitlichen Lehnen.
An den klassizistischen Thronsesseln gemessen (Kat.
81), können die Bänke wohl um 1780 datiert werden.

*Bank AnsRes. M 29/1 ohne
Seiten- und Rückenpolster*

Bank AnsRes. M 29/1

IOI

6 Sessel ›en cabriolet‹

Ansbach, 1770/80

Gestelle: Buche, gedrechselt, geschnitzt, weiß gefaßt
und vergoldet
92 x 59 x 62 cm

Letzte Restaurierung 1994/96; neue Bezüge

Standort Residenz Ansbach, Schlafzimmer des Gästeappartements, R 20

Historische Inventarnummern Residenz Ansbach 1807:
S. 75; 1830: S. 88; 1842*: 505; 1865*: 505; 1884: A.II.
17.15-20; 1901: A.I. 36.18-23; 1903*: A.I. 36.10; 1929*:
F.V.III. Lit. A1b Nr. 99-104 Bl. 16 Zi. 36; 1939*: F.V.III. R 20
Bl. 209 M 241-246

Inv. AnsRes. M 29/3-8

Literatur Farbige Raumkunst 1930, Taf. 37 – A.F. Residenz
Ansbach 1939, S. 67 – A.F. Residenz Ansbach 1993, S. 90

PROVENIENZ

Im Inventar von 1807 könnte nur eine Beschreibung
auf die Sessel passen: »6. Fauteuils von rothbuchen
Holz, von Bildhauer Arbeit, weiss lakirt und vergoldet, Sitze, Rückstücke und Arme mit carmoisin rothen Damast beschlagen«. Sie standen im Flügelbau,
auf dem 1. Obergeschoß in einem Raum, der laut
Inventar von 1813 als Wohnung gedient hat. Erst
im Inventar von 1830 sind im Gardemeuble wieder
»6 Armsessel, die Gestelle von weiß und vergoldeter
Bildhauerarbeith, und mit rothen Morens bezogen«
zu fassen. Die Beschreibung hat den Zusatz, daß der
»rothe Damast, mit dem diese Sessel früher bezogen
waren« verkauft worden sei. Unter der gleichen Beschreibung sind die Stücke dann im Inventar von
1842 als Depotbestand zu fassen. Dort lautet ein
Vermerk: »Die Überzüge versteigert 1852«. Erst
seit dem Inventar von 1865 bilden die Stücke mit den
zwei Bänken (Kat. 100) eine Garnitur, zuerst im
Marmorkabinett (R 8) und seit 1901 im Schlafzimmer des Gästeappartements. Bis zuletzt hatten die
Sessel rote Bezüge.

BESCHREIBUNG

Gestell: Die Sessel haben hochovale Rückenlehnen
und breitere, U-förmige Sitzflächen, die zur Mitte
vorschwingen. Alle Zargen sind gerade und zweifach
lang gekehlt, während die Rückenlehne vorn und an
den Außenkanten gekehlt ist. Alle Kehlen schließen
jeweils nach einem Absatz mit Rundstäben ab. Die
geradestehenden Beine haben birnenförmige Füßchen mit manschettenartigem Rundstück unter dem
kannelierten, konischen Schaft, der oben eingezogen
ist und mit einem hohen Wulst unter den Zargen endet. Im Bereich der Zargen sind die Beine zu Würfeln geformt, an den Kanten mit einem Stab und innen mit einem Kreis besetzt. In der Verlängerung

Sessel
AnsRes. M 29/4

der Beine steigen die Armlehnstützen auf, schwingen aber nach geradem Ansatz zurück, um die
waagerecht liegenden, aber im Grundriß des U-förmigen Sitzes geschweiften sowie gepolsterten Armlehnen aufzunehmen. Auf der Vorderkante sind die
Armlehnen mit einem Schuppenband belegt, das
seitlich von Stäben begleitet wird und sich über das
Handstück der Armlehnen zieht, die seitlich zu Voluten eingerollt sind. Die Rückenlehne ist mit kurzen, in das Oval einlaufenden Stützen über die Sitzfläche gehoben und im oberen Bereich nach hinten
geschweift.
Fassung: Bei der letzten Restaurierung wurde eine
weiße Überfassung mit Mattvergoldung abgenommen, weil die darunterliegende weiße Erstfassung
mit Polimentvergoldung über weite Strecken erhalten war. Es brauchte nur stellenweise nachgrundiert
und retuschiert werden.
Polster/Bezüge: Die Polsterung wurde vollständig abgenommen, nach der Reinigung mit den alten Gurten, Leinen und Roßhaar wieder aufgenagelt und mit
gelben anstatt mit roten Bezügen versehen.
Konstruktion: Die Gestelle sind gezapft und gedübelt
und die Teile der Rückenlehne mit Schlitz und Zapfen verbunden. Zargen und Beine sind an der Innenseite nicht abgearbeitet.

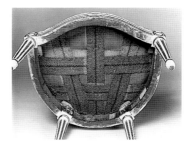

Sessel AnsRes. M 29/4

WÜRDIGUNG

Durch die vergoldeten Stäbe und Kanneluren wirken die weiß gefaßten Sessel recht feingliedrig. Sie
sind in der Rückenlehne etwas höher, haben aber
sonst die gleichen Maße, den gleichen Grundriß, die
gleiche Grundform der Armlehnen, die gleichen
Beine und die gleiche technische Verarbeitung wie
drei weitere Sitzgarnituren (Kat. 102-104). Dort ist
neben den Rückenlehnen nur der geschnitzte
Schmuck anders, und die Profile sind schärfer. Die
genannten Garnituren bilden zusammen eine Reihe
von 44 recht einheitlichen Sesseln und zwei
Hockern, die sehr wahrscheinlich in Ansbach entstanden sind. An den klassizistischen Thronsesseln
gemessen (Kat. 81), müssen die Sessel wohl etwas
später, um 1780 datiert werden.

102

8 Sessel ›en cabriolet‹

Ansbach, um 1780

Gestelle: Buche, gedrechselt, geschnitzt, weiß gefaßt
Bezüge: Blütenranken in Rot, Rosa, Braun und Blau auf
heller Baumwolle, gedruckt und gechintzt, auf zwei
Sesseln bedruckter Baumwollrips mit Blumenmuster, 1884
90 x 59 x 60 cm

Holzimitierend überfaßt

Standort Residenz Ansbach, 1. Vorzimmer der Markgräfin, R 15; Monatszimmer, R 23

Historische Inventarnummern Residenz Ansbach 1842*: 19;
1865*: 19; 1884: A.II. 2.21/28; A.II. 33.35/42; 1901: A.I.
2.89/106; A.I. 33.35/42; 1903*: A.I. 2.13; A.I. 33.9; 1929*:
F.V.III. Lit. A1b Nr. 86, 88 Bl. 234 Zi. 33; F.V.III. Lit. A1b
Nr. 1-6 Bl. 11 Zi. 2; 1939*: F.V.III. R 15 Bl. 189 M 197-202;
F.V.III. R 23 Bl. 234 M 286, 288

Inv. AnsRes. M 38/1-6, 42/5, 42/7

Literatur A.F. Residenz Ansbach 1939, S. 71 – A.F. Residenz
Ansbach 1993, S. 84, 95

PROVENIENZ

Erst im Inventar von 1842 lassen sich die Sessel
anhand der aufgemalten Inventarnummer finden:
»8 Fauteuils braun lakiert mit bunten Meubles Zitz
wie die Vorhänge überzogen«. Als Standort ist das
1. Vorzimmer der Markgräfin (R 15) eingetragen,
wobei der Raum im Inventar vorher gar keine Vorhänge hatte und die Sessel wohl erst neu bezogen
worden waren. Im Inventar von 1865 werden zusätzlich acht Houssen »von Barchent« aufgezählt. Im
Inventar von 1884 sind die Sessel in den Räumen
aufgeführt, in denen sie bis heute stehen. Am alten
Ort blieben sechs, während zwei Sessel einer ähnlichen, ebenfalls braun gefaßten Garnitur im 1. Vorzimmer des Gästeapartements (R 23) zugeschlagen
wurden (Kat. 103). Diese Garnitur wurde »1884 neu
bezogen«, mit »Cretonn=Blumen und Laubwerk«,
zu dessen Schutz ein Jahr später neue Houssen angefertigt worden waren.

BESCHREIBUNG

Gestell: Die Sessel haben hochovale Rückenlehnen
und breitere, U-förmige Sitzflächen, die von den
vorderen Beinen zur Mitte vorschwingen. An den
geraden Kanten der Zargen läuft ein flaches Begleitband, und dazwischen sind kurze Kehlen senkrecht
nebeneinandergesetzt. Die Medaillons der Rückenlehnen umlaufen flache Begleitbänder mit Kehlen
und Spiralband. Die geradestehenden Beine haben
birnenförmige Füßchen mit manschettenartigem
Rundstück unter dem kannelierten, konischen
Schaft, der oben eingezogen ist und mit einem hohen Wulst unter der Zarge endet. Im Bereich der
Zargen sind die Beine zu Würfeln geformt und mit

einer geschnitzten Kreuzblüte gefüllt. In der Verlängerung der Beine steigen die Armlehnstützen auf
und schwingen nach geradem Ansatz zurück, um die
waagerecht liegenden, aber im Grundriß des U-förmigen Sitzes ausgeschweiften und gepolsterten
Armlehnen aufzunehmen. Auf der Vorderkante sind
die Armlehnen etwa bis zur halben Höhe mit Blattwerk belegt und darüber gerieft. Das Handstück ist
wieder mit Blattwerk besetzt und seitlich zu Voluten
eingerollt. Die Rückenlehne ist mit kurzen, in das
Oval einlaufenden Stützen über die Sitzfläche gehoben und im oberen Bereich nach hinten geschweift.
Fassung: Die braune Fassung mit schwarzer Maserung von zwei Sesseln sitzt auf einer hellen, früheren
Fassung (AnsRes. M 42/5, M 42/7), während die sechs
anderen Sessel mit einer anderen, jedoch ebenfalls
holzimitierenden Fassung zu einer eigenen Garnitur
abgetrennt wurden.
Polster/Bezüge: Sechs der Sessel haben wahrscheinlich nicht nur noch das originale Polster, sondern
auch noch die ersten Bezüge (AnsRes. M 38/1-6). Die
stark verschmutzte, helle Baumwolle ist mit Blüten-

Sessel AnsRes. M 38/5

Sessel AnsRes. M 42/7

Bezug von Sessel AnsRes. M 42/7, *Detail*

ranken in Rot, Rosa, Braun und Blau bedruckt
und gechintzt. Die beiden anderen Sessel erhielten
1884 Bezüge aus Baumwollrips, bedruckt mit farbigem Blumenmuster, in imitierter Tapisseriestruktur
(Kat. 101).
Konstruktion: Entsprechend Kat. 101.

WÜRDIGUNG

Entsprechend Kat. 101.

103

Sitzgarnitur ›en cabriolet‹

12 Sessel, 2 Hocker

Ansbach, um 1780

An den hinteren Zargen markiert mit dem Buchstaben »F«
Konstruktionsholz: Buche, gedrechselt, geschnitzt
Fassung: sechs Sessel braun maseriert, die anderen Stücke
hellgrau gefaßt
Bezüge: auf sechs Sesseln bedruckter Baumwollrips mit
Blumenmuster von 1884
90 x 59 x 60 cm; Hocker: ca. 42,5 x 57,5 x 51 cm

Graue Bezüge auf sechs Sesseln und zwei Hockern neu

Standort Residenz Ansbach, Monatszimmer, R 23;
Vorzimmer der Galerie, R 25

Historische Inventarnummern Residenz Ansbach 1807:
S. 158; 1813: S. 76; 1820: S. 100, 133; 1830: S. 88, 111;
1842*: 19, 504, 584, 585; 1865*: 19, 504, 584, 585; 1884:
A.II. 33.35/42; A.II. 31.5-12; 1901: A.I. 33.35/42; A.I.
31.5-12; 1903*: A.I. 33.9; A.I. 31.12/13; 1929*: F.V.III.
Lit. A I b Nr. 83-90 Bl. 15 Zi. 33; F.V.III. Lit. A II a Nr. 37/38
Bl. 25 Zi. 31; 1939*: F.V.III. R 23 Bl. 234 M 283/290; F.V.III.
R 25 Bl. 243 f. M 312-319

Inv. AnsRes. M 30/1-8, 42/1-4, 6, 8;

Literatur A.F. Residenz Ansbach 1939, S. 71, 74 – A.F.
Residenz Ansbach 1993, S. 95, 100

PROVENIENZ

Zwei Sessel lassen sich laut Inventar von 1842
in einer Garnitur orten, die im 1. Vorzimmer der
Markgräfin stand (R 15), aber von dieser Garnitur
abgetrennt wurden (Kat. 102). Seit dem Inventar von
1884 stehen beide mit sechs Sesseln zusammen bis
heute im 1. Vorzimmer des Gästeappartements
(R 23), die nach den Inventaren von 1842/65 als
»6 Fauteuils, weiß angestrichen mit türkenblauen
Morens bezogen« im Gardemeuble gestanden haben und 1884 unter der Beschreibung »8 Fauteuils,
mit geschnittenen, braun lakierten Gestellen mit
Cretonn=Blumen und Laubwerk bezogen« verzeichnet sind. Diese Garnitur wurde »1884 neu
bezogen« und erhielt ein Jahr später auch neue
Houssen. Unter gleicher Beschreibung wie in den
Inventaren 1842/65 stehen die sechs Sessel noch in
den Inventaren von 1820 und 1830 im Gardemeuble.

Die grau gefaßten Sessel mit den beiden Hockern
AnsRes. M 30/1-8 lassen sich vom Inventar des Jahres
1842 problemlos immer am gleichen Ort bis zum Inventar von 1807 in ein Kabinett auf dem Stockwerk
über der Belle Etage zurückverfolgen (R 286). Weil
in der Ausstattung des Raums die Farbe Gelb über-
wiegt und die alten Bezüge im Inventar von 1842 aus
»weiß und gelb geblümten Atlas« beschrieben sind,
hat es sich wohl noch um den originalen Bestimmungsort gehandelt. Der Bezug wurde noch im Inventar von 1939 als »weißer Atlas mit Blumenmuster
um 1780« charakterisiert. Die Beschreibung von

1807 lautet: »6. Fauteuils und 2. Tabourets von Bildhauer Arbeit und weiss lakirt, mit weissen bunt geblümten Atlasstoff beschlagen, mit 6. Überwürffen
von weisser Leinwand«. Das Inventar von 1865 verzeichnet die Garnitur im gekachelten Saal (R 24),
und seit dem Inventar von 1884 ist sie im Vorzimmer
der Galerie nachzuweisen.

BESCHREIBUNG

Gestell: Entsprechend Kat. 102.
 Nur Teile der Schnitzerei sind etwas anders ge-
staltet: Die Zargen sind mit Flechtband und die
Armlehnstützen auf der Vorderkante etwa bis zur
halben Höhe mit einem Blütenband belegt. Die Ge-
stelle der Hocker AnsRes. M 30/7-8 entsprechen den
Sesseln, schwingen seitlich zwischen den Beinen je-
doch weniger weit vor.
Fassung: Sechs Sessel (AnsRes. M 42/1-4, 6, 8) sind
holzimitierend überfaßt, während die anderen
Stücke hellgrau überfaßt sind. Darunter liegt eine
Polierweißfassung.
Polster/Bezüge: Die Gurte wurden von oben auf die
Zargen genagelt und sind auf allen 12 Sesseln gleich.
Die sechs Sessel AnsRes. M 42/1-4, 6, 8 haben Be-
züge aus bedrucktem Baumwollrips mit farbigem
Blumenmuster, welcher die Struktur von Tapisserien
imitiert und 1884 montiert wurde. Dagegen wurde
der in den Inventaren bis 1939 genannte und um
1780 datierte weiße Atlas mit gelben Blumen auf den
grau gefaßten Stücken erst 1966 durch taubengraue
Bezüge ersetzt.
Konstruktion: Entsprechend Kat. 101.

WÜRDIGUNG

Entsprechend Kat. 101. An den Unterkanten bzw. an
den Innenseiten der hinteren Zargen von allen 10
Sesseln, nicht aber an den Hockern ist die Bezeichnung »F« eingeschnitten. Einzelne Striche des
Buchstabens sind mit extra ausgewählten, verschieden breiten Stecheisen sehr sauber angesetzt, so daß
fast ein Schmuckbuchstabe entstanden ist. Ob es sich
um einen Eigentumsvermerk der Markgräfin Friederike-Caroline handelt, konnte nicht geklärt werden.

Sessel AnsRes. M 30/2

Hocker AnsRes. M 30/7

18 Sessel ›en cabriolet‹

Ansbach, um 1780

Gestelle: Buche, gedrechselt, geschnitzt, weiß gefaßt
und vergoldet
Bezüge: Rückseite der Lehnen Seidensamt bedruckt mit
Pflanzen in Beige-Braun-Schwarz, Sitz und Lehne beiger
Baumwollsamt mit eingewebten Blumenzweigen in Rot-
Grün-Braun
90 x 59 x 60 cm

Fassung sowie Polster mit Stahlfedern 1883 erneuert

Standort Residenz Ansbach, Galerie, R 26

Historische Inventarnummern Residenz Ansbach 1807:
S. 36; 1813: S. 28; 1820: S. 39; 1830: S. 40; 1842*: 284, 384;
1865*: 284, 384; 1884: A.II. 30.89-106; 1901: A.I. 30.86-103;
1903*: A.I. 30.9; 1929: F.V.III. Lit. A1b Nr. 59-76 Bl. 14
Zi. 30; 1939*: F.V.III. R 26 Bl. 252 M 327-344; Stempel: S. A.

Inv. AnsRes. M 43/1-18

Literatur Farbige Raumkunst 1930, Taf. 33, 35 – A.F.
Residenz Ansbach 1939, S. 77 – A.F. Residenz Ansbach
1993, S. 102

Sessel AnsRes. M 43/14

PROVENIENZ

Wahrscheinlich ist die Garnitur mit Sesseln identisch, die nach den Inventaren von 1807 bis 1820 im
Audienzzimmer des Markgrafen stehen (R 5). Allerdings kann neben den anderen 19 Sitzmöbeln kaum
noch Platz im Raum gewesen sein, und so waren
sie dort wohl nur abgestellt. Unter der alten Beschreibung: »18. Fauteuils mit geschnittenen weiss
lakirten Gestellen, die Sitze und Lehnen mit bunt
geblümten Manchester Samt bezogen mit 18. Überzügen von weisser Leinenwand« tauchen sie jedenfalls laut Inventar von 1830 im danebenliegenden
2. Vorzimmer des Markgrafen (R 4) auf. Erst im Inventar von 1842 sind die Sessel sicher, aber auf zwei
Garnituren verteilt, zu fassen: 10 Sessel (AnsRes.
M 43/2-4, 9, 10, 12, 13, 15-17) stehen weiterhin im
2. Vorzimmer des Markgrafen (R 4), während die anderen acht Sessel im 1. Vorzimmer des Gästeappartements (R 23) eingetragen sind. Im folgenden Inventar blieb die Gruppe aus acht Sesseln an ihrem
Platz, während die andere im Gardemeuble aufbewahrt wurde. Im Inventar von 1884 erscheinen die
18 Sessel wieder vereint und stehen seitdem in der
Galerie. Die Beschreibung hat den Zusatz: »1883
neu restauriert«, und die Sessel sind mit dem erhaltenen »bunt geblümten Plüsch bezogen«. Dazuge-
hörende 18 Houssen wurden 1899 nach München
abgegeben.

BESCHREIBUNG

Gestell: Entsprechend Kat. 102. Nur Teile der
Schnitzerei sind etwas anders ausgeführt: Die Zargen sind wie die Rückenlehne mit einem Spiralband

belegt und die Armlehnstützen auf der Vorderkante
etwa bis zur halben Höhe mit Blattwerk und darüber
mit einem Schuppenband, das sich über das Handstück hinwegzieht. Die Kanneluren der Beine sind
fast bis zur halben Höhe geflötet.
Fassung: Spiralbänder, Blattwerk und Schuppenbän-
der sowie die Kanneluren der weiß gefaßten Sessel
haben eine Ölvergoldung, die sicher von der 1883
vorgenommenen Restaurierung stammt. Darunter
liegt eine Polierweißfassung mit Polimentvergoldung, so daß die neue Fassung die ältere widerspiegelt.
Polster/Bezüge: Die Gurte wurden von oben auf die
Zargen genagelt und das ursprüngliche Polster 1883
durch Stahlfedern ersetzt. Die farbigen Bezüge in
Baumwollsamt mit Borten sind an den Rückenlehnen teilweise gut erhalten. An den Rückseiten der
Lehnen sitzt ein älterer Seidensamt, wahrscheinlich
in Zweitverwendung.
Konstruktion: Entsprechend Kat. 101.

WÜRDIGUNG

Entsprechend Kat. 101.

Seidensamt der Rückseite der Rückenlehne
von Sessel AnsRes. M 43/14

105

Standuhr
Ansbach (?), um 1780

Auf dem Zifferblatt bezeichnet »S. De Charmes London«
Konstruktionsholz: Linde, geschnitzt, weiß gefaßt und
vergoldet, Nadelholz
Beschläge: Messing, Eisen
310 x 77 x 53 cm

Fassung abgenutzt; Teile der Festons verloren; Ausbrüche
im Sockel; Uhrwerk defekt; Schlagwerk verloren; Tür-
schloß erneuert

Standort Residenz Ansbach, Gardesaal, R I

Historische Inventarnummern Residenz Ansbach 1842*:
314; 1865*: 314; 1884*: A.II. 26.14; 1901*: A.I. 26.4; 1903*:
A.I. 26.2; 1929*: F.V.III. Lit. L Nr. 2 Bl. 146 Zi. 26; 1939*:
F.V.III. R I Bl. 3 A 3

Inv. AnsRes. U I

Literatur A.F. Residenz Ansbach 1939, S. 36 – A.F. Residenz
Ansbach 1993, S. 40

PROVENIENZ

Das Stück befindet sich nicht unter den wenigen im
Inventarverzeichnis von 1807 aufgeführten Uhren
und kann erst im Inventar von 1842 als »Wand-
schlaguhr mit einem Gehäus« am heutigen Standort sicher identifiziert werden. Im Inventar von
1884 lautet die Beschreibung genauer: »Wanduhr /
Großer Regulator, weiß lakierter Kasten mit Vase
vergoldet / Zopf«.

BESCHREIBUNG

Korpus: Das Gehäuse ist säulenartig aufgebaut, mit
abgestuftem Postament, Basis, kanneliertem Schaft
und Kapitellzone. Darüber sitzt der Uhrkasten mit
einer krönenden Vase. Seitlich ist das Gehäuse mit
einer hohen Tür im Schaft zu öffnen. Nur die Vorderseite des Schafts ist säulenartig im Segmentbogen
geführt, während die Seiten gerade sind. Den Übergang bilden Lisenen, die sich oben und unten zu
Voluten drehen. Das Postament hat entsprechende
Vorsprünge. Ein umwundener Lorbeerkranz bildet
die Säulenbasis und läuft unter den Voluten hindurch. Dagegen wird die Kapitellzone mit Wellenband von den Lisenen abgesetzt. An Front und Seiten des Schafts steht mittig eine Rosette vor, über
denen die Blütenfestons liegen, die von den Voluten
herabhängen. Der rechteckige Uhrkasten hat eine
kreisrunde Tür vor dem Zifferblatt und an den
Ecken kannelierte Lisenen mit Basis und Kapitell.
Darüber sitzen Kämpfer sowie ein Kranzgesims mit
einer Hohlkehle aus Blattwerk und umwundenem
Lorbeerkranz als Wulst. Das Sockelgesims hat ein
Ornament aus geschnitzten Lambrequins. Die Front
des Uhrkastens ist mit einem Feston und Blattwerk
gegenüber den Seiten hervorgehoben. An den Seiten befinden sich herausnehmbare Schallgitter mit

Blütenfestons. Die bekrönende Vase mit Sockel hat
einen stark eingezogenen Fuß. Das Schnitzwerk
stammt von unterschiedlichen Händen: Die Blütenfestons an Schaft und Uhrkasten haben fleischige,
tief hinterschnittene Blätter, während die Festons
und anderer Schmuck sehr glatt erscheinen.
Fassung: Auch die Vergoldung ist unterschiedlich.
Nur die Blütenfestons tragen auf der Blattvergol-
dung einen stark nachgedunkelten Überzug, der sie
besonders schwer erscheinen läßt. Die Vergoldung
des Uhrkastens mit üblicher Polimentvergoldung
sitzt auf rotem Bolus, während sich die Vergoldung
am Schaft als Goldlüster auf silbernem Untergrund
herausstellt, der fast zitronengelb und kühl erscheint. Die abgenutzte Weißfassung wurde mehrmals ausgebessert und die Vergoldung dabei teilweise überstrichen.
Uhr/Beschläge: Das Zifferblatt aus Messing war ehemals versilbert. Es hat eine Stunden- und eine Minuteneinteilung sowie eine Datumsanzeige und eine
weitere Minutenanzeige. Die Zeiger aus gebläutem
Stahl, Pendel und Gewichte sind erhalten. Es han-

Zifferblatt

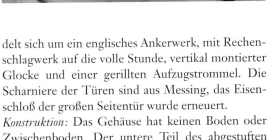

Rückseite

delt sich um ein englisches Ankerwerk, mit Rechen-
schlagwerk auf die volle Stunde, vertikal montierter
Glocke und einer gerillten Aufzugstrommel. Die
Scharniere der Türen sind aus Messing, das Eisenschloß der großen Seitentür wurde erneuert.
Konstruktion: Das Gehäuse hat keinen Boden oder
Zwischenboden. Der untere Teil des abgestuften
Postaments bildet eine eigene, aus Nadelholzbrettern zusammengezinkte konstruktive Einheit,
in deren eingefälzter Oberkante der obere Teil des
Postaments mit dem Schaft sitzt. Der Uhrkasten ist
von oben auf hochstehende Teile der Lisenen gesteckt und mit angeleimten, groben Leisten im Inneren gesichert. Schaft und Uhrkasten haben jedoch
die gleiche, durchgehende Rückwand und gehören
zusammen. Die Wände des Schafts sind mit Eisenbändern im Inneren zusammengefügt. Alle Profilleisten sind auf Gehrung, die Rückwand seitlich in
einen Falz geleimt und der Deckel des Uhrkastens

256

lose in einen Falz gelegt. Auch die Vase steht lose obenauf. Die geschnitzte Vase besteht aus Lindenholz wie die Front und Seiten des Uhrkastens mit den herausnehmbaren Schallgittern und dem Rahmen für die runde Tür vor dem Zifferblatt. Für die stabilisierenden Rahmen im Sockel- und das Kranzgesims des Uhrkastens sowie für den Deckel wurde jedoch Nadelholz verwendet. Am Schaft bestehen die kannelierten Wände samt Tür und Schnitzereien aus Linde.

WÜRDIGUNG

Die holztechnische Verarbeitung des Gehäuses erscheint wenig schreinermäßig. Auch das Schnitzwerk und die Fassung sind uneinheitlich, obwohl die einzelnen Teile aufeinander abgestimmt sind. Offensichtlich wurde das Gehäuse teilweise aus bereits vorhandenen Teilen zusammengesetzt. Die französische Uhrmacherfamilie de Charmes lebte in London, und es gab mehrere Familienmitglieder mit dem Vornamen Simone, jedoch keine genaueren Lebensdaten.[1] Bevor Markgraf Alexander 1791 abgedankt und seinen Wohnsitz in England genommen hatte, war er 1763 und 1779 in London,[2] so daß die Uhr am ehesten um 1780 datiert werden kann.

1 Britten 1971, S. 732
2 Störkel 1995, S. 180 f.

106

4 Guéridons

Ansbach, um 1780

Gestelle: Eiche, Linde, geschnitzt, elfenbeinfarben gefaßt und vergoldet
147 cm, ø 61 cm (Maße ohne Sockel)

Originale Fassung ruinös; Schnitzereien beschädigt; Montage auf Sockel mit Sandfüllung nach 1929

Standort Residenz Ansbach, Gardesaal, R 1

Historische Inventarnummern Residenz Ansbach 1807: S. 153; 1813: S. 17; 1820: S. 127; 1830: S. 107; 1842*: 557; 1865*: 557; 1884: A.II. 27.23-26; 1901: A.II. 28.23-26; 1903: A.II. 28.23-26; 1929*: F.V.III. Lit. Q Nr. 1-4 Bl. 245 Zi. 28; vor 1939*: F.V.III. R 1 Bl. 3 M 17-20

Inv. AnsRes. M 107/1-4

Literatur A.F. Residenz Ansbach 1939, S. 36 – Kreisel/ Himmelheber 1973, Abb. 220 – Kreisel/Himmelheber 1983, Abb. 220 – A.F. Residenz Ansbach 1993, S. 40

PROVENIENZ

Das Inventarverzeichnis von 1807 verzeichnet im großen Saal mit den korinthischen Säulen über der Belle Etage (R 281) »4. große Gueridons von Bildhauer Arbeit, weiss lakirt und vergoldet, mit vergol-

Guéridon AnsRes. M 107/4

257

deten Schlangen«. Sie bleiben bis zum Inventar von 1929 im gleichen Raum verzeichnet und kamen erst danach in den Gardesaal.

BESCHREIBUNG

Korpus: Die Gestelle haben vier Bocksfüße, deren Beine als Streben bis an die Oberkante reichen, mit Widderköpfen enden und von fünf sich konisch nach oben erweiternden Ringen zu einer Art Spalier verbunden sind. In das Spalier ist eine ringelnde Schlange drapiert, und im oberen Ring hängt eine halbrunde Schale. Die Halbkugeln haben schwellende Kanneluren und schließen mit einem Blattkranz sowie einem hängenden Pinienzapfen ab, der an einem Guéridon verloren ist (AnsRes. M 107/3). Die hohlen, nach oben offenen Halbkugeln haben lose aufliegende Deckel.

Schnitzerei: Auf den Streben und Ringen liegen geschnitzte Blütenbänder, die an den Kanten von flachen Bändern begleitet werden. Auf den Kreuzpunkten liegt eine Rosette. Über den Hufen sind die Fesseln der Bocksfüße mit naturalistisch geschnitzten Haarsträhnen versehen und gehen mit einer eckigen Manschette in die kantigen Streben über. Die Widderköpfe am oberen Ende wirken weniger naturalistisch. Mit Blattwerk und einem angeschnitzten Brett wirken sie wie eine aufmontierte Jagdtrophäe, was ihrer Befestigung am Gestell entspricht. Die Gesichter der Widder erscheinen in der Schnitzerei ungelenk, haben aber detailliert ausgearbeitete Schnecken. Die unterarmdicken, teilweise in engen Windungen geführten Schlangen mit schnabelartigem Maul, gebleckten Zähnen, geschwollenen Augenbrauen und Ohren enden mit einem Pfeilmotiv am Schwanz. Die Schnitzerei des einen Guéridon (AnsRes. M 107/4) ist in der Ausführung besonders an den Widderköpfen etwas anders als die anderen.

Fassung: Die originale, elfenbeinfarbene Fassung ist stark berieben und über weite Strecken verloren. Die applizierten Blüten- und Begleitbänder, die Hufe und Teile der Kanneluren an den Halbschalen haben eine polierte Polimentvergoldung auf rotem Bolus. Den Schwerpunkt bildet die komplett vergoldete Schlange mit einer lederartigen Gravur entlang der Rückenlinie. Dagegen tragen die Rosetten auf den Kreuzpunkten eine matte Polimentvergoldung. Schön differenziert ist die Vergoldung der Widder, deren Gesichter matt gehalten, der Hals mit den Haarsträhnen und die Schnecken aber poliert wurden. Die Ohren sind außen matt, aber innen glänzend und die Nasenlöcher und Augen sogar rot gefaßt. Die Fassung des einen Guéridon (AnsRes. M 107/4) ist differenzierter ausgeführt als bei den drei anderen.

Konstruktion: Die Gestelle mit den geschnitzten Füßen sowie die Halbkugeln bestehen aus Eiche, alle anderen geschnitzten Teile aus Linde. Das gilt auch für die applizierten Blüten- und Begleitbänder. Die Einzelteile der Gestelle sind verzapft und gedübelt und die Halbkugeln wie Dauben eines Fasses stumpf zusammengeleimt. Sie haben geringere Durchmes-

ser als die oberen Ringe und sind mit etwas Abstand eingehängt und verschraubt. In einer Aussparung am Grund wurden die hängenden Pinienzapfen eingeleimt. Einer der Guéridons ist in der technischen Verarbeitung deutlich anders (AnsRes. M 107/4). So wurde der obere Ring mit den Beinen anders überplattet und die einzelnen Teile der Halbkugel aus sehr gleichmäßigen, keilförmigen Teilen zusammengesetzt, während bei den anderen Halbkugeln in Abständen fast rechteckige Teile eingeschoben sind. Vor allem wurden die anderen Halbkugeln mit Hilfe einer Drechselbank im Inneren abgedreht. Der Deckel des einen Guéridon besteht aus Eiche, hat eine gekerbte Griffmulde in der Oberseite sowie genau passende Aussparungen für die Streben des Gestells und keine Gratleiste an der Unterseite. Dagegen sind die anderen Deckel schlichte Nadelholzscheiben mit einer Gratleiste.

Die sandgefüllten Sockel sind im Inventar von 1929 erstmals als Nachtrag erwähnt.

WÜRDIGUNG

Die hohen Guéridons haben an erster Stelle als Leuchterständer gedient. Weil man die Deckel abnehmen kann, konnten die Halbkugeln außerdem mit Pflanzeinsätzen versehen und als Jardinieren benutzt werden. Einsätze sind jedoch nicht erhalten. Aufgrund der leichten bildhauerischen, vor allem aber technischen Unterschiede wird der eine Guéridon als Musterstück gefertigt und dann nachgebaut worden sein. Vor allem die Größe der Guéridons läßt vermuten, daß ihr ursprünglicher Standort im Saal mit den korinthischen Säulen war. Über den Einbau des repräsentativen Saales sind bisher jedoch keine Daten bekannt. Vergleichsweise ungelenke Züge in der Schnitzerei haben die Konsoltische und der Thronsessel im Audienzzimmer des Markgrafen (Kat. 80, 81) sowie einige Möbel aus dem Pompejanischen Appartement (Kat. 107, 108). In diesem Zusammenhang können die Guéridons wie bisher als Ansbacher Stücke um 1780 datiert werden.

Auf einer Skizze des jungen Architekten Friedrich Gilly sieht man ein vergleichbares, nicht erhaltenes Gestell mit einer Schlange in der Eingangsrotunde des Schlosses Wörlitz.[1] Eine Beschreibung aus dem Jahre 1788 lautet: »In der Mitte [der Rotunde] steht ein Dreifuss, von Holze und vergoldet. Eine Schlange windet sich an demselben, wie an dem Delphischen Dreifusse, hinan. Er trägt eine hohle kupferne Kugel, in deren oberen Hälfte sich verschiedene Löcher befinden, woraus 5 gläserne Lampenröhren hervorragen.«[2] Auf einem Gemälde aus dem Umkreis der Malerin Angelica Kauffmann in der Sammlung Thyssen-Bornemisza gießt eine Vestalin Öl in ein Feuerbecken. Das hüfthohe Gestell mit einer Schlange ist den Ansbacher Guéridons ebenfalls verwandt.[3] Die große Ähnlichkeit mit dem Schlangenkopf und der kannelierten, halbrunden Schale legt nahe, daß das Gestell auf dem Gemälde und die Ansbacher Guéridons nach der gleichen Vorlage entstanden sein könnten.

Guéridon AnsRes. M 104/4

Aufsicht ohne Deckel auf Guéridon AnsRes. M 104/4

1 A.K. Friedrich Wilhelm von Erdmannsdorff 1986, S. 25. Über den Verbleib ist nichts bekannt.
2 Rode 1788, S. 25
3 A.K. Angelika Kauffmann 1968/69, Kat. 451, Abb. 88

107

Paar Tische

Ansbach, um 1785/90

Konstruktionsholz: Nadelholz, geschnitzt
Fassung: schwarz, olivgrün
Platten: violettes Porphyrimitat mit weißen Einschlüssen
79 x 111,5 x 93 cm; Gestelle: 75,5 x 95,5 x 78,5 cm

Platten an den Rändern bestoßen und repariert; Gestelle
in ursprünglicher Farbigkeit überfaßt

Standort Residenz Ansbach, Gekachelter Saal, R 24

Historische Inventarnummern Residenz Ansbach 1807:
S. 122, 125; 1813: S. 66, 68; 1820: S. 126 f.; 1830: S. 106;
1842*: 576; 1865*: 576; 1884: A.II. 31.14-15; 1901: A.I.
32/33.6/45; 1903*: A.I. 32/33.6/45; 1929*: F.V.III. Lit. B I
Nr. 2-3 Bl. 37 Zi. 32, 33; vor 1939* F.V.III. R 24 Bl. 238
M 295-296

Inv. AnsRes. M 54/1-2

Literatur A.F. Residenz Ansbach 1939, S. 73 – A.F. Residenz
Ansbach 1993, S. 98

PROVENIENZ

Laut Inventar von 1807 standen die Tische in verschiedenen Räumen der Pompejanischen Raumfolge im 2. Obergeschoß (R 206, 207). Die Einträge lauten: »1. runder Tisch, das Gestell schwarz gebeizt, an den 3. Füßen Löwen von broncirter Bildhauer Arbeit mit einem braun und weiss marmorirten Blatt«. Der Raum hatte eine textile Ausstattung mit Vorhängen und Sitzmöbelbezügen aus »rothen Taffent

mit Verzierung von Mouselin und roth und schwarzen seidenen Gimpen«. Das Inventar von 1813 verzeichnet die Tische noch an gleicher Stelle, während der Raum im Inventar von 1820 leergeräumt und vermerkt ist, daß er im Juni gleichen Jahres der Regierung zur Nutzung übergeben wurde. Nun standen die Tische im Saal mit den korinthischen Säulen (R 281), wo sie auch 1830 noch verzeichnet sind. Nach den Inventaren von 1842, 1865 und 1884 waren sie im Saal über der Galerie magaziniert (R 285), und erst seit dem Inventar von 1901 stehen die Tische am heutigen Ort.

BESCHREIBUNG

Korpus: Die ovalen Platten liegen lose auf dreibeinigen Gestellen, die ihrerseits fest auf einer ovalen Sockelplatte sitzen. An den Beinen kragen die Sockelplatten ein wenig vor. Etwa auf zwei Drittel der Höhe sind die Beine mit einem geraden Steg verbunden, dessen drei Arme von einer Scheibe im Zentrum zusammengefaßt werden. Als Beine fungieren einbeinige Löwen mit einer kleinen Konsole über dem Kopf, die an einem Pfosten als Rücklage stehen. Über den fleischigen Klauen schwillt das Bein zu einem Knauf, über dessen Einschnürung der kurze Oberkörper in einer Blatthülle steckt. Oben wird der Körper von langen, gewellten Haarsträhnen bedeckt, die das Gesicht mit den aufgeblähten Backen einfassen und aus denen eigenartige Trichterohren herausgucken.
Platten: Das dunkelviolette Porphyrimitat liegt wie ein dickeres Furnier auf einem Gipskern mit eingelegten Eisenstreben als Bewehrung, die an der Unterseite als rostige Linien durchschlagen.

Kupferstich von 1782 mit Ausgrabungsstücken im Museum in Portici

Differents Vases, Meubles, Autels et Trepieds

Fassung: Die Löwen sind dunkeloliv, die Rücklagen aber schwarz gefaßt wie die anderen Teile des Gestells und der Sockel. Beide Fassungen haben einen nahezu gleichfarbigen, zweischichtigen Aufbau auf heller Grundierung, und es scheint, als handele es sich bei der zweiten Farbschicht um eine spätere Überfassung. Das Oliv der Löwen kann als Bronzeimitat interpretiert werden.

Konstruktion: Für Gestelle und Sockelplatten wurde Nadelholz verwendet, und die Löwen samt Rücklagen sind aus einem Stück geschnitzt. Die Stegarme sind mit einem Schwalbenschwanz in der Scheibe befestigt und mit der anderen Seite in die Beine gezapft, die wiederum durch die Sockelplatten gezapft und von unten verkeilt sind.

WÜRDIGUNG

Die Form der Tische ist ungewöhnlich. Auffällig ist die ungelenke Schnitzerei. Vier Konsoltische mit brauner Fassung (Kat. 111) haben Platten aus gleichem Material, aber auch zwei Paar eigenartige, schwarze Anrichten (Kat. 108).

Tische mit ähnlichen Löwen wurden am Anfang des 19. Jahrhunderts von den Architekten Percier und Fontaine,[1] später auch von Karl Friedrich Schinkel[2] oder Leo von Klenze[3] und anderen entworfen. Für die Ansbacher Tische hat es jedoch eine andere, früher entstandene Vorlage gegeben. In Paris war eine der prächtigsten Reisebeschreibungen über Süditalien und Sizilien, die ›Voyage pittoresque ou descriptione des Royaumes de Naples e de Sicile‹ des Abbé de Saint-Non mit einer großen Anzahl von Kupferstichen in vier Bänden veröffentlicht worden. Besondere Aufmerksamkeit wurde dem Vesuv und den Ausgrabungen in Pompeji und Herculaneum zuteil. Bereits im zweiten, 1782 erschienenen Band wurden Fundstücke abgebildet, wie sie im königlichen Palast in Portici museal ausgestellt waren, darunter der Vorläufer des Ansbacher Tisches.[4] Die Beschriftung des Stichs lautet: »Differents Vases, Meubles, Autels et Trepieds / decouverts à Herculaneum, et conservés dans le Museum de Portici près de Naples«. Außerdem gibt es einen erklärenden Text: »Parmi les Objets de curiosité que l'on trouve à examiner dans une de premières Salles du Museum de Portici, on distingue deux Table de marbre circulaires, & soutennes par de Têtes de Lions dont le corps finit en griffes. Les Têtes ne portent point immédiatement; c'est un supporte conte lequel elles sont appuyées, qui suitient la Table. Il part de ce support une branche qui se réunit avec les deux autres par une partie ronde sur laquelle il y a une rosette: ces branches, qui servent à lier ensemble le pied de la Table, ne sont point horisontales, mais elles montent vers le cercle qui les réunit.«

Die Ansbacher Tische wurden genau nachgebildet. Es wurden ebenfalls zwei Tische hergestellt und die profilierten Stege nicht waagerecht gestellt, sondern zur Mitte erhöht, wie in der Beschreibung unterstrichen. Insofern kann an der Vorbildfunktion des Kupferstichs kein Zweifel sein. Wahrscheinlich hatte Markgraf Alexander die Reisebeschreibung des

Abbé de Saint-Non in Paris gekauft, wo er sich zwischen 1783 und 1787 jährlich längere Zeit aufgehalten hat.[5] 1788, 1789 und 1790 bereiste er aber auch Italien und war in Neapel,[6] so daß von einer Besichtigung der Ausgrabungen in Pompeji und Herculaneum selbstverständlich ausgegangen werden muß. Darüber hinaus haben sich in der Universitätsbibliothek Erlangen Schlackestücke vom Vesuv sowie Gestein aus Pozzuoli und Neapel erhalten, die Bestandteil der markgräflichen Sammlung waren.[7] In diesem Zusammenhang können die Tische um 1785/90 datiert und als Ausstattungsstücke der Pompejanischen Räume angesehen werden. Eine Ausstattung der Räume unter Hardenberg kommt kaum in Frage, da er sich ab 1802 eine Wohnung an anderer Stelle einrichten ließ.[8] Zur Pompejanischen Ausstattung gehörten auch drei Paar Anrichten (Kat. 108, 113), ein Paar Eckschränke (Kat. 109) und ein großer Schrank (Kat. 110). Da bisher alle Baurechnungen für das Appartement im 2. Obergeschoß der Residenz Ansbach fehlen, bilden das Erscheinungsdatum des Kupferstichs und die Beschreibung der Räume im Inventar von 1807 die Rahmendaten.

Der Tisch aus Herculaneum war Ende des 18. Jahrhundert anscheinend ein beliebtes Stück und wurde auch im Hintergrund einer kleinen, undatierten Gouache abgebildet, die den berühmten Altertumsforscher und Britischen Botschafter am Hof in Neapel, Sir William Hamilton, mit seiner Familie beim Besuch des Museums in Portici zeigt.[9] Darüber hinaus ließ sich Hamilton auf einem repräsentativen Gemälde an einem Konsoltisch porträtieren, der einem Typ entspricht, wie er in Pompeji gefunden worden war und ähnliche Löwenbeine hat.[10]

Tisch AnsRes. M 54/1

1 Innendekorationen o. J., Taf. 44
2 Sievers 1950, Abb. 36 ff.
3 Langer 1997, Kat. 73
4 Saint-Non 1781/86, Bd. 2, gegenüber S. 44 – Dazu: Lamers 1995, Kat. 346
5 Der Titel ist unter den ehemals markgräflichen Beständen der Universitätsbibliothek Erlangen nicht nachweisbar, briefliche Mitteilung vom 2.3.1999
6 Zu den Reisen: Störkel 1995, S. 180 ff.
7 Seelig 1994, S. 567
8 2. Obergeschoß, R 206-212, nach Maier 1993, S. 126
9 Das Familienporträt entstand Ende des 18. Jahrhunderts und befindet sich auf einem Fächer. Knight 1990, S. 61
10 A.K. Vases and Volcanoes 1996, S. 106

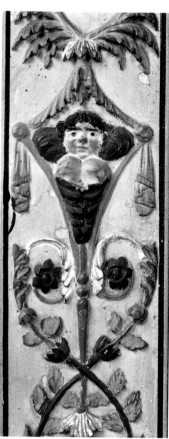

Geschnitze Lisene von Anrichte AnsRes. M 8/2

108

2 Paar Anrichten

Ansbach, um 1785/90

Konstruktionsholz: Nadelholz und Birne, schwarz gefaßt, Linde (?), geschnitzt und farbig gefaßt, Eiche
Beschläge: Porzellan, Messing, vergoldeter Messingdraht, Eisen
Platten: violettes Porphyrimitat
AnsRes. M 8/1, 8/4: 82 x 118,5 x 63,5 cm
AnsRes. M 8/2, 8/3: 82 x 161,5 x 70 cm

Schubladen in den breiteren Anrichten verloren

Standort Residenz Ansbach, Gekachelter Saal, R 24

Historische Inventarnummern Residenz Ansbach 1807:
S. 122; 1813: S.65; 1820: S. 26; 1830: S. 106; 1842: 548, 578; 1865: 548, 578; 1884: A.III. 31.16-19; 1901: A.I. 32.7-10; 1903*: A.I. 32.7-10; 1929*: F.V.III. Lit. C II Nr. 1-4 Bl. 75 Zi. 32; vor 1939*: F.V.III. R 24 Bl. 238 M 291-294

Inv. AnsRes. M 8/1-4

Literatur A.F. Residenz Ansbach 1939, S. 73 – A.F. Residenz Ansbach 1993, S. 98 – Pfeil 1995, S. 24 f.

PROVENIENZ

Laut Inventareintrag des Jahres 1807 standen »2 Commode, schwarz gebeizt mit vergoldeten Draht verziert, mit 4. Thüren, marmorierten Blättern und vergoldeten Beschlägen« sowie weitere »2. dergleichen kleinere Commode, jeder mit 2. Thüren« in einem Raum der Residenz Ansbach, der wie folgt bezeichnet ist: »Dritte Etage / No. 5. / Ein Zimmer im Eck, mit 6. Fensterstöcken auf 2. Seiten, / Mit arabesquer Mahlerey, an der Decke mit einer / vergoldeten Sonne«. Es handelt sich um den südlichen Eckraum über der Belle Etage (R 206). Der Raum hatte eine textile Ausstattung mit Vorhängen und Sitzmöbelbezügen aus »rothen Taffent mit Verzierung von Mouselin und roth und schwarzen seidenen Gimpen«. Die Sitzmöbel, eine Spanische Wand, ein Kaminschirm und zwei erhaltene Tische (Kat. 107) waren ebenfalls schwarz gefärbt.

Das Inventar von 1813 verzeichnet die Möbel noch an gleicher Stelle, während der Raum im Inventar von 1820 leergeräumt und vermerkt ist, daß er im Juni gleichen Jahres der Regierung von Mittelfranken zur Nutzung übergeben wurde. Nun standen die vier Anrichten im Saal mit den korinthischen Säulen auf der gleichen Etage (R 281), wo sie auch noch 1830 verzeichnet wurden. Nach den Inventaren von 1842 und 1865 waren die Paare nun getrennt, das eine blieb an seinem Platz, und das andere stand im Saal über der Galerie (R 285), wo sie im folgenden Inventar von 1884 wieder alle vier zusammen stehen. Erst seit dem Inventar von 1901 stehen die Anrichten an ihrem heutigen Ort.

BESCHREIBUNG

Korpus: Beide Möbelpaare sehen gleich aus und unterscheiden sich nur in der Breite um 43 cm. Sie schwingen im zweitürigen Mittelteil segmentbogenförmig vor, haben zwei gerade, eintürige Seitenteile und sind architektonisch gegliedert. Die Seitenteile werden von je zwei Beinen getragen, in deren Verlängerung Lisenen bis zur Oberkante der Türen hinaufreichen. Darüber sitzt ein Gebälk. Türen und Seiten der Möbel sind zwischen den Lisenen von einem einfachen, flachen Rahmen mit Füllung strukturiert. Aber die Mittelteile haben keine eigenen Beine, und es scheint, als seien sie zwischen den Seiten eingehängt. Vorn werden die Möbel von vier Beinen gestützt, während hinten zwei Beine ausreichen. Mittel- und Seitenteile werden durch das relativ hohe Gebälk mit durchlaufenden Profilen zusammengefaßt und visuell stabilisiert. Auch die durchlaufende Sockelleiste trägt dazu bei. Im Gebälk liegen langgestreckte und wenig eingetiefte Felder, die im Mittelteil eine schubladenartige Kontur bilden. Die Platten zeichnen den Grundriß der Möbel mit dem Segmentbogen nach und bestehen aus dun-

Anrichte AnsRes. M 8/4

kelviolettem Porphyrimitat mit weißen Einschlüssen. Sie sind in den Korpus bündig von oben eingelassen, so daß vom Holz ringsherum ein Streifen stehenbleibt.

Die konischen Beine sind an den Flächen zweifach ineinander gefeldert und oben zu einem Blattkapitell mit Kämpfer ausgearbeitet. Die Lisenen sind geschnitzt und in der Farbigkeit auf weißem Fond

porzellanartig, aber stumpf und nicht glänzend gefaßt. Das Schnitzwerk ist an allen Stücken gleich und besteht aus einem Sockel mit hermenartigen Figuren, Blattwerk, Vorhangdraperien und einer üppigen weiblichen Büste am oberen Ende. Der mattschwarze Anstrich liegt ohne Grundierung direkt auf dem Holz und wurde nur an wenigen Stellen retuschiert.

Innenaufteilung: Hinter den Mitteltüren haben alle vier Anrichten einen Einlegeboden, der dem Grundriß entspricht und seitlich ausgeschweift ist, um den einschwenkenden Hinterkanten der gebogenen Türen beim Öffnen Platz zu machen. In den Seiten der schmaleren Möbel (AnsRes. M 8/2, 8/3) liegen jeweils vier von oben nach unten höher werdende Schubladen übereinander (8,2; 9,7; 11,2 und 12,1 cm hoch). Das breitere Möbelpaar (AnsRes. M 8/1, 8/4) hat in den Seitenteilen nur einen festen Boden, aber es fallen Nuten an den Innenflächen auf, in denen Reste von Gratleisten verblieben sind, die von herausgesägten Böden stammen, und der Vergleich macht klar, daß auch die größeren Anrichten ursprünglich mit Schubladen in den Seiten ausgestattet waren. Sie wurden ebenfalls von oben nach unten höher (7,5; 10; 11,2 und 12,7 cm). Der Hohlraum im Gebälk unter der Platte kann nicht genutzt werden.

Beschläge: Ein wichtiger Teil des Schmuckes bildet gezwirbelter, mit Blattmetall vergoldeter Messingdraht, der mit Messingnägeln befestigt ist. Er sitzt an den Innenkanten der Rahmen und Felderungen, aber auch in Fälzen an den Sockelleisten sowie an den umlaufenden Begleitleisten der Platten. Der Draht wurde in zwei verschiedenen Stärken verwendet. An den Füßen und in der Mitte des Gebälks ist er feiner als in den Türen, an den Seiten, auf der Platte und am Sockel. An den Platten überragt der gezwirbelte Draht den Falz um etwa einen Millimeter, und obwohl es sich um exponierte Stellen handelt, liegen die Drähte in der Regel noch in situ, was auf eine seltene Benutzung hinweist.

Über den Lisenen, im Gebälk, wurden dünne, gepreßte Messingrosetten mit Trauben und Blättern angenagelt, jedoch nicht über den hinteren Lisenen an den Seiten. Befestigungslöcher fehlen, so daß unklar bleibt, warum die Stellen leer geblieben sind. Die Handhaben an den Türen bestehen aus einem Porzellanmedaillon in einer Fassung aus Messing, die mit einem Scharnier am Schlüsselblech befestigt ist und von oben über das Schlüsselloch klappt. Auf den Medaillons sind Vasen dargestellt, aber es kommen zwei verschiedene Vasenformen in Hellgrau

Handhabe von Anrichte AnsRes. M 8/2

Handhabe hochgeklappt

Anrichte AnsRes. M 8/2

Anrichte AnsRes. M 8/2

oder Braun in leicht unterschiedlichen Versionen vor, die teilweise benummert sind. An der Anrichte AnsRes. M 8/1 ist an der linken Türe des Mittelteils ein Griff verloren. Alle Türen haben Schlösser aus Messing mit Schließblechen sowie zwei massive Riegel. Als Scharniere wurden eiserne Zapfenbänder verwendet, die auch bei geöffneten Türen nicht sichtbar sind.

Konstruktion: Boden und Seitenwände sind zusammengezinkt, und der untere Boden des Gebälks ist in die Seiten gegratet. Die Rückwände wurden stumpf auf die Zwischenwände, den Boden und in den Falz der Korpusseiten gedübelt und reichen bis zur Unterkante des Gebälks, das eine eigene Rückwand hat. Der untere Boden ist in der Mitte mit einer eichenen Gratleiste gegen Verwerfen gesichert. Für die geschnitzten Beine wurde Birne verwendet, während die Türen aus Nadelholzbrettern bestehen, die mit Anfaßleisten aus Birne gesichert sind. Die Anfaßleisten der geraden Türen sind mit einem Falz an die Flächen geleimt, an den runden Türen aber stumpf geleimt und gedübelt. Die Felderung der Flächen basiert nicht auf einer Rahmenkonstruktion mit Füllung, sondern täuscht Rahmen vor, die sauber auf Gehrung geschnitten und auf die Flächen geleimt sind. Trotzdem sind die Gehrungen nicht geschwunden oder aufgegangen, und so fällt das ungewöhnli-

che Verfahren wegen der guten Verarbeitung nicht sofort auf. Außerdem wurden die Felder mit Birnbaum furniert. An den Schubladen bestehen die Vorderstücke mit den gedrechselten Zugknöpfen aus Birne und die anderen Teile aus Nadelholz. Vorne wurden sie halbverdeckt und hinten offen gezinkt. Die Böden liegen in einem Falz des Vorderstücks, sind stumpf unter die Seitenstücke gedübelt und laufen unter dem Hinterstück hinaus an die Rückwand. Außerdem wurden Laufsohlen und Streifleisten angebracht.

WÜRDIGUNG

In der Möbelgeschichte bilden die befremdlich schwarzen Anrichten zumindest bisher einen Sonderfall. Bei den Beschlägen handelt es sich um englische Katalogware,[1] und H. Kreisel erinnerten die Schnitzereien 1939 an Nachahmung von Wedgewoodporzellan. Aber auch in der dreiteiligen Grundstruktur mit dem flachen Obergeschoß hat man sich an englischen Kommoden aus der Zeit um 1780 orientiert. Geschnitzte und farbig gefaßte Lisenen oder gezwirbelter Golddraht auf schwarzer Färbung sind jedoch eine singuläre Zusammenstellung. Weil die gefelderten Beine auch an einem anderen Ansbacher Möbel ähnlich wiederkehren und Platten aus gleichem Material für Konsoltische mit brauner Fassung (Kat. 111) sowie für die zu den Anrichten gehörenden zwei Tische (Kat. 107) verwendet wurden, kann an der Entstehung in Ansbach nicht ernsthaft gezweifelt werden. In ihrer unbeholfenen Art sind die Löwenköpfe der Tische auch mit den Lisenen der Anrichten vergleichbar.

Ungewöhnlich ist auch die großflächige Verarbeitung von Birnbaumholz, das hier wegen seiner gleichmäßigen, dichten Oberfläche gewählt wurde, auf der eine ebenmäßige Schwarzfärbung einfacher herzustellen ist. Das Holz erleichterte aber auch die präzise Verarbeitung mit feinen Profilen und Abstufungen in der Fläche, die zu einem subtilen Schattenspiel führen. Die Schattenlinien der Fälze und Felderungen werden durch den vergoldeten Draht betont. Es entstehen Reflexlinien, mit denen die Möbel strukturiert und die Seiten mit dem Mittelteil zusammengefaßt werden. Außerdem erhalten die Möbel so eine gewisse Eleganz.

Zu verstehen sind die Anrichten aber nur innerhalb einer Pompejanischen Ausstattung und wenn man bedenkt, daß die Wandmalereien in Pompeji oft terrakottafarbene oder schwarze Hintergründe haben. Laut Inventarverzeichnis von 1807 hatten die Pompejanischen Räume im 2. Obergeschoß der Residenz Ansbach terrakottarote Wände und Fenstervorhänge sowie Sitzmöbelbezüge aus rotem Taft mit schwarzem Seidenbesatz. Nur so hat man eine Vorstellung davon, wie die schwarzen Möbel vor einer roten Wand gewirkt haben können. Im Zusammenhang mit den zugehörigen Tischen (Kat. 107), können die Anrichten ebenfalls um 1785/90 datiert werden. Zur Ausstattung des Appartements gehörten weitere Anrichten (Kat. 113), ein Paar Eckschränke (Kat. 109) und ein großer Schrank (Kat. 110).

Seitenansicht von Anrichte AnsRes. M 8/2

1 Goodison 1975, Abb. 37

109

Paar Eckschränke

Ansbach, um 1785/90

Konstruktionsholz: Nadelholz
Fassung: terrakottafarben, schwarz, blau und rot,
figürliche Darstellungen
Beschläge: Eisen
105,5 x 96,5 x 56,5 cm

Fassung mit Darstellungen ruinös

Standort Residenz Ansbach, Depot

Historische Inventarnummern Residenz Ansbach 1807:
S. 117; 1813: S.61; 1820: S. 119; 1830: S. 101; 1842*: 549;
1865*: 549; 1884: A.III. 2.7-8; 1901: A.II. 2.4-5; 1903* A.II.
2.4-5; 1929: F.V.III. Lit. D II Nr. 4-5 Bl.83 Zi. 2 II. Etage

Inv. AnsRes. M 125/1-2

Eckschrank AnsRes. M 125/1

PROVENIENZ

Nach dem Inventar von 1807 waren »2. Eckschränke mit Urnen mit Etruscischer Mahlerey« in
dem »Zimmer mit 2. Fensterstöcken gegen / den
Schloßhof / mit Etruscischer Mahlerey« verzeichnet (R 202), bei dem es sich um ein Vorzimmer des
Appartements sowie um den originalen Standort der
Eckschränke handelt. Dort blieben sie nach Auskunft der Inventare bis 1929. Erst im Inventar von
1884 werden sie als »wandfest« beschrieben. 1929
ist die »Regierung [von Mittelfranken]« als Nutzer
des Raumes vermerkt, und bald danach werden die
Schränke ins Depot gewandert sein. Erst 1950 wurden sie aus dem Inventar abgeschrieben, aber nicht
weggeworfen und für den vorliegenden Katalog erneut inventarisiert.

BESCHREIBUNG

Korpus: Die beiden eintürigen Schränke haben ge-
genseitig angeschlagene Türen und unterscheiden
sich in den gemalten Darstellungen, die ebenfalls
aufeinander bezogen sind, so daß der Schrank
AnsRes. M 125/1 links vom Schrank AnsRes. M 125/2
in einer Raumecke eingebaut war.

Die vorderen Ecken laufen nicht spitz aus, so
daß rechts und links neben den Türen ein Streifen
stehenbleibt, der im rechten Winkel zur Rückseite
steht. Front und Wandstreifen werden von einem
hohen, profilierten Sockel und einem Gesims umlaufen. Letzteres ist unten profiliert und oben als
Deckplatte mit Wellenband ausgebildet. Über den
Wandstreifen ist die Deckplatte mit einer Rosette
betont. Weil auch die Oberseite der Möbel gefaßt ist,
gab es wohl keine Platte aus anderem Material. In
den Türen sitzt eine quadratische Füllung, die oben
Platz läßt für einen geschnitzten Meanderfries und
unten für einen Fries mit Eierstab. Von der Füllung
sind vier Ecken mit flachen Diamantschnitt abgesetzt und das achteckige Mittelfeld von einem Profil

umrahmt. Im Inneren haben die Schränke einen
Einlegeboden.
Fassung: Der Sockel ist dunkelbraun, aber Wandstreifen, Türen und Gesims sind terrakottafarben
gefaßt. Dagegen ist der Grund der flach geschnitzten
Friese in Türen und Gesims hellblau abgesetzt. Die
innere, rot gefärbte Kehle des Profils auf den Türen
rahmt den schwarzen Fond der wiederum terrakottafarbenen, figürlichen Darstellung mit schwarzer
Binnenzeichnung. Auf der Tür des Schrankes mit
links angeschlagener Tür (AnsRes. M 125/1) ist eine
Opferszene dargestellt, in der eine Priesterin in anti-
kischem Gewand mit einem Krug Öl in das Feuer
auf der Altarsäule gießt. Dabei war sie dem Schrank
mit der männlichen (?) Figur zugewandt. Diese trägt
einen kurzen Rock und einen wehenden Schal hinter
dem Kopf, der mit beiden Händen gefaßt ist. Eine
genauere Identifikation läßt der ruinöse Zustand
nicht zu.
Beschläge: Die Türen sind mit zwei Bändern angeschlagen, haben ein aufgesetztes Schloß und eine
Schlüsselbuchse.
Konstruktion: Wandstreifen und Rückwände sind mit
angeschnittenen Federn in Boden und Decke
genutet, während die Rückwände in einem Falz
der Wandstreifen liegen und in der hinteren Ecke
stumpf aufeinanderstoßen. Der Boden liegt in Höhe
des Sockels, so daß die Möbel auf den Rückwänden
und Wandstreifen stehen. Vorn ist der Sockel als
Stütze unter den Boden gesetzt.

*Detail der Tür von Eckschrank
AnsRes. M 125/2*

WÜRDIGUNG

Die ruinösen Eckschränke haben einen besonderen
Wert, weil ihre terrakottafarbene Fassung das letzte
Relikt der Raumfassungen der Pompejanischen
Raumfolge darstellt. In ihrem farblichen Zusammenhang kann man sich die schwarzen Anrichten,
die Nachbildungen der Tische aus Herculaneum
und die wenigen anderen erhaltenen Möbel des Appartements vorstellen. Entsprechend können sie um
1785/90 datiert werden (Kat. 107).

110

Schrank

Ansbach, um 1785/90

Konstruktionsholz: Nadelholz
Fassung: braun lasiert, gemasert
Beschläge: Messing, Eisen
298 x 324 x 82 cm

Aufgesetzte Urnen und einige Profile an den Schubladen
verloren

Standort Residenz Ansbach, Depot

Historische Inventarnummern Residenz Ansbach 1807:
S. 116; 1813: S. 60; 1820: S. 118; 1830: S. 100; 1842*: 541;
1865*: 541; 1884: A.III. 1.15; 1901: A.II. 28.15; 1903*: A.I.
28.2; 1929*: F.V.II. Lit. D I a Nr. 5; 1939*: F.V.II. Bl. 54 M 4

Inv. AnsRes. M 116

PROVENIENZ

Im Inventar von 1807 ist das einfache Möbel unter
der Beschreibung »1. großer braun angestrichener Schrank mit 4. Thüren und 4. Schubladen mit
meßingen Schlüsselblechen und Ringen, mit 3. hölzernen Aufsätzen als Urnen« im Vorzimmer zum
Pompejanischen Appartement über der Belle Etage
(R 201) zu finden. In den folgenden Inventaren von
1813 bis 1884 blieb das Möbel am Ort, aber die Urnen wurden nicht mehr genannt und zwischenzeitlich anscheinend entfernt. Nach Auskunft der Inventare von 1901 und 1903 stand das Möbel im
Gardemeuble auf dem gleichen Stockwerk. Später
wurde es nicht in den Museumsinventaren, sondern
als einfaches Möbel in den nicht erhaltenen Inventaren der Verwaltung von 1929 und 1939 geführt.

BESCHREIBUNG

Korpus: Der hohe, viertürige Schrank mit geraden
Fronten und Seiten hat einen vorspringenden,
zweitürigen Mittelteil, der von zurückgesetzten und
eintürigen Seitenteilen begleitet wird. Unten liegt
ein profilierter, um den Vorsprung herumgekröpfter
Sockel. Außerdem ist der Schrank im unteren Bereich wie eine Kommode gebildet, die im Mittelteil
zwei breite, übereinanderliegende Schubladen hat
sowie zwei nebeneinanderliegende Schubkästen in
der Etage darüber. In den Seitenteilen handelt es
sich aber um Blindschubladen auf den hohen Türen.
Die Kommodenzone ist mit einem kannelierten
Fries abgesetzt. Die Füllungen der Türen sind mit
aufgesetzten, flachen Leisten strukturiert, die oben
und unten einen eingezogenen Bogen beschreiben.
In der Mitte ist ein flacher, sehr hoher und spitzer
Rhombus mit leicht eingezogenen Seiten aufgelegt.
Zum Abschluß ist der Schrank mit einem weit vor-
kragenden Kranzgesims bedeckt.
Beschläge: Die Türen haben runde, profilierte
Schlüsselschilde aus Messingblech, und die Zug-

ringe an den Schubladen waren mit gleichartigen
Blechen hinterlegt, die aber bis auf zwei Stück verloren sind. Die geschweiften, eisernen Türbänder,
aber auch die Eisenschlösser an Türen und Schubladen sind erhalten.
Konstruktion: Der Korpus ist zusammengezinkt, und
die Türen bestehen aus einer Rahmenkonstruktion
mit je drei und zwei Füllungen. Die Schubladen sind
vorne halbverdeckt gezinkt und haben stumpf untergedübelte Böden, die vorne in einem Falz liegen.

WÜRDIGUNG

Der Schrank gehört zu den wenigen erhaltenen Möbeln aus den Pompejanischen Räumen und kann
deshalb gleichzeitig wie die anderen Stücke um
1785/90 datiert werden (Kat. 107–109). Aber auch
durch seine Größe erscheint der Schrank publikati-
onswürdig. Außerdem sind solch einfache Ausstattungsstücke selbst in Schlössern selten dokumentiert
und erhalten.

4 Konsoltische

Ansbach, um 1785/90

Gestelle: Eiche, gedrechselt, geschnitzt, weiß gefaßt
Platten: violettes Porphyrimitat mit weißen Einschlüssen
82 x 169,5 x 58 cm; Gestelle: 78 x 162 x 54 cm

Braun überfaßt; Platten bestoßen

Standort Residenz Ansbach, 1. Vorzimmer des Markgrafen, R 3

Historische Inventarnummern Residenz Ansbach 1807:
S. 153; 1813: S. 71; 1820: S. 126; 1830: S. 106; 1842*: 301;
1865*: 301; 1884: A.II. 23.19-22; 1901: A.I. 23.19-22; 1903*:
A.I. 23.8; 1929*: F.V.III. Lit. B V Nr. 27-30 Bl. 61 Zi. 23;
1939*: F.V.III. R 3 Bl. 19 M 31-34

Inv. AnsRes. M 63/1-4

Literatur A.F. Residenz Ansbach 1939, S. 40 – A.F. Residenz
Ansbach 1993, S. 51

Konsoltisch AnsRes. M 63/3

PROVENIENZ

Wegen der auffälligen Platten können die Tische im
Inventar von 1807 eindeutig erfaßt werden, das den
ganzen Satz im großen Saal mit den korinthischen
Säulen über der Belle Etage (R 281) beschreibt. Der
Eintrag lautet: »4 Tische von Bildhauer Arbeit,
weiss lakirt mit Platten von braun und weissen Gips
Marmor« und bleibt in den folgenden Inventaren
gleich. Erst das Inventar von 1842 nennt die Tische
an ihrem heutigen Standort im 1. Vorzimmer des
Markgrafen (R 3) und enthält die nachträgliche Verbesserung, nach der die Tische nun braun lackiert
worden waren.

Detail von Konsoltisch AnsRes. M 63/3

BESCHREIBUNG

Gestelle: Die runden Beine stehen auf kleinen, gedrückten Kugeln und stecken in Blattkelchen mit
ausgeschweiften Blattspitzen. Nach kurzem Ansatz
sind die Schäfte sechsfach kanneliert, konisch nach
oben erweitert und die Kanneluren im oberen Bereich mit Blattknospen gefüllt. Es folgt ein starker
Einzug mit einem Viertelstab unter dem hochformatigen Klotz zwischen den Zargen, dessen eingetieftes
Feld mit einer Blattrosette gefüllt ist. Die geraden
Zargen haben ein bandartig langes, eingetieftes Feld
mit einem eingelegten Rundstab an Ober- und Unterkante, aus denen ein applizierter Fries mit stilisierten Weinranken entwickelt ist. Unter den relativ
dicken Platten werden die Gestelle an drei Seiten
von einem Profil mit ionischem Kyma umlaufen,
während die Rückseiten der selbststehenden Konsoltische in Pfostenkonstruktion schmucklos geblieben sind.
Platten: Das dunkelviolette Porphyrimitat liegt wie
ein dickeres Furnier auf einem Gipskern mit eingelegten Eisenstreben als Bewehrung, die an der Unterseite als rostige Linien durchschlagen.

WÜRDIGUNG

Die ehemals weiß gefaßten Tische wirken deutlich
leichter als zwei Konsoltische mit gleichem Rankenwerk auf den Zargen (Kat. 112). Ähnliche, gedrückte
Kugelfüße haben zwei Thronsessel (Kat. 81), und für
die zwei Tische (Kat. 107) sowie für vier Anrichten
(Kat. 109) wurden Platten aus gleichem Material
verwendet. Folglich sind die vier Konsoltische gut in
die Ansbacher Bestände eingebunden und können
um 1785/90 datiert werden.

112

Paar Konsoltische

Ansbach, um 1785/90

Konstruktionsholz: Eiche und Obstholz, geschnitzt,
weiß gefaßt und vergoldet, Nadelholz
Platten: weißer Marmor
83 x 78,5 x 44 cm; Gestelle: 80,5 x 76,5 x 41,5 cm

Mit weißer Ölfarbe überstrichen

Standort Residenz Ansbach, Gardesaal, R 1

Historische Inventarnummern Residenz Ansbach 1842: 311;
1865: 311; 1884: A.II. 26.1-2; 1901*: A.I. 26.1-2; 1903: A.I.
26.1; 1929*: F.V.III. Lit. B V Nr. 31-32 Bl. 61 Zi. 26; 1939*:
F.V.III. R 1 Bl. 2 M 1-2

Inv. AnsRes. M 62/1-2

Literatur A.F. Residenz Ansbach 1939, S. 36 – A.F. Residenz
Ansbach 1993, S. 40

Weil die Nummern der Inventare von 1842/65 auch
im Inventar von 1901 vermerkt wurden, lassen sich
die Konsolen eindeutig identifizieren und stehen seit
dem Inventar von 1842 am heutigen Ort. Das Verzeichnis von 1884 beschreibt die Stücke als »2 Consoltische, klein, Gestelle geschnitzt, braun lakiert
mit 2 geraden Füßen, weißen Marmorplatten«, und
erst im Eintrag von 1903 wurde das Wort braun
nachträglich in »weiß« lackiert korrigiert.

BESCHREIBUNG

Die Konsoltische stehen auf zwei quadratischen,
konisch nach oben erweiterten Beinen, deren Füße
einen kreuzförmigen Grundriß haben, an der Oberkante profiliert sind und mit einer Deckplatte unter
den Beinen schließen. Beide Beine sind auf allen vier
Seiten geschnitzt und der Schaft bis zur halben Höhe
dreifach kanneliert. Unter einer rechteckigen, ka-
pitellartigen Verdickung mit umlaufendem Wellenband hängt vorne und hinten ein Lorbeerfeston,
dessen Enden an den Seiten der Beine über einem
Knopf nach unten hängen, während die Knöpfe an
Vorder- und Rückseite freigeblieben sind. Oberhalb
des Kapitells schwingen die Beine mit stilisiert geschnitzten Blättern ein wenig aus. Das Gestell wird
an Unter- und Oberkante der Zargen von einem
Profil umlaufen. Dazwischen sitzt über den Beinen
ein Würfel mit Perlenband an den Rändern, während die tiefsitzenden Felder der Zargen mit Rankenwerk und einem großen Knopf in der Mitte besetzt sind.
Fassung: Zuunterst liegt eine helle Fassung mit partieller Vergoldung, die bereits vor 1842 braun und
nach 1903 mit weißer Ölfarbe überstrichen wurde.
Konstruktion: Die geschnitzten Beine bestehen aus
Eiche und die Zargen aus Nadelholz mit applizierten
Schnitzereien aus Obstholz. Zargen und Pfosten

sind miteinander verzapft, während die hintere
Zarge in die Seiten gezinkt wurde.

WÜRDIGUNG

Mit der ehemals weiß-goldenen Fassung gehörten
die Tische zu einer aufwendigeren Ausstattung.
Ähnliches Rankenwerk haben vier braun gefaßte
Konsoltische (Kat. 111), die über die Platten eng mit
weiteren Ansbacher Möbeln verbunden sind (Kat.
107). In der Folge können die Konsoltische um
1785/90 datiert werden.

Konsoltisch AnsRes. M 62/1

113

Paar Anrichten

Ansbach, um 1790 (?)

Anrichte AnsRes. M 1/1

Konstruktionsholz: Nadelholz, Mahagoni, Nußbaum
Furnier: Mahagoni
Beschläge: Messing, Eisen
85 x 179 x 51 cm

Reparatur in den 1950er Jahren, Überzug mit Zelluloselack

Standort Residenz Ansbach, 1. Vorzimmer des Markgrafen, R 3

Historische Inventarnummern Residenz Ansbach 1807:
S. 119; 1813: S. 61; 1820: S. 46; 1830: S. 44; 1842: 302;
1865: 302; 1884: A.II. 23.23-24; 1901: A.I. 23.23-24; 1903*:
A.I. 23.9; 1929: F.V.III. Lit. C Nr. 5-6 Bl. 75 Zi. 23; 1939*:
F.V.III. R 3 Bl. 20 M 35-36

Inv. AnsRes. M 1/1-2

Literatur A.F. Residenz Ansbach 1939, S. 40 – A.F. Residenz
Ansbach 1993, S. 51

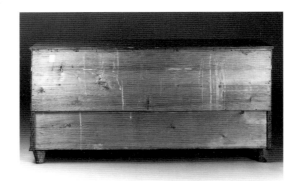

*Rückseite der Anrichte
AnsRes.* M 1/1

PROVENIENZ

Weil das Inventar von 1807 keine weiteren ähnlichen
Möbel nennt, können die Anrichten leicht mit dem
Eintrag identifiziert werden: »2. Tischbehälter von
Mahagonyholz, jeder mit 2. Thüren«. Sie waren im
Vorzimmer (R 203) zum Speisezimmer mit arabesker
Malerei inventarisiert, erhielten aber den Vermerk
»in der Wohnung des Herrn General Kreiskommissars befindlich«. Unter gleichem Standort sind die
Möbel auch noch im Inventar von 1813 eingetragen.
Seit dem Inventarverzeichnis von 1830 stehen sie
dann bis heute im 1. Vorzimmer des Markgrafen, das
1807 noch als »Das neu eingerichtete Familien Zimmer«, aber ab 1884 als »Kleiner Speisesaal« benannt
wird, im Gegensatz zur Bezeichnung Großer Speisesaal für den Festsaal. Insofern hatten die Möbel ihre
Funktion beibehalten.

BESCHREIBUNG

Korpus: Beide Möbel unterscheiden sich nur in den
Maßen um wenige Millimeter. Die langen, zweitürigen Anrichten ruhen vorn auf drei und hinten auf
zwei kurzen, konischen Füßen, die unter den gerundeten Korpusecken ebenfalls gerundet sind. Front,
Seiten und Unterkanten dagegen sind gerade, und
die Türen schlagen bündig in den Korpus ein. Allein
die gerundeten Ecken springen samt Sockelleiste um
wenige Millimeter vor. Strukturiert werden die Möbel von der leicht vorspringenden Platte, die den
Grundriß nachzeichnet, von einer gekehlten Sockelleiste und der Schlagleiste, vor allem aber durch eine
große, rechteckige Füllung mit kräftigen Profilen in
Türen und Seiten sowie durch das Bein in der Mitte.
Im Inneren liegt nur ein durchgehender Fachboden.
Die Nadelholzflächen im Inneren sind mahagonifarben gebeizt.

Beschläge: Beide Türen sind mit einfachen, ovalen
Schlüsselschilden aus Messing versehen und mit
Messingbändern angeschlagen, deren Gelenke aus
der Front vorstehen. In den rechten Türen sitzt ein
eingelassenes Eisenschloß mit Schließblech in der
Gegentür. An den linken Türen wurden Eisenriegel eingelassen, die nach oben bzw. nach unten
schließen und deren Griffe in geschlossenem Zustand an die Rückseite umgelegt werden.
Konstruktion: Als Konstruktionsholz wurde weitgehend Nadelholz verwendet, furniert und mit Umleimern aus Mahagoni verblendet. Nur die Beine be-

Anrichte AnsRes. M 1/1

268

stehen aus Nußbaum und allein die Türen aus einer Rahmenkonstruktion in massivem Mahagoni. Für die Seitenwände wurden Rahmenkonstruktionen mit Füllungen aus Nadelholz verwendet. Dann wurden von außen profilierte Blendfüllungen aus Mahagoni auf die eingetieften Nadelholzfüllungen gelegt und mit Leisten in den Rahmen fixiert. Im Inneren liegen die Füllungen mit den Rahmen in einer Ebene. Die gerundeten Ecken sind stumpf an die Seiten geleimt und vorn mit Traversen verbunden. Boden und Platte sind aufgedübelt und die Platte mit zwei Gratleisten gegen Verwerfen gesichert. Eine weitere Besonderheit bildet die Rückwand, die im unteren Bereich nicht so weit nach hinten reicht und in Höhe von 38, 5 cm mit einem waagerechten Absatz um 1,8 cm nach hinten springt. Beide Teile der Rückwände sind mit Nut und Feder aneinandergefügt und sitzen seitlich gedübelt in Fälzen. Unten sind die Rückwände mit den Böden verdübelt und laufen jeweils stumpf unter die Platte. Der Absatz war ursprünglich von den Seiten her sichtbar und wurde nachträglich mit angedübelten Mahagonileisten zugesetzt. Die Einlegeböden sind aus Nadelholz, haben an der Vorderkante einen Anleimer in Mahagoni und liegen auf angeschraubten Trägern. Die Beine sind in die Böden gedübelt.

WÜRDIGUNG

Die schlichten Möbel zeichnen sich durch Verwendung massiven Mahagoniholzes und die Auswahl von schön gemasertem Furnier aus. Die Verwendung von Nußbaum für die Beine ist nur so zu erklären, daß Mahagoni nicht in entsprechender Stärke vorhanden war. Mit dem Absatz in der Rückwand gehörten die Anrichten sicher zur wandfesten Ausstattung vor dem Speisezimmer der Pompejanischen Räume, das wahrscheinlich noch unter Markgraf Alexander entstanden war und kaum in preussischer Zeit. Folglich können die Möbel eher um 1790 als um 1800 datiert werden, zumal man ganz neue Ausstattungsstücke 1807 wohl noch nicht an einen Beamten ausgeliehen hätte.

114

Schreibkommode

Deutsch, um 1790 (?)

Blindholz: Nadelholz, Eiche, Buche
Marketerie: Nußbaum, Bux, Weißbuche (?)
Beschläge: Messing
Kleisterpapier in den Schubladen
104,5 x 111,5 x 56,5 cm

Gravuren in der Marketerie verloren, Teile der Schürze verloren, letzte Reparatur 1957; Schreibteil innen mit roter und schwarzer Lackfarbe gestrichen

Standort Residenz Ansbach, Dienerschaftszimmer, R 16

Historische Inventarnummern Residenz Ansbach 1842: 16; 1865: 16; 1884: A.II. 2.19; 1901: A.I. 2.19; 1903*: A.I. 2.7; 1929*: F.V.III. Lit. B II b Nr. 5 Bl. 46 Zi. 2; 1939*: F.V.III. R 16 Bl. 195 M 206; Stempel: Ansbach und S.A.

Inv. AnsRes. M 12

Literatur A.F. Residenz Ansbach 1939, S. 46 – A.F. Residenz Ansbach 1993, S. 85

PROVENIENZ

Im Inventar von 1807 läßt sich das Möbel nicht identifizieren. Unter der Beschreibung: »Schreibpult mit Nußbaumholz eingelegt und 3. versperrten Schubladen« ist das Stück bis in das Inventar von 1842 zurückzuverfolgen und bis 1929 im 1. Vorzimmer der Markgräfin (R 15) inventarisiert. Erst seit dem Inventar von 1939 ist das Möbel am heutigen Standort verzeichnet.

BESCHREIBUNG

Korpus: Das kommodenartige Möbel mit gerader Front und integriertem Schreibteil in Pultform hat einen rechteckigen Grundriß und steht auf vier konischen Füßen. Schreib- und Kommodenteil sind mit einem dreiseitig umlaufenden, geschnitzten Profil aus umwundenen Stäben geschieden. An den Seiten des Möbels stehen die Flächen gegenüber den Eckpfosten leicht zurück, ebenso wie die Schubladen

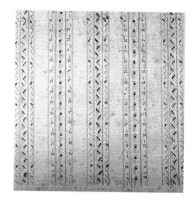

Kleisterpapier in den unteren Schubladen

gegenüber Traversen und Eckpfosten. Entsprechend sind Schreibklappe und Decke um wenige Millimeter von den Kanten abgesenkt. Dagegen ist die Mittelpartie als Lisene gestaltet, die auch über die schräge Schreibklappe und die Decke hinweggeführt ist. Nach vorn wird die Lisene von den Traversen überkröpft, ist in Höhe des Stabprofils als vorkragendes Gesims und in Höhe des unteren Bodens als Postament gestaltet, das wie eine Schürze überhängt.

Innenaufteilung: Außer den drei Schubladen der Kommode sind neun kleine Schubkästen im Schreibteil untergebracht. Je drei liegen rechts und links übereinander und haben gestufte Vorderstücke, die in geschlossenem Zustand große, getreppte Flächen bilden. Dazwischen liegt ein offenes Fach, aber oben, zwischen den beiden oberen Schubladen, sitzt eine herausnehmbare, ebenfalls gestufte Blende, hinter der drei weitere Schublädchen mit normalen Vorderstücken versteckt sind. Das Innere aller Schubladen ist mit Kleisterpapier ausgeschlagen. Es ist ein helles Papier mit aufwendig dreifarbigem Modeldruck in Rot, Gelb und Grün.

Marketerie: Vor allem wurde Nußbaum verwendet. Die rechteckigen Mittelfelder mit eingezogenen Ecken haben gestürzte Furniere mit Kreuzfuge und werden von einem schwarzen Faden gefaßt. Den Abschluß bildet eine breitere Rahmung. Nur in den Feldern auf der Lisene sitzt gefladertes Furnier. Alle Kanten sind mit Bandintarsien hervorgehoben und die Innenkanten der Felderungen mit noch feineren Bandintarsien plastisch gefüllt. Die Beine haben marketierte Kanneluren, und in Höhe des unteren Bodens wurden Quadrate mit marketierten Rosetten auf den Pfosten appliziert. Die Marketerie der Pfosten besteht aus Scheibenbändern mit schattierten Scheiben aus Bux, die mit schwarzen Fäden verbunden sind. Auf der Lisene liegen Festons. Im Mittelfeld der Klappe sitzt eine Figur in antikisierendem Gewand barfüßig auf einem vierfach gestuften Sockel und hält die Rechte sinnierend an den Kopf. Darüber ist ein Auge Gottes geschickt in die Maserung integriert. Die Falten des Gewandes sind in heißem Sande schattiert, aber die Binnenzeichnung ist so gut wie ganz verloren. Sie wurde in Gesicht und Haaren erneuert, so daß die Figur nicht identifiziert werden kann.

Beschläge: An den großen Schubladen und der Klappe mit eingelassenen Messingschlössern sind die Schlüssellöcher mit Buchsen gefaßt. Sechs Schubladen und die Blende hinter der Klappe haben einfache Zugringe aus Messing mit eingelassenem Splint, während die drei Schubkästchen hinter der Blende nur gedrechselte Holzknöpfe haben. Die Schreibklappe ist mit geschweiften Messingbändern angeschlagen und wird von einem offen einsehbaren Gelenkbeschlag aus Eisen gehalten.

Konstruktion: Als Konstruktionsholz wurde weitgehend Nadelholz verwendet. Bei dem geschnitzten Profil an der Oberkante des Kommodenteils handelt es sich um ein Mantelprofil aus Nußbaum mit Nadelholzkern. Die Beine laufen als Pfosten durch das Möbel hindurch und bestehen vorn aus Na-

Getreppte Schubladen im Schreibteil

delholz, hinten aber aus Buche. Zwischen den Pfosten sind die Seiten eingenutet. Der untere Boden ist mit den Seiten verzinkt und der Boden zwischen Schreib- und Kommodenteil gegratet. Die obere Decke ist wohl ebenfalls gezinkt, die Verbindung aber nicht sichtbar, weil der eichene Schreibeinsatz in den Korpus eingeleimt ist. Die Schreibklappe wurde mit Umleimern aus Nußbaum versehen und mit Eiche gesperrt. Auch die gestuften Vorderstücke der Schubladen bestehen aus Eiche, alle anderen Schubladenteile aber aus Nadelholz. Wegen der gestuften Vorderstücke sind die Schubladen vorne halbverdeckt und hinten offen gezinkt. Dagegen haben die von der Blende verdeckten Schubladen Vorderstücke aus Nadelholz und sind rundum offen gezinkt. Alle Böden sind stumpf untergeleimt. Im Kommodenteil sind die Traversen eingezapft, aber die Lauf- und Streichleisten nur an die Innenwände geleimt. Staubböden gibt es nicht. Auch die großen Schubladen sind offen gezinkt, die Vorderstücke aus Nadelholz aber rundum mit Umleimern aus Nußbaum verblendet. Die Böden stoßen stumpf an die Rückseite der Vorderstücke und sind stumpf unter die Seiten und Hinterstücke gedübelt. Die Rückwand ist rundum in einen Falz gedübelt.

WÜRDIGUNG

Das kontrastreich marketierte Möbel mit schattierten Scheibenbändern und feinen, aufwendigen Bandintarsien macht einen verstümmelten Eindruck, weil die Binnenzeichnung der Figur und Teile der hängenden Lisene verloren sind. Freimaurersymbolik sollte nicht ohne weiteres in das Möbel hineininterpretiert werden. Marketerie und Konstruktion des Möbels bilden in der Residenz Ansbach einen Einzelfall, und für die Zuschreibung an den Hofschreiner Laurenz Weymar fehlt jeder Anhaltspunkt (Kat. 122). Über die Herkunft des Möbels wissen wir zu wenig, und weil Scheibenbänder und Bandintarsien eine große Verbreitung hatten, kann die bisherige Datierung um 1790 nur beibehalten werden.

Marketerie auf der Klappe

115

Konsoltisch

Ansbach, um 1790

Gestell: Eiche, gedrechselt, weiß gefaßt und vergoldet
Platte: dunkelgrauer Marmor mit silbrigen Einschlüssen
83,5 x 120 x 60,5 cm; Gestell: 79,5 x 114,5 x 54,5 cm

Braun überstrichen

Standort Residenz Ansbach, Depot

Historische Inventarnummern Residenz Ansbach 1807:
S. 157; 1813: S. 75; 1820: S. 132; 1830: S. 110; 1842: 575;
1865: 575; 1884: A.III. 31.13; 1901: A.I. 1.4; 1903*: A.I. 1.4;
1929*: F.V.III. Lit. B I Nr. 10 Bl. 39 Zi. 1; 1939*: F.V.III. R
Depot Bl. 267 M 352

Inv. AnsRes. M 56

PROVENIENZ

Im Inventar von 1842 lautet die Beschreibung:
»4eckigter antiker Tisch aschfarb und weiß lakiert
mit brauner Marmorplatte«, wobei die Identifikation mit Hilfe der übernommenen alten Inventarnummern in den jüngeren Inventaren nicht in Frage
gestellt werden kann. Im Inventar von 1884 erscheint der Tisch dann als braun lackiert, und im
Eintrag von 1901 wurde die Farbangabe der Marmorplatte nachträglich in Grau verbessert. Eventuell
war die Platte ausgetauscht worden. Unter der gleichen Beschreibung läßt sich der Tisch von 1884 bis
in das Inventar von 1807 im Saal über der Galerie
zurückverfolgen (R 185). Erst das Inventar von 1901
verzeichnet das Dienerschaftszimmer im Appart-
ment der Markgräfin (R 16) als Standort. Seit dem
Inventar von 1929 steht das Stück im Depot.

BESCHREIBUNG

Gestell: Die runden, konisch nach oben erweiterten
und achtfach kannelierten Beine des selbststehenden

Konsoltischs enden mit einem Schaftring über den
Kugelfüßen. Oben folgt nach starkem Einzug ein
Wulst mit Plättchen, bevor die Beine bündig zwischen die Zargen eingehen. An der Unterkante der
schmucklos geraden Zargen wird das Gestell von
einem Profil umlaufen.

WÜRDIGUNG

Das schlichte Gestell steht im Widerspruch zur
weiß-goldenen Fassung sowie zu der gut passenden,
schönen Marmorplatte. Der Tisch kann um 1790
datiert werden und könnte sowohl unter Markgraf
Alexander als auch unter dem Minister Hardenberg
angeschafft worden sein.

116

Paar Konsoltische

Ansbach, um 1790

Gestelle: Eiche, gedrechselt, braun gefaßt
Platten: weißer Marmor, grau gewölkt
77 x 137 x 66,5 cm; Gestelle: 74 x 131,5 x 62,5 cm

Standort Residenz Ansbach, Depot

Historische Inventarnummern Residenz Ansbach 1842*: 373;
1865*: 373; 1884: A.II. 32.12-13; 1901: A.I. 32.4-5; 1903*:
A.I. 32.4; 1929*: F.V.III. Lit. B V Nr. 41-42 Bl. 62 Zi. 32; 1939*
: F.V.III. R Depot Bl. 276 M 399-400

Inv. AnsRes. M 55/1-2

PROVENIENZ

Leider lassen sich die Tische erst im Inventar von
1842 fassen, nachdem sie im gekachelten Saal aufgestellt worden waren: »2 4eckige Tische auf Mahagoniart angestrichen mit weißer Marmorplatte«.
Seit dem Inventar von 1939 sind die Tische im Depot verzeichnet.

Konsoltisch AnsRes. M 56 (links),
Konsoltisch AnsRes. M 55/1 (rechts)

Gestell: Die vier schlanken, gedrechselten und konisch nach oben erweiterten Beine haben mit einem Wulst abgesetzte Füße. Der Schaft ist achtfach kanneliert, hat oben eine glatte Bandage und darüber einen starken Einzug, bevor das Bein als vorstehender Eckklotz zwischen den Zargen sitzt. Die geraden Zargen werden an der Unterkante auf allen vier Seiten von einem Profil umlaufen, während die Platte nur an drei Seiten profiliert ist. Die braune Fassung sitzt auf einer hellen Grundierung.

WÜRDIGUNG

Die einfachen Konsoltische lassen sich um 1790 datieren und könnten sowohl unter Markgraf Alexander als auch unter dem Minister Hardenberg angeschafft worden sein.

Konsoltisch AnsRes. M 78

117

Konsoltisch

Ansbach, um 1790

Gestell: Eiche, gedrechselt, geschnitzt, braun gefaßt
Platte: weißer Marmor mit grauen Adern
80 x 110 x 61,5 cm; Gestell: 78 x 101,5 x 55,5 cm

Standort Residenz Ansbach, Dienerschaftszimmer, R 16

Historische Inventarnummern Residenz Ansbach 1842*:
484; 1865*: 484; 1884: A.III. 29.8; 1901: A.I. 36.14; 1903*:
A.I. 36.8; 1929*: F.V.III. Lit. B I Nr. 8 Bl. 38 Zi. 36; 1939*:
F.V.III. R 16 Bl. 196 M 208

Inv. AnsRes. M 78

Literatur A.F. Residenz Ansbach 1939, S. 64 – A.F. Residenz
Ansbach 1993, S. 85

PROVENIENZ

Als »Tisch mit runden Füßen und weißer Marmorplatte« ist das Stück von 1842 bis 1884 im Garde-

meuble verzeichnet, steht 1901 bis 1929 im Schlafzimmer des Gästeappartements (R 20) und seit dem Inventar von 1939 am heutigen Ort.

BESCHREIBUNG

Gestell: Die vier schlanken, gedrechselten und konisch nach oben erweiterten Beine haben abgesetzte Füße. Der achtfach kannelierte Schaft hat oben eine gerieft Bandage mit einem starken Einzug, bevor das Bein als gefelderter Eckklotz zwischen den Zargen sitzt. Zwischen den Begleitbändern an den Kanten der geraden Zargen sind die Flächen mit einer Reihe von Kanneluren versehen. Unter der Platte wird das Gestell an drei Seiten von einem Profil umlaufen, während die Rückseite des selbststehenden Konsoltischs schmucklos geblieben ist. Auch die Platte ist nur an drei Seiten profiliert und an den vorderen Ecken gerundet. Die braune Fassung sitzt auf einer hellen Grundierung.

WÜRDIGUNG

Der einfache Konsoltisch mit den gerieften Bandagen an den Beinen hat keine Ansbacher Vergleichsstücke und kann um 1790 datiert werden.

118

7 Stühle

Ansbach, um 1790

Gestelle: Buche, geschnitzt, Nadelholz
94,5 x 47,5 x 47 cm

Zwei Stühle 1945 verkauft; ursprünglich gefaßt;
1963 abgelaugt; neu gepolstert und bezogen

Standort Residenz Ansbach, Depot

Historische Inventarnummern Residenz Ansbach 1820:
S. 208; 1842*: 980; 1865*: 980; 1901: A.II. 26.5-22; 1903*:
A. Entresol 30.7; A.I. 26.3; 1929: F.V.III. Lit. A I a 1-12.81-89
Bl. 1, 4 Zi. 26, 32; *F.V.III. Lit. A I a 3-4.84.86-87 Bl. 1, 4
Zi. 26, 32; Brandstempel »KSA«

Inv. AnsRes. M 130/1-5

Stuhl AnsRes. M 130/1

PROVENIENZ

Im Inventarverzeichnis von 1842 lassen sich die Polsterstühle als Bestandteil der Bestuhlung des Schauspielhauses in einer Garnitur von 10 Stühlen sicher fassen, die »braun lakiert« waren. Die Beschreibung lautet weiter: »mit blauem Plüsch beschlagen, die Gestelle von Buchenholz«. Im Zuschauerraum standen 32 weitere, ähnlich beschriebene Stühle, die sich eventuell nur durch den Bezug und die Fassung, nicht aber in der Form unterschieden haben. Vorher waren die Stühle unter gleicher Beschreibung nur im Inventar von 1820 zu finden, da in den anderen Inventaren nur die Bänke im Zuschauerraum aufgeführt sind. Auch diese waren blau bezogen. Laut Inventar von 1884 befanden sich die Stühle nicht mehr im Theater, vielleicht weil die Nutzung am 13. November 1882 an die Stadt Ansbach übergeben worden war.[1] Sehr wahrscheinlich gehören die fünf Stühle zu 18 gleichen Stühlen, die laut Inventar von 1901 im Vorsaal des Festsaals (R 1) aufgestellt waren. Dort können erst wieder im Inventar von 1903 vier der Stühle sicher identifiziert werden, die mit 12 anderen als »Stühle, von Buchenholz, gelb lakiert, die Polsterung mit rotem Wachstuch bezogen« beschrieben sind. Zur gleichen Zeit und mit gleicher Beschreibung stehen die drei anderen unter vier gleichen Stühlen in der Wohnung des Schloßverwalters, die sich im Tiefparterre des Gabrielibaus befand. 1929 standen die Stühle verteilt auf zwei Gruppen von 12 und 9 Stück im Vorsaal des Festsaals und im Gekachelten Saal (R 24). Als Nachtrag ist vermerkt, daß zwei Stühle 1945 an den »Garteninspektor Bernthaler« verkauft wurden. Die anderen wurden 1950 aus dem Inventar der Museumsabteilung gestrichen, in das Verzeichnis der Gebrauchsmöbel für die Verwaltung übertragen und jetzt erneut als Museumsstück inventarisiert.

BESCHREIBUNG

Gestell: Die Stühle haben eine trapezförmig nach hinten verjüngte Sitzfläche mit geraden Zargen und konische Beine mit quadratischem Grundriß. Die hinteren Beine sind nach hinten ausgestellt. Sie laufen als seitliche Holme der leicht nach hinten gekippten Lehne weiter und gehen ohne Absatz in den korbbogenförmigen Abschluß über. Das durchbrochene Rückenbrett bildet ein stilisiertes, trichterförmig ausgeschweiftes Blatt mit kannelierter Rosette. Die Beine sind auf allen vier Seiten mit einer zentralen Kannelur und einer ovalen Vertiefung an den Eckklötzen versehen, während die Zargen gefeldert sind und ein flaches Band an der Unterkante auch die Beine umläuft. In den Ecken und Kanneluren sitzen Reste eines Anstrichs.
Polster/Bezug: Das Polster saß ursprünglich auf den erhaltenen Einlegerahmen aus Nadelholz. 1963 wurde der Bezug in grünem Kunstleder erneuert, an den Zargen befestigt und die abgesetzte Oberkante der Zargen verdeckt.

WÜRDIGUNG

In der Rückenlehne gleichen die Stühle einer Reihe von Stühlen, die sich im Neuen Schloß in Bayreuth befindet, aber aus dem markgräflichen Sommerschloß Triesdorf stammt (Kat. 119). Als Unterschied haben die Stühle aus Triesdorf gedrechselte, kannelierte Beine, kannelierte Zargen mit Rosetten und tragen eine maserierte Fassung, welche die in Ansbach verbliebenen Stücke ebenfalls gehabt haben können.

Die beiden wichtigsten Mätressen des Markgrafen Alexander, Hippolyte Clairon und Lady Craven, ließen Theaterstücke aufführen, und während letztere ab 1787 in Ansbach lebte, wurde das Reithaus zum Theater umgebaut.[2] Zu Anfang des 19. Jahrhunderts sind die Stühle im Theater nachweisbar, könnten aber schon vor 1791 zur Bestuhlung gehört haben und von der Hofschreinerei für das neue Theater hergestellt worden sein. Als ehemalige Bestuhlung des Zuschauerraums im markgräflichen Theater bilden die Stühle ein Stück Theatergeschichte in Ansbach, nachdem das Gebäude grundlegend umgebaut wurde und heute als Außenstelle der Bayerischen Staatsbibliothek dient.

1 Inventar 1884, S. 120
2 Störkel 1995, S. 202

119

20 Stühle

Ansbach, um 1790

Gestelle: Buche, geschnitzt, nußbaumimitierend gefaßt, Nadelholz
99 x 52 x 40 cm

Vier Stühle 1945 verschollen; originale Fassung; neue Bezüge

Standort Bayreuth, Neues Schloß, Gardereitersaal, R 1

Historische Inventarnummern Residenz München 1874*: GM Fol. 29 f. No. 1977, 1188; Neues Schloß Bayreuth 1929*: F.V.III. S. 6 M 27

Inv. BayNS. M 74-89

Literatur A.F. Neues Schloß Bayreuth 1995, S. 63

PROVENIENZ

An den Unterkanten der Zargen sind die Stühle mit Inventarnummern in schwarzer Farbe gekennzeichnet, wie sie in Ansbach für die Inventare von 1842 bis 1865 Verwendung fanden. Neben den Ziffern steht ein großes »T« für den Standort der Möbel im markgräflichen Sommerschloß Triesdorf. Außerdem tragen die Stühle Inventaretiketten mit der Bezeichnung: »K. Schloß Triesdorf«, die den Etiketten der Ansbacher Inventare von 1884 bis 1903 entsprechen. Daneben kleben Etiketten der Residenz München. Das Inventar von 1874 verzeichnet den Zugang der Stühle in zwei Sätzen zu 8 und 12 Stück in Nachträgen des Jahres 1894 im Gardemeuble sowie deren Abtransport nach Bayreuth ein Jahr später. Im dortigen Inventar wurden vier Stühle abgeschrieben, weil sie 1945 am Auslagerungsort auf der Plassenburg »geplündert« worden waren. Laut Inventar der Residenz München waren die Möbel »braun angestrichen« bzw. »nußbaumartig lackiert«.

BESCHREIBUNG

Gestell: Die trapezförmige Sitzfläche mit geraden Zargen wird von gedrechselten Beinen mit konischem, kanneliertem Schaft auf kugeligen Füßen getragen. Über einem starken Einzug sitzen die Beine mit rechteckigen Klötzen in den Ecken der Gestelle.

Inventarbezeichnung des markgräflichen Sommerschlosses Triesdorf auf Stuhl BayNS. M 74

273

An den Ecklötzen sind Rosetten eingetieft, und die Reihe der Kanneluren auf den Zargen wird von gleichen Rosetten rhythmisiert. Die hinteren Beine sind nach hinten ausgestellt, laufen als seitliche Holme der leicht nach hinten gebogenen Lehne weiter und gehen ohne Absatz in den korbbogenförmigen Abschluß über. Das durchbrochene Rückenbrett bildet ein stilisiertes, trichterförmig ausgeschweiftes Blatt mit einer kannelierten Rosette.

Fassung: Auf einer hellen Grundierung wurde die Maserung von Nußbaumholz nachgeahmt und dabei die Konstruktionsfugen des Gestells genau berücksichtigt. Außerdem wurde zwischen dem Imitat von Wurzelholz an den Zargen und Kopfstücken der Lehne sowie von Langholz an den Holmen unterschieden.

Polster: Die Polster mit Stahlfedern und Gurten sitzen auf Einlegerahmen aus Nadelholz.

Konstruktion: Beine und Zargen wurden miteinander verzapft und gedübelt. Die Kopfstücke der Lehnen sind mit Schlitz und Zapfen an den Holmen befestigt.

WÜRDIGUNG

Die Stühle standen vielleicht nie in der Residenz Ansbach, wurden aber trotzdem in den Katalog aufgenommen, weil es die ersten Möbel sind, für die ein Standort im markgräflichen Sommerschloß Triesdorf nachgewiesen werden kann. Außerdem wurden sie wohl in der Ansbacher Hofschreinerei hergestellt, und es haben sich ähnliche Stühle in der Hauptresidenz erhalten, für die es auch einen Anhaltspunkt zur Datierung um 1790 gibt. Es handelt sich um Stühle, die Anfang des 19. Jahrhunderts zur Bestuhlung des ehemals markgräflichen Theaters in Ansbach gehörten (Kat. 118). Sie haben keine gedrechselten Beine und andere Zargen, aber gleiche Rückenlehnen. Von technisch guter Qualität ist die maserierte, Nußbaumholz imitierende Fassung, während die leichte seitliche Einziehung der Rückenlehnen, die den Stühlen aber zu mehr Eleganz verhelfen sollte, kaum auffällt.

Stuhl BayNS. M 74

120

6 Stühle

Berlin (?), um 1790

Gestelle: Buche, geschnitzt, Nußbaum imitierende Fassung, Nadelholz
91,5 x 47,5 x 55 cm

Originale Fassung; Bezüge erneuert

Standort Residenz Ansbach, Dienerschaftszimmer, R 18

Historische Inventarnummern Residenz Ansbach 1842: 7; 1865: 7; 1884: A.II. 1.8-13; 1901: A.II. 28.8-13; 1903*: A.II. 28.19; 1929*: F.V.III. Lit. A1a Nr. 110-115 Bl. 5 Zi. 28; 1939* : F.V.III. R 18 Bl. 201 M 225-230

Inv. AnsRes. M 39/1-6

Literatur Esterer 1934, Abb. 1 – A.F. Residenz Ansbach 1939, S. 65 – A.F. Residenz Ansbach 1993, S. 87

PROVENIENZ

In den Inventaren von 1807 bis 1830 lassen sich die Stühle unter den ähnlich beschriebenen Garnituren nicht identifizieren, standen aber nicht in dem Raum, zu dem sie problemlos bis in das Inventar von 1842 zurückverfolgt werden können. Der Eintrag lautet: »6 braun-gelb lackierte Sessel [=Polsterstühle, im Gegensatz zu Armsesseln], die Kissen mit dunkelgrünem Samt bezogen«. Von 1842 bis 1884 war das Dienerschaftszimmer im Appartement der Markgräfin (R 16) als Standort eingetragen. Nach Auskunft der Inventare von 1901 bis 1929 standen sie im Gardemeuble und sind seit 1939 im Dienerschaftszimmer des Gästeappartements verzeichnet. Völlig überraschend bleibt die Abbildung der sechs Stühle (oder von sechs weiteren Stühlen ?) im Nordoval der Würzburger Residenz auf einem 1934 publizierten Photo. Das ehemalige Theater wird seit 1931/32 als Galerie genutzt.[1] Vielleicht waren die Stühle für die neue Nutzung[2] nur probeweise nach Würzburg und dann wieder nach Ansbach zurückgebracht worden, ohne daß es im Inventar vermerkt wurde.

Stuhl AnsRes. M 39/4

Gestell: Unter der Sitzfläche mit fast quadratischem Grundriß fallen die geraden, seitlichen Zargen senkrecht ab, während die vordere Zarge mit einem Bogen gesimsartig nach vorn und die hintere Zarge nach hinten kragt. Im Bereich der Zargen beschreiben die Beine den gesimsartigen Bogen der Zargen mit und schwingen nach einem Knick säbelartig nach vorn bzw. nach hinten und stehen auf abgesetzten, rechteckigen Klötzchen. Die vorderen Beine sind nur auf der Vorderseite und die hinteren Beine nur auf der hinteren Seite mit zwei Kanneluren versehen, während die Kanten an den Seiten von flachen Bändern begleitet werden. Die vorderen und hinteren Zargen sind rechteckig gefeldert. In Verlängerung der Beine laufen die Holme der Rückenlehne bis auf ein Drittel der Höhe senkrecht aus den Zargen heraus, um dann leicht nach hinten zu knicken. Sie sind mit geraden Stegen verbunden, zwischen denen eine durchbrochene, geometrische Rosette sitzt.
Fassung: Der dünne, nußbaumimitierende Anstrich liegt ohne Grundierung direkt auf dem Holz.
Polster/Bezüge: Am senkrecht aufsteigenden Teil der Rückenlehne gemessen, scheint das Roßhaarpolster

noch die ursprüngliche Höhe zu haben. Nach Auskunft der Nagelreihen in den Einlegerahmen wurden die Bezüge einmal ausgetauscht. Der braungestreifte Velour wurde vielleicht 1931/32 aufgebracht.
Konstruktion: Zargen und Beine sind verzapft und gedübelt, während Stege und Holme der Lehnen mit Schlitz und Zapfen verbunden sind. Die Rosette ist mit abgesetzten Zapfen in die Stege geleimt, damit die vorderen Flächen bündig liegen. Nur die vorkragenden Zargen an Vorder- und Rückseite der Stühle sind an den Innenseiten abgearbeitet. Die Einlegerahmen aus Nadelholz liegen in Fälzen.

Die Form der Klismos-Stühle mit säbelartig geschweiften Beinen hat seine Vorbilder vor allem in den Wandmalereien von Pompeji und Herculaneum. Um 1790 entstanden in Berlin eine ganze Reihe ähnlicher Stühle,[3] so daß die Ansbacher Stühle, für die es dort keine Vergleichsstücke gibt, eher in Berlin entstanden sind. Sie könnten noch unter Markgraf Alexander, aber auch erst unter dem Minister Hardenberg angeschafft worden sein.

Stuhl AnsRes. M 39/4

1 A.F. Residenz Würzburg 1994, S. 108 f.
2 Esterer 1934, S. 6
3 Schmitz 1926, S. 273, 275 – A.K. Friedrich Wilhelm II. und die Künste 1997, Kat. III. 26 – Leo Spik, Berlin, Auktion 584, 21./24.3.1998, Los 1689

121

Pultsekretär

Ansbach, um 1790/1800

Konstruktionsholz: Eiche, braun gestrichen und maseriert, Nadelholz
Beschläge: Messing, Eisen
102 x 115 x 56 cm

Zugring einer Schublade verloren

Standort Residenz Ansbach, Depot

Historische Inventarnummern Residenz Ansbach 1842: 4; 1865: 4; 1884: A.II. 1.5; 1901: A.I. 1.5; 1903*: A.I. 1.5; 1929*: F.V.II. Lit. B II b Nr. 2; 1939*: F.V.II. Bl. 104 M 1

Inv. AnsRes. M 115

PROVENIENZ

Weil es sich um ein sehr einfaches Möbel handelt, wurde es nicht in den Museumsinventaren, sondern als Büromöbel in den nicht erhaltenen Inventaren der Verwaltung von 1929 und 1939 geführt. Für den vorliegenden Katalog wurde das Schreibmöbel wieder inventarisiert. Wegen des Etiketts zum Inventar von 1903 läßt sich das Schreibmöbel von dort aus problemlos bis zum Inventar von 1842 zurückverfolgen und ist während dieser Zeit im Dienerschaftszimmer zum Appartement der Markgräfin verzeichnet. 1842 lautet die Beschreibung: »Schreibtisch von

Eichenholz mit 3. Schubladen und messingen Griffen und Schlüssellöchern« und ab 1884 »Schreibkasten, eichen mit 3. Schubläden, Messinggriffen und Schildchen«.

BESCHREIBUNG

Korpus: Das dreischübige Schreibmöbel mit schräggestellter Schreibklappe hat eine gerade Front, gerade Seiten, eine ebene Oberseite und steht auf kurzen, rechteckigen und konischen Füßen. Darüber verläuft eine schmale Sockelleiste, und die bündig in den Korpus einlaufenden Schubladen sind an den Kanten mit schmalen Rundstäben hervorgehoben. Mit den gleichen Profilen ist zwischen der obersten Schublade und Schreibklappe eine flache Schicht ausgeschieden, in der rechts und links die herausziehbaren Schreibklappenstützen untergebracht sind. Auch die zweifach gefelderte Klappe ist mit gleichen Profilen gefeldert. Neben dem Fach in der Mitte sind rechts und links zwei Schubladen im Schreibfach stufenförmig übereinandergesetzt. An den Außenseiten imitiert der Anstrich eine Nußbaummaserung, während die Schreibfläche später schwarz gebeizt wurde, die Schubladen im Schreibfach aber holzsichtig geblieben sind.
Beschläge: Die Klappe hat ein eingelassenes Messingschloß und ist mit eingelassenen Messingbändern angeschlagen. Dagegen haben die Frontschubladen aufgesetzte Schlösser aus Eisen. Schlüsselschilde und Zugringe, hinterlegt mit profilierten Schilden,

sind wieder aus Messing. An die Schreibklappenstützen, aber auch an die Schubladen im Schreibfach wurden massive, rosettenförmige Zugknöpfe aus Messing montiert.

Konstruktion: Die Seiten sind mit dem unteren Boden offen, mit dem obersten Boden aber verdeckt gezinkt. Zwischenboden, Traversen und die Laufleisten der Schubladen sind eingegratet, und die Unterteilungen im Schreibfach sitzen in einer Nut. Die Rückwand aus Nadelholz ist nach dem Zusammenbau des Korpus von unten in Nuten geschoben. Für die Vorderstücke aller Schubladen wurde Eiche, für alle anderen Schubladenteile Nadelholz verwendet. Die Schubkästen sind vorne halbverdeckt gezinkt, und die stumpf untergedübelten Böden liegen vorne in einem Falz.

WÜRDIGUNG

Aufgrund der aufwendigeren Beschläge kann das recht einfache Schreibmöbel um das letzte Jahrzehnt des 18. Jahrhunderts datiert werden, womit angedeutet werden soll, daß es auch noch zu Zeiten des letzten, 1791 resignierten Markgrafen Alexander entstanden sein könnte.

122

Zylinderschreibtisch

Johann Laurenz Weymar
(archivalisch faßbar, Ansbach 1787-1799)

Ansbach, 1799

An der Rückseite des Schreibeinsatzes, verdeckt von der Rückwand, in schwarzer Tinte auf Klebezettel bezeichnet: »Diesen Schreibtüsch hat / verfertiget / Johann Laurentz Weymar / Hoftüschler in Ansbach / den 9. Juny 1799«, in Bleistift auf Holz: »Diesen Schreibtisch repariere / Emil Hötzl / Schreiner aus Ansbach / Oberhaußerstr. 30 / am 25. Mai 1949« sowie in schwarzer Tinte auf einem weiteren Klebezettel: »Diesen Schreibtisch reparierte / Emil Hötzl / Schreiner in Ansbach / b[ei] Schreinermeister Kühn / 10. Juni 1949«
Konstruktionsholz: Eiche, Kirschbaum
Marketerie: Satinholz, Rosenholz, Riegelahorn, Weißbuche, Olive, Bux, Palisander, Zinn, Elfenbein, verschiedene gefärbte Hölzer, teilweise graviert
Beschläge: Messing, Eisen
125 x 130 x 68 cm

Galerien vielleicht nicht ursprünglich geplant; Farbigkeit im Inneren gut erhalten, außen starke Lichtschäden; Schwundriß in der Schreibplatte; zwei Schubladen im Schreibeinsatz verloren, ebenso die Handhaben zweier Blendschubladen und zwei Plaketten der Galerie; 1949 sowie um 1989 restauriert

Standort Residenz Ansbach, Schlafzimmer der Markgräfin, R 9

Historische Inventarnummern Residenz Ansbach 1807: S. 141

Inv. AnsRes. L-M 1

Literatur A.F. Residenz Ansbach 1993, S. 66 – Pfeil 1995, S. 24

PROVENIENZ

Im Inventar von 1807 wird kein einziges Möbel mit einem Rollmechanismus beschrieben, aber es sind zwei Schreibmöbel mit Galerien aus Messing verzeichnet. Das eine ist als Mahagonimöbel beschrieben, so daß mit dem anderen Eintrag: »1. eingelegter Schreibtisch mit einer Gallerie von Meßing, worauf / 1. Stockuhr befindlich« wohl das Rollbüro identifiziert werden kann. Es stand in einer wenig repräsentativen Garderobe auf dem Stockwerk über der Belle Etage. Laut Inventar von 1813 war die Garderobe mit umliegenden Räumen der Königlichen Finanzdirektion zur Nutzung überlassen worden, so daß das Mobiliar im Inventar der Schloßverwaltung seitdem nicht mehr geführt wurde. Erst im ›Inventarium über Meubles u. Geraethschaften in dem Königlichen Schlosse zu Ansbach, welche der Königl. Regierung leihweise zum Gebrauche überlassen sind. 1841‹ taucht das Rollbüro unter der Nummer 83, als »1. eingelegter Schreibtisch mit Gallerie« am Standort »Direktorium Ka.[Kammer] d.[der] Finanzen« wieder auf.[1] 1966 wurde das

Signatur auf der Rückseite des Schreibeinsatzes

Rollbüro aus dem Dienstzimmer des Regierungs-
präsidenten von Mittelfranken, der es stolz als
»Schreibtisch Hardenbergs« benutzt hatte, in die
Schausammlung überführt.

BESCHREIBUNG

Korpus: Das Schreibmöbel steht auf vier geraden, konischen Beinen, hat eine gerade Front, gerade Seiten
und zumeist gerade Kanten. Unterhalb der Schreibplatte wird die Front von einer breiten Mittelschublade strukturiert, die rechts und links von zwei
schmaleren, aber gleich hohen und übereinanderliegenden Schubladen begleitet wird, so daß ein Knieloch entsteht, das wegen der ausziehbaren Schreibplatte nicht notwendig wäre. Es ist an den oberen
Ecken mit eingezogenen Zwickeln verblendet. Unter der vorstehenden Schreibplatte tritt nur im Bereich der Mittelschublade eine Traverse in Form
eines Gesimses mit eingefärbtem Zahnschnitt um
einen guten Zentimeter vor. Auch die Mittelschublade steht um einen knappen Zentimeter vor, ist in
der Mitte zusätzlich aufgedoppelt und hat an der
Unterkante ein Profil. Damit wird optisch eine
Stütze der Platte angedeutet, während die Schubladen an den Seiten bündig in der Front sitzen. Seitlich
der Frontschubladen verläuft in Verlängerung der
Beine ein Band über den Zylinder bis zur Oberkante
und bildet eine weiche Kontur. Der Rollverschluß
beschreibt einen Viertelkreis, der mit einer Hohlkehle in die Korpusdecke übergeht, die bündig im
Korpus sitzt. Obenauf ist das Möbel von einer umlaufenden Galerie bekrönt, die jedoch in der Mitte
von einem breiten Sockel unterbrochen wird, der
eine flache Schublade enthält.
Innenaufteilung: Mit dem Schloß der Mittelschublade wird auch der Zylinder gesperrt. Zieht man die
Schreibplatte an den Griffmulden unter der Vorderkante heraus, schwingt der Zylinder zurück und gibt
das Schreibfach frei. Der Schreibeinsatz ist arkaden-
artig verblendet, mit konischen Lisenen auf Postamenten und einem geschweiften Gesims versehen.
Er hat einen breiteren Mittel- und zwei schmalere
Seitenteile. Alle drei Teile waren im Sockelbereich
mit einer Blindschublade und erst darüber mit gleich

hohen, benutzbaren Schubladen ausgestattet. Die
beiden seitlichen Schubladen sind verloren. Oben
hat der Einsatz rechts und links je zwei und in der
Mitte ein breites Fach.
Marketerie: Das Möbel wurde farblich weitgehend
durch einen Fond aus Satin- und Rahmungen aus
Rosenholz bestimmt. Die Marketerie hatte kräftige
Farben, wie man an den gut erhaltenen Grün- und
Gelbfärbungen im Inneren sehen kann. Die Binnen-
linien der Marketerie sind graviert und schwarz oder
rot ausgelegt. Fast alle Flächen werden von einem
Band mit Begleitlinien gerahmt, die sich an den
Ecken verkröpfen. Außen werden sie mit einem
Band aus Rosenholz abgeschlossen.

   An der Front sind die Kanten des Korpus, die
Schubladen und der Aufsatz mit gleichartigen
Ranken oder Girlanden versehen, die aus Blättern
und geschlossenen Blütenknospen bestehen. In der

*Marketerien auf der Oberseite
des Schreibmöbels*

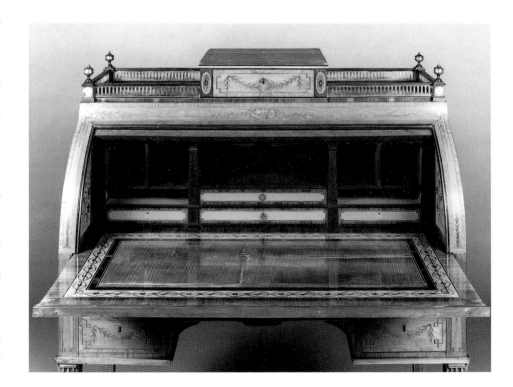

Kehle über dem Zylinder ist die Mittelachse des Möbels mit einem ovalen Gebilde aus Schnecken und Blattwerk gekennzeichnet. Das Zentrum der Mittelschublade ist mit Trophäen auf einem kleinen Marketeriefeld hervorgehoben: Der schwarze Preußische Adler mit der königlichen Bügelkrone in Messing hockt auf Kesselpauken, Kanonenkugeln, einem Kanonenrohr und gekreuzten Fahnen mit Spitzen aus Zinn und wird von einer Tuchgirlande überfangen. Das gleiche Motiv kehrt etwas größer auf den Seiten des Möbels wieder und ist auf einem gerahmten Muschelmotiv vor einer kannelierten Säule mit Lorbeerwulst postiert. Die Säule steht auf einem mehrfach profilierten Postament und dieses auf einer großen Sockelplatte mit Meandern. Auf der Säule steht eine Vase mit Flammen und Feston. Das Ganze wird noch von einer Tuchgirlande hervorgehoben, die scheinbar mit Nägeln im Gehäuse des Korpus sowie an der Säule hinter dem Wappentier befestigt ist.

Die kaum einsehbare Oberseite des Möbels wurde ebenfalls marketiert. Auf den von Galerien umgebenen Flächen ist ein großer Paradiesvogel auf einem Hügel mit Steinen, einer Schnecke, Gras und Pflanzen dargestellt. Auf dem Sockel in der Mitte gibt es wieder ein gerahmtes Muschelmotiv vor einer kannelierten Säule mit Vase auf einem flachen Sockel mit Meandern. Statt der Trophäen sind eine Plakette mit Maske sowie Musikinstrumente wiedergegeben: Harfe, Fagott, Horn, Trompete, Geige, Laute und ein Putto, der die Kesselpauken schlägt.

In der rechteckigen Fläche des Zylinders ist ein querovales Feld gelegt, das deutlich kürzer ist als der Zylinder, so daß Platz für weitere Marketerien blieb. Das Oval hat einen Fond aus Riegelahorn und wird von einem Band mit vier leichten Nasen gefaßt, daß von Blütenranken umwunden ist. Auf der Balustrade in dunkler Nußbaummaser sind Notenblätter und Musikinstrumente zusammengestellt: Fanfare, Trompete, zwei Hörner, Geige, Cello, Fagott, Flöte, Tambourin und ein Paar Kesselpauken mit Schlegeln aus Elfenbein. Rechts und links davon wird der verbleibende Platz von zwei großen, mit Schleifen zusammengebundenen Blütenzweigen geschmückt. Ähnliche, aber kleinere Blütenzweige befinden sich auf der Mittelschublade sowie im Inneren des Schreibfaches, an den viertelkreisförmigen Seiten des Korpus. Hier ist die Farbigkeit in Gelb, Grün, Violett und rötlichen Tönen samt der rot oder schwarz ausgelegten Gravur gut erhalten.

Die Schreibplatte ist dreifach gerahmt, mit einem glatten Rosenholzstreifen an der Außenkante. Es folgt ein breiterer, sehr heller Streifen, auf dem grüne und gelbe Bänder in gleichmäßigen Bögen um einen Stab in der Mitte herumlaufen und in den Bögen abwechselnd eine Blüte oder ein Blatt umschreiben. Die Bänder sind als textile Bänder charakterisiert und mit Gravuren schattiert. Als innerste Rahmung dient wieder ein Rosenholzstreifen mit Begleitlinien, während das Feld ohne weiteren Schmuck mit ehemals grau gefärbtem Riegelahorn furniert ist. Die Vorderstücke der kleinen Schubladen haben ein Feld aus Weißbuche, eingefaßt von

einer grünen sowie einer hellen Begleitlinie mit abschließendem Streifen in Rosenholz.

Beschläge: Für alle sichtbaren Beschläge wurde Messing verwendet, so auch für die sechs Schlösser in den Frontschubladen. Die Schlüssellöcher sind mit Buchsen gefaßt, und dem Schreibeinsatz sind nur zwei von sechs Zugringen auf Rosetten für die Schubladen geblieben.

Die Unterkante des Korpus ist über die Beine hinweg mit einer messingbeschlagenen Leiste hervorgehoben, die am Knieloch endet. Unter den Leisten sitzen Guttae auf den Beinen. Eine weitere Betonung der Horizontalen bildet die stärkere, messingbeschlagene Vorderkante der Schreibplatte. Diese Linie wird seitlich nicht weitergeführt, aber die Öffnung des Schreibmöbels seitlich und oben mit einem Messingprofil eingefaßt, so daß der geschlossene Zylinder oder das offene Schreibfach in Messing gerahmt scheint. Auch der obere Sockel wird von einem ummantelten Viertelstab an der Oberkante dreiseitig umlaufen. Die Galerien sind wie ein Geländer aus Fußleiste und Handlauf in Mahagoni mit durchbrochenen Messingfüllungen zusammengesetzt. Die vier Postamente mit Vasen an den Ecken sind an den Seiten mit getriebenen Plaketten beschlagen, und die gedrechselten Mahagonivasen haben einen Knopf mit Manschette aus Messing. Für die Verbindung von Schreibplatte und Zylinder wurde ein Scherenbeschlag aus Eisen verwendet.

Konstruktion: Es handelt sich um eine Pfostenkonstruktion, bei der die Beine mit starken Brettern für Seiten- und Rückwand verbunden sind. Allerdings reicht dieser Teil der Rückwand nur bis zur Höhe der Schreibplatte. Darüber wurde eine dünnere Rück-

wand in die Fälze von Seiten und Korpusdecke gelegt. Die Traversen sind in die Beine und Zwischenwände gezapft oder am unteren Ende der Zwischenwände verzinkt. Staubböden gibt es nicht. Die Platte
besteht aus einer Rahmenkonstruktion mit zwei Füllungen ausschließlich in Eiche. Für den Schreibeinsatz wurden die Seiten mit Decke und Boden verzinkt und die Facheinteilungen genutet. Bei Auswahl

der Holzarten wurde nach sichtbaren Flächen in
Kirschbaum und verborgenen in Eiche unterschieden. So bestehen Rückwand, Seiten und Böden der
offenen Fächer, aber auch die Schublade aus Kirsche,
jedoch Decke und Boden des Einsatzes sowie die
Traversen unter den Schubladen aus Eiche. Die vorderen Kanten wurden mit Mahagoni verblendet.
Alle sechs Frontschubladen bestehen komplett aus

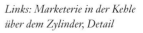

Links: Marketerie in der Kehle
über dem Zylinder, Detail

Kirsche. Die Böden liegen mit querverlaufender Faserrichtung in einem Falz der Vorderstücke und sind stumpf auf Seiten- und Hinterstücke geleimt. Deshalb wurden Laufsohlen aus Kirsche untergeleimt. Nur an der Mittelschublade wurde die Hirnholzkante an den Seiten bis zum Ansatz der Schwalbenschwänze mit einem Furnier verblendet.

WÜRDIGUNG

Schreibmöbel mit Zylinderverschluß wurden auch ›Bureaux à la Kaunitz‹ genannt, weil der österreichische Botschafter in Paris, Graf Kaunitz, die Anregung für den Mechanismus gegeben haben soll. Das luxuriöse Rollbüro des Königs von Frankreich wurde 1769 fertiggestellt und war das erste repräsentative Möbel seiner Art. Es folgten die berühmten Rollschreibtische aus der Werkstatt David Roentgens bis in die 1780er Jahre. Als das Möbel in Ansbach entstand, war der Typus schon lange bekannt und blieb bis Anfang des 19. Jahrhunderts beliebt.

Das große Möbel mit den geraden Kanten macht einen recht schweren Eindruck, zu dem die kräftigen Messingleisten beitragen. Allerdings haben die Galerien etwas leichtes, waren aber ursprünglich wohl nicht geplant: Zum einen sind die Marketerien auf dem Korpus mit Galerien noch schwerer zu betrachten, und zum anderen schneiden die Galerien seitlich in die marketierten, hochovalen Rosetten an den Ecken des Sockels ein. Vielleicht hat man sich erst nach der Fertigstellung zu einer auffälligen Bekrönung entschlossen, die das Möbel auch ein wenig leichter erscheinen läßt. Man würde auch Messing-

Marketerie auf der Innenseite des Schreibfachs

schuhe erwarten und nicht nur furnierte Dreiecke an den Füßen.

Schon die Masse an Marketerie hat einen hohen Wert bedeutet. Allerdings wirken die wiederkehrenden Ranken auf den Schubkästen etwas steif. Die Ranken und Blütenzweige auf dem Zylinder sind wenig natürlich gewachsen und beinahe zwanghaft um die Rundungen des Ovals herum- oder in die Ecken der Fläche hineingeführt. Auch die Trophäen an den Seiten des Möbels wirken haltlos in die Flächen gesetzt. Die Ausführung ist unbeholfen. Dagegen stammen Schleifen, Blätter oder komplizierte Blütenköpfe von geübter Hand. Sogar an abgebrochene Blütenstengel wurde gedacht, während der lange, schräge Anschnitt der Zweige den biologischen Aufbau der Stengel scheinbar freilegt und mit den überlangen, geschlängelten Enden maniert wirkt. Vielleicht waren zwei verschiedene Handwerker mit der Marketerie beauftragt. Heute bildet die selten gut erhaltene Farbigkeit im Inneren einen seltenen und kaum zu unterschätzenden Wert.

In der Marketerie wird der Kriegskunst und der Musik gehuldigt, vor allem aber dem Königreich Preußen. Das Wappentier ist auf dem Möbel gleich dreifach dargestellt und zeigt den Anspruch des Karl August Freiherrn von Hardenberg als ›Königl. Preuß. wirklicher Geh. Staats- Kriegs- Cabinets u. dirigierender Minister über die Fürstentümer Ansbach-Bayreuth u. Chef der Bank in Franken‹. Nach Abdankung des letzten Markgrafen verwandelte er das altertümliche Fürstentum von 1791 bis 1804 in einen modernen Staat und setzte die preußische Politik ab 1796 besonders rigoros durch. Als Zeichen der preußischen Besitznahme ließ Hardenberg an allen Orten seine Verfügungen mit dem schwarzen Adler anschlagen und war ein Freund öffentlich inszenierter Machtdemonstrationen.[2] Auch der Rollschreibtisch muß als Zeichen deutlicher Repräsentation gewertet werden und ist in der Residenz Ansbach das wichtigste Stück, mit dem die Zeit der Markgrafschaft unter preußischer Herrschaft heute noch anschaulich zu verbinden ist. Als Auftraggeber ist wohl nur Hardenberg zu vermuten, aber einen schriftlichen Nachweis gibt es bisher nicht.

Johann Laurenz Weymar ist in den Ansbacher Hofkalendern, die bis 1791 erschienen sind, ab 1787 als Hofschreiner verzeichnet.[3] Nur der Rollschreibtisch ist datiert und signiert, und nur ein kleines Tischchen in der Sammlung Martin Krieger/Ansbach kann ihm aufgrund der Marketerie stilistisch zugeschrieben werden. Daneben gibt es ein Porträt des Hofschreiners im Alter von 33 Jahren mit der Signatur des Hofmalers Johann Michael Schwabeda (1734-1817, Hofmaler 1764).[4] Während die Blumenmarketerie als altertümlich angesehen werden muß, ist das ovale Schneckenmotiv in der Kehle über dem Schreibzylinder modern. Es taucht um 1790 zuerst auf englischen und dann auf französischen Möbeln auf. Die Übernahme des Motivs durch Weymar zeigt, daß er sich an der Mode orientiert hat und die Produktion repräsentativer Möbel nach der Resignation des Markgrafen Alexander unter den neuen Preußischen Herren fortgeführt wurde.

Konstruktionsdetail der Mittelschublade

1 Bayerische Schlösserverwaltung, Archiv
2 Thielen 1967, S. 63 – Schuh 1990, bes. S. 299 f.
3 SAN: Rep. 129 (Kalendersammlung)
4 Markgrafenmuseum Ansbach, o. Inv. – Krieger 1966, Kat.-Nr. 41, S. 363

ANHANG

Die fränkischen Hohenzollernfürsten
im 18. Jahrhundert

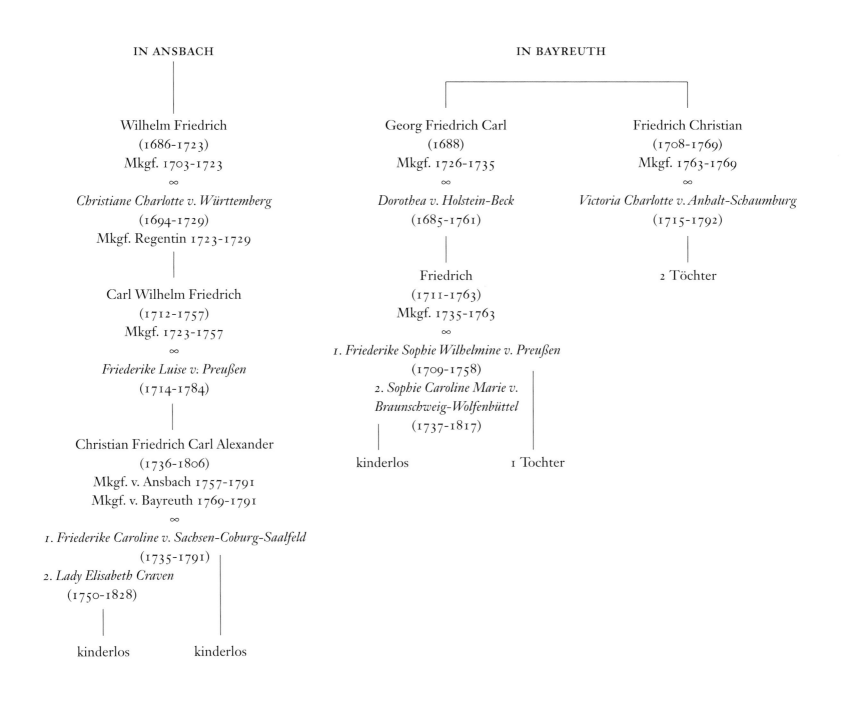

IN ANSBACH

Wilhelm Friedrich
(1686-1723)
Mkgf. 1703-1723
∞
Christiane Charlotte v. Württemberg
(1694-1729)
Mkgf. Regentin 1723-1729

Carl Wilhelm Friedrich
(1712-1757)
Mkgf. 1723-1757
∞
Friederike Luise v. Preußen
(1714-1784)

Christian Friedrich Carl Alexander
(1736-1806)
Mkgf. v. Ansbach 1757-1791
Mkgf. v. Bayreuth 1769-1791
∞
1. Friederike Caroline v. Sachsen-Coburg-Saalfeld
(1735-1791)
2. Lady Elisabeth Craven
(1750-1828)

kinderlos   kinderlos

IN BAYREUTH

Georg Friedrich Carl
(1688)
Mkgf. 1726-1735
∞
Dorothea v. Holstein-Beck
(1685-1761)

Friedrich
(1711-1763)
Mkgf. 1735-1763
∞
1. Friederike Sophie Wilhelmine v. Preußen
(1709-1758)
2. Sophie Caroline Marie v.
Braunschweig-Wolfenbüttel
(1737-1817)

kinderlos   1 Tochter

Friedrich Christian
(1708-1769)
Mkgf. 1763-1769
∞
Victoria Charlotte v. Anhalt-Schaumburg
(1715-1792)

2 Töchter

Planungen zur Ausstattung der markgräflichen Paradeappartements von 1729 und 1733/38

Kostenvoranschlag des Architekten Carl-Friedrich von Zocha für Anschaffung und Montage der Textilien vom 9.2.1729

Staatsarchiv Nürnberg: Rep. 110, Nr. 45

Überschlag zur Tapeziererey Arbeit in die neue Herrschaftliche Zimmer

SERENISSIMI APPARTEMENT

Garde-Saal
80fl kostet das rothe Leder zu 4 Bänken samt der übrigen Fourniture.

Das erste Vorgemach
157fl 38xr hat das zu einer […] nach Bruckberg angeschaffte grüne Goldleder gekostet, welches zu geräumig, der Zeit hierher kann genommen werden.
64fl kostet des Nestlers Arbeit um diese Tappete zusammenzunähen, für das rothe Leder sind übrige Fourniture zu 8 Stühlen und 2 Küßen in die Fenster.
39 fl für 2 Stück grünen Cajeant samt den Borten und Schnüren zu 2 Fenstervorhängen.

Das zweyte Vorgemach
39fl kommet beyläufig die Fourniture zu den Küßen auf die 12 geflochtenen Stühle und in die 4 Fensterbänke.
174fl kosten 126 Ellen grüner Taffett a 1fl 15 und 96 Ellen Borten samt 200 Ellen Schnüre und die Ringe.

Das Audienzgemach
Hierzu ist eine Tappete Brabant. Hautelisse samt eines rothen damastenen Dach [Baldachin] und den 4 Portieres bereits vorhanden, noch ferner aber erforderlich:
100fl zu drei cramosin rothen Taffeten Vorhängen samt dem Zubehör ohne die schmalen goldenen Galons zum einfassen, welche bereits vorhanden.
28fl kostet die Fourniture zu denen dahin benöthigten 10 Fauteuils und 6 Tabourets, aber Damast und die Galons hierzu sind vorhanden.

In der Retirade [Schlafzimmer]
Die Tappete, das Bett und die Stühl werden von rothen Damast mit einer doppelten Galon gemacht, wofür der Damast sowohl als die Galons vorhanden.
176fl. werden die 3 Fenstervorhänge von rothen franz. Taffet kosten, die goldenen Galons zum einfassen sind vorhanden.
25fl. ohngefehr kostet die Fourniture zu 10 Fauteuils und 4 Tabourets.

Ins Cabinet
56fl. Zu einem grünen taffeten Vorhang nebst der Fourniture zu 4 Tabourets und 1 Küßen ins Fenster wozu der Damast und die Galons bereits vorhanden.

Ins ord. Schlafgemach
380fl. zu 200 Ellen grünen Brocadel zur Tappete und Stühlen wie auch denen Galons und übrigen Fourniture.
85fl zwey grüne taffetne Fenstervorhänge.

SERENISSIMAE APPARTEMENT

Ins äußerste Vorgemach
80fl Zu 4 Bänken von rothen Saffianleder samt deren Zubehör.

Ins 1ste Vorgemach
157fl 38xr kostet das nach Bruckberg beschriebene Goldleder, so inzwischen hierher emploriert worden.
68fl zu 8 Stühlen und 2 Küßen in die Fenster von rothen Leder mit des Nestlers Arbeit an der Tappete.
54fl kosten 2 Fenstervorhänge von rothen Cajeant samt den Einfaßborten und Schnüren.

Ins 2te Vorgemach
260fl zu 4 rothen taffeten Vorhängen samt deren Einfaßborten und Schnüren.
25fl zur Fourniture zu 12 roth damastenen Stühlen und 4 Fensterküßen samt deren reichen Einfaßbordüre und Schnüren. Der Damast ist vorhanden.

Ins Audienzzimmer
Hierzu ist eine Tappete von Brabant. Hautelisse vorhanden. Das Dach [Baldachin] wird von rothen Damast galoniert wozu sowohl die Galons als der Damast vorräthig.
30fl zur Fourniture auf 6 Fauteuils, 8 Lehnstühle und 6 Tabourets wozu der Damast und die Galons vorhanden.
90fl für 60 Ellen rothen Doppeltaffet, die 4 Portieres zu doublieren wozu der Damast und die Galons vorhanden.
175fl zu drey rothen taffeten Vorhängen, samt denen Zubehör. Die Galons zum einfassen sind vorhanden.

Ins Paradezimmer [Paradeschlafzimmer]
Ist die Tappete samt denen Bettvorhängen [vorhanden] außer daß zu denen letzteren noch
750fl zu goldenen Fransen erforderlich seyen werden.
25fl zu Fourniture für 10 Fauteuils und 6 Tabourets.
150fl zu drey Fenstervorhängen von grünen Taffet samt den Zubehör, die Einfaßgalons sind vorhanden.

Ins Cabinet
66 zu einem rothen taffeten Vorhang wie auch zur Fourniture für 4 Tabourets und 1 Fensterküßen

Ins ordinaire Schlafgemach
400fl für rothen Brocadell zur Tapete und 4 Fauteuils auch 8 Tabourets. Das Bett wird von rothen Damast, welcher vorhanden und werden dazu noch weiter erfordet
320 fl zu weißen Moiree inwendig, ingl. zu en rothen seidenen Galons sowohl außen aufs Bett als auf die Tappete und Stühle. […]
110fl zu 2 rothen taffeten Fenstervorhängen

In die Garderobe
216fl zu 3 Dutzend Stühlen von rothen Saffianleder.
100fl zu 400 Ellen grünen … zeuch zu Vorhängen.
168f für 7 Ellen grüner und 3 Ellen rother Cajeant zu Tappete, Betten und Vorhängen in dergleichen Zimmer.
… zu 8 Staab goldenen Eisen für die mit Broderee zu machenden Meubles (Wertangabe fehlt).
1500fl mögten beyläufig 1 Dutzend silberne Plaques und neue Cajetanene Vorhänge in das Taffelzimmer kosten.

Kostenvoranschlag des Architekten
Carl-Friedrich von Zocha für
die Anschaffung von Möbeln
vom 21.2.1729

Staatsarchiv Nürnberg: Rep. 110, Nr. 45

Möbellisten von 1733 und 1738
für die unter Leopold Retty
ausgestatteten Paradeappartements

Staatsarchiv Nürnberg: Rep. 114, Nr. 476 II,
Prod. 6, 24

Überschlag über in die neue zwey Apartements außer der Tapezierarbeit benöthigte Meubles und was selbige beyläufig kosten mögten:

SERENISSIMI APPARTEMENT

Die Hölzer zu denen mit Saffian zu beziehenden Bänken und Stühle in den Gardesaal und das erste Vorgemach werden nicht angesetzt, weil selbige wenig assortieren.

In das Erste Vorgemach kommen zwey Dutzend [...?] geflochtene Stühle und kosten 120fl
zwey Spiegelgläser an die Pfeiler zwischen den Fenstern kosten samt den Rahmen dazu 360fl
Zwey Tisch darunter, von Marmor mit geschnittenen Füßen kosten zusammen 120fl

Ins Audienzgemach kommen zwey Spiegelgläser auf die Pfeiler zwischen den Fenstern, welche samt den Decorationen sich belaufen auf 900fl.
Ein verguldeter Rahmen zum Portrait neben dem Camin 180fl.
Zwey Tisch von Marmor mit geschnittenen und verguldeten Füßen kosten zusammen 300fl.
12 Fauteuils so geschnitten und verguld machen 450fl.
Ein Lustre von Bronze und 6 dergleichen Branchen an die Pfeiler und den Camin 650fl.
Die Feuerböcke samt den Zubehör die in den Camin 200fl.

In die Retirade [Schlafzimmer] 3 Spiegelgläser zwischen die Fenster und über den Camin kosten samt denen Decorationen 400fl.
Zwey Tische von Marmor mit geschnittenen und verguldeten Füßen 200fl.
20 geschnittene Fauteuils und 4 dergl. Tabourets ohnverguldet 180fl.
6 Branchen [Wandleuchter] von Bronze an die Pfeiler und den Camin 240fl.
Die Equipage in den Camin 90fl.
Ein Bureau von Marqueterie mit Bronze 450fl.

Ins Cabinet ein Spiegelglas über den Camin kostet 420fl.
2 Tisch von Marqueterie mit Blättern von Marmor kosten 200fl.
4 geschnittene und verguldete Tabourets 80fl

Ins Schlafgemach ein Spiegelglas 100fl.
4 Fauteuil und 6 Tabourets 90fl.
Was an Stühlen, Tischen, Spiegeln ec. in die Garderobe gehörig, ist zum Theil vorhanden, das übrige aber weil so wenig assortiert wird nicht in Ansatz gebracht

SERENISSIMAE APPARTEMENT

Ins **Äußerste** und **zweyte Vorgemach** kommen Bänke und Stühle von rothen Saffian wie in Serenissimi Apartement und werden ob angeführten [...?] Willen nicht angesezt.

In das **Dritte Vorgemach** braucht man 1 Dutzend Stühle so von oben gemlt. Art geflochten werden und kosten 120fl.
Zwey Spiegelgläser an die Pfeiler zwischen den Fenstern kosten 350fl.
Zwey geschnittene Tische darunter mit Marmorblättern 130fl.

Ins Audienzgemach braucht man 2 Spiegel zwischen die Fenster kosten samt Decoration 1200fl.
Zwey Tisch darunter von Marmor mit verguldeten Füßen kosten 300fl.
Ein geschnittener und verguldter Rahm zum Portrait neben dem Camin 230fl.
6 Fauteuils, 8 dergl. Stühle und 6 Tabourets, alle geschnitten und verguld kosten 740 fl.
Ein Lüster und 6 Branchen von Bronze 850fl.
Die Feuerböcke und das Zubehör in den Camin 120fl.

Ins Parade-Schlafgemach braucht man 3 Spiegel an die Tremeaux und über den Camin kosten samt der Decoration 1750fl.
2 Tische von Marmor mit vergulden Füßen 400fl.
Ein Canape, 8 Fauteuils und 6 Tabourets alle geschnitten und verguldt 900fl.
6 Branchen von Bronze samt den Feuerböcken in den Camin und dem Zubehör 450fl.

Ins Cabinet braucht man
Ein Spiegel über den Camin kostet 350fl
2 Tisch von Marqueterie um Porcellain daraufzustellen 200fl.
4 Tabourets geschnitten und verguldet 90fl.

Ins Ordinaire Schlafgemach
Einen Spiegel vor 200fl.
Eine Commode von Marquerie 300fl
4 Fauteuils, 8 Tabourets 120fl

Die Meubles in die Garderoben sind theils vorhanden oder doch von keiner sonderbahren Importanz und werden deswegen hier nicht angesetzt. Mit den Meubles in der Frau Hofmeisterin und der Fräul. Zimmer hat es gleiche Beschaffenheit.

Summa 15560fl.

Consignation / Was man vor Sesseln vor die gnädigste Herrschaft in dem neuen Bau von Nöthen hat in dero Zimmer

In Ihro Hochfürstl. Durchl. Herren Markgrafen Zimmer:
In das erste Vorgemach Banck, oder 16 Sesselln, mit roten Safian
In die Andy Chambre 18 Stück geflochtene Sesselln, mit Küßen von Damast
In das Audienzzimmer 6 Fauteuils, 4 Schesen, 4 Dabourets
In das Cabinet 6 Dabourets

In Ihro Hoheit Frau Markgräffin Zimmer die benöthigte Sesseln sind folgter Maßen:
In dero erstes Vorgemach, Banck oder 18 Sesseln von rothen Saffian.
In die Andy Chambre 20 geflochtene Sesselln, mit Küßen von Damast
In das Audienzzimmer 8 Fauteuils, 8 Schesen
In dero Barade Schlafzimmer 6 Fauteuils, 8 Schesen, 4 Dabourets
In das ordenary Schlafzimmer 4 Fauteuils, 4 Schesen, 4 Dabourets
In die drey Cabinetten 18 Dabourets

Onolzbach d. 6.ten November 1733
Christian Wolffgang Ulrich

Specification /Über die neue Sesseln, welche vor Ihro Hochfürstl. Durchl. Herrn Markgraffen neuen Zimmer benötiget sind.

1. In dem Porcelan Zimmer 18 Stück Taffell Sesseln von blauen Savian, und zwey Tische
2. In dero Andechamber 18 Stück Sesselln von spanischen Rohr geflochten, welche allerseits vorräthig da sind, dann 4 Tische
3. In dero Audienzzimmer 8 Stück Faudells, 8 Stück Scheesen, 4 Tabred, 3 Tische
4. In dero Schlafzimmer 4 Faudell, 6 Scheesen, 4 Tabored, 2 Tische
5. In dero zwey Cabinet, 8 Tabored, 2 Tische

Und können solche nach dero s.T. Herrn Baudirektor Belieben verfertigen laßen.

Onolzbach d. 2.ten July 1738
Christian Wolfgang Ulrich

Abrechnungen des ansbachischen Chargé d'affaires Ernst Ludwig Carl in Paris
über Ankäufe für den Hof im Auftrag der regierenden Markgräfin Christiane-Charlotte
vom 30.10.1728, 4.1.1729 und 1.9.1730

Staatsarchiv Nürnberg, Carl'sche Scripturen, Nr. 17

Zur Tätigkeit des Juristen und ansbachischen Beamten in Paris gehört eine umfangreiche Korrespondenz, die bereits 1996 aus der Sicht eines Historikers dargestellt
(Kunze 1966, bes. S. 214-238), aus der Sicht der Bau- oder Kunstgeschichte mit Blick
auf die Residenz Ansbach aber noch nicht ausgewertet worden ist.

[fol. 144r]
Memoire sur l'emploi et la depense des 27000 # que Mr. le Baron de Brehmer m'a fait
remettre pendant le tems, qu'il fut avec S:A:Sme: en france.
Pour aller au devant de S:A:Sme:

Avril 1728.	Mon Voyage avec Mr: Heller, que j'ay defrayé de Paris a Orleans et le retour a couté	176,,–
May 1728.	Envoyé a Angers pour S:A:S: quatre paires de bas de	
No: 8.	Soye deux en Couleur de feu et deux noirs brodés d'or et d'argent	126,,–
No: 9.	A l'homme qui a gardé le Cheval de Carosse qu'on a laissé à Paris en palsant donné a Compte	24,,–
	pour plusieurs echantillons de Galons d'or et d'argent	26,,–
	pour un Surtout et huit Corbeilles d'orées envoyées a Angers	110,,–
	pour la Caisse et Emballage	4,,–
	au Crochteur qui les a portés du fauxbourg St: Antoine	3,,–
No: 3	pour avoir fait faire deux Selles et deux housses de Velour bleu et Cramoisie garnis de franges et galons d'or et une frange de Soye melée de gais avec les harnois complets envoyes a Angers	
No: 3.	A Angers Sellier du Roy pour les fournitures et facons	500,,–
	acheté un galon d'or	132,,–
	une frange d'or de 52 onces	629,,–
	3½ auries de Velours bleu celeste	80,,–
	un fouet d'Angleterre	18,,–
		1828,,10
[fol. 144v]	un almanac Royal envoyé a Angers	5,,10
2.	Acheté deux bureaux de marqueterie et envoyé le premier a couté	
	le Second en Ebene noir	140,,–
	Un lit de Satin cramoisie galonné en jaune	90,,–
	port jusqu'a Strasbourg, Caisses Emballage	380,,–
	au Crocheteurs pour les porter dans Paris	164,,–
	la frange de Soye bleu melée de gais	11,,–
No: 1.	Acheté une Carosse garni de Velours cramoisi de Cre-pines et cartisanes d'or, les pommes, mais de Carosse et fiches de bronze d'oré d'or moulu avec huit harnois magnifiques et trois Sortes de Guides en verd en Cramoisi et en blanc envoyé à Angers	164,,–
	racommodages du dit Carosse et emballage pour avoir mené le Carosse a Angers et de fraye Mr: Heller dans ce Voyage	2500,,–
	Voiture	180,,–
	Depense	172,,–
	Sejour d'Orleans	84,,–
	pour embarquer et debarquer le Carosse	25,,–
	mon retour d'Angers á Paris en Voiture	10,,–
	la depense en dix jour de Voyage	120,,–
	Mr: le Baron a paye le retour du Voiturier	125,,15
	Envoyé a Angers un paire de bras de Dombac et deux paires argentées	74,,–
	Des peigres d'Ecaille ½ douzaine	18,,–
	un paire de bas noir richement broder a la place Royale	48,,–
	un Sel de manege	50,,–
	un perruque en bourse pour S:A:S:	30,,–
No: 5	Cinquante bouteilles de Vin de Bourgogne Eremitage et Champagne	88,,–
No: 7	pour avoir fait faire des nigrettes de Soye de Greriade Cramoisi pur Dandely	52,,–
[fol. 145r]		4531,,5
3.	Envoyé a Angers une paire de Bas de fil blanc trés fin pour S:A:S:	24,,–
	des Soulier pour S:A:S:	6,,–
No: 6	L'Etoffe d'argent a fond bleu pour assortir à l'habit de	

	S:A:S: gris et argent avec le taffeta et Serge de Soye pour doublure	302,,10
No: 9	A l'homme, qui a panée le Cheval de Carosse laissé a Paris	15,,–
11.11.	a luy pour nourriture du dit Cheval	48,,–
	item	4,,–
	item	43,,10
No: 12	A Vandeville qui a travaille au harnois de Chevaux	49,,16
No: 14	au Peintre royer pour bronzer et vernir le Carosse	30,,–
	pour un habit complet de gros de tour canele avec une Veste de Glace d'argent pour S:A:S. envoyé a Angers	297,,–
No: 15	une vieille Selle pour le Cuisinier francois qui a monté le Cheval de Carosse pour Angers pour le Cheval que Mr: de Diemer a envoyé a S:A:S: par Mr: de Sparr Ambasadeur de Suede	10,,–
	un presente de deux louis d'or au Palfrenier de Mr: de Spar	48,,–
	pour ce que Mr: Mayer à deboursé a Soissons pour nourriture du dit Cheval	24,,–
	au Valet qui l'a amené a Paris	6,,–
	a Paris acheté du soin et de l'avoine	15,,–
	item pendant vingt Jours en Suite au Cocher qui en a eu Soin	32,,–
	fait reparer un Etui d'or pour S:A:S:	12,,–
	item des tablettes	2,,–
		4,,–
[fol. 145v]		971,,16
4.	Deux douzaines de peignes d'ecaille et de Buis pour Madame la Margrafe	48,,–
No: 16		
No: 17	Des flambeaux argentés deux paire, deux Soucoupes et autres, item une paire de pistolets au Magazin general	347,,–
No: 18	pour broderie et bas de Soye brodés de l'habit gris d'Eté de S:A:S:	236,,–
No: 19	a Godier tailleur pour l'etoffe founuture et facon de cet habit	251,,17
No: 20	Loué un hotel a Paris pour S:A:S: depuis le mois d'Aoust jusqu'au 15 Janvier 1729	600,,–
No: 20 q	Acheté une teinture de Tapisserie de Goblin represen-tant differents Chasses	4000,,–
No: 22	un meuble complet de Damas Jonquille en teinture, lit, huit fauteuils un Sopha, portiers et rideaux de fenetre	1900,,–
No: 21 q	A Cousson Tapissier pour une tenture de tapisserie de Brocalette de Lion vert et aurore	350,,–
No: 23	A Brocard Tapissier pour facons et fournutures et Courtage des dits meubles	209,,5
No: 24	au frotteur qui a frotté l'apartement de S:A:S: avant Son arivée	18,,–
No: 25	pour le Bureau de la grande Chambre garni de Bronze d'or moulu, une pendule de meme et autres	854,,–
No: 26	pour de grands bras d'orés ou moulu, un petit lustre de Bronze et trois paires de bras moindres	352,,–
	Une Commode de Marqueterie ornée de bronze dans le Cabinet de S:A:S:	250,,–
[fol. 146r]		9416,,2
5.	a Bongret pour tables de marbre avec les pieds d'orés etc	356,,–
No: 28	une table de marbre de verd d'Egypte avec son pied d'hazard	110,,–
No: 29	le port de cette table	2,,–
No: 30	Une housse de lit a tombeau de Damas Cramoisi, deux bois de lit brisez et un matelas	550,,–
No: 31	A Poitevin pour les etoffes de deux tapisseries de Speculation et de moire	874,,11,3
No: 32	Au Marchand de la porte de Paris pour les etoffes et	

                                                                facons de differents tapisseries et housses de lit á tombeau — 633,16,6

No: 33 — a Belliard pour avoir fourny differents utencilles dans la maison de S:A:S: — 59,,10

No: 34 — a Cosson tapissier pour fourniture et facon — 338,,8

au meme pour loyers de tous les lits et

No: 35 — autres petits meubles — 237,,-

a Poistier du Roy pour loyers des batteries de la Cuisine — 174,,-

No: 36 — pour un grand plat argenté — 20,,-

No: 37 — a Brocard pour une Commode richement garny de bronze en marqueterie avec un dessus de marbre et port — 312,,10

No: 38 — au Cuisinier de S:A:S: pour acheter le plus necessaire pour l'arrivée du Prince — 96,,-

No: 39 — a Bongret une petite pendule d'orée d'or moulu — 300,,-

No: 41 — au Vitrier pour des laternes dans la maison — 19,,-

No: 42 — pour une Service de porcellaine — 322,,12

No: 40 — item une douzaine d'assiettes — 64,,18

au laitier pour Caisses et facons — 177,,-

aux Garcons Tapissiers de Brocard, qui ont travaillés a l'ameublement de l'hotel de S:A:S: par deux fois — 24,,-

4670,5,9

[fol. 146v]

6. — une petite table de Marqueterie couverte d'un velours vert pour le Cabinet de S:A:S: — 50,,-

en presents a differents personnes, qui ont fourni des Chiens pour S:A:S: — 120,,-

5 louis a une femme du quartier pour avoir gueri le plus petit Barbet — 24,,-

loue une loge a la Comedie francoise pour l'arrivée de S:A:S: — 32,,-

No: 43 — une loge a l'opera a 12 places — 72,,-

No: 44 — Remboursé Mr: Naschold ce qu'il a fourny en vins, port des lettres et 8 louis — 1217,,12

No: 45 — au laitier pour des Caisses — 50,,12

envoyé a Madame la Margrafe des blondes — 346,,2

item — 37,,5

No: 47 — item pour S:A:S: Madame Eaux de larmes — 39,,8

acheté deux douzaines de Chaises de paille pour l'hotel de S:A:S: — 36,,-

No: 48 — le port des dits Chaises — 3,,-

No: 50 — a Belliard pour avoir soin, paille pour l'arrivée de S:A:S: — 91,,-

a Paris pour les Chaisse de lanneque Mr: de Brehmer avoit ordonné — 230,,-

port des dits Chaises — 2,,10

No: 51 — a Besson pour deux perruques de S:A:S: envoiés par le Cuisinier — 300,,-

aux Emballeurs de la douane pour toiles Cordes et facons de 60 ballots — 324,,-

present a Mr: Orry premier Commis de la Douane pour les peines de visite 3 louis — 72,,-

pour les plombs de 60 ballots — 60,,-

3107,,11

[fol. 147r]

7.

No: 52 — le Cuisinier Langenfas, que J'ay amené avec moy d'Angers pour son logement et nourriture a Paris jusqu'a l'arrivée de S:A:S: — 30,,-

b. — donné a le meme Cuissinier apres le depart de S:A:S: en plusieurs. Sommes primo — 200,,-

c. — item pour son habillement — 171,7

d. — item 4 louis — 96,,-

e. — item — 100,,-

f.g. — item pour la Voiture jusqu'a Anspac — 150,14

748,,-

une toilette de marqueterie un miroir et une brosse garnie de Bronze ciselée et d'orée d'or moulu — 150,,-

un livre en folio sur la Coupe de pierres — 36,,-

pour oignons de tulipe anemones et Semidoubles des plus rares — 300,,-

pour ce que j'ay de pensé en Carosse deremise tant pour moy, qu'en celles, que j'ay loué pour S:A:S: apres Son arrivée a Paris, depuis le Mois d'Avril 1728 jusqu'au prémier de Janvier 1729 à raison d'onze livres par Jour et 12 Sols pour boire aux Cocher — 2180,,-

pour differents port et petits presents dont je ne puis pas me Souvenir exactement je mets quid pro quo pour le moine — 100,,-

Somme totale — 28040,15,,9

Cette Somme deduite de celle de 27000 # que Mr: le Baron de Brehmer m'a assignée chez Deucher, Naschold et Kornemann reste 1040 # 15 a remettre sur le Compte des 16 ballots derniers de la Vaiselle d'argent et du Carosse

Rest — 1040,,15

a Paris le 30 Xbr 1728   EL Carl

[andere Hand]
NB: Die Einnahme mit der quittung vom 16. Sept. 1728 ist von 27800 L und also von statt 1040 nur 240 # in Rest

[fol. 148r]

Second Memoire

Sur les 25000 liv: que Monsieur le Baron de Brehmer m'a fait remettre par Mr. Kornmann apres son arrivee a Anspac

Decembre 1728 — Restant du Compte precedente des 2700 liv

No. 53. — Souscrit chez Mr. Crozad pour S:A:S:me pour les Estampes — 80,,-

No. 52. — a Benier Orfevre du Roy pour l'achat des lingots pour la vaiselle des S:A:Sme — 12000,,-

No. 65 — pour les derniers grandes caisses a faire — 134,,-

No. 67 — Aux Gens de la Douane pour les 16 derniers ballots a faire, toiles, Cordages, pailles et facons — 150,,-

No. 66 — a de Lorme pour emballer la housse brodée et la Selle de manege — 10,,-

Pour les Marchandises renfermées dans les 16 dernieres ballots marques N: 15 jusqu'a 30 scavair:

Dans No. 15 une table de marqueterie a deux faces richement garnie de Bronzes d'ores or moulu — 400,,-

Une teinture de Tapisserie de huit aunes de tour sur 2 1/2, de haut 5 pieces de point a la Reine en Soye, avec six pentes et six fauteuilles et deux Tabourets garnis de la meme Tapisserie qui sont dans quatre Caisses separées No. 16. 17. 18. et 19. — 1800,,-

une petite Girandole argentée avec sa porte mouchette — 24,,-8

15638,15

[fol. 148v]

10.

Decembre 1728 — Deux Consoles de marqueterie avec les Pieds de bronze d'ores or moulu et ciseles — 14598,-

Une paire de grands bras de bronze a personnages en Vernis d'Angleterre — 76,,- / 160,,-

Deux paires de bras d'ores de feuilles — 60,,-

Une paires de bras ciselé sans couleur — 40,,-

Un Feu doré or moulu represent Venus et Vulcain avec ses pelles et pincettes — 220,,-

No. 69 — Dans No. 16 huit paquets de laines des Gobelins pour toutes Sortes de Carnations — 78,,15

No. 60 — Dans No. 18 un lit de Taffatas d'Angleterre raye en niche avec ses ridaux et portieres et un ridau de fenêtre cramoisi — 500,,-

Une lit de Satin brodé en decoupures avec une housse de Camelot moiru jonguille — 450,,-

Dans No. 19 deux pieds pour Tables de marbre fait par Pitoin — 200,,-

No. 59. — L'Histoire de Paris en 5 Vol: Fol. — 210,,-

Une figure de bronze repres: Cupidon qui foule le Vin sous ses pieds — 130,,-

No. 61. — Dans No. 20 deux encoignures en bois rouge chez Mad. Calais — 429,,-

No. 63 — Douze petits paquets de grains de legumes — 44,,-

Dans No. 21 et 22 deux encoignures de bois diamarante chez Osserre — 235,,-

Dans No. 24 un pied de Table de marbre en Vernis qui coute avec son marbre: — 86,,-

2919,-

[fol. 149r]

11.

Une petite boëtte avec deux vases de bronze tres richement ornes, ciseles et dores a feu: — 300,,-

No. 54, 55 — Dans No. 26. une housse de Velour bleu brodé et garnie de franges d'Argent, la broderie a coute: — 1100,,-

Une Selle de manege de Velour cramoisi et ce que le Sellier a fourni en franges, Velour et autres ses facons: — 680,,-

No. 62 — Dans No. 27 des feux serrures brun et autres de fer fondu et doré — 758,,-

Dans No. 28 une petite pendule a repetition avec son pied: — 240,,-

Dans No. 30 une lanterne d'Escalier ou de vestibule — 30,,-

a Osserre pour les 4 Caisses des encoignures de marbres et de la petite pendule — 28,,-

No. 64, 65 — Au Franger Dandeli pour les guides aigrettes des harnois que Monsr. de Brehmer a commandé avant son depart — 1700,,-

No:57, 68 — a Pitoin Sculpteur et a Alexandre Menusier pour le Coffre de la nouvelle Caleche de S:A:Sme — 900,,-

et pour ce qu'ils ont fait a la vieille pour la defaire et remettre: — 260,,-

aux Garcons Sculpteurs et menuisiers pour boire — 24,,-

No. 59 — acheté l'histoire de Polibe en 4 Vol: 4to- — 90,,-

pour les 16 plombs de derniers ballots — 16,,-

a l'homme qui a gardé l'hotel de S:A:S:me: apres son depart jusqu'au 15. Jan: 1729. 20 S. par Jour: — 96,,-

6222,,-

Transport 1 — 15638,15

2 — 2919,-

24779,15

a Paris le 4 Jan: 1729 ----------------------------- E. L. Carl

[andere Hand]
NB: diese Rechnung ist zwar von der ersten nur 5 Ley in data different aber erst zu Sept: 1730

[fol. 150r]

Troisieme Memoire sur les Envois et Depenses pour S :A:S:me

Let. A.	Dans la derniere Caisse envoée et ouverte par Mons: de Zocha.	
	Une Lustre de Bronze doré d'or moulu	1000,,–
	Il y avoit encore quelques autres bagatelles, dont j'ay perdu la note	
	Deux Girandoles de Bronze dorees d'or moulu et ciselée	600,,–
	Une paire de flambaux de bronze dorée d'or moulu avec porte mouchettes	110,,–
	Une Garniture de Corbeilles dorées pour le desert	50,,–
	pour quelques reparations aux pieces dorees d'or moulu	48,,–
Let. B.	pour facon du Ballot	14,,–
	Boete à portrait garnie d'or avec son Cristal-	160,,–
	le Portrait de S:A:S:me en migniature	150,,–
	envoyé avec la Vaisselle d'argent un surtout de bronze doré d'or moulu avec 2 sucriers et 4 Salieres d'argent doré, acheté d'hazard valant au moins 1200 #:	800,,–
Let. BB.	a Mons: Benier Orfevre du Roi pour le Reste de sont payement	16050,,–
	avec les 12000 # payes auparavant fait total 28050 #	
Let. C.	facon des ballots de la vaiselle	44,,–
Let. D.	à l'Ebeniste pour reparations des Commodes de marqueterie:	25,,–
Let. E.	a Pitoin Sculpteur pour differentes Consoles	138,,–
	au Maitre d'Hotel de Mons: le Comte de Chatournaut pour quelques reparations dans l'Hotel que S:A:S:me a occupé:	36,,–
Let. F.	pour Vitrage dans le dit Hotel	44,,5
Let. G.	au Tapissier Cosson pour quelques fournutures	31,,–
Let. H.	pour les Caisses de la Vaiselle d'argent	47,,–
Let. I.	a Houdar Ciseleur pour son Voyage a Anspac avec Mr. Charpentier:	216,,–
Let. F.F.	Un Chien couchant pour S:A:S:me et pension depuis un An, apres l'avoir nourri pendent 3 mois:	108,,–
	lat:	19668,,–

[fol. 150v]

Let. K.	a Marsollier Marchand pour 22 1/4 aunes de velour pleu celeste pour doubler le Carosse de S:A:S:me	489,,10
Let. L.	pour ouvrage de Serrurerie á la vielle Caleche	49,,10
	donné pour boire au Garcons Ouvriers qui ont travaillé aux Equipages de S.A.S.me	
	aux Garcons Doreurs et peintres	30,,–
	aux Garcons Charrons:	12,,–
	aux Bourliers	12,,–
	A tous les Maitres pour boir ensemble a la santé de S:A :S:me le jour du mariage	48,,–
	Dans un ballot avec une commode de marqueterie envoye avec les Carosses de S:A:S:me	
	La Commode de Marqueterie orné de bronzes dorée d'or moulu d'Hazard	300,,–
	Deux grands bras de bronze, doree, d'or moulu:	100,,–
	Une douzaine d'assiettes de porcelaine codronnees:	72,,–
	Un chapeau borde en facon de fine broderie d'argent pour S:A:S:me	120,,–
	Une petite boette avec deux fichees et un Tablier brodee en or et en argent:	100,,–
	Un metier a broder pour les Dames pour modelle:	8,,–
	Un petit pupitre pour lire, pour modele	6,,–
	En livres	
	Deux Grands Volumes d'Architecture papier Royale:	120,,–

	Le nouvau Theatre Italien en huit Volumes:	22,,16
	Ornemens d'Esprit 2 vol:	5,,–
	L'Histoire de Polybe 5 Volumes grand papier: les 4 premiers sont deja comptes au 2. memoire reste le Cinquieme:	221,,–
	Les Estampes de Mr. Croisat sont deja comte au 2. memoire	
	Milton paradis perdu 3. Vol, les mercures double:	10,,–
	pour l'Expedition des passeports a la Douane:	48,,–
		1574,,16

[fol. 151r]

15.

	Deux sceaux de Cuivre en facon de Porcelain avec Anjes dorés, d'or moulu, envoyé dans la Caisse de mes Tableaux:	90,,–
Let. M.	au Sellier Muhlberger pour quelques petits fraix avant le depart des Equipages:	20,,–
let. N	au meme pour le fraix de son voyage a Anspac avec les Carosses:	144,,–
Let: O	pour des Dessins de Broderie d'habit à Mons. du Trou:	40,,–
Let: P.	A Mr. Oudry Peintre du Roy pour deux grands tableaux originaux representant la Chasse de Sangliers et une chasse de Loups:	2400,,–
	pour loyers d'un Lit gardé apres le Depart de S:A:Sme à 8 # par mois, 24 mois:	192,,–
	pour les Caisses de la derniere Commode ci dessus et des dependances du nouveau Carosse	45,,–
	Lat:	2931,,–
		1574,,16
		19668,,5
	total	24173,,16

a Paris le 1. Sept. 1730   E L Carl

Mr: Neufmaison aux Gobelins me sollicite encore continuellement pour les 500 #, qu'il pretend luy etre due, pour la dorure et les peintures du Carosse de S:A :S:me outre les 3000 # qu'il a recûs de Mr. Nachold par mon ordre, come il et marqué dans sa quittance.

Mes frais et depenses, les comptant seulement sur le pied que Mr: d'Eichler à Vienne et ensuite Mgr. le Prince d'Oettingue ici me les a fait payer à raison de 4000 florins par an, montent depuis le 1. Avril 1728 jusqu'au 1. Sept. 1730. C'est a dire 2 ans et cinq mois comptant le florin a 50 sols de France fait 9665 flor ou 23260 #.

[fol. 151v]

16.

Ainsi les Sommes deboursées pour S:A:S:me montent à sur quoi j'ay recu	99905,,16
	85000,,–
Reste a me payer	14905,,–

Il est vray qu'on voudra deduire de cette somme les 2180 #, que j'ay mis dans mon premier compte pour mon Carosse, depuis le 1. Avril jusqu'au premier Janv., 1728. Mais j'espere qu'on considerera que je n'ay pas mis en ligne de compte ce que j'ay depensé pendant tout l'hyver d'auparavant à Paris, ou j'ay resté expres apres avoir envoyé mes hardes a Anspac pour attendre l'arrivée de S:A:S:me et pour luy etre de quelque utilite en ce pars ci. Outre cela j'ay depense bien au de la de ce que je mets en compte quoique vivant fort modestement. Car le Carosse absorbe plus de 4000 # par an. Ainsi je remets cet article a la bonté de S:A:S:me. Esperant, qu'Elle considerer, que je m'offre de prouver que je luy ay fait un profit de plus de 15000 # dans les commissions que j'ay faites. Si l'on ne m'a pas emploie mais plutot exclu de tout autre service plus essentie que j'aurais pu rendre a cette occasion ce n'est pas ma faute.

Fait a Paris ce 1 Sept. 1730

E L Carl.

Inventar der Residenz Ansbach von 1807

In eckigen Klammern eingefügte Raumnummern und -bezeichnungen beziehen sich auf die Grundrißpläne auf Seite 18.
Das Inventar mißt 35,5 x 21,2 cm und hat einen hellgrauen Pappeinband mit Titelaufkleber. Zusätzlich trägt der vordere Einband die Bezeichnung ›Verzeichniß No 1‹, ohne daß ein weiteres Exemplar bekannt wäre. Nach dem Titel und einleitenden Text sind die Seiten von 1 bis 289 durchpaginiert. Nachfolgende Blätter wurden für die Transkription von 290 bis 296 nachpaginiert. Das Inventarverzeichnis hat keine vorgedruckte Struktur. Jede Seite hat einen Kopf mit Angaben über Stockwerk, Raumnummer, Raumbezeichnung sowie einige weitere Merkmale des Raumes. Die Seiten sind in der Mitte gefalzt, die linke Spalte ist mit ›Vorrath‹ [=Bestand] und die rechte mit ›Abgang‹ überschrieben. Fast alle Einträge sind in Tinte ausgeführt. In der Spalte Abgang wurden nur wenig entsprechende Einträge vorgenommen und die Spalte deshalb in der Transkription nicht extra ausgeworfen, entsprechende Nachträge aber übernommen und kenntlich gemacht. Einträge in Bleistift geben spätere Wertzumessungen wieder und wurden nicht transkribiert. Im übrigen wurde das Inventar buchstabengetreu abgeschrieben, jedoch nicht zeilengenau gedruckt. Der Band wird im Archiv der Bayerischen Schlösserverwaltung in München verwahrt.

Inventarium über die Meubles Geraethschaften in dem Koenigl: Schloss Ansbach 1807
Geschehen Ansbach den 15. September 1807
Zufolge eines höchsten Auftrags von einem Königlich hoechst.rrißlichen (?) General Landes Commissariat ist der dermalige Bestand an Mobilien und anderen Geräthschaften in den Zimmern Stuben und Garderoben des hiesigen Koeniglichen Schloßes dann der weitere Bestand an Vorräthen bey der Schloß Kastellaney, Silberkammer, Bett und Weisszeugkammer, von mir den geheimen Hofrath Richter und Kammerkanzlist Wolff mit Zuziehung des Kastellan Moritz auf das genaueste durchgegangen und ad Inventarium anhero aufgenommen worden.

[Seite 1, Dienerschaftszimmer, R 16]
Zweite Etage / No 1. / Ein Vorgemach mit Stukatorarbeit, weiss und blau mit 3. Fensterstöken.
Vorrath
3. *Aufziehfenster Vorhänge von bleumoranten Taffent.*
3. *innere Vorhänge von blauer Leinwand mit*
3. *eisernen Stangen.*
4. *Armleuchter von vergoldeter Bronze.*
2. *Spiegel in braun lakirten Rahmen mit Aufsätzen von Bildhauer Arbeit*
2. *Konsolen Tische, mit geschnittenen Gestellen und braun und weißen Marmor-Platten.*
6. *Seßel, die Gestelle von Eichenholz, die Sitze mit rothen Plüsch beschlagen.*
1. *Lüstre von Glas mit 8. Armen und 8. Pfistern von Glas an einer blauen Schnur.*
1. *Behälter von weichen Holz mit 2. Thüren.*
1. *dergleichen Behälter.*
1. *kleiner Tisch von Eichenholz mit grüner Wachstuchdecke.*
1. *Comod mit 3. Schubladen von Buchenholz und 6. meßingen Handhaben.*
1. *Nachttischlein braun angestrichen.*
1. *Karrnbettstatt von weichen Holz.*
1. *spanische Wand mit Papier überzogen.*
1. *kleiner Theetischlein, mit Rohr geflochten.*
1. *einviereckigt eiserner Ofen mit braun glasiertem Aufsatz.*

[Seite 2, 1. Vorzimmer der Markgräfin, R 15]
Zweite Etage / No. 2. / Eine vormalige Garderobe mit einem Durchzug mit 2. Oeffnungen, die Wände / blaulicht angestrichen mit grauen Lambrien, mit 2. Fensterstöcken.
Vorrath
2. *Rouleaux von grünen Zwiller*
1. *Consol-Tisch, das Gestell von Bildhauer Arbeit und weiss lakirt mit Marmorplatte.*
4. *Tabourets, von Lindenholz mit geschnitten Füßen, und Kißen von Ziz.*
6. *Fauteuils von Buchenholz mit Rohr geflochten mit Zizenen Kißen.*
1. *Tisch von weichen Holz.*
Abgang [von anderer Hand] *in ein Bureau gegeben worden*
1. *dergleichen Tisch von eichen Holz mit geschnittenen Füßen.*
1. *Commod von eichen Holz mit 3. Schubladen und mößingen Knöpfen.*
1. *eingelegter Schreibtisch mit Aufsatz und 3. unteren Schubladen, mit mößingen Knöpfen.*
1. *Schrank von weichen Holz mit 2. Thüren*
1. *Spiegel, in brauner Rahm.*
1. *eiserner viereckigter Ofen, mit irdenen Aufsatz.*

[Seite 3, 2. Vorzimmer der Markgräfin, R 14]
Zweite Etage / No. 3. / Zweites Vorgemach mit 3. Fensterstöcken.
Vorrath.
1. *Tapete von Hautelice, von 3. Stücken, die 3. Elemente, Wasser, Luft und Erde vorstellend.*
6. *Fenster Vorhänge von carmoisinrothen Taffent.*
2. *Spiegel, jeder aus 2. Stücken 7. Schuh 6. Zoll hoch, 2. Schuh 10. Zoll breit, in geschnittenen und vergoldeten Rahmen jeder mit*
4. *Wandleuchtern, mit doppelten Armen von vergoldeter Bronze.*
2. *Consol-Tische mit Platten von Marmor, weiss und roth.*
6. *Fauteuils, und*
6. *Chaises, mit geschnittenen und vergoldeten Gestellen, die Sitze und Lehnen mit Carmoisin rothen Damast bezogen.*
1. *Lüstre mit 6. Armen von vergoldeter Bronze an einer Schnur von carmoisin rother Seide mit Gold untermengt, und mit zwei dergleichen Quasten.*
1. *Bureau, mit einem Blatt mit schwarzen Bokleder bezogen, die 3. Schubladen mit Schildkrot und Meßing fournirt, die 3. Handhaben und Schilder ebenfalls von Bronze.*
1. *Commod mit 3. Schubladen, mit Schildkrot und Meßing*

eingelegt, mit meßingen Gesichtern und 6. dergleichen Handhaben.
1. *Canape'e weiss angestrichenund etwas vergoldet mit Stahlfedern*
[Seite 4]
1. *Spuknapf von Blech, braun mit Gold, lakiert.*
1. *eiserner viereckigter Ofen, mit einem Aufsatz von braun glacirter Erde.*

[Seite 5, 3. Vorzimmer der Markgräfin, Jagdzimmer, R 13]
Zweite Etage / No. 4. / Drittes Vorgemach mit 2. Fensterstöcken, / die Wände weiss und vergoldet.
Vorrath
4. *Fenster Vorhänge von Carmoisin rothen Taffent.*
1. *Spiegel aus 2. Stücken 2. Schuh 10. Zoll breit, 8. Schuh hoch, mit ausgeschnitten und vergoldeter Rahm, dann*
2. *doppelten Armleuchtern von matt vergoldeter Bronze.*
1. *dergleichen Spiegel, in ebensolchen Rahm, mit*
2. *doppelten Armleuchtern von vergoldeter Bronze an der Rückwand des Zimmers*
2. *Tischblätter von buntfarbig gesprengten Marmor, auf geschnittenen und vergoldeten Consolen Füßen, beide Tische unter den 2. Spiegeln*
2. *große Gemälde, eine Schweins- und eine Wolfshath, von Oudry, in Rahmen von Bildhauer Arbeit und vergoldet, an den Seitenwänden.*
4. *Gemälde, die Nationen von den vier Welttheilen vorstellend, ober den Thüren so vestgemacht.*
2. *größere und*
2. *kleinere Gemälde, worauf auf zweyen Geflügel, und auf den zwey anderen geschoßenes Federvieh und Hasen in geschnittenen vergoldeten an der Wand vestgemachten Rahmen.*
2. *Commods von Purpurholz mit messing beschlagen, oben mit fein eingelegter Holz-Arbeith von verschiedenen couleur jeder mit 2. Thüren und 2. Schubladen, dan mit 10. meßingen Handhaben, und dergleichen Schildern.*
2. *Fauteuils -*
4. *Chaises und*
2. *Tabourets, mit geschnittenen, vergoldeten Kranz Gestellen, und mit rothbrn Damast bezogen.*
3. *große Vasen mit Deckeln von Japanischen Porzellain, blau, roth und weiss mit Gold.*
[andere Hand]
1. *Lüstre von Glas mit Brillanten-Schlif von dem Glasermeister Adler alhier erkauft für 49 fl. rh. am 20. Janr. 1809 [...]*

[Seite 7, Audienzzimmer der Markgräfin, R 12]
Zweite Etage / No. 5. / Ein Audienzzimmer mit 3.Fensterstöcken.
Vorrath.
1. *Tapette von figurirten Seiden-Atlas, der Grund himmelblau, die Figuren aber bleich carmoisin und weiss, mit Bordüren von dem nemlichen Zeuch.*
1. *Baldachin von dergleichen Seidenzeuch wie die Tapette bestehend, falbalas en festons mit 8. doppelten seidenen Quasten und Schnüren, blau roth und weiss, mit 2. Vorhängen, jeder von 2. Blatt und mit einer Bordüre, jeder mit 2. seidenen Quasten und Schnüren, dann mit Gimpen besezt, die Corniche um diesen Baldachin vergoldeter Bildhauer-Arbeit.*
1. *unter dem Baldachin stehendes Fauteuil von antiker Bildhauer Arbeit und vergoldet, Sitz, Rückenlehne und Arme mit dem nehmlichen Zeuch wie der Baldachin bezogen, dann mit seidenen Gimpen besezt.*
8. *Fauteuils*
8. *Chaises*
4. *Tabourets, die Gestelle von Bildhauer-Arbeit und vergoldet, mit dem nehmlichen Zeuch wie die Tapeten beschlagen. Sämtliche Seßel mit Sürtouts von weißer Leinenwand.*
6. *Fenster Vorhänge von dergleichen Seidenzeuch und mit seidenen Gimpen eingefaßt, bei jedem Vorhang eine seidene Schnur zum Zurückbinden, mit 2. seidenen Crepin Quasten, dann oben zwischen 2. Vorhängen eine dergleichen Quaste.*
3. *eiserne Fenstervorhangstangen.*
[Seite 8]
3. *Aufziehfenster Vorhänge von weissen Mousselin mit Falbelein.*
3. *Rouleaux, außen vor den Fenstern, von Zwiller uund gemahlt.*
1. *Lüstre von Berliner Porcellain mit 15. Pfistern, mit Blumenwerk, die Arme von Bronze und vergoldet, an einer blau und rothen Schnur.*
4. *vestgemachte Gemählde mit Blumenwerk ober den Thüren.*

289

3. *Spiegel, jeder 7. Schuh hoch, 3. Schuh breit, und in zwei Stücken bestehend.*
6. *doppelte Armleuchter von matt vergoldeten Bronze zu beiden Seiten an vorstehenden Spiegeln.*
2. *Tischplatten von rothen und weissen Marmor, auf geschnittenen und vergoldeten Consolen Füßen.*
4. *große Vasen mit Deckeln, von Japanischen Porcellain.*
2. *Elephanten, worauf auf jedem ein Türk und ein Mohr sitzet von Dresdner Porcellain.*
1. *Caminschirm, das Gestell lakirt und vergoldet, die 3. Blatt deßelben mit Seidenzeuch, wie die Tapette bezogen, mit einem Surtout von weißer Leinenwand.*
1. *eiserne Platte mit dem Brandenburgischen Adler im Camin.*
[Seite 9]
2. *Feuerböcke mit Figuren von Bronze und vergoldet.*
1. *Kohlenschaufel*
1. *Feuerhaken   jedes mit einem Knopf von Bronze.*
1. *Gitter von Meßingdraht.*
1. *Holzkasten weiss lakirt mit vergoldeten Staeben*
[Seite 10]
Zweite Etage / In dem Flügelbau ober der Hauptwache, und haben den folgenden Zimmer / durch eine Thür Communication mit vorstehenden Audienzzimmer No. 5. / No. 6. / Eine Stube mit 2. Fensterstöcken.
Ober-Aufschlags Bureau
Vorrath.
1. *Tapette von grünen Papier.*
1. *Spiegel in brauner Rahm.*
2. *Rouleaux von grünen Zwiller.*
3. *Lehnseßel mit grünen Tuch beschlagen.*
3. *Drehstüble mit Leder beschlagen.*
1. *Stuhl ganz mit Leder beschlagen.*
1. *große Tafel von eichen Holz mit einer versperrten Schublade.*
1. *kleiner Tisch von weichen Holz.*
1. *Schreibtisch von weichen Holz mit einer versperrten Schublade.*
1. *kleine eiserne Geldkiste.*
2. *Repositoria.*
1. *eiserner viereckigter Ofen mit irdenen Aufsatz.*
[Seite 12]
Zweite Etage / No. 7. / Ein Schlafzimmer mit 1. Fensterstock / Oberaufschlags Bureau
Vorrath.
1. *Tischlein von weichen Holz, mit Wachstuch überzogen.*
1. *kleines Repositorium mit Fächern.*
2. *große eiserne Geldkisten*
1. *dergleichen Hölzerne mit Eisenblech beschlagen.*
[Seite 13]
Zweite Etage / No. 8. / Eine Stube mit 1. Fensterstock. / Oberaufschlags Bureau.
Vorrath.
1. *eiserne Vorhang Stange.*
1. *Tisch mit 3. unversperrten Schubladen worauf*
1. *kleines länglichtes Repositorium*
1. *großer Schrank mit 4. Glasthüren zu Aufbewahrung der Akten.*
1. *Bank von weichen Holz.*
1. *zinnernes Lavoir.*
1. *eiserner viereckigter Ofen, mit irdenen Aufsatz.*
[Seite 14]
Zweite Etage / No. 9. / Eine Stube mit 2. Fensterstöcken. / Oberaufschlags Bureau.
Vorrath.
2. *eiserne Vorhangstangen.*
1. *kleiner Tisch von Eichenholz mit 1.Schublade, gedrehten Füßen und grüner Wachsdecke.*
6. *Seßel von Buchenholz mit Kißen von alten rothen Plüsch. Abgang. [andere Hand] sind verkauft worden.*
1. *Spiegel in einer schwarzen Rahm.*
1. *Tischlein von Eichenholz mit einer Schublade.*
1. *Thurnbettstatt mit Umhang von gestreiften Schleßischen Zeuch. Abgang. [andere Hand] ist im Vorrath*
1. *Glasbehälter von Nußbaumholz und lakirt, mit 2.Thüren mit matt vergoldeten Eisenbeschlag.*
1. *Nachttischlein mit 4. geschnittenen Füßen. Abgang. [andere Hand] ist im Vorrath*
1. *eiserner viereckigter Ofen mit irdenen Aufsatz.*
[Seite 15]
Zweite Etage / No. 10. / Eine Küche mit 1. Fensterstock.
Vorrath.
1. *Anrichttisch.*
1. *Schüßelbrett, beide vestgemacht.*
1. *Tabouret.*
[Seite 16]
Zweite Etage / No. 11. / Eine Stube mit 3. Fensterstöcken, gegen die Stadt zu, so auf dem / Gang, zu einer Stube einge-richtet worden. / Oberaufschlags Bureau.

Vorrath.
6. *Fenstervorhänge von weißen Hamans, mit*
3. *eisernen Stangen.*
3. *Fenster Rouleaux von grünen Zwiller mit*
3. *eisernen Stangen.*
4. *Lehnseßel, die Gestelle weiss lakiert, und mit Ziz beschlagen.*
1. *Nachttischlein, braun angestrichen.*
1. *Spiegel, in einer grau angestrichenen Rahm.*
1. *Schreibtisch mit einer versperrten und einer unversperrten Schublade, worauf*
1. *kleines Hand-Repositorium.*
1. *Drehstuhl, der Sitz mit Leder beschlagen.*
[Seite 17]
Zweite Etage / No. 12. / Entresol, über No. 11.
Vorrath.
1. *Spiegel in schwarzer Rahm.*
2. *Lehnseßel mit Leder beschlagen.*
1. *Tischlein von weichen Holz mit 2.Fächern.*
1. *Behälter mit 1.Thür, weiss angestrichen.*
1. *Behälter von weichen Holz mit 1.Thür und Fächern. auf dem Gang*
1. *Behälter von weichen Holz mit 2.Thüren, weiss angestri-chen.*
1. *Tischbehälter weiss angestrichen mit 2.Thüren.*

[Seite 18, Braunes Wohnzimmer der Markgräfin, R 11]
Zweite Etage / No. 13. / Ein Retirade Zimmer mit 2.Fenster-stöcken, neben dem / Audienz Zimmer No. 5. / boisirt und braun lakirt und vergoldet.
Vorrath.
1. *Spiegel an 2. Stücken, 8. Schuh hoch 3. Schuh 10. Zoll breit, in geschnitten und vergoldeter Rahm.*
2. *Armleuchter von vergoldeten Bronze, neben dem Spiegel.*
1. *Tischblatt von grau und weissen Marmor, auf vergoldeter Console*
4. *Chaises und*
4. *Tabourets, die Gestelle braun angestrichen und vergoldet und die Lehnen mit spanischen Rohr geflochten, mit Kißen von grünen Damast.*
1. *Commod mit Schildkrot und Messing eingelegt wovon 4. Schubladen mit 8. meßingen Handhaben, und 4. Schil-den als Adler, mit einer braun, roth und weissen Marmor-platte, der obere Theil mit 4. zu versperrten Thüren mit Spiegeln, ganz oben aber mit einer Uhr, so mit einem weiss emaillirten Zieferblatt und blauen Zahlen versehen, worauf*
5. *Vasen von weissen Porcellain.*
2. *kleine Blumenstöcke, und*
1. *Vogelnest von Porcellain.*
1. *Lüstre mit 6. Armen von matt vergoldeten Bronze an einer grünen Schnur.*
4. *Fenstervorhänge mit oberfalbelas von grasgrünen Taffent.*
2. *eiserne Stangen.*
2. *Roulleaux, außen vor den Fenstern, von Zwiller und gemalt.*
[Seite 19]
1. *Schreibtisch von Mahagonyholz, mit 6. Schubladen, mit 8. meßingen vergoldeten vorderen und neben Handhaben, dann 5. Schloß-Schildern, die obern mit einem Knopf, die Füße mit Meßing eingefaßt, auch die daran befindlichen 4. eisernen Füße mit 4.meßingen Rädlein, das Tischblatt von roth und gelben Marmor.*
1. *Tisch mit antiken braun und vergoldeten Füßen und weissen Marmorblatt.*
1. *viereckig eiserner Ofen mit braun glacirten und vergoldeten Aufsatz.*

[Seite 20, Spiegelkabinett im Appartement der Mark-gräfin, R 10]
Zweite Etage / No. 14. / Das Spiegel Cabinet mit 1. Fenster-stock.
Vorrath.
9. *Spiegel jeder aus 2. Stücken nemlich 6. an beiden Seiten-wänden, 1. ober dem Camin, und 2. darneben, sämtlich vestgemacht in ausgeschnittenen und fein vergoldeten Rahmen.*
2. *Tischplatten von weiss roth und grauen Marmor, auf vergoldeten Consolen Füßen.*
2. *Ecktischlein, daran Blätter von petrificirten Holz auf vergoldeten Consolen von Bildhauer-Arbeith.*
2. *Tischplatten von grau, weiss und röthlichen Marmor auf beiden Seiten des Camins, unten mit eisernen Stangen bevestiget. Auf denen an den Spiegeln und Wänden bevestigten vergoldeten 150. Consolen und Marmor-Tischen sind folgende Figuren und Gefäße von Dresdner Porcellain aufgestellt.*
1. *Uhrgehäuß von Meißner Porcellain mit 1. Uhr.*
1. *dergleichen.*

4. *große Aufsätze, als Potspourri, bunt gemahlt mit Gold staffirt.*
1. *Grouppe mit 4. Figuren und einen Baum*
143. *größere und kleinere Figuren.*
6. *größere und*
2. *kleinere Armleuchter, jeder zu 3. Lichtern. Von den größeren Leuchtern ist einer schadhaft.*
[Seite 21]
2. *Vexier Leuchter*
2. *Handleuchter in Form eines Blatts.*
1. *Garniture Meißner Porcellain, bestehend in*
   1. *Chocolade Kanne,*
   1. *Milch Kanne,*
   1. *Thee Kanne,*
   1. *Zucker Büchße,*
   1. *Zucker Schale,*
   1. *Thee Büchse, und*
   1. *Seuhe-Napf [Sahne]*
5. *Paar Chocolade Taßen und*
8. *Paar Caffee Taßen mit Schildern und Landschaften von Purpur und Gold.*
1. *Räucherfaß auf 3. Füßen und einer Platte, bunt gemahlt.*
1. *kleines Uhrgehäus zum Anschrauben.*
1. *Spielmarquen Kästgen, mit 4. dergleichen kleinern mit Marquen.*
3. *kleine Vasen, weiss mit Purpur.*
2. *ovale Presentir Teller mit bunten Blumen und Gold, Meißner Porcellain.*
1. *große Vase von japanischen Porcellain.*
2. *Fenster Vorhänge von weissen Taffent mit Bordure von Chenilles und hinten mit seidenen Gimpen besetzt, jeder mit einer Rose, dann einer seidenen Schnur zum Zurückbinden, woran 2. Crepin-Quasten und oben 2. dergleichen Quasten.*
1. *eiserne Stange.*
1. *Rouleau außer den Fenster von Zwiller und gemahlt.*
[Seite 22]
2. *vestgemachte Gemälde ober den Thüren, Andromeda und Diana im Baad vorstellend.*
6. *Tabourets mit geschnittenen und vergoldeten Gestellen, mit weissen Atlas worauf Bouquets von Chenille, bezogen, und mit seidenen Gimpen besetzt, mit*
6. *Überzügen von gelber Glanzleinwand mit weissen Papier doublirt.*
1. *eiserne Camin Platte mit dem Brandenburgischen Adler.*
1. *Caminschirm von englischen Holz mit weissen Atlas, worauf Bouquets von Chenille, bezogen und mit weissen seidenen Gimpen besetzt, mit dergleichen Überzug wie bey den Tabourets.*
2. *Feuerbocke mit Ornamenten von Bronze.*

[Seite 23, Schlafzimmer der Markgräfin, R 9]
Zweite Etage / No. 15. / Ein Schlafzimmer mit 2. Fenster-stöcken.
Vorrath.
1. *Tapette von bleumouranten Damast oben mit Falbalas und mit seidenen Borten besetzt.*
1. *dergleichen Tapette in der Alcove.*
2. *Alcoven Vorhänge von dergleichen Damast mit seidenen Borten besetzt.*
1. *Himmelbettstatt, das Gestell von Bildhauer Arbeit à l'antique weiss lakirt und vergoldet, oben mit 5. weissen Federbüscheln, Kopf und Fußstück, der Himmel, dann innern und äußern Falbeln von bleumouranten Damast mit seidenen Banden besetzt, die Paradedecke von dem nehmlichen Damast mit seidenen Banden besetzt, die 4. Vor-hänge bleumouranten Taffent mit seidenen Borten besetzt.*
2. *Fauteuils,*
4. *Chaises und*
4. *Tabourets mit geschnittenen und vergoldeten Kranz Gestellen mit bleumouranten Damast bezogen und mit seidenen Borten besetzt.*
1. *Fauteuil, das Gestell weiss lakirt mit grünen Saffian beschlagen, zum Frisieren.*
1. *kleines Nachttischlein, weiss und vergoldet.*
1. *Commod von Purpurholz mit 3. Schubladen, 6. meßingen Handhaben und 3. Schildern, mit meßing garnirt.*
1. *kleines Behälterlein mit 3. Thüren und innwendig mit Schubladen, von eingelegter Arbeit, mit messingen Beschläg, von dem blinden Stamminger gefertiget.*
[Seite 24]
2. *Aufziehfenster Vorhänge von bleumouranten Taffent.*
2. *eiserne Fenster Stangen.*
2. *Rouleaux von Zwiller und gemahlt außen vor den Fenstern.*
1. *Spiegel aus 2. Stücken, 8. Schuh hoch 3. Schuh 9 Zoll breit, in geschnittener vergoldeter Rahm.*
1. *Spiegel aus 2. Stücken, ober dem Camin, in geschnittener vergoldeter Rahm.*

4. *doppelte gewundene Armleuchter von Bronze und vergoldet neben den 2. Spiegeln.*
2. *vestgemachte Gemählde, nakende Kinder vorstellend ober den Thüren.*
1. *Caminschirm von Buchenholz mit Bildhauer Arbeit, mit einem Blatt von bleumouranten Damast, und das Rückstück von dergleichen Taffent.*
Auf dem Camin Gesimße:
3. *Denkmäler auf den Profeßor Gellert zu Leipzig, von weissen Porcellain mit goldenen Aufschriften.*
4. *Figuren von Porcellain die 4. Jahreszeiten.*
1. *Spuknapf von Blech, braun mit Gold lakirt.*
2. *Feuerböcke mit Postamenten von vergoldeten Bronze.*
1. *Kohlenschaufel*
2. *Feuerzangen, jedes mit einem vergoldeten Knopf von Bronze.*
1. *großes Gitter von Meßingdrath geflochten, vor dem Camin.*
[Seite 25]
1. *kupferner Hafen in der Commodite'.*
[andere Hand]
1. *Fuß Tepich, 1809 neu angeschaft.*
[Seite 26]
Zweite Etage / No. 16. / Eine Garderobe hinter dem Schlafzimmer / mit 1. FensterStock.
Vorrath.
2. *kleine blau gestreifte leinene Fenster-Vorhänge mit 2. kleinen eisernen Stangen.*
1. *Behälter von weichen Holz mit 2. Thüren.*
1. *niedriges Wandbehälterlein von weichen Holz mit 2. Thüren, bleyweissfarb angesrichen.*
1. *Thurnbettstatt mit Umhang von Cotton.*
1. *Tischlein von weichen Holz mit einer Decke von grünen Wachstuch mit 3. Flügeln von alten rothen Tuch.*
4. *Seßel, weiss lakirt mit Kißen von weisser Leinenwand bezogen.*
1. *kleiner Spiegel in schwarz gebeizter Rahm.*
1. *viereckigt eiserner Ofen mit irdenen Aufsatz.*

[Seite 27, Marmorkabinett im Appartement der Markgräfin, R 8]
Zweite Etage / No. 17. / Ein marmorirtes Cabinet mit 2. Fensterstöcken.
Vorrath.
4. *Fenstervorhänge von Carmoisinrothen Taffent.*
2. *eiserne Stangen.*
4. *innere Fenster Vorhänge von weissen Mousselin.*
6. *Tabourets von geschnittenen und vergoldeten Gestellen mit carmoisinrothen Damast beschlagen.*
1. *Spiegel aus 2. Stücken, 8. Schuh hoch 3. Schuh 3. Zoll breit in geschnittener und vergoldeter Rahm.*
2. *Canapées von ausgeschnittenen und vergoldeten Gestellen, die Rückenlehnen mit spanischen Rohr geflochten, und die Sitze mit carmoisinrothen Damast beschlagen.*
1. *Lüstre von Bronze mit 8. Armen, matt vergoldet.*
2. *doppelte Armleuchter von Bronze, gewunden und vergoldet, neben dem Spiegel.*
1. *Tisch mit 4. Füßen von antiker Bildhauer Arbeit und vergoldet, das Blatt ist innen mit rothen Saffian bezogen.*
1. *große und*
2. *kleinere Figuren von gamahlten und vergoldeeten chinesischen Porcellain.*
2. *Wandtischlein mit von petrificirten Holz überlegten Blättern, auf einfüßigen Gestellen von antiker und vergoldeter Bildhauer Arbeit.*
Auf dem einen dieser Tische stehen
1. *hoher Aufsatz von Japanischen Porcellain.*
Auf dem zweyten Tisch
1. *hoher Aufsatz von Japanischen Porcellain.*
2. *große Vasen von weiss und blauen Porcellain mit Deckeln unter obenbeschriebenen*
[Seite 28]
2. *Wandtischlein.*
1. *dergleichen Vase unter dem Tisch beym Spiegel.*
1. *Architectur Stück von Musaique Arbeit, in einer schwarz gebeizten Rahm mit vergoldeten Stäben.*
1. *Caminschirm, das Gestell von Buchenholz mit eingelegter Arbeit, mit einem Blatt von Leder mit Mahlerei auf vergoldeten Grund und mit rothen Damast doublirt.*
1. *Tisch, das Gestell von antiker Bildhauer Arbeit und weiss lakirt, mit einem Marmorblatt von Musaique Arbeit.*
1. *runder eiserner geschliffener Ofen auf einer weissen Marmor Platte mit 3. meßingen Füßen und meßingen Umlauf, oben mit 3. Agraffen von meßing ind matt vergoldet, der Aufsatz in Form einer Vase mit Ornamenten von Gesichtern und dem Vogel Phönix von Bronze und matt vergoldet.*
1. *großer Schreibtisch von schwarz gebeizten Ebenholz, davon das Tischblatt mit meßingen Leisten eingefaßt und mit*

schwarzen Leder bezogen, die Füße und Schubladen aber mit ciselirter Arbeit ornirt.
1. *Fauteuil von Rohr geflochten mit grünen Damastenen Kißen.*

[Seite 29, Braunes Kabinett im Appartement des Markgrafen, R 7]
Zweite Etage / No. 18. / Ein Kabinett mit 1. Fensterstock, / braun boisirt.
Vorrath.
2. *Fenster Vorhänge von carmoisin rothen Taffent.*
1. *Rouleau, außen vor dem Fenster, von Zwiller und gemahlt.*
2. *Spiegel an den beiden Seitenwänden, jeder 2. Schub 9. Zoll hoch, 2. Schub 10. Zoll breit, jeder aus zwei Stücken, in geschnittenen und vergoldeten Rahmen.*
1. *Spiegel über den Camin aus 2. Stücken, 7. Schub 6. Zoll hoch, und 3. Schub 3. Zoll breit, in vergoldeter Rahm.*
2. *Gemählde, Landschaften, ober den Thüren, in geschnittenen und vergoldeten Rahmen vestgemacht.*
2. *Tischblatten von baun gelb und weissen Marmor, auf geschnitten und vergoldeten Consolfüßen.*
4. *Tabourets von geschnittenen und vergoldeten Gestellen, mit carmoisin rothen Damast beschlagen.*
1. *Schreib Comtoir mit Nußbaumholz eingelegt, mit 9. Schubladen, in Faßungen von Meßing mit 9. Handhaben und 9. Schilden von Meßing mit meßingen Klauen an den 4. Füßen.*
2. *gewundene Armleuchter von Bronze und vergoldet, die 2. Schilde aber unvergoldet.*
1. *Caminschirm von Bruckberger Porcellain mit 2. Medaillons, worauf der Buchstabe A. und der Fürstenhut, dan bunte Blumen gemahlt, in meßing vergoldeter Rahm, und 2. dergleichen Handhaben.*
4. *Chinesische Mahlereyen in ganz schmal vergoldeten Rahmen.*
1. *Grouppe von Kindern von weissen Biscuit Porcellain in einem gläsernen Gehäuß auf einem hölzernen vergoldeten Blatt.*
[Seite 30]
1. *Buste Kaiser Joseph II. von weissen Albaster auf einem gedrehten schwarz gebeizten hölzernen Fuß.*
1. *Buste Madame Clairon, von Gips, auf einem runden Altar, in einem gläsernen Gehäuß, auf einem vergoldeten Blatt.*
2. *Chocolade Becher von bunt gemalten Dresdner Porcellain mit Gold.*
1. *Figur von Dresdner Porcellain, eine Mannsperson an einem Schreibtisch sitzend.*
1. *Machine von durchgebrochenen Mahagonyholz, Briefe darin zu stecken.*
1. *dergleichen von lakirten Blech, worauf die 7. Tage der Wochen angezeiget.*
2. *Eckbehälter von Nußbaumholz mit roth und weissen Laub- und Blumenwerk eingelegt, jeder mit 2. Thüren und 2. messingen Schlüßelblechen dann jeder mit einem Aufsatz von 3. Fächern.*
2. *Kaminböcke.*
2. *Zangen.*
1. *Schäufelein.*

[Seite 31, Schlafzimmer des Markgrafen, R 5]
Zweite Etage / No. 19. / Ein Schlafzimmer mit 2. Fensterstöcken.
Vorrath.
1. *Tapete von grünen Damast, wobey anzumerken, daß unter den Mahlereyen kein Damast sondern grobe Leinwand ist.*
1. *Poblnische Bettstatt von Bildhauer Arbeit, braun lakirt und vergoldet mit einem Chapiteau auf 4. eisernen Stangen mit 4. Vorhängen von grünen Damast.*
1. *Parade Decke von grünen Damast.*
2. *Fauteuils*
4. *Chaises und*
4. *Tabourets*
Die Gestelle von vergoldeter Bildhauer Arbeit und der Grund braun lakirt, mit grünen Damast beschlagen und grünen seidenen Gimpen besetzt.
4. *Fenster Vorhänge von grünen Taffent mit*
2. *eisernen Stangen.*
2. *Roulleaux außen an den Fenstern und gemahlt.*
2. *Gemälde ober den Thüren, die Reiherbeize vorstellend.*
2. *Spiegel, jeder aus 2. Stücken in geschnittenen vergoldeten Rahmen.*
2. *viereckigte Tischplatten mit grünen Porphir fournirt, auf Gestellen mit Kreuzen und 4. Füßen von vergoldeter Bildhauer Arbeit.*
2. *Leuchter von ciselirter Bronze und vergoldet.*
1. *Commod mit Nußbaumholz eingelegt, mit 4. Schubladen, 8. meßingen Handhaben und Schilden dann 4. meßingen Schlüßelblechen.*

[Seite 32]
1. *Lüstre mit 6. Armen von matt vergoldeten Bronze.*
2. *Wandleuchter über den Kamin, jeder mit 2. Armen von Bronze und vergoldet.*
2. *kleine Tische mit eingelegten Blättern und roth gebeizten Gestellen mit Geißfüßen.*
1. *eingelegter viereckiger Tisch mit geschweiften Füßen.*
An Portraits.
2. *König Friedrich Wilhelm I. von Preußen und höchst Ihro Frau Gemahlin.*
1. *Kurfürst Friedrich Wilhelm der große von Brandenburg.*
1. *Prinzeßin Amalia von Preußen.*
1. *Königin Ulrica von Schweden.*
1. *Friedrich II. König von Preußen mit einem Fuß auf einer Canone.*
1. *Prinz Heinrich von Preußen.*
1. *Wilhelm August, Prinz von Preußen.*
1 *Prinz Ferdinand von Preußen.*
Sämtlich in schmalen vergoldeten Rahmen.
3. *Vasen 1. mit Deckel und 2. offen.*
4. *Figuren von Elfenbein, nemlich*
    1. *Frauensperson mit dem Füllhorn*
    1. *Mercurius, und*
    2. *Kinder auf einem Postament von schwarz gebeizten Holz.*
4. *Figuren von Elfenbein, nemlich*
    1. *Megera.*
    1. *Mann mit einem Dolch, dann*
    2. *Kinder, auf dergleichen Postament.*
[andere Hand]
1. *Fuß Teppich, 1809 neu angeschafft.*
[Seite 33]
1. *Figur von Elfenbein, der Römer Curtius zu Pferd auf schwarz gebeizten Postament.*
2. *Figuren von Elfenbein Apolls und Daphne auf schwarz gebeizten Postament.*
Sämtliche Figuren in gläsernen Gehäußen.
1. *braun lakirter Holzkasten.*
1. *kupferner Hafen zur Commoditaet.*
2. *Feuerböcke mit Ornamenten von vergoldeten Bronze.*
1. *Kohlenschaufel.*
2. *Zange, jedes mit einem Knopf von Bronze.*
1. *Gitter vor dem Kamin von Meßingdraht.*
1. *kleine spanische Wand vor den Camin zu stellen. Das Gestell von Mahagonyholz von 4. Blatt mit Perroquets von grünen Taffent.*
1. *französische Pendule Uhr von Schildkrot das Gehäus mit meßingen Ornamenten, dann meßing und vergoldeten Zifferblatt, mit blauen Zahlen, und einem gläsernen Gehäus.*
[Seite 34]
Zweite Etage. / No. 20. / Eine Garderobe an vorstehenden Schlafzimmer, / mit 2. Fensterstöcken.
Vorrath
1. *kleiner Fenster Vorhang von Schlesischen gestreiften Zeuch.*
1. *dergleichen von weiser Leinwand.*
1. *Spiegel in brauner Rahm.*
1. *Wandtischlein mit 2. Thüren.*
6. *Seßel von Linden Holz mit durchbrochenen Lehnen und gestreifter Leinenwand bezogen.*
1. *kleines Tischlein von Eichenholz.*
1. *Commod von Buchenholz mit 4. Schubladen, und mit grüner wachstuchener Decke, dann meßingen Knöpfen.*
1. *Thurnbettstatt mit Zizenen Umhang.*
1. *eiserner viereckiger Ofen.*

[Seite 35, Audienzzimmer des Markgrafen, R 5]
Zweite Etage. / No. 21. / Ein Audienzzimmer mit 3. Fensterstöcken.
Vorrath
1. *Tapete von roth grün und weiss geblümten Seidenzeuch mit carmoisin rothen Grund, in 32. Blatt bestehend, mit roth und grünen Crepinen eingefaßt.*
1. *Baldachin von dem nehmlichen Zeuch wie die Tapete, bestehend in einem Himmel und einem Falbalein en Festons mit 6. doppelten seidenen Quasten, dann seidenen Schnüren und Crepinen von gleicher Couleur, die Corniche um diesen Baldachin von vergoldeter Bildhauer Arbeith, statt des Rückstücks das Portrait Königs Friedrich Wilhelm II. von Preußen Maiestaet in Lebensgröße, in einer Rahm von Bildhauer Arbeit und vergoldet.*
6. *Fenster Vorhänge von roth grün und weiss geblümten Seidenzeuch mit carmoisin rothen Grund, jeder von 3. Blatt, an 3. Fensterstöcken, und mit einer seidenen Schnur, dann doppelten Quasten und Crepinen von gleicher Couleur versehen.*

3. eiserne Stangen.
3. innere Aufziehfenster Vorhänge von weissen Mouselin mit einem Falbelein.
3. Rouleaux, außen vor den Fenstern, von Zwiller.
10. Fauteuils
4. Chaises, und
4. Tabourets von geschnittenen und vergoldeten Gestellen, Sitze und Lehnen von roth grün und weiss geblümten
[Seite 36]
Seidenzeuch mit dergleichen Crepinen eingefaßt, die Rückenlehnen der Fauteuils und Chaises von carmoisin rothen Taffent mit Überhängen von roth und weiss gesteinten Taffent.
1. Fauteuil unter dem Baldachin mit à l'antique geschnittenen und vergoldeten Gestell, Sitze, Lehne und Arme mit gleichen Zeuch bezogen, auch mit einem kleinen Überhang von roth und weiss gesteinten Taffent.
19. Überwürfe zu vorstehenden Seßeln von rother Glanzleinwand.
18. Fauteuils mit geschnittenen weiss lakirten Gestellen, die Sitze und Lehnen mit bunt geblümten Manchester Samt bezogen mit
18. Überzügen von weisser Leinenwand.
4. große Spiegel, jeder aus 2. Stücken, wovon 2. an den Pfeilern, der 3te. über dem Camin, und der 4te. an der Wand dem Camin gegenüber, in geschnittenen und vergoldeten Rahmen.
2. Tische, an den 2. Pfeilern, die Gestelle von antiker vergoldeter Bildhauer Arbeit mit 4. Platten von weissen Marmor.
1 dergleichen Tisch mit nehmlichen Gestell und Platte von grau und schwarzen Marmor.
1. Lüstre mit 8. Armen und Pfistern von vergoldeten Bronze an einer grün,
[Seite 37]
roth und weiss seidenen Schnur, woran 2. dergleichen Quasten.
8. doppelte Wandleuchter von vergoldeten Bronze an den 4. Spiegeln.
3. große Vasen von Japanischem Porcellain mit Deckeln, unter den 3. Tischen.
6. hohe offene Vasen von dergleichen Porcellain neben den 3. Tischen.
[Nachtrag] worunter zwey schadhaft.
1. grössere und
2. kleinere durch gebrochene Vasen mit Deckeln, dann
1. dergleichen offene Vasen von Dresdner gemahlten Porcellain.
Auf den 2. Tischen unter den Spiegeln.
1. Vase mit Deckel und 2. Handhaben von bunt gemahlten Dresdner Porcellain.
2. kleine Grouppen.
1. Caminschirm von weiss lakirten Holz in 2. Theilen, mit rothen Taffent innen und außen bezogen. das Leistenwerk daran vergoldet.
2. Gemälde, Historienstücke, ober den Thüren.
2. eiserne Feuerböcke mit liegenden Hunden von Bronze und vergoldet.
1. Hacken und
2. Zangen mit Knöpfen von vergoldeten Bronze.
1. Gitter von Meßingdraht vor den Camin.

[Seite 38, 2. Vorzimmer des Markgrafen, R 4]
Zweite Etage / No. 22. / Ein Vorgemach im Eck, mit 6. Fensterstöcken auf 2. Seiten. / weiss lakirt.
Vorrath
4. große Spiegel an den 4. Pfeilern
3. dergleichen an der Wand.
1. dergleichen über dem Camin.
12. Fenstervorhänge von grünen Taffent.
6. eiserne Stangen.
5. Rouleaux außen vor den Fenstern von Zwiller und gemahlt.
12. Fauteuils, die Gestelle mit Bildhauer Arbeit und weiss lakirt, Sitze und Rückenlehnen mit grünen Damast bezogen, und mit gelben Nägeln beschlagen.
4. Consolen mit Platten von weißen Marmor und Gestellen mit weiss lakirter Bildhauer Arbeit.
4. große Vasen von Japanischen Porcellain, unter den 4. Tischen.
4. kleinere Vasen von Japanischen Porcellain, sämtlich mit Deckeln, stehen auf den 4. Tischen.
4. gewundene Armleuchter, jeder mit 2. Armen und 2. Pfistern von vergoldeten Bronze.
12. dergleichen einfache.
1. Lüstre von Glas mit 6. Armen an einer grünen Schnur.
Auf dem Camin sind befindlich:
1. Figur von Erden Monsieur. de Voltaire auf einen Gestell, in einen glasernen Gehäus.
1. Caminfassung von braunen geflammten Marmor.

---

2. Caminböcke,
1. Zange
1. Feuerhaken
[Seite 39]
1. Camingitter von Meßingdraht.
1. runder Theetisch von Mahagonyholz
Abgang [Andere Hand] Nota befind sich im Bureau des Herrn Finanz Direktor.

[Seite 40, 1. Vorzimmer des Markgrafen, R 3]
Zweite Etage / No. 23. / Das neu eingerichtete Familien Zimmer mit 3. Fensterstöcken, / von Stucator Arbeit, grau und weiss.
Vorrath
3. Fensteraufziehvorhänge von carmoisin rothen Taffent.
6. innere Fenster Vorhänge von weissen Leinenwand.
3. eiserne Stangen.
3. Rouleaux von Zwiller und gamahlt, außen vor den Fenstern.
12. Seßel, weiss lakirt, mit grauen Stäben, Sitze und Rückenlehnen mit carmoisin rothen Damast beschlagen.
2. Commods von Purpurholz, jeder mit 9. Schubladen, 9. meßingen Handhaben und Schildern beschlagen und jeder mit 8. Füßen mit meßingen Klauen, mit 2. braun und gelb gesprengten geschweiften Marmorplatten.
1. viereckigt eingelegter Spieltisch mit einem Blatt so aufzuschlagen, innwendig mit grünen Sammt bezogen, mit 4. geschnittenen Füßen, das Blatt mit einer braun ledernen Decke.
1. Lüstre von Glas mit 6. Pfistern.
4. Gueridons von eichen Holz mit eingelegten Tellern.
2. runde Spieltische von Eichenholz braun gebeizt mit grünen Tuch belegt.
2. Canapées, die Gestelle weiss und roth lakirt, und mit carmoisin rothen Damast beschlagen.
3. Fenster Bänke, mit dergleichen Damast beschlagen.
1. viereckigter weisser Ofen, mit einer weissen irdenen Figur.
[Seite 41]
Zweite Etage. / No. 24. / Eine Garderobe hinter dem Zimmer No. 23. mit einem / Fensterstock, gegen den innern Schloßhof.
Vorrath
1. Fenstervorhang von blau und weiss gestreiften leinen Zeuch.
1. eiserne Vorhang Stange.
2. kleine Vorhänge von blau und weiss gestreiften leinen Zeuch, vor dem Fenster am Gang.
1. eiserne Stange.
1. kleiner Spiegel in schwarz gebeizter Rahm.
1. kleiner Tisch von Eichen Holz mit grüner Wachsdecke.
3. Lehnseßel mit rohr geflochten.
1. Karrnbettstatt von weichen Holz.
1. großer Garderobe Behälter mit 4. Thüren, silberfarb angestrichen.
2. Gueridons.
1. runder Eßtisch von weichen Holz.
1. viereckigter eiserner Ofen.
[Seite 42]
Zweite Etage. / No. 25. / Eine Garderobe mit 1. Fensterstock.
Vorrath
1. Fenstervorhang von blau und weiss gestreiften leinen Zeuch.
1. eiserne Vorhang Stange.
1. kleiner Spiegel in gläserner Rahm.
1. Bett-Tisch von Eichenholz.
1. Behälter von Eichenholz gefirnißt mit 2. Glasthüren.
1. an der Wand bevestigter Behälter mit 3. Thüren, silberfarb angestrichen.
1. langer Tisch mit grüner Wachsdecke und Umhang von rothen Tuch.
1. kleiner Tischbehälter von weichen Holz mit 1. Thür.
1. Canonen Ofen.

[Seite 43, Vorsaal, Gardesaal, R 1]
Zweite Etage. / No. 26. / Der Vorsaal mit 5. Fensterstöcken.
Vorrath
1. englische Zimmerlaterne mit meßing vergoldeten Gestell.
1. Bank, silberfarb angestrichen für die Silberspühlerin.
1. Behälter mit 2. Thüren von weichen Holz.
1. große viereckigte Tafel.
1. Ovale dergleichen.
1. viereckigter kleiner Tisch von Eichenholz.
10. Wand Leuchter von weißen Blech.
[Seite 44]
Zweite Etage. / No. 27. / Eine vormalige Garderobe, an dem Vorsaal.
Vorrath
1. Behälter weiss angestrichen mit 2. Thüren.
3. Spannische Wand mit geblümter Leinenwand bezogen.
2. runde kleine Eßtische.

[Seite 45, Festsaal, R 2]
Zweite Etage / No. 28. / Der große Speisesaal mit 6. untern und 6. obern Fensterstöcken die Wände marmorirt / mit Vergoldung, mit einer Altane oder Gallerie mit eisernen vergoldeten / Gitterwerk, der Platfond mit alfresco Mahlerey.
Vorrath
18. Aufziehfenster Vorhänge von carmoisin rothen Taffent wovon 6. Stück ober der Gallerie.
12. Rouleaux von Zwiller, vor den untern und obern Fenstern.
28. Chaises von Buchenholz mit durchbrochenen Lehnen und gefirnißt mit Kißen von carmoisin rothen Damast.
2. Sopha mit rothen Damast bezogen, weiß lakirt.
14. Girandoles mit dem Brandenburgischen Wappen und über solchen ein verzogener Nahmen (=Ligatur) geschnitten, jeder mit 4. doppelten Pfistern von Meßing, auf Consolen von Bildhauer Arbeit und vergoldet, mit Platten von Marmor.
1. großer Lustre von böhmischen Glas mit 16. meßingen Pfistern an einer carmoisin rothen seidenen dicken Schnur mit 2. großen Quasten und 3. Knöpfen hangend, schadhaft.
4. dergleichen kleinere Lustres, jeder mit 12. Pfistern und an dergleichen Schnüren, wie der große Lustre, schadhaft.
1. großes Portrait, Herr Markgraf Carl Wilhelm Friedrich unter dem Baldachin stehend, von Sperling 1737 über dem Camin.
1. großes Portrait, Herr Markgraf Wilhelm Friedrich unter einer Collonade mit einem Vorhang, von Liebhard, über dem 2. Camin.
[Seite 46]
2. eiserne Camin Platten mit verzogenen Nahmen C.W.F.
4. Feuerböcke mit Brandenthen [?] von Bronze.
2. Holz und
1. Kohlenzangen mit Knöpfen von Bronze.
2. eiserne Oefen mit braun glacirten und vergoldeten irdenen Aufsatzen auf jedem 3. Vasen, mithin
6. Vasen von blau und weissen Fayence.
1. Behälter von weichen Holz zu Gläsern in der Schenke.
2. Eckbehälter von Purpurholz, die Ornamenten von Bronze, jeder mit einem Marmorblättlein belegt, jeder mit 2. Thüren und einem Aufsatz mit 3. Fächern.
14. vergoldete Consolen im Buffet auf denen 12. roth und weisse Marmor Plättlein.
1. ausgeschweifter Schenktisch mit dergleichen Marmor Platte.
2. Caminschirme von Eisenblech.
2. Caminschirme gemahlt mit eiserner Einfaßung.
3. Fenster Bänke weiss lakirt, und mit rothen Damast beschlagen.
19. meßinge Leuchter zum einschrauben auf der Gallerie, für die Music. Abgang [andere Hand] Nota ein von die nebenstehenden meßingen Leuchter ist an dem Insatallation-Tag am 26. September 1808 abhanden gekommen

[Seite 47, Bilderkabinett, R 27]
Zweite Etage / No. 29. / Ein Cabinet zwischen dem Saal und der Bilder Gallerie, / mit 1. Fenster.
Vorrath
1. Tapette an 4. Wanden von grünen Pappier.
1. Aufziehfenster Vorhand von grünen Taffent, mit Unterfalbelein und mit schmalen seidenen Borten eingefaßt, äußerst schadhaft.
4. Tabourets, braun lakirt mit vergoldeter Bildhauer Arbeit, mit Bezügen von grünen Damast, und mit Sùrtouts von grüner Glanzleinwand.
1. Fensterbank Kißen von Leder mit Federn gefüllt, mit grünen Damast bezogen und mit einem Überzug von grüner Glanzleinwand.
2. Gueridons von schwarzen Ebenholz mit 3. Füßen und mit Zinn und Meßing eingelegt, dann mit ciselirten Bronze ornirt.
1. Caminfaßung von weissen Marmor mit 3. Gesichtern von vergoldeten Bronze, dann mit andern dergleichen Ornamenten.
1. Caminschirm, das Gestell von Buchenholz und eingelegter Arbeit das Blatt von vergoldeten Leder mit Mahlerey, dann mit rothen Damast.
2. eiserne Feuerböcke mit Ornamenten von vergoldeten Bronze.
2. Feuerzangen, und
1. Schaufel mit Knöpfen von vergoldeten Bronze.
1. eiserne Camin Platte.
[Seite 48]
1. Spiegel an einem Stück in einer geschnittenen matt vergoldeten Rahm
2. Wandleuchter mit Schlangen-Köpfen, jeder mit einem Arm von Bronze.
1. Camin Gitter von Meßingdraht.
An Gemählden.

1. Surport mit einem geschoßenen Hasen.
1. dergleichen mit geschoßenen Vögeln, beide von Beck zu Erfurth.

[Seite 49, Galerie, R 26]
Zweite Etage / No. 30. / Bilder Gallerie, von 8. Fensterstöcken.
Vorrath
1. Tapette von grünen Pappir.
9. Consolen Tische unter den Spiegeln, dann Platten von roth, schwarz und weiss geflammten Marmor, die Gestelle von Bildhauer Arbeit und vergoldet.
9. Spiegel, jeder aus 2. Stücken, in vergoldeten Rahmen, wovon 7. in Bildhauer Arbeit und 2. glatte.
18. Wandleuchter mit Schlangenköpfen, jeder mit einem Arm von Bronze.
10. Aufziehfenstervorhänge von grünen Taffent , mit Unterfalbelein, und mit schmalen seidenen Borten eingefaßt, sehr schadhaft.
48. Seßel von Buchenholz mit durchgebrochenen Lehnen weiss lakirt, roth und blau ausgefaßt, die Sitze mit Rohr geflochten.
2. eisern polirte Canonen Oefen, jeder mit 3. Füßen von Eisen mit 3. meßingen Klauen und 7. dergleichen Ringen, und einem gergleichen Knopf, vornen an dem Ofen 2. Schilder von meßing auf dem untern das Brandenburgische Wappen, auf dem obern aber der verzogene Nahme C.F.C.A.
2. Ofenschirme, die Gestelle von Buchenholz, weiss lakirt und die Stäbe und Gitter vergoldet, mit grünen Damast bezogen, und das hintere Theil mit grünen Taffent doublirt.
2. Spieltische von Buchenholz braun lakirt, jeder mit einer Klappe.
[Seite 50]
3. viereckige eingelegte Spieltische
3. dergleichen dreyeckige.
1. kleiner Pharaotisch, mit grünen Tuch beschlagen.
An Gemählden.
4. Surports in vergoldeten runden Rahmen, nehmlich
1. Iunius Brutus.
2. Mutius Scaevola.
3. Lucretia.
4. Cleopatra
von Feuerlein.
Sämtlich nachbeschriebene Gemählde in geschnittenen und vergoldeten Rahmen. Im Eck zwischen der Thür und dem ersten Fenster beym Eingang Nro. von der Gallerie
1.&2. zwey Landschaften in Geschmack von Berghem.
3. Das Portrait Königs von Pohlen August 2.
Im Eck links beim Eingang.
4. Ein Landschaft von Friedrich Mans.
5. Ein Blumenstück von Sperling.
6. Ein Gemählde, Christus, wie ihm der Zinsgroschen gereicht wird, von Guertzchino.
7. Eine Schule vorstellend, von einem ungekannten Meister.
8. Eine Landschaft von Luca Telli
9. Das Opfer Isaacs eine Skitze unbekannter Meister.
An der Wand zwischen der Garderobe Thür und dem Ofen.
10. Ein Gemählde, Kayser Carl der 6te. und
[Seite 51]
11. deßen Frau Gemahlin.
12. ein Gemählde den Herbst, und
13. Ein dergleichen den Frühling vorstellend von Naumann.
14. Das Gemälde des alten hiesigen Schuhmachermeisters Endrich von Naumann.
15.&16. 2. kleine Landschaften, wovon eines von Preul, das andere aber von unbekannten Meister.
17. Das Portrait des Mahler Peter van der Werfft.
18. Das Portrait eines seiner Schüler.
19.&20. Ein Manns und ein alter Frauenkopf von Naumann.
21. Eine Landschaft von Berghem.
An der Wand zwischen den zwey Ofen.
22. Ein Jagdstück, von einen unbekannten Meister.
23.&24. Zwey Portraits aus der Schule von Vandeck.
25.&26. zwey Seeprospekte von unbekannten Meistern.
17.&28. zwey Landschaften, eine von Vobermann und eine von Dorenburg.
29.&30. zwey Militairestücke von Breudel.
31. bis 34. vier kleine Seeprospekte, von unbekannten Meistern.
35.&36. zwey Militairestücke von Ruchendas.
37. Ein Pferdestall auf Holz gemahlt.
[Seite 52]
An der Wand zwischen den zwey Oefen.
38. Eine Compagnie Savoiarden von Lucadelli.
39. Das Kind Moses im Wasser, von Bene Detto Lutti.
Zwischen dem Ofen und der kleinen Kabinetthür.
40. Eine Parthie Baumschlag, von Salvator Rosa.

41. Ein Tempel, von unbekannten Meister.
42. Der Abschied Athonis von der Venus, von Heinrich Roos.
43. Eine Bildhauer und
44. Eine Mahlerschule vorstellend von unbekannten Meistern.
45.&46. zwey Gesellschaftsstücke, von unbekannten Meister.
47. Eine Landschaft mit Vieh von Itzen.
48. Ein dergleichen von Van der Meer.
49. Eine Landschaft von Huisum.
50.&51. zwey Bataillenstücke von Callot.
52.&53. zwey Landschaften von unbekannten Meistern.
54.&55. zwey dergleichen, auch von unbekannten Meistern.
56. Ein Seesturm vorstellend, von unbekannten Meister.
[Seite 53]
Zwischen der kleinen Cabinetthür und dem Fenster am Eck gegen die Schloßvorstadt.
57. Ein Mann in schwarzen Kleid, die Hand an die Brust haltend, auf Holz gemahlt, von Franz Hals.
58. Ein Blumenstück von Sperling.
59. Eine Landschaft mit Wild, von Schütz.
60. Eine Landschaft, von Rüstall.
61. Ein Prospekt, vom Prinzenhof im Haag, von Adam Elsheimer.
62. Ein Fruchtstück von Sperling.
Am andern Eck zwischen den zwey Fenstern.
63. Ein Bild, mit 2. halben Figuren von unbekannten Meister.
64. Ein Betrunkener, von Jordans.
65.&66. zwey Seesturm vorstellend, von unbekannten Meistern.

[Seite 54, Vorzimmer der Galerie, R 25]
Zweite Etage / No. 31. / Ein Cabinet mit 2. Fensterstöcken.
Vorrath
1. Tapette von grünen Papier an 6. Wänden.
2. Aufzieh Fenster Vorhänge von grünen Taffent mit grünen halbseidenen Borten eingefaßt.
2. Fenster Rouleaux von grünen Zwiller.
4. Tabourets von Bildhauer Arbeit und vergoldet mit grünen Damast und mit Nägeln beschlagen.
1. kleiner Consolentisch von Bildhauerarbeit und gefirnißt mit braun und weisser Marmor Platte
1. Tischgestell von Bildhauerarbeit und vergoldet mit einer geschweisten Platte von aschfarben Marmor.
An Gemählden.
2. Surports, eine liegende und eine sitzende Venus von Beck von Erfurth, in vergoldeten Rahmen.
1. großer Spiegel in einem Rahm von Mahogonyholz.
1. Thurnbettstatt mit grünen damastenen Umhängen.
1. englischer Schreibtisch von Mahogonyholz, innwendig mit grünen Tuch bezogen.
1. kleines Nachttischlein roth gebeizt.
2. Chaises von Buchenholz mit durchbrochenen Lehnen und Kißen von aschgrauen Seidenzeuch.
1. Canonen Ofen.

[Seite 55, Gekachelter Saal, R 24]
Zweite Etage / No. 32. / Ein Tafelzimmer, die Wände mit Plättlein von Fayence, dann / mit Stucator Arbeit, mit 3. Fensterstöcken.
Vorrath
3. Aufziehfenstervorhänge, mit Oberfalbelein, von grünen Taffent mit halbseidenen Borten besetzt.
3. innere Vorhänge von Zwiller, mit
3. eisernen Stangen.
23. Seßel von Buchenholz mit durchgebrochenen Lehnen, mit Kißen von bunten Manchester Abgang [andere Hand] vid: p: unter den Möbilien im Commödienhauß.
2. große viereckigte Tische, die Gestelle mit 4. Füßen, von antiker Arbeit, weiss angestrichen, die Platten von Solnhofner Steinen.
1. Ofenschirm, das Gestell von Buchenholz mit grünen Damast und Glanzleinenwand doublirt.
1. Lüstre von Glas mit 6. gläsernen Armen, an einer grünen Schnur.
1. Tisch von Eichenholz mit gedrehten Füßen.
1. großer Schreibtisch mit 2. Schubladen, weiss und blau angestrichen, das Blatt mit schwarzen Leder bezogen.
8. Wandleuchter von vergoldeten Bronze.
1. großer runder eiserner Ofen auf 3. eisernen Füßen, mit einem Aufsatz von Stucator Arbeit.
6. Seßel von Buchenholz mit Kißen von rothen Plüsch, aber schadhaft.

[Seite 56, 1. Vorzimmer im Gästeappartement, Monatszimmer, R 23]
Zweite Etage / No. 33. / Ein Vorgemach, von 2. Fensterstöcken.
Vorrath
12. große Mahlereyen an den Wänden, die 12. Monate

vorstellend, wovon das eine Stük hinter dem Ofen mit Waßerfarben an die Wand gemahlt.
2. innere Fenster Vorhänge von grünen Zwiller, mit
2. eisernen Stangen.
1. Consolen Tisch von Bildhauerarbeit mit einer schwarz und weissen Marmor Platte daran Adern mit weissen Metall untermengt.
10. Wandleuchter mit doppelten Armen von Bronze und vergoldet.
1. Lustre von Glas mit 6. Armen und 6. zinnernen Pfistern an einer rothen Schnur.
1. Tischlein von Eichenholz mit gedrehten Füßen, einer Schublade und grüner Wachsdecke.
1. Tischbehälter mit 2. Thüren, und blau angestrichen.
1. kleines Behälterlein mit 1. Thür
1. weicher Behälter mit 1. Thür silberfarb angestrichen.
8. Seßel von Buchenholz mit durchgebrochenen Lehnen mit Kißen von bunten Manchester.
1. viereckigt eiserner Ofen, mit einen braun glacirten Aufsatz.
6. Seßel von Buchenholz mit durchgebrochenen Lehnen, und Kißen von rothen Plüsch, schadhaft.
Auf dem Gang vor diesem Zimmer.
1. großer Schenktisch von weichen Holz mit 4. Thüren, weiss angestrichen.

[Seite 57, 2. Vorzimmer im Gästeappartement, Familienzimmer, R 22]
Zweite Etage / No. 34. / Ein inneres Vorgemach, mit 2. Fensterstöcken.
Vorrath
1. Tapette an 4. Stücken, von Hautelice, Jardinages und Landschaften mit gelber Pordure.
2. grüne Taffentene Aufziehfenstervorhänge mit Oberfalbelein und grün seidenen Borten galonirt, äußerst schadhaft.
2. innere Fenstervorhänge von grünen Zwiller, mit
2. eisernen Stangen.
18. Seßel vob Buchenholz mit durchbrochenen Lehnen mit Kißen von grünen Damast.
1. Lüstre von Glas mit 6. Armen, die Pfister von Zinn, an einer grünen Schnur.
2. Eckbehälter von englisch rothen Holz jeder mit 3. Aufsätzen mit Bronze Arbeit, mit 2. weissen Marmorplatten.
1. Consolen Tisch mit einer roth und weissen Marmor Platte, das Gestell silberfarb angestrichen und vergoldet.
1. Spiegel in einem Stück, in einer geschweiften Rahm, bleyweissfarb angestrichen und vergoldet.
1. Spuknapf von Blech, braun und mit Gold lakirt.
1. Tisch mit antiken Füßen, weiss lakirt und vergoldet.
1. Tisch von Eichenholz mit geschweiften Füßen und vertieftem Blatt.
1. kleines Arbeitstischlein roth angestrichen.
[Seite 58]
1. Commod von Eichenholz mit 4. Schubladen und meßingen Knöpfen und Schlüßelblechen.
1. eiserner Canonenofen mit 3. Füßen auf einem grauen Marmorstein.

[Seite 59, Audienzzimmer des Gästeappartements, R 21]
Zweite Etage / No. 35. / Ein vormaliges Audienz Zimmer, / mit 2. Fensterstöcken.
Vorrath
1. Tapette blauen großgeblümten französischen Damast, bestehend in 2. breiten und 2. schmälern Wänden, mit einer schmalen vergoldeten Leiste eingefaßt, dann mit umlaufenden Blumen und Gitterwerck von vergoldeten Pappendeckel.
2. Aufziehfenstervorhänge von blauen Taffent mit Falbeln mit schmalen halbseidenen Borten besetzt.
14. Fauteuils mit geschnittenen weiss lakirt und vergoldeten Gestellen von Buchenholz, Sitze Rückenlehnen und Arme mit blauen Damast bezogen und mit vergoldeten Nägeln beschlagen.
1. Canapée von dergleichen Holz, weiss lakirt und vergoldet, mit 8. Füßen, mit blauen Damast bezogen, und mit vergoldeten Nägeln beschlagen, mit einem Kißen mit dergleichen Damast bezogen.
1. großer Spiegel von 2. Stücken in geschnittener vergoldeter Rahm.
2. doppelt gewundene Leuchter von Bronze und vergoldet, neben diesen Spiegel.
4. Tabourets weiss lakirt mit vergoldeten Stäben, und hellblauen Atlasüberzügen.
1. Tischblatt von weiss und roth geädertem Marmor, auf einem geschnitten weiss lakirt und vergoldeten Consolenfuß.
1. Spiegel von 2. Stücken in einer geschnitten vergoldeten Rahm, über dem Camin.
2. doppelt gewundene Wandleuchter von Bronze und vergoldet, neben diesem Spiegel.

[Seite 60]
1. Camineinfaßung von roth und weissen Marmor, woran
7. Stück Ornamente von Bronze und vergoldet.
Worauf
1. Vasen von schwarzer Erde.
2. PorcellaineneFiguren mit Laubwerk von Bronze, woran an
jeder 2. dergleichen Pfister zu Lichtern.
2. Feuerböcke mit 2. Vasen von Bronze in Feuer vergoldet.
1. Kohlenzange ⎫ mit Knöpfen von
1. Kohlenschaufel ⎬ Bronze und vergoldet.
1. Gitter von Meßingdraht vor dem Camin.
1. eiserne Caminplatte.
2. Spiegel, jeder von 2. Stücken in geschnitten weiss lakirten und vergoldeten Rahmen, in den beiden Abschnitten
der hintern Ecke des Zimmers.
4. einfache Armleuchter von Bronze und vergoldet.
2. Consolentische unter vorbemerkten Spiegeln, die Platten
von schwarz und weissen Marmor, die Gestelle weiss lakirt
und vergoldet.
Auf dem einen Consolentisch.
1. Leuchter von Dresdner Porcellain mit einem Postament,
mit große und kleinen Muscheln, weiss und vergoldet, worauf ein Frauenzimmer mit einem Cornulopiae, woran
3. Arme mit Pfistern.
2. weisse Porcellainene Vasen mit Deckeln, auf jedem Deckel
ein Kind, mit weissen Blumenwerck.
[Seite 61]
2. Tischleuchter von vergoldeten Bronze mit 2. Armen.
Auf dem zweyten Consolentisch.
1. große Vase von ganz weissen Porcellain mit einem Deckel
worauf Apollo.
2. ganz weisse Vasen von Porcellain, auf der einen ein Ba-
chuskind und Weintrauben und auf der andern ein Kind
mit Kornähren.
2. Tischleuchter von vergoldeten Bronze mit 2. Armen.
4. große Vasen von Japanischen Porcellain, mit blau und rothen Blumen und Deckeln, die Postamente von Holz, weiss
lakirt und vergoldet.
2. dergleichen offene Vasen, wovon 1. schadhaft.
1. Lüstre von 8. Armen von ciselirten Bronze und vergoldet
an einer blauen Schnur.
1. Holzkasten silberfarb angestrichen.

[Seite 62, Schlafzimmer des Gästeappartements, R 20]
Zweite Etage / No. 36. / Ein Schlafzimmer mit Alcove, / mit 2.
Fensterstöcken.
Vorrath.
1. Tapette im Zimmer und Alcove von grünengroßgeblümten
Damast mit einer Einfaßung en tour von grün seidenen
Borten.
2. Alcove Vorhänge von dergleichen Damast, mit einer
schmalen grün seidenen Borte besezt und jeder mit einer
grün seidenen Borten zum Binden.
1. Bettstatt von Eichenholz mit vertieftem Himmel, mit
4. grün taffentenen Vorhängen, nehmlich 2. größern und
2. kleinern, samt Ober und Unterfalbeln mit breiten und
schmalen grün seidenen Borten charmerirt, Rückstück und
Himmel von grünen Taffent, auch mit breiten und schmalen Borten besezt.
1. Parade-Decke von grünen Taffent, mit breiten und schmalen seidenen Borten charmerirt, und mit grünen Glanzleinwand doublirt.
1. grün tuchener Fußboden um die Bettstatt herum.
2. Fauteuils von Nußbaumholz gefirnißt mit grünen Damast
bezogen, und mit breiten seidenen Borten besezt.
4. dergleichen Tabourets
6. Chaises von Mahagonyholz mit grünen Damast beschlagen.
2. grün taffenten Aufziehfenstervorhänge, mit Unter und
Oberfalbeln, mit schmalen seidenen Vorhängen besezt,
äußerst schadhaft.
[Seite 63]
1. Commod von Purpurholz mit 4. Schubladenmit
meßingen Leisten eingefaßt, mit 4. dergleichen Handhaben und 4. dergleichen Schlüsselblechen, auf 4. Füßen
mit Ornamenten und 3. Engelsköpfen, alles von vergoldeten Bronze.
1. Spiegel aus 2. Stücken, in geschnittener vergoldeter Rahm.
2. gewundene doppelte Wandleuchter von Bronze in Feuer
vergoldet.
1. Schreibtisch von Purpurholz, unten mit 4. Schubladen,
6. Handhaben 4. Knöpfen und 3. Schildern, oben mit
2. Glasthüren.
1. Nachttischlein, roth gebeizt, mit einer Schublade und
einem Schieber.
1. Offene Vase.
1. viereckigt eiserner Ofen mit einem weissen galcierten
Aufsatz.
[andere Hand]

1. Toilette-Tisch von Mahagonyholz.
[weitere Hand]
1. Fuß Tepich, 1809 neu angeschaft.
[Seite 64]
Zweite Etage / Im Gänglein an vorstehendem Zimmer.
Vorrath.
1. Nachtstuhl, das Gestell von Buchenholz, der Sitz mit
blauen Damast beschlagen, mit
1. Hafen von weissen Fayence.
2. von Gips poussirte Brustücke über den 2. Thüren.

[Seite 65, Braunes Kabinett im Gästeappartement, R 19]
Zweite Etage / No. 37. / Ein Cabinet mit 1. Fensterstock,
braun boisirt.
Vorrath.
1. Aufziehfenstervorhang von rothen Taffent mit Oberfalbelein mit breiten und schmalen seidenen Borten besezt,
äußerst schadhaft.
4. Tabourets, die Gestelle vergoldet mit rothen Damast
bezogen.
1. Spiegel aus einem Stück über dem Camin in geschnitten
und vergoldeter Rahm.
Über selbigem.
1. Brustbild von weissen Marmor, Herr Markgraf Wilhelm
Friedrich in vergoldeter Rahm und an der Rahm befestigt.
2. Tische von röthlichen Marmor mit auf antiker Art
geschnittenen und vergoldeten Füßen.
4. Auf Dresdner Porcellain gemahlte Vogelstücke.
1. Toilette auf 4. geschnittenen Füßen mit Nußbaumholz
eingelegt und meßingen Beschläg.
1. Barometer von Nußbaumholz mit Ebenholz eingelegt.
2. Feuerböcke mit meßingen Postaments.
1. Feuerzangel ⎫ mit Meßingen
1. Kohlenschaufel ⎬ Handgriffen
1. Camin Gitter von Messingdraht.
1. eiserne Platte im Camin.

[Seite 66, Dienerschaftszimmer Gästeappartement,
R 18]
Zweite Etage / No. 38. / Ein Retirade Zimmer mit 1. Fensterstock, / Die Wände vertäfelt und silberfarb angestrichen.
Vorrath.
1. Aufziehfenster Vorhang von roth gestriften Leinenzeuch.
1. Spiegel über den Camin, in geschnittener und vergoldeter
Rahm.
1. große Vase mit einem Deckel, und
1. dergleichen Vase auf dem Ofen.
1. Spiegel in bunt lakirter und vergoldeter Rahm.
2. Tischlein von Eichen und weichen Holz mit grüner
Wachsdecke.
4. Seßel mit durchbrochenen Lehnen, mit Kißen von rothen
Plüsch.
1. Schreibtisch von Eichenholz, oben mit 2. Thüren, unten
mit 3. zu verschließenden Schubladen und eisernen Beschläg.
1. eiserner Windofen so mit dem Rohr an dem Camin vestgemacht.
1. Thurnbettstatt mit roth geblümten Zizenen Umhang.
[Seite 67]
Zweite Etage / Im Gang an vorstehenden Retirade Zimmer.
Vorrath.
1. großer Behälter von weichen Holz mit 3. Thüren und
einem zweiten Unterschied mit Fächern.
1. Karrn Bettstatt.
1. Feuerzange mit meßingen Knopf.

[Seite 68]
Zweite Etage / No. 39. / Eine Garderobe an der Stiegen im
Durchgang.
Vorrath. [kein Eintrag]
Im Durchgang an dieser Garderobe.
1. Behälter von weichen Holz, silberfarb angestrichen.
[Seite 69]
Zweite Etage / Im Eck auf dem Gang neben der Garderobe
No. 39. / No. 40. / Eine Stube mit einem kleinen Fenster /
gegen den Schloßgang.
Vorrath.
1. Spiegel in brauner Rahm.
1. eiserne Vorhangstange.
1. viereckigt eiserner Ofen.
[Seite 70]
Zweite Etage / No. 40. / Im Entresol.
Vorrath
1. Betttisch von weichen Holz.
1. Tisch von weichen Holz mit 1. Schublade.
1. Behälter von weichen Holz mit 3. Thüren.
1. Behälter von weichen Holz mit 2. Thüren.
1. Himmelbettstatt ohne Vorhänge.
1. Tisch von weichen Holz.

1. kleiner Fenstervorhang von grünem Zwiller.
1. eisernes Vorhangtänglein.

[Seite 71]
Zweite Etage / No. 41. / Eine Garderobe mit einem
Vorkämmerlein.
Vorrath.
1. viereckigter Tisch von Eichenholz mit antiken Füßen.
12. Wandbehälter von weichen Holz.
1. Schrank weiss lakirt mit blauen Leisten und
2. Thüren.
1. Fenster Rouleau von grünen Zwiller.
[Seite 72]
Zweite Etage / No. 42. / Eine Kammer unter einer Entresol
mit 1. Fensterstock.
Vorrath
2. Fenstervorhänge von weisser Leinwand.
Abgang [andere Hand] zu die Fenster Vorhänge in das
Bureau des Herrn
Finanz[rat Klein]
[1. Hand]
1. eiserne Stange.
1. Rouleau von grünen Zwiller.
1. Tisch von weichen Holz mit einer Schublade.
1. Behälter von weichen Holz mit 2. Thüren.
1. Nachtstuhl mit schwarzen Leder bezogen und mit rothen
Damast beschlagen mit einem Kupfernen Hafen.
An der Stiegen.
[Seite 73]
Zweite Etage / No. 42. / In der Entresol.
Vorrath.
1. Tisch von weichen Holz.
Abgang [andere Hand] Nota ist 1807 mit verkauft
worden
[1. Hand]
1. kleiner Spiegel in brauner Rahm.
1. Behälter mit einer Thür, weiss angestrichen.
1. Tischbehälter mit 2. Thüren, gelb angestrichen.
1. Seßel mit grünen Tuch beschlagen, alt.
Abgang [andere Hand] Nota ist 1807 mit verkauft
worden
[1. Hand]
1. Karrn Bettstatt.
[Seite 74]
Zweite Etage / No. 43. / Eine Stube mit 2. Fensterstöcken.
Vorrath
4. Fenstervorhänge von weisser Leinwand mit weissen
Banden besezt.
Abgang [andere Hand] in das Bureau des Herrn
Finanzrath Klein verwendet
[1. Hand]
2. eiserne Stangen.
2. Roulleaux von grünen Zwiller.
1. Tischlein von Eichenholz mit antiken Füßen, 1. Schublade
und grüner Wachsdecke.
1. Tischlein von Eichenholz mit antiken Füßen.
5. Seßel von Buchenholz mit durchbrochenen Lehnen und
Kißen von gestrifter Leinwand.
1. Behälter von weichen Holz mit zwey Thüren.
1. Karrnbettstatt.
1. Spiegel in gefirnißter Rahm.
1. eiserner viereckigter Ofen mit irdenen Aufsatz.
[Seite 75]
Zweite Etage / No. 44. / Ein Zimmer mit 1. Fensterstock.
Vorrath
1. Aufziehfenster Vorhang von weisser Leinwand.
1. Commod mit 4. Schubladen 8. meßingen Knöpfen und
Schlüsselblechen.
1. Tisch mit einem weiss lakirten Gestell und weisser
Marmorplatte.
6. Fauteuils von rothbuchen Hol, von Bildhauer Arbeit, weiss
lakirt und vergoldet, Sitze, Rückstücke und Arme mit
carmoisin rothen Damast beschlagen.
1. Tisch mit antiken Füßen weiss lakirt mit grüner Wachsdecke.
1. Spiegel in vergoldeter Rahm.
1. kleiner viereckigter eiserner Ofen, mit irdenen Aufsatz.
1. spanische Wand mit grüner Leinwand bezogen.
Abgang [andere Hand] Nota ist den Herrn v. Maadfeld
geben
[Seite 76]
Zweite Etage / No. 45. / Ein Zimmer mit 2. Fensterstöcken.
Vorrath
4. Fenstervorhänge von weissen Mouselin.
Abgang [andere Hand] in das Bureau des Herrn Finanz
Rath Klein versendet
[1. Hand]
2. eiserne Stangen
2. Roulleaux von grünen Zwiller.

1. Spiegel in alter vergoldeter Rahm in 2. Stücken.
1. Consolen Tisch mit einer gelben Marmorplatte.
1. Tisch mit aschgrau angestrichenen Gestell und weissen Marmorplatte.
1. Schreibtisch von Rosenholz mit meßing eingelegt, 9. Schubladen mit meßingen Handhaben, und einer zerbrochenen Marmorplatte.
1. Commod von Eichenholz mit 3. Schubladen, und meßingen Knöpfen.
1. Cannapee und
6. Mannheimer Seßel, schwarz lakirt, mit Kißen von gelb und schwarz gedruckten Cotton.
2. eingelegte viereckigte Spieltische.
1. Tisch von Eichenholz mit gedrehten Füßen und vertieften Blatt.
1. Ofenschirm von Eichenholz mit gemalten Pappier.
1. viereckig eiserner Ofen mit irdenen Aufsatz.
[Seite 77]
Zweite Etage / No. 46. / Ein Cabinet von 1. Fensterstock.
Vorrath.
1. Fenster Rouleau von grünen Zwiller.
1. Himmelbettstatt mit roth geblümten Zizenen Umhängen.
4. Seßel mit eingezten Kißen von schwarzen Zeuch bezogen.
1. kleiner Spiegel in schwarz gebeizter Rahm.
[Seite 78]
Zweite Etage / No. 47. / Ein Zimmer mit einer Alcove mit 2. Fensterstöcken. / Die Wände grün gestrichen.
Vorrath.
4. Fenstervorhänge von Hamans.
   Abgang. [andere Hand] in das Bureau des Herrn Finanz Rath Klein versendet.
[1. Hand]
2. Fensterrouleaux von grünen Zwiller.
2. Alcove Vorhänge von weissen Hamans mit Oberfalbelein.
   Abgang. [andere Hand] zu Fenstervorhänge in das Bureau des Herrn Finanz Rath Klein versendet.
[1. Hand]
1. eingelegte Commod mit 3. Schubladen.
1. Schreibtisch von Eichenholz mit 3. Schubladen und meßingen Schlüsselschilden.
   Abgang. [andere Hand] in den Bureau des Herrn Finanz Rath Klein befindlich.
[1. Hand]
1. Tisch, weiss lakirt und etwas vergoldet mit einer grünen Wachsdecke.
1. dergleichen, ohnvergoldet.
1. Tischbehälter mit 2. Thüren gelb angestrichen.
6. Chaises mit durchbrochenen Lehnen und Kißen mit grünen Wollenzeuch bezogen.
1. Fauteuil mit grünen Damast beschlagen.
1. Ofenschirm mit einen Blatt von alten grünen Damast.
1. Spiegel in gläserner Rahm.
1. altes Tischlein von weichen Holz.
1. viereckig eiserner Ofen mit irdenen Aufsatz.
[Seite 79]
Zweite Etage / No. 48. / Ein Eckzimmer mit 3. Fensterstöcken auf 2. Seiten.
Vorrath.
6. Seßel mit durchbrochenen Lehnen und Kißen von braun mouchirten Ziz.
1. länglicher Tisch mit antiken Füßen, weiss lakirt, mit grüner Wachsdecke.
1. dergleichen von Rosenholz, mit meßing garnirt, und einer grünen Wachsdecke.
1. Spiegel mit einer gläsernen Rahm.
[Seite 80]
Zweite Etage / No. 48. / In der darüber befindlichen Entresol.
Vorrath.
1. Behälter von weichen Holz mit 2. Thüren.
1. dergleichen mit 2. Thüren.
1. Nachtstuhl von Mahagonyholz mit Zeuch von Roßhaaren beschlagen, nebst Geschirr von weißen Fayence.
[Seite 81]
Zweite Etage / No. 49. / Ein Zimmer mit 2. Fensterstöcken. / Stube des geheimen Hofrath und Hausvogt Richter.
Vorrath.
2. Fenstervorhänge von weissen Mouselin.
1. Commod mit Nußbaumholz eingelegt, woran 6. Handhaben und 3. Schlüsselschilder von Meßing.
1. Canapée braun gebeizt, mit einem Sitz und zwey Seitenkißen von braun mouchirten Ziz.
2. Tische von Eichenholz, mit antiken Füßen und grüner Wachsdecke.
6. Seßel mit durchbrochenen Lehnen, braun gebeizt mit eingesezten Kißen von schwarzen Leder.
1. viereckig eiserner Ofen mit irdenen Aufsatz.
1. Behälter mit 2. Thüren, die Füllungen mit grünen Pappier bezogen.

[Seite 82]
Zweite Etage / No. 50. / Eine Stube mit 2. Fensterstöcken mit einer Entresol.
Vorrath
1. viereckig eiserner Ofen.
Demoiselle Schellhabs wohnend.
[Seite 83]
Zweite Etage / No. 51. / Eine Stube mit 2. Fensterstöcken.
Vorrath
1. viereckig eiserner Ofen mit irdenen Aufsatz.
Wohnung des Oberst von Gaston von dieser Stube No. 51. an bis No. 67. inclusive: und gehören sämtliche, in selbigen gefindliche Meubles demselben eigenhändig.
[Seite 84]
Zweite Etage / No. 52. / Eine Stube über No. 54. und 55.
Vorrath.
1. eiserner Ofen.
Eine Kammer über No. 51.
[Seite 85]
Zweite Etage / No. 53. / Eine Stube über No. 51.
Vorrath.
1. eiserner Ofen.
[Seite 86]
Zweite Etage / No. 54. / Eine kleine Stube.
Vorrath.
1. viereckig eiserner Ofen mit irdenen Aufsatz.
[Seite 87]
Zweite Etage / No. 55. / Ein Cabinett.
Vorrath/Nichts!
[Seite 88]
Zweite Etage / No. 56. / Eine Stube mit 2. Fensterstöcken.
Vorrath.
1. eiserner Ofen mit irdenen Aufsatz.
[Seite 89]
Zweite Etage / No. 57. / Eine Stube mit 2. Fensterstöcken.
Vorrath.
1. viereckig eiserner Ofen mit irdenen Aufsatz.
[Seite 90]
Zweite Etage / No. 58. / Ein Cabinett mit 1. Fensterstock.
Vorrath. [kein Eintrag]
[Seite 91]
Zweite Etage / No. 59. / Ein Cabinett mit 1. Fensterstock.
Vorrath. [kein Eintrag]
[Seite 92]
Zweite Etage / No. 60. / Ein kleines Zimmer mit 1. Fensterstock.
Vorrath. [kein Eintrag]
[Seite 93]
Zweite Etage / No. 61. / Eine Stube mit 1. Kammer in der Entresole.
Vorrath.
1. viereckig eiserner Ofen.
[Seite 94]
Zweite Etage / No. 62. / Ein Zimmer mit 2. Fensterstöcken.
Vorrath.
1. viereckig eiserner Ofen.
[Seite 95]
Zweite Etage / No. 63. / Ein kleines Zimmer mit 1. Fenster.
Vorrath. [kein Eintrag]
[Seite 96]
Zweite Etage / No. 64. / Ein kleines Zimmer mit 1. Fensterstock.
Vorrath. [kein Eintrag]
[Seite 97]
Zweite Etage / No. 65. / Eine Stube und Kammer in der Entresole.
Vorrath.
1. viereckig eiserner Ofen.
[Seite 98]
Zweite Etage / No. 66. / Eine Stube mit 2. Fensterstöcken.
Vorrath.
1. viereckig eiserner Ofen.
[Seite 99]
Zweite Etage / No. 67. / Eine Küche mit einer kleinen Speisekammer.
Vorrath. [kein Eintrag]
[Seite 100]
Zweite Etage / No. 68. / Eine Stube mit 1. Fensterstock. / Revisionsstube der Stiftungs und Communial Curatel.
Vorrath.
1. Spiegel mit einer schwarz gebeizten Rahm.
5. Fensterouleaux von grünen Zwiller.
3. Seßel von Buchenholz mit durchbrochenen Lehnen, und Kißen von rothen Plüsch.
2. dergleichen, mit Leder beschlagen.
1. Lehnseßel mit Leder beschlagen.
1. viereckig eiserner Ofen mit irdenen Aufsatz und Oefelein.
1. spanische Wand von weiss und roth geblümten Pappier von 6. Blatt.

5. Stühl mit Leder beschlagen.
8. Schreibtische, wovon 1. mit 3. die übrigen aber mit 2. versperrten Schubladen versehen.
9. Handrepositoria mit 2. und 3. Fächern.
5. Schreibpulte, zum stehend schreiben.
[Seite 101]
Zweite Etage / No. 69. / Eine Stube im Eck, mit 4. Fensterstöcken auf 2. Seiten. / Revisionsstube.
Vorrath/Nichts!
[Seite 102]
Zweite Etage / Eine große Entresole über No. 68. und 69.
Vorrath/Nichts!
[Seite 103]
Zweite Etage / No. 70. / Eine Stube mit 2. Fensterstöcken. / Revisionsstube.
Vorrath.
2. Fenster Rouleaux von grünen Zwiller.
1. Spiegel in schwarzer Rahm mit goldenen Stäblein.
2. Seßel von Buchenholz mit durchgebrochener Lehne.
1. Lehnseßel mit Leder beschlagen, mid goldner schmalen Treßen.
1. viereckig eiserner Ofen mit irdenen Aufsatz.
1. spanische Wand mit geblümten Pappier bezogen, von 5. Blatt.
1. Tischbehälterlein mit 2. Thüren.
1. Tisch roth gebeizt mit 1. Schublade und grüner Wachsdecke.
1. dergleichen kleinerer mit 1. versperrten Schublade.
3. Handrepositoria.
2. Schreibpulte.
3. Schreibtische, jeder mit 2. versperrten Behälterlein und 1. Schublade.
[Seite 104]
Zweite Etage / No. 71. / Eine Stube mit 2. Fensterstöcken. / Sebsions Zimmer der Stiftungs und Communial Curatel.
Vorrath.
2. Fenstervorhänge von weissen Hamans.
2. Fenster Rouleaux von grünen Zwiller.
1. länglicher Spiegel in schwarz gebeizter Rahm.
1. Behälter von weichen Holz mit 1. Thür braun angestrichen.
12. Seßel von Bildhauerarbeit das Gestell grau und weissen Leisten lakirt Rück und Sitz aber mit rothen Saffian beschlagen.
1. eiserner Ofen mit einem irdenen Aufsatz.
1. lange Tafel, braun gebeizt, das Blatt mit grünen Wachstuch bezogen, und 4. versperrten Schubladen.
1. dergleichen, mit 1. Schublade.
1. dergleichen viereckigter mit 1. Schublade.
1. Repositorium mit 24. Fächern braun angestrichen.
1. spanische Wand mit geblümten Pappier bezogen, von 2. Blatt.
[Seite 105]
Zweite Etage / No. 72. / Eine Stube mit 1. Fensterstock, / mit einer Entresole. / Revisionsstube.
Vorrath.
1. Fenster Rouleaux, von grünen Zwiller.
1. Seßel von Buchenholz mit durchbrochener Lehne und der Sitz mit Leder beschlagen.
2. Schränke weiss angestrichen mit geflochtenen Drahtgitter und grünen Pappier bezogen.
1. Schrank von weichen Holz mit 1. Thür.
1. eiserner Ofen mit irdenen Aufsatz.
1. länglichte Schreibtafel von weichen Holz mit 2. versperrten Schubladen.
1. dergleichen mit 1. versperrten Schublade.
1. Tischschrank mit 2. Thüren weiss angestrichen.
1. Tischlein von weichen Holz mit gedrehten Füßen.
[Seite 106]
Zweite Etage / No. 73. / Eine Stube mit 3. Fensterstöcken. / Registratur der Stiftungs Curatel.
Vorrath.
3. Fenster Rouleaux von grünen Zwiller.
1. Seßel von Buchenholz mit durchbrochener Lehne und Seßelkißen von Leder.
1. länglichtes Täfelein von weichen Holz.
1. eiserner Ofen mit irdenen Aufsatz.
1. Schreibtisch mit 5. Schubladen braun angestrichen, und 5. meßingen Schlüsselschilden.
1. Schreibtisch von weichen Holz mit 1. Schublade, das Blatt mit Wachstuch beschlagen.
1. Stuhl, Rück und Sitz mit Leder beschlagen.
4. große und
2. kleine Repositoria.
1. große und
3. kleine Stiegen, die Akten herunter zu nehmen.
[Seite 107]
Zweite Etage / No. 74. / Eine Kammer. / Registratur.
Vorrath.
1. Fenster Rouleaux von grünen Zwiller.

1. Schrank mit eisernen Drahtgitter und 2. Thüren von
weichen Holz.
1. aufgesezter Schrank mit 4. Thüren von weichen Holz.
1. Tisch von weichen Holz miz 2. Schubladen.
3. Repositoria.
1. Stiege, und
1. dergleichen mit 3. Treppen, von weichen Holz.
[Seite 108]
*Zweite Etage / No. 75. / Ein Zimmer mit 2. Fensterstöcken. /
Königliches Archiv.*
Vorrath.
6. Seßel mit durchgebrochen Lehnen und Kißen von
carmoisin rothen Plüsch.
1. Ofenschirm von Buchenholz, das Blatt von Bunten
Pappier.
1. eiserner viereckigter Ofen mit irdenen Aufsatz.
2. Seßel mit grünen Überzügen.
1. Lehnstuhl mit Leder beschlagen.
2. Tafel mit 8. Schubladen von weichen Holz und zerrißener
Wachsdecke.
1. Tisch von weichen Holz mit grünen Wachstuch bezogen.
[Seite 109]
*Zweite Etage / No. 76. / Ein Zimmer mit 3. Fensterstöcken. /
Königliches Archiv.*
Vorrath.
1. grün überzogener Seßel.
1. Stuhl mit Leder beschlagen.
[Seite 110]
*Zweite Etage / No. 77. / Ein Zimmer mit 2. Fensterstöcken. /
Kanzley der Stiftungs und Communial Curatel.*
Vorrath.
3. Seßel von Buchenholz mit durchgebrochenen Lehnen,
und mit Leder beschlagen.
1. Seßel, Rück und Sitz mit Leder beschlagen.
1. Tafel von weichen Holz.
1. viereckigt eiserner Ofen.
1. Täfelein von weichen Holz mit 2. Schubladen.
3. große Schreibtische von weichen Holz, mit respective
2. und 8. versperrten Schubladen, die Blätter mit Wachstuch bezogen.
6. Stühle, mit Leder beschlagen.
1. Preße zum Siegeln.
[Seite 111]
*Zweite Etage / No. 78. / Ein Zimmer mit 1. Fensterstock. /
Journal Stube der Stiftungs-Curatel*
Vorrath.
2. Seßel von Eichenholz mit durchgebrochenen Lehnen und
Kißen von grünen Wollenzeuch.
1. Seßel mit grünen Tuch beschlagen.
1. großer Schreibtisch mit 2. Schubladen, oben mit Leder
beschlagen.
1. viereckigter Tisch von weichen Holz mit 1. Schublade.
1. viereckiger eiserner Ofen mit irdenen Aufsatz.
1. Repositorium.
[Seite 112]
*Zweite Etage / No. 79. / Ein Zimmer mit 1. Fensterstock. /
Mandantur Stube.*
Vorrath.
1. Spiegel in schwarz gebeizter Rahm.
1. Lehnseßel mit grünen Tuch beschlagen.
1. Extrakißen mit Wollenzeuch bezogen.
2. Seßel mit weiß lakirten Gestell und grün und weiß
gestreiften Zeuch beschlagen.
1. Lehnseßel mit Leder beschlagen.
1. kleiner Tisch von weichen Holz.
1. eiserner Ofen, mit irdenen Aufsatz.
1. kleiner Tisch mit antiken Füßen und vertieftem Blatt.
1. Schreibtisch, braun gebeizt mit 5. Schubladen, das Blatt
mit grünen Wachstuch beschlagen.
1. kleiner Schrank mit 2. Thüren und 2. eisernen Handhaben.
1. kleines Repositorium.
1. dito kleineres an der Wand festgemacht.
[Seite 113]
*Zweite Etage / No. 80. / Eine Stube mit 3. Fensterstöcken
und einem Durchzug. / Registratur.*
Vorrath.
1. großer Behälter von weichen Holz mit 2. Thüren.
1. großer Spiegel in schwarz gebwizter Rahm.
1. Seßel mit grünen Tuch beschlagen.
2. Lehnseßel, Rück und Sitz mit Leder beschlagen.
1. Seßel von Buchenholz mit durchgebrochener Lehne, und
Sitz mit Leder beschlagen.
1. Lehnseßel der Rucken mit Rohr geflochten der Sitz aber
mit Leder beschlagen.
1. Schrank mit eisen Drahtgittern 2. Thüren, und grünen
Pappier bezogen, weiss angestrichen.
1. eiserner Ofen.
1. Tisch mit antiken Füßen, und 1. versperrten Schublade

1. kleiner Tisch von weichen Holz mit einer grünen Wachsdecke.
1. große lange Tafel mit 4. Schubladen wovon 3. versperrt
werden können.
1. Schreibpult von weichen Holz mit zwey Fächern.
1. dergleichen zum Aufsetzen.
5. Repositoria.
4. dergleichen weiss angestrichen.
1. kleineres mit 6. Fächern.
1. lange Registratur Stiegen.
1. kleinere mit 3. Treppen.
[Seite 114]
*Zweite Etage / No. 81. und 82. / Eine Stube mit einer
Kammer / mit 3. Fensterstöcken.*
Vorrath
3. Aufziehfenstervorhänge, wovon 2. von gestreifter und
1. von weisser Leinwand.
1. Spiegel in einer weissen Rahm.
3. Seßel, Rück und Sitz mit grünen Tuch beschlagen.
1. Behälter mit 2. Thüren, weiss angestrichen.
1. großer Glasschrank mit 4. Thüren.
1. Tischlein von weichen Holz mit einer Schublade.
1. Spanische Wand mit 4. Blatt mit grünen Zwiller
beschlagen.
1. eiserner Ofen mit irdenen Aufsatz.
[Seite 115]
Dritte Etage / Auf der großen Treppe.
Vorrath.
2. gläserne Glockenleuchter mit meßingen Armen.
4. eiserne Armleuchter zu Stiegenlichtern.
[Seite 116, R 201]
*Dritte Etage / No. 1. / Ein Vorzimmer mit 2. Fensterstöcken,
gegen den / innern Schloßhof, rötlich angestrichen.*
Vorrath.
1. großer braun angestrichener Schrank mit 4. Thüren und
4. Schubladen mit meßingen Schlüsselblechen und Ringen,
mit 3. hölzernen Aufsätzen als Urnen.
1. Fußtritt von 4. Stufen braun angestrichen.
1. viereckigte Zimmerlaterne von vergoldeten Meßing mit
4. Pfistern an einer grünen Schnur.
6. Frankfurther Fauteuils mit Kißen von geblümten Ziz.
4. Fenstervorhänge von Leinwand.
2. eiserne Vorhangstangen mit Fallbrettern.
1. Tisch von Eichenholz mit geschweiften Füßen.
1. viereckigter Tisch von Eichenholz mit antiken Füßen.
1. dergleichen Tisch.
1. großer Spiegel in schwarz gebeizter Rahm, mit vergoldeten
Stäben.
1. Kleidhänge.
1. eiserner Canonen Ofen.
[Seite 117, R 202]
*Dritte Etage / No. 2. / Ein Zimmer mit 2. Fensterstöcken
gegen / den Schloßhof / mit Etruscischer Mahlerey.*
Vorrath.
2. Fenster Vorhänge von weissen Mouselin.
2. Rouleaux von grünen Zwiller außer den Fenstern.
1. Spiegel in einer viereckigten gespizten roth und schwarz
lakirten Rahm.
2. einfache Armleuchter von vergoldeten Bronce.
1. viereckigter Tisch, das Gestell grün und weiss gemahlt, mit
einer grauen Marmorplatte.
Abgang. [andere Hand] *befind sich im Bureau des Herrn
Finanz Director.*
[1. Hand]
24. Seßel mit durchgebrochenen Lehnen, 3. Füßen und Kißen
von grün gesteinten Zeuch.
2. Eckschränke mit Urnen mit Etruscischer Mahlerey.
2. broncirte Figuren, auf Postamenten, wovon eines der Ofen
ist.
[weitere Hand]
1. Lüstre von Glas mit Brillantenschliff von dem Glasermeister Adler albier erkauft für 60fl rh. am 20. Jan. 1809 [...]
[Seite 118, R 203]
*Dritte Etage / No. 3. / Ein Speise Zimmer mit 2. Fenster-
stöcken mit arabesque Mahlerey, / und ein daran befindlichs
Appartement.*
Vorrath.
8. blaue bunt gewürfelte halbseidene Fenster Vorhänge mit
Franzen, Falbeln und Fallbrettern, wovon
4. Stück an den 2. Fenstern, und
4. Stück an den 2. Blindfenstern von Spiegelglas.
1. Kronleuchter von Glas mit 6. Armen.
24. Seßel mit durchgebrochenen Lehnen roth gemahlt mit
Kißen von blau und weiss gesteinten halbseidenen Zeuch
bezogen.
3. Armleuchter von vergoldeten Bronce.
1. Gestell mit 3. Füßen von Bildhauer Arbeit, broncirt, unter
einen Marmornen Schrank Bassin.
1. Statue von Erden auf dem Ofen

[Seite 119]
*Dritte Etage / No. 3. / In dem Apartement / an vorstehenden
Speisezimmer.*
Vorrath.
2. Tischbehälter von Mahagonyholz, jeder mit 2. Thüren.
1. eiserner Canonen Ofen mit einer eisernen Stellage zum
Teller wärmen.
2. eiserne viereckigte Kohlen Kästen.
2. Behälter von weichen Holz mit 2. Thüren.
[Seite 120, R 204]
*Dritte Etage / No. 4. / Ein großes Zimmer mit 3. Fenster-
stöcken, / gegen dem vormaligen Zeuchhauß.*
Vorrath.
1. Tapete von grünen Pappier mit bunter Bordure.
6. grün tafente Fenster Vorhänge mit Federgalanten, Falbelein und Brettern.
3. Rouleaux von Zwiller und gemahlt, außen vor den
Fenstern.
4. grün taffentne Thür Vorhänge mit dergleichen Falbelein,
dann Brettern.
2. Spiegel, jeder aus 3. Stücken mit grau und weiss lakirten
Rahmen an den Fenster Pfeilern.
4. einfache Armleuchter von vergoldeten Bronce.
2. viereckigte Tische mit antiken Füßen, grau und weiss
lakirt, mit weissen Marmor Platten.
1. Spiegel aus 2. Stücken, in grau und weiss lakirter Rahm.
Über den Camin.
2. einfache Armleuchter von vergoldeten Bronce.
17. Seßel mit durchgebrochenen Lehnen braun gebeizt, mit
eingesezten Kißen, mit Roßhaaren gefüllt und mit rothen
Saffian bezogen.
1. große Figur von Gips, Apollo.
4. kleinere Figuren von Gips, auf Postamenten, wovon eines
ein Ofen ist.
1. Billard Tafel mit grünen Tuch bezogen, mit 6. grünen
seidenen gestrickten Säcklein,
[Seite 121]
und 4. meßingen Leuchtern mit zugehörigen Bällen und
Queues.
1. Aufsatz von blau und rothen Fayence, bestehend in
3. Vasen mit Deckeln, und
4. offenen Vasen.
1. Caminfaßung von aschenfarben Marmor.
1. Feuerzange und
1. Kohlenschaufel mit meßingen Knöpfen.
1. kleiner viereckigt eiserner Ofen mit blechernen Rohr an
den Camin.
[andere Hand]
2. Lüstre von Glas mit Brillantenschliff von dem Glasermeister Adler albier erkauft für 49fl rh. am 20. Jan. 1809
[...]
[Seite 122, R 205]
*Dritte Etage / No. 5. / Ein Zimmer im Eck, mit 6. Fenster-
stöcken auf 2. Seiten, / Mit arabesquer Mahlerey, an der
Decke mit einer / vergoldeten Sonne.*
Vorrath.
12. Fenster Vorhänge von rothen Taffent mit Verzierung von
Mouselin und roth und schwarzen seidenen Gimpen dann
mit Fallblättern und Brettern.
3. Marquisen von weiss und blau gestreiften Federritten, vor
den 3. Fenstern gegen das Schloßthor.
6. kleine Fenster Canape'es mit Matrazen mit rothen Taffent
bezogen.
4. große Spiegel, jeder aus 2. Stücken in Rahmen von Bildhauer Arbeit, und vergoldet.
2. Canape'es, schwarz bebeizt und vergoldet mit Matrazen
und Rückenlehnen von rothen Taffent.
18. Seßel mit durchgebrochenen Rückenlehnen, schwarz gebeizt und mit Verzierhungen von vergoldeten Meßing,
mit Kißen von rothen Taffent.
2. Commode, schwarz bebeizt mit vergoldeten Draht verziert, mit 4. Thüren, marmorirten Blättern und vergoldeten Beschlägen.
2. dergleichen kleinere Commode, jeder mit 2. Thüren.
1. runder Tisch, das Gestell schwarz gebeizt, an den 3. Füßen
Löwen von broncirter Bildhauer Arbeit mit einem braun
und weiss marmorirten Blatt.
2. Glockenzüg von rothen Atlas und mit Feder Galanten.
1. niedrige spanische Wand von 4. Blatt, das Gestell schwarz
lakirt und mit rothen Atlas bezogen.
[andere Hand]
1. Lüster von Glas mit Billantenschliff von Glasermeister
Adler erkauft für 88fl. am 5. April 1809.
[Seite 123]
[1. Hand]
1. Caminschirm schwarz gebeizt mit gemalten Blatt.
1. Portrait, König Friedrich II. von Preußen Maiestät, in
Lebensgröße in einer Rahm von Bildhauer Arbeit und
vergoldet über dem Camin.

1. *Caminfaßung von braunen Marmor.*
1. *Camingitter von Meßing.*
2. *Feuerböcke mit Urnen von vergoldeten Bronze.*
1. *Feuerhaken.*
1. *Feuerzange und*
1. *Feuerschaufel mit meßingen vergoldeten Knöpfen.*
[Seite 124, R 207]
*Dritte Etage / No. 6. / Ein Schlafzimmer mit 2. Fenster-
stöcken. / Der Fußboden von eingelegter Arbeit.*
Vorrath.
1. *Tapete von grünen Pappier und bunter Bordüre.*
4. *Fenster Vorhänge von grün und weiss gesteinten Taffent
mit Ober und unter Falbeln und mit Gimpen besezt.*
1. *großer, bis an den Fußboden reichender Spiegel, aus
2. Stücken, in grün und weiss lakirter Rahm von Bildhauer Arbeit.*
1. *kleiner Spiegel in dergleichen Rahm über dem Camin.*
1. *Bettstelle weiss und grün lakirt, mit einem Capiteau, mit
grün und weissen Damast beschlagen. Die Umhänge von
weissen Bengale.*
2. *Ruhebetten, die Gestelle von Bildhauer Arbeit, grün und
weiss lakirt, jedes mit grün und weiss gesteinten Taffent
beschlagen, dann jedes mit 1. Lieg- 1. Kopf- und 1. Fuß
Kißen mit Federn in Leder gefüllt, und mit Bezügen von
grün und weiss gesteinten Taffent.*
1. *Fußteppich von Wollen gewürkt, grün mit bunten Blumen.*
6. *Fauteuils mit durchgebrochenen Lehnen, grün und weiss
lakirt, mit Kißen von grün und weiss gesteinten Taffent.*
1. *Zimmer Lampe von Glas zu 3. Lichtern, an einer grünen
Schnur.*
1. *Schreibtisch braun gebeizt und mit meßing garnirt, mit
7. Schubladen.*
[Seite 125]
1. *Nachttischlein braun gebeizt.*
1. *runder Tisch, das Gestell schwarz gebeizt, an den 3. Füßen
Löwen von bronzirter Bildhauer Arbeit mit einem braun
und weiss marmorirten Blatt.*
1. *Toilette Tischlein mit 4. geschweiften Füßen, mit Rosenholz
fournirt, einer Schublade und einem Spiegel.*
2. *Gueridons braun gefirnißt mit eingelegten Tellern.*
2. *einfache Wandleuchter von vergoldeten Meßing.*
2. *dergleichen kleinere.*
1. *Holzkasten von Eichenholz.*
1. *Caminfassung von Marmor.*
1. *Blatt von Meßing innen im Camin.*
1. *kleiner runder Ofen an dem Camin.*
1. *Caminschirm das Gestell weiss lakirt mit grün und weiss
geblumten Damast bezogen.*
[andere Hand]
1. *Fuß Teppich, 1809 neu angeschaft.*
[1. Hand]
Neben diesen Zimmer.
1. *Commodität von Nußbaumholz auf 4. Füßen, der Sitz
mit carmoisin rothen Damast bezogen.*
[Seite 126, R 208]
*Dritte Etage / No. 7. / Ein Cabinet mit 1. Fensterstock. / Der
Fußboden von eingelegter Arbeit.*
Vorrath.
1. *Tapete von klein geblümten Ziz.*
2. *Fenster Vorhänge mit Oberfalbeln von dem nehmlichen
Ziz wie die Tapeten.*
3. *Seßel mit durchgebrochenen Lehnen, weiss roth und grün
lakirt, mit Kißen mit bunt geblümten Ziz bezogen.*
1. *Canapée, das Gestell wie die Seßel lakirt, mit 1. Sitz
1. Rück und 2. Seiten Kißen, mit Überzügen von bunten
Ziz.*
2. *an die Wand befestigte kleine Bücher Repositorien, roth
grün und weiss angestrichen.*
2. *Vorhänge vor diesen Repositorien von grünen Taffent.*
1. *Ovale Surports, Basrelief von Gips.*
1. *Spiegel aus 2. Stücken, in grün roth und weiss lakirter
Rahm.*
1. *Camineinfaßung von weissen Marmor.*
1. *kleiner viereckigter eiserner Ofen in dem Camin.*
1. *Schirm von Meßing, als eine Sonne formirt, vor den
Camin.*
1. *Schrank von Nußbaumholz auf Mahagonyholzart gebeizt
und polirt, aus 2. Theile gemacht, die
Abgang [andere Hand] dieser Schrank ist von der ehehin
bestandenen Preußisch-Bair[i]schen Vollzugskomission zu
Ansbach verkaufft, und als Eigenthum derselben an den
Herrn Geheimen Legations Rath Nagler und zwar in das
Naglersche Haus allhier, auf Befehl des Herrn Finanz-
direktor Bever ausgehändigt worden.
Ansbach den 19. Nov. 1808.*
[weitere Hand]
1. *Lampe von Alabaster von Glasermeister Adler erkauft für
40 fl. rh. am 5. April 1809.*
1. *Fuß Tepich, 1809 neu angeschaft.*

[Seite 127, R 210]
[1. Hand]
*Dritte Etage / No. 8. / Ein Zimmer mit 2. Fensterstöcken. /
Kanzley Zimmer.*
Vorrath.
2. *eiserne Fenster Vorhang Stangen.*
2. *Rouleaux von grünen Zwiller mit*
2. *eisernen Stangen.*
1. *große Tafel mit 12 versperrten Schubladen das Blatt mit
Wachstuch bezogen.*
1. *dergleichen kleinerer mit 1. Schublade und grünen Wachstuch bezogen.*
8. *Stühle, Rück und Sitz mit Leder beschlagen.*
1. *dergleichen, der Sitz nur mit Leder beschlagen.*
1. *Ofenschirm von Eichenholz, mit grünen Pappier bezogen.*
1. *Repositorium von weichen Holz mit 20. Fächern und
2. versperrten Behälterlein.*
1. *Canonen Ofen.*
[Seite 128, R 212]
*Dritte Etage / No. 9. / Ein Cabinet mit 1. Fensterstock. /
Journal Zimmer.*
Vorrath.
1. *Tapete von gelben Pappir mit Bordure*
2. *Fenster Vorhänge von geblümten Cotton mit gleichen
Franzen und Quasten, zum zurückbinden.*
1. *eiserne Stange.*
1. *Rouleau von grünen Zwiller.*
1. *Seßel, das Gestell grau und weiss lakirt, der Sitz und
Lehne aber mit rothen Saffian beschlagen.*
1. *dergleichen weiss lakirt mit grün und weiss gestreiften
Zeuch beschlagen, zerrißen.*
1. *langer Tisch mit antiken Füßen 4. versperrten Schubladen,
das Blatt mit grünen Wachstuch bezogen.*
1. *kleiner Schreibtisch mit 1. versperrten Schublade, und
einer grünen Wachsdecke.*
1. *kleiner Tisch, von weichen Holz, mit grüner Wachsdecke.*
1. *kleiner Tisch, mit einer versperrten Schublade und grüne
Wachsdecke.*
1. *Tischschrank mit einer Thür, weiss und mit braunen
Leisten angestrichen.*
1. *Tisch von weichen Holz mit*
1. *darauf befindlichen Repositorium.*
1. *Schreibpult mit 2. Fächern und oben mit grünen
Wachstuch bezogen.*
[Seite 129]
1. *Schreibpult zum Aufsetzen.*
1. *Canonen Ofen.*
[Seite 130, R 218]
*Dritte Etage / No. 10. / Ein Zimmer mit 2. Fensterstöcken,
am Schloßgang / an dem Bad, grau gemahlt.*
Vorrath.
1. *gläserner Glockenleuchter, außen an der Thür.*
4. *Fenster Vorhänge mit Oberfalbeln, von gelb gefärbter
Leinwand mit lillafarben seidenen Banden besezt.*
1. *Canapée, lillafarb und gelb lakirt, Sitz Rückenlehne und
die beiden Seiten mit gelber Leinwand beschlagen, mit
2. kleinen Volons mit dergleichen Leinwand bezogen.*
2. *Seßel mit durchgebrochenen Lehnen, gelb und lillafarb
lakirt, mit Kißen von gelber Leinwand.*
2. *Tabourets, weiss lakirt mit weisser Leinwand beschlagen,
mit Überzügen von gelber Leinwand.*
1. *hoher Spiegel, in gelb und lillafarb lakirter Rahm.*
1. *Tischlein mit 1. Fach zwischen den Fenster.*
4. *kleine Vorhänge von Flohr an den Fenstern.*
2. *kleine Tische weiss lakirt mit braunen Marmorplatten.*
1. *Commod von Eichenholz mit 4. Schubladen und meßingen
Knöpfen.*
2. *Chaises, die Sitze mit Rohr geflochten.*
1. *Comptoir von Rosenholz mit 4. Schubladen, 1. Schreibpult*
[Seite 131]
*und einem Aufsatz mit 2. Thüren, mit Spiegelgläsern,
dann mit Meßing garnirt und dergleichen vergoldeten
Beschläg.*
1. *runder eiserner Ofen von Stuccatur-Arbeit.*
1. *Karrnbettstatt.*
[Seite 132]
*Dritte Etage / No. 11. / Ein Zimmer von 1. Fensterstock, / mit
einem Bad.*
Vorrath.
1. *Bad mit Faßung und Treppen von schwarzen weiss geäder-
ten Marmor mit einem eisernen und vergoldeten Geländer.*
1. *runder Ofen von Stuccatur-Arbeit.*
[Seite 133]
*Dritte Etage / No. 12. / Ein Zimmer mit 2. Fensterstöcken. /
Kanzley.*
Vorrath.
1. *Tapete von gelben Pappier mit schwarz marmorirten
Bordure.*
1. *eiserner Canonen Ofen.*

2. *Roulleaux von Zwiller und gemahlt, außen vor den
Fenstern.*
2. *dergleichen von grünen Zwiller.*
4. *Fenstervorhänge von Hamans.*
1. *ovaler Spiegel in einer mit Bildhauer Arbeit und vergoldeten Rahm.*
1. *spanische Wand von 2. Blättern mit bunten Pappier
bezogen.*
1. *Tisch weiss lakirt, mit einer grünen Wachsdecke.*
2. *Glockenzüge von Flohr mit gelb und schwarzen Bändern
ganirt mit 1. Ey von Achat.*
1. *rundes Postament grün marmorirt.*
5. *Seßel mit durchgebrochenen Lehnen, die Sitze mit Leder
beschlagen.*
2. *Lehnseßel, Rück und Sitz mit Leder beschlagen.*
4. *Schreibtische mit Leisten wovon 1. mit 2. und 3. mit 1.
versperrten Schubladen, und grünen Wachstuch beschlagen.*
1. *Schreibpult auf den Schreibtisch.*
1. *dergleichen zum Aufsetzen.*
1. *Tisch von weichen Holz mit antiken Füßen und 1. Schublade, worauf*
1. *kleines Repositorium befindlich mit 15. Fächern.*
1. *dergleichen von weichen Holz mit 21. Fächern.*
4. *Spukkästlein von weichen Holz.*
[Seite 134]
*Dritte Etage / No. 13. / Ein Zimmer mit 2. Fensterstöcken
und / 1. kleine Kammer mit 1. Fensterstock auf den Schloßgang. / Etats Curatel Registratur.*
Vorrath.
1. *weicher Behälter mit 2. Thüren weiss angestrichen mit
Fächern worauf*
1. *kleines Repositorium mit 21. Fächern.*
1. *hohes Repositorium mit 10. Fächern neben und über der
Thür angebracht.*
1. *dergleichen am Fenster mit 6. Fächern.*
1. *dergleichen am Fensterpfeiler mit 5. hohen Fächern.*
1. *dergleichen am Ofen mit 3. Fächern.*
2. *Registratur Stiegen.*
1. *Repositorium an der Wand an dem großen Zimmer.*
1. *dergleichen auf der Seite des Gangs.*
1. *dergleichen am Fensterpfeiler.*
1. *dergleichen kleines zwischen dem Fenster.*
1. *Tischlein von weichen Holz mit 1. Fach.*
1. *runder Ofen von Stuccatur Arbeit.*
[Seite 135]
*Dritte Etage / No. 14. / Ein grosses Zimmer mit 5. Fenster-
stöcken. / Rechnungs Commissariat.*
Vorrath.
2. *viereckigt eiserne Oefen mit irdenem Aufsatz.*
5. *Roulleaux von Zwiller und gemahlt, außen vor den
Fenstern.*
5. *dergleichen von grünen Zwiller.*
2. *Spiegel mit Glasrahmen.*
1. *spanische Wand von gelben Pappier bezogen, mit rother
Einfaßung.*
1. *Ofenschirm von grünen Wollenzeuch.*
1. *Behälter mit 2. Glasthüren weiss angestrichen.*
1. *ovaler halber kleiner Tisch.*
13. *Seßel mit durchgebrochenen Lehnen die Sitze mit Leder
beschlagen.*
1. *Lehnseßel Rück und Sitz mit Leder beschlagen.*
1. *dergleichen die Rückenlehne mit Rohr geflochten der Sitz
aber mit Leder beschlagen.*
3. *große Schreibtische von weichen Holz woran an einem
10. an den 2. anderen aber 8. versperrte Schubladen
befindlich, das Blatt mit grünen Wachstuch versehen.*
7. *Schreibtische von weichen Holz mit respective 1. und
2. versperrten Schubladen, das Blatt von jeden mit grünen
Wachstuch beschlagen.*
3. *Schreibtische von weichen Holz auf beiden Nebenseiten mit
kleinen versperrten Behälterlein versehen, die Blätter mit
grünen Wachstuch beschlagen.*
1. *Schreibpult von weichen Holz.*
10. *dergleichen von weichen Holz, auf den Tisch zu setzen.*
6. *kleine Hand Repositoria.*
[Seite 136]
1. *Tischbehälterlein mit 2. Nebenfächern.*
1. *große Landcharten.*
Bey dem Eingang dieses Zimmers
1. *Schrank Berlenfarb angestrichen mit 2. Thüren.*
1. *dergleichen, von weichen Holz auf einem Postament mit
2. Thüren.*
1. *dergleichen kleinerer mit 2. Thüren.*
1. *kleiner Schrank von weichen Holz mit einer Thür.*
[Seite 137]
*Dritte Etage / No. 15. / Ein Cabinet mit 1. Fensterstock. /
Ober-Rechnungs Commissaires Zimmer.*
Vorrath.
1. *Tapete von gelben Pappier mit bunter Bordure.*

1. kleiner eiserner Canonen Ofen.
1. Roulleau von Zwiller und gemahlt, außen vor dem Fenster.
1. dergleichen von grünen Zwiller.
1. Fenstervorhang von Mouselin mit Franzen und Quasten.
1. Secretaire von eichen Holz, braun angestrichen.
1. großer Schreibtisch mit 2. versperrten Schubladen und grüner Wachsdecke.
1. kleiner Tisch mit gedrehten Füßen und grüner Wachsdecke.
1. Pappierschrank mit 4. Abtheilungen und v. meßingen Handhaben.
1. Spiegel in vergoldeter Rahm.
1. Seßel mit durchgebrochenen Lehnen, braun angestrichen mit eingesezten Kißen und rothen Saffian.
1. spanische Wand mit grünen Pappier bezogen.
[Seite 138]
Dritte Etage / No. 16. / Ein Zimmer mit 2. Fensterstöcken. / Directorial Zimmer.
Vorrath.
1. Tapette von marmorirten Pappier.
2. Marquisen von gestreiften Federritten.
2. Roulleaux von grünen Zwiller.
4. Fenstervorhänge von Mouselin mit 2. Falbeln und gelben Franzen.
1. Schreibtisch von Mahagonyholz mit einer Gallerie von messing, worauf
1. Stockuhr von Schildkrot und mit Bronze garnirt.
1. großer Schreibtisch weiss angestrichen mit 16. Schubladen, mit meßingen Schildern, das Blatt mit schwarzen Leder bezogen, worauf
1. Repositorium, weiss angestrichen mit Fächern und 2. Schiebthüren befindlich.
1. langer Schreibtisch weiss angestrichen, das Blatt mit schwarzen Leder bezogen, und 3. Schubladen mit 6. meßingen Handhaben.
1. kleiner Tisch von Bildhauer Arbeit, weiss angestrichen mit einer weiss und grauen Marmorplatte.
1. Tisch mit Gaisfüßen und grünen Wachstuch beschlagen.
1. Nachttischlein weiss angestrichen.
6. Seßel mit durchgebrochenen Lehnen, braun angestrichen mit eingesezten Kißen von rothen Saffian.
[Seite 139]
1. Schreibstuhl von Eichenholz mit Rohr geflochten, und Kißen von rothen Saffian.
1. Holzkasten von Eichenholz braun angestrichen.
1. Spiegel in brauner Rahm.
1. hoher blecherner Vasen als Spuknapf braun angestrichen.
2. Glockenzüge von roth und weissen Banden.
1. viereckig eiserner Ofen, mit einer Umfaßung von Thon mit durchgebrochenen eisernen Platten gemahlt, worauf
1. Statue befindlich.
[Seite 140]
Dritte Etage / No. 17. / Ein Zimmer mit 3. Fensterstöcken mit einer Alcove. / Secretarie des Landes Commissariats.
Vorrath.
1. Tapette von grünen Pappier mit bunter Bordure.
3. Rouleaux von grünen Zwiller.
2. Spiegel in brauner Rahm mit vergoldeten Leisten und 4. Rosetten.
2. große Schreibtische von weichen Holz, jeder mit 4. Schubladen.
2. dergleichen kleinere mit einer Schublade.
1. Schreibtisch von weichen Holz mit einer grünen Wachsdecke.
1. halbrunder Tisch braun angestrichen.
4. Schreibpulte, auf die Tische zu setzen.
3. hohe Repositoria.
2. dergleichen niedrige.
1. dergleichen mit 3. Treppen.
8. Seßel mit durchgebrochenen Lehnen, braun angestrichen mit eingesezten Kißen von rothen Saffian.
3. Spukkästen von weichen Holz.
1. viereckig eiserner Ofen mit irdenen Aufsatz.
1. spanische Wand von 2. Blatt mit bunten Pappier bezogen.
[Seite 141]
Dritte Etage / No. 18. / Ein Zimmer mit 2. Fensterstöcken gelb und roth gemahlt, / mit einer kleinen Garderobe am Schloßgang. / General Landes Commissariats Zimmer.
Vorrath.
2. Marquisen von gestreiften Federritten.
2. Rouleaux von grünen Zwiller.
4. Fenster Vorhänge von weissen Mouselin mit Frisuren von dergleichen Mouselin.
1. eingelegter Schreibtisch mit einer Gallerie von Meßing, worauf
1. Stockuhr befindlich.
1. langer schmaler Spiegel in 4. Stück.
2. einfache Wandleuchter von Bronze.
1. langer Schreibtisch mit 3. Schubladen weiss angestrichen, das Blatt mit schwarzen Leder bezogen.

1. Tischgestell mit Blumenwerk gelb angestrichen und einer grauen Marmorplatte.
1. runder Tisch mit braun angestrichenen Gestell das Blatt mit grünen Tuch beschlagen.
1. kleiner Arbeitstisch von Mahagonyholz mit antiken Füßen und meßingen Rädlein.
1. Canapée von Mahagony Holz, beschlagen mit 3. Rückküßen von braun mouchirten Ziz.
8. Chaises von Mahagonyholz mit Kißen von dergleichen Ziz bezogen.
2. Fauteuils von Nußbaumholz mit dem nehmlichen Ziz beschlagen.
1. Korbleuchter zu 3. Lichtern von Glas mit Meßing garnirt.
1. Schreibpult weiss angestrichen mit 2. gegitterten Thüren.
1. Pappierkasten weiss angestrichen.
1. Barometer und
1. Thermometer.
1. hohe Vase als Spuknapf von Blech und braun angestrichen.
[Seite 142]
1. Fußteppich mit bunten Blumen.
1. kleiner Tisch von Eichenholz.
1. Commoditaet, mit
1. Hafen von Fayence.
1. Tabouret
2. Vorhänge von weissen Leinwand.
1. eiserner Canonen Ofen, worauf
1. weiss irdene Vase.
[Seite 143]
Dritte Etage / No. 19. / Ein Vorzimmer mit 2. Fensterstöcken, marmorirt gemahlt.
Vorrath.
4. Fenstervorhänge von weissen Leinwand.
1. Spiegel in schwarz gebeizter Rahm, mit 4. Rosetten.
1. kleiner Tisch mit antiken Füßen und grüner Wachsdecke.
1. dergleichen mit einer grünen Wachsdecke.
1. langer Commod mit 21. verschloßenen Schubladen von Eichenholz, worauf
1. kleines Handrepositorium.
1. kleiner Schreibtisch von weichen Holz, unten mit 2. Thüren.
1. Kleiderschrank mit 2. Thüren von weichen Holz.
3. Lehnseßel, mit Wollenzeuch bezogen.
2. Seßel mit durchgebrochenen Lehnen, und ledernen Kißen.
1. Tabouret.
1. niedriger Behälter oben mit 1. Siegelpresse.
1. eiserner Canonen Ofen.
[Seite 144]
Dritte Etage / No. 20. / Eine Stube mit 1. Fensterstock. / Kanzley-Dieners-Zimmer.
Vorrath.
1. Aufziehfenstervorhang von gelb grün und roth gestreiften Leinwand.
1. Fenster Rouleau von blau und weiss gestreiften Federritten.
1. Schrank mit 2. Thüren von weichen Holz.
1. Tischschrank mit einem Schreibpult von weichen Holz.
1. kleiner Tisch mit antiken Füßen und grüner Wachsdecke.
2. Lehnseßel Rück und Sitz mit Leder beschlagen.
1. Fauteuil mit genähten Wollenzeuch beschlagen.
1. Stuhl Rück und Sitz mit Leder beschlagen.
1. Rück und Sitz mit Leder beschlagener Seßel.
1. kleiner Spiegel in Nußbaumholzrahm.
1. Dintenkasten, grau angestrichen.
2. Gestell von Eichenholz, worauf
1. große und
1. kleinere eiserne Siegelpresse befindlich.
1. Spukkästlein von weichen Holz
1. viereckig eiserner Ofen mit irdenen Aufsatz.
[Seite 145]
Dritte Etage / No. 21. / Ein Zimmer mit 2. Fensterstöcken. / Kanzley Inspectors Zimmer.
Vorrath.
1. Tapete von grünen Pappier und brauner Bordure.
2. Fenster Aufzieh Vorhänge von blau und roth schmal gestreifter Leinwand.
2. Fenster Rouleaux von blau und weiss gestreiften Federritten.
1. Gemälde worauf eine weiss und graue Gans mit ihren Jungen.
1. dergleichen, ein Caninchen mit seinen Jungen.
1. Detto, worauf 2. alte Enten, mit ihren Jungen. Von Beck in Erfurth, in Glanz vergoldeten schmalen Rahmen, ober den 3. Thüren.
1. Spiegel in schwarz gebeizter Rahm.
1. Schrank von weichen Holz mit 2. Thüren weiss angestrichen.
1. kleiner Tischschrank von Eichenholz mit 1. Thür.
1. Behälter von weichen Holz mit 2. Thüren die Füllungen mit grünen Pappier bezogen.

1. Schreibtisch von Eichenholz mit 9. Schubladen und 10. Handhaben. von Meßing.
1. Schreibtisch mit 1. versperrten Schublade und grünen Wachsdecke.
1. kleines Tischlein von weichen Holz mit einer grünenn Wachsdecke.
1. lange Tafel, das Gestell braun angestrichen und einer grünen Wachsdecke, worauf
1. Repositorium von 33. Fächern befindlich.
[Seite 146]
1. lange Tafel von weichen Holz.
1. alter Tisch von weichen Holz mit 2. Schubladen und die Platte von Sohlenhofenerstein.
1. Repositorium mit verschiedenen Fächern, von weichen Holz.
1. kleines Handrepositorium.
1. Lehnseßel grau angestrichen, Rück und Sitz mit rothen Saffian beschlagen.
2. Lehnseßel braun angestrichen, der Sitz mit Leder beschlagen.
1. Drehstuhl von Buchenholz, der Sitz mit Leder beschlagen.
1. alter Schreibstuhl, mit Leder beschlagen.
2. Lehnseßel von Buchenholz gelb gefirnißt mit grünen wollen Manchester beschlagen.
2. Spukkästlein von weichen Holz.
1. viereckiger eiserner Ofen mit irdenen Aufsatz.
[Seite 147]
Dritte Etage / No. 22. / Ein Zimmer mit 3. Fensterstöcken. / Registratur Zimmer.
Vorrath.
3. Fenster Rouleaux von grünen Zwiller mit
3. eisernen Stangen.
1. Schreibtisch, auf beiden Seiten mit zwey versperrten Thüren, von weichen Holz.
1. kleiner Tisch mit antiken Füßen braun angestrichen.
1. großer Schreibtisch mit 4. versperrten Thüren und grüner Wachsdecke.
1. viereckiger Tisch von weichen Holz.
1. lange Schreibtafel, mit 2. verschloßenen Schubladen und grüner
1. Wachsdecke.
4. Seßel mit durchgebrochenen Lehnen und eingesezten Kißen mit Leder beschlagen.
4. hohe Repositoria, an denen 3. Wänden.
2. Registratursteigen, jede mit 3. Treppen.
1. stummer Aufwärter mit 2. Fächern zwischen dem Ofen.
1. Siegelstock, nebst Schlegel.
2. Spukkästlein von weichen Holz.
1. viereckiger eiserner Ofen mit irdenen Aufsatz.
[Seite 148]
Dritte Etage / No. 23. / Ein Eck Cabinet mit 1. Fensterstock. / Registratur Zimmer
Vorrath.
1. Tisch mit antiken Füßen braun angestrichen.
2. hohe Repositoria.
1. Registratursteige mit 3. Treppen.
[Seite 149, R 277–278]
Dritte Etage / No. 24. / Ein Zimmer mit 2. Fensterstöcken grün angestrichen mit Lilla Bordure und 1. Cabinet. / Registratur.
Vorrath.
2. Fenster Rouleaux von gestreiften Federritten.
1. Spiegel in Glasrahm.
1. Schreibtisch mit antiken Füßen und grüner Wachsdecke.
1. Schreibtisch mit Fächern, einer versperrten und 2. unversperrten Schubladen mit grüner Wachsdecke, worauf
1. Schreibpult befindlich.
1. dergleichen mit einer Schublade und 2. unversperrten Fächern, mit grüner Wachsdecke.
1. langes Täfelein mit einer versperrten und einer unversperrten Schublade.
1. kleiner Tisch mit antiken Füßen und einem Fach worauf
1. Schreibpult befindlich.
1. Lehnseßel grau angestrichen und mit rothen Saffian beschlagen.
3. Seßel von Buchenholz mit durchgebrochenen Lehnen, die Sitze mit Leder beschlagen.
1. Lehnseßel Rück und Sitz mit Leder beschlagen.
1. dergleichen der Sitz aber nur mit Leder beschlagen.
4. hohe Repositoria an den Wänden.
Im Cabinett.
1. Tisch mit antiken Füßen von weichen Holz.
1. spanische Wand von sechs Blatt, mit bunten Pappier bezogen.
[Seite 150]
1. kleines Knechtlein.
4. kleine Repositoria.

[Seite 151, R 279]
Dritte Etage / No. 25. / Ein Zimmer mit 2. Fensterstöcken gelb mit grauer Bordure. / Secretarie
Vorrath.
2. Rouleaux von grünen Zwiller
1. Spiegel in Glasrahm.
1. Schreibtisch von Eichenholz mit 4. Schubladen, meßingen Schlüßelblechen und Knöpfen.
1. dergleichen von Eichenholz mit 4. versperrten Schubladen und meßingen Schlüßelblechern.
3. dergleichen von weichen Holz mit grüner Wachsdecke, jeder eine versperrte Schublade und auf beiden Seiten 2. unversperrte Behälterlein.
1. Schreibtisch von weichen Holz mit 1. unversperrten Schublade.
1. kleiner Tisch mit einer grünen Wachsdecke und meßing eingelegten Gestell.
1. Behälter mit 2. Glasthüren.
1. Schreibpult zum Aufsetzen.
6. Seßel mit durchgebrochenen Lehnen, mit eingesezten Kißen und rothen Saffian.
1. spanische Wand von 4. Blatt mit bunten Pappier bezogen.
4. Spukkästlein von weichen Holz.
1. eiserner Ofen.
Auf dem Gang
1. Behälter mit 2. Thüren, silberfarb angestrichen.
[Seite 152, R 280]
Dritte Etage / No. 26. / Ein Zimmer mit 2. Fensterstöcken grün mit bunter Bordure. / Sessionszimmer.
Vorrath.
4. Fenstervorhänge von Hamans, mit
2. eisernen Stangen.
1. Consoltisch das Gestell von Bildhauerarbeit und grau und blau angestrichen, mit einer weissen Marmorplatte.
1. großer Spiegel in 6. Stück in einer grünen Rahm mit gelben Leisten.
1. Wanduhr mit grünen Gehäus.
1. lange Tafel mit antiken Füßen und 12. versperrten Schubladen.
1. dergleichen kleinere mit antiken Füßen, 2. Schubladen und einer grünen Wachsdecke.
1. noch kleinere mit antiken Füßen und einer Wachsdecke.
16. Chaises mit durchgebrochenen Lehnen, und mit schwarz und grünen Wollenzeuch beschlagen.
2. dergleichen die Sitze mit Rohr geflochten.
1. Lehnseßel mit durchgebrochener Lehne und eingesezten Kißen von rothen Saffian.
1. Repositorium mit 24. Fächern roth angestrichen.
2. Glockenzüge woran 2. grüne seidene Quasten.
1. große und
1. kleine Landkarte.
1. viereckigt eiserner Ofen mit irdenen Aufstz.
[Seite 153, R 281]
Dritte Etage / No. 27. / Ein Sallon mit 4. Fensterstöcken, mit 28. Corinthischen Säulen von Stuccator-Arbeit an den Wänden, weiss angestrichen.
Vorrath.
4. Tische von Bildhauer Arbeit, weiss lakirt mit Platten von braun und weissen Gips Marmor.
1. Lustre von Crystall Glas mit 8. vergoldeten Pfistern, an einer mit blau weiss und orangegelb seidenen Banden garnirten Schnur.
4. große Gueridons von Bildhauer Arbeit, weiss lakirt und vergoldet, mit eingesetzten Schlagen.
1. männliche Statue von Gips auf dem Ofen.
1. weibliche Statue von Gips, auf einem Postament, dem Ofen gegenüber.
8. Wandleuchter von geschliffenen Glas, jeder zu 2. Lichtern.
10. Seßel mit durchgebrochenen Lehnen von Mahagonyholz mit schwarz seidenen Peking beschlagen.
[Seite 154, R 282]
Dritte Etage / No. 28. / Ein großes Vorzimmer mit 3. Fensterstöcken / roth, blau, grün und gelb gemahlt.
Vorrath.
6. Fenstervorhänge von weissen Mouselin mit Falbeln und Brettern.
2. Tische von Bildhauerarbeit mit antiken Füßen und Platten von weissen Kieselstein.
1. eingelegter viereckigter Spieltisch.
10. Seßel mit antiken Füßen, weiss lakirt mit vergoldeten Leisten, mit eingesezten Kißen, von rothen Damast beschlagen und Stahlfedern, dann 10. rothen Überzügen von Cotton.
1. großer Schrank von weichen Holz mit 2. Thüren, bleiweissfarb angestrichen.
2. Wandleuchter von geschliffenen Glas, jeder zu 2. Lichtern.
1. runder Ofen von Stuccator Arbeit.
1. dergleichen, so aber nicht geheizt werden kann.
1. Kronleuchter von Bronze mit 6. Armen.

[Seite 155, R 283]
Dritte Etage / No. 29. / Ein Zimmer mit 2. Fensterstöcken.
Vorrath.
1. Tapette von Pappier, gelb gemahlt mit brauner Bordure und Lambrie.
4. Fenster Vorhänge von weissen Amans mit Oberfalbeln und Brettern mit gelben seidenen Banden zum Zurückbinden.
1. großer Spiegel aus 2. Stücken in einer Rahm von Bildhauer Arbeit aschenfarg und weiss lakirt.
1. viereckigter Tisch von antiker Bildhauer Arbeit, aschenfarb und weiss lakirt, mit einer weissen Marmorplatte.
6. Seßel mit durchgebrochenen Lehnen und eingesezten Kißen mit rothen Damast bezogen, das Gestell braun gebeizt.
1. Himmelbettstatt mit Umhängen von gelbgeblümten Rolltaffent.
1. eingelegter Schreibtisch mit 2. untern Schubladen meßingen Handhaben und Schlüßelblechen.
1. Lampe von Alabaster, gemahlt mit Garnirung von weissen Blech und Glas.
1. rund eiserner Ofen.
[Seite 156, R 284]
Dritte Etage / No. 30. / Ein Zimmer im Eck mit 5. Fensterstöcken 5. Felder mit rothen Damast tapeziert.
Vorrath.
1. Tapette von carmoisin rothen Damast von 5. verschiedenen Stücken.
10. Fenster Vorhänge mit Oberfalbeln von carmoisin rothen Taffent, mit roten Banden zum Zurückbinden dann mit Brettern.
3. große Spiegel, jeder aus 2. Stücken geschnittenen aschenfarb und weiss lakirten Rahmen an den Fensterpfeilern.
3. Tische von Bildhauer Arbeit, aschenfarb und weiss lakirt, mit grauen Marmor Platten.
5. Fensterbank Kißen, mit Reeharen gefüllt und Überzügen von geblümten Cotton.
10. Fauteuils grau und weiss angestrichen, Rückenlehnen Sitz und Arme mit rothen Damast beschlagen.
1. Lustre von Glas mit 6. meßing vergoldeten Pfistern.
1. eiserner Canonen Ofen.
[Seite 157, R 285]
Dritte Etage / No. 31. / Ein großes Zimmer mit 5. Fensterstöcken.
Vorrath.
1. Tapette von 2. breiten und 4. schmälern Stücken von grünen weiss und lilla geblümten Damasade mit dergleichen Borduren.
10. Fenster Vorhänge von grün und weiss breit gestreiften Taffent mit Oberfalbelin mit grün und weissen seidenen Banden zum Zurückbinden, dann mit Brettern.
4. große Spiegel, jeder aus 4. Stücken geschnitten, aschenfarb und weiss lakirten Rahmen an den Fenster Pfeilern.
1. viereckigter Tisch von antiker Bildhauerarbeit aschenfarb und weiss lakirt, mit einen Platt von braunen Marmor.
1. dergleichen Tisch mit einem Blatt von Bayreuther Marmor a la musique.
12. Fauteuils, aschenfarb und weiss lakirt mit eingesetzten Sitzen und Rückenlehnen von Damasade wie die Tapetten.
2. Lustres von Glas, jeder zu 6. Lichtern mit Glasarmen und messingen Pfistern.
1. runder eiserner Ofen.
1. Ofenschirm das Gestell weiss lakirt, mit weiss und lilla geblümten Damasade, wie die Tapete bezogen.
[Seite 158, R 286]
Dritte Etage / No. 32. / Ein Cabinet mit 1. Fensterstock. / Von Stuccatur Arbeit gelb und weiss.
Vorrath.
2. Fenster Vorhänge von gelb und weiss gestreiften Taffent mit Oberfalbelin, gelben Banden zum Zurückbinden und einem Brett.
1. Fensterbank Kißen mit weissen bunt geblümten Atlasstoff bezogen dann einem Überzug von weisser Leinwand.
6. Fauteuils und
2. Tabourets von Bildhauer Arbeit und weiss lakirt, mit weissen bunt geblümten Atlasstoff beschlagen, mit
6. Überwürffen von weisser Leinwand.
1. eingelegter Secretaire, mit einer weissen Marmor Platte.
1. niedriger Caminschirm von Mahagony Holz mit 3. Blatt von carmoisin rothen Atlas.
1. Spiegel in geschnittener gelb und weiss lakirter Rahm.
1. Camfassung von roth und weiss gesprengten Marmor.
1. Camin Gitter von Meßingdraht.
2. Feuerböcke mit Ornamenten von Bronze und vergoldet.
1. Schaufel mit meßingen Knöpfen.
1. Feuerzange mit meßingen Knöpfen.
1. mit meßingen Knöpfen.
1. Zimmerlampe von Alabaster mit Christall garnirt.
[Seite 159, R 287]
Dritte Etage / No. 33. / Eine Garderobe in ovaler Form. / Hinter dem Zimmer No. 31.

1. Behälter von weichen Holz mit 2. Thüren.
[Seite 160]
Vierte Etage / Koenigliche Bibliothek. / No. 1. / Ein Vorzimmer mit 1. Fensterstock, gegen den innern Schloßhof.
Vorrath.
1. großer Schreibtisch mit 6. Fächern und einer Schublade von Eichenholz und gefirnißt.
1. Tischlein von weichen Holz mit rothen Umhang, worauf
1. Buste von Marmor Carl Wilhelm Friedrich.
1. Tischbehälterlein mit 2. Abtheilungen und 4. Thüren, worinn das Münzcabinett aufbewahrt war.
1. Leitern die Bücher von den Repositorien hierunterzunehmen. Die 4. Wände sind mit Repositorien von Eichenholz und gefirnißt versehen.
[Seite 161]
Vierte Etage / No. 2. / Ein Saal mit 5. Fensterstöcken. / Bibliothek.
Vorrath.
3. Seßel von Buchenholz mit durchgebrochenen Lehnen die Sitze mit Leder beschlagen.
1. Lehnseßel mit 1. Kißen von gestreiften Leinenzeuch überzogen.
2. große Schreibtische von Eichenholz und gefirnißt auf jeder Seite 2. verschloße Schränke.
4. Fächer zwischen den 4. Fenstern zum Bücher aufbewahren. Die Wände herum sind gleichfalls mit Repositorien von Eichenholz und gefirnißt versehen.
1. lange Stiegen und
1. kleine mit 3. Treppen.
[Seite 162]
Vierte Etage / No. 3. / Ein Cabinet mit 1. Fensterstock. / zur Bibliothek.
Vorrath
6. hohe Repositorien von weichen Holz.
2. Schränke von Eichenholz mit Aufsatz und jeder mit 4. Glasthüren.
1. achteckigter weicher Tisch.
1. Gestell mit 1. Pult zur Aufbewahrung verschiedener Sachen.
1. lange Leitern.
1. Stiegen mit 6. Treppen.
1. dergleichen kleinere mit 2. Treppen.
[Seite 163]
Vierte Etage / No. 4. / Ein Zimmer mit 2. Fensterstöcken / zur Bibliothek.
Vorrath
2. Aufziehfenster Vorhänge von grün gestreiften Leinenzeuch.
2. Fenster Rouleaux von grünen Zwiller.
1. großer Spiegel in einem Stück in schwarz lakirter Rahm mit vergoldeten Stäben.
5. Lehnseßel von Buchenholz, gefirnißt, Sitze und Lehnen mit spanischen Robren geflochten, mit Kißen von grünen Plüsch.
3. Seßel von Buchenholz mit durchgebrochenen Lehnen, die Sitze mit Leder beschlagen.
1. Tischlein von Eichenholz mit gedrehten Füßen, mit einer Schublade und grüner Wachsdecke.
1. großer Schreibtisch von Eichenholz gefirnißt und mit 6. Schubladen.
1. Schreibtisch mit vielen Schubladen mit Meßing garnirt, und einer Marmorplatte.
1. viereckigter weicher Tisch mit antiken Füßen und einer grünen Wachsdecke.
1. rundes Postament worauf von gebrannter Erde stehent.
10. Portraits, die verstorbenen Markgrafen.
1. viereckigter eiserner Ofen.
[Seite 164]
Vierte Etage / No. 5. / Ein Cabinet mit 1. Fensterstock.
Vorrath.
1. Aufziehfenster Vorhänge von roth gestreiften Leinenzeuch.
1. Rouleau von grünen Zwiller.
2. Repositoria von Eichenholz und
2. dergleichen von weichen Holz, worauf
6. weisse und
7. bronzirte Figuren befindlich.
[Seite 165]
Vierte Etage / No. 6. / Eine Stube mit 2. Fensterstöcken.
Vorrath.
4. Fenstervorhänge mit Oberfalbeln von weissen Mouselin, mit Fallbrettern.
2. Fenster Rouleaux von grünen Zwiller mit
2. eisernen Stangen.
2. Marquisen von ungebleichten Zwiller.
1. Tisch mit einem weiss lakirten Gestell von Bildhauer Arbeit mit einer weiss und grauen Marmorplatte.
1. Canapée und
6. Seßel mit Nußbaumholz eingelegt und weisse mit bunten Blumen gestikten Kißen.

1. viereckigt eiserner Ofen mit einer Statue und einer Umfassung von Thon mit durchgebrochenen eisernen Platten
und gemahlt.
[Seite 166]
Vierte Etage / No. 7. / Ein Cabinet mit 1. Fensterstock.
Vorrath.
2. Fenster Vorhänge von weissen Mouselin, mit 1. Fallbrett.
1. Fenster Rouleau von grünen Zwiller.
1. Toilette-Spiegel in brauner Rahm.
1. kleiner Tisch von Eichenholz mit geschweiften Füßen und
grüner Wachsdecke.
1. Tisch von Eichenholz mit antiken Füßen und grüner
Wachsdecke.
1. ovales Tischlein weiss lakirt mit vergoldeter Kante.
6. Fauteuils, die Gestelle weiss lakirt, mit weiss geblümten
Pequin beschlagen.
1. Thurnbettstatt mit Umhängen von roth geblümten Ziz mit
grünen seidenen Banden besetz und 1. Knopf mit Blättern.
1. viereckigt eiserner Ofen worauf eine Statue und einer Umfassung von Thon mit durchgebrochenen eisernen Platten
und gemahlt.
[Seite 167]
Vierte Etage / No. 8. / Eine Kammer hinter No. 7.
Vorrath / Nichts.
[Seite 168]
Vierte Etage / No. 9. / Ein Zimmer mit 2. Fensterstöcken.
Vorrath.
4. Fenstervorhänge von weissen Hamans mit 2. Fallbrettern.
2. Fenster Rouleaux von grünen Zwiller.
1. Spiegel in einer Rahm von Mahagony Holz.
6. Seßel von Buchenholz mit durchgebrochenen Lehnen mit
Kißen von blauen Damast.
2. Seßel mit durchgebrochenen Lehnen braun gebeizt mit
Kißen von schwarzen Zeuch.
1. Consoltisch von Bildhauerarbeit, blau und weiss gemahlt
und einer Platte von weissen Marmor.
1. viereckigter Tisch von Buchenholz mit einer Wachsdecke.
1. Schreibtisch von Eichenholz, mit drey Schubladen, meßingen Knöpfen und Schlüsselblechen.
1. Thurnbettstatt mit Umhängen von dunkelblauen Damast.
1. viereckigt eiserner Ofen mit einer Umfassung von Thon
und Füllungen von durchgebrochenen Eisenblech, nebst
gemahlt worauf
1. Statue befindlich.
[Seite 169]
*Vierte Etage / No. 10. / Ein Zimmer ohne Ofen mit
2. Fensterstöcken.*
Vorrath.
2. Fenster Rouleaux von grünen Zwiller, mit
2. eisernen Stangen.
1. Thurnbettstatt mit Umhängen von gestreiften schlesischen
Zeuch.
1. Tischbehälter von Eichenholz mit 4. Thüren und
meßingen Schlüsselblechen.
8. Seßel von Buchenholz mit durchgebrochenen Lehnen und
Kißen von rothen Plüsch.
1. Kleiderhänge.
[Seite 170]
Vierte Etage / No. 11. / Eine Kammer hinter No. 10.
Vorrath.
1. großer Schrank mit 3. Thüren von weichen Holz.
1. Karrnbettstatt.
1. Feldbettstatt.
1. Wandbehälter mit Fächern.
1. Lehnseßel mit Leder beschlagen.
[Seite 171]
*Vierte Etage / No. 12. / Eine Stube und Kammer mit
1. Fensterstock.*
Vorrath.
1. kleiner Spiegel in schwarz gebeizter Rahm.
2. Lehnseßel von Buchenholz mit durchgebrochenen Lehnen
und Kißen von grünen Plüsch bezogen.
2. Tabourets mit dergleichen Überzügen.
1. Tisch von weichen Holz mit einer Schublade.
1. kleiner Tisch mit Umhang von Wollen Zeuch und einer
Wachsdecke.
1. niedriger Kasten mit 8. Schubladen und 4. Schlössern,
grau angestrichen.
2. kleine Eckbehälter mit 1. Thür, grau angestrichen.
1. Thurnbettstatt auf eine Person, mit Umhängen von
blau und weiss gestreiften Zeuch.
1. Behälter mit 2. Thüren weiss angestrichen.
1. Hänge zum Kleiderausklopfen.
2. kleine Vorhänge von Hamans an den Thürfenstern.
1. viereckigt eiserner Ofen.
[Seite 172]
Vierte Etage / No. 13. / Eine Stube mit 2. Fensterstöcken.
Vorrath.
1. Spiegel in brauner Rahm.

1. großer viereckigter Tisch, braun angestrichen.
1. kleiner Tisch von weichen Holz mit geschweiften Füßen.
1. dergleichen mit antiken Füßen.
7. Seßel von weichen Holz, braun angestrichen, ohne Kißen.
1. großer Kleiderschrank mit 2. Thüren von weichen Holz.
1. Schrank mit einer Thür von weichen Holz.
1. Himmelbettstatt ohne Vorhänge.
4. Karrnbettstatten.
1. viereckigt eiserner Ofen.
[Seite 173]
*Vierte Etage / No. 14. / Eine Kammer mit 1. Fensterstock
und einem Verschlag mit Glasthüren.*
Vorrath.
1. großer Kleiderschrank von weichen Holz mit 2. Thüren.
1. dergleichen von weichen Holz mit 2. Thüren.
1. Karrnbettstatt.
1. Himmelbettstatt ohne Himmel.
1. Tisch von weichen Holz mit einer grünen Wachsdecke,
und
1. dergleichen ohne Wachsdecke.
[Seite 174]
Vierte Etage / No. 15. / Eine Stube mit 1. Fensterstock.
Vorrath.
1. viereckigt eiserner Ofen.
Diese und die darauf folgenden 4. Stuben bis No. 19. inclusive
sind die Wohnung des Geheimen Hofrath Wetzel, und die
darin befindlichen Meubles demselben eigenhändig.
[Seite 175]
*Vierte Etage / No. 16. / Eine Stube im Eck mit 3. Fenster-
stöcken auf 2. Seiten.*
Vorrath.
1. viereckigt eiserner Ofen.
[Seite 176]
*Vierte Etage / No. 17. / Ein großes Zimmer mit einer Alcove
und 3. Fensterstöcken / gelb gemahlt mit bunter Bordure.*
Vorrath / Nichts.
[Seite 177]
*Vierte Etage / No. 18. / Eine Stube mit 2. Fensterstöcken /
grün gemahlt mit bunter Bordure.*
Vorrath
1. viereckigt eiserner Ofen.
[Seite 178]
Vierte Etage / No. 19. / Eine Stube mit 1. Fensterstock
Vorrath.
1. irdener Sparofen.
Auf dem Gang.
1. Behälter von weichen Holz mit 2. Thüren.
1. dergleichen Behälter mit 2. Thüren.
2. dergleichen Behälter jeder mit 1. Thür.
[Seite 179]
*Vierte Etage / No. 20. / Eine Stube mit 2. Fensterstöcken / in
dem Bureau der Bau Commission.*
Vorrath.
2. Fenster Rouleaux von grünen Zwiller mit
2. eisernen Stangen.
2. Fenster Vorhänge von weiss gestreiften Mouselin.
1. Spiegel in brauner Rahm.
1. Commode von Eichenholz mit meßingen Beschläg.
4. Seßel von Buchenholz mit durchgebrochenen Lehnen, und
mit Manchester beschlagen.
1. großer Tisch mit antiken Füßen weiss und blau angestrichen das Blatt mit Leder beschlagen.
1. dergleichen, mit 6. Schubladen, das Blatt mit schwarzen
Leder beschlagen.
1. viereckigt eiserner Ofen.
[Seite 180]
*Vierte Etage / No. 21. / Eine Stube mit 1. Fensterstock. / in
dem Bureau der Bau Commission.*
Vorrath.
1. Rouleau von grünen Zwiller.
3. Seßel mit durchgebrochenen Lehnen, dann Kißen von
grünen Wollenzeuch.
1. großer Tisch mit Wachstuch beschlagen, und 7. versperrten
Schubladen.
1. Siegeltisch von Eichenholz mit antiken Füßen und einer
versperrten Schublade.
1. Gestell von Eichenholz worauf
1. Siegelpreße.
1. versperrtes Repositorium mit 4. Gitterthüren.
1. hohes Repositorium mit 10. Fächern.
1. viereckigt eiserner Ofen mit irdenen Aufsatz.
[Seite 181]
*Vierte Etage / No. 22. / Eine Stube mit 2. Fensterstöcken. /
Grün gemahlt mit brauner Bordure. / in dem Bureau der Bau
Commission.*
Vorrath.
2. Fenster Rouleaux von grünen Zwiller.
1. Spiegel mit einer schwarzen Rahm.
2. Mouseline gestreifte Vorhänge.

4. Seßel von Buchenholz mit durchgebrochenen Lehnen und
grauen Manchester beschlagen.
1. langer Tisch von Eichenholz mit antiken Füßen.
1. langer Tisch von weichen Holz mit antiken Füßen,
4. versperrten Schubladen, und grünen Wachstuch
beschlagen.
1. Repositorium mit 18. Fächern.
1. Registratur Stiege.
1. viereckigt eiserner Ofen mit irdenen Ausatz.
[Seite 182]
Vierte Etage / No. 23. / Eine Stube mit 2. Fensterstöcken.
Vorrath.
2. Rouleaux von grünen Zwiller.
1. Spiegel in schwarz gebeizter Rahm.
1. Tischbehälterlein von weichen Holz mit 1. Thür.
6. Seßel von Buchenholz grau angestriche, die Kißen mit
gestreiften Leinwand bezogen.
1. alter Schreibtisch von Eichenholz mit einem Aufsatz und
eisernen Beschläg.
2. Tische von Eichenholz mit gedrehten Füßen und Schubladen.
1. Karrnbettstatt.
1. Nachttischlein, braun angestrichen.
1. viereckigt eiserner Ofen mit irdenen Ausatz.
[Seite 183]
*Vierte Etage / No. 24. / Eine Stube im Eck mit 4. Fenster-
stöcken auf 2. Seiten.*
Vorrath.
2. Kleiderschränke, jeder mit 2. Thüren, weiss angestrichen.
1. viereckigt eiserner Ofen mit irdenen Ausatz.
[Seite 184]
Vierte Etage / No. 25. / Eine Stube mit 1. Fensterstock.
Vorrath.
1. Fenster Rouleau von grünen Zwiller.
1. Fenster Vorhang von weissen Mouselin.
1. viereckigt eiserner Ofen mit irdenen Ausatz.
[Seite 185]
*Vierte Etage / No. 26. / Ein Cabinet mit 1. Fensterstock. /
Coquelicot angestrichen mit gelber Bordure.*
Vorrath.
1. Fenster Rouleau von grünen Zwiller.
1. Fenster Vorhang von mouchirten Ziz mit Franzen.
1. Spiegel in schwarzer Rahm.
1. Tisch von Eichenholz mit geschweiften Füßen und
vertieftem Blatt.
1. kleines Canapée und
6. Fauteuils, Rück, Sitz und Arme mit mouchirten Ziz
beschlagen.
1. Canonen Öflein.
[Seite 186]
Vierte Etage / No. 27. / Eine Stube mit 1. Fensterstock.
Vorrath.
1. Fenster Rouleau von grünen Zwiller.
1. kurzer Fenster Vorhang von weissen Leinwand.
1. Tischlein von weichen Holz mit antiken Füßen.
1. Commod von Eichenholz mit 3. Schubladen und meßingen
Knöpfen.
6. Seßel von Buchenholz mit durchgebrochenen Lehnen, und
Kißen mit grünen Plüsch beschlagen.
1. Thurnbettstatt mit Umhängen von grün und weiss
gestreiften leinen Zeuch.
1. viereckigt eisernes Oefelein.
1. Schreibtisch von weichen Holz weiss angestrichen.
[Seite 187]
*Vierte Etage / No. 28. / Eine Stube mit 1. Fensterstock. /
Perlenfarb gemahlt mit brauner Bordure.*
Vorrath.
1. Fenster Rouleau von grünen Zwiller.
Abgang [andere Hand] Nota, im Bureau des Herrn
Finanz Rath Klein befindlich den 19. August 1889.
[1. Hand]
1. Fenster Vorhang von mouchirten Ziz mit Franzen.
1. Tischlein von weichen Holz mit 1. Schublade und
gedrehten Füßen.
1. dergleichen mit geschweiften Füßen.
1. Schreibtisch von Nußbaumholz eingelegt, einem Aufsatz
und meßingen Beschläg.
6. Seßel von Buchenholz mit durchgebrochenen Lehnen,
und Kißen mit bleumoranten Damast beschlagen.
1. Thurnbettstatt mit roth gestreiften Umhängen.
1. viereckigt eiserner Ofen.
[Seite 188]
*Vierte Etage / No. 29. / Eine Stube mit 2. Fensterstöcken. /
grün mit schmaler Bordure.*
Vorrath.
2. Fenster Rouleaux von grünen Zwiller.
Abgang [andere Hand] Nota, im Bureau des Herrn
Finanz Rath Klein befindlich.
[1. Hand]

1. Consol Tisch mit einer weissen Marmorplatte.
1. Commod von Eichenholz mit 3. Schubladen und meßingen Knöpfen und Schlüßelblechen.
1. Canonen Ofen.
[Seite 189]
Vierte Etage / No. 30. / Eine Küche.
Vorrath/Nichts.
[Seite 190]
Vierte Etage / No. 31. / Eine kleine Kammer / beide am Gang.
Vorrath.
1. großer Kleiderschrank von weichen Holz mit 2. Thüren.
[Seite 191]
Vierte Etage / No. 32. / Eine große Stube mit 2. Fensterstöcken.
Vorrath.
1. viereckigt eiserner Ofen.
Arbeitsstuben des Herrn Professor Naumann, mit den folgenden Stuben bis No. 35 inclusive, und sind darinnen befindliche Meubles demselben eigenthümlich zugehörig
[Seite 192]
Vierte Etage / No. 32. / Eine Stube mit 1. Fensterstock.
Vorrath.
1. viereckigt eiserner Ofen.
[Seite 193]
Vierte Etage / No. 34. / Eine Stube mit 1. Fensterstock.
Vorrath.
1. viereckigt eiserner Ofen.
[Seite 194]
Vierte Etage / No. 35. / Eine Stube mit 1. Fensterstock.
Vorrath. [kein Eintrag]
[Seite 195]
Untere Etage / Am Portal vom äußern Schloßhof rechterhand. / No. 1. / Eine große Stube mit 5. Fensterstöcken. / Bau-Materialien Stube.
Vorrath/Nichts!
[Seite 196]
Untere Etage / Zimmer der Königl: Höchstpreißl: Kriegs- und Domainen Kammer II. Sen. / No. 2. / Lehens Registratur- und Secretariats Zimmer mit 3. Fensterstöcken.
Vorrath.
3. Fenster Rouleaux von grünen Zwiller.
2. Schreibtische, mit einer versperrten Schublade und schwarzer Wachsdecke.
1. Tisch von weichen Holz mit einer schwarzen Wachsdecke.
3. Seßel von Buchenholz mit durchgebrochenen Lehnen, die Sitze mit Leder beschlagen.
1. dergleichen Seßel, mit Kißen von rothen Plüsch.
2. große vom Boden bis an die Decke reichende Schränke mit 3. Abtheilungen weiss angestrichen.
3. Repositorien, an den 3. Wänden.
3. lange Registratur Stiegen.
1. viereckigt eiserner Ofen mit irdenen Aufsatz.
[Seite 197]
Untere Etage / No. 3. / Ein Registratur und Secretariats Zimmer mit 3. Fensterstöcken.
Vorrath.
3. Fenster Rouleaux von grünen Zwiller.
2. Seßel mit durchgebrochenen Lehnen und eingesezten Kißen von schwarzen Saffian.
3. Lehnseßel, die Gestelle von Buchenholz, die Sitze mit Leder beschlagen.
1. Seßel mit einem grünen lernenen (?) Kißen.
1. großer vom Boden bis an die Decke reichender Schrank mit 3. Abtheilungen weiss angestrichen.
3. Schreibtische, jeder mit einer unversperrten Schublade und an beiden Seiten mit einem Behälterlein, und grüner Wachsdecke.
1. Commod in halb Zirkelform mit
1. Aufsatz mit 2. Glasthüren von Eichenholz und gefirnißt.
1. kleiner Behälter mit Fächern die Füllungen mit grüner Wachsdecke, weiss angestrichen.
1. ordinairer Tisch, mit einer versperrten Schublade, und grüner Wachsdecke.
1. dergleichen ohne Wachsdecke
1. Tischlein mit antiken Füßen und einer grünen Wachsdecke.
1. schmales Täfelein mit antiken Füßen von weichen Holz.
3. Repositorien an den 3. Wänden.
1. lange Registratur Stiegen.
1. viereckigt eiserner Ofen mit irdenen Aufsatz.
[Seite 198]
Untere Etage / No. 4. / Ein Zimmer von 2. Fensterstöcken mit einem niedrigen Gitter Verschlag. / Die Boten Stube.
Vorrath.
1. Fenster Rouleau von grünen Zwiller.
1. schmale Tafel von weichen Holz, mit einem Kranzgestell.
1. viereckigter Tisch von weichen Holz mit grünen Wachstuch bezogen.
2. lange Täfelein von weichen Holz.
4. Seßel die Gestelle von Buchenholz, die Sitze mit braunen Leder beschlagen.

1. viereckigter Tisch mit antiken Füßen und einer unversperrten Schublade.
2. Gestelle, worauf
2. Siegelpreßen von Eisen befindlich.
2. große Behälter mit 3. Aufsätzen, von Boden bis an die Decke reichend, weiss angestrichen.
1. kleines Repositorium.
1. viereckig eiserner Ofen mit braun glacirten Aufsatz.
[Seite 199]
Untere Etage / No. 5. / Ein Zimmer mit 3. Fensterstöcken, / das Sessions Zimmer.
Vorrath.
6. Fenster Vorhänge von weissen Hamans mit 3. Fallbrettern.
3. Fenster Rouleaux von grünen Zwiller.
18. Lehnseßel die Gestelle von Buchenholz braun gebeizt, mit durchgebrochenen Lehnen, die Sitze mit schwarzen Saffian beschlagen.
1. Portrait, Maximilian Joseph, in vergoldeter Rahm.
2. Commod braun gebeizt, jeder mit 2. Schubladen, und meßingen Handhaben und Schlüßelblechen.
1. Repositorium auf antiken Füßen mit 32. Fächern, braun angestrichen.
1. große viereckige Tafel, das Gestell von Eichenholz mit 6. Schubladen, das Blatt mit grünen Wachstuch bezogen.
1. kleiner Tisch von Eichenholz, mit grünen Wachstuch bezogen.
1. große ovale Tafel mit 18. versperrten Schubladen, das Gestell braun, das Blatt aber mit grünen Wachstuch bezogen.
1. spanische Wand, das Gestell braun angestrichen, und mit mouchirten Pappier bezogen.
1. große Landkarte.
1. viereckig eiserner Ofen mit braun glacirten Aufsatz.
[Seite 200]
Untere Etage / No. 6. / Ein Registratur Zimmer mit 2. Fensterstöcken.
Vorrath.
2. Fenster Aufzieh Vorhänge von weissen Leinwand.
1. großer viereckiger Tisch mit antiken Füßen und 8. Schubladen, das Blatt mit einer grünen Wachsdecke bezogen.
1. Schreibtisch mit Fächern und 2. versperrten Schubladen, das Blatt mit einer grünen Wachsdecke bezogen, worauf
1. kleines Repositorium befindlich.
1. großer Schreibtisch weiss angestrichen, das Blatt mit einer grünen Wachsdecke bezogen, worauf
1. Handrepositorium nebst
1. Schrank von Eichenholz und gefirnißt mit 2. Glasthüren befindlich ist.
1. Commod in Halbzirkel mit einer Thür von Eichenholz und gefirnißt, mit 12. meßingen Knöpfen.
1. Tisch von weichen Holz mit antiken Füßen.
1. dergleichen kleiner alter.
1. Schreibpult mit 2. Fächern.
2. Seßel mit durchgebrochenen Lehnen braun gebeizt, mit Einsatzkißen von schwarzen Saffian.
1. Lehnseßel mit rothen Saffian und schmalen goldenen Börtlein beschlagen.
1. Seßel von Buchenholz durchgebrochener Lehne der Sitz mit Leder beschlagen.
1. Stuhl, Rück und Sitz mit Leder beschlagen.
1. großer Schrank mit 3. Abtheilungen weiss angestrichen.
[Seite 201]
3. große und
3. kleinere Registraturstiegen.
1. dergleichen mit 3. Treppen.
3. hohe Repositorien an den Wänden.
2. dergleichen kleinere beym Ausgang der Thüren angebracht.
1. viereckig eiserner Ofen mit irdenen Aufsatz.
[Seite 202]
Untere Etage / No. 7. / Ein Registratur Zimmer mit 2. Fensterstöcken.
Vorrath.
2. Fenster Rouleaux, wovon einer von weissen, der andere aber von grünen Zwiller.
1. Schreibtisch, an beiden Seiten mit einem versperrten Behälterlein, das Blatt mit einer grünen Wachsdecke beschlagen, weiss angestrichen.
3. Tische, jeder mit einer versperrten Schublade, das Blatt mit grünen Wachstuch bezogen.
1. Behälterlein, worauf
1. Hangfaß und
1. Waschbecke von Zinn befindlich.
2. Seßel mit durchgebrochenen Lehnen braun gebeizt, dann eingesezten Kißen, mit schwarzen Saffian beschlagen.
1. Seßel von Buchenholz mit durchgebrochenen Lehnen mit Leder beschlagen.
3. kleine Handrepositoria.
3. hohe Repositoria an den 3. Wänden.
2. dergleichen im Durchzug.

2. große und
3. kleinere Registratur Stiegen.
1. viereckig eiserner Ofen mit irdenen Aufsatz.
[Seite 203]
Untere Etage / No. 8. / Ein Registratur Zimmer mit 1. Fensterstock. / ohne Ofen.
Vorrath.
1. großer Schrank vom Boden bis an die Decke reichend in 3. Abtheilungen, wo einer Abtheilung das Schloß fehlt, weiss angestrichen.
1. Lehnseßel, mit Leder beschlagen, ganz schadhaft.
2. Repositoria auf beiden Wandseiten und
1. dergleichen im Durchzug.
[Seite 204]
Untere Etage / No. 9. / Ein Zimmer mit 2. übereinanderstehenden Fensterstöcken. / Zur Kanzley.
Vorrath.
1. Fenster Rouleau von grünen Zwiller.
1. Schreibtisch von weichen Holz, auf beiden Seiten mit einem versperrten Behälterlein, das Blatt mit grünen Wachstuch bezogen.
1. spanische Wand mit grünen Pappier bezogen.
1. großes Repositorium, unten mit 5. verschlossenen Thüren versehen.
[Seite 205]
Untere Etage / No. 10. / Eine Stube im Eck mit 4. unteren und 4. oberen Fensterstöcken. / Kanzley.
Vorrath.
4. Fenster Rouleaux von grünen Zwiller.
2. Schreibtische, wovon einer braun gebeizt und 3. versperrte Schubladen, der andere aber 1. Schublade und 2. versperrte Behälterlein hat.
4. Schreibtische mit Leisten, das Blatt mit grünen Wachstuch bezogen.
1. kleiner Tisch mit einer Schublade und grüner Wachsdecke.
4. Lehnseßel mit rothen Saffian und schmalen goldenen Börtlein beschlagen.
3. Seßel von Buchenholz mit durchgebrochenen Lehnen, die Sitze mit Leder beschlagen.
3. Seßel von Buchenholz mit durchgebrochenen Lehnen, und Leder beschlagen.
1. spanische Wand von 4. Platt, mit grünen Pappier bezogen.
4. Spukkästlein von weichen Holz.
1. viereckigt eiserner Ofen mit irdenen Aufsatz.
[Seite 206]
Untere Etage / No. 11. / Eine Stube mit 1. untern und 1. obern Fensterstock. / Des Kanzley Inspektors Stube.
Vorrath.
1. Fenster Rouleau von grünen Zwiller.
1. Tisch von weichen Holz mit grünen Wachstuch beschlagen.
1. großer Tisch von weichen Holz, worauf
1. Hand Repositorium.
1. Schreibtisch, braun angestrichen, mit 5. versperrten Schubladen, worauf
1. Hand Repositorium.
1. dergleichen kleineres darneben mit 3. Fächern.
1. Schrank mit 2. Thüren, weiss angestrichen.
1. dergleichen mit einer Thür.
1. Seßel mit rothen Saffian und schmalen goldenen Börtlein beschlagen.
1. Seßel von Buchenholz mit durchgebrochenen Lehnen, und Kißen mit grünen Leinenzeuch beschlagen.
1. Spukkästlein.
1. viereckigt eiserner Ofen mit irdenen Aufsatz.
[Seite 207]
Untere Etage / No. 12. / Eine Zimmer mit 2. untern und 2. obern Fensterstöcken. / Siegelamts Expeditionszimmer, mit einem hohen Gitter Verschlag.
Vorrath.
1. großer Tisch von weichen Holz.
1. Schreibtisch von weichen Holz mit antiken Füßen, das Blatt mit Wachstuch bezogen.
3. Eckschränke von Eichenholz gefirnißt jeder mit 2. Thüren und 17. meßingen Knöpfen, wo auf einen
1. Handrepositorium mit 15. Fächern befindlich.
1. Schreibpult von weichen Holz mit 2. Fächern, und einer Schublade.
1. Behälter von weichen Holz mit 2. Thüren, und
1. dergleichen Behälter mit einer Thür, dann
1. Behälter mit einer Gitterthür; sämtlich weiss angestrichen.
1. Seßel von Buchenholz mit durchgebrochenen Lehnen, der Sitz mit Leder beschlagen.
3. dergleichen mit Leder beschlagen.
1. Lehnseßel mit gedrehten Füßen, der Sitz und Rückenlehne mit grünen Wollenzeuch beschlagen.
1. Stempel Maschiene, mit
1. Umhang von grünen Zwiller.
1. Siegelstock weiss angestrichen.
3. hohe Repositoria.

2. Registratur Stiegen.
1. dergleichen mit 3. Treppen.
4. Kisten von weichen Holz mit Eisen beschlagen.
1. eiserner Ofen mit irdenen Aufsatz.
[Seite 208]
*Untere Etage / No. 13. / Eine Stube mit 1. untern und
1. obern Fensterstock. / Siegelamts Rendantur Zimmer.*
Vorrath.
2. Schreibtische braun gebeizt, jeder mit 5. versperrten
Schubladen.
1. kleiner Tisch von weichen Holz worauf
1. Schreibpult befindlich.
1. Commod mit einem Aufsatz von Eichenholz und gefirnißt,
mit 4. Thüren und meßingen Knöpfen.
1. Schrank mit 2. Gitterthüren, die Gitter mit grünen
Pappier bezogen, worauf
1. Repositorium befindlich.
1. dergleichen kleinerer, ebenfalls die Füllung mit grünen
Pappier bezogen.
1. Schrank mit 4. Thüren auf antiken Füßen.
1. dergleichen mit 4. Thüren, sämtlich weiss angestrichen.
2. Seßel, Sitz und Lehnen mit Rohr geflochten, die Kißen von
grünen Wollenzeuch.
2. Seßel von Buchenholz mit durchgebrochenen Lehnen,
wovon einer mit Leder beschlagen, der andere aber ein
Kißen von grünen Wollenzeuch hat.
1. Lehnseßel, das Gestell weiss lakirt, Sitz und Rückenlehne
mit grün und weiss gestreiften Zeuch beschlagen.
1. kleines Repositorium mit 15. Fächern.
1. detto kleineres
2. große, und
1. kleineres Repositorium.
[Seite 209]
1. Ofenschirm, mit grünen Pappier bezogen
2. große und
1. kleinere eiserne Geldkisten.
1. viereckigt eiserner Ofen mit irdenen Aufsatz.
[Seite 210]
*Untere Etage / No. 14. / Eine große Stube mit 3. Fensterstöcken.
/ Die vormalige Hofstube und Schloß Einheizers Wohnung.*
Vorrath.
1. viereckigte Tafel von weichen Holz, mit einer Schublade, alt.
2. kleine Schlüsselbretter, silberfarb angestrichen.
1. viereckigt eiserner Ofen.
[Seite 211]
Untere Etage / No. 15. / Eine Kammer mit 2. Fensterstöcken.
Vorrath/Nichts.
[Seite 212]
*Untere Etage / No. 16. / Eine Kammer mit 1. Fensterstock. /
Beide über No. 14.*
Vorrath/Nichts.
[Seite 213]
*Untere Etage / No. 17. / Eine Kammer auf dem Gang. /
Hinter vorstehenden 2. Kammern.*
Vorrath/Nichts.
[Seite 214]
Untere Etage / No. 18. / Eine Küche hinter No. 14.
Vorrath/Nichts.
[Seite 215]
*Untere Etage / No. 19. / Eine große Spühl- oder Waschküche, /
mit einem Bronnen.*
Vorrath/Nichts.
[Seite 216]
*Untere Etage / No. 20. / Eine große Stube mit 2. Fenstern auf
den Gang, die vormalige / Garde Wachtstube.*
Vorrath/Nichts.
[Seite 217]
Untere Etage / No. 21. / Eine Kammer.
Vorrath/Nichts.
[Seite 218]
*Untere Etage / No. 22. / Eine Kammer in der Entresole / über
No. 20.*
Vorrath/Nichts.
[Seite 219]
*Untere Etage / Am Portal gegen die Jägerstraße bey dem
Eingang rechter Hand. / Schloßthorwarts Wohnung. /
No. 23. / Eine Stube mit 1. Fensterstock, an dem Caminloch
ist ein kleiner Feuerherd zum Kochen.*
Vorrath.
1. viereckigt eiserner Ofen.
[Seite 220]
Untere Etage / No. 24. / Eine Kammer mit 1. Fensterstock.
Vorrath/Nichts.
[Seite 221]
*Untere Etage / Hausvogtey / No. 25. / Eine Stube mit
2. Fensterstöcken.*
Vorrath.
1. großer Tisch von weichen Holz mit 6. Schubladen und
einem Behälterlein, mit einer grünen Wachsdecke.

1. schmale Tafel von Eichenholz mit 3. hohen und
3. niedrigen Schubladen wovon 2. zu versperren, mit
eisernen Schildern und Ringen, worauf
1. Repositorium von weichen Holz.
1. alter Schreibtisch von Eichenholz mit 8. Schubladen und
einem Behälterlein.
1. kleiner Spiegel in gewundener vergoldeter Rahm.
6. Seßel von Eichenholz mit Leder beschlagen.
1. Repositorium von weichen Holz, mit
2. grünen leinenen Vorhängen.
1. eiserne Stange.
4. Fenster Vorhänge von grünen Leinwand.
2. eiserne Stangen.
1. Repositorium von weichen Holz, mit 30. Fächern.
1. Silberwaag mit meßingen Schaalen und meßingen
Kettlein, wobey
1. Einsatz Gewicht von Meßing ad 4. Pfund.
1. Detto zu 8. Mark, und
1. Detto zu 4. Mark.
1. Goldwaag, mit einem Einsatz Gewicht zu 16. Louisdor
und einem dergleichen Einsatz Gewicht zu 32. Ducaten,
von Meßing.
Allgemeines Landrecht für die Preußischen Staaten,
zweyte Auflage Berlin 1794 in 5. Bänden, Halbfranzband,
und
[Seite 222]
Allgemeine Gerichtsordnung für die Preußischen Staaten,
Berlin 1795 in 2. Bänden Halbfranzband.
Sind von Königl: Höchst: Kriegs und Domainen Kammer,
besag allergnädigsten Rescripts (...) 19. September der
Hausvogtey zum erforderlichen Gebrauch zugefertigt
worden und wurden als Inventarienstücke hier eingetragen.
1. viereckigt eiserner Ofen
[Seite 223]
*Untere Etage / No. 26. / Ein Gewölbe mit 1. Fensterstock,
und / No. 27. / Ein Gewölbe mit 2. Fensterstöcken. /
Registraturen.*
Vorrath.
6. Registraturbehälter mit Schubladen.
6. Repositoria mit Fächern.
1. Tischlein von weichen Holz mit geblümter Wachsdecke.
1. Behälterlein von weichen Holz mit 1. Thür, geflammt
angestrichen.
1. alter Behälter von weichen Holz mit 1. Thür, grün
angestrichen.
1. Behälter von weichen Holz mit 2. Thüren.
1. niedriges Repositorium mit 2. Thüren, mit bunten Pappier
bezogen.
1. hölzerner Stuhl.
1. eiserne Geldkiste.
[Seite 224]
*Untere Etage / No. 28. / Eine Wach oder Spühlküche, am Eck
des Schloßes, mit 3. Fenster- / stöcken auf 2. Seiten, wobey am
Eingang ein laufender Bronnen.*
Vorrath.
1. Tafel oder Anricht von weichen Holz an der Wand bevestiget.
1. Tisch von Buchenholz.
1. alter Behälter von weichen Holz.
1. alter niedriger Behälter mit Schubladen und 2. Gitterthüren.
1. Spühlbank von Eichenholz.
2. kupferne eingemauerte Keßel.
1. eisernes Backoefelein.
[Seite 225]
Untere Etage / No. 29. / Eine kleine Stube mit 1. Fensterstock.
Vorrath.
1. viereckigt eiserner Ofen.
[Seite 226]
*Untere Etage. / Auf dem 2. Gang. / No. 30. / Eine kleine Stube
mit 1. Fensterstock.*
Vorrath.
1. viereckigt eiserner Ofen.
[Seite 227]
Untere Etage / No. 31. / Eine kleine Stube mit 1. Fensterstock.
Vorrath.
2. Weisszeuch Behälter jeder mit 2. Thüren mit runden
Glasscheiben und unten mit 2. Schubladen.
1. Spiegel in einer geschnittenen unvergoldeten achteckigten
alten Rahm.
[Seite 228]
Untere Etage / No. 32. / Eine Kammer mit 1. Fensterstock.
Vorrath.
1. Behälter von weichen Holz mit 2. Thüren.
[Seite 229]
Untere Etage / No. 33. / Eine Stube mit 2. Fensterstöcken.
Vorrath.
3. Behälter von weichen Holz aneinandergesezt mit
6. Thüren, bleyweissfarb angestrichen.

2. Behälter von weichen Holz, jeder mit 2. Thüren,
obnangestrichen.
2. Vorhangstangen von Eisen.
1. Tischlein von weichen Holz.
1. große Tafel von weichen Holz.
1. viereckig eiserner Ofen.
[Seite 230]
*Untere Etage / No. 34. / Ein kleines Cabinet mit 1. Fenster-
stock.*
Vorrath.
2. Behälter an einem Stück, von weichen Holz, jeder mit
2. Thüren, bleyweissfarb angestrichen.
2. eiserne Stangen.
1. Behälter von weichen Holz mit 2. Thüren.
[Seite 231]
*Untere Etage / No. 35. / Eine Stube im Eck mit 4. Fenstern /
auf 2. Seiten.*
Vorrath.
3. Weisszeuch Behälter, jeder mit 2. Thüren von weichen
Holz, so aneinander gefüget.
2. alte Weisszeuch Behälter von weichen Holz, jeder mit
2. Thüren.
1. Tisch von weichen Holz mit 2. Schubladen und grüner
Wachsdecke.
1. Behälter mit Schubladen von schwarz gebeizten Holz und
verzinnten Beschlag.
1. viereckigt eiserner Ofen.
[Seite 232]
Untere Etage / No. 36. / Eine kleine Stube mit 1. Fensterstock.
Vorrath.
1. Tischlein von weichen Holz.
1. kleiner viereckigt eiserner Ofen.
[andere Hand] in Zugang 1807
1. Secretair von weichen Holz gefirnißt mit ein Aufsatz mit
2. kleinen Glasthürlein und 3. Schubladen woran
6. meßene Handhaben und 3. Schildern.
1. Repositorium braun angestrichen
[vorherige Hand]
Auf dem Gang
1. Behälter von weichen Holz mit 2. Thüren.
1. dergleichen Behälter mit 2. Thüren.
[Seite 233]
Untere Etage / No. 37. / Eine ganz kleine Küche, am Gang.
Vorrath.
1. Anrichtbank.
1. Schlüßelbrett.
[Seite 234]
*Untere Etage / No. 38. / Eine große gewölbte Stube mit
2. Fensterstöcken. / Königl: Provinzial Haupt Cassen Bureau.*
Vorrath.
2. Lehnseßel mit geschweiften Füßen mit grünen Tuch
beschlagen.
1. Fauteuil das Gestell von Buchenholz mit Seiden und
Wollengenäh beschlagen.
2. Seßel von Buchenholz mit durchgebrochenen Lehnen,
mit eingesezten Kißen von blauen Plüsch.
5. Drehstühle, der Sitz mit Leder beschlagen.
1. Behälter von Eichenholz mit 4. Glasthüren und polirten
Beschlag.
1. Schrank mit 4. Thüren weiss angestrichen.
1. langer Schreibtisch mit antiken Füßen das Blatt mit
grünen Wachstuch beschlagen, worauf
2. kleine Handrepositoria.
1. langer Tisch mit antiken Füßen und einer Schublade von
weichen Holz.
1. Tischlein, von weichen Holz mit antiken Füßen und
1. Schublade.
1. lange Tafel von Eichenholz.
1. dergleichen worauf ein Schreibpult befindlich, und
1. dergleichen mit einer Leiste umgeben.
1. runder Tisch, braun angestrichen, das Blatt mit grünen
Wachstuch bezogen.
1. Tischlein von weichen Holz worauf
1. Behälterlein mit 2. Thüren weiss angestrichen.
[Seite 235]
1. langer Tisch von weichen Holz.
2. Bänke von weichen Holz.
2. hohe Repositoria.
1. Repositorium mit 12. Fächern und unten mit 2. Schubladen.
1. Siegelstock.
1. viereckigt eiserner Ofen.
[Seite 236]
Untere Etage / No. 39. / Ein Gewölbe mit 1. Fensterstock.
Vorrath.
1. Wandbehälter mit 4. Thüren von weichen Holz, silberfarb
angestrichen.
1. dergleichen Behälter mit 2. Thüren.
2. große eichene Geldkisten, und

9. dergleichen kleinere.
3. hölzerne Kisten mit gewölbten Deckel und Eisenblech
   beschlagen.
2. dergleichen mit flachen Deckeln.
[Seite 237]
Untere Etage / No. 40. / Eine große gewölbte Stube mit
2. Fensterstöcken. / Cassa Bureau des Zahlmeisters.
Vorrath.
4. Lehnsessel mit geschweiften Füßen mit grünen Tuch
   beschlagen.
1. Sessel von Buchenholz mit durchgebrochenen Lehnen,
   worauf ein Kißen von grünen Tuch.
3. Drehstühle die Sitze mit Leder beschlagen.
1. Stuhl von Eichenholz.
1. Behälter von Eichenholz mit 4. Glasthüren und polirten
   Beschläg.
2. Schränke jeder mit 2. Thüren.
2. Schränke jeder mit einer Thür.
2. Schreibbehälter jeder mit 2. Thüren, bleiweisfarb
   angestrichen wo auf den einen
1. eiserne Siegelpresse befindlich.
1. langer Tisch von Eichenholz mit antiken Füßen und
   5. versperrten Schubladen.
1. dergleichen viereckigter, mit 1. versperrten Schublade.
1. länglichter Schreibtisch mit antiken Füßen von weichen
   Holz.
1. ordinairer Tisch von weichen Holz.
1. hohes Repositorium.
2. Schreibpulte.
1. eiserne Geldkiste.
1. meßinge Handspritze.
1. viereckigt eiserner Ofen.
[Seite 238]
Untere Etage / No. 41. / Eine kleine Stube mit 1. Fenster-
stock, / und einer Entresole. / Zur Kellerey gehörig.
Vorrath.
1. Fauteuil mit alten grünen Tuch beschlagen.
1. Aufziehtisch von Eichenholz.
1. Tisch mit einen steinernen Blatt und 3. Schubladen.
1. kleiner niedriger Registratur Behälter von weichen Holz
   mit Fächern, und doppelten Thüren, an der Wand.
1. Behälter von weichen Holz mit 2. Thüren.
1. kleiner Behälter mit 2. Thüren.
1. Spiegel in schwarz gebeizter Rahm.
5. alte Stühle von weichen Holz.
1. viereckigter eiserner Ofen.
[Seite 239]
Untere Etage / No. 42. / Eine große gewölbte Stube mit
2. Fensterstöcken, und / No. 43. / Ein Cabinet mit
1. Fensterstock. / Silberkammer.
Vorrath.
1. Behälter von Eichenholz gefirnißt mit 4. Glasthüren und
   polirten Beschläg.
2. dergleichen Behälter, jeder mit 2. Thüren.
1. großer Behälter von weichen Holz mit 2. Glasthüren.
1. Tischbehälter von weichen Holz mit 4. Thüren, worauf
1. Gläserschrank von Eichenholz mit 3. Glasthüren, beide
   blaulicht angestrichen.
1. niedriger Behälter mit 2. Thüren bleyweisfarb angestrichen.
1. niedriger breiter Behälter von weichen Holz mit
   2. Thüren.
1. Tafel von weichen Holz mit 2. Behälterlein und
   4. Thüren woran
3. blecherne Laternen an 3. eisernen Stangen.
1. kleiner Behälter von weichen Holz mit 2. Thüren.
1. Behälter von weichen Holz mit 2. Thüren, bleiweisfarb
   angestrichen.
1. Behälter mit 2. Thüren weis angestrichen.
1. Behälter mit 2. Thüren bleiweisfarb angestrichen.
1. Commod von weichen Holz mit 2. Schubladen, wovon das
   obere Blatt aufgemacht werden kann zu Aufbewahrung des
   Brennobls [Brennholz].
[Seite 240]
1. Repositorium von weichen Holz mit 5. Fächern.
1. viereckigt eiserner Ofen mit einer Stellage zum Teller
   trocknen.
[Seite 241]
Untere Etage / No. 44. / Ein vormaliges Victualien Gewölbe,
mit 1. Fensterstock, und / No. 45. / Ein dergleichen Gewölbe
mit 2. Fensterstöcken. / Registraturen.
Vorrath.
2. Sessel von Buchenholz mit durchgebrochenen Lehnen mit
   Kißen von carmoisin rothen Plüsch.
1. Tisch von weichen Holz mit einem Kranzgestell.
1. dergleichen, mit einem Kranzgestell.
2. Wänden mit Repositorien nebst
1. Durchzug
3. Repositorien an den 3. Wänden und

1. Durchzug.
2. große und
1. kleine Registratur Stiegen.
1. dergleichen mit 3. Tritten.
[Seite 242]
Untere Etage / No. 46. / Ein Victualien Gewölbe mit
1. Fensterstock. / worinnen ein Wasser Reservoir.
Vorrath.
1. Behälter von Eichenholz mit 2. Thüren.
1. niedriger Schrank von weichen Holz mit 6. Schubladen,
   und 4. eisernen Handhaben.
[Seite 243]
Untere Etage / No. 47. / Ein Victualien Gewölbe mit
1. Fensterstock. / worinnen dermahlen Herrschafts Acten.
Vorrath / Nichts.
[Seite 244]
Untere Etage / No. 48. / Ein Victualien Gewölbe mit
1. Fensterstock.
Vorrath.
1. alter Tisch von weichen Holz.
1. in Eisen hangende Stellage von Eichenholz.
1. Mehlkasten von weichen Holz.
[Seite 245]
Untere Etage / No. 49. / Eine Stube mit 1. Fensterstock, und /
No. 50. / Ein Cabinet mit 1. Fensterstock und einem Verschlag.
Vorrath.
1. niedriger Behälter von weichen Holz mit 1. Thür, silberfarb angestrichen.
1. Täfelein das Blatt von Eichen und das Gestell von weichen
   Holz.
1. alter Tisch von Eichenholz mit einer zu versperrenden
   Schublade.
1. Tisch von weichen Holz mit 2. zu versperrenden Schubladen mit alter Wachsdecke.
1. Behälter von weichen Holz mit 1. Thür.
1. Behälterlein von weichen Holz mit 2. Thüren.
1. Tischschrank von weichen Holz braun angestrichen mit
   1. großen und 8. kleinen Schubladen, mit meßingen
   Ringen.
1. länglicht schmales Täfelein von weichen Holz mit antiken
   Füßen.
2. kleine Tische von weichen Holz.
7. hölzerne Stühle mit durchgebrochenen Lehnen
1. Bank von weichen Holz.
1. Repositorium.
2. Karrnbettstatt.
1. kleiner Spiegel in ovaler unvergoldeter Rahm.
1. viereckigter eiserner Ofen.
[Seite 246]
Untere Etage / Im Flügel oder Stallbau, / in der untern
Etage. / No. 51. / Die vormalige Beyküche mit 3. Fenster-
stöcken. / darinnen ein laufender Bronnen mit einem /
kupfernen Kasten.
Vorrath / Nichts!
[Seite 247]
Untere Etage / No. 52. / Die Mund Küche mit 2. Feuer-
herden / auf 2. Seiten mit Fenstern.
Vorrath.
1. Anricht Tafel mit 3. Thüren bleiweisfarb angestrichen.
1. dergleichen, das Blatt von Buchenholz mit 2. Schubladen.
1. detto das Blatt von Buchenholz das Gestell bleiweisfarb
   angestrichen.
[Seite 248]
Untere Etage / No. 53. / Die Braten Küche.
Vorrath.
1. großer an der Wand bevestigter Behälter von weichen Holz
   mit 2. Thüren, weiss angestrichen.
1. dergleichen mit 4. Thüren.
1. Anricht von Buchenholz.
1. kleiner Tisch von weichen Holz.
4. bölzerne Stühle, wovon einer mit durchgebrochener Lehne.
[Seite 249]
Untere Etage / No. 54. / Eine kleine Spühl Küche an der
Mundküche / mit einem laufenden Bronnen.
Vorrath / Nichts!
[Seite 250]
Untere Etage / No. 55. und 56. / Zwey Back-Kammern, jede
mit 2. Fensterstöcken.
Vorrath.
1. eiserne Dörr oder Trocken Ofen.
1. Tischbehälter von weichen Holz mit 2. Thüren.
1. Tischschrank mit 2. Thüren bleiweisfarb angestrichen.
1. Schrank mit 2. Thüren bleiweisfarb angestrichen.
1. Anricht von Buchenholz mit einer Schublade.
1. steinerner Mörsner.
[Seite 251]
Untere Etage / Im Flügelbau. / No. 57. / Eine Kammer auf der
Entresole / über No. 56.
Vorrath / Nichts.

[Seite 252]
Untere Etage / Im Flügelbau / Vormalige Hofkonditorey, /
nun das Oberforst-Departement. / No. 58. / Eine Stube mit
3. Fensterstöcken, und einem Verschlag / worinnen ein
laufender Bronnen.
Vorrath.
1. Behälter mit 2. Thüren weiss angestrichen.
1. schmaler Behälter mit 1. Thür, und mit Fächern, weiss
   angestrichen.
1. Tafel von weichen Holz mit 2. Schubladen.
4. Sessel von Buchenholz mit durchgebrochenen Lehnen und
   Kißen von rothen Plüsch.
1. Tisch von weichen Holz, zwischen dem Fenster.
1. bölzerner Stuhl.
1. Repositorium mit 6. Schubladen und Fächern, weiss
   angestrichen.
1. hohes Repositorium.
1. schmales dergleichen.
1. niedriges Handrepositorium
1. Siegelstock.
1. viereckigt eiserner Ofen.
[Seite 253]
Untere Etage / Im Flügelbau / No. 59. / Eine Stube mit
2. Fensterstöcken.
Vorrath.
1. Tisch von weichen Holz zwischen dem Fenster.
1. Tafel von Eichenholz mit antiken Füßen.
2. Sessel mit durchgebrochenen Lehnen und Kißen von rothen
   Plüsch.
1. dergleichen ohne Kißen.
3. bölzerne Stühle.
1. Spiegel in geschnittener weiss lakirt und vergoldeter
   Rahm.
1. Behälter mit 2. Thüren weiss angestrichen.
3. Repositoria an den 3. Wänden.
1. detto kleineres.
1. viereckigt eiserner Ofen.
[Seite 254]
Untere Etage / Im Flügelbau / No. 60. / Eine Stube mit
4. Fensterstöcken im Eck.
Vorrath.
4. Wandschränke jeder mit 2. Thüren zwischen den
   4. Fenstern.
2. große Schränke, jeder mit 2. Thüren weiss angestrichen,
   die Füllungen mit grünen Wachstuch bezogen.
1. große Tafel mit 8. antiken Füßen und einer Schublade,
   worauf
1. Repositorium mit 10. Fächern.
5. bölzerne Stühle.
1. Registratur Stiege mit 3. Treppen.
1. eiserner Ofen.
[Seite 255]
Untere Etage / Im Flügelbau / In der Entresole / Drey
Kammern / No. 61. 62. 63.
Vorrath.
1. Behälter mit 2. Thüren
1. Tischbehälter mit 2. Thüren.
1. Tischbehälter von Eichenholz mit 2. Thüren, weiss
   angestrichen.
1. Karrnbettstatt.
1. Repositorium an der einen Wand
1. eisernes Oefelein mit irdenen Aufsatz.
5. bölzerne Stühle.
4. kleine Repositoria.
1. Tafel mit einem Kranzgestell von weichen Holz und
   2. Schubladen.
5. Sessel, mit grünem Tuch beschlagen, alt.
5. Repositorien an den Wänden.
Auf dem Gang.
1. Tischschrank von Eichenholz mit 2. Thüren, weiss
   angestrichen.
2. Wandschränke jeder mit 2. Thüren von weichen Holz.
[Seite 256]
An vorraethigen Meubles und andern Stücken an Resten; /
bey der hiesigen Schloß-Kastellaney, und in den / Vorraths
Kammern auf dem Schloß-Boden.
Vorrath.
1. Thurnbettstatt von weichen Holz mit Zizenen Umhängen,
   schadhaft.
1. Chaiselong mit 3. Abtheilungen 4. Kißen und 1. Rolon von
   weiss und roth gestreiften Halbseidenzeuch.
4. runde Collations-Tische von weichen Holz.
2. Lehnsessel mit Ziz beschlagen.
1. Canapée, das Gestell von Mahagonyholz der Sitz ist mit
   Ziz beschlagen.
2. Tischlein, mit gedrehten Füßen und Nußbaumholz
   eingelegt.
1. Commoditaet braun angestrichen, in Form eines Taburets,
   mit Pferdhaarenzeuch beschlagen.

2. *Commoditaet Gestelle mit Porcellainenen Hafen und Deckel.*
1. *Karrnbettstatt, von weichem Holz.*
1. *dergleichen.*
1. *Thurnbettstatt mit grünen Damastenen Umhängen.*
2. *eiserne Vorhangstangen mit Fallbrettern.*
1. *Secretaire, mit Nußbaumholz eingelegt, einem Aufsatz und 3. untern Schubladen.*
1. *Tischgestell, roth und schwarz angestrichen.*
1. *Toilette-Spiegel.*
1. *Karrnbettstatt mit einem chapiteau und weissen Mousselinen Umhängen.*
1. *Glas Lampe, in Forlm einer Glocke, mit weissen Blech eingefaßt.*
1. *Thurnbettstatt mit Umhängen von geblümten Ziz und grünen Banden eingefaßt.*
1. *Thurnbettstatt ohne Umhänge.*
1. *Feldbettstatt.*
1. *spanische Wand mit 4. Blatt.*
1. *dergleichen mit rothen Papier bezogen und schmaler grüner Bordure.*

[Seite 257]
1. *roth lakirtes Spielmarken Kästlein mit 5. dergleichen kleinern Kästlein.*
2. *Kopfkißen von Schaafleder mit Roßhaaren gefüllt.*
1. *eingelegtes Brettspiel von Nußbaumholz mit Silber beschlagen, und 2. silbernen Leuchtern, dann einem dergleichen länglichen Tellerlein, mit Steinen von schwarzen und weissen Abornholz.*
1. *kleine Winden, zum Rahmen ausspannen.*
1¹/₃ *Elle Rest von blau roth und weiss seidener Bordure.*
14. *Ellen seidene Gimpen.*
1. *Parthie roth und grüne seidene alte Schnüre.*
1. *Glockenzieher von Lilla und rother Seiden, mit 1. Crepin Quasten.*
   Abgang. [andere Hand] Nota ist im Haus des Herrn von Lerchenfeld, versendet den 10. Nov. 1808.
[1. Hand]
75¹/₂ *Ellen, weiss roth und grün seidene Crepin.*
2. *Muschel und 4. Crepin Quasten von einem Baldachin.*
2. *dergleichen Muschel und 4. Crepin Quasten von 2. Fenster Vorhängen.*
2. *Armleuchter von Cristall zu 2. Lichtern.*
1. *einfacher Armleuchter von ciselirten vergoldeten Bronze.*
1. *Nachtriegel von vergoldeten Meßing.*
6. *Knöpfe von Bronze zu dem Caminzeuch im großen Speisesaal gehörig.*
5. *verschiedene meßinge Knöpfe zu Camin Zeuch.*
2. *blau angelassene eiserne Spiegelschrauben mit Verzierung von Meßing.*

[Seite 258]
17. *Stück eiserne Haken mit meßingen Rädlein, zu Vorhängen.*
75. *Stück größere und kleinere Schrauben.*
2. *Feuerböcke mit Ornamenten.*
24¹/₂ *Elln an 10. unterschiedlichen Resten grün weiss und lilla-farben Damasade, von der Tapete Inv. Pag. 157. No. 31.*
9. *Ellen dergleichen Borduren an 2. Stücken à 6. und 3. Ellen.*
16¹/₂ *Ellen dergleichen Damasade zu 2. Cannapées.*
2. *Tafel Teppiche von carmoisin rothen Tuch.*
1. *Stellage zum Kleider auskehren.*
1. *Tafel Teppich von carmoisin rothen Tuch.*
2. *kleine Spiegel in schwarz gebeizten Rahmen.*
1. *Toilette Spiegel in brauner Rahm.*
1. *Tischblatt zum Schreiben im Bette mit Leder bezogen.*
2. *Feuerböcke mit Ornamenten von Bronze.*
1. *Handspritze von Meßing.*
2. *Gestelle von weichen Holz zum Abnähen der Decken.*
2. *ovale Basreliefs von weissen Marmor mit den Brustbildern des Herrn Markgrafen Wilhelm Friedrich und der Frau Markgräfin Christiane Charlotte.*
2. *Figuren von grauen Marmor, jede eine schlafende Person vorstellend.*
   Zugang [andere Hand]
1. *Fuß Teppich von rothen Tuch in 3. Blatt. Laut Conto des Schlemmer von hier vom 27. Sept. 1808.*

[Seite 259]
[1. Hand]
1. *liegende Figur von grauen Marmor.*
1. *schlafendes Kind von grauen Marmor in einem schwarz gebeizten Postament.*
1. *Presentier Teller von Elfenbein, mit erhabenen Figuren mit vergoldeten Silber eingefaßt, auf einem Fuß von Elfenbein.*
1. *Figur, eine nakende Mannsperson an einem Baum gebunden von Elfenbein, auf einem gedrehten hölzernen Postament.*

1. *dergleichen Figur, Diana mit einem Kinde, welches auf einem Horn bläst, dann mit 2. Hunden.*
1. *Figur, Diana mit 2. Hunden von Elfenbein.*
1. *dergleichen kleinere Figur, Venus und Cupido, auf einem gedrehten braun gesprengten hölzernen Postament.*
1. *Figur von Elfenbein, ein kleines Kind auf gedrehten braunen Postament.*
1. *Becher mit einem Deckel von Elfenbein, mit erhabenen Figuren.*
1. *Kopf eines weinenden Kindes von Alabaster.*
1. *Kopf eines lachenden Kindes von Alabaster.*
1. *Krug von Elfenbein mit dem Bachus und Bachus-Kindern, mit Deckel und Handhaben von [Anschluß auf Seite 260] [andere Hand] Zugang*
2. *kleinere und*
1. *großer Tisch Teppich, laut Conto von Senior Kellmuth aus Ansbach den 25. Sept 1808.*

[Seite 260] [1. Hand]
vergoldeten und emaillirten Meßing, dann mit Meßing gefüttert.
1. *ovaler Presentier Teller von Elfenbein mit erhaben Figuren und dergleichen Fuß, ohne Faßung.*
1. *kleine Figur von Elfenbein, ein nakendes Frauenzimmer.*
1. *Figur, Diana mit 2. Kindern, und einem Hund von Elfenbein.*
1. *Figur, zwey sich schlagende Knaben von Elfenbein, auf einem gedrehten schwarz gebeizten Postament.*
1. *dergleichen Venus mit 2. Kindern auf schwarz gebeizten Postament.*
1. *unbeschlagener Krug und ohne Boden von Elfenbein, worauf die Schöpfungsgeschichte erhaben geschnitten.*
31. *Figuren zu einem Schachspiel von Pappendeckel mit Stroh belegt, schadhaft, in einem hölzernen eingelegten Kaestlein.*
1. *Krone von vergoldeten Meßing von der Leichenbestattung Ihro Königl. Hoheit der verwittibten Frau Markgräfin Friederice Louise.*
1. *große Seemuschel, so als ein Horn zu gebrauchen mit*
[Seite 261]
einem Mundstück von Horn.
1. *Teller von petrificirten Holz, der Fuß mit einer silbernen vergoldeten Einfaßung und mit 2. dergleichen Handhaben.*
2. *kleine Wasserfläschlein von Stein, schön ausgestochen.*
12. *ovale große und kleine achatene Schaalen.*
1. *ovaler Becher oder Schaale auf einem Fuß von Achat.*
2. *dergleichen kleinere, und*
2. *detto noch kleinere.*
4. *Leuchter von Achat mit silbernen und vergoldeten Ornamenten.*
1. *Kasten von weichen Holz mit Eisen beschlagen.*
1. *große Kiste mit Seehundsleder bezogen und mit Eisen beschlagen.*
1. *große Kiste mit braunen Leder bezogen und mit Eisen beschlagen.*
1. *schmales Kistlein mit Eisen beschlagen, zu Reise Bettstatten.*
1. *Holzkasten von Eichenholz, gelb angestrichen.*
1. *dergleichen kleinerer Holzkasten.*
1. *Nachtstuhl von weichen Holz, der Sitz mit rothen Damast bezogen.*
13. *Wandleuchter von weissen Blech.*
5. *ausgeschweifte Bretter von Buchenholz, roth gebeizt, zu einem Aufsatz.*
[Seite 262]
1. *Feuerzagen* ⎫ *mit meßingen*
1. *Feuerhaken* ⎭ *Knöpfen*
4. *Caminfeuerzangen mit 2. meßingen und 2. ohne meßingen Knöpfen.*
1. *Flügel oder Clavicymbel, grün und weiss angestrichen.*
1. *Bettgestell von schwarzen Ebenholz mit Elfenbein eingelegt.*
1. *niedrige Kisten von weichen Holz mit Eisen beschlagen.*
1. *Fürstenhuth von carmoisin rothen Sammet mit Wachsperlen besetzt.*
1. *Theé Pot.*
1. *Milchkännlein von*
1. *Zucker Büchse von blau und weissen Weegdwod.*
1. *Consolentisch mit weiss und blau lakirten Gestell und geschweifter Platte von weissen Marmor.*
1. *Holzkasten, silberfarb angestrichen.*
   große schwarze angestrichene Gueridons. [ohne Stückzahl]
   dergleichen etwas kleinere. [ohne Stückzahl]
1. *Feuerhaken mit meßingen Knopf.*
1. *Wiege mit Schildkrot und Zinn eingelegt, so oben zu Kopfen mit einem Churhut und einer gemahlten Devise in einem vergoldeten Schild versehen, Die Seitenstücke, Fußbretter und Walzen fein vergoldet, innwendig mit grünen Taffent, und der Boden mit Damast bezogen, nebst dergleichen Falbelein und 2. Vorhängen, alles mit schmalen goldenen Treßen besetzt.*

[Seite 263]
1. *Unterbettlein von weissen Bomasin.*
2. *Wickel Kißen von weissen Leinwand mit Flaumenstaub gefüllt.*
1. *kleine Parade Decke von grünen Damast mit Taffent doublirt, und mit einer schmalen goldenen Treße besetzt.*
1. *Kißen mit Flaumenstaub gefüllt und mit grünen Taffent bezogen.*
1. *Maschiene von Mahagonyholz, oben auf ein Gefäß in Form eines Eymers mit Deckel zu Waßer, und unten ein kleiner Schrank, in den Auszug ein Schrankkeßel mit Zinn ausgefüttert.*
2. *Leitern oder Treppen von weichen Holz.*
1. *detto von Eichenholz zum Zusammenlegen.*
1. *Nachtstuhl mit schwarzem Leder beschlagen, mit einem kupfernen Geschirr.*
1. *Blumengestell mit 3. Abtheilungen von Mahagonyholz.*
1. *Nachtstuhl in Form eines Seßels mit einem gelben leinernen Überzug und einem Geschirr von weissen Fayence.*
4. *Musikpulte von Birnbaumholz, auf 2. Personen.*
12. *grau marmorirte Consolen von Gips.*
10. *detto von gebrannter Erde, schwarz und roth gemahlt.*
3. *Urnen von dergleichen, schadhaft.*
5. *Waschkörbe.*
1. *Bettwärmer von Meßing.*
1. *Pharao Tisch mit grünen Tuch beschlagen, schadhaft.*
[Seite 264]
1. *Gestell von Mahagonyholz zu einem niedrigen Fauteuil.*
1. *ovalrunde Tischplatte von Sohlenhofener Stein mit Verzierung.*
1. *kleiner Tischschrank mit 1. Thür bleiweissfarb angestrichen.*
1. *Tischgestell braun gebeizt und mit Meßing garnirt, mit Vertiefung von weissen Blech und 2. meßingen Handhaben.*
4. *Karrn Bettstatten.*
1. *große Thurnbettstatt von Bildhauerarbeit und gefirnißt mit Zizenen Umhängen, und mit grünen aber abgeschoßenen seidenen Banden besetzt.*
1. *Thurnbettstatt, braun angestrichen, mit gelb und weiss halbseidenen gestreiften Umhängen.*
2. *gläserne Glockenlaternen wovon einer von Meßing der andere aber von weissen Blech.*
6. *runde gläserne Laternen mit blechernen Deckeln, im Schloßhof.*
7. *sechseckigte*
29. *viereckigte und*
9. *dreieckigte weiss blecherne Laternen.*
7. *viereckigte Laternen von gelben Blech.*
   Sämmtliche Laternen befinden sich in den Schloßgängen aufgemacht.
1. *ovaler Eßtisch.*
1. *Spiegel in einer schwarzen Rahm, alt.*
   [andere Hand] Zugang den 1.ten October 1808
8. *viereckigte Laternen von weissen Blech [weitere Hand]*
1. *Postament von weichen Holz mit einer holzernen Schraube, und einem runden Teller darauf, zu einem Fortepiano solches hoch und nieder schrauben zu können. [...] 22. Febr. 1809. [...].*
   [folgt 1. Hand]
[Seite 265]
An Geraethschaften zum Gebrauch bey der Tapisserie.
1. *Keßelein von Meßing.*
1. *kupferner Leimtiegel.*
1. *Streichstahl.*
1. *Beißzange.*
1. *Hammer mit eisernem Stiel.*
1. *Stemmeisen oder Meißel.*
1. *Nagelbohrer.*
2. *Durchschläge.*
1. *Säge.*
1. *eiserner Beschlaghammer.*
1. *großes Stemmeisen.*
1. *Waag mit meßingen Schaalen, und 3. Pfund Gewicht.*
1. *graues Bügeltuch.*
[Seite 266]
In dem Commoedien und Redouden Hauß.
14. *Bänke, Sitze und Lehnen mit hellblauen Tuch beschlagen.*
2. *Bänke, etwas kürzer, mit hellblauen Tuch beschlagen.*
12. *dergleichen Bänke mit hellblauen Cahan oder Wollenzeuch beschlagen.*
2. *kleine Bänke unbeschlagen.*
12. *Lehnseßel, Sitze und Lehnen mit hellblauen Tuch beschlagen.*
4. *Seßel, Sitz und Rückenlehne mit Rohr geflochten, und jeder mit 4. Rosetten.*
2. *dergleichen Seßel.*
6. *Sitz und Lehnen mit Rohr geflochten.*

23. *Seßel von Buchenholz mit durchgebrochenen Lehnen, die Sitze mit gedupften Manchester beschlagen.*

8. *Seßel von Buchenholz, die Sitze mit dem nemlichen Manchester beschlagen.*

8. *Seßel mit durchgebrochenen ovalen Lehne, der Sitz mit rothen Damast beschlagen.*

1. *Fauteuil, mit grünen Plüsch beschlagen.*

6. *Seßel mit durchgebrochenen Lehnen braun angestrichen, der Sitz mit mouchirten Cotton beschlagen.*

6. *Seßel mit durchgebrochenen Lehnen und Nußbaumholz eingelegt, der Sitz mit grünen Wollenzeuch beschlagen.*

1. *Tischlein von Eichenholz mit gedrehten Füßen, einer Schublade und grünen Wachsdecke.*

1. *Tisch von Eichenholz mit dergleichen Füßen, ohne Schublade und Decke.*

[Seite 267]
An Vorraethen / bei der Silberkammer.
Vorrath.
A., An Silber.

4. *Suppenvorleglöffel, wovon einer innwendig vergoldet, und zusammen 2. Marck 11. Loth an Gewicht haben.*

12. *Meßer mit silbernen Heften, wegen der eisernen Klingen können solche nicht gewogen werden.*

9. *Gabeln, ganz von Silber mit 4. Zinken, 2. Marck 9. Loth an Gewicht.*

6. *Stück Eßlöffel, 1. Marck 12½ Loth an Gewicht.*

12. *Meßer und*
12. *Gabeln mit 3. Zinken von Eisen ohne Gewicht,*
18. *Eßlöffel, 3. Marck 5½ Loth an Gewicht.* } *in einem mit rothen Leder bezogenen Kästlein und grünen Tuch ausgefüttert.*

12. *Meßer ohne Gewicht*
12. *Gabeln mit 4. Zinken von Silber 2. Marck 2. Loth an Gewicht.*
12. *Eßlöffel mit 2. Marck 13. Loth an Gewicht.* } *in einem schwarzen Kästlein mit grünen Sammt ausgefüttert.*

12. *Meßer*
12. *Gabeln mit 4. silbernen Zinken, 2. Marck 11. Loth an Gewicht.*
8. *Eßlöffel, 2. Marck und 3. Loth an Gewicht.* } *in einem mit rothen Leder bezogenen Kästlein, mit grünen Tuch ausgefüttert.*

45. *Stück Coffeèlöffel, 2. Marck 15. Loth an Gewicht.*

[Seite 268]
Vorrath.
B., An Zinn.

1. *Suppenschüßel mit einem Deckel und 2. Handhaben.*
2. *dergleichen mit Deckeln und Handhaben.*
1. *Suppenschüßel mit einem Deckel ohne Handhaben.*
1. *kleine Suppenschüßel mit einem Deckel und Handhaben.*
1. *kleine Suppenschüßel ohne Deckel.*
17. *große und kleine Schüßel mit einem Rand.*
15. *große und kleine flache Schüßel ohne Rand.*
2. *große*
2. *mittlere und*
2. *kleine ovale Schüßel ohne Rand.*
36. *tiefe oder Suppenteller.*
40. *flache Teller.*
2. *Presentier Teller.*
1. *großer Einsatz mit 5. Schüßeln, woran der Deckel aber schadhaft.*
1. *detto kleinerer, mit 5. Schüßel ohne Deckel.*
1. *detto kleinerer, mit 4. Schüßel und einem Deckel.*
1. *detto kleinerer, mit 3. Schüßel, woran der Deckel äußerst schadhaft.*
2. *Gefrirbüchsen.*
4. *Halbmaas Becher.*
2. *Schoppenbecher.*
1. *Einlegteller.*
2. *große ovale Schrankkeßel mit Handhaben und*
2. *dazugehörige Vasen mit meßingen Hahnen.*
[Seite 269]
6. *Salzfäßer.*
1. *doppeltes Salzfaß mit Deckeln.*
8. *Suppenvorleglöffel.*
12. *Eßlöffel von Zinn.*
18. *dergleichen von Metall.*
12. *Coffeelöffel von Metall.*
14. *Leuchter von Metall auf Silberart gearbeitet.*
27. *Leuchter von Zinn, mit viereckigten Füßen und Pfistern.*
36. *dergleichen mit runden Füßen und Pfistern.*
6. *Leuchter von Zinn, worauf die Pfister festgemacht.*
20. *ordinaire zinnerne Leuchter.*
3. *Coffee Kannen, ganz glatt und birnförmiger Facon.*
2. *kleine Milchkannen.*
1. *Coffee und*
1. *Milchkanne von gleicher Facon mit schwarz hölzernen Handhaben.*
2. *Coffee und*

1. *Milchkanne, gewundene Facon.*
1. *Coffee und*
1. *Milchkanne, nach neuerer Facon mit antiken Handhaben.*
1. *Coffee und*
1. *Milchkanne, ganz glatt, und gleichweiter Facon.*
11. *kleinere Coffeekannen, gleichfalls gleichweit mit schwarzen hölzernen Handhaben.*
8. *dergleichen Milchkannen.*
4. *ovale Thee Pot.*
[Seite 270]
2. *runde Thee Pot.*
1. *Bettschüßel.*
12. *ovale Lavoir- und*
10. *Gießkannen.*
3. *Blatten von Zinn.*
[Seite 271]
Vorrath.
C., An Kupfer.
2. *ovale kupferne Schrankkeßel.*
2. *große Coffee Kannen, zum Kochen.*
3. *detto kleinere.*
6. *Coffee und*
6. *Milchkannen, glatt und in gleichweiter Facon mit hölzernen Stielen.*
5. *Chocolate Kannen, jede mit 3. Füßen.*
2. *dergleichen ohne Füße.*
2. *dergleichen mit Schrauben.*
1. *große, und*
1. *kleinere Becken.*
17. *große und kleine Theewaßer Keßel.*
4. *Leuchter.*
1. *dergleichen auf Silberart gearbeitet.*
2. *Rechaud.*
1. *Theemaschine, mit einem Fußgestell von schwarzen Holz.*
2. *Waagschaalen, mit eisernen Kettlein.*
2. *Schaalen, jede mit 2. Handhaben.*
1. *detto kleinere.*
1. *Blech mit Löchern.*
1. *Zuckerlöffel.*
6. *Pauken, wovon 2. der Hofpauker Bischoff zum Gebrauch hat.*
[Seite 272]
Vorrath.
D., An Messing.
8. *Maschinen zu Wasser Nachtlichtern.*
5. *dazugehörige runde Tellerlein.*
6. *Tellerlein mit Handhaben.*
5. *ovale Presentier Teller.*
12. *meßinge Teller, so versilbert sind.*
2. *Schöpflöffel.*
1. *metallener Mörsel, mit einem eisernen Stempel.*
2. *Waagschalen.*
[Seite 273]
Vorrath.
E., An Eisen.
8. *Kohlepfannen.*
1. *Kaffeemüble zum Anschrauben.*
2. *runde Brodröste, mit hölzernen Stielen.*
1. *großer eiserner Waagbalken, so an der Decke vestgemacht, und Ketten.*
2. *kleinere detto.*
1. *Zentner Gewicht.*
1. *Halbzentner Gewicht.*
1. *30 Pfund Gewicht.*
1. *12 Pfund Gewicht.*
1. *10 Pfund Gewicht.*
1. *7 Pfund Gewicht.*
1. *6 Pfund Gewicht.*
1. *6 Pfund Gewicht.*
1. *½ Pfund Gewicht.*
1. *⅓ Pfund Gewicht.*
1. *¼ Pfund Gewicht.*
1. *Feuerzangen.*
[Seite 274]
Vorrath.
F., An Blechwaaren.
18. *weiss blecherne Wandleuchter.*
6. *Coffeebrenner.*
3. *lakirte mit bunten Blumen gemahlte länglichte Theebretter.*
1. *dergleichen rundes, sehr schadhaft.*
1. *detto rundes, lakirt, und mit bunten Blumen gemahlt.*
3. *kleinere ovale, gleichfalls gemahlt.*
1. *Presentier Teller, ebenfalls gemahlt.*
3. *Untersetzer zu Lichtbutzscheeren.*
[Seite 275]
Vorrath.
G., An Porcellaine.
3. *viereckigte Schüßel.*

3. *dreieckigte dergleichen.*
2. *viereckigte Salatier.*
1. *dergleichen runder.*
18. *durchgebrochene Dessert-Teller, bunt gemahlt und mit Gold eingeschmelzt.*
9. *Teller, in Form eines Feigenblatts.*
1. *Butterbüchse mit einem Deckel und Untersetzschaale, wovon die Büchse etwas schadhaft.*
8. *kleine sechseckigte Einsätze zu Confituren.*
6. *dergleichen ovale.*
11. *Becher mit Deckel und Handhaben.*
15. *dergleichen kleinere ohne Deckel und Handhaben.*
1. *Bouillon Taße, mit einem Deckel und Handhaben.*
2. *kleine Spucknäpfe mit Handhaben.*
2. *hohe Zuckerbüchsen.*
11. *große ovale durchgebrochene Obstkörbe.*
7. *kleinere runde Obstkörbe.*
9. *Sauciers, in Form eines Schiffs.*
11. *Salzfässer.*
5. *kleine ovale Schüßelein.*
2. *kleine flache Salatiere.*
2. *Senft Pot mit Untersatzschaalen, ohne Deckel und Löffel.*
20. *Suppenteller*
8. *flache Speiseteller.*
sämtliche Stücke bunt gemahlt und mit Gold eingeschmelzt.
[Seite 276]
1. *Platmenage mit Zugehör bunt gemahlt und mit Gold eingeschmelzt.*
1. *Chocolat-Kanne mit einem hölzernen Stiel, und einem Untersatz, gelblicht, von französisch: Porcellaine.*
45. *Vasen und Blumentöpfe, bunt gemahlt.*
2. *ovale Lavoir, mit Kannen von Fayence.*
1. *Kanne von Fayence.*
1. *dergleichen rundes, von Fayence.*
20. *Schreibzeuche von Fayence.*
[Seite 277]
Vorrath.
H., An Steingut.
1. *großer ovaler Suppentopf mit Deckel und Handhaben, dann einem Untersatz.*
5. *dergleichen kleinere Suppentöpfe mit Deckel und Handhaben.*
4. *große und kleine runde Suppentöpfe mit Deckel und Handhaben.*
7. *große ovale Schüßel.*
15. *dergleichen etwas kleinere Schüßel.*
18. *dergleichen noch etwas kleinere Schüßel.*
15. *dergleichen kleinere.*
12. *dergleichen kleinere.*
6. *dergleichen noch kleinere.*
8. *dergleichen ganz kleine.*
2. *tiefe ovale Comptoire.*
8. *dergleichen kleinere.*
10. *dergleichen noch kleinere.*
10. *durchgebrochene kleine ovale Schüßel, mit gleichfalls durchgebrochenen Ränden.*
2. *dergleichen viereckige.*
19. *große und kleine runde Schüßel.*
10. *große und kleine runde tiefe Schüßel.*
6. *tiefe Salatiere.*
8. *große und*
3. *kleine Compot-Schaalen.*
30. *Suppenteller.*
23. *flache Teller.*
84. *Dessert Teller.*
8. *detto kleinere.*
[Seite 278]
14. *Dessert Teller mit durchgebrochenen Ränden.*
2. *runde Platmenage, jede mit 5. Kännlein.*
14. *ovale Dessert Teller, geflochten und mit durchgebrochenen Ränden.*
7. *dergleichen kleinere.*
4. *dergleichen runde.*
18. *Obstkörblein.*
2. *Sauciers.*
12. *ganz kleine durchgebrochene Obstkörblein mit Handhaben.*
2. *ovale und*
1. *runder Thee Pot.*
2. *Coffee- und*
1. *Milch Pot.*
2. *kleine Milchkännlein.*
1. *Zuckerbüchse mit einem durchgebrochenen Deckel und*
3. *dergleichen ohne Deckel.*
2. *kleine Senft Pot mit Deckel und Untersatz.*
3. *dergleichen ohne Untersatz.*
11. *ovale Salzfäßer.*
12. *dergleichen runde.*

43. Coffée Taßen, becherförmig.
35. dergleichen, ordinairer Facon.
1. großes rundes Lavoir mit
1. Kanne.
[Seite 279]
1. kleines Lavoir mit
1. Kanne.
4. runde Lavoir ohne Kannen.
2. ovale Lavoir, wovon eines nur mit einer Kanne versehen ist.
   erkauft von Bamberg
12. Suppenteller
72. Speiseteller.
[Seite 280]
Vorrath.
J., An Glaesern.
4. geschliffene Carafinen zu Oel und Eßig mit silbernen Stöppeln.
10. geschliffene Waßer Bouteilles.
6. geschliffene kleine Wein-Bouteilles.
16. glatte weisse Waßer Bouteilles.
12. detto kleinere zum Wein.
6. ordinaire weisse Waßer Bouteilles.
8. detto kleinere zum Wein.
12. geschliffene Waßergläser.
5. detto kleinere.
47. hohe Stengelgläser mit vergoldeten Ränden.
36. dergleichen kleinere, mit vergoldeten Ränden.
18. gestreifte Stengelgläser.
11. Schoppengläser.
120. glatte Crafinen mit vergoldeten Ränden.
26. ordinaire Schoppengläser.
72. hohe Stengelgläser.
30. dergleichen kleinere.
11. detto noch kleinere.
36. niedrige Stengelgläser.
12. ½ Schoppengläser mit blauen Ränden.
8. Salzfäßer.
8. Glocken, wovon 6. mit hölzernen Kugeln versehen sind.
6. runde Laternen.
[Seite 281]
Vorrath.
K., An allerhand Geraethschaften.
5. Meßer und
5. Gabeln, die Hefte von Elfenbein in einem Kästlein von Fischhaut überzogen, mit rothen Sammet ausgefüttert.
12. Paar ordin: Meßer und Gabeln mit schwarzen Heften.
6. große und
8. kleinere Leuchter von schwarz gebeizten Holz mit meßingen Pfistern.
1. Theebrett von Mahagonyholz mit versilberten Handhaben.
1. kleiner Presentier Teller von englischen Holz.
12. von Weiden geflochtene Körbe von verschiedenerley Größe.
5. Platemenage von Gips und bunt gemahlt die Einfaßung vergoldet.
[Seite 282]
An Vorraethen / bei der Bett- und Weißzeug Kammer. / A., An Bettdecken, Betten und Matrazen.
Vorrath.
32. Ober oder Deckbetten.
1. dergleichen mit Eiderdaunen gefüllt, und grünen Taffent bezogen.
1. kleines Deckbett, gleichfalls mit Eiderdaunen gefüllt, und mit Ziz bezogen.
1. Deckbett mit Eiderdaunen gefüllt, und mit blauen Taffent bezogen.
54. Unterbetten, von Barchent und Federritten.
80. Pfülben, gleichfalls von Barchent und Federritten.
100. Kopfküßen, wovon 24. ganz neu von Barchent.
3. grün seidene Kopfküßen.
10. Rollons.
13. seidene Bettdecken.
   und zwar
   2. dunkel und
   2. hellgrüne ganz seidene, leztere sehr schadhaft.
   1. carmoisin rothe ganz seidene.
   1. gelb seidene mit Glanzleinwand doublirt.
   2. hellblaue ganz seidene, sehr schadhaft.
   2. gelb und weiss gestreifte mit Ziz doublirt.
   2. grün und weiss gestreifte seiden, mit Leinwand doublirt.
   1. grün seiden mit Ziz doublirt.
5. Cottonene Bettdecken.
5. Pique Bettdecken.
6. weisse abgenähte Bettdecken.
4. wollene Decken.
6. zweyschläfrige Obermatrazen.
7. zweyschläfrige Untermatrazen.

21. einschläfrige Ober- und
18. einschläfrige Untermatrazen.
1. Deckbett von grünen Taffent mit Eiderdaunen gefüllt.
[Seite 283]
B., An Tischzeug Bettzeug
Vorrath
8. feine Damast Tafeltücher.
4. ordinaire Tafeltücher.
10. ordinaire Tischtücher.
68. Damast Servietten.
195. ordinaire Servietten.
15. Aufwart Servietten.
24. Damast Handtücher.
16. ordinaire Handtücher.
13. Preßtücher.
45. Küchentücher.
17. Küchenschürze.
99. Beilacher, und zwar
   30. feine flächserne
   36. ordin: flächserne
   33. ordin: werckene.
76. weisse Kopfkißzügen, und zwar:
   24. feine
   24. ordin:
   28. werckene.
13. weisse und
5. gestreifte Deckbettzügen.
7. zinnerne Nachtgeschirre.
5. Nachtgeschirre von Steingut.
10. dergleichen von Fayence.
   [2. Hand] den 6. Sept. 1808 wurde neu angeschafft, nemlich
6. weisse feine Deckbettzüge
7. Kopfkußzüge, ferner
12. gestreifte Deckbettzüge
   (3. Hand)
6. fürstliche Beilacher
3. dergleichen Bettdeckzügen
6. dergleichen Kopfkussen
   lt. nota Ansbach d. 15. Aug. 1808.
[Seite 284]
[1. Hand]
An Vorraethen / An Kuchengeraethschaften. / A., An Kupfer.
Vorrath.
11. große und kleine Bouillon Keßel wovon 10. mit, 2. aber ohne Deckel sind.
1. Dampfmaschine in 2. Abtheilungen.
2. große runde kupferne Schaalen mit Deckeln und Handhaben.
1. kleinere Schaale mit Deckel und zwey eisernen Handhaben.
2. kleinere Schaalen mit Handhaben und Deckeln.
2. lange Untersetz Bratpfannen.
1. Kupferhafen.
1. detto kleinerer.
80. große und kleine Casseroles mit eisernen Stielen und Deckeln, ebenfalls mit eisernen Stielen, worunter eines aber ohne Deckel.
3. ovale Casseroles, mit Deckeln.
1. viereckigtes und
1. dreieckigtes dergleichen.
1. hohe Dampfmaschine in 2. Abtheilungen, mit eisernen Handhaben und dergleichen Stiel.
2. Durchschläger, wovon der eine mit kupfernen der andere aber mit eisernen Handhaben versehen.
3. Seyher mit Stielen.
4. ovale Pressiers mit Deckeln und Handhaben.
1. ovaler und
1. langer Fischkeßel, worinn ein durchlöchertes weisses Blech befindlich.
[Seite 285]
9. große und kleine viereckigte Backbleche.
6. große und kleine runde dergleichen.
1. Zuckerkeßel, mit einem meßingen Ring.
2. Speißkuchenform, mit Kupferblech überzogen.
1. ovale und
2. runde Schüßel.
5. Forms zu Backereyen.
1. dergleichen Form, einen Karpfen vorstellend.
1. dergleichen Form, eine Melone.
10. Muscheln zu Backereyen.
9. Schöpflöffel, mit eisernen Stielen.
8. Anrichtlöffel mit kupfernen Stielen.
2. tiefe Schaumlöffel, mit eisernen Stielen.
6. flache Schaumlöffel.
1. paar große,
1. paar mittlere und
1. paar kleinere Waagschaalen, jede mit eisernen Ketten, und 2. Waagbalken.

1. Form zum Backen, einen Krebs vorstellend.
[Seite 286]
B., An Messing.
Vorrath.
1. großer Mörser mit meßingen Stempel.
1. dergleichen kleinerer mit eisernen Stempel.
[Seite 287]
C., An Blech.
Vorrath.
1. Form zum Backen, einen Baum vorstellend.
1. dergleichen Form, einen Pfister vorstellend.
3. Biscuitform.
2. detto kleinere.
5. runde Form.
3. detto kleinere.
1. tiefer runder Seiher mit 2. Handhaben.
1. Gwürzbüchse mit 4. Fächern ohne Deckel.
1. dergleichen mit 6. Fächern und einem Deckel.
1. Handmaschiene mit einem meßingen Ring.
3. kleine Einlegteller.
1. großes und
2. kleinere Reibeisen.
26. verschiedenerley Forms zu Backereyen.
4. Forms zu Gelé von Bley.
[Seite 288]
D., An Eisen.
Vorrath.
10. große und kleine Röste.
4. Anletpfannen. (?)
1. ordinaire Pfanne.
1. Café Trommel mit einen Bock.
3. doppelte und
1. einfaches Wiegemeßer.
3. große und
1. kleines Hackmeßer, mit hölzernen Heften.
1. zweischneidiges Haumeßer.
1. Hollippeneisen.
3. Fleischgabeln.
7. Feuerzangen.
2. Feuerhaken.
2. Kohlenschaufel.
1. Glassierschaufel mit einem langen eisernen Stiel.
1. Krucken mit einem hölzernen Stiel.
2. große Untersetzbratpfannen.
2. detto kleinere.
2. Bratenwender.
30. dreyeckigte Feuerböcke.
2. Zehnpfund Gewichter.
3. Fünfpfund Gewichter.
2. Sechspfund Gewichter.
1. lange durchgebrochene Kohlenschaufel, mit einem eisernen Stiel.
2. große lange Feuerhaken mit einem eisernen Stiel.
1. ordinaire Schaufel, mit einem hölzernen Stiel.
[Seite 289]
1. Bratenwender mit Rädern, so an der Wand der Braten-küche befestiget.
13. lange Bratspiesse.
7. etwas kürzere.
1. Handspiess.
18. Vogelspiesse.
5. Feuerböcke.
1. Vorsatzeisen.
1. ganz hoher Feuerbock zu 5. Bratspiess.
5. detto kleinere zu 4. Bratspiess.
2. kleine Feuerböcke, mit 3. Füßen.
2. Vorsatzeisen.
7. Feuerböcke.
1. große Kohlenpfannen.
[Seite 290, nicht beschrieben]
[Seite 291]
An ausgelehnten Vorrathen in der Stadt.
Der Herr General Major von Crohne hat nach mündlichen Befehl eines Königl: Höchstpreißl: General Landes Commißa-riats nachstehende Meubles zum Gebrauch auf Wiederersatz laut Bescheinigung erhalten.
Vorrath.
6. Chaises von Buchenholz die Kißen von schwarzen Lein-wand bezogen.
1. Commod von Nußbaumholz mit 3. Schubladen und 2. Schlößern.
1. detto braun angestrichen mit 3. Schubladen und 9. meßingen Schildern.
1. Spiegel in schwarzer Rahm.
1. Nachttischlein braun angestrichen.
1. Kleiderschrank von weichen Holz mit 2. Thüren.
1. Schreibtisch weiss lakirt mit vergoldeten Stäben, das Blatt mit schwarzen Leder bezogen.

1. kleiner Tisch von Nußbaumholz eingelegt.
2. Fauteuils mit rothen Damast beschlagen, und zizenen Überzügen.
1. Fauteuil mit schwarzen Zeuch bezogen.
1. Schreibtisch mit Nußbaumholz eingelegt, mit 3. Schubladen.

[alle ausgeliehenen Objekte sind mit dem Vermerk »zurück« versehen.]

[Seite 292]

Der Herr Obrist von Schlossberg hat gleichfalls nachstehende Meubles zum Gebrauch auf Wiederersatz laut Bescheinigung erhalten.

Vorrath.

1. runder Tisch, das Gestell braun angestrichen, das Blatt aber mit grünen Tuch beschlagen.
1. kleines Nachttischlein roth angestrichen.
1. Spiegel, in einer Rahm von Mahagonyholz.
1. Canapée und
6. Chaises von Zwetschgenbaumholz mit durchgebrochenen Lehnen, der Sitz mit grünen Seidenzeuch beschlagen, und haben sämtliche Stücke annoch Extrabezüge von grün und weiss gesteinten Leinenzeuch.
1. Matraze von blau und weiss gestreiften Barchent.
1. Deckbett von weissen Bomasin.
2. Kopfkißen.
2. Deckbettzügen.

[alle ausgeliehenen Objekte sind mit dem Vermerk »zurück« versehen.]

[Seite 293]

Der Herr Major v. Fortemps hat ebenfalls nachstehende Meubles zum Gebrauch auf Wiederersatz laut Bescheinigung erhalten.

Vorrath.

1. runder Tisch, das Gestell braun angestrichen, das Blatt aber mit grünen Tuch beschlagen.
1. Spiegel, in einer Rahm von Mahagonyholz.
1. Schreibtisch von Eichenholz mit 3. Schubladen, meßingen Knöpfen und Schlüßelblechen.
1. Canapée und

6. Fauteuils mit grün und weiss gesteinten Leinenzeuch beschlagen.
1. Commod von Eichenholz, gefirnißt, mit 4. Schubladen 4. Schlößern und 8. meßingen Knöpfen.

[alle ausgeliehenen Objekte sind mit dem Vermerk »zurück« versehen.]

[Seite 294]

Der H: Regiments Quartiermeister Eckerd hat nachstehende Meubles zum Gebrauch auf Wiederersatz laut Bescheinigung erhalten.

Vorrath.

1. große Tafel.
1. Registraturschrank.
2. Registraturstellagen.
1. Commod mit 3. Schubladen und 3. Schlößern.
1. Tischlein mit grüner Wachsdecke.
2. Seßel.
1. Spiegel in einer vergoldeten Rahm.
1. kupferner Leuchter.

[alle ausgeliehenen Objekte sind mit dem Vermerk »zurück« versehen.]

[Seite 295]

Dann sind in das hiesige Gesandenhaus abgegeben worden.

Vorrath.

8. Fauteuils mit feinen Ziz beschlagen.
10. Seßel von Buchenholz mit eingesezten Kißen und mit blauen Blüsch beschlagen.
1. Canapée nebst
4. Chaises mit gestreiften Seidenzeuch bezogen.
6. Seßel mit durchbrochenen Lehnen die Kißen mit grünen Damast bezogen.
6. Seßel die Kißen mit grünen Blüsch bezogen.
18. Seßel, die Kißen mit grünen Damast bezogen.
1. rother Tischteppich.
1. großer Fußteppich.
4. Fenstervorhänge nebst Oberfalbalas von weissen Hamans.
17. Fenstervorhänge nebst Oberfalbalas und Quasten von gestreiften Mousselin.
7. Ofenschirm.

1. eingelegter Schreibtisch mit 3. Schubladen.
1. kleiner Commod braun angestrichen.
1. Commod von Buchenholz mit 3. Schubladen.
1. detto von Rosenholz mit 3. Schubladen und Meßing eingefaßt.
1. detto von Eichenholz mit 3. Schubladen.
2. Spieltische mit Klappen von Eichenholz.

[Seite 296]

2. kleine Tischlein mit antiken Füßen.
1. Tisch mit einer grünen Wachsdecke.
1. länglichter Tisch mit Leder bezogen.
1. Nachttischlein braun angestrichen.
1. Fortepiano.
1. Clavier.
1. runder Stuhl und
2. dazugehörige Kißen zur Badwanne.
1. großer Spiegel in schwarzer Rahm.
1. Spiegel in vergoldeter Rahm.
1. detto in einer weiss und vergoldeten Rahm.
1. detto in vergoldeten Rahm.
1. detto.
1. Spiegel in brauner Rahm.
1. Uhr in einen Gehäuß von Porcellain, nebst einem Übergehäuß von Glas.

An Zinn

1. zinnerne Caffée und 1. Milchkanne.
1. Cofféezeug von Zinn.

An Lustre

2. Kronleuchter zu 6. Lichtern.
1. kleinerer zu 3. Lichtern.
20. Wand Leuchter von Bronze
5. eiserne Leuchter mit Armen nebst denen dazugehörigen Glocken.
2. Laternen von Blech auf der obern Treppe.

[alle Objekte sind als »zurück«, bzw. im Schloß befindlich verzeichnet]

Abgeschlossen Ansbach den 6. Novbr: 1807.

                              Richter. Wolff.

Die richtige Übernehmung beschein[ig]t, Moritz

Literatur

a.f. = Amtlicher Führer

a.f. *Residenz München*, Bayerische Verwaltung der staatlichen Schlösser, Gärten und Seen, München 1937

a.f. *Residenz Ansbach*, bearbeitet von Heinrich Kreisel, Bayerische Verwaltung der staatlichen Schlösser, Gärten und Seen, München 1939

a.f. *Residenz Ansbach*, bearbeitet von Erich Bachmann, Bayerische Verwaltung der staatlichen Schlösser, Gärten und Seen, München 1948

a.f. *Residenz Bamberg*, bearbeitet von Erich Bachmann, Bayerische Verwaltung der staatlichen Schlösser, Gärten und Seen, München 1956[1]

a.f. *Residenz Ansbach*, bearbeitet von Erich Bachmann, Bayerische Verwaltung der staatlichen Schlösser, Gärten und Seen, München 1962

a.f. *Residenz Ansbach*, bearbeitet von Erich Bachmann, Bayerische Verwaltung der staatlichen Schlösser, Gärten und Seen, München 1993

a.f. *Residenz Bamberg*, bearbeitet von Erich Bachmann und Burkard v. Roda, Bayerische Verwaltung der staatlichen Schlösser, Gärten und Seen, München 1995[8]

a.f. *Neues Schloß Bayreuth*, bearbeitet von Erich Bachmann, überarbeitet von Alfred Ziffer, Bayerische Verwaltung der staatlichen Schlösser, Gärten und Seen, München 1995

a.f. *Residenz Ellingen*, bearbeitet von Erich Bachmann, überarbeitet von Christoph Graf v. Pfeil, Bayerische Verwaltung der staatlichen Schlösser, Gärten und Seen, München 1997

a.f. *Residenz Würzburg*, bearbeitet von Erich Bachmann und Burkard v. Roda, Bayerische Verwaltung der staatlichen Schlösser, Gärten und Seen, München 1994[12]

a.f. *Schleissheim, Neues Schloß und Garten*, bearbeitet von Gerhard Hojer und Elmar D. Schmid, überarbeitet von Brigitte Langer, Bayerische Verwaltung der staatlichen Schlösser, Gärten und Seen, München 1998

a.k. = Ausstellungskatalog

a.k. *Markgräfin Wilhelmine von Bayreuth und ihre Welt*, Bayerische Verwaltung der staatlichen Schlösser, Gärten und Seen, Bayreuth 1959

a.k. *Markgraf Alexander von Ansbach-Bayreuth, 1736-1806*, Gedächtnisausstellung in der Residenz Ansbach und im Neuen Schloß Bayreuth zur 150. Wiederkehr seines Todestages, bearbeitet von Günther Schuhmann, Ansbach 1956

a.k. *Europäisches Rokoko, Kunst und Kultur des 18. Jahrhunderts*, Residenz München, München 1958

a.k. *Fürstlicher Barock in Franken, Kulturelles Leben des Barockzeitalters in den Markgrafentümern Ansbach und Bayreuth*, hrsg. von A. Stählin, Erlangen 1968

a.k. *Angelika Kauffmann und ihre Zeitgenossen*, Bregenz/Wien 1968/69

a.k. *Kurfürst Max Emanuel, Bayern und Europa um 1700*, 2 Bde., München 1976

a.k. *Kleine Möbel, Modell-, Andachts- und Kasettenmöbel vom 13.-20. Jahrhundert*, Bayerisches Nationalmuseum, München 1979

a.k. *Markgraf Alexander von Ansbach-Bayreuth*, bearb. von Hans Otto Keunecke, Schriften der Universitätsbibliothek Erlangen-Nürnberg, Erlangen 1980

a.k. *Stoffe und Räume*, Schloß Thunstetten, Schweiz, 15.5.-27.7. 1986

a.k. *Friedrich Wilhelm von Erdmannsdorf, 1736-1800, Zum 250. Geburtstag*, Staatliche Schlösser und Gärten Wörlitz-Oranienbaum-Luisium, Wörlitz 1986

a.k. *François Boucher 1703-1770*, New York/Detroit/Paris 1986/87

a.k. *Die Grafen von Schönborn, Kirchenfürsten, Sammler und Mäzene*, Germanisches Nationalmuseum Nürnberg, 1989

a.k. *Möbel aus Franken, Oberflächen und Hintergründe*, Bayerisches Nationalmuseum, München 1991

a.k. *Kaiserlicher Kunstbesitz im holländischen Exil Haus Doorn*, Berlin 1991

a.k. *Bernhard Molitor 1755-1833*, Luxemburg 1992

a.k. *Friedrich der Große, Sammler und Mäzen*, München 1992

a.k. *Von Sanssouci nach Europa, Geschenke Friedrichs des Großen an europäische Höfe*, Berlin 1994

a.k. *Wedgwood, Englische Keramik in Wörlitz*, Wissenschaftliche Bestandskataloge der staatlichen Schlösser und Gärten Wörlitz-Oranienbaum-Luisium, Wörlitz 1995

a.k. *Vases and Volcanoes, Sir William Hamilton and His Collections*, London 1996

a.k. *Bayern entsteht, Montgelas und sein Ansbacher Mémoire von 1796*, Ansbach/München 1996

a.k. *Friedrich Wilhelm II. und die Kunst, Stiftung Schlösser und Gärten Berlin-Brandenburg*, Berlin 1997

a.k. *Victoria & Albert, Vicky & The Kaiser, Ein Kapitel deutsch-englischer Familiengeschichte*, hrsg. von Wilfried Rogasch, Deutsches Historisches Museum, Berlin 1997

a.k. *Moritz der Gelehrte, Ein Renaissancefürst in Europa*, hrsg. von Heiner Borggrefe, Vera Lüpkes und Hans Ottomeyer, Kassel 1997

a.k. *Von Glück, Gunst und Gönnern, Erwerbungen und Schenkungen 1992-1997*, hrsg. von Reinhold Baumstark, Bayerisches Nationalmuseum, München 1997

a.k. *Paradies des Rokoko, Galli Bibiena und der Musenhof der Wilhelmine von Bayreuth*, Ausstellung in Bayreuth, München 1998

Alcouffe, Daniel/Dion-Tenenbaum, Anne/Lefébure, Amaury, *Furniture Collections in the Louvre*, Bd. 1, Dijon 1993

Allgemeine deutsche Biographie, Bd. 8, Leipzig 1878

Ankele, Ulrike, *Der Ansbacher Hofgarten im 18. Jahrhundert*, Mittelfr. Studien, Bd. 8, Ansbach 1990

Ansbach – 750 Jahre Stadt, Ein Festbuch, hrsg. von der Stadt Ansbach, Ansbach 1971

Aretin, Karl Maria von, *Das bayerische Nationalmuseum*, München 1868

Arps-Aubert, Rudolf von, *Sächsische Barockmöbel 1700-1770*, Forschungen zur Deutschen Kunstgeschichte, hrsg. vom Deutschen Verein für Kunstwissenschaft, Bd. 33, Berlin 1939

Augarde, Jean-Dominique, ›Signaturen französischer Möbel, Zum Parlamentserlaß von 1749 und seinen Auswirkungen‹ in *Kunst & Antiquitäten*, Heft 1, 1984, S. 53-59

Bangert, Albrecht, *Kleinmöbel aus drei Jahrhunderten, Typen – Stile – Meister*, München 1978

Bayer, Adolf, ›Die Freimaurerloge »Alexander zu den drei Sternen«‹ in *Brügels Onoldina*, Bd. 3, Ansbach 1955, S. 95-98

Die Bayerische Verwaltung der staatlichen Schlösser, Gärten und Seen, 75 Jahre im Dienste des Freistaates Bayern 1918-1993, Eigenverlag, München 1993

Bellaigue, Geoffrey de, *Furniture Clocks and Gilt Bronzes, The James A. de Rothschild Collection at Waddesdon Manor*, London 1974

Berckenhagen, Ekart, ›Hoppenhaupt‹ in *Neue deutsche Biographie*, Bd. 9, Berlin 1972, S. 619f.

Böttiger, John, *Der Kunstschrank Gustav Adolfs in Upsala*, Bd. 1, Stockholm 1909

Braun, Heinz, ›Das Falkenhaus zu Triesdorf 1730/32‹ in *Schönere Heimat*, hrsg. vom Bayerischen Landesverein für Heimatpflege, Bd. 1, München 1953, S. 11-24

Braun, Heinz, ›Ansbacher Spätbarock, Ein Beitrag zur Stilgeschichte der Baukunst im Fürstentum Brandenburg-Onolzbach 1695-1791‹ in *Jahrbuch für fränkische Landesforschung*, Bd. 16, Kallmünz 1956, S. 455-492

Braun, Heinz, ›Triesdorf – Sommerresidenz der Markgrafen von Brandenburg-Ansbach, 1600-1791, Die Baugeschichte der Anlage in Einzeldarstellungen‹ in *Jahrbuch für fränkische Landesforschung*, Bd. 17, Kallmünz, 1957, S. 181-242

Braun, Heinz, ›Leopoldo Retty und der Ansbacher Schloßbau, Ein Beitrag zur Baugeschichte des Markgrafenschlosses zu Ansbach im 18. Jahrhundert‹ in *Jahrbuch für fränkische Landesforschung*, Bd. 19, Kallmünz, 1959, S. 507-546

Britten, Frederick James, *Old Clocks and Watches and their Makers*, Nachdruck London 1971

Brunner, Herbert/Miller, Albrecht, *Die Kunstschätze der Münchner Residenz*, München 1977

Burger, Daniel, ›Die Lusthäuser des »Wilden Markgrafen«, Johann David Steingrubers Jagdschlösschen für Markgraf Carl-Wilhelm-Friedrich von Ansbach‹ in *Jahrbuch des Historischen Vereins für Mittelfranken*, Bd. 97, Ansbach 1995, S. 219-248

Bushart, Bruno, ›Der Fall Carl Püer Elvaci‹ in *Skulptur in Süddeutschland 1400-1770, Festschrift für Alfred Schädler*, hrsg. von Rainer Kahsnitz und Peter Volk, München/Berlin 1998, S. 295-308

Cator, Charles, ›Thomas Parker at Longleat‹ in *Furniture History* 33, 1997, S. 225-228

Chippendale, Thomas, *The Gentlemen and Cabinet Makers's Director*, London 1754, 1755², 1762³, Nachdruck der 3. Aufl. Stuttgart 1967

Claxton-Stevens, Christopher/Whittington, Steward, 18th Century English Furniture, *The Norman Adams Collection*, Aberdeen 1994⁴

Coleridge, Anthony, *Chippendale Furniture*, London 1968

Crailsheim, Sigmund, Freiherr von, *Die Reichsfreiherrn von Crailsheim*, 2 Bde., München 1905

Crailsheim, Hanns-Jürgen, Freiherr von, *Schloß Rügland, Geschichte und Beschreibung*, Maschinenschrift, Rügland 1997

Dallhammer, Hermann/Bürger, Werner, *Ansbach, Geschichte einer Stadt*, Ansbach 1993

Denkmalpflege, Deutsche Texte aus drei Jahrhunderten, hrsg. von Norbert Huse, München 1984

Ebelmann, Johann Jakob, ARCHITECTURA/*Lehr vnd/KVNSTBVCH/ALLERHAND PORTALEN, REISBE/ten, vnd Epitaphien […] geben durch Johan Jacob Ebelman von Speir; Gedruckt zu Collen durch Johan Bussemecher im Jahr Christi/MDC* [1600]

Eggeling, Thilo, *Studien zum Friederizianischen Rokoko, Georg Wenzeslaus von Knobelsdorff als Entwerfer von Innendekorationen*, Berlin 1980

Eichinger, Max, *Königliches Schloß Ansbach, Ehedem markgräfliche Residenz, Möbelschatz: Consols*, Ansbach o. J. [1894]

Ellwood, G. M., *Möbel und Raumkunst in England 1680-1800*, 4. Aufl., Stuttgart o. J.

Emmert, Ulrich, *Neue Chronik des Marktes Burgbernheim*, Bad Windsheim 1907, Nachdruck 1978

Esterer, Rudolf/Kreisel, Heinrich, ›Instandsetzung und Ausgestaltung der staatlichen Bayerischen Schlösser in Franken‹ in *Deutsche Kunst und Denkmalpflege*, Berlin 1934, S. 2-20

Falke, Otto von, *Deutsche Möbel des Mittelalters*, Berlin 1980

Farbige Raumkunst der Vergangenheit, Achtzig farbige Ansichten aus deutschen Schlössern und Bürgerhäusern, eingel. von Adolf Feulner, Stuttgart 1930

Feduchi, Luis, *Historia del Mueble*, Madrid 1946

Feis, Waltraud, *Schloss Deberndorf, Ein vergangenes Zeugnis patrizischen Lebensstils und adeliger Repräsentation*, Mittelfr. Studien, Bd. 11, hrsg. vom Historischen Verein für Mittelfranken, Ansbach 1995

Feulner, Adolf, *Das Residenzmuseum in München*, München 1922

Feulner, Adolf, *Kunstgeschichte des Möbels seit dem Altertum*, Berlin 1927

Feulner, Adolf, *Kunstgeschichte des Möbels*, überarbeitete Aufl. von 1927, Frankfurt Berlin/Wien 1980

Fiedler, Rembrant, *Zur Tätigkeit des Baumeisters Gabriel de Gabrieli in Wien und Ansbach*, Diss. Würzburg 1987, Eigenverlag, Bamberg 1993

Fischer, Johann Bernhard, *Geschichte und ausführliche Beschreibung der Markgräflich-Brandenburgischen*

Haupt- und Residenzstadt Ansbach, Ansbach 1786, Nachdruck Neustadt an der Aisch 1986

Fleischhauer, Werner, *Barock im Herzogtum Württemberg*, Stuttgart 1958

Fontaine, Jean de la, *Sämtliche Fabeln*, mit 225 Illustrationen von Grandville, Nachwort von Hermann Lindner, München 1995

Franz, Bettina, *Die französischen Möbel des 18. Jahrhunderts in Schloß Ludwigsburg*, Schwetzingen 1998

Fred, W., *Die Wohnung und ihre Ausstattung*, Bielefeld/Leipzig 1903

Friedrich, Christoph, ›Das verborgene Universitätsmuseum, Zur Geschichte der Sammlungen an der Universität Erlangen‹ in *Die Friedrich-Alexander-Universität Erlangen-Nürnberg 1743-1993*, Austellungskatalog, Erlangen 1994, S. 557-562

Goodison, Sir Nicolas, ›The Victoria & Albert Museums's Collection of Metal-Work Pattern Books‹ in *Furniture History 11*, 1975, S. 1-30, Taf. 1-60

Graf, Henriette, ›Das kaiserliche Zeremoniell und das Repräsentationsappartement im Leopoldinischen Trakt der Wiener Hofburg um 1740‹ in *Österreichische Zeitschrift für Kunst und Denkmalpflege*, Heft 3/4, 1997, S. 571-587

Grand, Pierre, ›Le Mobilier Boulle et les ateliers de l'époque‹ in *l'Estampille, l'objet d'Art* 266, Februar 1993, S. 48-70

Grote, Ludwig, ›Johann Michael Hoppenhaupt [d.Ä.], Der Schöpfer des Porzellankabinetts im Deutschen Museum [Berlin]‹ in *Jahrbuch der Preußischen Kunstsammlungen*, LXI, Berlin 1938, S. 250-257

Grünebaum, Gabriele, *Buntpapier, Geschichte – Herstellung – Verwendung*, Köln 1982

Haase, Gisela, *Dresdner Möbel des 18. Jahrhunderts*, Leipzig 1983

Haemmerle, Albert, *Buntpapier, Herkommen, Geschichte, Techniken, Beziehungen zur Kunst*, München 1961, 1977²

Handbuch der Bayerischen Geschichte, hrsg. von Max Spindler, 4 Bde., München 1979

Hardy, John/Tomlin, Maurice, *Osterley Park House*, London 1985

Hartung, Fritz, *Hardenberg und die preußische Verwaltung in Ansbach-Bayreuth von 1792-1806*, Tübingen 1906

Haussherr, Hans, *Hardenberg, Eine politische Biographie, 1. Teil 1750-1800*, Köln 1963

Hayward, Helena, *World Furniture*, New York 1965

Hayward, Helena, *Möbel, Eine Stilgeschichte durch vier Jahrtausende*, Wiesbaden 1976

Heppelwhite, George, *The Cabinet Maker and Upholsterer's Guide*, London 1788, 1789², 1794³, Nachdruck der 3. Aufl. Toronto 1969

Heß, Ludwig van, *Durchflüge durch Deutschland*, Bd. 4, Hamburg 1797

Himmelheber, Georg, *Spiele, Gesellschaftsspiele aus einem Jahrtausend*, Austellungskatalog, München 1972

Himmelheber, Georg/Schneider, Ulrich, *Schönes Schach, Die Spiele des Bayerischen Nationalmuseums*

und des Germanischen Nationalmuseums, Austellungskatalog, München 1983

Himmelheber, Georg, ›Der Trierer Erzbischof und seine Möbelankäufe‹ in *Die von Walderdorff, Acht Jahrhunderte Wechselbeziehung zwischen Region – Reich – Kirche und einem rheinischen Adelsgeschlecht*, hrsg. von Friedhelm Jürgensmeier, Köln 1998, S. 335-364

Hinz, Sigrid, *Innenraum und Möbel*, Berlin 1989

Historischer Atlas von Bayern, Teil Franken, Reihe 1, Heft 6, Eichstätt, bearb. von Gerhard Hirschmann, München 1959

[Hofkalender] *Hochfürstlich Brandenburg-Onolzbachischer Adress- und Schreibkalender*, Ansbach 1737-1791, SAN: Rep. 129

Hofmann, Friedrich H., *Die Kunst am Hofe der Markgrafen von Brandenburg – Fränkische Linie*, Studien zur deutschen Kunstgeschichte, 32, Straßburg 1901, Nachdruck Nendeln/Lichtenstein 1979

Holländer, Hans, *Spielwelten der Kunst, Kunstkammerspiele, Bretter, Steine und Figuren des 16. bis 18. Jahrhunderts in fürstlichen und zeitgenössischen Sammlungen*, Ausstellungskatalog, Wien 1998

Holm, Edith, *Stühle, Von der Antike bis zur Moderne, Eine Stilgeschichte der Sitzmöbel*, München 1978

Hughes, Peter, *The Wallace Collection Catalogue of Furniture*, London 1996

Huth, Hans, *Friederizianische Möbel*, Darmstadt 1958

Ince, William/Mayhew, John, *The Universal System of Household Furniture*, London 1759-1762, Nachdruck Leeds 1960

Innendecorationen, Moebel und Geraethe von C. Percier und P.F.L. Fontaine, Berlin o. J.

Jahn, Wolfgang, *Stukkaturen des Rokoko, Bayreuther Hofkünstler in markgräflichen Schlössern und in Würzburg, Eichstätt, Ansbach, Ottobeuren*, Diss. Erlangen 1985, Sigmaringen 1990

Jaques, Renate, ›Brettspiel – Brettstein‹ in *Reallexikon zur deutschen Kunstgeschichte*, Bd. 2, Stuttgart 1948

Jarry, Madeleine, *Le Siège Français, Office du Livre*, Paris 1973

Jedding, Hermann/Meister, Peter, *Das Schöne Möbel im Lauf der Jahrhunderte*, Heidelberg 1958

Jedding, Hermann/Meister, Peter, *Das Schöne Möbel. Ein Bilderlexikon aller Möbeltypen vom 12. bis ins 20. Jahrhundert*, 2. Auflage, München 1978

Jedding, Regina und Hermann, ›Der Konsoltisch im Werk Joseph Effners‹ in *Festschrift für Heinz Rudolf Rosemann*, München/Berlin 1960, S. 231-248

Jessen, Peter, *Meister des Ornamentstichs*, Bd. 2, Berlin 1923

Keunecke, Hans Otto, ›Die Sammlungen der Universitätsbibliothek‹ in *Die Friedrich-Alexander-Universität Erlangen-Nürnberg 1743-1993*, Ausstellungskatalog, Erlangen 1994, S. 575-588

Kjellberg, Pierre, *Le Mobilier Français du XVIIIe Siècle, Dictionnaire des ébénistes et des Menusiers*, Paris 1989

Kjellberg, Pierre, *Le Meuble Français et Européen du moyen Age a nos Jours*, Paris 1991

Klingensmith, Samuel John, *The Utility of Splendor: Ceremony, Social Life and Architecture at the Court of Bavaria 1600-1800*, Chicago/London 1993

Knight, Carlo, *Hamilton à Napoli, Cultura, savaghi, civilita di una grande capitale Europea*, Neapel 1990

Koeppe, Wolfram, ›Spielbretter aus der Sammlung Harbeson im Philadelphia Museum of Art‹, in *Weltkunst*, 1992, S. 3366-3368

Kreisel, Heinrich, *Die künstlerischen Ausstattungen des Hauptstockes der fürstbischöflichen Residenz zu Würzburg*, Manuskript, Diss. Würzburg 1922

Kreisel, Heinrich, ›Gesichtspunkte bei der Einrichtung der Bamberger Residenz‹ in *Bamberger Blätter*, 10. Jg., Heft 8, 1933, S. 29 f.

Kreisel, Heinrich, ›Die Ausstattung der markgräflichen Wohn- und Festräume in der Ansbacher Residenz‹ in *Zeitschrift des Deutschen Vereins für Kunstwissenschaft*, Bd. 6, Heft 1, Berlin 1939, S.50-86

Kreisel, Heinrich, *Fränkische Rokokomöbel*, Darmstadt 1956

Kreisel, Heinrich, *Die Kunst des deutschen Möbels*, Bd. 2: *Spätbarock und Rokoko*, München 1970

Kreisel, Heinrich, ›Über drei neu aufgetauchte interessante deutsche Möbel‹ in *Weltkunst*, 1972, S. 1085 f.

Kreisel, Heinrich/Himmelheber, Georg, *Die Kunst des deutschen Möbels*, Bd. 3: *Klassizismus/Historismus/Jugendstil*, 2. überarbeitete Auflage, München 1983

Kreisel, Heinrich/Himmelheber, Georg, *Die Kunst des deutschen Möbels*, Bd. 1, München 1981

Kreisel, Heinrich, *Die Kunst des deutschen Möbels*, Bd. 2, *Spätbarock und Rokoko*, von Georg Himmelheber überarbeitete Auflage, München 1983

Kreisel, Heinrich/Himmelheber, Georg, *Die Kunst des deutschen Möbels*, Bd. 3: *Klassizismus/Historismus/Jugendstil*, München 1973

Krieger, Martin, ›Die Ansbacher Hofmaler des 17. und 18. Jahrhunderts, *Jahrbuch des Historischen Vereins für Mittelfranken*, 83, Ansbach 1966

Krieger, Martin, ›Markgraf Alexander von Ansbach-Bayreuth und der Herzog von Gloucester, Zu zwei Kinderbildnissen des Ansbacher Hofmalers Friedrich Gotthard Naumann (1750, 1781-1821)‹ in *Jahrbuch des Historischen Vereins für Mittelfranken*, 94, Ansbach 1988/89, S. 119-128

Krünitz, Johann, *Oeconomische-technologische Enzyklopädie*, 4.Theil, Brünn 1787

Kunze, Karl, *Ernst Ludwig Carl, Ein fränkischer Chargé d'affaires und Kameralist an Höfen des europäischen Absolutismus*, Nürnberg 1966

Kunze, Karl, ›Der Ansbacher Hofrat E.L. Carl als Kameralist, Literat und Agent im Paris des frühen 18. Jahrhunderts‹ in *Jahrbuch des Historischen Vereins für Mittelfranken*, 84, Ansbach 1967/68, S. 40-59

Lamers, Petra, *Il viaggio nel Sud dell' Abbé de Saint-Non, Il ›Voyage pittoresque à Naples et en Sicile‹: la genesi, i disegni preparatori, le incisioni*, Neapel 1995

Lang, Adolf, ›Kunst- und Kulturgeschichtliches aus den Ansbacher Wochengeldregistern (1470-1737)‹ in *Jahrbuch des Historischen Vereins für Mittelfranken*, 85, Ansbach 1970, S. 31-76

Lang, Karl Heinrich Ritter von, *Annalen des Fürstentums Ansbach unter der preußischen Regierung von 1792-1806*, Frankfurt/Leipzig 1806

Lang, Karl Heinrich Ritter von, *Geschichte des vorletzten Markgrafen von Brandenburg-Ansbach*, Ansbach 1848

Langer, Brigitte, *Die Möbel der Residenz München*, Bd. 1: *Die Französischen Möbel des 18. Jahrhunderts*, hrsg. von Gerhard Hojer und Hans Ottomeyer, München 1995

Langer, Brigitte/Württemberg, Alexander Herzog von, *Die Möbel der Residenz München*, Bd. 2: *Die deutschen Möbel des 16. bis 18. Jahrhunderts*, hrsg. von Gerhard Hojer und Hans Ottomeyer, München 1996

Langer, Brigitte/Ottomeyer, Hans/Württemberg, Alexander Herzog von, *Die Möbel der Residenz München*, Bd. 3: *Möbel des Empire, Biedermeier und Spätklassizismus*, hrsg. von Gerhard Hojer und Hans Ottomeyer, München 1997

Lessing, Otto, *Schloß Ansbach, Barock- und Rokoko-Dekorationen aus dem XVIII. Jahrhundert*, Leipzig o.J [1892], 1908²

Loescher, Wolfgang, ›Ein »Boulle«-Möbel von Ferdinand Plitzner, Zuschreibung mit Hilfe von Konstruktions- und Boulle-Technik Details‹ in *Restauro*, 1997, S. 454-459

Lünig, Johann Christian, *Theatrum Ceremoniale Historico-Politico …*, Bd. 1-2, Leipzig 1719, Bd. 3, Leipzig 1720

Macquoid, Percy/Edwards, Ralph, *The Dictionary of English Furniture*, 3 Bde., London 1954, Nachdruck Woodbridge 1983

Maier, Josef, *Johann David Steingruber, Markgräflicher Hofbaumeister (1702-1787), Leben und Werk*, Ansbach 1987

Maier, Josef, ›Anmerkungen und Quellen zur Baugeschichte des Ansbacher Schlosses‹ in *94. Jahrbuch des Historischen Vereins für Mittelfranken*, Ansbach 1988/89, S. 41-76

Maier, Josef, *Residenzschloß Ansbach, [Quellen zur] Bau- und Ausstattungsgeschichte*, Manuskript 1993, im Archiv der Bayerischen Schlösserverwaltung

Merhart, Nenna von, *Vergolden und Fassen, Polimentglanzvergoldung, Vergoldung hinter Glas und auf Papier, Öltechnik, Bronzierung, Fassung des Inkarnats, Reinigen und Restaurieren*, Köln 1987

Meyer, Julius, *Ein Gang durch das Schloß Ansbach an der Hand des Prachtwerkes von Otto Lessing in Berlin: Schloß Ansbach, Barock- und Rokokodekorationen aus dem XVIII. Jahrhundert*, Ansbach 1893 (mit vier weiteren Auflagen)

Michel, M. Roland, *Lajoue et l'art Rocaille*, Paris 1984

[Trautmann, Karl], [Bericht über einen Vortrag zu stilistischen Verbindungen zwischen François Cuvilliés und Ansbach, gehalten am 1.6.1896 in] *Monatsschrift des Historischen Vereins von Oberbayern, Vereinsnachrichten*, 5. Jg., München 1896, S. 84 f.

Müller-Christensen, Sigrid, *Alte Möbel*, München 1948

Müller-Christensen, Sigrid, *Alte Möbel*, 2. Aufl., München 1950

Müller-Christensen, Sigrid, *Alte Möbel vom Mittelalter bis zum Jugendstil*, 9. Aufl., München 1981

Müller-Christensen, Sigrid, *Alte Möbel vom Mittelalter bis zum Jugendstil*, 10. Aufl., München 1988

Der Museumsfreund, 10/11, 1969

Nouvel, Odile, *Französische Papiertapeten*, Tübingen 1981

Oesper, A., ›Inventare aus markgräflichen Schlössern‹ in *Archiv für die Geschichte von Oberfranken*, 65, 1985

Ottomeyer, Hans, ›Gebrauch und Form von Sitzmöbeln bei Hof‹ in *z. B. Stühle, Ein Streifzug durch die Kulturgeschichte des Sitzens*, Ausstellungskatalog des Deutschen Werkbundes e. V. in Zusammenarbeit mit dem Badischen Kunstverein Karlsruhe und dem Kunstmuseum Düsseldorf, Gießen 1982, S. 140-149

Ottomeyer, Hans, *Zopf- und Biedermeiermöbel, Katalog der Möbelsammlung des Münchner Stadtmuseums*, München 1991

Pallot, Bill G.B., *L'Art du Siège au XVIIIe Siècle en France 1730-1775*, Paris 1987

Parkett, Historische Holzfußböden und zeitgenössische Parkettkultur, hrsg. von Peter Nickl, München 1995

Petzold, Joachim, *Das königliche Spiel, Die Kulturgeschichte des Schach*, Stuttgart 1987

Pfeil, Christoph, Graf von, ›Regierungswechsel – Benutzerwechsel: Präsentationsprobleme historischer Ausstattung am Beispiel der Residenz Ansbach‹ in *Das Schloß und seine Ausstattung, Tagung des Deutschen Nationalkomitees von ICOMOS und des Facharbeitskreises Schlösser und Gärten in Deutschland*, Wörlitz am 5.-8. Oktober 1994, ICOMOS, Hefte des Deutschen Nationalkomitees XVI, München 1995, S. 22-26

Plodeck, Karin, *Hofstruktur und Hofzeremoniell in Brandenburg-Ansbach vom 16. bis zum 18. Jahrhundert, Zur Rolle des Herrschaftskultes im absolutistischen Gesellschafts- und Herrschaftssystem*, Ansbach 1972

Pons, Bruno, *De Paris à Versailles, 1699-1736*, Paris 1983

Pradere, Alexandre, *Die Kunst des französischen Möbels*, München 1990

Rechter, Gerhard, *Die Seckendorff, Quellen und Studien zur Genealogie und Besitzgeschichte*, 3 Bde., Neustadt/Aisch 1987-1997

Rechter, Gerhard, ›Ein evangelischer fränkischer Reichsritter kommt in den deutschen Orden, Zur Rezeption des Christoph Sigmund v. Seckendorff-Aberdar (1716-1762)‹ in *Jahrbuch für Fränkische Landesforschung*, 52, 1992, S. 217-231

Reepen, Iris/Handke, Edelgard, *Chinoiserie – Möbel und Wandverkleidungen, Bestandskatalog der Verwaltung der staatlichen Schlösser und Gärten Hessen*, 5, Bad Homburg/Leipzig 1996

Reidemeister, Leopold, ›Gesicherte Möbel von Joh. Mich. Hoppenhaupt‹ in *Pantheon*, 14, 1934, S. 308-310

Ricci, Seymour de, *Louis XIV und Regence*, Bauformenbibliothek, Bd. 24, Stuttgart 1929

Rieppel-Mauss, Gertraud, ›Schach – Mühle – Dame – Tricktrack, Kostbare Spielbretter vergangener

Jahrhunderte‹ in *Kunst & Antiquitäten*, Heft 5, 1984, S. 36-47

Rode, August, *Beschreibung des Fürstlichen Anhalt-Dessauischen Landhauses und englischen Gartens zu Wörlitz*, Dessau 1788

Rohr, Julius Bernhard von, *Einleitung zur Ceremoniel-Wissenschaft der großen Herren ...*, Berlin 1729

Rosenberg, Marc, *Der Goldschmiede Merkzeichen*, Bd. 1, 3. Aufl. Frankfurt 1922

Roubo, Jacob André, *L'Art du Menuisier*, Paris 1769-1775, Nachdruck Paris 1976

Saint-Non, Jean Baptiste Claude Richard Abbé de, *Voyage pittoresque ou descriptione des Royaumes de Naples e de Sicile*, 4 Bde., Paris 1781-1786

Salverte, François Comte de, *Les ébénistes du XVIIIe Siècle, Leurs Oevres et leurs Marques*, Paris 1985[7]

Sangl, Sigrid, *Das Bamberger Hofschreinerhandwerk im 18. Jahrhundert*, Bayerische Verwaltung der staatlichen Schlösser, Gärten und Seen, Forschungen zur Kunst und Kulturgeschichte, Bd. 1, München 1990

Schätzl, Lothar/Schickel, Gabriele, ›Das »Deutsche Jagdmuseum« des Christian Weber im Schloß Nymphenburg‹ in *Monumental, Festschrift für Michael Petzet*, Arbeitshefte des Bayerischen Landesamts für Denkmalpflege, Bd. 100, München 1998, S. 837-861

Schepers, Wolfgang, ›Sitzreglementierungen in der höfischen Gesellschaft, Auszüge aus der Zeremonialliteratur des 18. Jahrhunderts‹ in *z. B. Stühle, Ein Streifzug durch die Kulturgeschichte des Sitzens*, Ausstellungskatalog des Deutschen Werkbundes e. V. in Zusammenarbeit mit dem Badischen Kunstverein Karlsruhe und dem Kunstmuseum Düsseldorf, Gießen 1982, S. 136-139

Schick, Afra, *Cuvilliés-Möbel*, Magisterarbeit am Institut für Kunstgeschichte der Ludwig-Maximilians-Universität München, Maschinenschrift, 1993

Schießl, Ulrich, *Techniken der Faßmalerei in Barock und Rokoko*, Worms 1983

Schmitz, Hermann, *Deutsche Möbel des Klassizismus*, Stuttgart 1923

Schmitz, Hermann, *Deutsche Möbel des Barock und Rokoko*, Stuttgart 1923

Schmitz, Hermann, *Das Möbelwerk, Die Möbelformen vom Altertum bis zur Mitte des neunzehnten Jahrhunderts*, Berlin 1926

Schreyer, Alexander, *Die Möbelentwürfe Johann Michael Hoppenhaupts d. Ä. und ihre Beziehungen zu den Rokokomöbeln Friedrichs des Großen*, Straßburg 1932

Schuh, Robert, ›Der Zugriff des preußischen Fürstentums Ansbach auf die Gerichtsrechte anderer Reichsstände‹ in *Jahrbuch des Historischen Vereins für Mittelfranken*, 95, 1990/91, S. 299-312

Schuhmann, Günther, *Stadtarchiv Ansbach*, München 1956

Schuhmann, Günther, *Ansbacher Bibliotheken vom Mittelalter bis 1806*, Schriften des Instituts für fränkische Landesforschung an der Universität Erlangen, Historische Reihe, 8, Erlangen 1961

Schuhmann, Günther, ›Die Markgrafen von Brandenburg-Ansbach, Eine Bilddokumentation zur Geschichte der Hohenzollern in Franken‹ in *Jahrbuch des Historischen Vereins für Mittelfranken*, 90, Ansbach 1980

Schwarze, Wolfgang, *Antike deutsche Möbel, Das Bürgerliche und rustikale Möbel in Deutschland von 1700-1840*, Wuppertal 1977

Seelig, Lorenz, ›Künstlerische Beziehungen zwischen Brandenburg-Preussen und Bayern von der Renaissance bis zum Ende der Monarchie‹ in *Bayern – Preussen, Preussen – Bayern*, Ausstellungskatalog, Bayerische Vereinsbank, München 1982, S. 43-57

Seelig, Lorenz, ›Das Kunst- und Raritätenkabinett im Besitz der Friedrich-Alexander-Universität‹ in *Die Friedrich-Alexander-Universität Erlangen-Nürnberg 1743-1993*, Ausstellungskatalog, Erlangen 1994, S. 563-574

Sheraton, Thomas, *The cabinetmaker and upholsterers Drawingbook*, London 1762

Sievers, Johannes, *Karl Friedrich Schinkels Lebenswerk, Die Möbel*, Berlin 1950

Sotheby's, Die Fürstliche Sammlung Thurn und Taxis, Auktionskatalog, Bd. 1, Regensburg 12.-15. 10. 1993

Stengel, Walter, *Alte Wohnkultur in Berlin und in der Mark im Spiegel der Quellen des 16.-19. Jahrhunderts*, Berlin 1958

Störkel, Arno, *Christian Friedrich Carl Alexander, Der letzte Markgraf von Ansbach-Bayreuth*, Bayerische Verwaltung der staatlichen Schlösser, Gärten und Seen, Forschungen zur Kunst- und Kulturgeschichte, Bd. 4, Ansbach 1995, 1998[2]

Stratmann, Rosemarie, *Der Ebenist Jean-François Oeben*, Diss. Heidelberg 1971

Stuchtey, Henriette, ›Antike und Klassizismus, Das Mobiliar in den Gemälden von Jacques Louis David‹ in *Weltkunst*, Heft 4, 1994, S. 452-456

Stürmer, Michael, ›Möbelkunst in Franken, Zur Entwicklung und Ökonomie des Hofhandwerks im 18. Jahrhundert‹ in *Kunst & Antiquitäten*, 1981, Heft 2, S. 34-44

Stürmer, Michael, *Handwerk und höfische Kultur, Europäische Möbelkunst im 18. Jahrhundert*, München 1982

Stürmer, Michael, ›Der »englische« Ebenist Johann Friedrich Holzhauer jr., Weimar 1786‹ in *Restauro*, Heft 5, 1993, S. 334-337

Swain, Margaret, ›Pictorial Chair Covers: Some engraved Sources‹ in *Furniture History, The Journal of the Furniture History Society* 11, 1975, S. 76-82

Swain, Margaret, ›Loose Covers, or Cases‹ in *Furniture History, The Journal of the Furniture History Society* 33, 1997, S. 128-133

Swoboda, Franz, *Deutsche Möbel-Kunst, Restauriert 1976-1980*, Bildhefte des Städtischen Reichsmuseums Mannheim, Bd. 5, Mannheim 1981

Tardy, H.L., *Dictionnaire des Horlogers Français*, Paris 1972

Thielen, Peter G., *Karl August von Hardenberg (1750-1822), Eine Biographie*, Köln 1967

Thormann, Dagmar, *Kirchenschätze aus Gunzenhausen und dem fränkischen Seenland*, Gunzenhausen 1997

Thornton, Peter, *Seventeenth Century Interior Decoration*, London 1979

Thornton, Peter, *Innenarchitektur in drei Jahrhunderten, Die Wohnungseinrichtung nach zeitgenössischen Zeugnissen von 1620-1920*, Herford 1985

Thümmler, Sabine, *Die Geschichte der Tapete, Raumkunst aus Papier*, Aus den Beständen des Deutschen Tapetenmuseums Kassel, Staatliche Museen Kassel, Kassel/Eurasburg 1998

Trost, Beatrice, *Die Bildhauerfamilie Mutschele, Studien zur Bamberger Dekoration und Skulptur im 18. Jahrhundert* (= Veröffentlichungen der Gesellschaft für Fränkische Geschichte, VIII. Reihe, Quellen und Darstellungen zur Fränkischen Kunstgeschichte, Bd. 8), Neustadt/Aisch 1987

Veh, Otto, ›Zur Geschichte des Schlosses Unterschwaningen‹ in *Jahrbuch des Historischen Vereins für Mittelfranken*, 92, Ansbach 1984/85, S. 143-175

Verlet, Pierre, *Les Ebénistes du XVIIIe siècle française*, Paris 1963

Verlet, Pierre, *Styles-Meubles-Décors*, Bd. 1, Paris 1972

Verlet, Pierre, *Le Mobilier Royale Français*, 4 Bde., Paris 1990

Verres, Rudolf, ›Ein Berliner Schreibschrank‹ [ehem. Museum für Kunst und Gewerbe, Köln] in *Pantheon*, 24, 1939, S. 265-267

Voll, Gertrud, *Samuel Hofmann 1711-1734, Einem Ansbacher Goldschmied auf der Spur, Für Oberkirchenrat Dr. Werner Hofmann zu 60. Geburtstag*, Vortragsmanuskript, 1991

Ward-Jackson, Peter, *English Furniture Designs of the Eighteenth Century*, Victoria and Albert Museum, London 1984

Weigert, Roger-Armand, *Jean Berain*, Paris 1937

Weis, Eberhard, *Montgelas, Bd. 1: Zwischen Revolution und Reform 1759-1799*, München 1971, 1988[2]

Werzinger, Dieter, *Die zollerischen Markgrafen von Ansbach, Ihr Staat, ihre Finanzen, ihre Politik*, Schriften des Zentralinstituts für Fränkische Landeskunde und Allgemeine Regionalforschung an der Universität Erlangen, 31, Neustadt/Aisch 1993

Wilhelmine, Markgräfin von Bayreuth, *Memoiren*, Herausgegeben von der Papierfabrik Schoeller & Hoesch, Gernsbach 1965

Wood, Lucy, *Catalogue of Commods*, The Lady Lever Art Gallery, London 1994

Zander-Seidel, Jutta, *Textiler Hausrat, Kleidung und Haustextilien in Nürnberg von 1500-1650*, München 1990

Ziffer, Alfred, ›Wie ein Stil entsteht – Die Möblierungsgeschichte der Bayreuther Schlösser‹ in *Bayerische Schlösser, Bewahren und Erforschen*, Bayerischen Verwaltung der staatlichen Schlösser, Gärten und Seen, Forschungen zur Kunst und Kulturgeschichte, Bd. 5, München 1996, S. 93-122

Zglinicki, Friedrich von, *Die Wiege, Eine Wiegentypologie mit über 500 Abbildungen*, Regensburg 1979

Glossar[1]

abfasen Durch das Abfasen, d.h. Abschrägen einer scharfen Kante, entsteht eine schmale Fläche, die als Fase bezeichnet wird.

abplatten siehe → Rahmenkonstruktion

›à la Reine‹ siehe → Fauteuil

Amarant (bois d'amarante) Lat. *Peltogyne venosa*. Violettfarbenes Laubholz aus Südamerika, Guayana, Surinam und Brasilien, das im 18. Jahrhundert für großflächige Furniere von Kommoden und Schreibtischen, häufig auch kontrastierend mit Rosen- und Satinholz verwendet wurde.

Anfaßleiste siehe → Hirnleiste

Armbrustform Doppelte Schweifung des Grundrisses der Kommodenfront ›en arbalête‹, d.h. in Form einer Armbrustbogens. Charakteristisch für den französischen Kommodentypus ›à la Régence‹ mit hohen Beinen und zwei Schubladen der Zeit um 1725-40.

Ausklinken An der Kante eines Brettes etwas herausschneiden.

Bandintarsien Sich wiederholende, bandähnliche Abfolge kleinster, geometrischer Furnierteile. Die Herstellung erfolgt durch die Verleimung sehr feiner, geometrisch geformter Stäbe zu einem Block, der anschließend zu Furnierstreifen aufgeschnitten wird. Bandintarsien können, auch als Profil, plastisch aus der Fläche vorstehen.

Barchent Alte Bezeichnung für Leinen. Häufig waren die → *Houssen* der Sitzmöbel aus Barchent genäht.

Bergère Armlehnsessel (Fauteuil), dessen Armlehnen durch Polsterung in der Art von Wangen geschlossen sind.

Blindholz Konstruktionsholz des Möbelkörpers, auf welches das Furnier aufgebracht wird; bei französischen Möbeln des 18. Jahrhunderts wird häufig Eiche für den ganzen Korpus, zumindest aber für die tragenden Teile verwendet sowie Nadelholz (Fichte, Kiefer, Tanne) für die Füllungen; die Schubladen bestehen meist aus Nußbaum und Eiche.

Boiserie Französische Bezeichnung für die geschnitzte Wandvertäfelung von Räumen, die sich aus einzelnen weißen oder farbig gefaßten, von vergoldeten oder versilberten Leisten gerahmten Paneelen mit geschnitztem Zierat zusammensetzt; charakteristisch für die Innendekoration des 18. Jahrhunderts.

Boulletechnik Möbelfurnier in Form von Schildpatt- und Metalleinlegearbeit, benannt nach dem französischen Ebenisten André-Charles Boulle (1642-1732), der diese Technik berühmt machte, aber nicht ihr Erfinder war. Die ›klassische‹ Boullearbeit aus braunem oder mit rotem Papier hinterlegtem Schildpatt und vergoldetem Messing kann mit Zinn, Perlmutt oder Elfenbein angereichert werden. Durch das Herstellungsverfahren, bei dem jeweils eine Platte von Messing und eine Platte von Schildpatt aufeinandergeleimt werden, auf die das Muster aufgezeichnet und in beide Materialien geschnitten wird, ergeben sich zwei Varianten, die als ›première partie‹ und ›contrepartie‹ bezeichnet werden und für zwei Möbelstücke Verwendung fanden. Bei ersterem, dem eigentlich intendierten und wertvolleren, erscheint der ornamentale oder figürliche Dekor in Metall auf Schildpattgrund, bei letzterem heben sich die Motive in Schildpatt aus dem Metallgrund heraus.

Buchsbaum (bois de buis) Lat. *Buxus sempervirens*. Hartes Laubholz von warmer, mattgelber Farbigkeit, das wegen seiner Seltenheit in kleineren Flächen, vor allem für eingelegte Motive Verwendung fand und häufig auch rot oder grün eingefärbt wurde; das strauchähnliche Gewächs kommt im Mittelmeerraum, Südengland, Nordfrankreich und im Kaukasus vor.

Bureau plat Großer, längsrechteckiger Schreibtisch auf vier Beinen mit lederbezogener Platte und drei großen, mitunter auch zwei weiteren schmalen Schubladen im flachen Zargenkasten, wobei die mittlere Schublade leicht zurückgesetzt ist. Entwickelt in der Epoche der → Régence etwa um 1720, war der Möbeltypus im ganzen 18. Jahrhundert beliebt.

Chenille Garn mit eingewebten, kurzen Fadenenden. Es wird aus einem Gewebe hergestellt, dessen Kettfäden in Gruppen zusammenliegen und dessen Schüsse in der Längsrichtung des Gewebes durchgeschnitten werden. Die so gebildeten Streifen, in deren Kettfäden die kurzen Fadenenden als Teilstücke der Schüsse hängen, werden zu Garn verdreht. Es wird gewöhnlich für Stickereien und Broschierschüsse verwendet.

Contrepartie siehe → Boulletechnik

Crepinen siehe → Posamenten

Damast Gewebe mit einem Kett- und Schußsystem, bei dem sich das Muster durch den Wechsel von Kett- und Schußbindung ergibt. Die Bezeichnung der Gewebeart ist vom verwendeten Material unabhängig.

Ebenholz (bois d'ébène) Lat. *Diospyros celebica*. Sehr hartes Laubholz von schwarzer Färbung, das in Afrika, Madagaskar und Südostasien vorkommt; es war vor allem im 17. Jahrhundert als Möbelfurnier beliebt, häufig auch in Verbindung mit Einlegearbeiten in → Boulletechnik.

Ebenisterie, Ebenist Kunsttischlerei, Kunsttischler; aus dem Französischen überkommene Bezeichnung für den Schreiner, der furnierte Möbel wie Kabinettschränke, Kommoden und Schreibmöbel herstellte, im Gegensatz zum → Menuisier, dem Hersteller von geschnitzten Möbeln aus Massivholz. Ursprünglich als ›menuisier en ébène‹, also Ebenholztischler, bezeichnet, bürgerte sich der Begriff Ebéniste in Frankreich im 18. Jahrhundert ein, nachdem sich die Schreinerzunft entsprechend unterteilt hatte.

Eierstab siehe → Kyma

›en cabriolet‹ siehe → Fauteuil

Falz Rechtwinkliger Absatz, der mit dem Hobel in die Kanten von Brettern oder Leisten eingetieft wird.

Fauteuil Im 18. Jahrhundert auch im deutschen Sprachgebrauch übliche Bezeichnung für einen gepolsterten Armlehnsessel. Man unterscheidet zwei konstruktiv verschiedene Typen, den geräumigen Fauteuil ›à la Reine‹ mit rückseitig gerade schließendem Gestellrahmen und entsprechend gerader Rückenlehne, die meist rechteckig oder auch rund ausgeformt ist, und den zierlicheren Fauteuil ›en cabriolet‹ mit rückseitig gerundetem Gestellrahmen und entsprechend im Grundriß gebogener Rückenlehne, die häufig trapezförmig oder ovalrund ausgeprägt ist. Den beiden Grundtypen sind feste Funktionen im Raum zugeordnet: Die Sitzmöbel im Typus ›à la Reine‹ stehen als ›Fauteuils meublants‹ vor der Wand und sind in die Raumarchitektur eingeschrieben, die Sitzmöbel im Typus ›en cabriolet‹ sind als ›Fauteuils courants‹ gefällig im Raum verteilt.

Feder Schmale Holzleiste, die zwei Bretter verbindet. In die Kanten der Bretter werden Nuten gehobelt, in welche die Feder eingelegt und fast immer verleimt wird.

Fladerschnitt Schneidet man das → Furnierholz längs zum Stamm, aber nicht durch die Stammitte, so ergibt sich durch die Verjüngung des Stammes der sogenannte Tangential- oder Fladerschnitt. Gefladertes Furnierholz ist durch reiche Maserung in Form konzentrisch angeordneter, spitzwinkliger Bögen charakterisiert.

Flechtband (entrelacs) Ornament- und Friesmotiv aus zwei ineinander verschlungenen Bändern, wobei die sich aus der Verschlingung ergebenden Kreise gleichmäßig oder wechselnd groß und klein sein und mit Rosetten oder Perlen gefüllt sein können. Flechtbänder sind ein beliebtes Ziermotiv in der Möbelkunst des Klassizismus.

Furnier Verkleidung des aus billigerem → Blindholz gefertigten Möbelkorpus mit ca. 3 mm dick gesägtem Edelholz, wobei dekorative Effekte sowohl durch die Maserung des Furnierholzes als auch durch den Versatz der einzelnen Furnierblätter erzielt werden. Gleichmäßige Maserung in Form feiner paralleler Streifen entsteht durch Schnitt des Stammes durch die Mitte der Längsachse (Radialschnitt), Jahresringe in konzentrischen Kreisen ergeben sich durch das horizontale Durchschneiden des Stammes (Hirnschnitt), reiche Maserung in Form spitzwinkliger konzentrischer Bögen wird durch Tangential- oder → Fladerschnitt erreicht. Die in dieser Weise geschnittenen Furnierblätter können stehend (längs) oder liegend (quer), parallel oder diagonal zu einer Achse versetzt werden. Werden vier Dreiecke mit gegenständigem Faserverlauf zu einem Rechteck gesetzt, so spricht man von Kreuzfuge, wobei sich durch die Maserung die plastische Wirkung eines Diamantschliffmusters ergeben kann.

Gardemeuble Depot innerhalb des Schloßbereichs, in dem die nicht benutzten Möbel verwahrt wurden. Das Garde-Meuble Royal bezeichnete seit dem Mittelalter die zentrale Behörde des französischen Königshauses, die für die Verwaltung der Möbel der Krone zuständig war.

Gestellrahmen Aus Holz konstruierter Rahmen der gepolsterten Sitzfläche eines Sitzmöbels, der nach außen als geschnitzte, gefaßte oder vergoldete → Zarge in Erscheinung tritt. Siehe auch → *Fauteuil*.

Gimpen siehe → Posamenten

Gratverbindung, Gratleiste Erstere dient der Verbindung von zwei, im rechten Winkel zueinanderstehenden Brettern, während die Gratleiste das Verwerfen eines Brettes verhindern soll. Quer zur Holzfaser wird mit dem Grathobel eine schwalbenschwanzförmige Nut eingetieft und das mit dem passenden Schwalbenschwanzprofil versehene Brett oder Leiste eingeschoben.

Guéridon Hohes Tischchen zur Aufstellung eines Leuchters, das sich aus einem dreifüßigen Sockel, einem hohen Schaft, der in seiner italienischen Ursprungsform als geschnitzte Figur in Gestalt eines Mohren gestaltet war, und einer kleinen Platte zur Aufstellung des Leuchters zusammensetzt. In Barock und Rokoko begleiteten die Guéridons paarweise, manchmal auch als Vierergruppe einen passenden Tisch oder waren beiderseits des Kamins aufgestellt; ab etwa 1770 sind sie als Viergruppe in den dunklen Ecken eines Raumes aufgestellt und können auch sehr hoch sein.

Guttae Begriff aus der griechisch-antiken Baukunst für die tropfenähnlichen Gebilde auf den Platten an der Unterseite des Kranzgesimes am Tempelbau dorischer Ordnung.

Hinterstück siehe → Schublade

Hirnleiste Auch Anfaßleiste. Leiste aus Hartholz, meist Eichenholz, die an den Hirnenden von Brettflächen angebracht wird, um das Werfen der Brettflächen zu verhindern.

Housse Möbelüberzug aus Stoff, der das Möbelstück bei Nichtbenutzung gegen Licht und Staub schützt. Im 18. Jahrhundert wurden insbesondere Sitzmöbel stets mit zugehörigen Houssen aus farbiger oder gemusterter Baumwolle geliefert.

Kanneluren Die senkrecht verlaufenden, konkaven Vertiefungen im Schaft von Stützgliedern wie Säulen, Pfeilern und Pilastern der klassischen Ordnungen der antiken Baukunst waren ein wichtiges Dekorationsmotiv in der Möbelkunst des Klassizismus. Die Kanneluren können scharfgratig aneinanderstoßen oder durch Stege getrennt sein, häufig sind sie im unteren Schaftbereich durch Rundstäbe (Pfeifen) gefüllt (geflötet).

Karnies Zierleiste mit S-förmig gezogenem Profil.

Kartusche Regelmäßiges oder unregelmäßiges, schildförmiges Ornamentmotiv mit Zierrahmen.

Kastenschloß Bauform von Schlössern, bei der das Schloß als Kasten erhaben aufgesetzt wird. Im Gegensatz dazu werden Einlaß- und Einsteckschlösser in das Holz eingestemmt.

Klismos Antike Stuhlform, die sich aus stark gekrümmten und weit ausgestellten, nach unten verjüngten Vierkantbeinen und einem gebogenen Rückenbrett konstituiert. Die Stuhlform ist durch antike Vasenbilder tradiert.

Königsholz (bois de violette) Lat. *Dalbergia cearensis*. Palisanderart; das im 18. Jahrhundert aufgrund seiner hellen, braunvioletten Farbigkeit ›bois violet‹ genannte Edelholz ist ein hartes Laubholz aus Brasilien, das ausschließlich für Furniere verwendet wurde. Es ist durch unregelmäßige, dunkle Maserung charakterisiert. Es wurde im ganzen 18. Jahrhundert, besonders bevorzugt in der Epoche der Régence, verwendet.

Kreuzfuge siehe → Furnier

Kyma Auch Kymation, Ornamentmotiv in Form einer Profilleiste, das aus der antiken Architektur in die Möbelkunst übernommen wurde. Man unterscheidet dorisches Kyma als unterschnittene Leiste mit stilisierten Blattmotiven, das ionische Kyma (Eierstab) aus plastischen, durch Hohlstege getrennte Ovalformen und das lesbische Kyma als Blattfries aus herzförmigen Blättern (Wasserblatt/feuille d'eau), wechselnd mit senkrechten Stäben.

Lambrequin Schmaler, geraffter Stoffbehang mit Quasten über die Breite eines Fensters oder an einem Baldachin, als Ornamentmotiv auch in der Möbelkunst verwendet.

Lambris Getäfelte Sockelzone eine Boiserie, die durch geschnitzte Leisten abgesetzt wird. In die Raumarchitektur eingeschriebene Möbel wie z.B. Konsoltische stimmen in ihrer Höhe mit der Höhe des Lambris überein.

Lampas Mit Lampas werden, unabhängig vom Material, alle Gewebe aus einer Bindung mit mehreren Kett- und mehreren Schußfäden bezeichnet. Dabei sind verschiedene Bindungen von Hauptkette mit

Grundschuß möglich (Leinwand-, Köper- und Atlasbindung).

Laufleiste siehe → Schublade

Löwenmonopod Beliebtes Empiremotiv, das sich aus einem geflügelten Löwenkopf auf einer einzigen Löwenpranke konstituiert und als Stütze von Tischen, Regalen und Kastenmöbeln gebräuchlich war.

Mahagoni (bois d'acajou) Lat. *Swietenia mahagoni*. Hartes Laubholz von dunkler, rötlich-brauner Färbung und seidig schimmerndem Glanz von den Karibischen Inseln wie Jamaika, Kuba, Santo Domingo, Puerto Rico, das in Frankreich ab ca. 1760 als Furnier verwendet wurde, wobei häufig das ganze Möbel mit diesem Holz verkleidet wurde. In kleinerem Umfang wird es auch als Massivholz verwendet, seit etwa 1785 entstehen Sitzmöbel aus massivem Mahagoni. Nach Art der Maserung unterscheidet man verschiedene Arten.

Mäander Antiker Zierfries, der sich aus einem fortlaufenden Ornament rechtwinklig sich überschlagender Formen konstituiert, benannt nach dem gewundenen kleinasiatischen Fluß Maiandros.

Marketerie Aus verschiedenfarbigen oder eingefärbten Furnierhölzern zusammengesetztes Bild- oder Ornamentmotiv, das in ein durchlaufendes → Furnier eingelegt wird.

Menuiserie, *Menuisier* Schreinerei, Schreiner. Seit dem Mittelalter waren unter der Berufsbezeichnung der Menuisiers alle Schreiner zusammengefaßt, später wurde diese Bezeichnung differenziert, so daß im 18. Jahrhundert nur noch die Schreiner, die Massivholzmöbel wie Betten, Sitzmöbel und Konsolen herstellten, als Menuisier galten, im Gegensatz zu den → Ebenisten, den Schöpfern von furnierten Möbeln.

Moiré (Morens) Bezeichnung für Textilien mit einem welligen Ton-in-Ton-Effekt, der durch Pressen des Gewebes entsteht. Die gepreßten und ungepreßten Partien reflektieren das Licht als unregelmäßigen Schimmer auf der Gewebeoberfläche.

Palisander (palisandre) Lat. *Dalbergia nigra*. In Brasilien, Indien und Madagaskar beheimatetes Edelholz von hell- bis violettbrauner Färbung mit reicher, schwarzer Maserung, das vor allem in Barock und → Régence für großflächige Furniere und → Parkettierung verwendet wurde.

Parkettierung Verkleidung des gesamten Möbelkorpus mit Furnierholz einer Sorte, das als gleichmäßiges Muster, z.B. in Form von Gitterwerk mit Füllungen in Kreuzfuge, versetzt ist.

Petrifiziert Durch den Druck geologischer Formationen versteinerte, ehemals weichere Materialien.

Pilaster Flache, pfeilerförmige Wandvorlage mit Postament, Basis und Kapitell.

Polsterung Im 18. Jahrhundert wurden die Gurte der Sitzflächen sehr eng auf die Oberkante der Zargen genagelt und mit Jute abgedeckt. Darauf kam zumeist Roßhaar als Polstermaterial, und diese Füllung wurde mit einem festen Leinenstoff, dem sog. Fasson überspannt. Dann wurde die Füllung mit großen Spannstichen gegen Verrutschen gesichert und die Form korrigiert. Erst dann konnte der sichtbare Bezug befestigt werden. Polster mit Stahlfedern setzten sich erst in den 30er Jahren des 19. Jahrhunderts durch.

Posamenten Sammelbezeichnung für den Besatz von Textilien mit Borten, Quasten, Troddeln und Schnüren. Bei den Borten unterscheidet man die aufwendigeren, aus Schlingen gebildeten Krepinen (Crepinen) und die einfacheren Gimpen.

première partie siehe → Boulletechnik

Rahmenkonstruktion Zusammenfügung großer Flächen wie etwa Rückwand, Platte oder Zwischenböden einer Kommode durch die Konstruktion auf Rahmen und Füllung, wobei der Rahmen aus durch Schlitz und Zapfen verbundenen Rahmenfriesen hergestellt wird, die auf der Innenseite mit einer Nut versehen sind, in die die dünnere Brettfüllung lose eingeschoben wird. Durch die ungeleimte, lose Verbindung von Rahmen und Füllung kann das Holz sich dehnen und schwinden, ohne daß es reißt. Der Rahmen kann nur eine Füllung oder bei Unterteilung durch weitere Friese mehrere Füllungen aufnehmen. Die Füllung wird zum Einsetzen in die Nut auf einer Seite an den Kanten abgeplattet.

Régence Stilphase in der französischen Kunst, deren Bezeichnung sich von der Regentschaft Philippes von Orléans herleitet, der 1715-23 anstelle des minderjährigen Louis XV regierte. Die Regierungsdaten stimmen jedoch nicht exakt mit den tatsächlichen Eckdaten dieser Übergangsphase zwischen Spätbarock und Rokoko überein, die noch bis in die 1730er Jahre hineinreicht.

Rosenholz (bois de rose) Lat. *Dalbergia variabilis*. Palisanderart; hartes, rosarot-gelbliches, streifiges Edelholz mit dunkelroter Maserung, das in Brasilien und Ostindien vorkommt. In der französischen Kunstschreinerei war es ab etwa 1745 als Möbelfurnier beliebt.

Sabot Französische Bezeichnung für den vergoldeten Bronzeschuh zum Schutz und zur Zierde furnierter Möbelfüße.

Saffianleder Persisch für Ziegenleder. Dünnes, weiches, strapazierfähiges Leder, das für Sitzmöbelbezüge und Schreibtischbekleidungen Verwendung fand.

Schlitz- und Zapfenverbindung Technik zur Verbindung von zwei Werkstücken in Richtung des Faserverlaufs, bei der in ein Werkstück ein tiefer Schlitz eingeschnitten wird, in den das andere Werkstück mit einem entsprechend angeschnittenen → Zapfen eingreift. Diese Holzverbindung wird nicht verleimt.

Schreibschrank (Secrétaire à abattant) Hoher, kastenförmiger Sekretär mit Flügeltüren oder Schubladen im unteren Schrankbereich und senkrecht schließender Klappe im oberen Schrankbereich, die zum Schreiben herabgeklappt werden kann, sowie abschließender Friesschublade. Mit seinen zahlreichen in der oberen Schrankhälfte untergebrachten Schublädchen und Fächern war er ein beliebter Möbeltypus vom ausgehenden Rokoko bis zu Empire und Biedermeier.

Schublade Schubladen setzen sich aus dem Boden und den als Seiten-, Hinter- und Vorderstück bezeichneten aufgehenden Teilen zusammen. Aufgeleimte Laufleisten in Form von hölzernen Schienen dienen dem besseren Lauf der Schubladen. Einer besseren seitlichen Führung dienen Streifleisten, die in der Regel an den Seitenwänden des Möbels angebracht sind. Damit Schubladen nicht zu weit in das Möbel hineinrutschen, wird der Sitz oft mit Stoppleisten fixiert, die auf den Traversen sitzen.

Secrétaire à abattant siehe → Schreibschrank

Seitenstück siehe → Schublade

Sperren Unter Sperren oder Absperren bezeichnet man in der Schreinerei das beidseitige Furnieren eines Brettes, damit es sich bei Klimaschwankungen nicht verwirft. Insofern dient das Sperren nicht zuerst dem Schmuck des Möbels, und deshalb wird für das innenliegende Furnier meist nur eine einfachere Holzart verwendet.

Splintholz Als Splintholz bezeichnet man die hellere Zone eines Stammes, die sich ringförmig um das dunklere Kernholz legt. Das Verhältnis von Kern und Splint ist je nach Baumart unterschiedlich, bei allen Farbhölzern und Obstbäumen sind Kern und Splint deutlich unterschieden.

Staubboden Zwischenboden zwischen den Schubladen eines Möbels, der konstruktiv nicht notwendig ist, bei sorgfältig gearbeiteten Möbeln aber häufig vorkommt.

Stemmzapfen siehe → Zapfen

Stempel Die in der ersten Hälfte des 18. Jahrhunderts nur von wenigen Pariser Kunstschreinern gepflogene Tradition, ihre Möbel mit dem Namensstempel zu versehen, wurde 1743 durch entsprechende Verordnungen der Pariser Schreinerzunft zur Verpflichtung erhoben, die allerdings erst 1751 vom Parlament registriert und damit umfassend wirksam wurde. Zum Schutz seiner Urheberschaft hatte jeder Meister die Pflicht, seine Möbel mit dem Namensstempel, in Form des ganzen Namenszuges, häufig auch nur als Monogramm, zu versehen. Die Zunft fügte ihrerseits bei Werkstattkontrollen ihren Stempel »J.M.E.« (Jurande des Menuisiers-Ébénistes) hinzu. Bei Sitzmöbeln findet sich der Künstlerstempel meist auf der rückwärtigen Zarge, bei furnierten Möbeln auf dem Blindholz der Stollen oder Zargen.

Stollenbauweise Kastenmöbel wie z.B. Kommoden setzen sich konstruktiv aus den vier senkrechten Eckpfosten, den sogenannten Stollen, zusammen, in die die Flächen eingezapft sind. Die Stollen bestehen inklusive der Beine in der Regel aus einem Stück. Sind die Flächen direkt in die Stollen eingezapft, so spricht man von einfacher Stollenbauweise, sind die Flächen auf Rahmen und Füllung gearbeitet, so spricht man von kombinierter Stollen- und → Rahmenkonstruktion.

Stoppleisten siehe → Schublade

Streifleisten siehe → Schublade

Stumpfe Verbindung Holzverbindung, bei der zwei glatte Flächen aneinandergesetzt und mit Nägeln, Dübeln oder Leim verbunden werden.

Table à Ecrire Kleiner Ziertisch für die Dame, der als Schreib- und Lesetisch mit Schublädchen oder auch für weitere Funktionen ausgestattet werden konnte; entwickelt um 1760, war er ein beliebtes Kleinmöbel im letzten Drittel des 18. Jahrhunderts.

Tabouret Französische Bezeichnung für einen vierbeinigen, gepolsterten Hocker, die im 17.-19. Jahrhundert auch im deutschen Sprachgebrauch als Bezeichnung für diesen Sitzmöbeltypus üblich war.

Taft, Taffet, Taffent Aus dem Persischen: ›tafteh‹ = gewebt. Im 17. und 18. Jahrhundert wurde damit ein Seidengewebe in Leinwandbindung mit feinen, ripsartigen Querrippen bezeichnet. Durch die Rippen entsteht ein leichter, charakteristischer Helldunkel-Kontrast.

Traverse Schmaler Zwischensteg, der die Schubladen einer Kommode voneinander trennt. In Spätbarock und Régence waren Kommoden fast immer traversiert, im Rokoko verschwindet die Traverse, die Schubladen sitzen direkt übereinander.

Trumeau Hoher Wandspiegel über einem Kamin oder an einem Fensterpfeiler, der Bestandteil der Wanddekoration ist. Bezeichnet im 18. Jahrhundert auch die gestalterische Einheit aus einem Konsoltisch (auch einer Kommode) mit einem hohen Wandspiegel mit geschnitzter Umrahmung.

Überplattung Technik zur Verbindung zweier Werkstücke mit gleicher Faserrichtung, wobei die zu verbindenden Holzteile an den Enden auf die Hälfte der Holzdicke rechtwinklig ausgeschnitten und miteinander verleimt werden. Die Überplattung muß etwa viermal so lang sein wie die Dicke des Werkstücks, um Stabilität zu gewährleisten.

Vorderstück siehe → Schublade

Zapfen Der Zapfen ist im Gegensatz zum runden Dübel ein längsrechteckig und flach ausgebildetes Verbindungsglied, das entweder an ein Werkstück angeschnitten oder in zwei geschlitzte Werkstücke eingesetzt wird. Eine durchgeschlitzte Verbindung entsteht, wenn der Zapfen durch das ganze Werkstück hindurchgeht, eine gestemmte Verbindung, wenn er nur in das Werkstück eingreift (Stemmzapfen). Siehe → Schlitz- und Zapfenverbindung.

Zarge Bei Sitzmöbeln und Tischen der Rahmen, der die Beine konstruktiv miteinander verbindet (→ Gestellrahmen); bezeichnet aber auch den unteren Abschluß des Korpus eines Kastenmöbels (Kommode, Schrank), der durch eine herabgezogene Schürze akzentuiert werden kann.

Zinkung Eckverbindung, insbesondere bei Schubladen, bei der die Kantenenden der zu verbindenden Werkstücke mit geraden Zinken oder keilförmigen Schwalbenschwänzen mehrfach miteinander verzahnt sind. Bei der offenen Zinkung sind die Zinken nach beiden Seiten sichtbar, bei der halbverdeckten Zinkung sind die Zinken bei einem Werkstück nicht auf die ganze Brettstärke durchgeschnitten und damit nur nach einer Seite sichtbar, bei der doppelt verdeckten Zinkung bleiben die Zinken durch das entsprechende Bearbeiten beider Werkstücke nach beiden Seiten unsichtbar.

1 Vorbild für das Glossar bilden die entsprechenden Verzeichnisse in den drei Bänden ›Die Möbel der Residenz München‹, die für den vorliegenden Katalog angepaßt und erweitert wurden: Langer 1995, Langer/Württemberg 1996, Langer/Ottomeyer/ Württemberg 1997

Register